34

CHEN GUIDI & WU CHUNTAO

ZUR LAGE DER CHINESISCHEN BAUERN

Eine Reportage

Aus dem Chinesischen von Hans Peter Hoffmann

中国农民调查

Zweitausendeins

1. Auflage als Zweitausendeins-Taschenbuch Nr. 34, März 2011.

Die chinesische Originalausgabe ist 2004 unter dem Titel 中国农民调查 (*zhongguo nongmin diaocha*; wörtlich: *Untersuchung der chinesischen Bauern*) bei Renmin Chubanshe (Volksverlag) in Peking erschienen.

Der Verlag dankt Hans Peter Hoffmann für seine Hilfe bei der Vorbereitung dieses Buches, die weit über seinen Übersetzungsauftrag hinausging.
Vorwort zur deutschen Ausgabe: Hans Peter Hoffmann, Tübingen.
Nachwort zur deutschen Ausgabe: Ylva Monschein, Heidelberg.

Lektorat: Klaus Gabbert (Büro Z, Wiesbaden).
Glossar: Klaus Gabbert und Hans Peter Hoffmann.
Korrektorat und Register der deutschen Ausgabe: Ekkehard Kunze (Büro Z, Wiesbaden).
Umschlaggestaltung: Heine/Lenz/Zizka Projekte GmbH, Frankfurt.
Satz und Herstellung: Dieter Kohler GmbH, Wallerstein.
Gesamtherstellung: CPI – Clausen & Bosse, Leck.
Printed in Germany.

Dieses Buch, Bestellnummer 200534, gibt es nur bei Zweitausendeins im Versand, Postfach, D-60381 Frankfurt am Main, Telefon 069-4208000, Fax 069-415003.
Internet www.Zweitausendeins.de. E-Mail Service@Zweitausendeins.de.
Oder in den Zweitausendeins-Läden 2x in Berlin, Düsseldorf, Frankfurt am Main, Freiburg, 2x in Hamburg, Hannover, Köln, Leipzig, Mannheim, München, Nürnberg und Stuttgart.
Oder in den Zweitausendeins-Shops in Augsburg, Bonn, Braunschweig, Bremen, Darmstadt, Dresden, Erfurt, Göttingen, Karlsruhe, Kiel, Koblenz, Ludwigsburg, Marburg, Münster, Neustadt an der Weinstraße, Oldenburg und Ulm.

In der Schweiz über buch 2000, Postfach 89, CH-8910 Affoltern a. A.

ISBN 978-3-86150-934-9

Inhalt

Mehr Steuern am Hals als ein Ochse Haare

Vorwort von Hans Peter Hoffmann

Übersetzen gehört zu den komplexesten Prozessen, die im menschlichen Gehirn ablaufen können – umso mehr, wenn es sich um eine Übersetzung aus einer so fernen Sprache wie dem Chinesischen handelt. Zugleich aber ist das Übersetzen auch eine der reizvollsten geistigen, künstlerischen wie handwerklichen Herausforderungen, zumal bei einem so vielschichtigen Werk wie dem von Chen Guidi und Wu Chuntao. So erging es mir in all den Monaten, die ich mit diesem Werk von Chen Guidi und Wu Chuntao verbrachte.

Da mit dem Tauwetter der Öffnungspolitik seit 1978 eine gemäßigtkritische Literatur gefragt war als Gegenpol zu den alten Garden der politischen Ultralinken, nahm die Reportageliteratur – und dazu gehört *Zur Lage der chinesischen Bauern* – danach einen gewaltigen Aufschwung. Die im Westen am meisten rezipierten, teilweise systemkritischen Werke dürfen jedoch nicht darüber hinwegtäuschen, dass die mit Abstand größten Gruppen von »Reportagearbeiten« »die Texte der politisch angepassten, positiv berichtenden und die der weitgehend unpolitischen, vor allem unterhalten wollenden Kategorien«[1] blieben.

Allerdings stehen chinesische Autoren anders als westliche immer vor dem großen Problem, dass allzu deutliche und grundlegende Kritik noch immer mit großen Gefahren verbunden ist.

Wie alle Reportageliteratur hält *Zur Lage der chinesischen Bauern* von vornherein zunächst zumindest zwei Gestaltungsebenen für den Übersetzer bereit: eine literarische und eine journalistische, die es sprachlich voneinander abzugrenzen gilt.

[1] Siegfried Klaschka, *Die chinesische Reportageliteratur. Das Genre der* baogao wenxue *und seine politisch-gesellschaftlichen Bezüge*, opera sinologica 4, Wiesbaden 1998, S. 166. Dieses Werk sei interessierten Lesern als umfassendes Standardwerk empfohlen.

Die literarisch-dramatisierende Darstellung der Auseinandersetzungen zwischen unteren Kadern und Bauern in den ländlichen Gebieten Chinas ist von den Autoren, bei aller Ernsthaftigkeit, meisterhaft eingefangen worden. Die Sprache ist bäuerlich-drastisch, manchmal derb-komisch, aber immer lebendig und kraftvoll. Da wird kein Blatt vor den Mund genommen: ob die Selbstdarstellerei der Kader als »Klappern ohne Handwerk« angegriffen wird, ob das Gespräch eines Gemeindesekretärs von den umstehenden Bauern mit dem Satz kommentiert wird: »Der Sekretär schwätzt Scheiße!«, oder ob die Führungsqualitäten für einen Kader folgendermaßen beschrieben werden: »Wenn man dich respektiert, dann bist du ein Führer; aber wenn man dich nicht mit großen Augen anschaut, dann bist du ein Arsch mit Ohren!«

Am schärfsten macht sich die bäuerliche Kritik und Verzweiflung in Spottversen Luft, von denen die Autoren ihrem Werk eine ganze Reihe beigegeben und so dem Volk auch hierin genau aufs Maul geschaut (und ganz nebenbei eine nicht angreifbare, revolutionär-romantische Instanz als Zeugen angerufen) haben. So wird zum Beispiel die Korrumpierbarkeit der Kader mit ihren Arbeitsessen und -gelagen karikiert:

»Von revolutionären Schnäpsen täglich rund
Versäuft er Partei und Magen und
Wer Wasser trinkt, statt Bier, wer will denn ihn?
Wer wenig trinkt, doch viel verträgt, den muss man noch erziehn.
Wer alles trinkt und nichts verträgt, dem ist schon alles einerlei.
Wer sagt, wir sind arm? Das Fettgesicht denkt nichts dabei.
Wer sagt, wir knapsen hier und knapsen da?
Draußen steht ein Santana!«

Aber Gereimtes hat noch einen anderen Sinn. In den ländlichen Gebieten, wo der Analphabetismus zu den großen Problemen gehört, dient es auch dazu, komplexere Sachverhalte leicht memorierbar zu machen – so wie hier, wo von einem der fortschrittlichen Kader die Bestimmungen einer Steuerreform gefasst werden:

»Die Steuer wird, wie jeder weiß,
berechnet nach dem Grundstoffpreis,
der Getreidezehnt wird garantiert,
der Festpreis endlich ausrangiert.
Sommers sechs Prozent, im Herbst nur vier,

zweimal Steuern zahlen wir,
wie hoch die Steuer dies Jahr war,
bleibt sie bis übernächstes Jahr.«

Die Szenen, die von dieser Sprache getragen werden, sind zumeist erschütternd. Aber mehr noch wird sich der westliche Leser, der die manchmal recht akademisch geführte Diskussion verfolgt, inwieweit Menschenrecht und Rechtsempfinden, so wie sie der Westen versteht und wie sie die chinesische Führung nicht müde wird, als im Kern »unchinesisch« abzuwehren, in der chinesischen Kultur tatsächlich verankert sind, staunen über die Zivilcourage, den Mut und die entschlossene Verzweiflung, mit der manche der geschilderten Bauern sich für diese »unchinesischen« Rechte einsetzen.

Dem gegenüber steht die Sprache der Politprofis und amtlicher Verlautbarungen: eine Sprache, die umständlich ist, verschraubt und voller verbrauchter Worthülsen, die aber als Kontrast zur lebensnahen Sprache der Bauern den Gegensatz beider Welten buchstäblich vor Augen führt.

Auf einer dritten Sprachebene treten die beiden Autoren selbst als nüchtern-leidenschaftliche Berichterstatter auf. Sie versuchen, die Fakten aufzuschlüsseln und mit historischem Hintergrund die Probleme aufzuzeigen, die sich für die ländlichen Gebiete Chinas aus der Steuerpolitik, der Trennung von Stadt und Land etc. ergeben. Und sie versuchen zudem, Lösungswege zu zeigen und einzelne Gestalten, die gegen alle Widrigkeiten des Systems an der Lösung der Probleme arbeiten, in den Vordergrund zu stellen. Dass dies mit einer gewissen Emphase, manchmal auch mit einem westlichen Ohren so ungewohnt nun nicht mehr klingenden Pathos geschieht, ist den Traditionen des Revolutionären Realismus geschuldet, sollte aber als Zeitkolorit bei einer Übersetzung nicht geglättet werden.

Was ferner auffällt, ist die Übernahme des mittlerweile zwischen internationalen Spitzenpolitikern gängigen Umgangstons auch innerhalb Chinas. Wie im Westen, wo sich die Staatsmänner und -frauen auf allen möglichen Gipfeltreffen zunehmend mit Vornamen ansprechen – »George, could you please ...« »Of course, Angela ...« –, ist auch hier immer wieder zum Beispiel vom Genossen Xiaoping (Deng Xiaoping) die Rede – früher unvorstellbar, wo doch im Chinesischen selbst unter Familienmitgliedern die Vornamen selten ohne den Nachnahmen benutzt werden.

Diese unterschiedlichen Ton- und Stillagen galt es, in den entsprechenden Teilen beizubehalten.

Gleichzeitig habe ich, wo immer möglich, der starken Bildhaftigkeit des Textes, die das treffende Bild immer dem entsprechenden Begriff vorzieht, Rechnung getragen, wenn es etwa heißt, die Bauern hätten »mehr Steuern am Hals als ein Ochse Haare«, »die Finanzen laufen leer, wer Hunger hat, malt sich einen Kuchen« oder »auf einen schäbigen Bauernhut kommt ein Dutzend Großmützen« usf.

Zu einem einzigen kleinen Entgegenkommen an den deutschen Leser sah ich mich veranlasst durch die ungeheure Fülle von Namen und Titeln, die das Buch bereithält. Um die Anzahl der erfahrungsgemäß für Westler schwer zu memorierenden chinesischen Personennamen ein wenig zu reduzieren und die Gefahr der Verwirrung zu verringern, habe ich Personen, die bloß am Rande vorkamen oder gar nur einmal, wohl aus dokumentarischen Gründen, aufgeführt wurden, nicht eigens erwähnt, oder zum Beispiel bei der Aufzählung von Dorfnamen, die nicht direkt mit dem Fortgang der Handlung zu tun haben, mit Formulierungen wie »in anderen Dörfern«, »in umliegenden Dörfern« o.ä. ersetzt.

Wer sich auf dieses Buch einlässt, lernt nicht nur die agrarischen Abgründe eines Riesenlandes kennen, das hierzulande in halbierter Ostküstenwirklichkeit vor allem als zukünftiger Markt mit unabsehbarem Potential gefeiert wird. Er erfährt auch, wie wenig monolithisch der Herrschaftsapparat der Kommunistischen Partei ist, wie schwer sich Staatsrat und Zentralkomitee damit tun, ihre Erlasse und Dekrete »von oben« durchzusetzen und politische Reformen voranzutreiben, wie sehr noch die kleinsten Veränderungen Ergebnis aufwändiger Verhandlungsprozesse auf allen institutionellen Ebenen sind.

Die Leser von Chen Guidi und Wu Chuntao müssen sich darüber hinaus auf eine ganz eigene Lektüreerfahrung einstellen. Wir Zentraleuropäer leben in den Traditionen westlicher Entwicklungsromane und verbürgter Rituale akademischer Auseinandersetzung, in denen sich Handlungsfäden durchziehen und Argumente sequenziell abgearbeitet werden. Nicht so im Fernen Osten. Hier hat es eine eher episodische Literatur zu hoher Blüte gebracht, und traditionell liegt das Hauptaugenmerk chinesischer (wie auch japanischer) Autoren nicht unbedingt auf der Stringenz eines Plots. Auch Chen Guidi und Wu Chuntao behandeln bei all ihren Einzelschilderungen immer einen ganzen Kosmos, den sie oft genug sichtbar machen oder mitwandern lassen, was in der westlichen Wahrnehmung zu Schleifen und zu Wiederholungen führt. Ich war darum bemüht, diese Redundanzen zu bändigen und einzuhegen – sie ganz zunichte machen wollte ich nicht.

Meinem Freund Zhang Zao, einem der renommiertesten zeitgenössischen chinesischen Dichter, möchte ich an dieser Stelle danken für manch erhellenden Hinweis.

Vorwort

Als *Zur Lage der chinesischen Bauern*, das neueste große reportage-literarische Werk des Ehepaars Chen Guidi und Wu Chuntao, vor der Veröffentlichung stand, wurde es mir, wie zuvor mit den Autoren abgesprochen, vom zuständigen Redakteur mit der Bitte um ein Vorwort zugesandt. Weil ich bereits zuvor zugesagt hatte, wollte ich nun meiner Verpflichtung auch gerne nachkommen.

Ich verbrachte ganze drei Tage mit der sorgfältigen Lektüre des Werks, und es geschah etwas, was mir in den letzten Jahren selten passiert ist: Ich war betroffen und erschüttert. Die beiden Autoren haben zwei Jahre lang in den ländlichen Gebieten der Provinz Anhui, wo sie leben, intensiv recherchiert, sie haben in über 50 Kreisen eine Unmenge von Dokumenten und Materialien gesammelt und gesichtet, haben – vom Zentralkomitee bis hinunter zu den kleinsten regionalen Verwaltungseinheiten – unzählige Personen aus Politik und Wissenschaft interviewt und dies alles später in ihre Untersuchung eingebracht. Von den ersten Notizen bis zur Drucklegung gingen zwei Sommer und zwei Winter ins Land, und das Manuskript wurde dreimal überarbeitet.

Man muss sagen, dass dies ein sehr sorgfältig gearbeitetes Buch ist, wobei das Wort »sorgfältig« meine Gefühle bei der Lektüre des Buches nicht ausreichend beschreibt. Denn dieser Ausdruck betont zu sehr das Handwerkliche und Technische. In den Worten der Autoren heißt das: »Wenn wir beide mit der leidenschaftlichen Nüchternheit, die unter den Schriftstellern so selten geworden ist, zu den chinesischen Bauern gingen, dann packte uns Kummer und tiefes Entsetzen.« In der Leidenschaft drückt sich ihr Mitgefühl für die Bauern, deren Nachfahren sie sind, und ihre Sorge um das Wohl und Wehe der ländlichen Gebiete aus, in der Nüchternheit ihre unbedingt notwendige wissenschaftliche Distanz und rationale Herangehensweise. Die Leidenschaft garantiert, dass sie auch bittere Gegenstände an sich heranlassen, dass sie in Freude und Verzweiflung mit dem einfachen Volk fühlen können und ihre Augen nicht vor den wirklichen Existenzbedingungen und dem wirklichen Lebensumfeld der chinesischen Bauern verschließen; die Nüchternheit versetzt sie in die Lage, inmitten des sie bestürmenden »Kummers und tiefen Entsetzens« einen klaren Kopf zu behalten, rational zu bleiben und so den inneren Beziehungen und dem Wesen der Dinge konsequent auf den Grund zu gehen.

Und was haben die Autoren während dieser langen zweijährigen Recherchen erfahren? Sie selbst schreiben: »Wir haben Dinge gesehen, die man sich in diesem Ausmaß nicht vorstellen kann: Armut, Verbrechen, Elend, Resignation, Widerstand, Schweigen, innere Bewegung und Tragödien ...« Das steht in der Einleitung des Buches: eine emotionale Selbstrechtfertigung, ein Seufzer aus tiefster Seele und zugleich ein Hinweis für die Leser. Zu Beginn der Lektüre war ich erschrocken, während der Lektüre war ich aufgewühlt, und nach der Lektüre, nach dieser Achterbahnfahrt der Gefühle und aufgrund der Nachdenklichkeit, mit der mich das Buch zurückließ, muss ich zugeben, dass der soeben zitierte Satz meine eigene Leseerfahrung zutreffend beschreibt. Im Grunde wird es jedem so ergehen.

Chen Guidi und Wu Chuntao gaben ihrem Buch den sinnvollen, vieles implizierenden Titel *Zur Lage der chinesischen Bauern.* »Zur Lage« – das betont Wirklichkeit und Praxis als Ausgangspunkt der Untersuchung, betont die in der wertvollen Tradition der Reportageliteratur stehende Anforderung an die Autoren, der Realität der Menschen ins Auge zu sehen. Das ist die Grundhaltung, der grundsätzliche Standpunkt, begründet aber auch ihre Herangehensweise an die Recherchen und ihr Schreiben. In China hat das eine lange Tradition. Für Historiker gilt es stets, das wahre Gesicht historischer Persönlichkeiten in den Blick zu fassen und zu entdecken, vor allem deren dunkle, von den Machthabern gerne verborgenen Seiten – das ist vielleicht nicht das Allerschwierigste, obwohl auch dazu ein außergewöhnliches Talent gehört, ein profundes Wissen und ein sensibles Geschichtsbewusstsein. Die Hauptschwierigkeit aber liegt darin, dass man Mut braucht: Man muss die Courage aufbringen, alles, was in den Blick kommt, auch ungeschminkt zu schreiben. Erst das ist die Nagelprobe für die Kühnheit und die Einsicht des Historikers und für die Ernsthaftigkeit seines Charakters, eine Nagelprobe, die nur unbeugsamste Menschen bestehen – Menschen, die auch unter Lebensgefahr nicht bereit wären, die Geschichte zu verfälschen. Der qingzeitliche* Historiker Zhang Xuecheng* betont genau diesen Punkt, wenn er zu den »drei Stärken« seines tangzeitlichen* Vorgängers Liu Zhiji* die »Tugend des Historikers« hinzufügt.

Die moderne Reportageliteratur ist eine blühende literarische Gattung, die sich aufgrund der modernen Medien, vor allem der Zeitschriften, entwickelt hat. Eines ihrer wesentlichen Merkmale ist eine nicht-fiktionale Authentizität. Hierin liegen ihre Grenzen, aber vor allem auch ihre Stärken, die andere literarische Gattungen nicht bieten können. In ihrer nicht-fiktionalen Authentizität ist die Reportageliteratur in der Tat der Geschichtsschreibung verwandt. Das ist auch der eigentliche Grund dafür, dass viele herausragende Werke der Reportageliteratur als Dokumente und historische Materialien von unbestreitbarem Wert sind. Und vielleicht liegt es auch daran, dass die Reportageliteratur in der Forschung als Gattung durchweg zurückgeführt wird auf das *Shiji**, die Aufzeichnungen des Großhistorikers Sima Qian, in denen dieser auch auf den »derzeitigen Herrscher« Han Wudi* zu sprechen kam. Ob diese Herleitung haltbar ist, darüber streitet die Fachwelt noch. Aber über die neuere Geschichte der Reportageliteratur herrscht Einigkeit.

Seit dem Ende der 70er Jahre des 20. Jahrhunderts hat die chinesische Reportageliteratur durch die Realitäts- und Lebensnähe ihrer nicht-fiktionalen Authentizität in vorher nie gesehener Weise viele bisher verborgen gebliebene dunkle Seiten und Verbrechen der extremen Linken entlarvt und viele große und den Menschen am Herzen liegende gesellschaftliche Probleme in den Brennpunkt gerückt. Dadurch hat sie ihre Themenbereiche um viele neue Ebenen des menschlichen Lebens erweitert. Denn die Reportageliteratur kann viel systematischer, reicher, vertiefter, solider und vielseitiger als normale Nachrichten Informationen und Hintergründe liefern, weshalb sie sich bei den Lesern auch einer ungebrochenen Beliebtheit erfreut. Die vergangenen nicht ganz 30 Jahre waren die Blütezeit dieses Genres. Seit dem Entstehen unseres Staates hat die Reportageliteratur – zumindest in ihren besten Autoren und herausragendsten Werken – eine beachtliche Entwicklung durchgemacht und eine ausgesprochen wertvolle Tradition der unbedingten und ungeschminkten Nähe zur Wirklichkeit und zum Leben herausgebildet. Allein was ihre Hauptthemen angeht, haben diese Arbeiten den Charakter einer Historiographie. Wer *Zur Lage der chinesischen Bauern* liest, wird eine Verbindung herstellen können zu früheren Ausnahmepublikationen unseres Autorengespanns wie *Die Mahnung des Flusses Huai* und *Der gerechte Richter* und wird Chen

Guidi innerhalb dieser wichtigen Tradition einen bedeutenden Platz einräumen.

»Zur Lage« – dieser Teil des Titels erinnert an den frühen Mao Zedong. Aus dieser Zeit stammt sein berühmter Satz: »Wer die Lage nicht untersucht hat, hat nicht das Recht, seine Stimme zu erheben.« Das war damals gegen den linken Dogmatismus und die linke Buchstabengläubigkeit gerichtet, die zu für die Sache der Revolution desaströsen Katastrophen geführt hat. In den 20er und 30er Jahren des vergangenen Jahrhunderts hat Mao in Hunan und Jiangxi viele eingehende, systematische Untersuchungen durchgeführt, um die ländlichen Gebiete wirklich kennen zu lernen, die Basis seiner Linie und Politik festzulegen und den damaligen revolutionären Kampf zum Sieg zu führen. Seine Ergebnisse hat er in schriftlichen Berichten festgehalten. Im Vorwort zu seinen *Untersuchungen von Xunwu** schreibt Mao 1930:

> »Das war meine bisher umfangreichste Untersuchung. Ich habe in der Vergangenheit sieben systematische Untersuchungen zu Xiangtan, Xiangxiang, Hengshan, Liling, Changsha, Yongxin und Ninggang durchgeführt, die fünf Untersuchungen in Gebieten der Provinz Henan sind im Januar 1927, dieser großen revolutionären Phase*, entstanden, die beiden von Yongxin und Ninggang in der Jinggang-Phase* im November 1927. Die Hunan-Untersuchungen hatte ich in die Hände meiner Frau Yang Kaihui* gelegt, sie sind vermutlich alle verloren gegangen, als sie getötet wurde. Die restlichen beiden gingen verloren, als im Januar 1929 im Zuge der kriegerischen Auseinandersetzungen zwischen Jiang Jieshi* und dem Warlord Li Zongren, dem so genannten Jiang-Gui-Krieg, die Gebiete um die Jinggang-Berge angegriffen wurden. Der Verlust von Dingen kümmerte mich nicht, aber den Verlust dieser Untersuchungen (vor allem der zu Hengshan und Yongxin) habe ich oft bedauert und werde ihn auch nicht vergessen.«

Hieraus wird ersichtlich, wie wichtig diese Untersuchungen und ihre schriftlichen Resultate Mao Zedong waren. Außer den *Untersuchungen von Xunwu* hat er später noch die *Untersuchungen von Dongtang u. a.*, die *Untersuchungen von Xingguo*, die *Untersuchungen der Gemeinde Changgang*, die *Untersuchungen der Gemeinde Caixi* usf. verfasst. In seiner Generation war Mao Zedong der einzige Parteiführer, der derart systematische Untersuchungen in den ländlichen Gebieten durchgeführt und sie zu regelrechten Aufsätzen ausgearbeitet hat, weshalb sein Wissen über die ländlichen Gebiete Chinas und die chinesische Gesellschaft auch um einiges tiefer, systematischer und vollständiger war als das anderer Führer. Das gewaltige theoretische Gebäude der Mao Zedong-Ideen erhebt sich auf der Basis solcher Untersuchungen und der Praxis des revolutionären Kampfes – auch wenn Mao selbst in seinen späten Jahren eine Reihe schwerer Fehler gemacht hat, weil er das Prinzip der Untersuchung und der Suche der Wahrheit in den Tatsachen verlassen hatte. Aber die Untersuchungsmethoden und die auf den Tatsachen beruhenden Arbeitsweisen, die er angeregt hat, bilden eine um so wertvollere Tradition, auf die sich auch Deng Xiaoping mit seiner Forderung, die Wahrheit in den Tatsachen zu suchen, berufen hat.

Ich weiß nicht, ob sich Guidi und Chuntao bei der Namensgebung ihres Buches dessen bewusst waren, aber aus ihren lebendigen Beschreibungen und Erzählungen lese ich die Fortsetzung und Weiterentwicklung dieser Tradition heraus. Ich denke, diese Einschätzung und diese Beziehungen sind nicht von der Hand zu weisen. Und angesichts der Schnelllebigkeit der Gesellschaft und der literarischen Moden kann die Wiederbelebung und Weiterführung dieser Tradition nur heilsam sein.

Erzählstil und Erzählstruktur von *Zur Lage der chinesischen Bauern* ist nicht typisch für Reportageliteratur. Das Buch richtet sich weder am Schicksal einer konkreten Person aus, noch will es den Charakter oder die Psyche eines Menschen entfalten, auch wird ganz bewusst darauf verzichtet, besonders bewegende Details herauszugreifen und zu beschreiben. Vielmehr macht es die Probleme der ländlichen Gebiete insgesamt zu seinem Thema und entwickelt seine Geschichten und Beschreibungen nach und nach gemäß der inneren Logik des Problemfeldes. Diese innere Logik bildet den roten Faden, mit dem die menschlichen Schicksale und Charaktere, die Details und Ereignisse des Buches verwoben sind.

Man muss anerkennen, dass die beiden Autoren sich selbst einer sehr, sehr schwierigen Aufgabe gestellt haben: Sie haben nicht nur die wahre Lage recherchiert, sie haben sehr hart gearbeitet und viele schwer vorstellbare Schwierigkeiten und Hemmnisse überwunden. Eine Hauptschwierigkeit bestand darin, eine geeignete Form zu finden, um das recherchierte Material, die gemachten Erfahrungen – kurz, all das, was sie darstellen wollten und glaubten, darstellen zu müssen – dem Leser wahrheitsgetreu zu präsentieren. Deshalb schreiben sie: »Ebenso wenig konnten wir damit rechnen, dass die Probleme Ausmaße annehmen würden, die uns ständig an unseren eigenen Fähigkeiten und unserer Courage zweifeln ließen: Ließ sich mit den Mitteln der Literatur ein derart großes und sensibles Thema überhaupt bewältigen?« Dennoch haben sie aus Liebe zu den 900 Millionen Bauern, zu ihren Verwandten und Freunden auf dem Lande, aus ihrem Ethos als Reportageliteraten heraus und aus Pflichtbewusstsein moderner Intellektueller ihrem Land gegenüber weitergemacht und ein großes Buch über die gegenwärtige Lage der chinesischen Bauern und die Gesamtreform der Landwirtschaft geschaffen, das geeignet ist, auch noch den Unsensibelsten aufzurütteln. Denn hier ist kein Buch der »Erfolgsmeldungen« entstanden, noch weniger ein Buch, das Friede, Freude, Eierkuchen vortäuscht, sondern ein Buch, das dem Leser und der Öffentlichkeit bittere Wahrheiten vorhält, das die ganze Komplexität, Dringlichkeit, Ernsthaftigkeit und Krisenhaftigkeit der Probleme auf dem Lande offenlegt und analysiert.

Im Frühjahr 2000 hieß es in einem Brief Li Changpings, des Sekretärs des Parteikomitees der Gemeinde Qipan, Kreis Jianli, Provinz Hubei, an die Führung des Staatsrats: »Das Leben der Bauern ist bitter, die Dörfer der Bauern sind arm, die Arbeit der Bauern ist gefährlich«, womit er den damaligen Ministerpräsidenten Zhu Rongji tief bewegte und besondere Beachtung beim Zentralkomitee fand. Seither sind die Probleme in den ländlichen Gebieten der zentrale Schwerpunkt sämtlicher Bemühungen der Partei und stehen im Fokus der Aufmerksamkeit unserer Bürger. Und doch machen es sich die meisten bis heute nicht klar, wie ernst, wie dringlich und wie bedrohlich die Probleme auf dem Land im Grunde sind. Wenn ich mich selbst als Beispiel nehme: Ich war erschüttert von dem düsteren Bild, das Chen Guidi und Wu Chuntao zeichneten vom beschwerlichen Leben der Bauern, von ihren Bedrückungen und Belastungen sowie von der despotischen Willkür und blutsaugerischen Menschenverachtung, mit der Dorf- und Gemeindekader nach oben buckeln und nach unten treten – und das, obwohl ich selbst in einem Bauerndorf aufgewachsen bin und nach meinem Umzug in die Stadt meine Eltern und Geschwister dort oft besuche und erst im vergangenen Winter zehn Tage dort verbracht habe, also eigentlich weiß, wie schwer das Leben auf dem Land noch immer ist! Was sie beschreiben, ist überzeugend und entspricht den Tatsachen.

Was die Struktur des Buches angeht, so stehen im Mittelpunkt der ersten vier Kapitel eine Reihe von schlimmen Zwischenfällen, in denen das Elend, in dem die Bauern unter dem Druck ihrer Steuerbelastung leben, und die vielen Rückschläge, mit denen sie zurechtkommen müssen, konkret dargestellt werden – bittere Szenen, angesichts derer einem der Atem stockt. Mit Trauer und Wut enthüllen die Autoren die längst zu einer bösen Macht gewordenen Übergriffe von Dorfbeamten und Gemeindetyrannen auf die einfachen Leute, und natürlich beschreiben sie auch die Beschwerdeführungen und den Widerstand des Volkes in dieser unerträglichen Situation.

Das Problem der Überbelastung der Bauern zeichnete sich bereits zu Beginn der 80er Jahre allmählich ab und ist seither immer schlimmer geworden. Aus diesem Grund hat das Zentralkomitee in vielen Erlassen konkrete Schritte und Maßnahmen zur Verringerung der Lasten festgelegt – allerdings mit geringem Erfolg. Warum konnte die Politik des Zentralkomitees zur Verringerung der Lasten, die dem Volk so tief aus dem Herzen spricht, nicht durchgesetzt werden? Warum wurden ständig Löffel abgeschafft und Schaufeln hochgehalten und alles fing wieder und wieder von vorne an?

In den Kapiteln 5–8 werden diese Fragen unter vielen Aspekten und auf verschiedenen Ebenen untersucht und analysiert. Dadurch wird deutlich, dass die Überbelastung der Bauern nur die Spitze des Eisbergs ist. Viele andere tiefgreifende, systemische und politische Mängel und Missstände stehen damit in Zusammenhang, wie vor allem das unbegrenzte Wuchern von Gemeinde- und Kreisorganisationen, wo »auf einen einzigen schäbigen Bauernstrohhut ein Dutzend Großmützen kommt«, wie es in einer Überschrift heißt. In einer Situation, wo die Ressource Boden tagtäglich weniger wird und die Steigerungsraten niedriger ausfallen, müssen die Bauern eine stetig wachsende Zahl von Gemeindekadern ernähren, die längst gemeinsame Eigeninteressen verfolgen. Auch Fonds und Abgaben für unentwegte »Image- und Vorzeigeprojekte« und »Standarderhöhungen« unterliegen der Kontrolle der Kader und sind Teil ihrer Karrierestrategien. Darüber hinaus haben wir das Problem der getrennten Verwaltung von Stadt und Land, das Auseinandergehen der Schere zwischen Arm und Reich usf. All das zeigt uns die Komplexität und den Ernst der Probleme in den ländlichen Gebieten.

Guidi und Chuntao sind allerdings keine Pessimisten. In den Kapiteln 9–12 stellen sie die Steuerreformideen der Agrarspezialisten He Kaiyin aus Anhui und Yang Wenliang aus Hebei dar. Sie würdigen die von beiden entwickelten Vorstellungen einer Gesamtreform des Agrarsystems, ihre Beharrlichkeit und ihre Aufopferungsbereitschaft für das Gemeinwesen, verschweigen aber auch die Rückschläge nicht, die die beiden Spezialisten hinnehmen mussten. In diesem Zusammenhang geben die Autoren den Ansichten maßgeblicher Beamter, die an vorderster Front der Agrarreform Pionierarbeit geleistet haben, genügend Raum; dabei hinterlässt vor allem die Beschreibung des Arbeitsstils von Ministerpräsident Wen Jiabao einen bleibenden Eindruck. Ihr Buch endet mit einem Schlusswort, das die Autoren mit »Nicht das letzte Wort« überschreiben; denn »der Vorhang öffnet sich« gerade erst für sie.

Zur Lage der chinesischen Bauern stellt uns in Form der Reportageliteratur die wirkliche Lage in den ländlichen Gebieten und einige Lösungswege für deren Probleme vor. Es ist ein großes, ein gutes Buch, und es kommt zur rechten Zeit. Sein dokumentarischer Wert und sein Erkenntniswert stehen außer Zweifel. Keiner, ob jung oder alt, dem die Probleme der ländlichen Gebiete und das Wohlergehen des Staates und des Volkes am Herzen liegen, kommt um dieses Buch herum. Ich glaube an die Urteilskraft der Leserschaft und glaube, dass dieses Buch mit seinen soliden und verantwortungsbewusst präsentierten Inhalten die Herzen eines breiten Publikums gewinnen wird. Und ich glaube, dass ich hierin nicht irre.

He Xilai, 15. Dezember 2003

An der Nahtstelle zwischen Wirklichkeit und Zielvorstellung

在现实与目标的夹缝中

China ist ein großes Agrarland. Von seinen 1,3 Milliarden Menschen sind 900 Millionen Bauern. Doch schon seit geraumer Zeit hat die überwiegende Mehrheit der Städter keine klaren Vorstellungen mehr von den Lebensbedingungen in den ländlichen Gebieten. Man hat nur mehr eine undeutliche Erinnerung daran, dass vor etwa 30 Jahren eine große und weltweit beachtete Umwälzung in den Dörfern ihren Anfang genommen hat und dass dieses »System der Familienproduktion und -verantwortung bei Landverpachtung« unter der Bezeichnung »Umfassendes Verantwortungssystem«* von den Dörfern aus umgesetzt wurde. Wiederholt wurden Rekordernten erzielt, über Nacht gab es Absatzschwierigkeiten bei Lebensmitteln, und »Zehntausend-Yuan-Haushalte« schossen wie Pilze aus dem Boden. Eine Zeit lang schienen bei den chinesischen Bauern Milch und Honig zu fließen. Doch nicht viel später hörten wir infolge der unablässig vorangetriebenen Reformen in den Städten kaum noch etwas über die chinesische Landwirtschaft und die Lage in den ländlichen Gebieten. Und doch mussten wir bald entdeckten, dass immer mehr Bauern das Land, das einmal ihr Leben gewesen war, aufgeben; sie verlassen ihre gewohnte Feldarbeit und die Ortschaften, die sie früher mit ihrem Leben verteidigt hätten, und nehmen für ein Leben in der Stadt die Einsamkeit, Erniedrigung und Verachtung auf sich, mit der sie dort zu rechnen haben. Und so bestimmt die von Millionen von Bauern ausgelöste Landarbeiterflut, die Welle um Welle in die Städte brandet, seit der letzten Dekade das Bild.

Da wir uns in diesen Jahren mit aller Konsequenz der Reportageliteratur verschrieben hatten, ergab sich für uns häufig die Gelegenheit, die ländlichen Gebiete zu besuchen, das Vertrauen der Bauern zu gewinnen und ihren Gesprächen zuzuhören. Wir stellten fest, dass die idyllischen Bilder vom traditionellen Leben auf dem Lande wirklichkeitsferne Illusionen sind, nichts weiter als die Nostalgie schnelllebiger Großstädter. Das wirkliche Leben auf den Dörfern ist ganz anders, es ist hart und schwer. Die Bauern haben gar keine Zeit für Nostalgie.

So untersuchten wir einmal die Verschmutzung des Huai in der Provinz Anhui. In der Tiefebene nördlich des Flusses kamen wir an einem Dorf vorbei und mussten zu unserer Überraschung feststellen, dass sehr viele Bauern dort bettelarm sind, viele nicht mehr besitzen als die nackten vier Wände. Wir waren erschüttert. Eine Familie feierte ihr Frühlingsfest* mit ganzen fünf Yuan*, eine Einnahme aus dem Verkauf von Gemüse – ein Leben so elend und erbärmlich wie nicht einmal in den ersten Jahren nach der Befreiung 1949. Ein Bauer rechnete es uns an den fünf Fingern vor: Setzlinge, chemischer Dünger, Bewässerung, der Maschineneinsatz bei Saat und Ernte und diese und jene Steuer und Abgabe: »Wenn ich pro Mu* keine 900 Pfund Weizen produzieren kann«, sagte er, »dann ist das Jahr für die Katz.« Und Dörfer, die im Nordhuai-Gebiet pro Mu 900 Pfund Weizen erzielen, sind ausgesprochen selten, schon 800 gelten als recht gut, im Allgemeinen kommt man nur auf 600. Das heißt, vom Getreideanbau allein kann man schon nicht mehr leben und darüber hinaus haben die Bauern mehr Steuern und Abgaben am Hals als ein Ochse Haare.

Mit Tränen in den Augen sagten die Bauern zu uns: »Die positiven Seiten des Umfassenden Verantwortungssystems sind uns nach und nach alle genommen worden!«

Dass die ärmste Region der Provinz Anhui im Gebiet von Jiangnan liegen könnte, bei der weltbekannten Stadt Huangshan, damit hatten wir nicht gerechnet. Das Dörfchen heißt Baiji, liegt im Kreis Xiuning der Stadt Huangshan und war damals weder über ein Straßen- noch über ein Telefonnetz mit der Welt verbunden. Dort entdeckten wir zu unserem Entsetzen, dass die Landwirtschaft im Gebirge auf dem primitiven Stand der Brandrodung stehen geblieben ist, dass die Bauern ein durchschnittliches Jahreseinkommen von nur 700 Yuan haben und ihr Monatseinkommen 58 Yuan nicht übersteigt; viele Bauern wohnen noch in finsteren, feuchten, engen und schäbigen Lehmhütten, manche dieser Hütten haben nicht einmal ein festes Ziegeldach, sondern sind mit Rinde gedeckt. Unter diesen Umständen wird die kleinste Krankheit zu einer ernsten Angelegenheit, eine schwerere Erkrankung kommt einem Todesurteil gleich. Von den insgesamt 2180 Einwohnern des Dorfes leben 1770 unter der Armutsgrenze, das macht 81 Prozent. Und in diesem armseligen Nest schnüren die Steuern und Abgaben den Bauern endgültig die Luft ab. Vor einigen Jahren nämlich hatten Gemeindekader derart angegeben, dass man oben zu der Auffassung gekommen war, man habe hier die Armut bereits abgeschüttelt. Darüber hinaus war der Dorfvorsteher selbst ein armer Schlucker und Blutsauger, der erst kurz bevor wir den Ort verließen unter Anklage gestellt wurde. Wir waren sprachlos über die Allgegenwart dieser korrupten Verbrecher, und das Bedrückende des Themas verschlug uns fast den Atem.

Als wir Baiji verließen, wählten wir eigens den Abstieg von der Zhejiang-Seite her und entdeckten unterwegs zu unserer Überraschung, dass es auch in Zhongzhou im Kreis Chun'an, der nach dem Sprichwort »paradiesischen« Stadt Hangzhou*, mit dem Wohlstand nicht weit her ist.

Im Frühjahr 2000 schrieb Li Changping, der Sekretär des Parteikomitees von Qipan, Kreis Jianli, Provinz Hubei, in einem Brief an die Führung des Staatsrats: »Das Leben der Bauern ist bitter, die Dörfer der Bauern sind arm, die Arbeit der Bauern ist gefährlich.« Diese Worte machten zumindest klar, dass das, womit wir in der Provinz Anhui in Berührung gekommen waren, keine Ausnahme bildete. Die Eingabe Li Changpings hatte offenbar das Herz des Ministerpräsidenten unserer großen Nation gerührt, und Zhu Rongji* antwortete bewegt: »›Das Leben der Bauern ist bitter, die Dörfer der Bauern sind arm, die Arbeit der Bauern ist gefährlich‹ – auch wenn das nicht für überall zutreffen mag, ist es doch unsere Aufgabe, die Lage nach und nach überall zu verbessern. Erfolgsmeldungen hingegen, die auf falschen Tatsachen beruhen, verkennen den Ernst des Problems.«

Hier erhebt sich für uns Städter ein Problem, bei dem wir zu keinem Ende kommen: Der gewaltige Wandel des heutigen China hat von der großen, weltweit beachteten Reform der 80er Jahre profitiert, aber wenn unsere Abermillionen Bauern einmal die Speerspitze dieser Reform gebildet hatten, stellt sich heute die Frage, wie sie in eine derart missliche Lage geraten konnten.

Man kann nicht leugnen, dass wir heute in einer Zeit so in China nie da gewesener Erneuerung leben, und doch ist das, was unsere Epoche am entschiedensten kennzeichnet, etwas ganz anderes: Wir haben die untersten Schichten, wir haben vor allem die 900 Millionen Bauern vergessen.

Deshalb kann man sagen: Das Problem, vor dem wir stehen und vor dem die Regierungspartei steht, ist absolut kein nur mehr rein landwirtschaftliches oder rein wirtschaftliches, es ist das größte gesellschaftliche Problem überhaupt. Und wir haben in der Tat keinen Anlass, über den rasanten Veränderungen der Städte die riesigen ländlichen Gebiete zu vergessen; ohne einen wirklichen Wohlstand unserer 900 Millionen Bauern sind all unsere optimistischen Statistiken nichts als schönes Blendwerk.

Dwight Perkins, ein Wirtschaftswissenschaftler aus Harvard, hat einmal gesagt: »Im Verlauf von Reformen muss auch deutlich werden, dass jemand von ihnen profitiert!« Das sollten wir uns heute sehr zu Herzen nehmen. Als die Reformen Ende der 70er Jahre begannen, wirkten sich die zugunsten der Bauern im Umfassenden Verantwortungssystem, der Arbeiter und Händler sowie der Pioniere in der Sonderwirtschaftszone von Shenzhen aus. Doch als sich der Schwerpunkt der Reformen auf die Städte verlagerte, profitierten davon nur noch eine neue Schicht von Unternehmern, schnell reich gewordene Regierungsbeamte, die sich »politische Renten«, also staatliche Transferleistungen angeeignet hatten, und eine als Gruppe nur schwer zu fassende städtische Mittelschicht. Hingegen zog die größte gesellschaftliche Gruppe, also unsere 900 Millionen Bauern, nicht nur keinen Profit aus den Reformen, sondern in einigen Gebieten kam es, weil sich das Produktionswachstum vom Einkommen abgekoppelt hatte, sogar zu einer Situation, von der sich sagen ließ: »Es wird von Tag zu Tag schlechter.«

Wie oft haben wir nicht voller Stolz verkündet: Mit sieben Prozent des Ackerbodens weltweit ernähren wir 21 Prozent der Weltbevölkerung. Unsere Bauern liefern ausreichend Nahrung für 1,3 Milliarden Menschen, das muss doch ein epochemachender, gewaltiger Beitrag sein. Doch wir vergessen dabei ständig, dass wir mit 40 Prozent aller auf der Welt tätigen Bauern 21 Prozent der Weltbevölkerung ernähren. Das kann nur heißen: Unsere Landwirtschaft ist ziemlich rückständig und der Lebensstandard der überwältigenden Mehrheit der Bauernschaft ziemlich niedrig.

Die Vereinten Nationen legen alljährlich einen *Weltentwicklungsbericht* vor. Dieser Bericht enthält jeweils eine Tabelle mit mehr als 170 Ländern und Gebieten, die nach ihren Entwicklungskoeffizienten angeordnet sind. Ende der 90er Jahre lag China auf Platz 78, 2003 sogar auf Platz 104. Das ist sehr deprimierend. Mehr als 20 Jahre lang war die Öffnungspolitik erfolgreich, und das Bruttosozialprodukt unseres Landes verzeichnete ungeheure Steigerungsraten. Doch als aufgrund dieses rasanten Aufschwungs auch die Weltwirtschaft außergewöhnliche Steigerungsraten erreichte, sagte Lawrence R. Klein, der Nobelpreisträger für Wirtschaft, in einem Interview zu chinesischen

Reportern, China habe zwei große Probleme: die Landwirtschaft und die Übervölkerung. Auch Yang Chenning, der Nobelpreisträger für Physik, äußerte in diesem Sinne, das Hauptproblem Chinas sei im Augenblick das zu niedrige Durchschnittseinkommen der Bevölkerung.

Es ist unumstritten, dass die Probleme der chinesischen Landwirtschaft und der ländlichen Gebiete zu einem wichtigen, den Fortgang unserer Modernisierungen beeinträchtigenden Faktor geworden sind. Das tangiert das Schicksal unseres Staates, stellt die Gewährleistung des gegenwärtigen Modernisierungsniveaus in Frage und birgt für uns die Gefahr, in kürzester Zeit zu verlieren, was wir uns in über 20 Jahren durch unsere Reform- und Öffnungspolitik erkämpft haben!

Reportageliteratur hat die Aufgabe, ständig im Dialog mit dem realen Leben zu bleiben. Darf da ein Autor vor einem so immensen Problem die Augen verschließen? Wir brachen also am 1. Oktober 2000 in der Provinzhauptstadt Hefei auf und überzogen die gewaltigen ländlichen Gebiete der Provinz Anhui mit ihren mehr als 50 Kreisen mit unseren Recherchen. Danach interviewten wir, nach Möglichkeit vom Zentralkomitee bis hinab zur regionalen Ebene, viele Spezialisten und Regierungsbeamte, die sich mit dem Problem der Bauern in Forschung und Praxis beschäftigten – eine schwierige Untersuchung, die sich über zwei Jahre hinzog.

Wir hatten nie den geringsten Zweifel, dass die Lage der Bauern in der Provinz Anhui exemplarisch ist für die zwölf Agrarprovinzen des ganzen Landes; und was die Reformen in den ländlichen Gebieten angeht, so ist Anhui mehr als typisch für alle anderen Provinzen, Städte und autonomen Gebiete. Denn die so genannten drei großen ländlichen Reformen des neuen China – die Bodenreform, das Umfassende Verantwortungssystem und die Steuerreform – nahmen ihren Anfang in Anhui. Zhu Rongji hat es nicht nur einmal gesagt: »Wenn im Zentralkomitee wichtige Entscheidungen in Bezug auf die Landwirtschaft getroffen werden sollten, bin ich oft nach Anhui gefahren, um die Situation dort zu erkunden. Man kann sagen, dass unsere vielen erfolgreichen Erfahrungen aus Anhui kommen und dass Anhui für die Landwirtschaft Chinas einen sehr wichtigen Beitrag geleistet hat.« Und auch Zhus damaliger Vize Wen Jiabao* sagte: »Wenn es um die Frage der ländlichen Gebiete geht, dann möchte ich nach Anhui kommen, um mir anzuhören, was die dortige Bevölkerung zu sagen hat. Denn hier gibt es sehr viele Genossen, die mit der Situation vertraut sind und die auch den Mut haben, ihre Meinung zu äußern. Jeder Besuch in Anhui war für mich eine Bereicherung.« Deshalb war unser Weg in die ländlichen Gebiete Anhuis in der Tat auch ein Weg zu den chinesischen Bauern überhaupt.

Im Grunde stammen wir alle von Bauern ab, haben ungetrübte Kinderjahre auf dem Dorf verbracht, und wenn wir heute dem uns längst fremd gewordenen Land einen Besuch abstatten, ist das noch immer, als kehrten wir zurück in die Arme der Mutter. Diese Rückkehr macht uns sentimental.

Aber wenn wir beide mit der leidenschaftlichen Nüchternheit, die unter den Schriftstellern so selten geworden ist, zu den chinesischen Bauern gingen, dann packte uns Kummer und tiefes Entsetzen.

Wir wollen damit sagen: Im heutigen China herrschen alles andere als Friede, Freude, Eierkuchen, große Gebiete befinden sich in einer sehr schwierigen Lage, weiten Teilen der Bevölkerung geht es elend. Viele junge Menschen sind noch nie aus den großen Städten herausgekommen, sie glauben, in China sei es überall so wie in Peking oder Shanghai, so wie auch mancher Ausländer nach dem ersten Augenschein annimmt, es sehe in ganz China so aus. Die Wirklichkeit vermittelt aber ein vollkommen anderes Bild.

Wir haben Dinge gesehen, die man sich in diesem Ausmaß nicht vorstellen kann: Armut, Verbrechen, Elend, Resignation, Widerstand, Schweigen, innere Bewegung und Tragödien …

Wir hätten nicht im Traum daran gedacht, dass die Testläufe für die Steuer- und Abgabenreform, die zunächst in Anhui stattfanden, einen ähnlich erschütternden Verlauf nehmen würden wie mehr als 20 Jahre zuvor die Einführung des Umfassenden Verantwortungssystems; wir führten unsere Recherchen fast parallel zu diesen Testläufen durch und waren der festen Überzeugung, dass wir durch unsere Arbeit die Menschen auf ähnliche Weise bewegen, sie in ihren Hoffnungen ermutigen und ihnen bei der Bewältigung ihrer Enttäuschungen und Probleme helfen könnten, wie das die Reformen tun sollten – und dann mussten wir parallel zu den Testläufen der Reformen selbst auf halbem Wege eine Pause einlegen, uns einigen schmerzhaften Überlegungen stellen und unsere ursprünglichen Pläne aufgeben.

Ebenso wenig konnten wir damit rechnen, dass die Probleme Ausmaße annehmen würden, die uns ständig an unseren eigenen Fähigkeiten und unserer Courage zweifeln ließen: Ließ sich mit den Mitteln der Literatur ein derart großes und sensibles Thema überhaupt bewältigen?

Und doch, am Ende hielten wir daran fest, weil wir der festen Überzeugung sind, dass die gesellschaftliche Aufgabe der Literatur keine passive ist. Sie darf keine blasse Reminiszenz an das Leben sein, sie muss vielmehr in Gemeinschaft mit ihren Lesern die historische Herausforderung der Gegenwart suchen: Denn das China von morgen hängt allein von unseren heutigen Erkenntnissen und Bemühungen ab.

Wenn wir jetzt beginnen, Geschichten von der Landwirtschaft Chinas, seinen ländlichen Gebieten und seinen Bauern zu erzählen, zwingen wir uns zunächst zur Nüchternheit – in der festen Überzeugung, nur mit Nüchternheit und Gelassenheit die heftigen Emotionen, die uns so oft bestürmten, bändigen zu können.

KAPITEL 1

Die Märtyrer

殉道者

Luying in Aufruhr

Leben und Tod sind zweierlei. Das wird niemand bestreiten wollen. Doch manchmal geraten diese Begriffe in Verwirrung: Es gibt Menschen, die sind augenscheinlich am Leben und scheinen längst tot; und es gibt Menschen, die sind schon lange tot und scheinen doch am Leben.

Ding Zuoming gehörte zu den Letzteren.

Sein Tod lag schon lange zurück, und man konnte nicht sagen, dass er schwerer wog als der Berg Tai*. Doch als wir uns am 10. Februar 2001 – acht Jahre, nachdem er ums Leben gekommen war – zu dem wegen seiner Armut bekannten Kreis Lixin in der Tiefebene nördlich des Flusses Huai aufmachten, antwortete auf unsere Frage, wie man nach Luying, einem Teilort der Gemeinde Jiwangchang, komme, alles unisono mit der neugierigen Gegenfrage: »Wollt ihr zu Ding Zuoming?«

Das überraschte uns sehr.

Ding Zuoming war ein ganz normaler Bauer gewesen, er hatte nichts Ungewöhnliches an sich gehabt. Wenn es etwas Ungewöhnliches an ihm gegeben hatte, dann, dass er im Vergleich zu den anderen Bauern ein paar Jahre länger zur Schule gegangen war: Grundschule und Mittelschule sahen ihn ganz bei der Sache. Seine Familie war so arm, dass es manchmal nicht lohnte, den Deckel vom Topf zu nehmen, doch er lief einfach still zur irdenen Wassertonne im Hof, reckte wie ein Vogel Strauß sein Hinterteil in die Luft und steckte den Kopf hinein; und wenn sein Bauch vom Quellwasser voll war, sprang er wie immer singend und hüpfend zur Schule. Bei seiner Aufnahmeprüfung für die Universität, darin waren sich alle einig, war er ungerecht behandelt worden, denn er hatte die Zulassungsbedingungen nur um ein paar Punkte verfehlt. Wenn er nicht aus einem Bauerndorf im Kreis Lixin gekommen wäre, sondern aus Peking oder Shanghai, hätte er ohne weiteres eine Universität besuchen können; wenn er nur in irgendeiner anderen Stadt geboren worden wäre, sein Schicksal hätte einen anderen Lauf genommen. Aber er war Absolvent der Mittelschule von

Luji und konnte danach nichts anderes tun, als nach Luying zurückzukehren. Zwischen ihm und den Bauerntölpeln, die nicht ein einziges Schriftzeichen beherrschten, gab es also keinerlei Unterschied: Er musste, wie alle anderen chinesischen Bauern auch, mit Feldarbeit sein Leben fristen und das Getreide versorgen. Wenn an ihm noch etwas Ungewöhnliches war, dann der Umstand, dass Ding Zuoming, der im Bauch nichts als schwarze Tinte hatte, lieber als andere Bauern in der Zeitung blätterte, Radio hörte, an Worten herumklaubte und sein Hirnschmalz in Bewegung setzte. In der Regel redete er mit den Menschen nicht gerade auskömmlich und bescheiden, aber er hielt unbeirrbar an seinen Prinzipien fest. Er hatte den Mut zur Wahrheit, hatte den Mut, mit den Großkopferten in Dorf und Gemeinde von Gleich zu Gleich zu sprechen. Und aus diesem Grund bekam er auch mehr Ärger als alle anderen, was er am Ende sogar mit dem Leben bezahlen musste.

Da er aber doch schon so lange tot war, wie konnten dann diese Menschen davon reden, dass wir »sicher zu Ding Zuoming« wollten? Sollte es tatsächlich noch eine Spur geben, die uns zu ihm führen konnte?

Der 21. Februar 1993, das war ein Freudentag, dem Ding Zuoming entgegengefiebert hatte. Er konnte ja nicht damit rechnen, dass sein Lebensweg an diesem Tag an sein Ende kommen würde.

Am Vormittag des Vortages erhielten Ding Zuoming und sieben weitere Bittsteller eine Nachricht von der Gemeinde, sie sollten sich zu einer Versammlung einfinden. Auf der Versammlung sagte der Gemeindevorstand, im Kreis fände die von ihnen vorgebrachte Beschwerde größte Aufmerksamkeit und sie sollten zwei aus ihrer Mitte wählen. Diese beiden sowie je zwei Vertreter der Partei und der Verwaltungskader sollten eine kleine Kommission bilden zur Überprüfung der Rechnungsführung des Dorfes und die Bücher des Dorfkaders von Luying einer gründlichen Prüfung unterziehen. Noch am selben Vormittag trat die kleine Kommission offiziell ihre Arbeit an. Diese Nachricht versetzte die Bauernschaft von ganz Luying in einen regelrechten Freudentaumel, die düsteren Sorgenfalten hellten sich auf, einige sprangen sogar über den Graben, rannten zum Krämerladen auf der anderen Seite, um Knallfrösche zu kaufen, sie am Ortsende loszulassen und mit dem Getöse die böse Stimmung zu vertreiben. Nur, in diesem Jahr lag der Frühling früh, nach dem alten Bauernkalender* war der 22. Januar der 30. des Großen Jahres, wie man das Vorjahr nannte, und der 6. Februar war bereits der 15. des ersten Monats – wenn man diesen Tag begangen hatte, dann war Neujahr schon lange vorbei, und das bedeutete: Die Läden hatten keine Ware mehr, es waren keine Knallfrösche zu bekommen. Und doch war Ding Zuoming an diesem Tag innerlich froher gestimmt als am Neujahrstag und er trat voller Elan aus der Tür seines Hauses.

Lixin war erst nach der Befreiung 1949 ein eigener Kreis geworden. Das Gebiet war ursprünglich auf die Randgebiete der sechs Kreise Guoyang, Fuyang, Mengcheng, Taihe, Fengtai und Yingshang verteilt, jeweils ein ärmlicher Streifen Land, um den sich niemand kümmerte. Der Boden bestand aus Löss; kaum dass es regnete, waren die Straßen unpassierbar. Außerdem gab es hier nicht wenige versandete Landstriche, und versalzene Areale bedeckten eine noch größere Fläche. Luying war im Grunde schon abgelegen und rückständig genug, als es auch noch von der großen Flut von 1991* getroffen wurde. Alle waren klappernd arm.

Als dann in diesem Jahr das Frühlingsfest vor der Tür stand, kam im Dorf nicht die geringste Festtagslaune auf: Das durchschnittliche Jahreseinkommen lag bei kaum 400 Yuan. Und die von oben auferlegten Lasten waren auf 103 Yuan, 1 Jiao, sieben Fen gestiegen. Ein ganzes Jahr lang war man geschäftig gewesen, hatte geschuftet von morgens früh bis tief in die Nacht, hatte sich die Füße wund gelaufen und sich krummgelegt, und nach Abzug des Eigenbedarfs war von dem herausgeschlagenen Getreide nichts mehr übrig, alles war unter dem Titel »allgemeine Abgaben« verschwunden. In einigen Haushalten reichte das Einkommen nicht, um die Abgaben zu entrichten, doch Gemeinde und Polizeistation steckten unter einer Decke, und wer nicht zahlte, wurde verhaftet.

»Ob man Geld hat oder nicht, an Neujahr fährt man nach Hause.« Das ist eine uralte chinesische Sitte. Und Ding Zuoming konnte nicht begreifen, dass sich jemand aus Angst vor den Gläubigern an Neujahr nicht nach Hause wagte. Das hätte eigentlich nur vor der Befreiung möglich sein dürfen, aber offenbar war es in Luying noch heute nicht anders. Hatten die chinesischen Bauern sich nicht erhoben, um ihr Leben selbst in die Hand zu nehmen? Was war dann der Grund für ihr bitteres Leben? Warum waren die Dorfkader der Partei, die doch »ganz für den Nutzen des Volkes arbeiteten«, derart grausam? Und da tat er in aller Stille etwas, was keiner sonst in Luying gewagt hätte.

Er hatte aus Radio und Zeitung erfahren, dass das Zentralkomitee der Partei in Peking einen nationalen Kongress zur Arbeit in den ländlichen Gebieten einberufen hatte, und verbrachte einige Abende damit, aus den neuen politischen Richtlinien des Zentralkomitees, die er gesammelt hatte, leicht verständliches Material zusammenzustellen. Dann machte er sich zu den einzelnen Familien auf, um dieses Material zu propagieren und zu erläutern. Wollte man heute allerdings den Geist eines Parteikongresses propagieren, dann musste das im Verborgenen geschehen – nicht anders als damals bei den heimlichen Untergrundaktivitäten in den von der Guomindang kontrollierten Gebieten. Das bedrückte ihn, und zugleich war es sehr aufregend.

Seine Augen leuchteten im Widerschein der Glühbirnen, die von den Dachbalken der Bauernbehausungen herabhingen. Zu seinen Dorfleuten sagte er mit Bestimmtheit: »Die so genannten allgemeinen Abgaben, die unsere Dorfkader erheben, stehen im Gegensatz zum Geist des Zentralkomitees!«

Die Bauern waren von früh auf daran gewöhnt, sich zu ducken und ins Unvermeidliche zu schicken, doch die Sorgfalt, mit der er die Dinge anging, und die Bildung, die er hatte, genügten in der Regel, um sie zu überzeugen. Doch dieses Mal gab es einige, die nach einem Augenblick tiefen Schweigens vorsichtig Zweifel geltend machten: Ging es denn nicht in allen Dörfern im Umkreis, in allen Gemeinden in der Nähe genauso zu? War nicht der Himmel hoch und der Kaiser weit? Und was er denn tun wolle, wenn er dieser Kader habhaft werden könne? Ding Zuoming antwortete einfach: »Wer im Recht ist, findet auch Gehör. Etwas anderes kann ich nicht glauben.«

Satz für Satz und Zeichen für Zeichen las er den Dorfbewohnern die neuesten Bestimmungen des Staatsrats vor: Die von den Bauern zu erhebenden allgemeinen Abgaben dürfen fünf Prozent des durchschnittlichen Einkommens nicht überschreiten. Den Prozentsatz betonte er besonders: »Es ist klar, die allgemeinen Abgaben, die im Dorf von uns erhoben werden, gehen bei weitem über diese Bestimmung hinaus, das ist mehr als fünfmal so viel wie fünf Prozent! Der nationale Kongress zur Arbeit in den ländlichen Gebieten hat klar gefordert: ›Jedes Gebiet muss den Nutzen der Bauern wahren und ihre Lasten verringern.‹ Es ist ganz klar, sie pfuschen herum, wir müssen zur Gemeinde gehen und Gerechtigkeit fordern!«

»Ob die uns bei der Gemeinde für voll nehmen?« Einige hielten das für ein Problem. Andere riefen ungeduldig dazwischen: »Es gibt das alte Sprichwort: ›Die Beamten treiben das Volk zum Widerstand.‹«

Das waren die Stimmen derer, die gedient hatten: »Erst recht, wenn wir uns nach den Bestimmungen des Zentralkomitees an die da oben wenden! Und wenn die Gemeinde uns nicht ernst nimmt, dann gehen wir zum Kreis!«

Allmählich heizte sich die Stimmung in den Bauernbehausungen auf.

Die einen klagten an: Der Parteizellensekretär Dong Yingfu habe den mit Mitteln der Bauern erbauten Getreidespeicher privat an ein anderes Dorf vermietet und daraus einen Gewinn von über 9000 Yuan gezogen; danach habe er den Speicher heruntergewirtschaftet und sich 30.000 – 40.000 Yuan aus dem Verkauf einverleibt. Und hatte nicht das Zentralkomitee in dem schlimmen Jahr der Flut eine spezielle Anordnung erlassen, in der für jede Art von Korruption in Bezug auf Mittel aus der Katastrophenhilfe sogar die Todesstrafe in Aussicht gestellt wurde? Doch Dong Yingfu besaß die Unverfrorenheit, sich die Kleidungsstücke und Nahrungsmittel aus der Nothilfe für Luying unter den Nagel zu reißen. Damit nicht genug, schrieb er die im Rahmen der Geburtenregelung erhobenen Bußgelder und all die zusätzlichen Steuern nicht in die Bücher oder stiftete in der Buchhaltung vorsätzliche Verwirrung.

Es dauerte nicht lange, und man zog vom Dorfkader zum Gemeindekader, ein Wort ergab das andere, und der Ton wurde immer explosiver.

Andere enthüllten: Das Fürstensöhnchen des Gemeindevorstehers Kang aus Jiwangchang tyrannisiere, auf die Macht seines alten Herrn gestützt, die ganze Gemeinde, sei schon mehrfach mit einem Elektroschlagstock und mit Handschellen in Luying aufgetaucht, um irgendwelches Geld einzutreiben. Bei der großen Flut von 1991 hatte man oben bestimmt, dass keine weitere Steuer von den betroffenen Bauern erhoben werden dürfe – da sei das Sekretärssöhnchen mit Soldaten der Volksmiliz im Dorf aufgetaucht wie seinerzeit die japanischen Teufel und habe den Bauern Geld und Wertsachen geraubt. Wenn sich jemand zu Hause versteckte und die Tür nicht aufmachte, schickte er ihm Mörder auf den Hals, die ihm die Tür eintraten. Dann wurde derjenige erst richtig zur Kasse gebeten und musste auch noch eine spezielle Arbeitsgebühr für das »verdienstvolle« Eintreten der eigenen Tür entrichten. Nach dem Raubzug führte er seine Bande mit Krawall auswärts essen, und was da verkonsumiert wurde, ließ er sich später aus den Fonds der Bauern vergüten.

Je mehr zur Sprache kam, umso größer wurde die Aufregung.

Schließlich schaute man auf Ding Zuoming und bat ihn, eine Entscheidung zu treffen.

»Um Schuhe zu flicken, braucht man Nadel und Faden, für eine Anklage braucht man Beweise«, sagte Ding Zuoming. »Wir können alle diese Beschwerden dem Gemeindekomitee vortragen und eine Überprüfung der Buchführung in unserem Dorf verlangen.«

Am selben Tag noch suchte Ding Zuoming mit sieben weiteren Dorfbewohnern das Kreiskomitee auf und trug dem Sekretär Li Kunfu ihre Beschwerden und Forderungen vor. Li Kunfu betrachtete eingehend die Steuertabellen, die ihm Ding Zuoming überreicht hatte, und sagte: »Das sind zu viele Steuern. Lasst uns zuerst einmal beraten, wir geben euch in zwei Tagen Antwort.«

Die beiden Tage vergingen, doch nichts geschah; es vergingen weitere zwei Tage und dann noch einmal zwei, drei Tage, da wollte auf einmal Ren Kaicai, der stellvertretende Sekretär der Abteilung Recht und Politik des Parteikomitees der Gemeinde, auf einer Versammlung von Kadern und Parteimitgliedern aus Luying vom Parteizellensekretär ein »Eingeständnis« über zuviel erhobene Steuern. Der ging sofort an die Decke. Er war der Auffassung, in jedem Dorf würde derart überbesteuert, und es bringe nichts, dies in aller Öffentlichkeit zu bekennen. Er hatte Wind davon bekommen, dass Dorfbewohner ihn bei der Gemeinde angezeigt und eine Untersuchung der Dorfbilanzen gefordert hatten, außerdem hegte er den Verdacht, dass man auf seine ziegelgedeckten Häuser neidisch war, und so ließ er sich auf der Versammlung zu einer wüsten Drohung hinreißen: »Die einen wollen meine Rechnungsführung überprüfen, die anderen wollen mir an meine Häuser heran – ich bin schon gespannt, wer den Mut dazu hat! Wer ist so lebensmüde? Es wird behauptet, bei meinem Gehalt könne ich mir keinen kleinen Traktor leisten und keine Ziegeldächer. Aber ich habe mir beides geleistet, das liegt an meinen Fähigkeiten! Ihr seid arm? Dann geschieht es euch recht! Ihr wollt euch mit mir anlegen? Dann liegt euch nichts an eurem Leben!«

Ein Parteizellensekretär, der sich auf einer Gemeindekadervollversammlung unter Vorsitz eines stellvertretenden Sekretärs der Abteilung Recht und Politik derart unverschämt zu äußern wagte, war etwas Unerhörtes. Doch der stellvertretende Sekretär hielt ihn nicht zurück. Nach der Versammlung wurde das Ganze publik, und die Einwohner von Luying wollte es schier zerreißen: »Gelten in der Welt der Kommunistischen Partei die Gesetze nicht mehr?«

Ding Zuoming konnte das nicht schlucken und schickte sein Material über die willkürlichen Steuererhebungen in Luying drei Tage vor Silvester direkt an das Disziplinarkomitee des Kreises Lixin. Das brachte den Genossen, der das Schreiben in Empfang nahm, in arge Verlegenheit: »Das Jahr geht bald zu Ende, jetzt lege ich das Material zuerst einmal hier ab.«

In diesem Jahr wirkte Luying zur Zeit des Frühlingsfestes einsam und verlassen wie selten, und kaum jemand brannte ein Feuerwerk ab.

Im Nu kam der 18. des ersten Monats nach dem Bauernkalender. Viele Bauern waren ganz aus dem Häuschen, einer nach dem anderen suchte Ding Zuoming auf und entdeckte erst dort, dass der schon seit Jahresbeginn damit beschäftigt gewesen war, einen Beschwerdebrief zu schreiben. Dort stand alles in allen Einzelheiten geschrieben: die Maßnahmen und Bestimmungen des Staatsrats und des Zentralkomitees und all die Machenschaften, mit denen ein paar Kader aus Luying und der Gemeinde Jiwangchang den Bauern gegen Gesetz und Disziplin schwere Lasten aufgebürdet hatten.

Alle waren von Ding Zuomings Engagement angesteckt. Ja, ein Mensch braucht eine innere Haltung und immer auch etwas Pflichtgefühl gegenüber der Gesellschaft! Wenn jeder Angst hat, vom fallenden Laub erschlagen zu werden, sich um offensichtliche Zerfallserscheinungen nicht schert und sich üblen Kräften nicht zu widersetzen wagt, dann gibt es für unser Volk keine Hoffnung. Und so geschah es, dass in der Nacht vom 18. des ersten Monats die Bauern des abgelegenen Örtchens Luying Reisegeld zusammenlegten, der eine acht Jiao, der andere einen Yuan, und in aller Stille ihre acht Bauernvertreter, darunter auch Ding Zuoming, in der Dunkelheit aus dem Dorf geleiteten.

Der Büroleiter des Kreiskomitees, ein Mann namens Wang, fiel aus allen Wolken, als ihm Ding Zuomings Beschwerdeschreiben überreicht wurde. Er spürte, dass die Situation, von der die Bauern von Luying berichteten, bei weitem ernster war, als sie es sich vorstellten. Büroleiter Wang erstattete umgehend Dai Wenhu, dem Sekretär des Kreiskomitees, Bericht. Auch wenn dieser gerade erst hierhin versetzt worden war, war es überhaupt keine Frage, wie man damit umzugehen hatte. Deshalb stellte die Antwort des Kreiskomitees Ding Zuomings Reisegruppe ausgesprochen zufrieden: »Wir werden auf dem schnellsten Wege die Gemeinde anweisen, eine kleine Kommission zur Überprüfung der Rechnungsführung einzusetzen, um die Rechnungsführung der Verwaltungskader von Luying einer Untersuchung zu unterziehen; was die von Ihnen berichtete Situation in der Gemeindeverwaltung angeht, so wird auch dies umgehend überprüft und geregelt.«

Ding Zuoming hatte kein Neujahrsfest gehabt, doch beim Gedanken daran, dass das von allen zusammengebrachte Reisegeld mühsam vom Munde abgespart war, wagte er nicht, länger in der Kreisstadt zu verweilen. Er drängte seine Bauernvertreter in den überfüllten Werkszug zurück nach Jiwangchang. In dem Abteil, in dem es einem eigentlich den Magen umdrehen konnte, schmeckte er voller Vertrauen und Freude den Worten der Kreisführung nach – und wusste doch nicht, welch fürchterliche Katastrophe auf ihn zukam. Der Gott des Todes warf mit dem widerwärtigen Grinsen einer anderen Welt bereits lautlos seinen Schatten über ihn – dabei war er unschuldig und ahnungslos.

Mord auf der Polizeistation

An einem warmen Wintertag desselben Jahres – es war der 11. Februar, nach dem Bauernkalender am Ersten des zweiten Monats – saßen nachmittags um kurz nach drei Xu Saijun und Ding Dagang, zwei Bauern, bei einem Spiel namens »Liuzhou« zusammen. Liuzhou ist eine Art »Boden-Go«, das die Bauern aus der nördlichen Tiefebene des Huai erfunden hatten. Sie metzelten gerade, dass einem schwindlig werden konnte. Ding Zuoming schaute ihnen dabei zu, und auch Ding Yanle, der stellvertretende Vorsteher der Ortsverwaltung, hatte sich dazugesellt. Er wusste bereits, dass Ding Zuoming beim Kreis gewesen war und berichtet hatte, wie er und seine für Geburtenplanung zuständige Frau die allgemeinen Abgaben und die Bußgelder aus der Geburtenplanung unterschlagen hatten. Längst hatten sich Angst und Hass bei ihm aufgestaut. Jetzt suchte er einen Anlass, um mit Ding Zuoming Streit anzufangen.

Drohend sagte er zu Xu Saijun und Ding Dagang: »Das ist ein Glücksspiel! Ich könnte euch auf der Stelle verhaften lassen!« Dabei fixierte er Ding Zuoming.

Der wunderte sich natürlich: »Sie spielen doch nur zum Vergnügen, das verstößt gegen kein Gesetz; und wenn es gegen das Gesetz verstoßen würde, Verhaftungen wären immer noch Sache der Polizei.«

»Na, nicht unbedingt!«, gab Ding Yanle hasserfüllt zurück.

Ding Zuoming verstand den Ton überhaupt nicht. Menschen, die sich, kaum dass sie es zum Kader gebracht hatten, plötzlich wichtig taten, waren ihm fremd. Und doch ahnte er nichts Gutes. Es war offensichtlich, dass hier nach einem Vorwand gesucht wurde, um ihn zu provozieren. Also sagte er nichts mehr.

Doch wenn Ding Yanle erst einmal in Fahrt war, ließ er sich kaum noch bremsen. Er fing an, Ding Zuoming mit der Schulter zu schubsen. Dabei murmelte er immer dreister: »Wie, du willst dich schlagen? Dir werd' ich helfen! Ich geb' dir was!«

Darauf war Ding Zuoming gedanklich überhaupt nicht vorbereitet. Er hätte sich nie vorstellen können, dass Ding Yanle als ein stellvertretender Bürgermeister sich so aufführen könnte, und so wich er wieder und wieder zurück. Ding Yanle jedoch rückte ihm weiter auf den Leib und drang immer wütender auf ihn ein. Er holte aus zu einem hasserfüllten Schlag, aber weil sich Ding Zuoming reflexartig wegduckte, ging der Schlag ins Leere und riss ihn mit. Ding Yanle stürzte kopfüber in den Acker und fraß Erde.

Jetzt hatte er »mit Fug und Recht« einen Vorwand für seine Rache gefunden.

Die Leute, die Ding Zuoming entlarvt hatte, waren Leute von Rang. Er konnte sich vorstellen, dass sie eine Gelegenheit zur Rache suchten, nur Ding Yanle war für ihn einfach unterste Schublade, ohne Niveau, und deshalb verlor er kein Wort darüber.

In Luying, das so weit von jeder modernen Zivilisation entfernt war, war der Satz »ein Bohnenmusbrötchen ist kein Essen und ein Dorfvorsteher kein Kader«, kein Scherz; und dass Ding Zuoming es gewagt hatte, den Kader beim Kreis anzuzeigen, das hieß schon »lebensmüde sein«. Ding Yanle war schon vorher voller Hass gewesen, dass er nun auch noch Dreck gefressen hatte, das goss Öl in sein Feuer. Um die Sache aufzublasen, hing er ihr das Mäntelchen »Körperverletzung« um. Sechsmal erschien er an diesem Nachmittag an der Haustüre Ding Zuomings, um ihm eine Abreibung zu verpassen. Obwohl Ding Zuomings Frau Zhu Duofang* die näheren Umstände gar nicht kannte, blieb ihr nichts übrig, als sich immer wieder zu entschuldigen. Doch Ding Yanle gab keine Ruhe.

Es dauerte nicht lange, da erhob Ding Yanles Sohn Ding Jie, in der Hand ein Gemüsemesser, draußen ein wildes Geschrei, wobei er zwischen den Zähnen hervorstieß, er werde Ding Zuoming schon »heraustreiben«.

Am darauf folgenden Abend mahnten die Dorfbewohner Ding Zuoming, Luying möglichst schnell zu verlassen und sich andernorts zu verstecken. Zunächst wollte er auf keinen Fall darauf eingehen. Er fand, sie seien doch von den Kadern des Dorfes betrogen worden, wieso er sich da verstecken solle? Dann kam er auf den Gedanken, dass die Führung des Kreises ihre Forderung nach einer Überprüfung der Rechnungsführung im Dorf unterstützt habe, die Untersuchung der Veruntreuung von Geldern durch die Dorfkader somit anscheinend nur noch eine Sache der Zeit war, und man wegen solch einer Kleinigkeit nicht das Ganze gefährden und die Pläne des Kreises stören dürfe. Außerdem hatten die Ding Yanles nur eine Angst: dass er sich verstecken würde, denn diese Leute haben nichts anderes im Sinn, als mit entsprechendem Spektakel die Pferde scheu zu machen. Und in diesem großen Chaos* könnten sie erst recht die Wasser so trüben, dass am Ende nicht mehr klar sein würde, was richtig und falsch sei.

Also schluckte Ding Zuoming seinen Zorn herunter und verließ Luying noch in der gleichen Nacht.

Es war am zweiten Tag, es wurde gerade hell, als Ding Yanle wie zu erwarten mit Leuten seiner Familie vor Ding Zuomings Haus auftauchte wie ein böser Geist, um mit ihm einen Streit vom Zaun zu brechen. Zhu Duofang sagte vorsichtig: »Ding Zuoming ist nicht zu Hause.« Ding Yanle war nicht gewillt, das zu glauben, ach woher denn, er stürmte in das Haus, ließ seine Leute alles durchsuchen, und als von Ding Zuoming keine Spur zu finden war, verkündete er wutschnaubend: »Ding Zuoming hat mich geschlagen, gestern, ich muss stationär behandelt werden!«

In diesem Augenblick ließ sich der Parteizellensekretär Dong Yingfu blicken. Gemeinsam mit Ding Yanles Frau Sun Yazhen brachte er diesen ins Krankenhaus. Danach überreichte sie in ihrer Eigenschaft als Verantwortliche für die Geburtenplanung dem Gemeindevorsteher Kang Zimao und Ren Kaicai, dem stellvertretenden Sekretär des Parteikomitees der Gemeinde, ihr am Abend des Vortages zusammengeschriebenes »Enthüllungsmaterial«, worin sie behauptete, Ding Zuoming habe »ihrem Mann den Weg versperrt und ihn krankenhausreif geschlagen, weil dieser durch seinen ernsthaften Einsatz bei der Arbeit der Geburtenplanung den Unwillen Ding Zuomings erregt« habe. Sie forderte eine strenge Bestrafung des vermeintlichen Übeltäters.

Kang Zimao und Ren Kaicai war es im Grunde gleichgültig, ob an dieser Anklage Sun Yazhens etwas Wahres war, sie waren einfach schadenfroh. Zu dieser Zeit war die Mitteilung vom Kreiskomiteebüro bereits in der Gemeinde Jiwangchang angekommen, und die Anweisung des Kreiskomitees war ganz unmissverständlich: Parteikomitee und Gemeindeverwaltung hatten unverzüglich eine kleine Untersuchungskommission einzurichten, an der, um die Rechnungsführung der Kader des Verwaltungsdorfes Luying einer umfassenden Untersuchung zu unterziehen, diejenigen Vertreter des Dorfes beteiligt werden sollten, die den Bericht eingereicht hatten. Wer den Bericht eingereicht hatte, das musste man Kang und Ren nicht erklären, sie wussten, wer der Störenfried war: Ding Zuoming. Und dass jemand bei höheren Instanzen vorstellig wurde, das konnten sie nicht durchgehen lassen. Zweifelsohne beschädigte diese Angelegenheit das Ansehen der Gemeinde Jiwangchang und verunglimpfte den Ruf des Parteikomitees und der Gemeindeverwaltung. Das war entschieden gegen die Regeln und nicht zu tolerieren.

Deshalb wiesen die beiden sofort, als sie das Enthüllungsmaterial von Sun Yazhen erhalten hatten, die Gemeindepolizei an, sich der Angelegenheit Ding Zuoming mit Strenge anzunehmen.

Die Polizei von Jiwangchang war in gewissem Sinn schon lange keine Dienststelle unserer staatlichen Sicherheitsorgane mehr, die nach Gesetz und Verfassung die Bürger schützte und innere Feinde attackierte, sie war ganz und gar zu einem willigen Werkzeug der führenden Dorfkader degeneriert. Deshalb fragte sie, als sie die Anweisung des Gemeindevorstehers und des stellvertretenden Sekretärs des Parteikomitees bekam, nicht nach Recht oder Unrecht, sondern schickte eine Vorladung heraus, der zufolge Ding Zuoming sofort bei der Polizeidienststelle zu erscheinen hatte.

Als Ding Zuoming draußen in seinem Versteck erfuhr, dass er von der Polizei gesucht wurde, fand er das sehr eigenartig. Das hatten ihm Ding Yanle und seine Frau eingebrockt, da war er sich sicher. Das Ganze bereitete ihm allerdings kein allzu großes Kopfzerbrechen. Solange er sich nichts hatte zu schulden kommen lassen, glaubte er, konnte ihn mit Dreck bewerfen, wer wollte, es würde nichts nützen. Tatsachen waren schließlich immer noch Tatsachen.

Freimütig betrat Ding Zuoming die Polizeistation.

Man kann sich vorstellen, dass die Schritte, mit denen er die große Tür der Polizeistation passierte, voller Selbstvertrauen waren. Denn am Vormittag genau dieses Tages war die kleine Untersuchungskommission, die das Kreiskomitee gefordert hatte, nicht nur offiziell zusammengestellt worden, nein, sie hatte bereits mit der Arbeit begonnen!

Es würde nicht lange dauern, glaubte er, und die wirtschaftlichen Probleme der Dorfkader würden von der Untersuchung zu Tage gefördert werden.

In der Polizeistation fand Ding Zuoming sehr schnell heraus, dass in dieser Welt alles auf dem Kopf stand: »Man zeigte auf einen Hirschen und behauptete, es sei ein Pferd« – das war ganz und gar nicht nur eine Geschichte aus dem alten *Shiji,* der ersten großen Dynastiengeschichte Chinas. Und es brauchte dazu nicht einmal die Abgefeimtheit eines Eunuchen wie Zhao Gao*.

Was danach geschah, hat bis heute kein offizielles Medium der Öffentlichkeit zugänglich gemacht. Es war ein reiner Glücksfall, dass wir bei unserem Besuch auf dem Land, als die entsprechenden Akten nach der Lösung dieses Falles bereits im internen Archiv lagen, diesen »Bericht« voller Blutvergießen und Terror zu Gesicht bekamen.

Peng Zhizhong, der stellvertretende Polizeistellenleiter, begrüßte Ding Zuoming mit folgendem Satz: »Warum hast du Ding Yanle geschlagen?«

Ding Zuoming erwiderte: »Ich habe ihn nicht geschlagen, ich habe noch nie jemanden geschlagen.«

Peng Zhizhong wiederholte denselben Satz noch einmal, nur in weitaus schärferem Ton.

Wieder verteidigte sich Ding Zuoming: »Ich habe noch niemals jemanden geschlagen. Ihr könnt ins Dorf gehen und fragen.« Er sah nicht ein, warum er weitere Angaben machen sollte, und dachte, Peng Zhizhong müsse auch Ding Yanle befragen.

»Rede!«, schrie Peng Zhizhong scharf. Er verlor schon die Geduld.

»Wie könnt ihr behaupten, ich hätte Ding Yanle geschlagen? Habt ihr Beweise?« Ding Zuoming riss der Geduldsfaden ebenfalls. »Wenn nur irgendwer, der damals im Dorf war, und sei es auch bloß ein Kind, bezeugt, dass ich Ding Yanle geschlagen habe, dann bin ich bereit, die Verantwortung dafür zu tragen.«

Peng Zhizhong hörte überhaupt nicht zu, sondern verkündete die beiden Maßnahmen, mit denen er die Sache zu regeln gedachte: »Erstens zahlst du, Ding Zuoming, die Krankenhauskosten von 280 Yuan und fünf Mao; zweitens holst du, Ding Zuoming, Ding Yanle am nächsten Markttag vom Krankenhaus ab und bringst ihn auf dem Leiterwagen nach Hause.«

Diese Scheinheiligkeit, mit der alles auf den Kopf gestellt wurde, war für Ding Zuoming natürlich inakzeptabel. Er widersprach auf der Stelle: »Ich habe Ding Yanle nicht geschlagen, Ding Yanle kann unmöglich verletzt sein; warum er im Krankenhaus ist, weiß ich nicht und ich muss es auch nicht wissen.«

Peng Zhizhong schlug auf den Tisch: »Und was ich sage, zählt nicht, was? Meine Entscheidung ist gefallen! Ich frage dich jetzt, rückst du das Geld heraus oder nicht?« Gemeinhin hielt sich Ding Zuoming an das, was er von den Gesetzen wusste, und so sagte er: »Ich habe Ding Yanle nicht geschlagen, wenn ihr zu einer solchen Entscheidung kommt, kann ich dagegen Berufung einlegen.«

Jetzt platzte Peng Zhizhong endgültig der Kragen. Er zeigte mit dem Finger auf Ding Zuoming und schrie: »Ich kann dich auf der Stelle einsperren, oder was meinst du?«

Ding Zuoming knickte immer noch nicht ein und erwiderte: »Die Vorwürfe gegen mich reichen nicht aus, um mich wie einen Kriminellen zu behandeln; wenn ihr mich also in polizeilichen Gewahrsam nehmt, müsst ihr innerhalb von 24 Stunden einen Grund für meine Inhaftierung vorweisen.«

Peng Zhizhong darauf: »Na gut, ich sage dir, ich kann dich dreiundzwanzigeinhalb Stunden wegschließen, und wenn du nach deiner Freilassung nicht zahlst, dann schließe ich dich wieder dreiundzwanzigeinhalb Stunden weg, solange bis du zahlst!«

Als Peng Zhizhong an diesem Punkt angekommen war, rief er Zhu Zhuanji, Ji Hongli und Zhao Jinxi zu sich – alles Mitglieder der Truppe zur gemeinsamen Verteidigung der Öffentlichen Sicherheit* – und befahl den dreien, Ding Zuoming sofort in das illegal eingerichtete so genannte Arrestzimmer zu sperren. Es heißt hier deshalb »illegal«, weil das Ministerium für Öffentliche Sicherheit und das Amt für Öffentliche Sicherheit der Provinz Anhui 1989 und 1992 unabhängig voneinander jeweils ein Dokument herausgegeben hatten, in dem es Polizeistationen strengstens untersagt wurde, Arrestzellen einzurichten.

Als Ding Zuoming in den finsteren Raum eskortiert wurde, verlangte er von Peng Zhizhong lauthals Rechenschaft: »Ich habe nichts getan, warum werde ich eingesperrt?«

Peng Zhizhong zeigte auf Ding und sagte zu seinen drei Helfern: »Das Kind ist ein wenig übermütig, heizt ihm ein bisschen ein!«

Damit ging er.

Ding Zuoming konnte diese für eine Polizeistation so alltäglichen Worte, die Peng Zhizhong zwischen den Zähnen hervorstieß, nicht hören, die drei Verteidiger der inneren Sicherheit jedoch kannten sie in- und auswendig. Wenn es hieß, Ding Zuoming »sei übermütig«, dann bedeutete das, er »gibt nicht klein bei«; ihm »einheizen« hieß, man musste es Ding Zuoming zeigen, ihn züchtigen und prügeln, notfalls auch zu weiteren Maßnahmen greifen – kurz, das Ganze zielte darauf ab, ihn zu einem Geständnis zu bewegen.

Zhu Zhuanji hatte Hemmungen. Er war mit Ding Zuoming auf die Mittelschule gegangen, außerdem wohnte er im Nachbardorf. Es war ihm unangenehm, selbst Hand an ihn zu legen, und so machte er sich unter einem Vorwand schleunigst aus dem Staub. Er hatte sich von jeher darauf verstanden, seinem Vorgesetzten die Absichten aus dem Gesicht abzulesen, und dessen Ermahnungen tief in sich aufgesogen. Zugleich wusste er, dass Ding Zuoming ein Mensch war, der sich lieber brechen lassen würde als nachzugeben und den auch der Tod nicht schreckte. Ihm war ferner klar, dass das keine Kleinigkeit war, Ding Zuoming unter Arrest zu stellen. Bevor er ging, rief er eigens Ji Hongli und Zhao Jinxi vor die Tür und forderte sie auf, Ding Zuoming »tanzen zu lassen«, das könne nicht schaden.

Als Zhu Zhuanji das sagte, war sein Tonfall ganz ruhig, doch für Ji Hongli und Zhao Jinxi klang es, als sei aus diesem äußerlich ruhigen Tonfall Mordlust herauszuhören. Denn das Tanzenlassen war die grausamste Strafe in der Polizeistation der Gemeinde Jiwangchang.

Zhu Zhuanji sah zu, wie Ji und Zhao in das dunkle Zimmer zurücktraten, und ihm war noch immer schwer ums Herz. So ging er zum Polizeiwohnheim im Hinterhof und überbrachte seinem Kollegen Wang Jinjun den Befehl Peng Zhizhongs, er solle auf der Stelle herüberkommen, Ding müsse unbedingt »arrestiert werden«.

Ganz nach den versteckten Hinweisen von Peng Zhizhong und Zhu Zhuanji eskortierten Ji Hongli und Zhao Jinxi den Ding Zuoming vom Arrest- in das Dienstzimmer und ließen ihn tanzen. Der fügte sich nicht, und sie stießen und schubsten ihn, um ihn zum Tanzen zu zwingen. Obwohl es hieß, Ding Zuoming sei zwölf Jahre auf die Schule gegangen, war er kein schwächlicher Stubenhocker, schließlich hatte er sich auf den Feldern beim Pflügen, Eggen und Unkrautjäten abgehärtet. Ji Hongli und Zhao Jinxi kamen vor Anstrengung außer Atem, jedenfalls fanden sie kein Mittel, ihn gefügig zu machen.

Da trat Wang Jinjun mit einem Stock aus Maulbeerbaumholz in die Tür. Als Ji Hongli und Zhao Jinxi ihn mit einer Waffe zur Verstärkung herankommen sahen, behaupteten sie, Ding Zuoming habe sie geschlagen. Wang Jinjun herrschte ihn sofort an: »Wer seine Fehler nicht gesteht, der hat hier nichts zu lachen!« Er stieß einen abscheulichen Fluch aus, hob den Stock und schlug Ding mitten ins Gesicht. Der versuchte, weiteren Schlägen auszuweichen, und wurde auf den Armen und an der Hüfte schwer getroffen. Bei jedem Schlag entrang sich ihm ein Stöhnen, aber er gab nicht nach.

Da Ding Zuoming nicht tanzte, wurden Wang Jinjuns Stockhiebe von Schlag zu Schlag böser.

Warum aber tat er als Mitglied der Truppe zur Verteidigung der Öffentlichen Sicherheit und selbst Bauer seinem Berufsgenossen so etwas an? Dafür kann es nur eine logische Erklärung geben: Der Mensch stammt von den Reptilien ab, und trotz seiner Erfolge in Wissenschaft und Technik, trotz seiner herrlichen modernen Zivilisation kann bei einigen Vertretern dieser Gattung die urzeitlichste und grausamste Schlechtigkeit der menschlichen Natur immer noch als »Atavismus« in Erscheinung treten – das würde die Langsamkeit des menschlichen Fortschritts erklären. In diesem Augenblick hatte Wang Jinjun schon völlig den Verstand verloren und war zu einem anderen, bösartigen Lebewesen geworden.

Wie man sich erzählte, war es nicht das erste Mal, dass er sich wie ein wildes Tier aufführte. Seit er zur Polizeistation gekommen und seit er Mitglied der Truppe zur Verteidigung der Öffentlichen Sicherheit war, gehörten Prügel zu seinem täglichen Geschäft. Kein Mensch hatte ihn darüber aufgeklärt, dass er das nicht durfte, im Gegenteil, er wurde von den Verantwortlichen mit wichtigsten Aufgaben betraut, weil er den Mut hatte hinzulangen.

Heute schlug er derart zu, dass der Maulbeerbaumstock in seiner Hand entzweiging. Doch er gab keine Ruhe, sondern hob den Fuß und trat Ding Zuoming zu Boden, drosch mit dem elektrischen Polizeiknüppel auf dessen Beine ein und zwang ihn, sich auf den Boden zu kauern. Als nun Ding Zuoming keine Abwehrmöglichkeit mehr hatte und Wang Jinjun müde wurde, kam auch in Ji Hongli die Bestie zum Vorschein: Er streichelte eine halbe Tragestange, schwang sie hoch und ließ sie genauso wahnsinnig auf Ding Zuomings Hüften und Gesäß niedersausen.

Auf diese Weise dauerte es nicht lange, bis Ding Zuoming keinen Laut mehr von sich gab. Er war offensichtlich von den Torturen, die ihm zugefügt wurden, entsetzt und traumatisiert.

Längst war ihm klar, dass die Kerle da ihn umbringen würden, wenn er nicht nachgab. Aber noch war er nicht bereit, zu Kreuze zu kriechen, und noch weniger zu kapitulieren. Überraschenderweise riss er die Augen weit auf und schrie außer sich vor Zorn:

»Ich klage die Dorf- und Gemeindekader an, sie haben die Lasten der Bauern erhöht, sie haben sich von der Politik der Partei abgewandt, ich habe keine Angst vor euren Prügeln! Und wenn ihr mich totschlagt, ich gebe nicht nach. Ich werde euch noch als Gespenst anklagen! Auch euch!«

Als Ji Hongli in Ding Zuomings blutunterlaufene Augen sah, ließ er vor Schreck seinen Prügel zu Boden fallen. Wang Jinjun sah, dass Ji Hongli weiche Knie bekam, und fuhr ihn hysterisch an: »Du Scheißwaschlappen, hast du etwa Angst vor ihm? Darf der hier eine dicke Lippe riskieren?«

Da nahm Ji Hongli seinen Stock und prügelte weiter drauflos. Ganz nebenbei nahm Zhao Jinxi ein schmutziges Handtuch her und stopfte es Ding Zuoming in den Mund.

Und jetzt, wo Ding Zuoming sich nicht mehr rühren und auch nicht mehr sprechen konnte, prügelten drei vertierte ehemalige Verteidiger der Öffentlichen Sicherheit über 20 Minuten abwechselnd auf ihr Opfer ein. Erst als Zhao Xiyin, der Leiter der Polizeistation, der wegen Krankheit zu Hause geblieben war, von dem ganzen Geschehen aufgeschreckt wurde, hatten die Gräuel auf der Polizeistation der Gemeinde Jiwangchang ein Ende.

Alarm im Zentralkomitee

Als die Bauern aus der Kommission zur Überprüfung der Rechnungsführung Ding Zuoming in der Polizeistation fanden, lag er bereits in den letzten Zügen. Einige beugten sich über ihn und konnten vor Schmerz nicht weinen, sie wussten, dass er nur wegen seines Einsatzes für die Allgemeinheit so zugerichtet worden war; andere beeilten sich, seiner Familie Bescheid zu geben; wieder andere zeigten mit Fingern auf die Polizisten und ließen ihrem Ingrimm freien Lauf: »Ohne euch ist die Gesellschaft doppelt so sicher!«

Ding Zuomings 70 Jahre alter Vater Ding Xuying stürzte schwankend und taumelnd in die Polizeistation und erblickte das fahle Gesicht seines Sohnes, dem die schweren Schweißtropfen des Todes über die Wangen liefen: »Oh weh!«, entrang es sich tonlos seinen bebenden Lippen, und er sank neben seinem Sohn nieder.

In diesem Augenblick kam Peng Zhizhong, der stellvertretende Leiter der Polizeistation, zurück, um nachzusehen, ob Ding Zuoming mittlerweile zur Raison gebracht worden war. Als Dings Vater erfuhr, wer da in der Tür stand, und weiter hörte, dass sein Sohn nur so zugerichtet war, weil er sich geweigert hatte, Ding Yanles »Krankenhauskosten« von über 200 Yuan zu übernehmen, flehte er Peng Zhizhong kläglich an: »Ich entschuldige mich bei Ding Yanle, seine Krankenhauskosten erkenne ich an, morgen bringe ich das Geld zusammen und gebe Ihnen alles, bitte, lassen Sie meinen Sohn frei!«

Peng Zhizhong hatte nicht damit gerechnet, dass seine Beamten dieses Mal derart zuschlagen würden. Jetzt aber, wo es geschehe war und der alte Vater ihn mit seinem Gejammer bestürmte, machte er eine Geste mit der Hand, die wie ein Winken aussah, und hätte Ding Zuoming am liebsten auf der Stelle fortschaffen lassen. Allerdings hatte der stellvertretende Leiter der Polizeistation nicht vergessen, welche Maßnahmen er beschlossen hatte: »Ich habe mich klar ausgedrückt, morgen muss das Geld hier sein!«

Ding Xuying und die Bauern der Untersuchungskommission schafften Ding Zuoming eiligst in das Gemeindekrankenhaus. Aber der dortige Arzt wusste wegen der heftigen Schmerzen Ding Zuomings im Bauchbereich nicht weiter und ließ ihn in das Kreiskrankenhaus überführen.

Am nächsten Morgen um acht Uhr wurde bei Ding Zuoming hoher Blutverlust aufgrund eines Milzrisses diagnostiziert. Man gab ihm eine Nottransfusion, doch auch sie konnte die Uhr nicht zurückdrehen. Es war zu spät.

Ding Zuoming hörte schließlich auf dem Operationstisch des Kreiskrankenhauses auf zu atmen.

Als der alte Ding Xuying von dem Tod seines Sohnes erfuhr, weinte er sich die Augen aus dem Kopf. Er schlug gegen die Wand und wollte vor Schmerz nicht mehr leben: »Mein Junge! Wie konntest du nur so dumm sein! Du warst im Recht, aber die haben doch die Macht, wie kann denn ein Arm ein Bein niederringen?«

Ding Zuomings Frau konnte sich mit der grausamen Wahrheit noch weniger abfinden, sie war in Tränen aufgelöst. Sie weinte und schrie: »Ach, Zuoming, jetzt haben sie dich totgeschlagen, wegen 200 Yuan! Das war doch nur Geld! Du hast uns alle verlassen, die beiden gebrechlichen Alten und deine drei kleinen Kinder, der Große ist erst sechs, der Kleine erst zwei – wie soll das nur weitergehen?«

Die Bauern aus der Kommission zur Überprüfung der Rechnungsführung, die ihnen zur Seite standen, versuchten, mit guten Worten zu trösten, und konnten doch auch die Tränen nicht zurückhalten. Voller Schmerz riefen sie: »Zuoming, ach, Zuoming, du warst doch sonst so klug! Warst du denn von allen guten Geistern verlassen? Sie haben dich so furchtbar geschlagen, warum hast du denn nicht um Hilfe gerufen?«

Dass man Ding Zuoming, den Ersten, der dem Kreis von der Last der Bauern berichtet hatte, auf der Polizeistation totgeschlagen hatte, diese Nachricht schlug ein wie ein Blitz aus heiterem Himmel und erschütterte selbst die Ältesten der Gemeinde!

Die Bauern von Luying schäumten. In den Flammen dieses Zorns verbrannten die Schranken der Übervorsichtigkeit, die sie an normalen Tagen ihren Herzen auferlegten. Einer nach dem anderen traten sie ohne jedes Bedenken aus ihren Türen, liefen vor Ding Yanles Haus zusammen und forderten ihn und seine Frau auf herauszukommen. Erst jetzt erfuhren die Menschen, dass Ding Yanle von der Sache Wind bekommen und sich mit Kind und Kegel längst aus Luying davongestohlen hatte. Sein Haus stand leer und verlassen.

Bis zu dem Augenblick, in dem wir Luying betraten, hatte niemand mehr Ding Yanle und seine Familie zu Gesicht bekommen. Einmal hieß es, sie hätten sich nach Shanghai oder Nanking aufgemacht, ein andermal, sie seien auf der Insel Hainan oder in Shenzhen, kurz, sie hatten Heim und Herd den Rücken gekehrt und mussten mit ihrer Hände Arbeit ihren Lebensunterhalt verdienen. Die Spuren des stellvertretenden Ortsvorstehers, der in Luying vor seinem eigenen Schatten Angst gehabt hatte, verloren sich nach diesem Tag hinter dem Horizont. Er wurde ein trauriger Wanderer, den es hierhin und dorthin verschlug.

Die Dorfbewohner trafen also bei Ding Yanle niemanden an. Da machten sie, empört wie sie waren, kehrt und liefen allesamt zur Polizeistation. Und mussten entdecken: Ihr früher so arroganter Vizepolizeistationsvorsteher Peng Zhizhong war samt Ji Hongli, Zhao Jinxi und Wang Jinjun, deren Gewissen der Hund gefressen hatte, untergetaucht.

Als die Dorfbewohner so zum zweiten Mal vor leeren Türen standen, wurde ihr Zorn noch größer. Schließlich fassten sie einmütig den Beschluss, direkt zum Kreis zu gehen.

Als die Bauern von Luying sich auf den Weg machten, stießen auch die Bauern der umliegenden Dörfer zu ihnen, die Sache hatte sich längst herumgesprochen.

Offensichtlich waren nicht nur für Luying die Lasten unerträglich und das Leben derart schwer, dass es so nicht mehr weitergehen konnte. Die Probleme, die Ding Zuoming dem Kreis vorgetragen hatte, und die Forderung nach einer Überprüfung der Rechnungsführung der Kader standen stellvertretend auch für ihr Wohl und Wehe, und deshalb konnten sie angesichts des Todes von Ding Zuoming nicht einfach die Hände in die Hosentaschen stecken. Über eines waren sich alle unausgesprochen einig: Wenn sie sich jetzt wieder nicht zusammentaten und wehrten, dann konnte ihnen morgen das Gleiche zustoßen wie Ding Zuoming!

Und so wurde aus einem Schneeball wie von Riesenhand eine reißende Lawine, und noch bevor sie in der Kreisstadt ankam, hatten sich mehr als 3000 Menschen versammelt. Dieser Heerzug riss alles mit sich wie eine Flut, und über der Straße erhob sich eine wogende Staubwolke. Und in dieser Staubwolke vermischten sich das Klingeln, Hupen, Rattern und Tuckern von Traktoren, Dreirädern, landwirtschaftlichen Fahrzeugen, Ochsenkarren und Ziehwagen.

Die Bauern Chinas gehören zu einer besonderen Gattung Mensch, sie sind die gutherzigsten, folgsamsten und duldsamsten Wesen der Welt, aber wenn sie erst einmal aufgerüttelt sind, dann können sie mit einem Mal zur gewaltigsten, furchtlosesten und zerstörerischsten Armee der Welt werden!

»Der Fall Ding Zuoming«, der sich am 21. Februar 1993 in der Polizeistation der Gemeinde Jiwangchang des Kreises Lixin in der Provinz Anhui zugetragen hat, wird von den Gelehrten und Experten, die einmal die »Geschichte der chinesischen Landwirtschaft« schreiben werden, gewiss nicht übersehen oder ignoriert werden. Denn Ding Zuoming war der Erste von 900 Millionen chinesischen Bauern, der totgeschlagen wurde, weil er einer höheren Instanz von der Last der Bauern berichtet hatte. Er zahlte mit seinem jungen Leben dafür, dass er die Menschen aufrüttelte, vor lauter Fortschrittsgläubigkeit die ausgesprochen ernste Wirklichkeit der chinesischen Bauern nicht zu übersehen oder zu ignorieren.

Das damalige Kreiskomitee und die Kreisregierung von Lixin wagten es nicht, die Sache auf die leichte Schulter zu nehmen. In größter Eile riegelten sie die Straße ab, aus Angst, die Sache könne außer Kontrolle geraten und von üblen Elementen ausgenutzt werden. Sie ignorierten den Fall Ding Zuoming nicht, behandelten die Sache sogar mit Nachdruck und Sorgfalt, verhängten allerdings eine strikte Nachrichtensperre in der Hoffnung, alles würde so nicht in der ganzen Region bekannt. Man war der Auffassung, dass die Verbreitung solch einer Nachricht für keinen leitenden Beamten in Kreiskomitee und -regierung von Vorteil wäre.

An die Unterdrückung unangenehmer Nachrichten ist man im heutigen China derart gewöhnt, dass man das für normal hält. Man sieht dem Unangenehmen nicht ins Gesicht.

Und doch verbreitete sich die Nachricht von diesem Zwischenfall. Noch bevor der Sekretär des Parteikomitees der Provinz Anhui und der Provinzgouverneur eingeweiht waren, alarmierte der Fall das Zentralkomitee der Partei in Peking. Viele führende Mitglieder des Zentralkomitees und des Staatsrats wussten nicht nur genauestens über die wahren Vorgänge Bescheid, sondern hatten nach dem ersten Schrecken unverzüglich klare Aktennotizen gemacht.

Es war Kong Xiangying, ein Reporter des Anhuier Büros der Nachrichtenagentur Neues China, der die ganze Sache ans Licht gebracht hatte.

Er war wegen einer anderen Recherche im Kreis Lixin gewesen. Als er von dem »Fall Ding Zuoming« Kenntnis erhielt, erschütterte ihn das tief. In dem Provinzbüro der Nachrichtenagentur war er mit der Berichterstattung über die ländlichen Gebiete betraut und daher für alles, was sich bei den Bauern der Provinz Anhui ereignete, besonders sensibilisiert. Außerdem trifft ein Reporter des höchsten Nachrichtenorgans bei der Behandlung von Meldungen auf weitaus weniger Tabus und Schranken als lokale Reporter. Allein seiner gesellschaftlichen Aufgabe und seinem historischen Auftrag verpflichtet hatte er den Eindruck, dass der »Fall Ding Zuoming« wie ein Spiegel war für sehr viele »gesellschaftliche Nachrichten« aus den ländlichen Gebieten des heutigen China – ganz zu schweigen davon, dass die Entlastung der Bauern eine der großen Fragen war, denen sich Zentralkomitee und Staatsrat bereits mit großer Aufmerksamkeit widmeten und für die es schon klare Bestimmungen gab. Und da wurde ein gebildeter junger Bauer aus der Gemeinde Jiwangchang, der diese Erlasse kannte, am helllichten Tage totgeschlagen, nur weil er gemäß den Beschlüssen der Partei eine berechtigte Forderung an eine Organisation dieser Partei gerichtet und die Unterstützung des Kreiskomitees auch erhalten hatte – totgeschlagen durch ein Exekutivorgan des Volkes! Das Abstoßende dieses Vorgangs enthüllte die Schwere des Problems und seine Beispielhaftigkeit. Das alles jedoch schreckte ihn nicht!

Auf der Stelle änderte er seine Pläne, nahm den Druck und eventuelle Störversuche auf sich, fuhr zur Gemeinde Jiwangchang und führte eine gewissenhafte Untersuchung durch. Sehr schnell hatte er die wahren Begebenheiten in einem Artikel mit der Überschrift »Großer interner Bericht« zusammengefasst und ihn an das Hauptstadtbüro in Peking gesandt. Das Hauptstadtbüro veröffentlichte den Untersuchungsbericht ebenfalls unverzüglich und ungekürzt in den *Guonei dongtai qingyang (Berichte zur Lage)*, die an die obersten Entscheidungsebenen geschickt wurden.

Als der Genosse im Büro der Provinzregierung von Anhui den Anruf Chen Junshengs, des Generalsekretärs des Staatsrats, entgegennahm, erstarrte er. Bis zu diesem Zeitpunkt war die Angelegenheit weder der Bezirksverwaltung von Fuyang noch der Kreisregierung von Lixin gemeldet worden, außerdem war in der Geschichte der Provinzregierung von Anhui ein derart dringlicher Anruf »von oben« noch nie vorgekommen.

Chen Junsheng fragte ohne Umschweife: »Ein junger Bauer, Ding Zuoming, aus Luying, Gemeinde Jiwangchang, Kreis Lixin, ist wegen einer Eingabe über die Bauernlasten gewaltsam zu Tode gebracht worden. Was habt ihr in dieser Angelegenheit getan?«

Der Genosse wusste überhaupt nicht, wovon die Rede war, und konnte natürlich keine Antwort geben. Da fuhr Chen Junsheng unverzüglich fort: »Berichten Sie mir sofort, was Sie in dieser Angelegenheit tun. Einige führende Genossen des Zentralkomitees haben in dieser Sache Aktennotizen gemacht, sie wird sehr ernst genommen. Ich warte auf umgehenden Rückruf!«

Chen Junsheng hinterließ nicht nur die Telefonnummer seines Büros und seiner Wohnung, sondern gab ihm auch noch die interne »Nummer des roten Telefons« des Regierungssitzes Zhongnanhai; und weil er sich gerade auf einer Sitzung befand, erklärte er ihm außerdem noch, wie er ihn dort direkt erreichen könne.

Anhand dieser vier Telefonnummern konnte der Genosse auf dem Büro der Provinzregierung von Anhui ersehen, wie wichtig der Fall war. Nachdem er sich mit den zuständigen Führungsleuten der Provinz in Verbindung gesetzt hatte, schickte er ein Telegramm an Bezirkskomitee und -verwaltung von Fuyang.

Erst jetzt erfuhr Dai Wenhu, der Sekretär des Kreiskomitees Lixin, dass die Sache »Kreise zog«. Wenn der Tod von Ding Zuoming in kausalem Zusammenhang mit den »Bauernlasten« stand, dann hatten sie ein Problem, das wusste er sehr genau. Unter den zuständigen Führungskadern des Parteikomitees und der Gemeindeverwaltung von Jiwangchang würden Verantwortliche gesucht werden, und auch das Kreiskomitee würde sich der Verantwortung nicht entziehen können. Obwohl er erst vor ungefähr einem Monat hierher versetzt worden war, viele Dinge noch nicht wirklich durchschaute und in diesem Fall höchstens die »politische Verantwortung« übernehmen konnte, so spürte er nach dem Eiltelegramm doch den Ernst der Lage. Plötzlich war alles sehr viel komplizierter. Zunächst einmal hoffte er, dass dieser Zwischenfall ihm kein Ungemach bringen, anders gesagt: dass die Sache hier sein Ansehen in Anhui nicht beeinflussen würde. Seit den großen Überschwemmungen von 1991 betrachteten die Menschen im Land Anhui als »Katastrophengebiet«. Wenn die wahren Umstände des Falles Ding Zuoming nach außen dringen würden, wie stünden die ländlichen Gebiete von Anhui dann da? Wenn sich herumsprechen würde, was für entsetzliche Dinge in Lixin geschehen waren, wie sähe er als der zuständige Sekretär des Kreiskomitees da aus?

Natürlich hatte Dai Wenhu keine Ahnung, dass es nicht lange vor den Geschehnissen um Ding Zuoming und ebenfalls wegen der zu hohen Belastung der Bauern nahe dem Berg E'mei im Kreis Renshou der Provinz Sichuan bei einem großangelegten Protest von über 10 000 Menschen zu heftigen Zusammenstößen mit der Polizei gekommen war, in deren Verlauf die aufgebrachten Bauern schließlich ein Polizeiauto in Brand gesetzt hatten. Bereits dieser Vorfall hatte die Besorgnis der Führung des Zentralkomitees erregt. Dass unmittelbar darauf in Anhui ein Mensch ums Leben kam, lenkte die Aufmerksamkeit natürlich in besonderem Maße auf die Art und Weise, wie man dort mit dieser Situation umging, denn es stand zu befürchten, dass es deswegen zu noch größeren Unruhen kommen könnte.

Dai Wenhu überlegte hin und her, doch am Ende ergriff er die Maßnahmen, mit denen heute längst jeder vertraut ist: Das Unangenehme wurde um des lieben Friedens willen verschwiegen. Der Tod von Ding Zuoming und die Bauernlasten dürften nur nicht in einem Atemzug genannt werden, dann, so glaubte er, wäre der Rest leicht zu handhaben.

Nach nicht ganz 24 Stunden schrieben Kreisverwaltung und -komitee von Lixin folgenden Bericht an Provinzverwaltung und -komitee:

Der Tod von Ding Zuoming sei zwar beklagenswert, aber doch eine Angelegenheit, die in keinem Zusammenhang mit der Belastung der Bauern stehe. Auf der Stelle wurde ein entsprechendes Telefonat mit Chen Junsheng geführt.

Woran Dai Wenhu in keinem Augenblick gedacht hatte: Es war just diese geschönte Antwort, die seiner eigenen vielversprechenden Zukunft in die Quere kam. Denn wer konnte ahnen, dass Chen Junsheng ein Mensch war, der es sehr genau nahm, und dass außerdem in dieser Angelegenheit bereits zu viele Aktennotizen von Führungsmitgliedern des Parteikomitees existierten, um sie noch unter den Teppich kehren zu können? Als er die Antwort aus Anhui erhalten hatte, wurde er argwöhnisch: Machte nun der Reporter der Nachrichtenagentur Neues China irreführende Angaben über die Lage oder war die Provinz Anhui dabei, das Zentralkomitee hinters Licht zu führen? Worum es nun ging, war nicht mehr unbedingt die Art und Weise, wie man die Sache handhabte, sondern wie der Fall Ding Zuoming wirklich gelagert war.

Chen Junsheng legte diese Frage der Nachrichtenagentur Neues China vor.

Nachdem die Nachrichtenagentur den Anruf des Generalsekretärs des Staatsrats entgegengenommen hatte, kam ihr die Sache merkwürdig vor. Denn der Untersuchungsbericht Kong Xiangyings, ihres Reporters in Anhui, war viel zu konkret, als dass er hätte aus der Luft gegriffen sein können. Doch um der Sorgfalt willen teilte sie ihrem Büro in Anhui den Inhalt des Telefonats mit Chen Junsheng und den Bericht der Provinz mit.

Kong Xiangying, der vor Ort recherchiert hatte und seine Beiträge ohne Ausnahme sehr sorgfältig bearbeitete, war von dem Schluss, zu dem die Provinz in ihrer Untersuchung des »Falles Ding Zuoming« kam, ausgesprochen überrascht. Er fühlte, dass so etwas nicht sein durfte. Diese amtliche Verlautbarung war zweifellos ein grundlegendes Dementi seiner Sicht der Dinge, und das konnte er natürlich nicht auf sich sitzen lassen.

Deshalb war seine Antwort an das Hauptbüro der Nachrichtenagentur nur konsequent: Um Klarheit in die Sache zu bringen, bitte er das Zentralkomitee, direkt und vor Ort eine Untersuchung durchzuführen.

Schnell wurde eine gemeinsame Untersuchungskommission aus Mitgliedern des Disziplinarbüros des Zentralkomitees, des Rechtsbüros des Staatsrats, des staatlichen Planungsausschusses, des Landwirtschaftsministeriums und der Generalstaatsanwaltschaft sowie ähnlich relevanter Organe gebildet. Diese machte sich von Peking geradewegs in den Süden auf, ohne das der Führung in Anhui auf irgendeiner Ebene anzukündigen, und fuhr direkt nach Luying.

Die vereinigte Untersuchungskommission des Zentralkomitees ging dem Fall vor Ort auf den Grund, was die zuständigen Verantwortlichen auf Provinz-, Gebiets- und Kreisebene völlig auf dem falschen Fuß erwischte.

Als Erstes drückte die Kommission der Familie Ding Zuomings ihre Anteilnahme aus, dann setzte man sich mit den Bauern von Luying zu einer Unterredung zusammen. Man konnte verfolgen, wie sich die Untersuchung der Kommission nicht auf Luying beschränkte, sondern sich auch auf Nachbarorte ausdehnte. An der Untersuchung durften keine Kader aus der Region teilnehmen, und wer sich an der Wahrheitsfindung beteiligte, dem wurde politischer Schutz garantiert – was zur Folge hatte, dass die Bauern aus den umliegenden Dörfern nach und nach herbeikamen, um der Kommission die wirkliche Lage zu schildern.

Daraufhin verbreitete sich im Kreis Lixin in Windeseile die Nachricht, die Hauptstadt habe einen »unbestechlichen Richter« entsandt und der »Kaiser sich in Verkleidung unters Volk gemischt«.

Die Tränen des Sonderbeauftragten

Am Nachmittag des 13. Oktober 2000 übergaben wir in einem Büro des Provinzkomitees von Anhui die Ergebnisse unserer Recherche an Wu Zhaoren, seit 17 Jahren stellvertretender Vorsitzender des Komitees für Wirtschaft und Landwirtschaft. Er hatte bereits die Ämter eines Beraters der Volksregierung und eines Vorstandsvorsitzenden der Wirtschafts- und Landwirtschaftsvereinigung der Provinz Anhui innegehabt und war nun in die zweite Reihe zurückgetreten, doch als er auf die damalige Untersuchungskommission zu sprechen kam, war alles, als sei es erst gestern geschehen. Er erzählte, dass er selbst die vereinigte Untersuchungskommission nach Peking begleitet habe. Er habe denselben Zug nach Peking bestiegen wie die Genossen der Untersuchungskommission, weil er ebenfalls in der Hauptstadt zu tun hatte – das habe »sich so ergeben«; doch er verschwieg keineswegs, dass die damalige Provinzführung allerdings auch unbedingt in Erfahrung bringen wollte, was die Genossen in Lixin eigentlich untersucht hätten und zu welchen Ergebnissen sie gekommen seien.

Aufgrund seiner Arbeitsbeziehungen, so sagte er, könne er die Namen der beiden Kommissionsmitglieder aus dem Landwirtschaftsministerium noch heute nennen: Es waren der Vorsitzende und die stellvertretende Vorsitzende für Kontrolle und Verwaltung der Bauernlasten der leitenden Abteilung für Genossenschaftswirtschaft Li Xiangang und Huang Wei; Huang Wei war eine besonders tüchtige Genossin, Li Xiangang war früher der Sekretär von Jiang Chunyun, des stellvertretenden Präsidenten des Staatsrats, gewesen. Der verantwortliche Leiter der vereinigten Untersuchungskommission war Zeng Xiaodong aus dem Disziplinarbüro des Zentralkomitees.

Wu Zhaoren erzählte uns, dass Zeng Xiaodong die Tränen nicht habe zurückhalten können, als er auf die Existenzbedingungen der Bauern im Kreis Lixin zu sprechen gekommen sei. Dieses Detail hatte sich tief in sein Gedächtnis eingegraben. Denn ein so hochrangiger Führungskader musste doch einiges gewohnt sein, einiges gesehen und ein Herz aus Stein haben. Doch hier habe Zeng Xiaodong plötzlich eine weiche Seite gezeigt und ihm, Wu Zhaoren, mit geröteten Augen eingestanden:

> »Das hatte ich nicht erwartet, dass es den Bauern so viele Jahre nach der Befreiung noch immer so schlecht geht, dass die Belastung so hoch ist und dass die Haltung von einigen Parteikadern gegenüber den Bauern so hart ist …
>
> Wir haben herausgefunden, dass alles noch viel schlimmer ist, als es der Reporter des Neuen China berichtet hat! Ganz Luying lebt unter erbärmlichen Bedingungen, nur der Parteizellensekretär des Ortes und ein paar Kader wohnen in anständig gedeckten Häusern. Die Probleme sind offensichtlich. In Luying gibt es zwei Produktionsbrigaden, die seit einer Reihe von Jahren ihre Haut zu Markte tragen, um zu überleben. So schlimm ist es. Und die Belastungen nehmen kein Ende, gehen weit über die Bestimmungen des Zentralkomitees hinaus. Ein unerträglicher Zustand. Ding Zuoming hatte nichts mit dem Problem der Geburtenplanung zu tun, wie sie sagten. Man hat ihn totgeschlagen, weil er über die Lasten der Bauern berichtet hat!«

Die Bauern, die ihnen Bericht erstattet hätten, so Zeng Xiaodong, seien zuerst vor ihnen auf die Knie gefallen, darunter alte Leute mit schlohweißen Haaren und schon ganz unsicher auf den Beinen. Er sei in seinem Leben noch nicht so erschüttert gewesen. Er habe überlegt, aus welchem Grund ein alter Mensch, den auf dieser Welt doch so leicht nichts mehr überraschen kann, ungeachtet der Demütigung und der Beschwerlichkeit auf die Knie fallen konnte, wenn nicht aus übergroßem Leid und überlanger Niedergeschlagenheit – und das vor einem Kommissionsmitglied, das hätte ihr Enkel sein können.

»Sind das nicht alles Lippenbekenntnisse«, habe Zeng Xiaodong gefragt, »wenn wir davon sprechen, dass die chinesischen Bauern ihr Leben selbst in die Hand genommen hätten?« Unter den Mitgliedern der Untersuchungskommission sei nicht einer gewesen, der angesichts dieser gebrochenen Rückgrate und der verrenkten Gemüter nach dem ersten Schreck nicht in ein langes und tiefes Nachdenken versunken sei.

Dass der Tod von jemandem wie Ding Zuoming die Aufmerksamkeit des Zentralkomitees auf sich zog, war zweifelsohne noch nie da gewesen. Und so erließen die Büros des Zentralkomitees der Kommunistischen Partei und des Staatsrats gemeinsam am 26. Tag nach dem grausamen Tod Ding Zuomings, also am 19. März 1993, eine »Dringende Mitteilung über die Entlastung der Bauern«; im Anschluss daran eröffnete der Staatsrat am 20. Juni desselben Jahres in der Hauptstadt eine Arbeitskonferenz zur Entlastung der Bauern auf Landesebene. Und nur einen Monat später, am 22. Juli, erließen die Büros vom Staatsrat erneut gemeinsam eine »Mitteilung über die Ansichten zur Behandlung und Überprüfung von einzelnen Punkten der Bauernlasten«. Es gab über 122 relevante Punkte, die sich auf die Zwangseintreibung von Abgaben und unerträgliche Bauernlasten erstreckten und abgeschafft, aufgeschoben, überarbeitet oder unbedingt einer Korrektur unterzogen werden mussten!

In kurzer Zeit waren in Sachen Bauernabgaben nicht nur dringliche Mitteilungen ergangen, es wurden in gleichem Tempo mehrere entsprechende Maßnahmen getroffen und eine nationale Arbeitskonferenz eröffnet – all das hatte es in den 44 Jahren seit Gründung der Volksrepublik China noch nicht gegeben!

Um die Würde des Gesetzes zu wahren und das Recht der Bürger auf körperliche Unversehrtheit zu schützen, wurde zudem ein vehementer Schlag gegen verbrecherische Elemente geführt, die die öffentliche Ordnung gefährdeten: Das Mittlere Volksgericht des Distriktes Fuyang, Provinz Anhui, verhandelte am 2. Juli 1993 in der Kreisstadt Lixin gegen fünf kriminelle Mitglieder der Truppe zur Verteidigung der Öffentlichen Sicherheit, die im »Fall Ding Zuoming« vor dem

Gesetz die Verantwortung trugen. Wang Jinjun, der mit dem Stock aus Maulbeerbaumholz zugeschlagen hatte, wurde zum Tode verurteilt und verlor seine bürgerlichen Ehrenrechte; Zhao Jinxi wurde zu lebenslanger Haft verurteilt, Ji Hongli zu fünfzehn, Peng Zhizhong zu zwölf, Zhu Zhuanji zu sieben Jahren.

Im gleichen Zeitraum fassten Bezirkskomitee und -verwaltung von Fuyang, um die Parteidisziplin und die politische Disziplin zu festigen, jeweils noch folgende Beschlüsse: Der Sekretär des Kreiskomitees von Lixin, Dai Wenhu, erhielt einen parteiinternen Verweis; der stellvertretende Kreisdirektor Xu Huaitang wurde im Rahmen einer Disziplinarstrafe herabgestuft; der Parteisekretär der Gemeinde Jiwangchang, Li Kunfu, erhielt parteiintern einen strengen Verweis; der Gemeindevorsteher Kang Zimao wurde zur Bewährung unter die Beobachtung der Partei gestellt und verlor alle Ämter innerhalb und außerhalb der Partei; Ren Kaicai, der stellvertretende Parteisekretär der Gemeinde, verlor sein Amt. Außerdem wurde eine bessere Überprüfung der Kader durch die Volksmassen in Hinblick auf deren sorgfältige Umsetzung der Parteipolitik gefordert; Kreise und Städte wurden verpflichtet, weitere Maßnahmen zur ernsthaften Entlastung der Bauern zu ergreifen.

Das löste allgemeine Zufriedenheit aus!

Im Februar 2001, es war ein Tag im Vorfrühling, besuchten wir Ding Zuomings Zuhause. Eine sechsköpfige Familie, die eine wichtige Arbeitskraft verloren hat, so mussten wir feststellen, ist wie ein Gebäude mit gebrochenem Dachfirst – und auch wenn die Verwaltung vor Ort der unglücklichen Familie die Agrarsteuer erlassen hatte, so war doch ihr Leben immer noch mehr als hart. Das doppelte Spruchband, das über dem Haupteingang klebte, war, wie uns auffiel, nicht aus rotem Papier, sondern totenbleich, nur hie und da schimmerte es blasslila hindurch. Daran konnte man erkennen, dass die Familie bis heute nicht aus ihrem übergroßen Schmerz herausgefunden hatte.

Der alte Ding Xuying war durch viele Krankheiten so geschwächt, dass er, wie man so sagt, kein Huhn mehr anbinden konnte. Und wenn er an die Szene von damals dachte, brach er noch immer in Tränen aus. Er kramte die »Urteilsbegründung« heraus und die vom Bezirksgericht ausgestellte Quittung und sagte uns, die im »Urteil« schwarz auf weiß zusätzlich beschlossene zivile Entschädigung sei bis heute nicht gezahlt worden. Wie oft hätten sie das ausführende Amt des Bezirksgerichts von Fuyang aufgesucht! Und nicht nur hätten sie noch sieben Jahre nach dem Urteil von der zugesagten Entschädigung nichts gesehen, sondern in Augenblicken schlimmster Armut auch noch astronomische Bearbeitungsgebühren zahlen müssen.

Ding Lushi, die Mutter Ding Zuomings, lag zu dieser Zeit gelähmt im Bett, konnte weder zu den Mahlzeiten noch zur Toilette aufstehen, sehr bitter. Zhu Duofang, Ding Zuomings Frau, hatte sich beim Ausbringen chemischer Düngemittel den rechten Arm gebrochen und konnte im Grunde keine schweren Arbeiten mehr verrichten. Die drei Kinder wurden von der Schule versorgt und konnten ohne zusätzliche Schulgebühren lernen, doch der vierzehnjährige Ding Yan und der zwölfjährige Ding Wei hatten auf halbem Weg die Schule abgebrochen. Es ging nicht anders, sie mussten zu Hause ihrer Mutter nach Kräften bei der schweren Feldarbeit helfen und waren viel zu früh in das Joch des Lebens gespannt worden.

Als wir Luying verließen, besuchten wir noch einmal das Grab Ding Zuomings. In dieser Realität, wo Yin und Yang getrennt sind, mussten wir in einen Dialog mit ihm treten, doch wir konnten nur ein stummes Gebet murmeln, dass sich eine solche Tragödie nicht wiederholen möge!

Ding Zuoming hatte mit dem jähen Ende seines jungen Lebens das Zentralkomitee aufgeschreckt, und das hatte dazu geführt, dass den 900 Millionen Bauern das Zepter nicht aus der Hand genommen wurde.

Er war das erste Opfer, und eigentlich dachten wir, dass er auch das letzte geblieben wäre. Doch als wir in der Folge nach Klein Zhangzhuang im Ort Zhangqiao, Gemeinde Tangnan, Kreis Guzhen kamen, erfuhren wir, dass die Tragödie Ding Zuomings nicht zu Ende war. Sie setzte sich nicht nur fort, die Bösartigkeit der Bluttat, die sich in Klein Zhangzhuang ereignet hatte, war noch viel entsetzlicher; die Grausamkeit der Szene war einfach unglaublich. Das ganze geschah im fünften Jahr nach dem »Ding Zuoming-Zwischenfall« – und das nach den wiederholten Ermahnungen und Anweisungen durch das Zentralkomitee.

Kriminelle Machenschaften in der Dorfverwaltung

恶人治村

Alles innerhalb von fünf Minuten

Als die Konjunktur ihren Höhepunkt erreicht hatte, entwickelten die Menschen eine Vorliebe für die Zahl Acht, die sich im Chinesischen *ba* ausspricht und so ähnlich klingt wie *fa,* das Wort für »Geld machen«. Der 28. Februar 1998 wurde deshalb natürlich allenthalben für einen außerordentlichen Glückstag gehalten. Aber dieser Tag wird in Klein Zhangzhuang, Gemeinde Tangnan, Kreis Guzhen, Provinz Anhui, für immer als ein Tag des Todes im Gedächtnis bleiben.

Klein Zhangzhuang liegt in einer Niederung am Ufer des Flusses Huai. In den letzten Jahren gab es eine Reihe von existenzgefährdenden Überschwemmungen, und das Leben der Bauern war nicht einfach. Dazu kam, dass die Kader nicht aufhörten, aus ihnen Steuern und Abgaben herauszupressen. In den Familien wurden die Tage fast zu Jahren. Dabei hatten die Bauern aus Klein Zhangzhuang dem Unwesen der Kader keineswegs einfach klaglos zugeschaut. Vielmehr hatten ein paar aufrechte Männer wie Zhang Jiaquan, Zhang Hongzhuan und Zhang Guimao dem örtlichen Parteikomitee und dem Ortsgruppensekretär mehrfach ihre Forderung nach einer Überprüfung der Rechnungsführung ihres Dorfes vorgetragen; im vergangenen Frühjahr hatte der Bauer Zhang Jiachang auch noch einen Bericht an die Staatsanwaltschaft des Kreises Guzhen geschickt.

Die ununterbrochene Kette von Eingaben und Berichten der Bauern sah Zhang Guiquan, der stellvertretende Vorsitzende des Ortskomitees, mit Zähneknirschen. Obwohl er im Dorf lediglich der stellvertretende Ortsvorsteher war, gab es niemanden, der ihn nicht auf ganzer Linie fürchtete und genau wusste, dass dieser »Herr« ein schlechter und skrupelloser Mensch war. Auch er selbst wusste sehr wohl, dass der Ärger der Dörfler sich vor allem gegen ihn richtete, doch gaben ihm ein paar Leute vom Kreis Rückhalt, und außerdem ließ er die Bauern nicht aus den Augen. Eines Tages um die Mittagszeit bat der alte Heuchler zwei Beamte der örtlichen Truppe zur gemeinsamen Verteidigung der Öffentlichen Sicherheit zu sich nach Hause und ließ Zhang Hongzhuan, der ihn überall öffentlich anklagte, zu sich rufen, um mit ihm abzurechnen; der machte sich arglos und voll freudiger Erwartung auf den Weg. Kaum war er bei Zhang Guiquan eingetreten, als der ihn auf das Übelste beschimpfte und seine beiden Söhne und die beiden Beamten der Schutztruppe eine Prügelei mit ihm anzettelten. Im Nu war Zhang Hongzhuan blutig geschlagen. Wenn Zhang Guiying, sein Neffe, nicht herbeigeeilt wäre, um ihm beizustehen, wer weiß, wie sie ihn noch zugerichtet hätten.

Doch von Zhang Guiquans Drohungen ließen sich die Bauern nicht unterkriegen, im Gegenteil, sämtliche Parteimitglieder von Klein Zhangzhuang, alte Dorfkader und mehr als 80 Bauernhaushalte begaben sich danach in beispielloser Solidarität zweimal zur Bürgermeisterei und fünfmal zum Ortsgruppensekretär, um mit Nachdruck eine Untersuchung gegen Zhang Guiquan und eine grundlegende Untersuchung der Finanzen des Dorfes zu verlangen.

Die wiederholten Appelle der Dorfbewohner und ihre mehrfachen Bitten erregten schließlich die Aufmerksamkeit des Parteikomitees von Tangnan. Es traf sich, dass zu dieser Zeit die Regierung des Kreises Guzhen für sämtliche Dörfer und Gemeinden ohnehin eine vollständige Überprüfung der Bücher angeordnet hatte. Zuo Peiyu, der örtliche Parteisekretär, sagte den Bewohnern von Klein Zhangzhuang: »Das trifft sich gut! Mit dem Rückenwind der Wirtschaftsprüfung unseres Kreises haben wir uns kundig gemacht und beschlossen, da der Kreisdisziplinarsekretär Wang Jiawen die Untersuchung mit Hilfe von drei Buchhaltern aus dem örtlichen Finanzamt leiten wird, in eurem Dorf mit der Überprüfung zu beginnen.«

Diese Nachricht löste bei den Leuten von Klein Zhangzhuang einen wahren Freudentaumel aus.

Am 6. Februar trafen Kreisdisziplinarsekretär Wang Jiawen, drei Buchhalter aus dem Finanzamt und Bi Taocheng, in der Kreisregierung verantwortlich für Klein Zhangzhuang, im Dorf ein.

Nach eingehender und demokratischer Beratung der Dorfbewohner wählten am 9. Februar alle 87 Haushalte des Dorfes mit der Unterstützung von Wang Jiawen aus ihrer Mitte zwölf Vertreter, die eine Gruppe zur gemeinsamen Überprüfung der Rechnungsführung bildeten. Zhang Jiayu, Zhang Guiyu, Zhang Hongzhuan und Zhang Guimao, die allseits großes Vertrauen genossen, waren unter den Delegierten. Da aber jeder die Haltung ihres stellvertretenden Ortsvorstehers kannte und man ahnte, dass die Überprüfung der Bücher kein Kinderspiel sein würde, hatte man nicht nur ein streng systematisches und diszipliniertes Vorgehen vereinbart, die zwölf Delegierten waren darüber hinaus übereingekommen, sofort zur Stelle zu sein, wenn Zhang Guiquan einem von ihnen Schwierigkeiten machen sollte.

Von Anfang an behinderte dieser die Überprüfung mit allen Mitteln. Zuerst verbreitete er das Gerücht, jemand wolle seine Söhne vergiften. Damit versuchte er, Verwirrung zu stiften, um die Aufmerksamkeit der Leute abzulenken; mehrfach drohte er auf Ortsversammlungen: »Wenn diese Scheißkerle mich fertig machen, dann wird das nicht billig! Wenn sie es schaffen, dann werden auch sie nicht so einfach davonkommen; wenn sie es nicht schaffen, dann haben sie keine ruhige Minute mehr – und wenn ich sie nicht totschlage, breche ich ihnen sämtliche Knochen im Leib!«

Am 14. Februar ging die kleine Untersuchungskommission daran, die Belege für die Steuerabgaben des Dorfes zu überprüfen. Zhang Dianhu, stellvertretender Ortsgruppensekretär und für die Finanzbuchhaltung zuständig, schaffte alte Belege heran, allerdings halbherzig, was Zhang Guiquan durchaus eine Hilfe war. Und doch brachte er ihn wider Erwarten auch gegen sich auf. Zhang Guiquan besuchte den stellvertretenden Ortsgruppensekretär zu Hause und attackierte ihn wütend, er solle gefälligst die alten Belege nicht herausgeben. Einen Tag später ließ Zhang Guiquans Schwiegertochter bei irgendeiner Gelegenheit durchklingen, ihr Schwiegervater hege Mordpläne.

Diesen Drohungen maßen die Führungskader auf Dorf- und Kreisebene nicht die nötige Bedeutung bei, auch die Untersuchungsdelegierten glaubten, Zhang Guiquan wolle die Leute bloß kopfscheu machen. Keiner machte eine große Sache daraus.

Wer hätte auch ahnen sollen, dass die Untersuchungskommission am neunten Tag ihres Bestehens am Ende sein und Zhang Guiquan am Morgen des 18. Februar tatsächlich zum Messer greifen würde!

An diesem Tag, nach dem Bauernkalender am 22. des ersten Monats, hatte verfrüht der feine Frühlingsregen eingesetzt – der nächste Tag erst wäre der Tag des Regens* gewesen. Regen nieselte auf die Dächer der Bauernbehausungen von Klein Zhangzhuang, als wolle er nie wieder aufhören. Ein endloses Schlaflied. Es war bereits hell, und die Bauern kauerten mehr oder weniger alle noch müde in ihren Nestern.

Die 58-jährige Wei Surong war wie immer früh aus den Federn gekommen, um sich, wie alle Tage, in die Küche zu begeben. Obwohl sie anders als ihr Ehemann Zhang Guiyu den Kopf nicht aus dem Fenster steckte, war sie doch über viele Dinge, die im Dorf geschahen, auf dem Laufenden. Ihr Mann, der von der Gemeinschaft zu einem der Delegierten des Dorfes gewählt worden war, wollte sich, wie die anderen elf auch, ohne Rücksicht auf Wind und Wetter an die Überprüfung der Dorffinanzen machen. Das geschah immerhin im Auftrag von 87 Haushalten, denn die Sache betraf die vitalen Interessen der Dorfbewohner – und weil Wei Surong Angst hatte, ein für das Dorf so wichtiges Ereignis zu verpassen, hatte sie das Frühstück schon früh hergerichtet.

Wei Surong trug gerade das Essen auf, ihr Mann und ihr Sohn Zhang Xiaosong hatten sich soeben an den Tisch gesetzt, der Zeiger ihres alten Weckers zeigte auf zehn nach sieben, als Zhang Guiquan mit seinem fünften Sohn, Zhang Yuliang, und seinem siebten Sohn, Zhang Leyi, in der Haustür auftauchte. Hinter ihnen drängten sich Zhang Jiahui, der Dorfbuchhalter, und dessen Sohn Zhang Jie.

Zhang Guiquan, der stellvertretende Vorsitzende des Ortskomitees, war zu diesem Zeitpunkt bereits fest entschlossen, gegen das buddhistische Tötungsverbot zu sündigen – das Einzige, was er noch brauchte, war ein Vorwand.

Zhang Jie, dem die Untersuchung durch die Dorfbewohner ebenfalls widerstrebte, denn schließlich war sein Vater der verantwortliche Dorfbuchhalter, überschüttete Zhang Guiyu zunächst mit Spott und Hohn: »Und, wie geht es mit deiner Untersuchung?«

Zhang Guiyu war ein gescheiter Mann, natürlich hörte er die Untertöne heraus. Er trat vom Tisch zur Tür und sagte kühl: »Die Dorfgemeinschaft hat mir den Auftrag gegeben, die Bücher zu überprüfen, kann ich da ablehnen?«

Da fing Zhang Guiquans Siebter an zu schimpfen: »Du Drecksack, wir werden dir zeigen, was eine Überprüfung ist!«

»Was fällt dir ein! Pass auf, was du sagst!«, ermahnte Zhang Guiyu sofort den jungen Mann: »Ich könnte dein Vater sein!«

Da griff Zhang Guiquan ein: »Das war noch lange nicht genug!« Und seine Söhne forderte er auf: »Schlagt zu!«

Das alles ging sehr schnell, Zhang Guiyu war völlig überrumpelt.

Als Wei Surong sah, dass das Ganze keine gute Wendung nahm, stürzte sie hinter dem Tisch vor und zog ihren Mann ins Haus zurück, wobei sie Zhang Guiquan vorhielt: »Du tauchst ungebeten bei uns auf, schreist hier herum, was willst du denn eigentlich?«

Da hatte sich Zhang Guiquans Siebter Leyi bereits den Holzknüppel gegriffen, der neben der Tür an der Wand lehnte, und auch sein Fünfter Yuliang packte eine Sichel, die zu Zhang Guiyus Hof gehörte. Zhang Leyi tänzelte mit dem Knüppel auf Zhang Guiyu zu, während Buchhalter Zhang Jiahui, der dabeistand, nicht nur nicht einschritt, sondern ihn auch noch an der Hüfte festhielt. Als sich der erschrockene Zhang Guiyu losriss, sah er die Mordlust in den Augen seines Gegenübers. Rasch hob er einen roten Ziegelstein vom Boden auf. Als Wei Surong gewahr wurde, dass die Söhne des Dorfkaders drauf und dran waren, ihren Mann totzuschlagen, griff sie sich vom Herd ein Küchenmesser.

Beide Seiten starrten einander voller Wut und mit Waffen in Händen an, der Bogen war bis zum Äußersten gespannt.

Das Geschrei hatte die Nachbarn alarmiert. Die beiden Söhne des stellvertretenden Ortsvorstehers sahen eine ganze Reihe von Dorfbewohnern auf den Plan treten, und weil viele Hunde des Hasen Tod sind, wagten sie nicht mehr, die Hand zu heben, und zogen sich vor das Haus zurück.

Zhang Guiquan aber wollte sich damit offenbar nicht zufrieden geben, stapfte schimpfend hinter Zhang Guiyus Haus und schrie: »Du Hundsfott, wenn du Mut hast, dann komm raus!«

Zhang Guiyu war ein hochfahrender Mann, den man auf diese Weise nicht einschüchtern konnte. Als er sah, wie sein Dorfkader sich aufführte, folgte er ihm ungerührt hinter das Haus und fragte ihn vorwurfsvoll: »Wir überprüfen deine Bücher, weil die Massen mich zu ihrem Vertreter gewählt haben, was kann ich dafür! Also halt dein ungewaschenes Maul, an mir hast du nichts!«

Zhang Guiquan hatte jedoch heimlich seinen Siebten nach Hause geschickt, um Hilfe zu holen. Wenig später, noch während des Streits hinter dem Haus, erschienen sein Ältester, Zhang Jiazhi, und sein Sechster, Zhang Chaowei, auf der Bildfläche. Was niemand wusste: Sie hatten Mordwerkzeuge bei sich. Zhang Chaowei trat vor und schlug plötzlich auf Zhang Guiyu ein, Zhang Yuliang nutzte die Gelegenheit und schlug Zhang Guiyu den Knüppel aus der Hand. Als Zhang Chaowei sah, dass Zhang Guiyu nun mit leeren Händen dastand, zog er einen Dolch aus seinem Gummistiefel und ein Küchenmesser aus dem Hemd und stach wild auf Zhang Guiyus Kopf und Brust ein.

Zhang Guiyu war zu überrascht, um sich zu verteidigen, konnte nicht einmal mehr schreien und ging schwer zu Boden.

Zhang Hongzhuan und Zhang Guimao, zwei weitere Vertreter der Dorfgemeinschaft, hörten den Lärm und hasteten zum Tatort, wo sie Zhang Guiyu in seinem Blut liegen sahen. Außer sich vor Zorn herrschte Zhang Hongzhuan Zhang Guiquan an: »Wie könnt ihr nur so brutal sein? Bringt ihn wenigstens sofort ins Krankenhaus!«

Doch Zhang Guiquan war bereits völlig von Sinnen. Als er die beiden herbeieilen sah, lachte er nur heimtückisch: »Scheiße, ihr kommt mir gerade recht, auf euch habe ich gewartet!« Dann schrie er: »Bringt es für mich zu Ende! Bringt sie um, die Herren Delegierten!«

Sofort stürzte sich Zhang Yuliang, der ihm am nächsten stand, auf Zhang Hongzhuan und stach unzählige Male auf dessen Brust, Unterleib und Oberschenkel ein. Zhang Hongzhuan konnte sich nicht mehr verteidigen, er brach zusammen und tat alsbald seinen letzten Atemzug.

Während Zhang Yuliang über Zhang Hongzhuan herfiel, hielt Zhang Guiquan den zur Hilfe geeilten Zhang Guimao mit seinem Regenschirm von hinten fest und fluchte: »Scheiße, und du hast mich überall schlecht gemacht? Du willst meine Bücher überprüfen? Na, dann komm her!« Zhang Guimao war groß wie ein Pferd und hatte keine Angst vor einem Handgemenge. Zhang Guiquan war sich völlig im Klaren, dass er für ihn kein Gegner war, deshalb schrie er seinem Siebten zu: »Leyi, komm, wirf ihn nieder!«

Zhang Leyi hob das große Küchenmesser, sprang hoch, hieb auf Zhang Guimaos Kopf ein und schlug ihn zu Boden. In diesem Augenblick kam auch sein ältester Bruder Zhang Jiazhi mit mordroten Augen herbeigerannt, schwang sich auf den Rücken des noch nicht besiegten Zhang Guimao und rammte ihm ein Schweineschlachtmesser dreimal brutal in den Rücken. Das Gericht stellte später fest, dass Zhang Guimaos Kopf fünf Schnittverletzungen aufwies, die bis auf die Schädeldecke gingen, dass die äußere Schädeldecke durchbrochen und der linke Lungenflügel perforiert war – das genügte, um die Brutalität der Mörder deutlich zu machen.

Zhang Guiyu, das erste Opfer dieses Gewaltausbruchs, lag bereits im Sterben und stöhnte nur noch, doch als Zhang Jiazhi, völlig außer sich, bemerkte, dass er noch nicht tot war, warf er sich auf ihn und versetzte ihm noch einmal fünf Messerstiche in die Brust.

Nach wenigen Minuten lagen drei der zwölf Dorfdelegierten tot hinter Zhang Guiyus Haus. Der Regen vermischte sich mit dem Blut, die Erde war rot, und die Luft erfüllt von einem betäubenden Blutgeruch.

Als Zhang Guiyus älterem Bruder Zhang Guiyue die Nachricht zugetragen wurde, jemand habe auf seinen Bruder einen Anschlag verübt, griff er sich den dünnen Holzstock, mit dem er an normalen Tagen das Futter für das Vieh anrührte, und hastete zum Ort des Geschehens. Da er schlechte Augen hatte, rannte er Zhang Jiazhi direkt in die Arme und sah erst dann seinen Bruder auf dem Boden liegen. »Das ist doch mein kleiner Bruder!«, rief er aus. Der Satz war kaum heraus, als Zhang Jiazhi ihm auch schon das Schlachtmesser, das er in der Hand hielt, in die Brust stieß.

Zhang Xiaosong, der 16-jährige Sohn von Zhang Guiyu, war in all dem Durcheinander seinem Vater zur Seite gesprungen, um ihn aufzurichten und ins Krankenhaus zu schaffen. Doch Zhang Chaowei, der es nicht litt, dass Zhang Guiyu gerettet werden sollte, hob sein blutverschmiertes Küchenmesser und wollte damit auf Zhang Xiaosongs Kopf einstechen. Die Leute, die das sahen, schrien, um Zhang Xiaosong zu warnen, worauf dieser den Kopf zur Seite nahm, so dass das Messer nur seine Schulter traf. Zhang Xiaosong sprang in Panik davon, was ein Glück war und ihm das Leben rettete.

Innerhalb von nur fünf Minuten hatte es in Klein Zhangzhuang vier Tote und einen Verletzten gegeben. In den Pfützen stand Blut, und der Wind roch nach rohem Fleisch.

Und in dem Augenblick, als auch noch Zhang Guiquans Vierter, Zhang Simao, mit gezücktem Messer auf der Bildfläche erschien, ertönte aus dem großen Lautsprecher* die Stimme von Ortsgruppensekretär Zhang Dianfeng und forderte die Dorfbewohner nachdrücklich auf, ihre Überprüfung der Bücher fortzusetzen.

Ein Krimineller in einer Vertrauensposition

Die moderne Wirtschaftstheorie geht davon aus, dass die Kraft einer gesellschaftlichen Gruppierung nicht von der Anzahl ihrer Mitglieder abhängig ist, sondern vom Grad ihrer Organisiertheit. Organisierte Kräfte sind stark, und wenn sie sich mit der Politik verbinden, werden sie noch stärker. Die Zahl der chinesischen Bauern ist zwar groß, aber sie sind unorganisiert und verfügen über zu wenige organisatorische

Ressourcen, um sich gegen Unterdrückung zur Wehr zu setzen – wohingegen die Kader auf Kreis- und Ortsebene als reguläre Bevollmächtige der Staatsgewalt streng organisiert sind. Wenn diese Bevollmächtigen, und sei es auch nur eine Minderheit unter ihnen, den Willen der Staatsgewalt – konkret gesprochen: den Willen der Zentralregierung als höchstem Mandatsträger – einfach missachten und die organisatorischen Ressourcen der Staatsgewalt in den Dienst des eigenen Profits stellen, dann ist das ein unerträglicher Zustand!

Obwohl Zhang Guiquan nur Volksschulausbildung hatte, war es ihm, gestützt auf seine Macht als stellvertretender Vorsitzender des Dorfkomitees (was hier auf dem Land stellvertretender Ortsvorsteher hieß) und gestützt auf den Einfluss seiner großen Familie (mit sieben Söhnen), gelungen, ganz Klein Zhangzhuang am Gängelband zu halten und sich als Dorftyrann aufzuführen.

Er wusste ganz genau, dass die 1997 auf Kreisebene erhobene Abgabe an Weizen sich seit dem Vorjahr nicht geändert hatte, dennoch verlangte er pro Kopf eine Steigerung von 50 Pfund. Solange es um seinen eigenen Profit ging, hatte, so konnte man wirklich sagen, seine Geldmacherei Methode. Um seiner willkürlichen »Steuerpolitik« einen offiziellen Anstrich zu geben, benannte er sie, wie man das auch sonst kannte, mit einem Kürzel: »Fünf Steuern, eine Gebühr«. Die Höhe der Abgaben war ausschließlich von seinem sakrosankten Gutdünken abhängig: Wer ein Schwein aufzog, musste zusätzlich 45 Yuan entrichten; wer ein neues Haus baute, 150 bis 500 Yuan; für die alten Häuser im Dorf musste jeder Haushalt 50 Yuan entrichten; wer Blumen pflanzte, wurde nach der Größe des Ackers besteuert, ein Mu kostete 10 Yuan; wer einen Traktor anschaffte, zahlte 50 Yuan. Zhang Guiyue zum Beispiel hatte unter Aufbietung seiner gesamten finanziellen Möglichkeiten gerade einen kleinen »Vierkraft« angeschafft und musste noch vor der ersten Fahrt 45 Yuan entrichten. Heute, wo hier niemand mehr ist, steht der funkelnagelneue Vierkraft zum Schutz vor dem Regen immer noch im Schuppen, als ob er in aller Stille um seinen Besitzer trauere. Das ging bis zu einer »Familienplanungserziehungsunterstützungsabgabe« – kein Mensch verstand, was es damit auf sich hatte. Die Bußgelder im Rahmen der Geburtenplanung legte Zhang Guiquan ganz willkürlich fest, wobei er zudem den meisten als Quittung nur einen leeren Zettel in die Hand drückte und nichts in den Büchern vermerkte.

Auf der einen Seite riss er sich unter allen möglichen Vorwänden die

Ersparnisse der Leute unter den Nagel, auf der anderen Seite zahlte Zhang Guiquans gesamte Familie weder nach den allgemeinen Abgabebestimmungen noch nach der von ihm selbst etablierten Politik der »Fünf Steuern, eine Gebühr« auch nur einen einzigen Fen.

Gestützt auf seine Hausmacht enteignete er widerrechtlich Grund und Boden, riss Fischteiche an sich, gierte nach öffentlichen Posten und Geldern. Er hatte einiges auf dem Kerbholz. Und dass die Dorfbewohner nicht spurten oder auch nur eine andere Meinung äußerten, ließ er nicht zu. Eines Tages geriet Zhang Chaohua, die Frau von Zhang Guilu, einem ehemaligen Soldaten, mit Zhang Guiquan, der ihrer Familie zwei Felder weniger zuteilen wollte, auf der Dorfbrücke in heftigen Streit. So hatte noch kein Dorfbewohner und schon gar keine Frau mit ihm zu reden gewagt! Er geriet fürchterlich in Wut und stieß sie von der Brücke. Zhang Chaohua brach sich alle Knochen, und nur durch rechtzeitige Notfallmaßnahmen im Krankenhaus konnte ihr Leben gerettet werden; doch seither war sie gelähmt. Diese Übeltat konnte ihr Ehemann nicht auf sich beruhen lassen, er verklagte Zhang Guiquan beim Kreisgericht von Guzhen, und das Gericht verurteilte den stellvertretenden Ortsvorsteher zu einer Entschädigungszahlung von 8000 Yuan. Der weigerte sich schlichtweg zu zahlen. Zwar musste er, obwohl er bis zuletzt alles abstritt, wohl oder übel die Krankenhauskosten für Zhang Chaohua übernehmen – doch brachte er tatsächlich die Frechheit auf, diese Kosten in voller Höhe auf die Bewohner des Dorfes abzuwälzen.

Aber wie konnte so ein Schurke an die Spitze eines Dorfkomitees kommen? Es sei noch einmal gesagt: Er war nicht mehr als ein stellvertretender Ortsvorsteher, doch wo waren Dorfvorsteher und Ortsgruppensekretär? Steckten sie mit ihm unter einer Decke oder spielten sie schweigender Buddha? Das ließ sich nicht herausfinden.

Später erfuhren wir die ganze Geschichte von Zhang Guiquan, eine Geschichte, die uns Menschen aus der Stadt völlig unwahrscheinlich vorkommen musste. Eigentlich hing die Existenz von Klein Zhangzhuang bei weitem nicht nur von dem Durcheinander in der Finanzverwaltung ab. Die Probleme, die sich im Aufbau der untersten Organisationsebenen offenbarten, waren viel schlimmer. Am 20. Mai 1992 war Zhang Guiquan, damals bereits Vorsitzender des Ortskomitees von Klein Zhangzhuang, schon einmal wegen Korruption und Vergewaltigung vom Kreisgericht zu einer Freiheitsstrafe von einem Jahr und zwei Jahren Bewährung verurteilt worden. Zu dieser Zeit wurde

Klein Zhangzhuang gerade mit Zhangqiao zu einer Großgemeinde zusammengelegt – und man machte Zhang Guiquan, obwohl seine Bewährung noch lief, mit neuer Identität zum stellvertretenden Vorsitzenden des Dorfkomitees der neuen Großgemeinde. Die Dorfbewohner erzählten, Zhang Guiquan sei nicht demokratisch gewählt, sondern nur auf Druck der Leiter des Kreisparteikomitees und der Ortsgruppe ernannt worden.

So wurde ein brutaler Verbrecher, verurteilt und noch auf Bewährung, von den Organisationskomitees zweier Parteiebenen mit einem verantwortungsvollen Posten betraut. Und das führte dazu, dass ein mit allen Wassern gewaschener Mann wie Zhang Guiquan nicht nur nicht geläutert wurde, sondern sich, im Bewusstsein seiner Beziehungen, noch rücksichtsloser und brutaler gebärdete.

Wie dieser Mensch sich aufführte, das trug alle Merkmale jener Dorftyrannen aus der Zeit des chinesischen Feudalismus. Aber da waren auch grundlegende Unterschiede: Der Hass des Volkes auf die feudalen Tyrannen war groß gewesen, aber die Gebiete, über die sie herrschten, waren klein, und bewegliche Vermögenswerte besaß kaum einer. Vor allem aber hatten sie keine Machtstellung im rechtsstaatlichen Sinne. Zhang Guiquan hingegen konnte nicht nur nach Belieben Grund und Boden enteignen und Vermögenswerte an sich ziehen, er hatte auch noch im rechtsstaatlichen Sinne die Macht im Dorf – und deshalb war der Schaden für die Gesellschaft, den Dorfkader wie Zhang Guiquan anrichteten, schlimmer als alles, was die Dorftyrannen der Feudalzeit je getan hatten!

Und auch wenn der Prozess gegen Zhang Guiquan und seine Söhne wegen vorsätzlichen Mordes nicht mehr war als »irgendein Prozess«, so stimmte das »Phänomen Zhang Guiquan« doch sehr nachdenklich. Unsere Recherchen haben ergeben, dass dieses Phänomen der kriminellen Machenschaften in der Dorfverwaltung längst besorgniserregende Ausmaße angenommen hat. Zhang Guiquan ist nicht mehr als ein lebendiges und eindrucksvolles Beispiel für etwas, was durch die Machtstellung der unteren Ebenen in chinesischen Dörfern regelrecht am Fließband produziert wird.

Schlüsse und Folgerungen daraus sind leicht zu ziehen. Die Frage ist: Wie kann man verhindern, dass sich solche Tragödien wiederholen?

Die Tragödie weitet sich aus

Als die Anti-Aufruhr-Einheit des Amtes für Öffentliche Sicherheit alarmiert worden war, war Klein Zhangzhuang in weniger als zwanzig Minuten umstellt. Die des vorsätzlichen Mordes verdächtigen Zhang Guiquan, Zhang Zhijia, Zhang Chaowei und Zhang Yuliang verfingen sich sofort in den Maschen des Gesetzes. Nur Zhang Leyi, der siebte Sohn des Anstifters, hatte sich, nach Aussage von Augenzeugen und Angehörigen der Opfer, in aller Seelenruhe und unter den Augen des Ortsgruppensekretärs Zhang Dianfeng und der mit scharfen Waffen ausgerüsteten Anti-Aufruhr-Einheit davongemacht, in der Hand eine Reisetasche mit den Tatwaffen. Ortsgruppensekretär Zhang Dianfeng hatte ihn angeblich nicht erkannt, die Einheit war nicht informiert, und so kam es, dass Zhang Leyi über einen kleinen Pfad hinter dem Haus des Bauern Huang Zixian glücklich entkam.

Die Nachricht vom Mord in Klein Zhangzhuang verbreitete sich wie ein Lauffeuer. Doch sowohl Kreiskomitee und Kreisregierung von Guzhen als auch Gemeindekomitee und Gemeindeverwaltung von Tangnan vermieden es wie der Teufel das Weihwasser, den Problemen nachzugehen, die das Unheil erst heraufbeschworen hatten, nämlich die Forderung der Bauern nach Demokratisierung der Macht und Verringerung der Lasten.

Der Prozess begann schon zwei Tage später. Ganz Klein Zhangzhuang stand noch völlig unter dem Eindruck des Schocks, der Trauer und des Schmerzes, als plötzlich das Kreisfernsehen von den Vorfällen berichtete. In der Meldung hieß es, in Klein Zhangzhuang, Ortsteil von Zhangqiao, Gemeinde Tangnan, Kreis Guzhen, sei es aufgrund eines Zwistes zwischen den Dorfbewohnern zu einem Fall von fahrlässiger Tötung gekommen. Was die Bilder zeigten, sah aus wie am Tatort gefundene Tatwaffen, in Wirklichkeit aber wurden Sicheln, Küchenmesser usf. gezeigt, die, weil bei den Opfern nichts zu finden war, von den Sicherheitsbeamten im Haus von Zhang Guiquan zusammengesucht worden waren.

Eine von vorne bis hinten gefälschte Meldung!

Klein Zhangzhuang war sofort in Aufruhr.

Mit Zhang Liang, der bei diesem Mordfall seinen Vater, Zhang Guishou, und Zhang Guiju, der seine beiden jüngeren Brüder verloren hatte, einer ganzen Reihe von Augenzeugen und aufgebrachten Dorfbewohnern versammelten sich am Morgen des zweiten Tages nach

Ausstrahlung dieser Nachrichten insgesamt 300 Menschen vor dem Gebäude des Kreisfernsehens und forderten mit Nachdruck eine Stellungnahme des Fernsehdirektors: Wie man bei einem Kriminellen, der, ohne seine Strafe verbüßt zu haben, Dorfvorsteher geworden sei und die Dorfbewohner so tyrannisiert und unterdrückt habe, dass niemand mehr wagte, sein garantiertes demokratisches Recht einer Überprüfung der örtlichen Rechnungsführung einzuklagen, und der sich, wo das doch letztlich eine Anordnung des Kreises gewesen sei und von der Gemeinde genehmigt, auf so unmenschliche Weise Rache genommen habe – wie man bei solch einem Geschehen von »fahrlässiger Tötung« sprechen könne? Wer denn da »fahrlässig« getötet worden sei? Und ob Mord nicht immer »fahrlässig« sei? Und was für einen Zwist die Vertreter des Dorfes mit Zhang Guiquan gehabt haben sollten?

Der Fernsehdirektor blieb die Antwort schuldig. Er wusste über die Umstände des Falles nicht Bescheid, auch nicht über dessen Infamie und Schwere, so dass ihm nichts übrig blieb, als zu »gestehen«, die Sendung sei so auf Anweisung des Kreiskomitees ausgestrahlt worden.

Tote kann man nicht wieder zum Leben erwecken, aber wenn jemand umgebracht worden ist, will man doch wenigstens wissen, warum. Die Opfer hatten sich für das Gemeinwohl eingesetzt, waren also als Mandatsträger in ihr Verderben gelaufen – eine Tragödie wie diese war schon kaum zu akzeptieren, aber eine derart absurde »Meldung« goss noch Öl ins Feuer.

Also beschlossen die aufgebrachten Dorfbewohner, dem Sekretär des Kreiskomitees einen Besuch abzustatten.

Kreiskomitee und Kreisfernsehen residierten Seite an Seite, diese beiden wichtigen Institutionen waren nur durch eine Hauswand voneinander getrennt. Als die Dorfbewohner nun aus dem Fernsehgebäude herausdrängten, merkten sie, dass sich auf der Straße bereits ein Meer von Menschen versammelt hatte. Alle hatten diese »Meldung« gesehen, alle fanden den Vorfall ausgesprochen tragisch und die Mörder ausgesprochen grausam; und sobald es sich herumgesprochen hatte, dass die Bauern von Klein Zhangzhuang deswegen das Fernsehen aufgesucht hatten, war man sich sicher, dass mit der »Meldung« etwas faul war.

Heutzutage, wo Nachahmerprodukte den Markt überschwemmen, ist auch die Glaubwürdigkeit der Nachrichten nicht mehr besonders hoch; vor allem, wenn es sich um wichtige Angelegenheiten handelt, zweifelt die Bevölkerung an deren Verlässlichkeit. Also hatte man sich zusammengefunden, um sich Klarheit zu verschaffen, und im Nu standen über 3000 Menschen vor dem Gebäude.

Wie gesagt, das Kreiskomitee saß im Nachbargebäude des Fernsehens. Dort erkannte man sofort die veränderte Lage, so dass, als die Bauern von Klein Zhangzhuang Einlass begehrten, die Leiter von Kreiskomitee und -verwaltung längst von der Bildfläche verschwunden waren.

Am Mittag des zweiten Tages nach ihrem Besuch beim Kreis, die Bauern von Klein Zhangzhuang hatten gerade die Reisschalen zur Seite gestellt, setzte der Ortsgruppensekretär Zhang Dianfeng alle Dorfbewohner davon in Kenntnis, dass bei den drei von Huang Zixian frisch errichteten großen ziegelgedeckten Häusern eine Versammlung stattfinden würde. Die Häuser hatte Huang Zixian für seinen Sohn gebaut, falls er einmal heiraten würde, und da der Sohn außerhalb arbeitete, standen sie jetzt leer.

Als alle versammelt waren, stellte man fest, dass auch jemand vom Kreis gekommen war. He Jingkui, der stellvertretende Kreisvorsitzende des Kreises Guzhen, und Qiu Yayi, der betreffende Sekretär des Komitees für Recht und Politik, sowie eine Reihe von Beamten der Polizeistation waren gekommen, um ihnen »das Maul zu stopfen«.

Die Stimmung auf der Versammlung war so gedrückt, dass man kaum zu atmen wagte. Der stellvertretende Kreisvorsitzende verlas zunächst eine Reihe von Bestimmungen aus dem Strafrecht, dann verkündete er, es sei nicht erlaubt, sich mir nichts, dir nichts an höhere Stellen zu wenden, es sei nicht erlaubt, Unruhe zu stiften, und es sei nicht erlaubt, unverantwortbare Gerüchte in die Welt zu setzen. Alle waren sehr gespannt, vor allem die Angehörigen der Opfer, denn noch bekamen sie nicht klar, dass ihre ermordeten Verwandten dadurch, dass sie sich hatten ermorden lassen, anscheinend auch ein Gesetz verletzt hatten und wie früher zu den »Vier Elementen«* gehörten. Auch diesen früheren Feinden des Volkes war es nicht erlaubt gewesen, so genannte »unverantwortbare Gerüchte« in die Welt zu setzen, sie wurden überall und zu jeder Zeit von wachsamen Augen verfolgt, und wer zu ihnen gehörte, wurde auf einen Schlag nicht mehr als menschliches Wesen betrachtet.

Als Wei Surong nach Hause kam, warf sie sich auf ihr Bett und weinte – weinte, weil der Tod ihres Mannes Zhang Guiyu nicht aufgeklärt war, weinte über das Unrecht, über das sie sich bei niemandem beklagen konnte, und weinte über die Nutzlosigkeit ihrer Augen und ihres Mundes, der ihr die furchtbare Szene, die jene hatten mit ansehen müssen, nicht von der Seele reden durfte; sie weinte über die Dunkelheit dieser Welt und war drauf und dran, den Verstand zu verlieren.

Dann, am 7. Mai, veröffentlichte eine Provinzzeitung aus Anhui auf Seite 2 einen Bericht mit der Überschrift »Dorfvorsteher massakriert im Zorn vier Bauern«. Der Artikel erschien just zu dem Zeitpunkt, als die Untersuchungsbehörde der Stadt Bengbu den Fall zur Anklageerhebung zum städtischen Gericht weiterleiten wollte, mit dem durchschaubaren Hintergedanken, die »strategisch wichtige Anhöhe« der öffentlichen Meinung zu besetzen.

Der Artikel kam gleich zur Sache, gab aber die Tatsachen verschleiert wieder: »Ein stellvertretender Ortskomiteevorsitzender namens Zhang Guiquan geriet über einige scharfe Worte seiner Bauern so außer sich, dass er und seine herbeigeeilten Söhne mit ihnen in eine Prügelei gerieten, in deren Verlauf vier Bauern ums Leben kamen.«

Wer in der Lage war, chinesisch zu lesen, musste aus dieser Schilderung folgenden Schluss ziehen: Zuerst waren da »die scharfen Worte der Bauern«, und erst dadurch geriet Zhang Guiquan »so außer sich«. Das sollte heißen: Die Bauern trugen selbst die Schuld an diesem Vorfall.

Und doch konnte ein aufmerksamer Leser sich fragen, wieso bei dieser »Prügelei« nur Bauern ums Leben gekommen waren? Und wieso »ein stellvertretender Ortskomiteevorsitzender« seinen eigenen Bauern gegenüber so ausrastete, dass er sich erst zufrieden gab, als er ihnen den Garaus gemacht hatte? Und was der Inhalt dieser »scharfen Worte« der Bauern gewesen war? Worüber der »stellvertretende Ortskomiteevorsitzende« derart »außer sich« geriet, dass er es wagte, skrupellos ein derartiges Gemetzel anzurichten? Keine dieser äußerst wichtigen Fragen wurde im Artikel aufgeworfen. Offenbar war es nicht gut, darüber zu sprechen, oder man wagte es nicht.

Die Forderungen der Bauern nach Ausübung ihrer demokratischen Rechte und die bittere Tatsache, dass sie sich nicht in der Lage sahen, die Verantwortung für sich selbst zu übernehmen, wurden einfach verschwiegen. Und wo verschwiegen wird, da liegt etwas im Argen, da wird gemauschelt.

Und so wurde der unversöhnliche Kampf zwischen Gerechtigkeit und Tücke, Zivilisation und Brutalität, Fortschritt und Subversivität verzerrt zu einer Krakeelerei des Pöbels, zu einer dummen und banalen »Prügelei«. »Vier Bauern kamen ums Leben« – das sah aus, als seien sie selbst schuld.

Wieder schlugen die Wogen hoch unter den Bauern von Klein Zhangzhuang!

Sie suchten die Zeitung in der Provinzhauptstadt auf und verlangten voller Empörung eine Stellungnahme: Wie man bei einer so großen Sache, bei der es um Menschenleben gehe, einen solchen Bericht schreiben könne, ohne auch nur die einfachsten Tatsachen zu recherchieren?

Die Redaktion der Zeitung könne natürlich nicht alle Manuskripte, die ihr tagtäglich auf den Tisch flatterten, vor Ort überprüfen, hieß es zur Erklärung. Es liege bei diesem Manuskript kein Verfahrensfehler vor, man habe es, ohne weitere Untersuchung und ohne eine solche für nötig zu halten, veröffentlicht, weil es das amtliche Siegel der Untersuchungsbehörden getragen habe.

Die Sache lag auf der Hand: Der Vorfall hatte sich im Frühjahr 1998 ereignet, und das war nicht mehr das Frühjahr 1993 des »Ding Zuoming-Zwischenfalls« von Luying. Das Zentralkomitee hatte seither nicht nur wiederholt mahnend darauf hingewiesen, dass die Belastung der Bauern nicht weiter erhöht werden dürfe, sondern außerdem längst eindeutige Bestimmungen herausgegeben: Wenn in irgendeinem Dorf die Belastung der Bauern noch einmal erhöht werde, müssten die zuständigen Kreisparteisekretäre und Kreisvorstände mit Disziplinarmaßnahmen durch die Partei rechnen und einen schriftlichen Bericht verfassen. Als dieses im Grunde scharf formulierte Dokument in Anhui ankam, fügte die Provinzregierung noch einen Passus hinzu, der das Ganze noch um eine Stufe verschärfte. Man wollte demonstrieren, wie entschlossen und buchstabengetreu man für die Umsetzung der Beschlüsse des Zentralkomitees sorgte, und verpflichtete die zuständigen Sekretäre und Bürgermeister in den städtischen und ländlichen Gebieten, dem Provinzkomitee und der Provinzregierung schriftliche Berichte und Selbstkritiken vorzulegen.

Nun kommt ein Kreis heute, wenn es wenig ist, auf ein paar hunderttausend Einwohner, wenn es viel ist, auf ein paar Millionen; ein Distrikt oder eine unmittelbar der Provinzverwaltung unterstellte Stadt kommt, wenn es wenig ist, auf ein paar Millionen, wenn es viel ist, auf zig Millionen Menschen – der Wald ist groß, und Vögel gibt es viele. Wer kann da schon garantieren, dass unter diesen Millionen und Abermillionen von Menschen nicht ein paar aus der Art schlagen, nicht zu reden von den Glücksrittern und all denen, die nichts zu verlieren haben? Und was sollen Selbstkritiken dagegen ausrichten?

Zhang Guiquan aus Klein Zhangzhuang war längst kein stellvertretender Dorfkomiteevorsitzender im herkömmlichen Sinn mehr, er war ein Krimineller, der noch vor Ablauf seiner Strafe den Dorfkader spielte. Und damit nicht genug, tyrannisierte er die bäuerliche Bevölkerung nicht nur, er brachte sie auch noch um! Für solche Fälle hatte das Zentralkomitee längst klare Bestimmungen erlassen. Im Allgemeinen mussten Probleme mit der Besteuerung der Bauern, Todesfälle oder auch nur gemeinsame Eingaben von sechs und mehr Menschen dem Zentralkomitee direkt gemeldet werden. Zhang Guiquan und seine Söhne aber hatten nicht einen, sondern vier Menschen getötet und einen verletzt – ein Geschehen von einer Schwere, das aufhorchen ließ!

Jedoch der Komiteesekretär wie der Vorsitzende des Kreises Guzhen, der Komiteesekretär wie der Bürgermeister der Stadt Bengbu, alle taten sich schon schwer, die Tatsachen zu akzeptieren, wie sie waren; sich ihnen wirklich zu stellen, wagte keiner. Vielleicht fehlte es ihnen nicht einmal an einem Gespür für die Sachlage, vielleicht fehlte ihnen auch nicht der Mut, vielleicht waren sie von der Bitterkeit der Tatsachen einfach überfordert.

Außerdem hatte niemand vergessen, wie schockiert das Zentralkomitee auf den »Ding Zuoming-Zwischenfall« reagiert hatte. Deshalb waren sie sich zu 100 Prozent über das Risiko für die Übernahme einer solchen Verantwortung im Klaren. Offenbar war keiner der Beteiligten bereit, ein solches Risiko zu tragen. Im Gegenteil, uns gelang es heute noch nicht, all die seltsamen Geschehnisse, die sich nach dem eigentlichen Zwischenfall abgespielt hatten, zu klären und noch weniger die Gründe dafür auszumachen, dass man über den Verlust von vier Menschenleben so leichtfertig hinwegging – auch wenn es sich »nur« um ein paar Bauern handelte.

Am wenigsten konnten damit natürlich die Angehörigen der Opfer leben. Und als eines Tages Zhang Liang und Wei Surong noch einmal allen Mut zusammennahmen und das Kreiskomitee aufsuchten, schließlich auch den Sekretär des Kreiskomitees zu Gesicht bekamen und diesem jungen Menschen weinend und auf den Knien liegend von dem Unrecht berichteten, das ihnen widerfahren war, und als sie ihm erzählten, wie brutal ihre Angehörigen umgebracht worden waren, nur weil sie für die Bauernschaft die Überprüfung der Bücher übernommen hatten, da herrschte sie dieser unversehens an: »Was heißt denn hier Überprüfung der Bücher? Im ganzen Kreis werden die Bücher überprüft, wird da vielleicht jemand umgebracht?«

Die Angehörigen der Opfer waren starr vor Schreck.

Nach dem, was der Sekretär gesagt hatte, konnte man jedem jungen Mädchen, dem irgendein Unhold Gewalt angetan hatte und das über das ihr angetane Unrecht Klage führen wollte, vorhalten: Es gibt so viele hübsche Mädchen auf der Welt, wieso wirst ausgerechnet du vergewaltigt und nicht die anderen? Waren das noch die Worte eines Menschen?

Dass vier Vertreter der Dorfgemeinschaft von Klein Zhangzhuang getötet worden waren, weil sie eine Überprüfung der Bücher durchführen wollten, nahm die übrigen neun natürlich furchtbar mit, aber sie ließen sich von der Revision nicht abhalten, sondern machten sich mit nur noch größerer Entschlossenheit und auch größerer Sorgfalt an die Arbeit.

Dabei muss gesagt werden, dass die Verhaftung von Zhang Guiquan und seinen Söhnen die Sache sehr beförderte – und was die Dorfkader anging, so wurde sehr schnell deutlich, dass Zhang Guiquan nur die Spitze des Eisberges war. Zweifellos hörten die Probleme von Klein Zhangzhuang nicht beim stellvertretenden Dorfkomiteevorsitzenden auf. Auch der Ortsgruppensekretär, der Vorsitzende des Ortskomitees und der Ortsbuchhalter hatten keine saubere Weste, und die Angst vor der Überprüfung war ihnen mächtig in die Knochen gefahren. Entsprechend versuchten sie auch, diese zu boykottieren, aber diesmal war die kleine Prüfungskommission auf Anordnung der Gemeindeverwaltung eingesetzt worden. Die Dorfkader mochten noch so voller Hass und Furcht sein, ihnen mochten die Tage noch so endlos erscheinen –, so dumm wie Zhang Guiquan waren sie nicht und ließen sich nicht einfach zu einem Mord hinreißen. Doch sie sollten bald eine Entdeckung machen, die sie wieder Mut schöpfen ließ: Die Parteikomitees und Verwaltungen auf den Ebenen von Kreis und Gemeinde zeigten keinen sonderlichen Eifer bei der Überprüfung der Bücher, und auch die Wahrheit über die Morde von Zhang Guiquan und seinen Söhnen wurde mit aller Macht vertuscht.

Als die Untersuchungskommission schließlich herausfand, dass von jedem Einwohner Klein Zhangzhuangs im Jahre 1997 pro Kopf eine um 60 Pfund zu hohe Getreideabgabe erhoben worden war, was den staatlichen Anordnungen augenscheinlich widersprach, da suchten sie den Ortsgruppensekretär Zhang Dianfeng auf. Der ließ sich großspurig vernehmen: »Nun, richtig, diese Erhöhung habe ich angeordnet. Wenn ich etwas erhöhe, dann ist diese Erhöhung zweckgebunden, das geht euch nichts an.« Ein Tyrann, wie er im Buch steht.

Die Überprüfung ergab weiterhin, dass vier Dorfkader heimlich Land im Wert von 2600 Yuan verkauft hatten und auch Zhang Dianfeng allein aus dem Verkauf von Land 6000 Yuan bezogen hatte. Die Vertreter der Dorfgemeinschaft statteten ihm einen abermaligen Besuch ab, und der erklärte ihnen in aller Ruhe: »Daran erinnere ich mich, das war eine Mühwaltungsgebühr.« Gefragt, ob das denn zulässig gewesen sei, sagte er mit der größten Selbstverständlichkeit: »Ich habe es für einen speziellen Verwendungszweck genommen!«

Anlässlich einer weiteren Versammlung zu diesen Problemen befragten die Vertreter der Dorfgemeinschaft Zhang Fengzhi, den Vorsitzenden des Dorfkomitees: »Die Gebühr für die Berieselung der Reisfelder in Höhe von 4000 Yuan waren in Klein Zhangzhuang längst eingezogen, wieso wurden von unserem Erlös aus den Bodenverkäufen weitere 4000 Yuan dafür abgezweigt?« Zhang Fengzhi machte allerlei Ausflüchte und ließ schließlich ein Donnerwetter los, so dass sich die Versammlung zur Überprüfung der Rechnungsführung unverrichteter Dinge auflöste.

Es dauerte nicht lange, und im Dorf ging die Nachricht um, die Rechnungsprüfung in Klein Zhangzhuang sei beendet, Zhang Guiquan sei »nicht korrupt« gewesen, man habe »in Zhang Guiquans Büchern keine Unregelmäßigkeiten gefunden«, aber von den übrig gebliebenen neun Vertretern der Dorfgemeinschaft müsse man »den ein oder anderen verhaften«! Und schon drohte Zhang Guiquans Vierter, Zhang Simao, in seiner aufbrausenden und überheblichen Art: »Dieses Kaff wird keinen Frieden finden, diese Rechnung wird der eine oder andere noch mit dem Leben bezahlen!«

Über Klein Zhangzhuang stand ein dumpfer, stickiger Brodem von Blut.

Zhang Jiayu war Mitglied der Partei und ein harter Bursche, an ihm zeigte sich die Problematik der von den Bauern zu übernehmenden größeren Selbstverantwortung ganz unmittelbar. Er hatte sich als Mitglied der Überprüfungskommission nicht einschüchtern lassen. Zhang Guiquan und seine Söhne hassten ihn, so könnte man sagen, bis aufs Messer, und nachdem sie schon vier Menschen niedergestreckt hatten, hatte Zhang Guiquans Sechster, Zhang Chaowei, geschrien: »Los, auf zum Haus von Zhang Jiayu! Wir rotten die Sippschaft aus! Mit

Stumpf und Stiel!« Glücklicherweise war Zhang Jiayu unterwegs, um die Polizei zu alarmieren, das rettete ihm das Leben. Und jetzt stellte er fest, dass er noch immer in Lebensgefahr war. An seiner Haustür und an seinem Feldrain, überall schlich jemand herum und spähte ihn aus.

Der Einfluss der Familie Zhang Guiquans war nicht gebrochen, überdies war einer seiner Söhne flüchtig, und die Vorstellung von einem flüchtigen Verbrecher, der, ohne mit der Wimper zu zucken, Leute umbrachte, von einem Mörder, der plötzlich auftauchen konnte, war für die Bauern und besonders für die Angehörigen der Opfer alles andere als ein sanftes Ruhekissen. Zhang Guiyus über 70 Jahre alte Mutter brach immer wieder in Tränen aus, sobald die Rede darauf kam: Sie hatte an einem einzigen Vormittag den schmerzhaften Verlust von zwei Söhnen zu beklagen gehabt, ein Enkel war verletzt, fast eine ganze Familie mit einem Schlag aus dem Leben gerissen worden, und alle Anzeichen sprachen dafür, dass dieser Alptraum noch lange nicht zu Ende war. Mit Entsetzen im Gesicht sagte sie: »Niemand wagt sich abends vor die Tür, und nach den Erdnüssen auf dem Feld wagt man nicht einmal am helllichten Tag zu sehen!«

Wo bleibt die Vierte Macht im Staate?

Die weitere Entwicklung überstieg mehr und mehr das Vorstellungsvermögen der Bauern von Klein Zhangzhuang.

Der Kreis schickte Leute, die den Angehörigen der Opfer und den Augenzeugen drohten, nur ja »keine unverantwortbaren Gerüchte in die Welt zu setzen«, das Kreisfernsehen und die Provinzzeitung machten aus einem vorsätzlichen Mord eine »fahrlässige Tötung« oder eine »Prügelei« des Pöbels. Aber das alles hatte keine rechtliche Verbindlichkeit. Wenn die Bauern von Klein Zhangzhuang auch über kein besonders großes juristisches Allgemeinwissen verfügten, so wussten doch auch sie, dass nur das, was die Volksstaatsanwaltschaft und das Volksgericht sagten, wirklich zählte. Das Seltsame aber war, dass die Organe der Rechtsprechung nach Einleitung des Verfahrens sich gar nicht wirklich an die Gesetze hielten! Die örtlichen Staatsgerichte waren zu Lokalgerichten verkommen, die die speziellen Interessen der Region vertraten, was die Bauern von Klein Zhangzhuang in Angst und Schrecken versetzte und regelrecht zur Verzweiflung trieb.

Als die Mittlere Strafkammer der Stadt Bengbu das Verfahren eröffnete, dachte sie nicht daran, die Geschädigten darüber in Kenntnis zu setzen. Als denen doch gerüchteweise zu Ohren kam, dass das Verfahren eröffnet werden sollte, hatten sie als gesetzliche Vertreter der Opfer nicht einmal mehr die Zeit, einen Anwalt einzuschalten.

Zhang Jiayu, einer der Delegierten der Dorfkommission und schon 25 Jahre Parteimitglied, schwor bei seinem Parteibuch, dass sich während des gesamten Prozesses niemand von der Staatsanwaltschaft im Dorf hatte blicken lassen! Es wäre nicht einmal jemand angehört worden, der mit den örtlichen Gegebenheiten vertraut war! Von welchen Tatsachen die Staatsanwaltschaft in ihrer Anklageschrift ausging, das wusste niemand.

Die Angehörigen der Getöteten und die Augenzeugen hörten über »Buschtrommeln« von der Eröffnung des Verfahrens, und als sie Hals über Kopf zum Gericht hasteten, durften sie lediglich als »Zuschauer« an der Verhandlung teilnehmen. Sie hatten kein Aussagerecht, aber die Angeklagten, ausgerechnet, durften die Köpfe zusammenstecken – den Hinterbliebenen wurde ganz anders.

Von der öffentlichen Urteilsverkündung waren die Angehörigen der Opfer ebenfalls nicht offiziell in Kenntnis gesetzt worden, nur der Zufall ermöglichte ihnen die Teilnahme. Dort erfuhren sie, dass Zhang Guiquan, der Anführer und Rädelsführer des Mordkomplotts, und Zhang Jiazhi, der Zhang Guiyue ermordet hatte, zum Tode verurteilt wurden. Doch Zhang Chaowei und Zhang Yuliang, die die Vertreter der Dorfgemeinschaft Zhang Guiyu und Zhang Hongzhuan getötet hatten, wurden jeweils lediglich zu einer lebenslänglichen Freiheitsstrafe verurteilt – ein Zeichen dafür, dass hier von Unparteilichkeit keine Rede sein konnte. Mit diesem Urteil, könnte man sagen, war Zhang Guiquan am Ziel, denn für die Verbrechen, die sie alle begangen hatten, wurde, neben ihm, nur einer seiner Söhne zur Rechenschaft gezogen.

Die Angehörigen der Toten verlangten mit Nachdruck Einsicht in die Urteilsbegründung des Gerichtes, doch das wurde abgelehnt. Sie betrauten einen Anwalt mit der Sache, das Gericht fand immer neue Vorwände und händigte die Urteilsbegründung nicht aus.

Als Absolvent der höheren Schule Nummer 1 von Guzhen war Zhang Jiayu der Belesenste unter den Vertretern der Dorfgemeinschaft von Klein Zhangzhuang, er studierte das staatliche Verfahrensrecht in Strafsachen und fand unter Paragraph 182 schwarz auf weiß geschrieben: »Opfer und ihre gesetzlichen Vertreter, die mit der ersten Entscheidung von lokalen Volksgerichten nicht einverstanden sind, haben innerhalb von fünf Tagen nach Erhalt der Urteilsbegründung das Recht, bei der Volksstaatsanwaltschaft Einspruch zu erheben.« Nach diesem Gesetz war die Mittlere Strafkammer der Stadt Bengbu verpflichtet, den Angehörigen der Opfer und ihren gesetzlichen Vertretern die Urteilsbegründung auszuhändigen. Dass man den Angehörigen der Opfer und ihren gesetzlichen Vertretern dieses legitime Recht vorenthielt, war als einfaches Versehen nicht mehr zu erklären.

Und so wandten sich die Angehörigen der Opfer an das Oberste Gericht der Provinz Anhui. Dort erhielten sie schließlich die Anklageschrift in der »Strafsache Nummer 21 (1998)« der zuständigen Staatsanwaltschaft der Stadt Bengbu.

Nur: Was man nicht weiß, macht einen nicht heiß.

Aus den »Untersuchungsergebnissen«, auf denen die Anklagebegründung basierte, ging nicht hervor, dass die Getöteten wie Zhang Guiyu als Vertreter der Dorfgemeinschaft die Bücher überprüft, also ein demokratisches Recht von 87 Bauernhaushalten wahrgenommen hatten; und dass der brutale Zhang Guiquan an den Vertretern der Dorfgemeinschaft vorsätzlich Rache nehmen wollte. Darüber hinaus wurde der unmittelbarste Grund für die Tat nicht ersichtlich, dass nämlich die Bauern bereits mit ihrer Überprüfung begonnen hatten und die Dorfkader ihre Schuld vertuschen wollten. Mit den Untaten begonnen habe Zhang Jie, den Konflikt verschärft habe Zhang Leyi, doch als die Anklageschrift auf die nicht übertriebene Einmischung Wei Surongs, der Frau des Vertreters der Dorfgemeinschaft Zhang Guiyu, zu sprechen kam, zog sie folgenden Schluss: »Hier nahmen die gegenseitigen Beleidigungen ihren Anfang.« Damit wurde der Eindruck erweckt, als trage Wei Surong einen wichtigen Teil der Verantwortung für die Geschehnisse. Außerdem legte die Anklageschrift nicht dar, welche »Rechnung« die beiden Söhne Zhang Guiquans mit der Überprüfungskommission zu »begleichen« hatten. Und das war doch der Kernpunkt dieses Falles! Aber der wurde vertuscht.

Der Inhalt der »gegenseitigen Beleidigungen« wurde ebenfalls mit keinem Wort erwähnt, überraschenderweise stellte sich der Verlauf des »Zwistes« nach den »Untersuchungsergebnissen« folgendermaßen dar: Als Erste das Messer gezogen hätten der Vertreter der Dorfgemeinschaft Zhang Guiyu und seine Frau Wei Surong; zuerst handgreiflich geworden seien die Vertreter der Dorfgemeinschaft Zhang Guiyu und Zhang Hongzhuan; Zhang Jiazhi, der ohne mit der Wimper zu zucken getötet hatte, habe erst zum Messer gegriffen, als er entdeckte, dass Zhang Guiyu und Zhang Hongzhuan mit Regenschirmen und Ziegeln sich »anschickten« (»anschickten«, dieses Wort will man gar nicht glauben!), zu zweit auf seinen Vater einzuschlagen; und danach habe er entdeckt, dass Zhang Guiyu »Zhang Leyi niedergedrückt habe«, und da habe Zhang Jiazhi sich »unverzüglich« (»unverzüglich«, auch dieses Wort bereitet arge Kopfschmerzen!) den Zhang Guiyu gegriffen; doch erst als der am Boden liegende Mörder Zhang Leyi »sich freigemacht habe« (»freigemacht«, noch so ein Wort!), habe das Unheil seinen Lauf genommen.

Kurz, »beleidigt« und zuerst zu den Mordwerkzeugen gegriffen hatten, wo nicht die Vertreter der Dorfgemeinschaft selbst, so doch ihre Angehörigen, und für solche Vertreter einer Dorfgemeinschaft schien »der Tod nicht Strafe genug«!

Die Staatsanwaltschaft von Bengbu erhob schließlich gegen Zhang Guiquan und seine Söhne Anklage wegen des »Verdachtes der vorsätzlichen Körperverletzung (mit Todesfolge)«. Das veränderte den Charakter dieses besonders krassen Mordfalles von Grund auf, denn »Körperverletzung« unterstellte den Tätern nicht von vornherein ein verwerfliches Verhalten. Dabei war dem der Anklageschrift beiliegenden Obduktionsgutachten etwas ganz anderes zu entnehmen: Zhang Hongzhuan war »aufgrund eines Stiches mit einem einschneidigen Messer in die Brust verstorben. Dieser hat die Hauptschlagader zum Herzen zerschnitten, was eine akute Blutung ausgelöst hat«; Zhang Guimao war »aufgrund eines Stiches mit einem einschneidigen Messer in die rechte Rückengegend verstorben. Dieser ist in den linken Lungenflügel eingedrungen, was eine akute Blutung ausgelöst hat«; Zhang Guiyue war »aufgrund eines Stiches mit einem einschneidigen Messer in die rechte Brust verstorben. Dieser ist in den linken Lungenflügel eingedrungen, was eine akute Blutung ausgelöst hat«. Daraus wurde ganz klar, dass jeder der Mörder direkt auf das Herz gezielt hatte! Und auch Zhang Xiaosong war nur mit viel Glück mit dem Leben davongekommen, weil er dem direkt auf den Kopf zielenden Messer ausweichen konnte und es nur seine linke Schulter traf.

Wie konnte man die Untaten dieser Mörder, die in kaum fünf Minuten solch ein Blutbad angerichtet hatten, nicht verwerflich nennen? Was hätte noch geschehen müssen, um die Staatsanwaltschaft zu einer Anklage wegen Mordes zu bewegen?

Das durch Mark und Bein gehende Geschrei Zhang Guiquans an diesem kalten und nassen Morgen würde keiner der Augenzeugen je vergessen: »Bringt es für mich zu Ende! Bringt sie um, die Herren Delegierten!« Das war das Geschrei eines wilden Tieres, das die »Anklageschrift« nicht verschweigen und vor dem sie die Augen nicht verschließen durfte.

Und obwohl doch die Staatsanwaltschaft von Bengbu gegen Zhang Guiquan gar nicht Anklage wegen »Mordes« erhoben hatte, verfluchte er wie zum Hohn nun nach der Urteilsverkündung das Gericht: Sie sollten nur warten, bis seine Söhne entlassen seien, dann würden sie alle einen Kopf kürzer gemacht! Welche Gefühle dieser wüste Ausbruch wohl bei dem Staatsanwalt und seinem Stellvertreter hinterließ, die ihren Namen unter die Anklageschrift gesetzt hatten?

Bereits in der Han-Dynastie hatte Huan Kuan in seinem *Streitgespräch über Salz und Eisen** ausgeführt: »Der Welt Sorge ist nicht kein Gesetz, ihre Sorge ist ein Gesetz, das nicht befolgt werden muss.« Das heißt: Eine Gesellschaft hat sich weniger Sorgen zu machen, wenn es keine Gesetze gibt, als wenn die Gesetze nicht entschlossen umgesetzt werden. Ohne Gesetz kann man leben, doch ein Gesetz, das niemand befolgt, hat unausdenkbare Folgen!

Das über Partei, Regierung und Militär stehende Kontrollrecht der Gesetze gilt als die »Vierte Macht im Staate«, denn sie stellen eine wichtige Kraft zur Verwirklichung von gesellschaftlichem Ausgleich und von Gerechtigkeit dar. Aber bis heute entscheiden vielerorts noch immer nicht die Tatsachen über den Erfolg einer Klage oder den Ausgang eines Rechtsstreits; bis heute hat man dem eigentlich sakrosankten Recht die ihm gebührende Autorität nicht verschaffen können. Die Unabhängigkeit der Gerichte ist oft nicht mehr als ein Versprechen auf dem Papier.

Zwischen unser Leben und unsere Gesetze schieben sich oft andere, stärkere Kräfte, so dass viele Gesetze noch immer nicht mehr sind als eine verführerisch schöne Hoffnung.

Um zu verhindern, dass die Bauern von Klein Zhangzhuang auch noch in die Hauptstadt gingen, unterzog man alle Bauern, die Fahrkarten nach Peking kauften, am Bahnhof von Guzhen einem strengen Verhör. Selbst zwei Bauern aus der näheren Umgebung der Stadt, die nur nach Peking wollten, um angelegentlich eines Verwandtenbesuches zum Arzt zu gehen, wurde dies verweigert. Erst als die beiden sich bis ins Kleinste erklärt und bestätigt hatten, dass sie nicht aus der

Gemeinde Tangnan stammten und auch tatsächlich nicht wegen einer Eingabe nach Peking wollten, bekamen sie ihre Fahrkarten.

Diese Blockade war natürlich eine Torheit und in ihrer Wirkung begrenzt. Die Welt ist so groß, was hilft da ein Verbot. Die Bluttat, die sich in Klein Zhangzhuang, Gemeinde Tangnan, Kreis Guzhen, ereignet hatte, hatte sich am Ende doch in Windeseile herumgesprochen und zog allerorten die Aufmerksamkeit der Medien auf sich.

Als Erste erschienen Li Renjiang und Ke Renfang von der Nachrichtenagentur Neues China, Abteilung Anhui, am Ort des Geschehens. Nach ihren Recherchen schrieben die beiden Reporter eine Meldung mit der Überschrift »Wie sich die Kader von Klein Zhangzhuang bereichern – Über doppelte Steuerbuchführung«. Obwohl mit keinem Wort von einem »Mord« die Rede war und es in der Meldung fast keine subjektiven Stellungnahmen gab, wurde die Nachricht doch im ganzen Land verbreitet. Und wie in der Geschichte von Pao Ding*, in der ein Schlachter mit scharfem Messer das Fleisch von den Knochen löst, wurden die Hintergründe, die zu der Mordtat in Klein Zhangzhuang geführt hatten, ganz von selbst bis ins kleinste Detail vor den Bürgern enthüllt. Der Bericht war ganz sachlich gehalten – die Tatsachen sollten für sich sprechen.

In den Tagen, in denen sie vor Ort waren, hatten die Reporter das kleine Häufchen von Bauern aus Klein Zhangzhuang, Ort Zhangqiao, Gemeinde Tangnan, Kreis Guzhen, Provinz Anhui befragt, und die Bauern hatten einer nach dem anderen ihre Steuerkarten und ihre leeren weißen Quittungszettel gezückt und voller Ärger erklärt, wie es in ihrem Dorf eine doppelte Steuerbuchführung gegeben habe. In einem Buch sei wenig aufgeführt, das sei das falsche, das speziell dafür da war, mit den Kontrollen von oben fertig zu werden; in dem anderen stehe viel mehr, das sei das richtige Buch, das sei dazu da gewesen, mit ihnen, den Volksmassen, fertig zu werden.

Der Bauer Zhang Jiayu holte aus seinem Haus die Steuerkarten und die leeren weißen Quittungszettel für 1996 und 1997. Auf der Steuerkarte von 1996 stand: »Haushalt von Zhang Jiayu, fünf Personen, zwei Arbeitskräfte, vertraglich verpflichtet zur Bestellung von 12,65 Mu Land, Nettoeinkommen des vergangenen Jahres 1246 Yuan, Steuerüberschlag für dasselbe Jahr 660 Yuan, Abgaben für die Gemeindegesamtplanung 6,1 Prozent des Nettoeinkommens des vergangenen Jahres.« Doch die in diesem Jahr tatsächlich erhobenen Abgaben und Gebühren für die Gemeinde beliefen sich auf 19,8 Prozent des Nettoeinkommens, das machte einen Unterschied von 13,7 Prozent. Die Gesamtsteuer auf Zhang Jiayus Steuerkarte für das Jahr 1997 belief sich auf 414,03 Yuan, in Wirklichkeit erhoben worden waren hingegen 1510,05 Yuan. Und auch die Zusammensetzung der Steuern war anders als im Jahr zuvor. Die richtigen und die falschen Abgaben und Gebühren für die Gemeinde beliefen sich auf sieben beziehungsweise 22,7 Prozent des letzten Nettojahreseinkommens, das machte einen Unterschied von 15,7 Prozent.

Die Bauernschaft der Großgemeinde wird von 142 Haushalten mit 750 Menschen gebildet, ein reines Bauerndorf, und da es in einer Niederung am Ufer des Huai liegt, hat es oft unter Überschwemmungen zu leiden. Das Leben der Bauern ist nicht einfach. Die Reporter besuchten der Reihe nach alle Familien und fanden weder anständige Häuser noch vernünftige Einrichtungen vor. Viele Bauernfamilien hatten nicht einmal einen Schwarz-Weiß-Fernseher. Doch bei den meisten Kadern des Dorfes standen Kühlschränke und Farbfernseher, manche bewohnten große Häuser mit Innenhöfen. Die Bauern sagten, die Kader unseres Dorfes buckeln nach oben und treten nach unten; was sie besitzen, weiß niemand, man weiß nur, dass sie mehr essen und mehr haben.

Hier muss angemerkt werden, dass die Obergrenze, die das Zentralkomitee für die Belastung der Bauern gezogen hat, bei fünf Prozent des Nettoeinkommens des jeweiligen Vorjahres liegt! Und hier ging das hoch bis zu 19,8 Prozent, das war nahezu viermal so viel wie staatlich festgelegt! Noch viel schwerer wog die doppelte Buchführung, die für nichts anderes da war, als den Betrug zu vertuschen. Die Niedertracht dieser Machenschaften war offensichtlich!

Am Ende wurden die Unterschiede im Besitzstand verdeutlicht, das war die brillanteste Stelle des Artikels. Das ergab ein wunderbares Bild, in dem die vielen verschiedenen Ebenen des Problems auf den Punkt gebracht wurden.

Daraufhin meldeten sich auch die Reporter des *Industrie- und Handelsführers* zu Wort und bekannten in ihrem Artikel »Der vierfache Mord Zhang Guiquans darf nicht geduldet werden« eindeutig Farbe. Der Artikel öffnete den Leuten die Augen, indem er speziell auf eine Reihe von Umständen hinwies: auf die noch nicht verbüßte Strafe, das dennoch erlangte Kaderamt; auf das schlechte Gewissen, das sich gegen eine Überprüfung der Bücher sperrte; auf die Wahnsinnstat am helllichten Tag und den Mord an vieren der mit der Überprüfung der

Bücher betrauten Vertreter der Dorfgemeinschaft. Man kann sagen, das traf den Nagel auf den Kopf!

Nur eines muss richtig gestellt werden: Es waren zwar vier Menschen getötet worden, davon waren aber nur drei mit der Rechnungsführung betraute Vertreter der Dorfgemeinschaft, Zhang Guiyue, der vierte, war nur der ältere Bruder von Zhang Guiyu, einem dieser Vertreter der Dorfgemeinschaft.

Somit enthüllte die *Gongshang wenhui bao (Industrie- und Handelszeitung)* an hervorgehobener Stelle die wahren Umstände eines »besonders schweren Kapitalverbrechens in Guzhen«, ließ ein paar warme Sonnenstrahlen in das Dunkel fallen und strafte die Märchen, mit denen das Kreiskomitee von Guzhen und das Stadtkomitee von Bengbu alle hinters Licht führen wollte, Lügen.

Am 15. Juli 1998 gegen zwei Uhr nachmittags erreichte ein Kamerateam des Zentralfernsehens unter sengender Sonne und mit schwerer Ausrüstung auf den Schultern müde und staubbedeckt das über den Fernverkehr noch recht unbequem zu erreichende Klein Zhangzhuang. Das Zentralfernsehen hatte sich zu diesem speziellen Besuch entschlossen, nachdem die entsprechende Meldung des Neuen China im ganzen Land zu lesen gewesen war. Kaum war das Kamerateam im Dorf, begann es mit seinen eher unsystematischen Recherchen und Aufnahmen.

Der Reporter betrat zuerst das Haus des Bauern Huang Zhixian und fragte ihn: »Wie hoch ist Ihre steuerliche Belastung?« Huang Zhixian hatte offensichtlich Bedenken und antwortete erst nach langem Zögern: »Sehr hoch.« Dann suchte er dem Reporter die im Dorf ausgegebene Bauernsteuerkarte heraus und die von der Dorfgruppe ausgestellten leeren Quittungszettel.

Anschließend wollte der Reporter einen Vertreter der Dorfgemeinschaft sprechen, und so wurde Zhang Jiayu, der gerade auf dem Feld arbeitete, ins Dorf zurückgerufen. Er schilderte nicht nur tatsachengemäß die »doppelte Steuerbuchführung« in Klein Zhangzhuang, sondern kam auch auf den Tathergang zu sprechen, in dessen Verlauf Zhang Guiquan mit seinen Söhnen vier Menschen erstochen hatte, nur weil Vertreter der Dorfgemeinschaft seine korrupte Rechnungsführung hatten überprüfen wollen.

Danach bat der Reporter Zhang Jiayu, ihn zu begleiten, und sie führten jeweils ein Interview mit den Waisen der getöteten Dorfvertreter Zhang Guishou und Zhang Hongzhuan.

Schließlich ließ der Reporter sich von Zhang Jiayu auch noch zum Haus von Zhang Dianfeng führen, um auch den Ortsgruppensekretär zu interviewen. Doch der war nicht zu Hause, so dass man beschloss, mit seiner Frau Chen Yunxia zu sprechen. Wie nicht anders zu erwarten, war Chen Yunxias Verhalten sehr abweisend. Zunächst zeigte sie dem Reporter die Tür, dann, nachdem sie das Haus hinter sich abgeschlossen hatte, stolzierte sie mit der Hacke auf der Schulter von dannen. Der Reporter nahm das nicht weiter übel, verzichtete sogar darauf, diesen seltenen Schnappschuss festzuhalten, und folgte ihr nur mit der Kamera, bis sie außer Sichtweite war.

Das Team wollte schon abreisen, da tauchte Zhang Dianfeng doch noch auf, zu Fuß und sein Fahrrad nach Hause schiebend. Als er von Ferne die nach ihm rufenden Bauern entdeckte und ein paar fremde Leute mit einer Kamera auf der Schulter auf sich zukommen sah, fand er das alles andere als gut, machte kehrt und wollte davonlaufen. Doch dann kam er womöglich auf den Gedanken, dass das alles noch viel schlimmer machen könnte, jedenfalls machte er nach ein paar Schritten wieder kehrt.

Der Reporter ging ihm entgegen und fragte: »Sie sind der Sekretär des Dorfes?«

»Ja.«

»Wir möchten Ihnen ein paar Fragen stellen, geht das?«

Zhang Dianfeng hatte augenscheinlich seine Emotionen wieder im Griff: »Das geht, kommen Sie mit zu mir!«, antwortete er offenherzig. Erst als sie vor seiner Haustür ankamen, entdeckte er das Vorhängeschloss, das dort hing und dessen Schlüssel seine Frau mitgenommen hatte – es war sehr peinlich.

Und so führte der Reporter sein Interview vor der Tür: »Wird die Rechnungsführung in Ihrem Dorf offengelegt?«

Zhang Dianfeng nahm ihm das Wort aus dem Mund: »Offengelegt, völlig offengelegt! Auf Tag und Monat. Am Fünften jeden Monats wird eine Abrechnung ausgehängt.«

Der Reporter fragte: »Wo wird die Abrechnung ausgehängt?«

Zhang Dianfeng antwortete: »In den drei Dorfteilen der Großgemeinde.«

Der Reporter fragte weiter, ohne den Blick von ihm zu wenden: »Haben Sie irgendwo eine Abrechnung hängen sehen?«

Nach einem kurzen Zögern sagte Zhang Dianfeng: »Gesehen nicht, aber immerhin habe ich es angeordnet.«

Der Reporter wollte gerade weiterfragen, als die um ihn herumstehenden Bauern angesichts eines Zhang Dianfeng, der mit weit aufgerissenen Augen einen derartigen Unsinn erzählte, nicht mehr an sich halten konnten und in schallendes Gelächter ausbrachen. Mitten aus dem Gelächter heraus rief irgendwer lauthals: »Der Sekretär schwätzt Scheiße!«

Zhang Dianfeng wechselte augenblicklich die Farbe und starrte die Bauern, die um ihn herum standen, wutschnaubend an.

Da trat Zhang Jiayu, einer der aufrechtesten Vertreter der Dorfgemeinschaft, in Gegenwart von Zhang Dianfeng und ohne das geringste Anzeichen von Angst vor die Kamera und sagte die Wahrheit: »Wir hier in Klein Zhangzhuang haben nie irgendeine Abrechnung im öffentlichen Aushang gesehen!«

Als Zhang Dianfeng das hörte, zeigte er zähneknirschend mit dem Finger auf ihn: »Bist du noch ein Mitglied der Kommunistischen Partei? Du bist inkompetent! Wenn du einen Aushang nicht sehen kannst, dann bist du inkompetent, das ist es, was du bist!«

In Zhang Dianfengs Augen war jedes Parteimitglied im Ort zu einer bedingungslosen und absoluten Übereinstimmung mit ihm, dem Ortsgruppensekretär, verpflichtet, sonst war es inkompetent.

All das wurde von der laufenden Kamera aufgezeichnet.

In der Nacht nach der Ankunft des Teams vom Zentralfernsehen rief jemand (es muss gegen zwei Uhr gewesen sein, jedenfalls war es sehr spät) in leitender Funktion aus der Gemeinde Tangnan den Ortsgruppensekretär Zhang Dianfeng an, um in Erfahrung zu bringen, wen die Reporter im Dorf alles interviewt hätten. Und worum es gegangen sei? Und ob jemand auf die Sache mit dem Mord an den mit der Buchprüfung betrauten Vertretern der Dorfgemeinschaft zu sprechen gekommen sei?

Als stünde der ganz große Feind vor der Tür.

Früh am Morgen des dritten Tages erschien Zhang Fengzhi, der Vorsitzende des Dorfkomitees, auf dem Plan. Dieser Analphabet von einem Vorsitzenden tobte aus den Übertragungslautsprechern: »Einzelne Parteimitglieder haben diese Stinktiere vom Fernsehen geholt und behauptet, alles, was wir tun, ist falsch; dann hat er auch noch Reporter vom zentralen *Brennpunkt* geholt, aber *Brennpunkt* hin, *Brennpunkt* her, ich finde, da treiben ein paar Massen Unfug! Ich lasse euch da unten mal euren Unfug treiben, aber wenn die Zeit gekommen ist, wird mir nichts anderes übrig bleiben als durchzugreifen!«

Er hatte die Lautsprecher auf volle Lautstärke gestellt, man hörte nichts als ein ohrenbetäubendes Geschwalle. Die Bauern waren gerade aus ihren Träumen aufgewacht, und als sie diesen Dorfvorsteher, der nicht ein einziges Schriftzeichen lesen konnte, durch die Lautsprecher krakeelen hörten, wussten sie in der Tat nicht mehr, wem ihr Klein Zhangzhuang eigentlich gehörte.

Am Abend des 12. Juni belichtete das Zentralfernsehen in der Sendung *Streifzüge durch die Gesellschaft* die Frage der steuerlichen Überbelastung der Bauern in Klein Zhangzhuang, was im ganzen Land zu Reaktionen führte.

Postwendend machte auch die *Nanfang zhoumo (Südwoche)* eine ganze Titelseite mit diesem Thema auf, griff die blutigen Ereignisse von Klein Zhangzhuang geradewegs an und veröffentlichte einen Bericht ihres Reporters Zhu Qiang mit der Überschrift »Vater mit vier Söhnen beherrscht Klein Zhangzhuang im Kreis Guzhen, richtet unter vier mit einer Buchprüfung betrauten Bauern ein Blutbad an«. Außerdem brachte sie einen Kommentar mit Karikatur, beide gleichermaßen schlagend. Die Zeichnung des Karikaturisten Fang Tang war einfach und scharf: Ein Ortskomiteeleiter, dessen Mund raucht wie ein Schornstein, tritt, satt, betrunken und voller Dünkel, von einem mit Flaschen vollgestellten Bürotisch aus nach den Köpfen und Leibern von Bauern, die aus Angst und Ehrfurcht vor ihm auf dem Boden kriechen. Der Kommentar stammte aus der Feder von Dang Guoyin vom Forschungsinstitut für die Entwicklung der Bauerndörfer an der Chinesischen Akademie für Sozialwissenschaften. Er hielt mit seiner Empörung nicht hinter dem Berg:

> »Wir haben eine Zentralregierung, die die internationalen Menschenrechtskonventionen unterschrieben hat, wir befinden uns in einem zivilisierten Zeitalter, wir können solche üblen Einflüsse nicht dulden! … Und obwohl es natürlich notwendig ist, alle Dorfkader, die gegen die Politik des Zentralkomitees und die staatlichen Gesetze und Bestimmungen verstoßen, entschlossen zu bestrafen, was ja auch eine gewisse Wirkung hat, ist das lediglich eine Behandlung der Symptome! Wir müssen die Probleme von ihren Wurzeln her angehen, müssen für einen größeren Wohlstand unter den Bauern sorgen, ihnen die Fähigkeit geben, sich selbst zu organisieren, und diese Selbstorganisationen der Bauern legitimieren, um sie damit in die Lage zu versetzen, sich aus eigener Kraft gegen die einflussreichen Schichten in den Dörfern und Gemeinden zu wehren.«

Zu dieser Zeit nahmen sich mit Zheng Su, Fu Dian und Cheng Yuan drei Reporter der Zeitschrift *Minzhu yu fazhi (Demokratie und Recht)* aus dem speziellen Blickwinkel von »Demokratie« und »Recht« Klein Zhangzhuangs an. Sie brachten in der Ausgabe 17 desselben Jahres einen Vor-Ort-Bericht. Der Titel war sehr einfach: »Durch Rechnungsprüfung in den Tod«, der Artikel erfrischend und faszinierend geschrieben, es mangelte nicht an Eloquenz und Lebendigkeit. Was die drei Autoren allerdings vollkommen fassungslos machte, war die Tatsache, dass just in der Zeit, als sie ihre Interviews führten, die blutverschmierten Mordwerkzeuge des flüchtigen Zhang Leyi noch immer in aller Seelenruhe in einer Schublade des Krankenhausbüros von Lijian lagen. Niemand hatte danach gefragt. Es waren diese Reporter, die das auf einem abschreckenden Foto bekannt gemacht haben.

Als Folge der sukzessiven Einmischung der verschiedenen Medien, besonders nach dem abwechselnden Dauerbeschuss durch besonders einflussreiche Zeitungen und Zeitschriften. ließ sich das wahre Gesicht des Mordes an den Vertretern der Dorfgemeinschaft von Klein Zhangzhuang, die nichts anderes getan hatten, als ihre demokratischen Rechte wahrzunehmen, nicht mehr vertuschen – und damit kam langsam Bewegung in die Sache.

Zunächst schickte die Verwaltung der Gemeinde Tangnan einen offiziellen Vertreter, um die beiden Waisen von Zhang Hongzhuan im Altenheim der Gemeinde unterzubringen.

Dann veranlasste die Kreisverwaltung Guzhen anlässlich des Drachenbootfestes* am fünften Tag des fünften Monats nach dem alten Kalender die Auszahlung von 100 Yuan Schmerzensgeld an jede der betroffenen Familien.

Zur Haupterntezeit gaben sich schließlich einige Genossen von den verschiedenen Komiteeorganisationen des Kreises Guzhen die Ehre und halfen den Familien der Opfer bei der Weizenernte. Dabei fiel kein Wort über die Hitze oder Schwere der Arbeit. Sie arbeiteten von morgens früh bis nachmittags ein Uhr und nahmen von den Bauern keinen Bissen und keinen Schluck Wasser an, was die Angehörigen der Getöteten ein wenig die Wärme der Partei und der Regierung spüren ließ.

Am 8. September 1998 kam der Oberste Gerichtshof der Provinz Anhui im Fall Zhang Guiquan und Söhne zu einem endgültigen Urteil. Die »gerichtlich überprüften Tatsachen« im abschließenden Entscheid unterschieden sich kaum von den in der Anklageerhebung der Staatsanwaltschaft der Stadt Bengbu anfangs aufgeführten Untersuchungsergebnissen, was die gesamte Bauernschaft von Klein Zhangzhuang noch einmal am Rechtssystem Chinas verzweifeln ließ.

Dennoch kam, wie man zugeben musste, das Oberste Provinzgericht zu dem Schluss, bei Zhang Guiquan und seinen Söhnen habe »kein Grund zur Selbstverteidigung« vorgelegen, weshalb von einer »Körperverletzung mit Todesfolge« nicht die Rede sein könne. Stattdessen hieß es: »Zhang Guiquans, Zhang Jiazhis und Zhang Yuliangs Tat erfüllt den Tatbestand des vorsätzlichen Mordes. ... Die subjektive Absicht dieses vorsätzlichen Mordes ist erwiesen, Gründe für eine Anklage wegen fahrlässiger Tötung gibt es keine, sie wäre deshalb nicht glaubwürdig.«

Das war den 87 verzweifelten Bauernhaushalten von Klein Zhangzhuang am Ende ein kleiner Trost.

Der Steuerboykott

抗税案件始末

Wo der Despot seiner Konkubine Lebewohl sagt

Der Kreis Lingbi in der Provinz Anhui ist das alte Gaixia, der Ort, wo es zur Entscheidungsschlacht* zwischen Liu Bang, dem späteren ersten Han-Kaiser, und seinem Rivalen Xiang Yu kam. Vor 2200 Jahren haben hier die vereinten Kräfte von Liu Bang und Han Xin, seinem besten General, mit über 400.000 Mann den Ring um die 100.000 des Xiang Yu so fest geschlossen, dass keine Maus mehr hinein oder hinaus konnte. Von jeglichem Nachschub abgeschnitten, konnten die Belagerten Nacht für Nacht von allen Seiten die Lieder von Chu* hören, sie führten das große *Der Despot sagt seiner Konkubine Lebewohl** auf.

So viele Jahrhunderte nach diesem erschütternden Akt der Geschichte war dieses ärmliche und abgelegene Fleckchen Erde längst zu Frieden und Einsamkeit zurückgekehrt. Es war so still, als sei hier die Zeit stehen geblieben oder erstarrt. Doch der 15. Oktober 1997 war ein Tag, den die Menschen von Gaixia sicher nicht mehr vergessen würden. Die Mittagssonne stand wie am Vortag strahlend im Zenit, als die uralte Stille über dem Land grausam von Autoreifen zermahlen wurde.

Eine imponierende Truppe war, bis an die Zähne bewaffnet, von der Kreisstadt Lingbi aus aufgebrochen: kleine und große Polizeiwagen, Laster, Personenwagen und sogar Feuerwehren. Auf den Fahrzeugen saßen mit grimmigen Mienen außer dem Ordnungsdienst und bewaffneter Polizei auch Partei- und Regierungsbeamte in den Uniformen der verschiedenen Kreis- und Gemeindeinstitutionen.

Eine Szene von einer solchen Majestät und Größe war seit ewigen Zeiten in diesem Kreis nicht mehr gesehen worden.

Auf dem ganzen Weg das Tatütata der Polizeiautos, Schusswaffen blitzten kalt; als die Kavalkade über die Lehmwege zwischen den Dörfern fuhr, verdunkelte eine Staubwolke die Sonne.

Wo einfache Leute unterwegs dieser Streitmacht ansichtig wurden, versteckten sie sich bestürzt. Hinter den Fenstern der Bauernbehausungen verborgene Augen zählten erschrocken mit: Auf dem Marsch waren 32 Fahrzeuge aller Art, besetzt mit über 200 Personen!

Als die Truppe die Gemeinde Fengmiao erreicht hatte, wandte sie sich nach Südosten, und nach ungefähr zehn Kilometern sprangen zunächst Polizisten und Soldaten mit vorgehaltenen Waffen von den Fahrzeugen und riegelten alle Zufahrten ins Dörfchen Großgao ab. Dann schickte Hou Chaojie, der Parteisekretär von Fengmiao, zwei Leute los, um Chen Yiwen, den Parteizellensekretär von Großgao, und Gao Xuewen, den Dorfvorsteher, zu holen. Die Sicherheitsbeamten, die die beiden mit gezogener Waffe begleiten sollten, sausten wie der Blitz durchs Dorf.

Die »Schlacht« ging wider Erwarten glatt über die Bühne. Man kann sagen, ohne einen einzigen Schuss abzugeben, hatten die Vertreter der Staatsmacht nach nur einer Viertelstunde auf ganzer Linie gesiegt!

Das alles geschah um die Mittagszeit, das Bauernvolk von Großgao war auf so etwas psychologisch nicht vorbereitet: Die Hausfrauen standen zumeist am Herd, die Herren der Schöpfung kamen gerade von den Feldern, viele von ihnen noch mit bloßem Oberkörper und nackten Füßen. Als die Sicherheitsbeamten auf sie zustürmten, waren alle wie vor den Kopf geschlagen, nicht einer kam auf den Gedanken, zu einer Waffe zur greifen.

Die Männer und Frauen aus dem Dorf sahen sich plötzlich einer bis an die Zähne bewaffneten Truppe im Kriegseinsatz gegenüber – und das mit leeren Händen und ohne jede Möglichkeit der Gegenwehr. Das brachte sie aus dem Konzept und kaufte ihnen den Schneid ab.

Der »Sieg« allerdings war rundum beeindruckend: Nicht eines der verdächtigen Elemente, das sich in diesem Augenblick im Dorf aufgehalten hatte, war durch die Maschen gegangen – wenn man von den Glücklichen absieht, die beim See unten Korn machten, im Oberdorf auf dem Markt waren oder ein langes Jahr auswärts arbeiteten!

Von den nur etwa 100 Einwohnern von Großgao wurden 51 abgeführt, darunter ein dreijähriges Kind, das zusammen mit seiner Mutter verhaftet wurde. Wenn man dieses Kind hinzuzählt, dann waren bei der Aushebung dieses Räubernestes ganz und gar 52 Menschen verhaftet worden.

Das war der Zwischenfall von Großgao, der Millionen von Menschen aus sechs Kreisen der Provinzen Jiangsu und Anhui schockiert hat.

Gerade als sich dieser Zwischenfall im Kreis Lingbi ereignete, behaupteten die Hongkonger Zeitschriften *Dongxiang (Trend)* und *Zhengming (Streit)* unter den Schlagzeilen »Bauernunruhen weiten sich auf neun Provinzen aus« und »Fünf Millionen Bauern aus vier Provinzen leisten Widerstand«, unter den Bauern Chinas komme es überall zu »Unruhen, Aufständen und tumultartigen Zwischenfällen« und sogar zu »bewaffnetem Widerstand«. Dafür gab es keinerlei Beweise. Aber natürlich entgingen uns bei unseren Recherchen nicht die von den Büros des Zentralkomitees der Kommunistischen Partei und des Staatsrats bereits mehrfach gemeinsam herausgegebenen Noten, in denen streng darauf hingewiesen wurde, dass nicht wenige Führungsmitglieder der regionalen Partei- und Verwaltungsorgane nicht nur nicht in der Lage seien, in der richtigen Weise mit der neuen Situation und den neuen Problemen in den ländlichen Gebieten umzugehen, sondern durch den leichtfertigen Einsatz von Polizei, Sicherheitsorganen und Volksmiliz die Konflikte noch verschärften.

Man kann sagen, der Zwischenfall von Großgao sorgte damals für große Aufregung, er wurde als »gewalttätiger Steuerboykott« angesehen. Doch abgesehen davon, dass die Hausfrauen des Dorfes zumeist mit dem Kochen des Mittagessens beschäftigt waren und die Männer mit bloßem Oberkörper und nackten Füßen im Schatten saßen und Kühlung suchten, dachte niemand im Traum an irgendeinen gewaltsamen Widerstand. Als sie die Polizeisirenen hörten und die Polizeiautos in den Ort fahren sahen, freuten sich einige Dorfbewohner sogar, weil sie dachten, eine übergeordnete Abteilung der Öffentlichen Sicherheit sei gekommen, um der Gerechtigkeit Genüge zu tun und den Dorfvorsteher Gao Xuewen zu verhaften.

Denn die Ursache für den so genannten Zwischenfall von Großgao war niemand anders als er.

In Großgao gab es nicht einen, der nicht lange Zähne bekam, wenn es um Gao Xuewen ging. Gao Xuewen, der im Dorf nur der Lahme Gao hieß, kannte, seit er Dorfvorsteher geworden war, keine Verwandten mehr. Wieviele Bestimmungen zur Lastenverringerung das Zentralkomitee auch erlassen mochte, in Großgao wurden weiterhin Steuern und Abgaben nach Gusto des Herrn Dorfvorstehers erhoben. Wenn er sagte, du zahlst so viel, dann zahltest du so viel, nicht einmal Kinder ließ er aus. Wer gegen ihn war, war gegen die Regierung des Volkes, gegen die Politik der Partei, gegen Jiang Zemin* und Zhu Rongji, der zerstörte die guten Verhältnisse, zerstörte Stabilität und Einheit, zerstörte die Öffnungs- und Reformpolitik! Wer ihm ein Dorn im Auge war, den beschimpfte und verprügelte er. Und er ließ nicht von ihm ab, bis er seine Fehler eingesehen hatte.

Gestern hatte Gao Xuewen wieder einmal den starken Mann markiert. Gao Yangshi war eine alte Frau von 70 Jahren und, wie man so sagt, die Mutter von Großgao. Gao Xuewen als Vorsitzender des Dorfkomitees hätte eigentlich mit gutem Beispiel vorangehen und das Alter ehren müssen. Doch der pfiff darauf! Umsonst hatte sie ihn höflich angesprochen und doch nur eine Erklärung verlangt, warum er von ihrer Familie schon wieder eine Haus- und Gartensteuer erhebe; da schlug er auch schon zu, durchsuchte dann das Haus, das ihr und ihrem Sohn gehörte, und haute alles – Topf und Schale, Kelle und Wanne – kurz und klein.

Wie sollte man ahnen, dass der Schurke umgehend Anklage erheben und nicht nur ungestraft davonkommen, sondern mit Glanz und Gloria an der Spitze von bewaffneten Polizisten und Sicherheitskräften das ganze Dorf in Haft nehmen würde! Die Bauern von Großgao waren wie vor den Kopf geschlagen!

Als Erste wurde Gao Yangshi verhaftet. Doch nicht nur sie, nicht nur ihre eigene Familie, man verhaftete auch ihren älteren und jüngeren Bruder, ihren Neffen und dessen Onkel väterlicherseits, die alle gerade zu Besuch waren, um sich nach dem Vorfall nach ihrem Befinden zu erkundigen – kurz, von den elf Menschen, die sich in ihrem Haus aufhielten, wurden, bis auf eine bettlägerige alte Großmutter von fast 90 Jahren, alle verhaftet.

Gao Yangshi war bereits in einen Polizeiwagen verfrachtet worden, als den Sicherheitskräften ihr von den gestrigen Schlägen Gao Xuewens geschwollenes und von blauen Flecken gezeichnetes Gesicht auffiel – erst da wurde sie aus Angst vor weiteren Scherereien wieder aus dem Polizeiwagen hinausbugsiert.

In der Zwischenzeit hatte es noch ein hübsches Intermezzo gegeben.

Nicht wenige Bauern hatten das Ende der Hausdurchsuchung und der Misshandlung von Gao Yangshi gar nicht erst abgewartet. Sie waren in den Nachbarkreis gelaufen und hatten eine Fotografin hergebeten, um Beweismaterial in die Hand zu bekommen und es zur Gemeinde zu bringen. Es hieß, auch das sei ein Resultat der Popularisierung des Rechts, heutzutage hätten sogar die Bauern rechtsstaatliche Köpfe. Unerwarteterweise tauchte eine Sicherheitskraft just in dem Augenblick vor der Fotografin auf, als diese gerade die übel zugerichtete Gao Yangshi aufgenommen hatte und dabei war, auch die Verwüstungen im Haus zu fotografieren. Gao Xuewen erhob ein wildes Geschrei, die Verhaftung der Familie von Gao Yangshi hatte seinen Hass noch nicht befriedigt, und als er eine Fotografin beim »Sammeln von Beweisen« entdeckte, wollte er auch sie verhaften lassen.

Doch die Fotografin war eine Frau, die oft in der Kreis- und Provinzhauptstadt gewesen war und etwas von der Welt gesehen hatte und so etwas nicht einfach schluckte. Als die Sicherheitskräfte heranstürmten und wahllos Verhaftungen vornahmen, würdigte sie diese keines Blickes. Sie sagte: »Ob ihr im Unrecht seid oder nicht, ich bin auf alle Fälle nicht aus eurem Kreis!«

Diese geringschätzige und respektlose Haltung der Fotografin brachte jemanden vor Ort richtig auf – und zwar den Quittungsaussteller des Finanzamtes von Fengmiao. Und hast du nicht gesehen stand er vor ihr und ließ, mit ausgestrecktem Finger aus sie zeigend, eine wutentbrannte Suada auf sie niedergehen: »Ich sage dir: Und wenn du die Alte von Jiang Zemin und Li Peng* persönlich wärst, ich müsste dich trotzdem bestrafen.«

Dieser eine Satz machte alle starr vor Schreck.

»Abführen!«, brüllte der Quittungsangestellte entschieden.

Die Fotografin war eine ungewöhnliche Frau. Sie ließ sich nicht nur nicht einschüchtern, sie war ihrem Gegenüber auch haushoch überlegen. An ihrer Haltung war deutlich abzulesen, dass sie es für unter ihrer Würde hielt, sich mit solch einem kleinkarierten Gernegroß zu messen. Derlei Figuren waren ihr zur Genüge begegnet, ihnen durfte man keinerlei Macht in die Hände geben, wenn man einem zwei Gran Farbe gab, strich er ein ganzes Haus damit.

Sie erwiderte in aller Ruhe: »Du machst mir keine Angst, und um dir die Wahrheit zu sagen, so hoch kommen wir beide nicht. Aber im Amt für Öffentliche Sicherheit eures Kreises gibt es einen stellvertretenden Amtsleiter, das ist ein Verwandter von mir. Wenn du es nicht glaubst, frag nach!«

Wieder waren die Leute starr vor Schreck.

Und tatsächlich taten die Worte der Fotografin ihre Wirkung auf die anwesenden Sicherheitsbeamten, sie sahen sie auf einmal mit ganz anderen Augen an. Ihre Blicke funkelten. Natürlich musste man ihren Worten nicht unbedingt glauben, aber man durfte sie auch nicht auf die leichte Schulter nehmen – deshalb wurden der Ton und die Bewegungen der Polizisten und Sicherheitsbeamten um einiges sanfter, als sie auch die Fotografin zu einem Polizeiwagen brachten.

Gao Zongpeng, der für sein widerborstiges Temperament bekannte Weißbart von Großgao, war ein alter Herr, dem man keinen Sand in die Augen streuen konnte: Wenn er gewahr wurde, dass etwas nicht mit rechten Dingen zuging, dann hatte er den Mut, mit gezücktem Messer zu Hilfe zu eilen. Als er sah, wie die Führung von Kreis und Gemeinde samt Polizei eine solche Armee auffuhren und wahllos Verhaftungen vornahmen, war er zur Stelle.

Er zeigte mit dem Finger auf Parteizellensekretär und Dorfvorsteher, die verhaften ließen, wer immer ihnen über den Weg lief, und rief vorwurfsvoll: »So eine Krötenbrut, habt ihr uns noch nicht genug schikaniert? Ihr gebt keine Ruhe, bis die Leute auf die Barrikaden gehen!«

Der alte Herr stand selbstverständlich wegen schlechten Benehmens im Führungsregister des Dorfes, und weil er sich bislang nicht hatte sehen lassen, hatte man ihn überall gesucht, denn man wollte auch ihn festnehmen. Nun war er von selbst ins Netz gegangen. Er wurde verhaftet und seine beiden Söhne und seine Schwiegertochter gleich mit.

Unter den 52 an diesem Tag verhafteten Personen waren nicht nur über 70 Jahre alte Leute, teils alte Parteimitglieder, die schon vor der Kulturrevolution der Partei beigetreten waren, teils auch Invaliden, die nach ihrem Militärdienst ins Dorf zurückgekehrt waren, sondern auch viele Frauen und unmündige Kinder …

Den Bauern von Großgao wurde eines deutlich vor Augen geführt: Dieses Mal war niemand festgenommen worden, der es gewagt hatte, mit einem Bericht über das Problem der Bauernlasten an eine höhere Stelle zu appellieren oder einen solchen Appell zu unterstützen, es also gewagt hatte, an der Rechnungsführung des Dorfes Zweifel anzumelden oder deren Überprüfung zu fordern; es war auch niemand, der mit den Dorfkadern nicht zufrieden oder mit ihnen verfeindet war. Kurz, wer immer dem Parteizellensekretär und dem Dorfvorsteher ein »Dorn im Auge« oder ein »Stachel im Fleisch« war, der ging ihnen ins Netz – das war es, was sie unter dem »Ostwind« der Revolution verstanden. Weil es sich hier um eine konzertierte Aktion verschiedener »Waffengattungen« handelte, geschah alles überstürzt, und die Lage war unübersichtlich: Einige Leute stammten gar nicht aus Großgao, sie waren nur hier, um ihren Verwandten während der anhaltenden Dürre bei der Aussaat zu helfen. Andere waren hierher gekommen, um für private Industrie- und Handelsunternehmen eines anderen Kreises Geschäftskontakte anzubahnen – sie wurden alle verhaftet. Und da die Exekutivkommandos von verschiedenen Abteilungen und Organisationen kamen und es vom jeweiligen Befugnisbereich abhing, wer wen verhaftete, kam es vor, dass Mitglieder derselben Familie in verschiedene Polizeiwagen gesteckt und an verschiedene Orte gebracht wurden. Als die Polizeiautos sich in Bewegung setzten, wogte ein herzzerreißendes Weinen und Klagen über das Dorf und die Felder. Den Alten, die zu Hause lagen und sich nicht rühren konnten, liefen Tränen über das Gesicht: Ihnen kamen die Szenen wieder ins Gedächtnis, die sich abgespielt hatten, als damals die japanischen Teufel in das Dorf eingefallen waren. Der Unterschied zu den japanischen Teufeln war nur, dass hier nicht vergewaltigt und gebrandschatzt wurde und kein einziges japanisches Wort fiel.

Die verhafteten Dorfbewohner wurden ausnahmslos noch am selben Abend verhört. Mit einer Ausnahme: der Fotografin. Sie wurde in der Polizeistation einer Leibesvisitation unterzogen, und als sich bestätigte, dass sie die Verwandte eines stellvertretenden Amtsleiters im Amt für Öffentliche Sicherheit des Kreises Lingbi war, wurde sie noch in der selben Nacht auf freien Fuß gesetzt. Der Rest musste »bluten«, musste Geldbußen in bestimmter Höhe zahlen, sonst war an Freikommen und Heimgehen nicht zu denken. Deshalb beauftragten die Dorfbewohner jemanden, bei Wucherern Geld zu leihen. Sie bürdeten sich damit eine schwere Last auf, denn sie liehen wenigstens 1000, wenn nicht sogar über 10 000 Yuan, manche verloren Haus und Hof und mussten Heim und Herd verlassen.

Yang Shulian, Gao Yangshis Neffe mütterlicherseits, mit seinem losen Mundwerk meinte: »Wenn man im Recht ist, kann man sich überall hinwenden.« Er sagte noch einiges in der Art, doch schließlich – wo kein Geld ist, blühen keine Blumen – wurden seine Beine auch noch von den großen Lederstiefeln der Öffentlichen Sicherheit zusammengetreten, er hinkte noch über einen Monat lang. Früher hatte er gedacht, am Ende seien die Bösen doch immer in der Minderheit, aber als er endlich draußen war, war für ihn die ganze Welt schlecht.

Die Geschichte eines Tages und einer Nacht

Als sich die Turbulenzen um den Zwischenfall von Großgao mit der Zeit beruhigt hatten, der Schlamm sich gesetzt hatte und man den Boden wieder klar sehen konnte, da blieb ein Nachgeschmack, wie er bitterer nicht sein konnte.

Gao Yangshi, die Mutter von Großgao, hatte 1990 auf dem Grundstück ihrer alten Behausung ein neues Haus gebaut. Es wurde dafür kein zusätzliches Ackerland gebraucht, außerdem wurde das Grundstück, wie bei anderen Familien auch, längst zur Fläche ihres Ackerlandes hinzugerechnet. Auf Jiao und Fen hatte sie jedes Jahr alle möglichen Steuern und Abgaben entrichtet. Doch ein Jahr vor den Ereignissen, also 1996, hatte Dorfvorsteher Gao Xuewen sie aufgesucht und ihr noch 110 Yuan Haus- und Gartensteuer abverlangt. Deshalb fragte sie, als er am Vormittag des 14. Oktober 1997 vor der Tür stand und abermals eine Haus- und Gartensteuer eintreiben wollte, ganz verwundert: »Habe ich die denn nicht schon bezahlt?« Als Gao Xuewen den Ton der Frage hörte, war ihm nicht ganz wohl in seiner Haut, und er warf einen verächtlichen Blick auf sie: »Wenn ich sage, du zahlst, dann zahlst du; wieviel du herausrücken sollst, soviel rückst du heraus, was soll das unsinnige Gerede!«

Natürlich fühlte sich Gao Yangshi ungerecht behandelt und wollte eine Erklärung, also fragte sie: »Letztes Jahr habe ich 110 Yuan bezahlt, und du hast gesagt, damit sei es gut, wieso willst du dieses Jahr wieder etwas?«

Gao Xuewen verlor mehr und mehr die Geduld und fing an zu schreien: »An wen willst du das bezahlt haben?«

Als Gao Yangshi das hörte, wurde sie wütend. Normalerweise bekamen die Dorfbewohner nämlich, Abgabe hier, Abgabe da, als Quittung nichts weiter als einen weißen Zettel, manchmal nicht einmal das. Deshalb schrie sie zurück: »Du willst nicht mehr wissen, an wen ich gezahlt habe?«

»Wie?«, entfuhr es ihm. Er trat ein paar Schritte zurück und schaute die alte Frau an wie ein seltenes Tier im Zoo. Damit hatte er nicht gerechnet! Diese krumme Alte, die keinen Wind mehr halten konnte, hatte die Stirn, sich vor ihm aufzuplustern! Herausfordernd sagte er: »Zahlst du nun oder zahlst du nicht?«

»Nein!«, schrie Gao Yangshi, sie bebte am ganzen Körper.

Da Gao Xuewen mit einer solch heftigen Reaktion nicht gerechnet hatte, wurde er tückisch: »Ich werde dir helfen, das ist Steuerboykott!«

Seine Schreierei hatte mittlerweile eine ganze Reihe von Dorfbewohnern angelockt, und einige machten ihm Vorhaltungen. Er dürfe nicht noch einmal eine Haus- und Gartensteuer von Gao Yangshi verlangen. Als er sich den vielzüngigen Vorwürfen der Dorfbewohner gegenüber sah, hatte er das Gefühl, vollständig das Gesicht zu verlieren, und ließ seine Wut an der alten Frau aus. Er machte einen Satz und tobte: »Du sagst, du hast schon einmal eine Haus- und Gartensteuer entrichtet: Hast du Beweise?«

Als die Alte sah, wie schamlos er sich in aller Öffentlichkeit aufführte und nichts zugab, lief sie rot an und ihr Hals schwoll, sie baute sich vor ihm auf und fuchtelte mit der Hand vor seiner Nase herum. Sie war am Ende ihrer Geduld: »Und du! Kannst du das Gegenteil beschwören!?«

Sie hatte noch nicht ausgeredet, da schlug er ihr die Faust ins Gesicht. Sie strauchelte, und es hätte nicht viel gefehlt und sie wäre rücklings auf dem Boden gelandet; im Nu zeigte sich in ihrem Gesicht eine blutunterlaufene Schwellung. Gao Xuewen fand sich plötzlich von allen umringt, und ihm wurden von allen Seiten Vorwürfe gemacht: »Wie kannst du nur eine alte Frau schlagen!«

Aus Angst und Scham trat er die Flucht nach vorne an: »Ich habe sie geschlagen, na und? Ich werde auch noch ihr Haus durchsuchen!«

Gesagt, getan. Vollkommen von Sinnen stapfte er wie ein wütender Ochse in Gao Yangshis Haus, hob Töpfe hoch und ließ sie fallen, griff sich Schalen und warf sie hin, packte Kürbiskellen und zerschmiss sie – im Handumdrehen hatte er alles kurz und klein geschlagen. Überall flogen Eisenstücke und Porzellansplitter von Töpfen, Tellern und Schalen herum, es sah aus wie im Krieg.

Als er sich ausgetobt hatte, machte er sich, als sei nichts gewesen, erhobenen Hauptes davon.

Die alte Gao Yangshi war auf der Stelle in Ohnmacht gefallen.

Die Dorfbewohner dachten, dieses Mal habe ihr Vorsteher den Bogen überspannt, das würde gewiss ein Nachspiel haben. Wie hätten sie auch auf die Idee kommen sollen, dass der stellvertretende Leiter der Polizeistation eines Kreises, wie Zheng Jianmin es war, am Mittag desselben Tages an der Spitze seiner Leute in das Dorf stürmen und direkt auf das Haus der alten Gao losgehen würde? Der stellvertretende Stationsleiter klopfte an der Haustür, um sie und ihre Söhne ohne weiteres zu verhaften.

Die herbeigeeilten Dorfbewohner, die wussten, wie übel Gao Xuewen der alten Gao mitgespielt hatte, schilderten ihm vielstimmig den wahren Sachverhalt. Doch er schenkte nur dem Dorfvorsteher Glauben und setzte den Dorfbewohnern lautstark auseinander, sie träfen nicht nur auf taube Ohren, sondern er werde langsam auch richtig unwillig.

»Wer nimmt hier willkürliche Verhaftungen vor?«, fragte er aufgebracht.

»Na du!« sagte ein Dorfbewohner.

»Erst muss einmal richtig untersucht werden, wer hier etwas falsch gemacht hat!«, sagte ein weiterer ärgerlich.

Ja, in diesen Jahren hatten nicht wenige Dorfbewohner von Großgao außerhalb gearbeitet, überall im Land, in großen und kleinen Städten, und wie man es auch drehte und wendete, sie hatten etwas von der Welt gesehen, zumindest hatten sie begriffen, dass die Staatsanwaltschaften und Gerichte sich an das Gesetz halten mussten, dass sie bei einer Verhandlung »von den Tatsachen ausgehen* mussten«, mit den Gesetzen als Richtschnur. Eine willkürliche Verhaftung – das war eine Übertretung des Gesetzes durch seine Organe.

Zheng Jianmin schaute abschätzig auf die durcheinander plappernden Dorfbewohner, und ganz allmählich wurde sein Atem heftiger. Was waren in seinen Augen schon diese paar Hacken schwingenden Schlammbeine, die kein trockenes Haar am Leib hatten? Er war einem Ausbruch nahe, als sich ganz unerwartet ein Dorfbewohner namens Gao Guanghua aus der Menge löste.

Gao Guanghua war nicht auf den Mund gefallen und stellte ihn zur Rede: »Es war schon nicht richtig, dass Gao Xuewen von Gao Yangshi noch einmal eine Haus- und Gartensteuer verlangt hat, aber sie zu schlagen, das setzt dem Ganzen wirklich die Krone auf; und ihr dann auch noch das ganze Haus zu demolieren, das war nicht nur nicht richtig, das war kriminell! Wenn ihr von der Öffentlichen Sicherheit euch nur einseitig informiert und nur einer Seite glaubt, mutet ihr uns einfachen Leuten da nicht ein bisschen zuviel zu?«

Gao Guanghua hatte sehr direkt gefragt, ohne im Geringsten das Gesicht von Zheng Jianmin zu wahren. Er hatte dem stellvertretenden Stationsleiter der Polizeistation vor allen Leuten zum Tanz aufgespielt – man konnte fast verstehen, dass Zheng nun erneut die Geduld verlor und einen vorbeikommenden Polizisten anfuhr: »Den da, festnehmen!«

Der Polizist stürzte hastig heran, griff sich Gao Guanghua und stieß ihn in einen Polizeiwagen. Der wehrte sich nach Kräften und rief: »Was soll ich denn verbrochen haben?«

Zheng Jianmin gab zurück: »Du behinderst eine Amtsausübung!«

Die Umstehenden waren aufgebracht und beschwerten sich lauthals bei ihm, das sei Amtsmissbrauch.

Da zog er seine Pistole und schrie: »Und was wollt ihr machen?« Und er fuchtelte ihnen mit der Pistole vor der Nase herum.

Der alte Gao Zongpeng, dessen Mund in seinem weißen Bart vollkommen verschwand, hatte die ganze Zeit still beiseite gestanden, doch jetzt ging er auf Zheng Jianmin zu. Mit hochrotem Kopf fragte er: »Du bist für die Sicherheit des Volkes zuständig! Wenn du keine Untersuchung durchführst, die Leute nicht zu Wort kommen lässt und ihnen mit der Pistole drohst, gibt es dann überhaupt noch ein Gesetz?!«

Er hielt seinen Kopf vor die Mündung von Zhengs Pistole: »Wenn du den Mut dazu hast, schieß! Schieß mir in den Kopf! Unsereins ist vielleicht nichts wert, aber Angst haben wir keine!« Und er fuhr wütend fort: »Das soll die Behinderung einer Amtsausübung sein? Seid ihr fertig mit euren Verhaftungen? Wem imponiert denn so eine Pistole? Willst du uns alle umbringen?«

Den Dorfbewohnern ging langsam der Hut hoch, sie umringten ihn und schrien in ihrer Wut: »Schieß doch! Wenn du den Mut hast, schieß doch!«

Gegen den Zorn der Massen kann man nichts machen. Die Leute sahen, wie die Pistole in Zheng Jianmins Hand zu zittern begann, er wagte nicht mehr, sie auf ein konkretes Ziel zu richten. Ausgesprochen unwillig steckte er die Pistole weg und starrte den Weißbart Gao Zongpeng mit zornsprühenden Augen an.

Ein paar Dorfbewohner nutzen die Unaufmerksamkeit von Zheng Jianmin und den anderen Polizisten, rissen die Türen des Polizeiwagens auf und retteten Gao Guanghua.

Als Zheng Jianmin sich vom Haus der alten Gao entfernte, war sein Gesicht blau angelaufen. Er sagte kein Wort mehr, stieg in den Polizeiwagen, schlug krachend die Tür zu und gab Gas. Vom Wagen sah man nur noch eine dichte Staubwolke, er machte sich davon wie ein Esel, dem man einen kräftigen Peitschenhieb versetzt hat. Als die Staubwolke sich auflöste, war von dem Polizeiwagen nichts mehr zu sehen.

Der Tumult vor Gao Yangshis Haus löste sich auf. Wie sich der stellvertretende Leiter der Polizeistation Hals über Kopf aus dem Staub gemacht hatte! Alles bog sich vor Lachen, manch einer lachte Tränen. Nur der alte Gao Zongpeng blieb noch eine Weile, er schaute Gao Yangshi schweren Herzens an: »Das werden sie nicht auf sich sitzen lassen. Dass ihnen ein paar Dorfbauern eine Niederlage beigebracht haben, das werden sie nicht auf sich sitzen lassen! Bestimmt werden sie das unter einem Vorwand an die große Glocke hängen!«

Er sollte Recht behalten. Kaum war Zheng Jianmin zurück in seiner Polizeistation, als er auch schon dem restlichen Führungspersonal erzählte, was ihm gerade widerfahren war, und dabei kräftig Öl ins Feuer goss. Ma Li, der Leiter der Polizeistation, Zhu Xianmin, politischer Instrukteur bei der Volksbefreiungsarmee – die waren im Gebiet von Fengmiao dafür bekannt, dass sie nicht lange fackelten. Ihr Wort zählte, und wo sie hinschlugen, da wuchs kein Gras mehr.

Sofort und brühwarm erstatteten die drei den führenden Köpfen von Gemeindekomitee und -verwaltung Bericht.

Und es dauerte nur ein paar Stunden, da ging es weiter. Gegen Abend kamen zwei Wagen in das Dorf gebraust, in denen nicht nur Ma Li und Zhu Xianmin saßen, sondern mehrere wichtige Beamte der Gemeinde: der stellvertretende Sekretär der Gemeindeverwaltung und des Parteikomitees der Gemeinde, der stellvertretende Gemeindevorsteher und eine ganze Reihe von Kadern aus Finanzen, Industrie, Handel, von der Steuer und von anderen Abteilungen.

Die Organisationen der Gemeinde liegen mindestens gute zehn Kilometer von Großgao entfernt, und führende Kader ließen sich in Großgao sonst kaum blicken. Als da jetzt so spät am Tag so viele wichtige Leute auf einmal auftauchten, traten die Dorfbewohner vor die Tür, um sich das seltene Schauspiel nicht entgehen zu lassen. Wie einfältig in ihrer Art diese gutmütigen Bauern doch waren! Sie glaubten, der Chef der Polizeistation sei gekommen, um sich bei allen zu entschuldigen. Sein Stellvertreter Zheng Jianmin hatte am Nachmittag ohne Angabe von Gründen einfach willkürliche Verhaftungen vornehmen wollen und unbescholtene Bürger mit der Pistole bedroht – als er zurückkam, musste es Kritik gehagelt haben. Und bei der Gemeindeführung musste man doch wissen, dass Gao Xuewen gegen jedes Gesetz und gegen jede Disziplin eine alte Frau geschlagen hatte. Bestimmt waren die Beamten nun gekommen, um das in Ordnung zu bringen.

Doch als sie schauten und schauten, spürten sie: So war es nicht! Das ging nicht ganz mit rechten Dingen zu! Denn die Kader, die da ins Dorf gekommen waren, entschuldigten sich bei niemandem und dachten nicht einmal daran, sich bei den Dorfbewohnern zu erkundigen; nicht ein einziger anständiger Satz fiel, ganz zu schweigen von einer Erklärung für das Verhalten des Polizeistationsvize. Ihr Verhalten war ausgesprochen eigenartig, sie starrten hierhin, deuteten dahin, drehten sich auf der Stelle und wollten augenscheinlich schon wieder den Rückzug antreten.

Die Dorfbewohner wurden immer verwirrter, das Ganze immer rätselhafter: »Was wollen die Kerle eigentlich hier?«

In diesem Augenblick fassten sich ein paar verzweifelte Leute aus Großgao ein Herz und baten die Kader inständig, erst zu gehen, wenn sie das mit den Gewalttätigkeiten des Dorfvorstehers in Ordnung gebracht hätten. Sie fürchteten, dass Gao Xuewens Übergriffe noch zunehmen würden, wenn man die Sache im Sande verlaufen ließ. Wie sollten sie damit klarkommen?

Aber die führenden Mitglieder der Gemeinde und der Polizeistation gingen darauf gar nicht ein und machten Anstalten, wortlos in ihren Autos zu verschwinden.

Als die Dorfbewohner, die schon außerhalb gearbeitet und eine ganze Menge erlebt hatten, mit eigenen Augen sahen, wie mitleidlos diese Kader sich aufführten und über die berechtigten Fragen der Bevölkerung hinweghörten, stieg die Wut in ihnen hoch. Sie dachten bei sich: Die Chefs der Gemeinde, die Chefs der Polizei, das sind doch bloß Kader von irgendwelchen Unterabteilungen und Zweigstellen! Der Distriktmagistrat, das ist doch nur ein »siebtklassiger kleiner Beamter«, und die Unterabteilungen, die sind doch bloß einen Scheißdreck wert! Wenn man dich respektiert, dann bist du ein Führer; aber wenn man dich nicht mit großen Augen anschaut, dann bist du ein Arsch mit Ohren!

Unter den Dorfbewohnern fielen Worte, die nicht so fein waren wie die von den Abteilungshockern: »Sie fressen, was wir anbauen, aber für uns Bauern tun sie nichts, schöne Diener des Volkes!« Schließlich stellten sich einige den Wagen einfach in den Weg und schnaubten: »So lange ihr euch nicht um die Prügeleien von Gao Xuewen gekümmert habt, so lange fahrt ihr auch nicht weg!«

Ein Führungsmitglied der Gemeinde fragte missmutig: »Und was wollt ihr machen?«

»Wir folgen euch auf Schritt und Tritt!«, bekam er zur Antwort.

Man muss die Gemütslage der Dorfbewohner verstehen. Auch wenn sie diese auf eine Art zum Ausdruck brachten, die ihren Ackergeräten entsprach: grob, ursprünglich und vielleicht nicht gerade auf der Höhe unserer modernen Zivilisation. Aber man kann doch unschwer erkennen, dass ihre Worte erfüllt waren von der Sehnsucht nach einem ruhigen und von Despoten befreiten Leben – wobei sie ihre ganze Hoffnung auf Partei und Volksregierung setzten.

Und doch waren es diese Worte, die einen der Gemeindeoberen auf die Palme brachten. Er drehte sich abrupt um und fuchtelte wild mit den Händen in der Luft herum. Es sah aus, als halte er eine Ladung Sprengstoff hoch, und er rief in grenzenlosem Heroismus den folgenschweren Satz: »Dann bleiben wir eben alle hier!«

Ein paar wütende Sätze von ein paar Bauern – und die nahmen das wörtlich! Die Dorfbewohner konnten es nicht fassen. Sie dachten bei sich: Diese Führer, die mit dem Wagen zur Arbeit abgeholt werden und die ihre Entscheidungen nur aufgrund vom Hörensagen und von Berichten fällen, die halten einfach nichts aus! Sind sie verweichlicht? Zu schlecht, um die Probleme anzugehen? Anscheinend hatten sie nicht einmal die Nerven, einen Furz zurückzuhalten!

Nach dem Ausruf des Gemeindeoberen waren sich alle Kader auf dem Platz einig. Keiner fand das absurd, niemand zeigte sich überrascht. Die Sonne würde bald untergehen, das sah man, und es war noch ein weiter Weg nach Hause. Aber wenn alle hierblieben, was dann? Wo sollten sie übernachten? Unwillkürlich wandten sie sich dem Haus der Frauenvorsitzenden von Großgao zu.

Deren Haus war nur ein paar Dutzend Meter von der Stelle entfernt, wo die Wagen standen. Als Gao Xuehua, die Frauenvorsitzende, die Gemeindechefs auf ihr Haus zukommen sah, beeilte sie sich, diese zu begrüßen. Eilfertig bat sie jeden Einzelnen herein, zog Tisch und Hocker heran und bot erst einmal allen einen Platz an. Dann kramte sie Spielkarten hervor, goss jedem Einzelnen Tee ein und hantierte in der Küche herum. Alle nahmen ihrer Stellung und ihrer Bedeutung entsprechend der Reihe nach Platz, wechselten kurz ein, zwei höfliche Floskeln, ein paar am Tisch begannen alsbald Karten zu klopfen, die anderen, die dazu keine Lust hatten, fingen an, an ihrem Tee herumzunippen und zu schwatzen. Es dauert nicht lange, und das Haus der Frauenvorsitzenden war von Reden und Lachen erfüllt, es ging laut und hoch her.

Einige gab es auch, die fanden es offenbar abgeschmackt, hier bleiben und einen Abend vertun zu müssen. Sie legten ihr Haupt auf die gefalteten Hände zu einem Schläfchen nieder oder trollten sich nach draußen. Es war, als hätten sie etwas auf dem Herzen, oder besser, als würden sie sich zu Tode langweilen.

Die Dorfbewohner staunten nicht schlecht: Die blieben wirklich? Diese in der Mehrzahl älteren Herren drängten sich in das Haus einer Frauenvorsitzenden, was sicher kein Spaß für sie war! Ganz zu schweigen davon, dass sie lästig fielen, ganz zu schweigen vom Schlafen, ganz zu schweigen davon, wie man so viele Mäuler stopfen sollte. Die hatten sicher schon alles Mögliche gegessen, aber was konnte ihnen die Frauenvorsitzende auftischen?

Bei den heutigen Kadern gehörten Essen und Trinken längst zum Dienst. Eine Einladung zum Bankett bringt Ansehen, beim Trinken werden Beziehungen geknüpft. Essen und Trinken, das ist eine Wissenschaft für sich, wer kann schon noch essen, nur um seinen Hunger zu stillen?

Zuerst buk Gao Xuehua für das Führungspersonal an der Wand eines heißen Topfes einen Ring von Weizenküchlein heraus, dann kochte sie einen Topf Sojasprossensuppe. Selbstbewusst stopfte sie den Führern die Mäuler, obwohl nicht jeder von ihnen je von einem derart bescheidenen Bauernmahl aufgestanden war. Hinterher hatten alle einen reichlich faden und abgestandenen Geschmack im Mund. Außerdem reichte es nicht für alle – viele Mönche gab's und wenig Reisbrei. Plötzlich tauchte irgendwoher eine Großpackung Instantnudeln auf, damit musste man vorlieb nehmen. Doch waren einige trotz ihres Hungers nicht gewillt, auch nur einen weiteren Bissen von diesem groben Zeug zu sich zu nehmen. Und so lagen überall auf dem Boden des Hauses, unter dem Tisch, draußen vor der Haustür weggeworfene Küchlein, Sojasprossenblätter und Instantnudeln. Auf die Mühe, die sich die Frauenvorsitzende gegeben hatte, nahm niemand Rücksicht.

Die Dorfbewohner hatten das alles mit Stielaugen verfolgt, und jetzt gaben alle auf einmal ihre Meinung zum Besten.

Einer sagte: »Wenn sie schon dableiben und nicht mehr vorhaben zu gehen, warum fragen sie dann nicht nach der Sache mit der alten Gao?«

Ein anderer sagte: »Genau, bei Tage geht das mit der Pistole auf einen los, und am Abend verkriecht es sich hier und klopft Karten; das Jahr hat nur 365 Tage, wann wollen die denn etwas arbeiten?«

Wieder ein anderer fuhr fort: »Kriegen nichts Vernünftiges zustande und fressen sich durch, wo sie gehen und stehen! Die sind wie alle anderen! Können nur fressen, Schwierigkeiten machen und die Leute erschrecken!«

Einer fing an zu fluchen: »Das ist Vieh! Was sie nicht fressen, trampeln sie nieder!«

Einer sagte sehr laut und ohne Angst, dass es im Haus Ohren gab: »Da glaubte mancher noch, was weiß ich, dass die Gemeindeführung mit ihren Kadern in unser Dorf kommt von wegen einer grundlegenden Untersuchung, um uns aus der Armut herauszuhelfen, und in Wirklichkeit? Scheiße!«

Einer erhob seine Stimme noch lauter, als wolle er die Kader im Haus nicht zur Ruhe kommen lassen: »Nur keine Umstände, gebt den Kerlen Scheiße zu fressen!«

Alles brach in schallendes Gelächter aus.

Am meisten verachten die Bauern Gemeinde- und Dorfkader, die nichts können, aber wichtig tun. Und auch wenn die Leute aus Großgao keine Macht in den Händen und in den Taschen kein Geld hatten, auch wenn sie nichts waren und oft nichts galten, den Mund ließen sie sich nicht verbieten, der gehörte ihnen! Also gaben sie ihrem Unmut nach, um ihr seelisches Gleichgewicht wiederzufinden. Und außerdem machte es Spaß!

So ließen an diesem Abend die Dorfbewohner vor der Haustür der Frauenvorsitzenden ihren Gefühlen freien Lauf. Die Kader im Haus klopften weiter mit großer Lust Karten, plauderten, machten in aller Ruhe ein Nickerchen oder schlenderten hinaus und wieder hinein, hörten den Dorfbewohnern zu und ärgerten sich – aber da diese nicht zu weit gingen und schon gar nicht mit dem Finger auf einen von ihnen zeigten, so tat das der Stimmung keinen wirklichen Abbruch. Im Haus ging es nach wie vor lebhaft zu, von Zeit zu Zeit drang lautes Gelächter nach draußen.

Später, es war schon tief in der Nacht, verloren die Dorfbewohner jede Hoffnung und fanden das Ganze auch ziemlich langweilig, also gingen sie nach Hause und legten sich schlafen.

Der alte Gao Zongpeng allerdings wälzte sich in seinem Bett herum und blieb lange wach. Er hatte ein ungutes Gefühl. Das hätte nicht so laufen dürfen. Die Erfahrung seiner vielen Jahre sagte ihm, dass es gefährlich wurde, wenn etwas schief lief, in jeder Hinsicht schief lief. Wenn auch keiner aus dem Dorf sie dazu brachte, etwas zu tun, und die Typen von selbst nicht weggehen würden, so war es doch eine Tatsache, dass sie eine ganze Nacht hier angebunden waren. Es war durchaus möglich, dass sie die Dorfbewohner später an höherer Stelle verleumden würden, Exekutivkader von Partei und Verwaltung über zehn Stunden lang illegal unter Hausarrest gestellt zu haben.

Er seufzte über die allzu große Gutmütigkeit der chinesischen Bauern, die immer versuchten, allem etwas Gutes abzugewinnen. Sie waren viel zu duldsam und bereit, alles schweigend zu ertragen.

Auch wenn sie großmäulig taten, so brachen sie gegenüber jeder gesellschaftlichen Kraft schon beim ersten Widerstand zusammen.

Als am nächsten Tag die Sonne wie immer mit einem Satz aus dem Feldrain im Osten kam und ihr in die Augen stechendes Goldgelb auf den Dächern der Bauernbehausungen von Großgao verstrich, hätte außer Gao Zongpeng, dem alten Weißbart, niemand gedacht, dass der 15. Oktober 1997 ein rabenschwarzer Tag werden würde, ein Tag der Demütigung, eine Katastrophe, deren Schwere den Himmel verdunkelte wie der Taishan!

Am frühen Morgen war Zhu Xianmin, der leitende Angestellte der Polizeistation der Gemeinde Fengmiao, vor das Haus der Frauenvorsitzenden getreten. Er wusste genau, dass die beiden Wagen, mit denen sie gekommen waren, in der Nähe standen, aber er wollte sich lieber vom Sohn des Dorfvorstehers mit dem Traktor fahren lassen und machte sich still und heimlich davon.

Wer hätte ahnen sollen, dass er, als er sich alleine davonstahl, eine dunkle Intrige plante? Natürlich konnte keiner im Dorf wissen, wie er die Geschichte, die sich in dieser Nacht in Großgao abgespielt hatte, dem Sekretär des Parteikomitees Hou Chaojie, der in seinem Büro geblieben war, schildern würde; außerdem konnte man nicht wissen, was dieser Parteikomiteesekretär dem Kreiskomitee über seine Arbeit berichten würde; noch weniger konnte man wissen, was das Kreiskomitee beim Distriktkomitee erzählen würde. Die besonders wichtigen Details zu enthüllen, war zu diesem recht historischen Zeitpunkt niemand gerne bereit, denn beim Führungspersonal ging es um Beförderung und Reputation oder um Abstieg und Verantwortung.

Was dabei herauskam, wissen wir schon: Es war diese am Anfang des Kapitels geschilderte, schwer zu vergessende Säuberungsszene dieser zu allem entschlossenen, den Himmel in Staub hüllenden Kavalkade.

Der Weißbart und der Heißsporn

Plötzlich war der alte Weißbart Gao Zongpeng spurlos verschwunden. Erst später erfuhr man im Dorf, dass er verhaftet worden war.

Nach seiner Freilassung hieß es unter den Dorfbewohnern, er sei nicht mehr derselbe. Wortkarg war er geworden und hockte oft zu Hause herum wie eine Konserve. Die einen sagten, er habe vor Zorn

Gift und Galle gespuckt und kuriere nun seine Krankheit aus. Die anderen meinten, er sei gar nicht krank, und wenn, dann sei es allein sein Gemüt, das sich verdüstert habe. Er habe sich zu Hause verkrochen, um eine Anklage aufzusetzen, weil er nicht rasten wolle, bis die für den Zwischenfall von Großgao verantwortlichen Kader vor Gericht stünden.

Doch eines Tages verschwand er völlig von der Bildfläche.

Nach einer gewissen Zeit hieß es, er sei in der Kreishauptstadt gesehen worden und fast nicht mehr wiederzuerkennen. Er laufe mit zerzaustem Haar und schmutzigem Gesicht herum, als litte er Not und habe resigniert. Er habe einen kleinen Leiterwagen hinter sich hergezogen und auf der überfüllten Hauptstraße Müll und Schrott gesammelt. Manchmal habe er sich auch wie ein Bettler dem Eingang von Läden und Kneipen genähert, an die Tür geklopft und um ein Almosen gebettelt.

Nicht viel später war er auf einmal auch aus der Kreishauptstadt verschwunden.

Erst als er wieder in Großgao auftauchte, erfuhren die Dorfbewohner, dass er mittlerweile in Peking gewesen war. Seine Schrott- und Müllsammelei, sein Gebettel auf der Straße, alles hatte nur dem einen Zweck gedient, das Fahrgeld zusammenzubringen. Er habe, so erzählte er allen, bei der Eingabestelle des Staatsrats Klage eingereicht und die entsprechenden Führungspersonen des Kreises und der Gemeinde wegen rechtswidriger Handlungen, wegen Verdrehung der Tatsachen und willkürlicher Verhaftungen angezeigt. Er wollte das Verdikt des so genannten »gewalttätigen Steuerboykotts«, das über aller Köpfe schwebte und in nichts der Realität entsprach, entkräften.

Diese Reise, so konnte man sagen, hatte Gao Zongpeng die Augen geöffnet, denn er war gar nicht der Einzige aus dem Kreis, der sich wegen der zu hohen Belastung der Bauern und verkommener Gemeindekader auf den weiten Weg nach Peking machte. Chen Yidai, ein Bauer aus dem Dorf Guaigou, hatte es ebenfalls versucht, war aber nur bis zur Gemeinde Dalu gekommen, hatte also den Kreis Lingbi noch gar nicht verlassen, als er aufgehalten wurde: Man hatte Wind davon bekommen, dass er nach Peking wollte, um Anklage zu erheben. Das Kreisgericht konnte sein Vergehen nicht recht einordnen, jedenfalls bekam er von der Abteilung für Öffentliche Sicherheit drei Jahre Erziehung durch Arbeit. Auch die Genossin Yin Guimei aus der Gemeinde Damiao war alleine und unter Einsatz ihres Lebens in die

Hauptstadt gefahren, um »beim Kaiser Anklage zu erheben«. Wider Erwarten hatte sie sich durchschlagen können und war trotz aller möglichen Straßenkontrollen in Peking angekommen, was Gao Zongpeng die größte Hochachtung abnötigte.

Ein Kader aus dem Kreiskomitee von Lingbi, den man nach Peking bestellt hatte, nahm Yin Guimei und Gao Zongpeng mit zurück. In Peking hatte dieser Genosse sehr gute Worte gefunden und versprochen, sich nach seiner Rückkehr bestimmt all der Probleme anzunehmen, über die sie berichtet hatten. Doch kaum war man zurück, ließ er beide noch in der gleichen Nacht ins Untersuchungsgefängnis bringen – und einmal eingesperrt verbrachten sie dort 15 Tage.

Gao Zongpeng gab nicht nach. Als das hinter ihm lag, begab er sich noch einmal nach Peking.

Als er diesmal nach Großgao zurückkehrte, war er in Tränen aufgelöst. Zweimal ein so beschwerliches Herumirren in der Weltgeschichte! Seine Gesundheit war ganz aus den Fugen, zu allem Überfluss hatte er sich auch noch Asthma zugezogen und musste sich jetzt schon nach ein paar Schritten hinhocken und verschnaufen. Er hasste die Hinfälligkeit seines Körpers, und ihm machte die Gewissheit zu schaffen, dass er in diesem Leben und auf dieser Welt nicht mehr würde nach Peking fahren können, um noch einmal Anklage zu erheben. Die Aussichtslosigkeit, der Führung des Zentralkomitees den wahren Sachverhalt über den Zwischenfall von Großgao darzulegen, erfüllte ihn mit panischer Angst, und so lag er dumpf grübelnd auf seinem Bett und starrte seufzend an die Decke.

Eines Tages aber verflog die bedrückte Stimmung Gao Zongpengs schlagartig. Die Tür wurde aufgerissen, und mit hochrotem Kopf hereingestürzt kam Zhang Jidong, ein Bauer aus dem Dorf Dongliu, das zur selben Gemeinde gehörte.

Zhang Jidong hatte gehört, dass der Weißbart krank im Bett lag, und sich eigens auf den Weg gemacht, um nach dem unbeugsamen alten Mann zu sehen. Zhang Jidong selbst war in der Gemeinde Fengmiao als unbeugsam bekannt, ihm konnte man keinen Sand in die Augen streuen, er war ein gebildeter Bauer, der sagte, was Sache war. Er hatte einst die Aufnahmeprüfung für Tiermedizin am agrarwissenschaftlichen Institut von Anhui, Zweigstelle Fengyang, bestanden, doch weil nach kurzer Zeit auch dieses Institut von der Großen Proletarischen Kulturrevolution erfasst wurde, konnte er nicht weiterstudieren, und vor lauter Kampagnen hörte auch diese Schule auf zu existieren.

1968 schloss er die Fachhochschule ab und wurde den verschiedenen Kommunen der Gemeinde Fengmiao, Kreis Lingbi, zugeteilt. Zunächst arbeitete er als Veterinär, dann war er wieder ein paar Jahre Arbeiter in einer Nahrungsmittelstation, schließlich kehrte er, weil die Nahrungsmittelstation nicht vernünftig wirtschaftete und keinen Lohn zahlen konnte, 1988 als Bauer nach Dongliu zurück.

Dass Zhang Jidong über seine Schwelle trat, war für Gao Zongpeng eine große Aufregung. Er rappelte sich hastig vom Bett auf, doch weil er zu abrupt aufgestanden war, brachte er nicht einmal eine Begrüßung zustande, sondern rang eine ganze Weile hustend um Luft.

Zhang Jidong hatte schon in seiner Schulzeit ein Händchen im Umgang mit Zeichen und Tusche gehabt. Er hatte einen Roman und weitere Prosa geschrieben und das Libretto für eine traditionelle Oper verfasst; nach seiner Rückkehr nach Lingbi war er ferner ein belebendes Element unter den Bauernautoren des Kreises. Als vor einigen Jahren die Belastungen für die Bauern von Dongliu zu schwer wurden und das Verhältnis von Kadern und Massen obendrein ausgesprochen angespannt war, machte er eine sorgfältige Sozialstudie, die einige Probleme der Gemeinde offenlegte. Er schrieb einen »Zehntausend-Worte-Bericht« voller Beispiele und Analysen und schickte ihn an das Büro des Ständigen Ausschusses des Nationalen Volkskongresses. Nicht einmal er selbst hätte erwartet, dass sein Untersuchungsbericht vom Nationalen Volkskongress für eine Veröffentlichung in einem internen Dokument ausgewählt werden würde.

Zhang Jidongs Freude verklang jedoch, als er feststellen musste, dass die Probleme, über die er in seiner Eingabe berichtet hatte, nicht nur keiner Lösung zugeführt wurden, sondern sich in vielerlei Hinsicht sogar noch verschlimmerten.

Einen Tag nach dem Zwischenfall von Großgao spielten sich in Dongliu, seinem eigenen Dorf, Szenen ab, die ihn mit einem heiligen Zorn erfüllten. Und so geriet Zhang Jidong selber in eine ganz ungute und gefährliche Lage.

Er war gerade auf der Straße zu Fuß unterwegs, als er auf einmal Geschrei hörte, sich umdrehte und Zhang Dengwei entdeckte, einen Bauern aus seinem Dorf, auf atemloser wilder Flucht, ganz rot im Gesicht von der übergroßen Anstrengung; ihm dicht auf den Fersen war der stellvertretende Vorsitzende Wang Heping, in der Gemeinde das Mädchen für alles. Wang Heping, immer dicht hinter Zhang Dengwei her, hatte eine Pistole in der Hand, jagte ihn von einem Ende des Dorfes zum anderen und schrie: »Stehen bleiben! Stehen bleiben! Oder ich schieße!«

Zhang Jidong war völlig perplex: Wie kann jemandem, der weder Polizist noch Staatsanwalt noch Gerichtsbüttel ist, sondern ganz gewöhnlicher Kader, allen Ernstes eine Pistole zugeteilt werden? Und wenn er schon eine Pistole hat, darf er damit einfach jemanden bedrohen? Er dachte weiter: Dorfkader müssen heutzutage nur ein wenig Macht in die Hände bekommen, dann ist es ihnen völlig gleichgültig, was für einen Eindruck sie hinterlassen, sie kennen kein Gebot und kein Gesetz!

An diesem Tag war gerade Markt, aus allen Dörfern und Gemeinden waren die Menschen zusammengekommen und sahen nun starr vor Schreck zu, wie Wang Heping mit der Pistole in der Hand schreiend hinter Zhang Dengwei herjagte.

Zhang Jidong erfuhr erst später, dass an diesem Tag Wang Heping mit der örtlichen Truppe zur Verteidigung der Öffentlichen Sicherheit in Dongliu erschienen war, um zwangsweise eine »Kopfsteuer« einzutreiben. Der aufrechte Zhang Dengwei hatte lediglich gesagt, dass es gegen das Gesetz sei, eine wilde »Kopfsteuer« zu erheben. Da geriet Wang Heping schon in Wut und wollte ihn festnehmen lassen.

Diese Angelegenheit ließ Zhang Jidong keine Ruhe. Ein paar Tage später stellte er Wang Heping auf dem Amt von Fengmiao und in Gegenwart von Li Changzhou, dem Vorsitzenden des Gemeinde-Volkskongresses, zur Rede: »Ihr habt nicht die leiseste rechtliche Handhabe, beim kleinsten Anlass Verhaftungen vorzunehmen, die Leute zu schlagen und zu bestrafen!«

Zhang Jidong wusste selbst, wie ganz und gar töricht es war, einem Mann wie Wang Heping so zu kommen, aber er hielt es einfach nicht mehr aus. Er war nun einmal, wie er war, und überhaupt handelten sich Bauern, die weder lesen noch schreiben konnten, viel weniger Ärger ein als er.

Der kluge Satz Zhang Jidongs war noch nicht verklungen, als Wang Heping jäh seinen Stift auf den Schreibtisch warf und in scharfem Ton schrie: »Wenn ich dich jetzt festnehmen will, dann brauche ich keine Handhabe! Ich habe einen Kurs gemacht! Bei den Juristen!«

Zhang Jidong fuhr ernsthaft der Schreck in die Glieder. Nie hätte er damit gerechnet, dass Wang so weit gehen würde – und das auch noch in Gegenwart des Vorsitzenden des Gemeinde-Volkskongresses! Er fühlte eine namenlose Trauer. Warum in aller Welt mussten unsere

Partei und unsere Regierung für eine so wichtige Arbeit ausgerechnet Leute auswählen, die nicht wussten, was Gesetze und Prinzipien waren? Das untergrub doch das Ansehen von Partei und Regierung!

Standhaft gab er zurück: »Ich glaube nicht, dass deine Befugnisse über das Gesetz hinausgehen!«

Wang Heping befleißigte sich nun eines geläuterten und belehrenden Tons: »Glaubst du wirklich, was sie im Fernsehen, im Radio, in den Zeitungen sagen? Dass China ein Rechtsstaat werden soll? Sei doch nicht so naiv. Den amerikanischen Präsidenten kann ein regionales Gericht verurteilen, aber das ist Ausland. In China herrscht nicht das Gesetz, hier herrschen noch immer Menschen! Das heißt: Ich – herrsche – über – dich ...!«

Als der Vorsitzende des Gemeinde-Volkskongresses Li Changzhou die beiden Männer einander mit geschlossenem Visier gegenüber sah, versuchte er hastig zu schlichten: »Mein lieber Zhang, jetzt hör mir mal zu! Mich kümmert es nicht, ob du einlenkst, aber Wang hat Recht mit dem, was er sagt. Wenn zum Beispiel du jemanden umbringst, dann musst du das mit dem Leben bezahlen, aber wenn ich jemanden umbringe, dann ist das nicht so sicher. Versteif dich nicht auf starre Regeln und kau nicht an einem toten Schweinskopf! Ich gebe dir den guten Rat, sei etwas vorsichtiger, realistischer.«

Lis mahnende Worte mochten gut gemeint sein, aber Zhang Jidong konnte sie nicht akzeptieren. Die Sache blieb ausweglos.

Gerade weil Zhang Jidong sein Temperament auf keine Weise ändern konnte, weil er sich nun einmal auf »starre Regeln versteifte« und »an toten Schweinsköpfen kaute«, musste er einfach nach dem alten Weißbart Gao Zongpeng sehen, sobald er von dessen Krankheit und davon erfahren hatte, wie seine wiederholten Klagen vereitelt worden waren.

Die beiden besprachen alles, was sie bewegte, und dabei rauschte ihnen das Blut in den Ohren. Als sie auf den Anlass für den Zwischenfall von Großgao zu sprechen kamen, auf das traurige Geschick der alten Gao Yangshi, auf Gao Xuewen, den Urheber allen Übels, und auf die Art und Weise, wie die Verantwortlichen der Polizei und der zuständigen Behörden mit dem Fall umgegangen waren, verfielen sie in tiefe Niedergeschlagenheit. Ihnen kam eines ganz klar zu Bewusstsein: Wenn man die Wahrheit in dieser Angelegenheit nicht deutlich machte, konnte sich die Tragödie von Großgao jederzeit und an jedem Ort wiederholen!

Angesichts der Krankheit von Gao Zongpeng empfand Zhang Jidong eine unbedingte soziale Verantwortung. Es war jetzt an ihm, die Bürde, die Gao Zongpeng nur noch mit Mühe tragen konnte, zu übernehmen und das Unrecht, das den Bauern von Großgao angetan worden war, laut hinaus- und hinaufzuschreien!

Dass er Gao Zongpeng aufgesucht hatte, dieser Umstand alarmierte im Handumdrehen das Parteikomitee und die Verwaltung von Fengmiao. Hou Chaojie, der Sekretär des Parteikomitees, und der stellvertretende Gemeindevorsteher Zhang Qiwu rannten eigenfüßig nach Dongliu, um Zhang Jidong zu Hause zu warnen. Hou Chaojie machte keine Umschweife: »Die Sache mit Großgao war vom Kreis genehmigt. Das Ganze ist noch am selben Tag der Provinzführung gemeldet worden.«

Das hatte Zhang Jidong nicht gewusst, aber es verwunderte ihn nicht weiter. Der springende Punkt blieb jedoch, dass just der Bericht, der im Kreis bis hinauf zur Provinz herumgereicht worden war, in wichtigen Teilen nicht den Tatsachen entsprach. Ihm jetzt mit Genehmigungen und Berichten zu kommen, die nach den Tatsachen überhaupt nicht gefragt hatten, war nicht sehr überzeugend.

Hou Chaojie sah, dass Zhang Jidong sich eine Rechtfertigung zurechtlegte, und führte in ernstem Ton aus: »Wir verbieten dir, weiter in der Sache von Großgao herumzuschnüffeln, wir verbieten dir, nach oben darüber zu berichten!«

Zhang Jidong war natürlich klar, was mit diesem »wir« gemeint war. Es schloss weder das Kreiskomitee noch die Kreisverwaltung ein, ja nicht einmal das Provinzkomitee und die Provinzverwaltung. Im Gegenteil, aus dem Verbot seines Gegenübers hörte er die Besorgnis der Gemeindeführung heraus, die Wahrheit über den Zwischenfall von Großgao könne ans Licht kommen.

Im Inneren jubelte er, als er antwortete: »Wenn eine Genehmigung der Kreisverwaltung vorgelegen und auch die Provinzführung Bescheid gewusst hat, dann muss doch alles seine Richtigkeit haben. Warum aber habt ihr dann Angst vor einem Bericht nach oben? Wo jemand Angst hat, da kann etwas nicht stimmen!« Und genau deshalb werde er dem Zwischenfall von Großgao auf den Grund gehen.

Hou Chaojie schnitt ihm das Wort ab und warf drohend ein: »Du willst dich mit der Distriktverwaltung anlegen? Na, dann wundere dich nicht, wenn wir auf dich zurückkommen!«

Vielleicht spürte Hou Chaojie, dass derart harte Worte der Sache nicht nützten, sondern die Fronten eher verhärteten, denn er fuhr begütigend fort: »Liefere dich doch nicht selbst ans Messer! Ist denn deine letzte Eingabe nicht in einem Kurzbericht des Nationalen Volkskongresses veröffentlicht worden, haben nicht die Führung des Zentralkomitees und die Führung der Provinz Aktenvermerke gemacht, die Sache müsse untersucht und behandelt werden, und ist nicht im Kreis eine spezielle Kommission gebildet worden, die das Ganze einen Monat lang untersucht hat – und was ist dabei herausgekommen? Und wer war am Ende der Leidtragende? Wenn du jetzt die Sache mit Großgao noch einmal anzeigst und der Zufall will es – ich sage, der Zufall will es und es läuft schlecht und wir können nicht verhindern, dass der Kreisvorsitzende und der Verwaltungsbeauftragte da mit hineingezogen werden, dann kann das alles auf dich zurückfallen – und dann?«

Zum Schluss warnte er ihn: »Du kannst ja einmal in den Dokumenten vom 9. Parteitag* nachschlagen und genau nachlesen. Nachlesen, wie das damals ...«

Zhang Jidong konnte sich beim besten Willen nicht vorstellen, wie Hou Chaojie plötzlich auf den neunten Parteitag kam. Das war alles schon so lange her!

Nachdem er wieder alleine war, dachte Zhang Jidong eine Weile sorgsam über den Zwischenfall von Großgao nach und über das Risiko, das mit einer Klärung dieser Angelegenheit verbunden war. Er wusste, was auf ihn zukommen würde: Ihm bliebe nichts anderes übrig, als sich mit der Regionalverwaltung »anzulegen«. Was ihn allerdings ausgesprochen verwunderte: Die Distriktverwaltungen müssten doch mit dem Zentralkomitee politisch auf einer Linie liegen! »Rechtsstaatlichkeit«, das war in China längst offizielle Politik. Schwer vorzustellen, dass Distrikt, Kreis und Gemeinde sich daran nicht halten mussten und weder im Distrikt noch im Kreis noch in der Gemeinde das Gesetz gelten sollte!

»›Die Wahrheit in den Tatsachen suchen‹ – war das nicht der Geist der 3. Plenartagung des 11. Parteitages?«, dachte Zhang Jidong. Denn erst als die Regierungspartei damals den Mut hatte, ihren historischen Fehlern ins Gesicht zu sehen, und sich entschieden von der falschen Linie des »Klassenkampfes« lossagte, konnte es zu dem kommen, was die Reform- und Öffnungspolitik erreicht hat.

Nur wer den Mut hat, der Vergangenheit ins Gesicht zu sehen, kann gelassen in die Zukunft schauen. Wo ein Gesetz ist, muss es befolgt werden, wo Fehler gemacht wurden, muss man sie berichtigen. Und das ist nicht nur Sache des Volkes, das gilt in viel höherem Maße und auf allen Ebenen für die Führung von Partei- und Regierungsorganisationen. Wie soll man sonst das Vertrauen des Volkes gewinnen?

Es war ein innerer Konflikt, der Zhang Jidong fast zerrissen hätte – doch dann war er entschlossen, für seine Sache geradezustehen. Um dem Zwischenfall von Großgao auf den Grund zu gehen, begann er in aller Stille eine genaue Untersuchung.

Wieviel passt unter den Teppich?

Was Zhang Jidong erwartete hatte, geschah.

Noch am selben Tag stürmten einige Sicherheitsbeamte der Polizeistation von Fengmiao sein Haus. Als sie drinnen waren, fragten sie streitsüchtig: »Wer von euch ist Zhang Jidong?!«

Zhang war zufällig zu Hause. Er plauderte gerade mit ein paar Nachbarn, als er die grimmig dreinblickenden Schirmmützen hereinstürzen sah – und er dachte schon, sie wollten ihn veralbern; aber dann merkte er an ihren Worten, dass sie ihn wirklich nicht kannten, und so sagte er in ruhigem Ton: »Der ist nicht da! Aber ich kann ihm etwas ausrichten!«

Die Volkspolizisten ließen ihre Blicke durch das Zimmer schweifen, fanden aber keinen Grund, an seinen Worten zu zweifeln: »Na gut, sag ihm, er soll einmal zur Polizeistation kommen!«

Nachdem die Volkspolizisten gegangen waren, kam Zhang Jidong das Ganze lächerlich vor. Und trotzdem, er sah schon, dass der Parteisekretär Hou Chaojie etwas gegen ihn unternehmen wollte, er konnte nicht länger in Dongliu bleiben.

So machte er sich am nächsten Morgen auf in den Nachbarkreis. Dort fand er Arbeit und versteckte sich. Gleichzeitig führte er insgeheim seine Untersuchungen zum Zwischenfall von Großgao weiter.

Nachdem er Zhang Jidongs nicht hatte habhaft werden können, ließ Hou Chaojie die Sache natürlich nicht auf sich beruhen. Es war am 26. Dezember 1998, dem 8. Tag des 11. Monats nach dem Bauernkalender, an einem Abend, an dem Glatteis vom Himmel fiel, als die Tür zu Zhang Jidongs Haus brutal aufgetreten wurde. Ein schneidend kalter Wind drang herein und mit ihm Ma Li, der Leiter der Polizeistation von Fengmiao, und Kommissar Lu Lin. Die beiden zeigten weder einen gerichtlichen Beschluss, noch erklärten sie, worum es überhaupt ging, sie stürmten einfach in das Haus, gingen ohne ein Wort nach oben und zerrten Zhang Xiaowu, den Sohn Zhang Jidongs, der schon geschlafen hatte, am Hals aus dem Bett. Nachdem sie ihn erst mit Fausthieben und Fußtritten malträtiert hatten, schubsten und stießen sie ihn zur Tür hinaus und erlaubten ihm nicht einmal, sich anzuziehen.

So wie er war, ohne Jacke und mit nackten Füßen, zerrten sie Zhang Xiaowu in die eisigkalte, verschneite Nacht hinaus. Als sie mit ihm in aller Heimlichkeit auf der Polizeistation eines Ortes namens Huigou angekommen waren, brachte er vor Kälte schon kein Wort mehr heraus.

Und dann fing die grausame Mühle an zu mahlen.

Ma Li machte sich selbst ans Werk. Er packte Zhang Xiaowu an den Haaren und schlug seinen Kopf mit Wucht an die Wand. Zhang Xiaowu sah Sterne. Dann schlug Ma Li ihm mit dem Schlagstock die Zähne ein. Zhang Xiaowus Kopf sprang in Stücke, und er schrie aus Leibeskräften.

Ma Li sah, dass Zhang Xiaowus Gesicht schwarzgefroren war, und zwang ihn, eine Weile im eiskalten Schlamm Liegestützen zu machen. Als er nicht mehr konnte, hob Ma Li seinen schweren Lederstiefel und trat ihm damit gegen Beine und Bauch. Zhang Xiaowu stöhnte nur noch.

Aber Ma Li hatte noch eine kleine, eigene Erfindung in petto: Er drückte mit beiden Daumen gegen Zhang Xiaowus Schläfen und knetete mit aller Kraft, bis Zhang Xiaowu schrie und schrie und schrie wie ein Tier.

Danach schlug ihn Ma Li in die Magengrube, ins Gesicht, riss an seinen Ohrläppchen und brüllte ihm ins Ohr: »Zhang Xiaowu, antworte mir! Habe ich dich geschlagen? Was?«

Zhang Xiaowu wagte nicht den Kopf zu heben, wagte keinen Laut von sich zu geben. Er war ein recht naiver junger Bursche, hatte noch keine Freundin gehabt und, bevor das hier mit ihm geschah, hätte er sich nicht in seinen schlimmsten Träumen vorstellen können, dass Menschen so grausam, böse und menschenverachtend sein könnten.

»Rede!« Ma Li trat ihm noch einmal mit seinen Lederstiefeln gegen Beine und Bauch: »Du musst antworten! Haben wir dich geschlagen?«

Zhang Xiaowu stöhnte auf und stieß hastig hervor: »Ihr habt…« Er wagte nicht zu lügen.

Ma Li lachte laut. Zhang Xiaowu ging es durch und durch.

Ma Li zeigte auf den mitgekommenen Lu Lin und sagte: »Ich habe dich geschlagen? Und er kann das wohl bezeugen, was?«

Zhang Xiaowu erwiderte weinend: »Ihr habt mich nicht geschlagen.«

Ma Li war offensichtlich nicht zufrieden damit, gab ihm eine Ohrfeige und fuhr ihn an: »Red lauter, Mensch!«

Er hatte erreicht, was er wollte. Doch erst als er sah, dass es schon nach zwei Uhr in der Frühe war, ließ er die Hand sinken: »Wenn wir dich also nicht geschlagen haben, dann mach uns auch weiter keinen Kummer. Und sag uns die Wahrheit: Hilft dein Vater dem Gao Zongpeng, dem alten Sack, noch bei dem Material für die Anklage?«

Erst da verstand Zhang Xiaowu, worum es überhaupt ging, warum der Polizeivorsteher von Fengmiao ihn eigenhändig verhaftet, die halbe Nacht festgehalten und »zum Verhör« klammheimlich auf die Polizei in Huigou gebracht hatte. Auch wenn der Zwischenfall von Großgao über ein Jahr her war, so hatten doch noch eine ganze Reihe von Leuten ziemliche Manschetten davor, dass einer höheren Instanz die wahren Umstände der Angelegenheit bekannt werden würden.

Was Zhang Xiaowu aber nicht klar wurde: Über die wahren Umstände des Zwischenfalls von Großgao wussten doch nicht nur sein Vater und Gao Zongpeng Bescheid, das Ganze war am helllichten Tag geschehen und vor den Augen von Tausenden von Leuten! Und diese ganzen Verhaftungen, Drohungen und Einschüchterungen sollte man unter den Teppich kehren können?

Langsam auf dem Weg

漫々上访路

Der Genuss der Gleichgültigkeit

Der 1. Oktober 1994 war der 45. Geburtstag der Volksrepublik. Überall wurde gesungen und gelacht, überall war das Knattern von Knallfröschen zu hören, doch Bauer Wang Junbin aus dem Dorf Wangying, Gemeinde Baimiao, Kreis Linquan, Provinz Anhui schloss sich hier in einem Zimmer ein. Hier – das war Lidazhuang in der Gemeinde Liufu, Kreis Shenqiu, Provinz Henan. Und obwohl das nicht weit von seinem Heimatdorf entfernt war, konnte er doch nicht nach Hause. Seine Stimmung war auf dem Nullpunkt, er konnte die Gemütslage von Wu Zixu* sehr genau nachfühlen, als der den Pass von Zhao* überschritten und über Nacht weiße Haare bekommen hatte.

Vor gut zwei Monaten, am 17. Juli, hatte die Polizeistation von Linquan den untergeordneten Stellen Folgendes übermittelt: »Mitteilung über die dringende Mahnung an Wang Junwu und andere Gesetzesbrecher, sich selbst zu stellen«. Obwohl sein Name auf der »Mitteilung« nicht richtig geschrieben war, war ihm eines mehr als klar: Wenn diese Mitteilung erst einmal überall verteilt war, dann wäre er mit seiner persönlichen Freiheit auch seines Rechts auf Verteidigung beraubt. Schon jetzt konnte er nicht in den Kreis Linquan zurückkehren, um gegen dieses Unrecht Einspruch zu erheben; wenn er es täte, käme das einer Selbstauslieferung gleich, und was das zur Folge hätte, konnte man sich denken.

Was ihn aber noch mehr verletzte und entsetzte und ihn wie ein Blitz aus heiterem Himmel getroffen hatte, war etwas anderes: Als er vor gut drei Wochen noch einmal mit den Dorfbewohnern von Wangying Kontakt aufgenommen und sie trotz aller Widerstände erfolgreich in den Zug nach Peking geschafft hatte, wo sie eine Beschwerdeschrift einreichen wollten, hatte das Disziplinarkomitee eine »Entscheidung über den Parteiausschluss von Wang Junbin« herausgegeben. Dabei war er mit seinen Leuten doch nur unterwegs, um Beschwerde zu führen, suchte die höheren Instanzen der Partei doch nur in der Hoffnung auf, die Politik des Zentralkomitees und des Staatsrats über die Entlastung der Bauern in die Tat umgesetzt zu sehen – und was war das Resultat: Man schloss ihn aus ebendieser Partei aus! Das war es, was ihm nicht in den Kopf wollte, das war es, was ihn bei dieser ganzen Angelegenheit am meisten getroffen hatte. Dass es einmal soweit kommen würde, daran hätte er nicht im Traum gedacht.

Die Bauern heute leiden nicht nur unter materiellen Schwierigkeiten, sie stehen auch geistig und psychisch unter einem immensen Druck. Zwar hätten sie vieles zu sagen, aber die Kanäle, in denen sie ihre Stimme erheben könnten, sind nicht frei, die Gedanken und Gefühle des Volkes haben noch immer keine Möglichkeit, auf reguläre Weise zum Ausdruck zu kommen. Nimmt es da Wunder, dass in manchen Gegenden die Bauern, die längst »aufrecht« gestanden hatten, sich vor »Vater Staat« und seinen Beamten wieder auf die Knie werfen? Manchem blieb nichts anderes übrig, als nach Art unserer Vorfahren »ihr Leben zu riskieren und sich vor eine Sänfte zu werfen«, auf der Straße die Wagenkolonnen ihrer Führungskader abzufangen und laut über erlittenes Unrecht zu klagen.

Wang Junbin, gegen Ende der Kulturrevolution erst sechs Jahre alt, war sorglos die sonnigen Straßen der neuen Zeit heraufgekommen, und in seiner Erziehung hatten außer der Reform- und Öffnungspolitik nichts als Demokratie und Recht eine Rolle gespielt. Mit 16, er hatte die Oberschule noch nicht abgeschlossen, folgte er dem Ruf des Vaterlands und rückte in die Kaserne ein, von wo er eine noch größere soldatische Hingabebereitschaft mitbrachte. Vor allem, als er unter der Fahne der Partei mit großem Ernst die rechte Hand zum Schwur hob, stand ihm klar vor Bewusstsein, dass es die unabweisbare Verantwortung eines Mitglieds der Kommunistischen Partei ist, zu jeder Zeit und an jedem Ort die Entschließungen der Partei und den Nutzen des Volkes im Auge zu behalten. Deshalb würde der Wang Junbin von heute, anders als manche Bauern, auch vor niemandem auf die Knie gehen, denn er glaubte nicht, dass die demokratischen Rechte vom Wohlwollen irgendeines Kaders abhingen; er würde sich natürlich auch nicht »vor eine Sänfte werfen«, denn er wusste, er konnte alles verlieren, seine demokratischen Rechte aber niemals.

Jetzt wollte er klagen.

Zwar war er sich noch nicht im Klaren, bei welcher konkreten Behörde er den Schutz seiner demokratischen Rechte einfordern konnte, doch er zögerte keinen Augenblick, das entsprechende Wort auf Papier zu bannen: »Klage«.

Und auch wenn er wusste, dass man den Sekretär eines Kreiskomitees der Partei nicht einfach verklagen kann, sondern der Beklagte in einem solchen Fall von dem Juristen einer Behörde vertreten wird, kümmerte er sich nicht darum und setzte unverdrossen den Namen Zhang Xide in die Zeile »Klagegegenstand« ein. Er glaubte, dass sich Zhang Xide als Sekretär des Kreiskomitees von Linquan der Verantwortung für den Zwischenfall von Baimiao, der so hässliche Formen angenommen hatte, nicht entziehen konnte, dafür hatte er eine zu unrühmliche Rolle dabei gespielt.

Das Gebiet von Fuyang, das dem Kreis Linquan untersteht, ist als das »Sibirien« von Anhui bekannt und als Armenhaus Chinas berüchtigt, ein Stückchen Erde, das in seiner Geschichte viel mitgemacht hat: Hier sind die berühmten Überschwemmungsgebiete des Gelben Flusses, und mehrfach ist das Gebiet vom Huanghe ertränkt und mit dicken Schichten Schlamm und Sand überdeckt worden. Vor mehr als 2000 Jahren hatte Liu Bangs Heer die natürliche Verteidigungslinie seiner Feinde am Huanghe durchbrochen, war tausend Li* in das Dabie-Gebirge* vorgedrungen und hatte sich von dort, als Ouvertüre zum großen Gegenangriff im Befreiungskampf, seinen blutigen Weg gebahnt. Heute, wo die einfachen Menschen von Linquan dabei sind, das Antlitz ihrer Dörfer mit ihrer Hände schwerer Arbeit zu verändern, darf man dieses kleine flache Gebiet mit seinen über 18 Millionen Menschen von der Einwohnerzahl her als einen der »ersten Kreise« bezeichnen.

Wir kamen im Winter 2001, sechs Jahre nach den Geschehnissen, in dieses Gebiet. Die Armut dort hinterließ einen tiefen Eindruck bei uns. Auf dem ganzen Weg sahen wir nicht ein Gemeinde- oder Dorfunternehmen, die Felder waren einheitlich grün vom Lauch und vom Chinakohl, der hier ausschließlich angebaut wurde und mit dem seit vielen Jahren schon die Bauern ihr Leben fristeten. Nicht weit von Baimiao, der ärmsten Gemeinde dieses Armenhauses, entfernt führte eine Straße schnurgerade in die nächste Provinz, an beiden Seiten der Straße türmten sich Berge von Lauch, die auf gelegentliche Käufer unter den vorbeikommenden Fahrern warteten. Als wir nach dem Preis fragten, konnten wir es nicht glauben: Ein Pfund wurde für nur sechs Fen* verkauft, ein Leiterwagen voll Lauch entsprach zwei, drei Yuan*; der Preis für Chinakohl war um ein weniges besser, doch auch er wurde für nur einen Jiao* das Pfund verkauft. Und doch brachten es dieselben Menschen, die dieses so billige Gemüse anbauten, nicht übers Herz, es auch selbst zu essen. Als wir in das Dorf Wangying kamen, sahen wir einen etwa 30 Jahre alten Bauern mit einer Reisschale in der Tür hocken. In der Schale war aber nur Reis, kein Gemüse. Wir fragten ihn, warum er sich denn nichts von dem billigen Chinakohl dazu mache, und seine Antwort verschlug uns die Sprache: »Wenn ich ein Pfund davon esse, dann habe ich einen Mao* weniger verdient!«

Wenn das Baimiao des Jahres 2001 noch derart arm war, konnte man sich vorstellen, wie es vor sechs Jahren ausgesehen hatte. Wie man uns sagte, betrug das jährliche Durchschnittseinkommen in Baimiao nur 274 Yuan*, das heißt, das Einkommen pro Kopf und Tag lag nicht höher als acht Mao. Weiß jeder, was das bedeutet? Und wo die Armut schon ein solches Ausmaß erreicht hatte, taten Kreis, Gemeinde und Dorf noch das ihre und setzten auf allen Ebenen die Quoten herauf und luden den Bauern unentwegt zusätzliche und willkürliche Steuern, Fonds und Bußgelder auf. Man presste sie aus bis aufs Blut. Die Bauern knirschten mit den Zähnen, wagten aber nichts zu sagen.

Auch an dem Tag, als Wang Junbin sich mit Wang Xiangdong und Wang Hongchao traf, vertrat er den Standpunkt, irgendwer müsse immer wieder den Mut aufbringen, im Namen der Allgemeinheit für Gerechtigkeit einzutreten. Wang Xiangdong und Wang Hongchao waren zwei junge Männer aus dem Dorf und nicht auf den Kopf gefallen. Vor allem Wang Hongchao schüttelte stets verdrossen den Kopf, wenn die Sprache auf die willkürlichen Steuern kam, das Ganze war ihm unsäglich verhasst.

Sein Schwiegervater war ein gescheiter Mann, mit für Dorf und Gemeinde relativ viel Sinn fürs Geschäft. Neben dem Kohlanbau klapperte er in den Ruhezeiten des Jahres die umliegenden Dörfer und Gemeinden ab und verkaufte Rattengift; das war kein großes Geschäft, aber es brachte etwas ein. Auch Wang Hongchao hatte längst erkannt, dass der Kohlanbau allein ein zu hartes Brot war, also stieg er bei seinem Schwiegervater in das Geschäft mit dem Rattengift ein.

Eines Tages, Wang Hongchao war gerade in Sachen Rattengift unterwegs, drang der örtliche Parteizellensekretär Gao Jianjun in Begleitung eines dieser Stoßtrupps, die für die Eintreibung von Steuern aller Art eigens zusammengestellt wurden, lärmend in die Häuser ein und verlangte von jedem Haushalt eine »Schulerrichtungsgebühr« von sechs Yuan. Das Gebäude der Dorfschule war in gutem Zustand, kein Raum war baufällig, wozu also eine »Schulerrichtungsgebühr«? Wang Hongchaos Mutter, die gerade zu Hause war, verstand das Ganze nicht und konnte auch die sechs Yuan nicht aus dem Ärmel schütteln: »Mein Sohn ist nicht da«, sagte sie, »kommt ein andermal wieder!« Sie hatte kaum ausgesprochen, als Gao Jianjun sich den Fernseher griff und davonmachte. Als Mutter Wang das gewahr wurde, setzte sie ihm eilig nach: »Wie kommst du dazu, einfach was mitzunehmen? Machst du das mit Bedacht?« Doch der Parteizellensekretär achtete nicht weiter auf sie und ging erhobenen Hauptes davon.

Als Wang Hongchao nach Hause kam und von dem weggeschleppten Fernseher erfuhr, fluchte er fürchterlich. Er beriet sich umgehend mit Wang Junbin und Wang Xiangdong. Sie beschlossen, erst einmal zur Gemeinde zu gehen und ihr Recht einzuklagen. Der Gedankengang der drei war sehr einfach: Wenn die Partei eine Entlastung beschlossen hat, dann muss das auch hundertprozentig umgesetzt werden. Und außerdem ist es das legitime und von der Verfassung garantierte Recht jedes Bürgers, bei höheren Instanzen Beschwerde einzulegen. In ihrer geradezu beispiellosen Gutgläubigkeit gingen sie zu Han Chunsheng, dem Parteisekretär der Gemeinde. Besonders Wang Junbin als Parteimitglied suchte die Hilfe der Organisation.

Es war der 28. Oktober 1992, ein Tag, den sie nie mehr vergessen sollten. Dieses Datum brannte sich ihnen ein. Im Büro des Parteikomitees der Gemeinde verstanden sie schließlich, was das heißt: »Verantwortung abwälzen«, »täuschen«, »kein Gefühl für die Massen haben«. Denn Han Chunsheng wollte nichts hören und lachte bloß über die Skrupellosigkeit seines Parteizellensekretärs.

Als dieser erfuhr, dass Wang Hongchao sich bei der Gemeinde beschwert hatte, weigerte er sich aus Wut über diese Bloßstellung nicht nur, den Fernseher zurückzugeben, sondern stürmte in seiner Unverfrorenheit noch einmal in Wangs Haus und nahm auch noch ein Fahrrad mit.

Für ausstehende sechs Yuan »Schulerrichtungsgebühr« ein Fernseher und ein Fahrrad – damit hatte er den Bogen überspannt und zog den allgemeinen Unmut auf sich.

Jetzt rührten sich auch andere Bauern. Einer nach dem anderen lieferten sie Zeugen und Beweise für willkürliche Steuern, Fonds und Bußgelder.

Wir haben zu Hause bei Wang Hongchao drei dieser Beweisstücke gesehen. Das eine war eine mit dem großen Stempel der »Volksverwaltung, Gemeinde Baimiao, Kreis Linquan« versehene »Steuer- und

Gebührenkarte für Bauern«. Darin war die Zahl der vertraglich zugesicherten Anbaufläche in Mu offensichtlich manipuliert worden, und zwar mehrfach. Aus den ursprünglichen »6,47 Mu« wurden zunächst »6,85 Mu«, diese Zahl war wieder weggewischt und mit »6,87 Mu« überschrieben worden. Das Motiv für diese Manipulation war klar, es ging selbstverständlich um eine Erhöhung der verschiedensten Steuern: der Agrarsteuer, der Sonderproduktsteuer für Land- und Forstwirtschaft, der Bodennutzungssteuer usf. Die auf der Karte verzeichneten Zahlen unter »Abgaben des Dorfes« und »Gemeindegesamtplanungsabgabe« waren noch nebulöser. Die 14 Posten in den beiden Spalten »Zu leistende Abgaben« und »Kosten« waren sehr konkret, aber auf welcher Grundlage wurden von den Bauern so hohe Steuern erhoben? Das konnte uns niemand erklären. Kurz, wenn man die 14 Posten zusammenzählte, kam man auf genau 93 Yuan und einen Jiao, was auch unter »Summe« gestanden hatte. Doch aus einem unerfindlichen Grund war die Zahl rot durchgestrichen und in 91 Yuan, fünf Jiao und sechs Fen geändert worden.

Ein anderes Beweisstück war eine mit dem gleichen großen Gemeindestempel versehene »Empfangsbestätigung für von den Bauern getragene Kosten«. Dort war die Gesamtsumme von genau 93 Yuan und einem Jiao in 91 Yuan, vier Jiao und sieben Fen geändert, also offensichtlich nach unten korrigiert worden. Außerdem stand auf der leeren Seite der Empfangsbestätigung in großen, in die Augen springenden Zeichen: »Bestätigt. Andere Belege sind ungültig.« Zusammen mit den anderen zusätzlich »zu entrichtenden« Steuern hatte dieser Bauernhaushalt alles in allem 140 Yuan, drei Jiao und sechs Fen zahlen müssen.

Dieser Bauer konnte noch ein weiteres als Abzug verteiltes Schriftstück mit der Überschrift »Informationsblatt des Verwaltungsdorfes Shaoying über die Sommer-Saison-Abgabe des Jahres 1993« vorzeigen. Dieses Informationsblatt muss zweifellos als »Ungültigkeitserklärung sonstiger Empfangsbestätigungen« angesehen werden, denn darin wurde festgesetzt, dass im Sommer eine Summe von 184 Yuan und sechs Fen zu zahlen sei! Nicht nur die Größe der »zugesicherten Anbaufläche« war auf »6,88 Mu«, sondern auch die dafür zu entrichtende Steuer von 48 Yuan, acht Jiao und neun Fen auf 155 Yuan, zwei Jiao und sieben Fen erhöht worden!

Eine Steuerkarte und zwei Buchführungen. Nach der einen hatten die Bauern wirklich auf Fen und Jiao zu zahlen, die andere stand nur auf dem Papier für etwaige Überprüfungen. Die Vogel-Strauß-Politik und der Betrug nach oben wie nach unten kannten keine Grenzen!

Als Wang Junbin, Wang Xiangdong und Wang Hongchao diese und andere Beweisstücke der Bauern in Händen hielten, waren sie entschlossener denn je. Da die Gemeinde den Dorfkader mit aller Macht deckte, blieb ihnen nichts anderes übrig, als den Instanzenweg zu umgehen und sich an den Kreis zu wenden.

Womit sie nicht gerechnet hatten: Auch auf der Kreisverwaltung sahen sie in abweisende Gesichter.

Daraufhin beschlossen die drei einmütig, den höchstrangigen Verantwortlichen aufzusuchen: »Wir müssen den Genossen Zhang Xide sehen!« Sie glaubten, der Sekretär des Kreiskomitees als höchster Vertreter aller Parteiorganisationen des Kreises müsse der Partei treu ergeben sein. Ihn würde es gewiss nicht gleichgültig lassen, wenn öffentlich gegen die Parteipolitik verstoßen wurde.

Der Genosse im Sekretariat hob den Kopf. Als er sah, dass da ein paar junge Leute hereinplatzten, die aussahen wie Bauern, sagte er sehr herablassend: »Wisst ihr überhaupt, wer Zhang Xide ist?«

»Na, der Sekretär des Kreiskomitees!«

»Und woher seid ihr?«

»Aus Wangying, Gemeinde Baimiao.«

Daraufhin fragte er ungehalten: »Und ihr meint, ihr könnt den Sekretär des Kreiskomitees sehen, wann immer es euch in den Sinn kommt? Für die Angelegenheiten von Wangying müsst ihr euch an das Gemeindekomitee und die Gemeindeverwaltung von Baimiao wenden.«

»Die Gemeinde will nichts davon wissen.«

»Und wenn die nichts davon wissen will, dann sucht ihr den Sekretär des Kreiskomitees auf? Und wenn das alle täten? Wenn alle wegen nichts und wieder nichts zum Sekretär gerannt kämen, was dann?«

Da schauten die drei ziemlich dumm aus der Wäsche.

Aber dann gab Wang Xiangdong mit seinem ungestümen Temperament ungeduldig zurück: »Wenn die Gemeinde nichts von unserem Anliegen wissen will, an wen sollen wir uns denn wenden, wenn nicht an den Sekretär des Kreiskomitees?«

Mit einem Satz war sein Gegenüber auf den Beinen und rief, wobei er mit den Armen schlug wie eine aufgescheuchte Ente: »Wegwegweg, ich habe zu tun!«

Wang Hongchao hatte die ganze Zeit geschwiegen, jetzt aber sagte er mit großer Bestimmtheit: »Wir wollen, dass der Sekretär des Kreiskomitees die Politik des Zentralkomitees umsetzt und die Bauern entlastet!«

»Geht zu dem, der dagegen verstoßen hat!«

»Wir wollen zum Sekretär Zhang Xide!«, erwiderte Wang Hongchao nicht einmal laut, aber entschieden.

»Das geht nicht!«

»Warum nicht?«

»Wenn es nicht geht, dann geht es nicht!« Das klang endgültig.

Wang Hongchao gab sich damit nicht zufrieden und fragte in aller Ruhe weiter: »Geht ihr so mit den Massen um?«

Sein Gegenüber wurde sarkastisch: »Macht, dass ihr wegkommt! Sonst gehen wir noch ganz anders mit den Massen um!«

Als sie den Hof des Kreiskomitees verließen, stand den dreien die Betretenheit im Gesicht. Wenn Wang Hongchao später auf den Augenblick zu sprechen kam, in dem sie das Kreiskomitee verließen, sagte er, er habe genau gespürt, wie seine heiligsten Empfindungen von einem Moment auf den anderen befleckt worden seien. Das habe sehr wehgetan.

Kaum waren sie zurück in ihrem Dorf, fand man sich zu einer Versammlung zusammen. Alle waren der Auffassung, da man den dreien in dieser Sache auf dem Kreis keine Beachtung geschenkt habe, sollten sich nun alle gemeinsam dorthin aufmachen. Und so machten sich über 300 Dorfbewohner von Wangying auf den Weg und fuhren mit einem Dutzend Bauernwagen und vier Traktoren Richtung Kreisstadt. Sie waren nicht aufzuhalten.

Aber auch die Masse half nichts, im Gegenteil, es kam zu einer noch größeren Antihaltung des Kreiskomitees, das ihren Auftritt als »Massentumult« bezeichnete.

Nach dieser Reihe von Fehlschlägen hatten die Dorfbewohner das Gefühl, dass überhaupt keine Hoffnung mehr bestand, im Kreis Linquan das Problem der Überbelastung der Bauern einer Lösung zuzuführen. Es gab nur noch drei Möglichkeiten: Erstens, sie konnten sich an den Distrikt wenden, zweitens, sie konnten zur Provinzverwaltung gehen, und schließlich und endlich, sie konnten direkt nach Peking fahren. Nicht wenige hatten das Gefühl, es führe zu nichts, beim Distrikt oder bei der Provinz vorstellig zu werden, die seien mit dem Kreiskomitee und der Kreisverwaltung viel zu verfilzt. Man konnte zwar nicht unbedingt sagen, dass eine Krähe der anderen kein Auge aushackt, aber dass das Petitionsmaterial Instanz für Instanz hinunterwanderte, bis es am Ende wieder in den Händen derer landete, über die man sich beschwert hatte, das war nicht auszuschließen. Solche Geschichten waren heute in der Zeitung, im Radio und im Fernsehen an der Tagesordnung. Und wenn das so war, dann lief alles im Kreise – ganz davon abgesehen, dass den Dorfbewohnern niemand die Zeit und die Mühe ersetzte und schon jetzt kein Geld mehr übrig war für irgendwelche zusätzlichen Anschaffungen!

Alles redete durcheinander, jeder äußerte seine Meinung, und am Ende verdichtete sich allmählich folgende Auffassung: Die erste und auch die zweite Möglichkeit würden alles endlos in die Länge ziehen, also einfach direkt zum Zentralkomitee der Partei und zum Staatsrat nach Peking! Schließlich hatten Staatsrat und Zentralkomitee die guten Schritte zur Entlastung der Bauern beschlossen, Zentralkomitee und Staatsrat waren den Herzen der kleinen Bauern am nächsten!

Natürlich wussten alle, dass sie mit dieser »Umgehung des Instanzenweges« ein großes Risiko eingingen. Es war eine bittere Tatsache: Nach Peking zu fahren und über die Probleme in Baimiao und Wangying Klage zu führen, das hieß objektiv betrachtet, die düsteren Zustände im Kreis Linquan anzuklagen. Zumindest stellte es klar, dass der Kreis Linquan die Politik des Zentralkomitees nicht umsetzte, die Ehre der Partei besudelte und Unruhe in den Staat brachte. Das würde Zhang Xide, der Sekretär des Kreises, auf keinen Fall auf sich sitzen lassen.

Was ihn anging, so kannten ihn alle aus dem Fernsehen des Kreises: ein untersetzter Mann, der beim Reden gerne mit den Händen herumfuchtelte. Die Manuskripte für seine Berichte wurden ihm von seinen Mitarbeitern geschrieben, aber sobald er vom Manuskript abwich und frei redete, dann war da keine Spur mehr von vornehm, das war dann unterste Schublade. Auf einer Versammlung hatte Zhang Xide, um die notwendige Unnachsichtigkeit bei der Umsetzung der Geburtenplanung zu betonen, einmal die Faust schwingend gepoltert: »Lieber sieben in der Grube als eines in der Stube!« Das verschlug allen die Sprache. Seine grauenerregenden Worte machten schnell die Runde, und wer sie hörte, dem jagte es einen Schauer über den Rücken.

Aber wer war in der Lage und hatte den Mut, nach Peking zu fahren und eine ungewisse Zukunft auf sich zu nehmen?

Im Grunde war allen klar, wer das nur sein konnte, aber keiner brachte es übers Herz, als Erster den Mund aufzumachen. Als es daran ging, die Delegation zu wählen, die nach Peking fahren sollte, waren die Augen der Dorfbewohner voller Hoffnung, und wie auf Kommando richteten sich alle Blicke auf die drei jungen und gebildeten Burschen Wang Junbin, Wang Xiangdong und Wang Hongchao.

Ein Temperaturunterschied

Ende 1993, an einem der kältesten Tage des Jahres, stiegen Wang Junbin, Wang Xiangdong und Wang Hongchao nach kurzer Vorbereitung mit ihren zusammengetragenen Beweisstücken in einen Zug nach Norden.

Als die drei zum ersten Mal einen Fuß auf den Bahnsteig des Pekinger Bahnhofs setzen, kamen sie sich vor wie gekränkte Kinder, die schließlich in die Arme der Mutter finden. Sie waren sehr aufgeregt. Wie gerne hätten sie den sagenumwobenen Platz des Himmlischen Friedens gesehen und die Große Halle des Volkes, das majestätische Heldendenkmal und die Stele an der Goldwasserbrücke, ach, und die rote Mauer des Regierungsbezirks Zhongnanhai – aber sie wussten, die anderen hatten nur unter größten Mühen die Reisekosten zusammengekratzt, sie brauchten jeden Jiao und jeden Fen für das Dringlichste.

Auf den Straßen von Peking fragten sie sich nach dem Beschwerdebüro von Staat und Partei durch.

Dort wurden sie herzlich empfangen. Sie hatten nicht erwartet, dass alles so glatt laufen würde, sie konnten nichts dafür, von so viel Fürsorge waren sie einfach überwältigt. Der Genosse, der sie empfing, hörte ihnen sorgsam zu: der Schilderung ihrer Lage und auch den Problemen, die sie ansprachen. Er gab ihnen sein Wort, umgehend an die zuständige Behörde der Provinz Anhui eine Sonderbotschaft zu senden, damit die Sache untersucht und aus der Welt geschafft werden könnte.

Ein so bitterer Frost wie in Peking war ihnen ihr Lebtag noch nicht begegnet, es war ein kalter und harter Wind, der ihnen ins Gesicht blies, und sie froren bis auf die Knochen, aber in ihren Herzen bullerte ein warmer Ofen, eine Wärme, die in ihrem heißen Atem nach außen trat.

»Wenn wir schon da sind«, sagte Wang Hongchao, »dann gehen wir auf Nummer sicher und wenden uns überall hin, sonst war am Ende noch alles umsonst.«

Die drei fragten sich weiter durch und liefen auch noch zum Landwirtschaftsministerium.

Auf der Eingabestelle des Landwirtschaftsministeriums fühlten sie sich heimisch und warm. Wie zu Hause. Der Genosse der Eingabestelle hörte sich ihre Probleme an, begutachtete ihre Beweisstücke und bezog unverzüglich und eindeutig Stellung: Die Vorgehensweise von Baimiao und Wangying war nicht in Ordnung. Er stellte ihnen aus eigenem Antrieb ein Empfehlungsschreiben aus. Sie sollten sich nach ihrer Rückkehr damit direkt an eine Einheit des Provinzkomitees für Landwirtschaft wenden. Das Empfehlungsschreiben war so eine Art Vordruck, wo man nur noch den ungefähren Inhalt der Beschwerde eintragen musste. Aber dieses Mal war offensichtlich alles ganz anders, er schrieb nicht nur den konkreten Sachverhalt von der zu großen Belastung der Bauern hinein, sondern auch ohne Umschweife seine eigene Sicht der Dinge: »Diese Art der Steuererhebung verstößt gegen die Beschlüsse des Zentralkomitees der Kommunistischen Partei Chinas und des Staatsrats zur Entlastung der Bauern.« Am Ende des Vordruckes stand immer folgende Zeile: »Für Ihre Behörde mit der Bitte um weitere Bearbeitung.« Auch hier fügte er noch eine Zeile hinzu: »Für Ihre Behörde mit der Hoffnung auf sorgfältige Prüfung und Bearbeitung.«

Der Genosse der Eingabenstelle brachte sie bis zum Eingangstor und schenkte ihnen auch noch ein kleines Bändchen *Verwaltungsgesetz zur Entlastung der Bauern*. Als sich ihre Wege trennten, sagte er plötzlich ganz bewegt: »Wohin soll das führen, wenn wir oben steuern und unten wird gegengesteuert!«

Ein Satz, der den dreien unwillkürlich das Herz wärmte.

Ja, ja, es war schon so: Die Temperaturen in Peking waren beträchtlich niedriger als zu Hause, eine richtige Hundekälte. Selbst wenn kein Wind zu gehen schien und kein Zweig sich bewegte, konnte man die schneidende Kälte der Luft spüren. Doch als sie wieder in ihrem Zug nach Süden saßen und die Temperaturen langsam stiegen, hatten sie den Eindruck, in Richtung Kälte unterwegs zu sein. Wenn sie an Linquan dachten, an Baimiao und an Wangying, wurde ihnen angst und bange, und ein eisiger Lufthauch strich durch ihr Gemüt. Unter normalen Umständen wird alles vertrauter, je näher man seiner Heimat kommt, aber ihnen ging es ganz anders: Sie fühlten sich nach diesem Ausflug nach Peking in ihrer Heimat plötzlich fremd. Von Stunde zu Stunde verloren sie die Zuversicht, eine schwer zu fassende Schwermut und Furcht erfasste sie und verschlang ihr Herz.

Peking, das war gut und schön, aber Linquan war nicht Peking. Sie gehörten nach Baimiao, ihr Schicksal lag am ehesten noch in den Händen des Komiteesekretärs von Linquan oder auch nur in denen von irgendwem in Baimiao und Wangying. Solange sie, ganz gleich woher, in den Machtbereich der Gemeinde und des Kreises zurückkehrten, würden sie ihrem Schicksal nicht entgehen!

Nachdem der Zug den Gelben Fluss überquert hatte, schienen sie sich nichts mehr zu sagen zu haben, doch schlafen konnte auch keiner. Eine ganze Nacht lang saßen sie stumm herum, schienen nichts zu denken und hörten nur auf das eintönige Rattern der Räder und Schienen, eine Eintönigkeit, die in der nächtlichen Stille zermürbend wirken kann.

Erst als es richtig hell war, dachten die drei benommen an Schlaf, aber da waren sie bereits in der Provinzhauptstadt Hefei angekommen.

Sie stiegen aus und machten sich unverzüglich mit der auf dem Empfehlungsschreiben des Landwirtschaftsministeriums angegebenen Adresse auf die erfolgreiche Suche nach dem Büro der leitenden Gruppe für die Entlastung der Bauern in Anhui.

Der Genosse auf dem Büro hörte sich an, was sie zu berichten hatten, nahm die Sache sehr ernst, hielt das Problem für ein sehr ernstes Problem und setzte auf der Stelle ein unzweideutiges amtliches Schreiben auf, das sie dem Büro für die Entlastung der Bauern im Kreis Linquan übergeben sollten:

> »Das Landwirtschaftsministerium hat eine Delegation der Massen Ihres Kreises, genauer aus der Gemeinde Baimiao, an mein Büro verwiesen. Nach den vorgelegten Steuerkarten zu urteilen, handelt es sich um das Problem zu hoher Lasten. Der Eingabe nach wurde dies bereits mehrfach der zuständigen Verwaltungsbehörde vorgetragen, doch ohne Resultat. Die Reaktion der Massen ist relativ heftig. Hiermit reiche ich die Stellungnahme des Landwirtschaftsministeriums und das entsprechende Material an Sie weiter in der Hoffnung, dass Sie nach Erhalt dieses Schreibens schnell eine Untersuchungskommission bilden. Sollte sich der Vorwurf der zu hohen Belastung der Massen bestätigen, sollten die zu zahlenden Entschädigungen entschlossen geleistet werden.
> Das Resultat der Untersuchung ist unverzüglich zu melden.
> Hiermit bekanntgegeben.«

Damit alles seine Richtigkeit hatte, setzte der Genosse des Büros für die Entlastung der Bauern noch sorgfältig das offizielle Siegel auf das

Schreiben. Kurz bevor sich ihre Wege trennten, schenkte auch er ihnen das von seinem Büro zusammengestellte Material über die mehrfach vom Zentralkomitee herausgegeben konkreten Bestimmungen zur Entlastung der Bauern.

Als sie das Hochhaus der Landwirtschaftsbehörde verließen, waren die drei von der gleichen Aufgekratztheit und Erregung erfüllt wie schon in der Hauptstadt. Wang Hongchao schaute ganz unbewusst noch einmal auf dieses schon recht alte Gebäude zurück und spürte wie von ungefähr ein Gefühl der Dankbarkeit in sich aufsteigen.

In Hefei suchten sie auch noch das Disziplinarkomitee der Provinz auf. Auch der Genosse vom Disziplinarkomitee nahm sie entsprechend ernst und sicherte ihnen zu, sie könnten beruhigt heimfahren, dieser Angelegenheit werde man sich annehmen.

Am 25. Januar 1994 betraten Wang Junbin, Wang Xiangdong und Wang Hongchao wieder das Büro des Kreiskomitees von Linquan. Sie zeigten die entsprechenden Schreiben des Landwirtschaftsministeriums und der Provinz Anhui über die Entlastung der Bauern vor, und dieses Mal machte ihnen der Büromensch keine Schwierigkeiten mehr.

Zu diesem Zeitpunkt hatte der Kreis bereits das offizielle Schreiben des Beschwerdebüros des Staatsrats und der Partei erhalten; Zhang Xide als Sekretär des Kreises wusste auch schon, dass und zu welchem Zweck eine Abordnung der Dorfbewohner von Wangying, Gemeinde Baimiao, in Peking gewesen war. Mit einem breiten Lächeln im Gesicht kam er heraus und verfasste auf der Stelle für die Verwaltung und das Parteikomitee der Gemeinde Baimiao ein Memo. Darin hieß es: »Die Massen des natürlichen Dorfes* Wangying des Verwaltungsdorfes Shaoying haben in einer Bittschrift die Rückerstattung zuviel geleisteter Steuern verlangt. Mit der Bitte, sich dessen unverzüglich anzunehmen und zeitnah zuviel geleistete Steuerzahlungen auf Jiao und Fen betragsgenau zurückzuerstatten.«

Die drei besahen sich den Schrieb des Kreissekretärs genau und von allen Seiten. Wegen der krakeligen Schrift und der falschen Orthographie einiger Zeichen wurde ihnen erst nach einer Weile klar, was da stand. Und doch staunten sie nicht schlecht: »zuviel geleistete Steuern«, was sollte das jetzt wieder heißen? Warum konnte ein Verantwortungsträger einer Organisation der Partei nicht nach dem Geist der Bestimmungen des Zentralkomitees der Kommunistischen Partei auf die Ernsthaftigkeit der Angelegenheit hinweisen, so wie die Organe des Zentralkomitees, des Staatsrats und das Lastenverringerungsbüro der Provinz? Und wenn er schon entschlossen war, das im Kreis zu regeln, warum geschah das nicht nach den Gepflogenheiten der Organisation, warum drückte er ihnen eine im Vorübergehen hingeworfene Notiz in die Hand? Es sei noch einmal gesagt, als die »Massen mit ihrer Beschwerde« damals mehrfach beim Kreis vorstellig wurden, hatte sich der Kreis taub gestellt; und jetzt, wo das von oben kam, da setzten sie sofort ein »freundliches Lächeln« auf – warum ging das nicht gleich?

Wie auch immer, vom 28. Oktober 1993, dem Tag der ersten Beschwerdeerhebung, bis zu diesem 25. Januar 1994, als der Sekretär des Kreiskomitees sein »Gelesen und genehmigt« daruntergesetzt hatte, war es 89 Tage lang hin und her gegangen, bevor endlich etwas bei der ganzen Sache herauskam. Als nun bekannt wurde, dass Sekretär Zhang Xide Stellung bezogen hatte und »zuviel geleistete Steuern zurückzuerstatten seien«, brodelte es im ganzen Dorf.

Man kann sich vorstellen, dass Gemeindevorsteher Ma Jun und Han Chunsheng als Sekretär des Parteikomitees der Gemeinde Baimiao den »Handzettel« von Zhang Xide mit gemischten Gefühlen betrachteten. Sie wussten natürlich um die Natur dieser Angelegenheit. Wenn es einmal soweit war, das musste man nicht erst betonen, beschwor das Schwierigkeiten in Kreiskomitee und -verwaltung herauf. Aber schließlich hatten die Dorfbewohner bisher nichts in Händen als einen Fetzen Papier, und wenn man genau hinsah, konnte man aus Zhang Xides Satz »Die Massen ... haben in einer Bittschrift die Rückerstattung zuviel geleisteter Steuern verlangt« einen gewissen Unwillen heraushören; allerdings schwang in der Formulierung »mit der Bitte, sich dessen unverzüglich anzunehmen« auch Ungeduld mit.

In Baimiao kam man nun offenbar nicht mehr umhin, das Problem der Entlastung der Bauern anzugehen. Zur gleichen Zeit stellte, angehalten vom Disziplinarkomitee des Distrikts, das Disziplinarkomitee des Kreises eine Untersuchungskommission zusammen, die sich nach Baimiao begab, um den Umgang der Gemeinde mit der »Lastenverringerung« einer amtlichen Untersuchung zu unterziehen. Und tatsächlich, man musste nur hinschauen, die Probleme lagen offen zu Tage. Die Untersuchungskommission des Kreisdisziplinarkomitees untersuchte lediglich den »Steuergesamtbericht« von 1993 auf Gemeinde- und Dorfebene und entdeckte eine Zuvielbelastung der Bauern von über 11000 Yuan. Die Vertreter der Einwohner von Wangying, die bei der Selbstüberprüfung des Dorfes halfen, entdeckten darüber hinaus ein unerträgliches Chaos in der örtlichen Finanzverwaltung. Auf der Kostenseite herrschten Willkür und Gutdünken, unerklärlicherweise gab es zu viele Belege, und außerdem kam eine willkürliche Ausbeutung oder Zweckentfremdung von Steuermitteln und Kollektivfonds ans Licht. Auf der »Herbstabrechnung von 1993« standen ganz klar 47650 Yuan, aber auf dem von Dorf und Gemeinde gemeinsam verwendeten »Abrechnungsformular« waren es auf einmal nur noch 33760 Yuan, vier Jiao und sechs Fen. Das heißt, mit einem Federstrich waren 13883 Yuan, fünf Jiao und vier Fen verschwunden!

Die Unverfrorenheit, mit der sich die Dorf- und Gemeindekader bereicherten, erregte den heftigen Zorn der Einwohner von Wangying. Doch in den langen 62 Tagen, die mittlerweile ins Land gegangen waren, seitdem der Sekretär des Kreiskomitees ihren Vertretern diesen Wisch ausgestellt hatte, war den Leuten von der Dorfverwaltung kein »Fliegenschiss« zurückerstattet worden. Außerdem hatten sich in diesem Zeitraum zwei Dinge ereignet, die die Einwohner von Wangying äußerst beunruhigten: Zunächst war Wang Junbin, der die Delegation nach Peking angeführt hatte und zuvor in der Landverwaltung der Gemeinde angestellt gewesen war, plötzlich entlassen worden; Wang Xiangdong und Wang Hongchao bekamen eine Benachrichtigung von der Gemeinde, sie sollten sich auf das Gemeindeamt begeben, um »eine Rechnung zu begleichen« – kaum hatten die beiden die große Eingangspforte der Gemeindeverwaltung durchschritten, als sie von Mitarbeitern des Gemeindeamtes fürchterlich zusammengeschlagen wurden.

Die Rückerstattung stellte sich als ein Täuschungsmanöver heraus, aber die Racheanschläge waren Realität. Die Dorfbewohner konnten es nicht mehr ertragen, und wieder kam ein Tross von einigen 100 Leuten zusammen, der sich in die Kreishauptstadt aufmachte und von Zhang Xide die Einhaltung seiner Versprechen verlangte.

Doch die Dorfbewohner hatten sich das Ganze zu einfach vorgestellt und wussten zu wenig über unsere heutigen Führungskader. Nicht wenige dieser »Landesväter und -mütter« sind früh verhätschelt worden und nur an Menschen gewöhnt, die sie hinten und vorne bedienen, die ihnen nach dem Mund reden und in allem willfährig sind.

Als Zhang Xide die Menschenmenge auf sich zukommen und sich mit ihren Forderungen konfrontiert sah, lief er rot an und vermied jedes Wort von einer Rückerstattung der zuviel erhobenen Lasten. Seine

Sprache wurde unversehens hart und grob: »Wenn ihr nur Krach schlagen wollt, dann werde ich euch nicht anhören!«

Die Dorfbewohner fragten: »Ist das nach dem Geist der Dokumente des Zentralkomitees?«

Zhang Xide schäumte: »Wenn euch etwas nicht passt, dann wendet euch an eine höhere Instanz!«

Als die Dorfbewohner das hörten, staunten sie nicht schlecht: Die Umsetzung der Parteipolitik zur Entlastung der Bauern war im Grunde die unabweisbare Pflicht des Kreiskomitees; und sie hatten sich doch gerade erst an eine höhere Instanz gewandt, weil sich im Kreis niemand um sie gekümmert hatte, und jetzt, wo sie bei der höheren Instanz gewesen waren, da machte das Kreiskomitee sich nicht nur nicht an die Lösung des Problems, sondern tadelte sie. Natürlich gaben die Bauern nicht nach und forderten weiter die Umsetzung der Politik des Zentralkomitees durch ihren Kreiskomiteesekretär.

Zhang Xide war offenbar längst die Geduld ausgegangen, seine Stimme überschlug sich, als er schrie: »Wenn ihr mir Ärger machen wollt, dann nur weiter so, ich werde euch entsprechend behandeln!«

Die Dorfbewohner waren vollkommen hilflos und wandten sich an das Disziplinarkomitee des Kreises. Denn das Disziplinarkomitee hatte ja nicht wenige Probleme des »Steuergesamtberichts« von Wangying und Baimiao von einer Kommission untersuchen lassen. Doch auch der Sekretär des Disziplinarkomitees reagierte auf die Mitteilung, die untergeordneten Stellen seien nicht bereit, die zuviel eingezogene Summe zurückzuerstatten, ausgesprochen hilflos: »Ich habe es angeordnet, wenn sich keiner daran hält, dann kann ich auch nichts machen!«

Das war kaum zu begreifen: Der leitende Sekretär für die Disziplin in der Partei auf Kreisebene fühlte sich dem Unwesen der ihm unterstellten Kader gegenüber machtlos; und der für die gesamten Belange des Kreises zuständige Sekretär war ein Tyrann, mit dem man nicht reden konnte. Die Dorfbewohner waren außer sich.

Doch die Vertreter der Dorfgemeinschaft von Wangying konnten etwas aushalten und blieben gelassen. Wang Junbin, Wang Xiangdong und Wang Hongchao – diese drei jungen Männer trafen den vielleicht wichtigsten Entschluss ihres Lebens: Sie würden gegen diese Leute, die sich der Politik der Partei heimlich widersetzten, kämpfen bis zum Schluss. Und sie schworen, nicht eher Ruhe zu geben, bis sie ihr Ziel erreicht hatten!

Aber natürlich, was ist heute schon der Entschluss von drei oder auch 300 oder 3000 Bauern, heute, wo die ganze Gesellschaft vor der Macht auf den Knien liegt, vor der gigantischen Machtstruktur, die sich in China seit einigen tausend Jahren aufgebaut hat? Da konnten sie noch so sehr im Recht sein.

Vielleicht waren sie auch zu jung und wussten im Grunde nicht, was »Kulturrevolution« und »Klassenkampf« bedeuteten, und konnten die Lage gar nicht kritisch überdenken. Selbst wenn wir schon 1977 auf der 3. Vollversammlung des 11. Parteitages die falsche »linke« Politik des »Vorrangs für den Klassenkampf« aufgegeben hatten – in Linquan, in Baimiao war die Losung Maos, nach der »mit dem Klassenkampf sich alle Probleme lösen« lassen, im Unterbewusstsein von vielen Kadern noch immer die Zauberwaffe. Bei der Behandlung von Problemen blieb ihr Denken der alten Zeit verhaftet.

Wang Hongchao war noch nicht lange aus der Kreisstadt zurück, als ihn eine Nachricht erreichte, die genügte, allen im Dorf einen Schauer über den Rücken zu jagen. Ein leitender Beamter der Polizeistation von Baimiao namens Shi Canzhou ließ etwas durchsickern. Wang Hongchao stand sich mit ihm privat nicht schlecht, und am 13. März 1994 nahm Shi Canzhou ihn zur Seite und gab ihm heimlich den Rat: »Du solltest deine Finger aus der Sache heraushalten.« Und dann empfahl er ihm, »sich sofort davonzumachen«, und mahnte ihn eindringlich: »Sie werden dich verhaften!«

Wang Hongchao fuhr der Schreck in die Glieder. Er wusste, dass Shi Canzhou sich keinen Spaß mit ihm erlaubte und ihn auch nicht einschüchtern wollte. Er wagte es nicht, seine beiden Mitstreiter über diese Nachricht im Ungewissen zu lassen.

Die beiden wussten nicht, ob sie das alles glauben sollten, aber sie konnten auch nicht umhin, die Dorfgemeinschaft sofort zu informieren.

Eine Weile war Wangying in einem namenlosen Schrecken befangen.

Man organisierte aus eigenem Antrieb Patrouillen, um allen Eventualitäten zu begegnen; Wang Hongchao brachte die örtlichen Großlautsprecher einfach im Hof seines Hauses an.

Und obwohl das Dorf gedanklich auf alles vorbereitet war, hätte niemand gedacht, dass der Tag der »Verhaftung« so schnell kommen würde.

Der Himmel ist weit und der Kaiser ist fern

Am Abend des 2. April 1994, es war bereits nach zehn, für Städte mit Nachtleben keine Uhrzeit, aber in unserem abgelegenen Wangying waren so ziemlich alle Lichter aus, da kam zu dieser späten Stunde heimlich ein Kombi für Personen- und Warentransport im Dorf an.

Der Wagen hielt lautlos an der Westseite des Dorfes, und fünf Personen sprangen heraus. Erst später erfuhr man, dass das im Einzelnen Shi Canzhou, der leitende Beamte der Polizeistation von Baimiao, die Volkspolizisten Wang Shukui und Zhang Fuchun sowie Wang Jun und Liu Kai vom Amt für Öffentliche Sicherheit waren. Sie steckten zunächst die Köpfe zusammen, um sich dann auf Zehenspitzen in die Mitte des Dorfes voranzutasten.

Ihr Auftauchen erregte augenblicklich die Aufmerksamkeit der Dorfpatrouille, die ihnen von ferne folgte. Sie musste feststellen, dass diese Leute nur vor den Haustüren der Beschwerdeführer des Dorfes herumschlichen. Ihre wiederholten Versuche, die Türen aufzudrücken, alarmierte die Patrouille noch mehr. Sie rannten zu Wang Hongchao und riefen, während sie gegen seine Haustür pochten: »Sie schleichen im Dorf herum!«

Lili, eine Schwester von Wang Hongchao, die zu dieser Zeit bei ihm wohnte, wurde als Erste von den Geräuschen vor der Tür aufgeschreckt und war mit einem Satz aus dem Bett. Als sie hörte, dass jemand im Dorf herumschlich, hastete sie in den Hof mit der Lautsprecheranlage, stellte sie auf höchste Lautstärke und schrie: »Diebe! Räuber! Nehmt Heugabeln und Knüppel, lasst sie nicht entkommen!«

So mitten in der Nacht riss der Lärm der Lautsprecher alle aus den Betten. Als es hieß, im Dorf seien Räuber, war alles in Windeseile auf und in den Kleidern und stürzte vor die Tür, um die Schurken zu fassen.

Das jähe Anspringen der Lautsprecher jagte zunächst den beiden Beamten für Öffentliche Sicherheit einen gehörigen Schrecken ein. Sie waren aufgeflogen und sie wussten, dass man auf den Dörfern nichts mehr hasste als diese üblen Ordnungsdienste und sie als »Unterteufel*« beschimpfte. Und so gaben sie Fersengeld und machten sich wie zwei aufgescheuchte Hasen davon. Auch der Polizeistationsvorsteher Shi Canzhou konnte sich ausrechnen, dass es ihm schlecht ergehen würde, wenn die Dorfbewohner ihn in die Finger bekämen, also machte er auf der Stelle kehrt, tastete sich spähend und duckend durch die Finsternis und floh, als er den zurückgelassenen Wagen nicht mehr entdecken konnte, zu Fuß und querfeldein aus dem Dorf. Nur den beiden Volkspolizisten und ihrem Fahrer gelang es nicht, sich zu verstecken, sie wurden schließlich von den Dorfbewohnern voneinander getrennt und einer nach dem anderen eingekreist.

Die Dorfbewohner fragten unter Geschrei: »Woher kommt ihr? Was wollt ihr hier?«

Ein Polizist antwortete: »Wir sind aus Wadian ...«

Der andere sagte: »Wir kommen aus Huangling ...«

Doch der Fahrer meinte: »Wir kommen von der Seidenfabrik in der Stadt, wir sind mit dem Fabrikdirektor hierher gekommen, um Geschäftsbeziehungen anzuknüpfen.«

Drei Leute, drei Erklärungen – was natürlich das allseitige Misstrauen nur noch verstärkte.

Wangying liegt kurz vor der Grenze zur Provinz Henan, der kleine Weg vor dem Haus des Grundschuldirektors am Westende von Wangying ist die Grenze zwischen dem Kreis Shenqiu der Provinz Henan und dem Kreis Lingquan der Provinz Anhui. Man sagte, wenn die Kinder von Schuldirektor Wang pinkeln gehen, werden zwei Kreise und zwei Provinzen nass. Wenn in einem so abgelegenen Landstrich plötzlich drei Figuren auftauchten, die noch nie jemand gesehen hatte, die drei unterschiedliche Erklärungen abgaben, woher sie kamen, und von denen zwei auch noch in Polizeiuniformen steckten, dann mussten sich die Dorfbewohner natürlich fragen, ob diese verschlagenen Kerle da nicht die geographische Sonderlage ausnutzen und sie im Schutze der Nacht und als Volkspolizei verkleidet ausplündern wollten.

Die Dorfbewohner forderten sie auf, ihre Ausweise vorzulegen, um zu beweisen, wer sie waren. Da auf einmal nutzten die drei einen Augenblick des Durcheinanders und machten sich Hals über Kopf davon. Ihre Flucht ließ die Sache in den Augen der Dorfbewohner noch problematischer erscheinen, sie durften sie nicht entkommen lassen und setzten ihnen auf der Stelle nach. Die drei rannten, als ginge es um ihr Leben, doch da sie nicht über die Ortskenntnisse der Dorfbewohner verfügten, sahen sie schnell, dass sie keine Chance hatten. Einer der beiden in Polizeiuniform drehte sich einfach um, zog eine Pistole, hielt sie seinen Verfolgern vor die Gesichter und schrie: »Stehen bleiben! Sonst schieße ich!«

Die Dorfbewohner waren von der plötzlichen Änderung der Situation erschreckt und blieben wie angewurzelt stehen.

Als die beiden anderen das sahen, hielten auch sie in ihrer wilden Flucht inne.

Die Dorfbewohner waren jetzt endgültig überzeugt, es mit einer Bande von Räubern zu tun zu haben. Die Lage war eindeutig: Wenn sie etwas daher erzählten von wegen »Seidenfabrik« und »Beziehungen knüpfen«, warum zogen sie dann eine Pistole? Und wenn sie wirklich Volkspolizisten waren, warum sollten sie dann etwas von einer »Seidenfabrik in der Stadt« erzählen? Und außerdem, warum wagten sie es nicht, offen und ehrlich ihre Papiere zu zeigen? Und dann, was sollte die kopflose Flucht, selbst ihr Auto hatten sie zurückgelassen?

Ein Dorfbewohner fasste den Fahrer ins Auge und fragte: »Und was habt ihr wirklich vorgehabt?«

Der Fahrer stammelte herum und wagte nichts zu sagen.

Die Dorfbewohner zweifelten nun nicht mehr. Sie waren in der Überzahl, überwanden ihren Schrecken und ihre Angst und entrangen ihrem Gegenüber das Mordinstrument, mit dem er sie bedrohte. Die Mutigsten von ihnen nahmen an, dass die Pistole, die auf alle zielte, ebenso falsch war wie die Polizeiuniform. Sie stürzten sich also auf ihn und schlugen ihm die Waffe aus der Hand. Und dann verabreichten sie dem vermeintlichen Diebsgesindel eine wütende Tracht Prügel.

Als ihm das zuviel wurde, rückte der Fahrer Zhao Canlong mit der Wahrheit heraus: »Das sind wirklich Polizisten, die haben für zehn Yuan und eine Packung Dujiang-Zigaretten die Karre von mir gemietet, um hier jemanden zu verhaften.« Und er beeilte sich, die zehn Yuan und die Packung Zigaretten aus der Tasche zu ziehen, damit die Dorfbewohner ihn augenblicklich gehen ließen.

Da beeilten sie sich nun ihrerseits, Wang Shukui und Zhang Fuchun zu befragen, und den beiden blieb nichts anderes übrig als zuzugeben: »Wir kommen von der Polizeistation von Baimiao.«

Als sie das hörten, fragten sie durcheinander: »Nach welchem Gesetz wollt ihr unsere Delegierten verhaften?«

»Und warum klammheimlich?«

»Wenn ihr von der Polizeistation in Baimiao kommt, warum erzählt ihr dann etwas von Wadian und Huangling und von einer Seidenfabrik in der Stadt? Und warum seid ihr abgehauen, als wir euch zur Rede gestellt haben?«

Vor diesen Fragen blieb den beiden erst einmal die Spucke weg. Die Dorfbewohner würden sie offensichtlich nicht freilassen.

»Redet!«

Einer erklärte kleinlaut: »Wir wollten Glücksspieler verhaften.«

Und der andere sagte: »Wir waren auf Streife.«

Damit machten sie alles noch schlimmer. Wenn sie hinter Glücksspielern her waren, warum suchten sie sich dann ausgerechnet die Häuser der Delegierten aus? Ihre Behauptungen gingen nicht auf; und das mit der »Streife« war offensichtlich noch unverschämter gelogen. Denn seit der Befreiung dieses Gebietes Ende 1945 hatten nicht einmal die Ältesten des Dorfes hier je eine Streife der Polizei zu Gesicht bekommen. Weder in der Früh noch am Abend gab es eine Streife, und eine Streife nach Wangying schicken, um der Gemeinde die zuviel eingenommenen Steuern zurückzuzahlen? Eine Streife, ausgerechnet vor der Haustür der Dorfdelegierten und auch noch mitten in der Nacht?

Die Bauern gerieten immer mehr in Harnisch: »Und warum seid ihr nicht in eurem Polizeiwagen auf Streife?«

Erst jetzt wurde ihnen klar, dass die Kerle irgendwelchen Fusel gesoffen hatten, sie stanken wie Katzenpisse. Damit sie in ihrem besoffenen Kopf kein weiteres Unheil anrichten konnten, nahmen sie ihnen die Waffen und Handschellen ab. Dass sie tatsächlich genau vier Handschellen bei ihnen fanden, war ein weiterer Beweis für die Richtigkeit dessen, was der Fahrer gesagt hatte: Sie waren wirklich mit dem Hintergedanken hierher gekommen, die Delegierten des Dorfes zu verhaften. Es war keine Frage, wer diese vier sein sollten: Wang Junbin, Wang Xiangdong, Wang Hongchao und ein Wang Hongqin von außerhalb.

»Ihr könnt es nicht leiden, wenn die einfachen Leute bei höheren Instanzen die Umsetzung der Politik des Zentralkomitees einfordern, und da kommt ihr mitten in der Nacht daher und wollt unsere Delegierten verhaften! Seid ihr eigentlich noch Volkspolizisten?«

Die Dorfbewohner redeten sich in Rage und nahmen vielarmig und vielbeinig den für die Verhaftung angemieteten Wagen auseinander.

Das also war der Zwischenfall vom 2. April, der vom Kreiskomitee von Linquan später sehr aufgebauscht werden sollte.

Um es kurz zu machen, die Polizisten Wang Shukui und Zhang Fuchun sowie der »gemietete« Fahrer Zhao Canlong flohen schließlich wie von Furien gehetzt aus dem Dorf. Später sammelte Wang Hongjun, einer der Dorfbewohner, die Waffen, die Munition und die Handschellen ein, welche die Polizisten verloren hatten, und übergab sie dem Dorfvorsteher. Gegen Mitternacht verlief sich alles nach und nach, jeder ging nach Hause schlafen. Keiner hätte sich vorstellen können, dass die ganze Geschichte am nächsten Morgen und in den Ohren des Sekretärs des Kreiskomitees Zhang Xide schon ganz anders klingen würde.

Als die drei Sicherheitsbeamten der Polizeistation und die beiden vom Amt für Öffentliche Sicherheit von Baimiao längst zu ihren Behörden zurückgekehrt und Pistolen, Munition und Handschellen ausnahmslos zurückerstattet waren, gab das Kreiskomitee von Linquan einen verlogenen Bericht über die Lage ab und setzte unter dem Vorwand »der Befreiung von Polizisten und Kadern und der Suche nach Waffen« am Vormittag des 3. April in Wangying eine in ihrer Blutigkeit beispiellose Unterdrückungsmaßnahme in Gang!

Am 3. April 1994 um zehn Uhr vormittags brachen über 100 Kräfte der Öffentlichen Sicherheit und der bewaffneten Polizei in acht Polizeiwagen aus der Kreishauptstadt auf. Auf den Wagen waren Maschinengewehre montiert, die Männer trugen Stahlhelme und kugelsichere Westen, in den Händen hielten sie Schilde und Schlagstöcke, und auf dem ganzen Weg heulten die Polizeisirenen.

Als diese hochbewaffnete Truppe Wangying erreichte, demonstrierte sie ihre Macht und verkündete weithin scheppernd über Lautsprecher: »Bewohner von Wangying! Bleibt in euren Häusern!« Das war offensichtlich keine besonders intelligente Aktion. Die Ordnungskräfte hatten die besondere geographische Lage von Wangying außer Acht gelassen, denn durch diesen Krach wurden die Dorfbewohner gewarnt und flohen auf die abgewandte Seite des Dorfes, das zum Verwaltungsgebiet der Provinz Henan gehörte. Bis die Polizeiwagen die Dorfmitte erreichten, waren Groß und Klein davongelaufen.

Natürlich blieben auch einige. Dabei handelte es sich weniger um die Alten als vielmehr um jene, die sich an der Beschwerdeführung von Anfang an nicht beteiligt hatten, oder um Verwandte von auswärts. Sie hatten ja mit dem Ganzen nichts zu tun, dachten sie. Und auch besondere Käuze, die zwar an der Petition mitgearbeitet hatten, aber in ihren eigenen Augen nur »mit dem Strom geschwommen« waren, und die, was auch immer geschehen würde, niemals aus ihrem Dorf davonlaufen würden.

Aber wie es so geht, die bewaffneten Polizisten waren kaum im Dorf, als sie unterschiedslos auf jeden einschlugen, der ihnen vor die Augen kam; nicht einmal einen Grundschüler von außerhalb, der bei Verwandten zu Besuch war, ließen sie aus. Eine Weile hörte man überall das Zuschlagen und Zutreten von Fäusten und Füßen, hörte Dinge zu Bruch gehen, hörte das Flehen von Erwachsenen und das Schreien von Kindern und den Spektakel, den die Hühner, Hunde und Schweine veranstalteten.

Auf Zhou Min, die sich an der Petition überhaupt nicht beteiligt hatte, stürmte einer der Polizisten zu und wollte sie festnehmen. Der über 70 Jahre alte Wang Hongbin, ihr Schwager, der neben ihr stand, entrüstete sich: »Wen ihr zu fassen kriegt, den nehmt ihr fest; die Genossin hat sich nichts zuschulden kommen lassen, was willst du also von ihr?« Er hatte noch nicht zu Ende gesprochen, als er auch schon einen Elektroknüppel ins Gesicht bekam. Sofort war er blutüberströmt und brach bewusstlos zusammen.

Wang Yongchen, ein alter Mann aus einem Fünf-Garantien-Haushalt*, stand schreckensbleich in der Nähe und rührte sich nicht, doch auch er wurde von Polizisten geschlagen, dass er Blut spuckte, und in einen Polizeiwagen gezerrt.

Zweifellos waren allerdings die Behausungen der Dorfdelegierten das Hauptziel der Zerstörung. Dort wurde alles kurz und klein geschlagen, selbst Herd und Kamin wurden umgestoßen. Wohin die zwölf Silberyuan von Wang Hongqin, die 700 Yuan Bargeld von Wang Xiangdong und der Plattenspieler von Wang Hongchao gekommen sind, weiß bis heute niemand. Aber nicht genug damit, dass sie Wang Hongchaos Zuhause verwüsteten, sie rissen auch noch die vier Kisten mit Rattengift, die er angeschafft hatte, auf, streuten das Gift in die Weizenkörbe und rührten es heimtückisch mit einem großen Spaten unter. Erst dann machten sie sich davon.

Am 3. April wurden vor Ort zwölf Personen festgenommen, im Großen und Ganzen nur alte Leute und Frauen, die weder mit der Petition noch mit dem Zwischenfall vom Vortag irgendetwas zu tun hatten, ein Mädchen aus einem anderen Dorf auf Verwandtschaftsbesuch und ein Schüler aus dem Kreis Lin in der Provinz Henan.

Mit dieser absurden und blutigen Aktion machte das Kreiskomitee in einem »Offenen Brief an die natürliche Gemeinde Wangying« mutwillig Propaganda: »Der Sekretär des Distriktkomitees weist darauf hin, dass die Rückkopplung auf den Zwischenfall vom 2. April rechtzeitig geschah, das Vorgehen war einwandfrei und sollte einhellige Zustimmung finden; die Überlegungen des Kreiskomitees waren sehr sorgfältig, es wurde kein Gesetz verletzt.« Im Brustton der Überzeugung wurde verkündet: »Die Führung des Partei- und Staatsbeschwerdebüros, der Provinz und des Distrikts haben dem Vorgehen mit Nachdruck zugestimmt.«

Sieben Jahre nach diesen Geschehnissen haben wir Wang Yongming interviewt. Wang Yongming gehörte zur Parteizelle von Wangying und war ein aufrichtiger und gutherziger Bauer, der mit der Petition überhaupt nichts zu tun gehabt hatte. Als die Polizeiwagen ins Dorf einfuhren, war er gerade im Schweinestall beschäftigt und dachte nicht daran davonzulaufen; selbst noch, als er die martialisch bewaffneten Polizisten heranziehen sah, sagte er sich, und wenn sie das ganze Dorf verhaften würden, ihn selbst sicher nicht, und so baute er weiter an seinem Stall.

Da zeigte einer der bewaffneten Polizisten plötzlich auf ihn und fragte eine Gruppe von der Öffentlichen Sicherheit: »Sollen wir den auch verhaften?«

Einer antwortete: »Sperrt ihn weg!«

Der Polizist stürmte sofort auf ihn zu, packte ihn und stieß ihn in den Polizeiwagen. Wang Yongming hatte so eine Situation noch nie erlebt und war starr vor Schreck.

Auf der Polizeistation von Baimiao wurden ihm wie all den anderen Verhafteten die Hände auf den Rücken gefesselt und mit einer Schlinge um den Hals gebunden, seine Armbanduhr kam ihm weiß nicht wie abhanden, und dann wurde er über eine Stunde lang ohne Grund und Ursache geschlagen. Er sah mit eigenen Augen, wie sie dem Wang Hongyan, der mit ihnen diskutierte, kochendes Wasser über den Kopf gossen. Wang Hongyan brach vor Schmerzen in ein unmenschliches Geheul aus. Er selbst war außer sich vor Angst, und als sie weiter auf ihn einschlugen, wagte er keinen Ton von sich zu geben.

Als man sie ins Untersuchungsgefängnis des Kreises überführte, wurden sie, kaum ausgestiegen, auf den Boden gezwungen, wo ihnen die dortigen Polizisten aus Hochspannungsleitungen gefertigte Peitschen über Kopf und Gesicht zogen. Erst als sie müde wurden, schlossen sie jedem Einzelnen eine schwere Fessel um beide Beine, die die Inhaftierten auch noch aus eigener Tasche bezahlen mussten. Jeder zahlte sieben Yuan. Kaum hatte man sie ihnen angelegt, zwang man sie, damit im großen Hof drei Runden zu laufen – die Fußfesseln waren über vier Kilo schwer. Wer nicht lief, wurde geschlagen.

Am Abend desselben Tages wurden alle in Zellen gesperrt, in deren Decke ein Loch war. Der Polizist, der oben Wache schob, schnauzte Wang Yongming an, er solle die Hände durch das Loch nach oben strecken. Der wusste nicht, was das sollte, wagte aber nicht, sich zu weigern. Kaum hatte er die rechte Hand durch das Loch gestreckt, als auch schon ein schwerer Lederstiefel zutrat. Er wäre an den Schmerzen fast erstickt. Doch er wagte auch jetzt nicht, die Hand zurückzuziehen, aus Angst, damit noch schlimmeres Unheil heraufzubeschwören. Und so wurde, ohne dass er einen Laut von sich zu geben wagte, auf seiner Hand herumgetrampelt – ein Schmerz, der ihm durch und durch ging. Erst als der Wachmann sich ausgetobt hatte und nicht mehr zu wollen schien, zog er sie vorsichtig zurück.

Wieder zwei Tage später wurde Wang Yongming zu den zum Tode Verurteilten gesperrt. Diese Menschen, die schon alle Hoffnung hatten fahren lassen, sahen in ihm ein willkommenes Opfer ihrer Wut. Ein um das andere Mal stürzten sie sich fiebrig auf ihn, rissen an ihm, schlugen ihn, zerrten ihn an den Haaren und schlugen ihm auf den Kopf. Die Wachleute taten so, als sähen sie das nicht, und erst als sie ihn soweit hatten, dass er flehend auf dem Bauch lag, ließen die Todeskandidaten von ihm ab.

Wang Yongming war etwa acht Tage im Gefängnis. Als man ihn freiließ, gab man ihm nicht nur keine Erklärung, sondern zwang ihn auch noch, eine Verpflegungsgebühr für die acht Tage zu zahlen. Als er das Untersuchungsgefängnis verließ, wurde er noch einmal in strengem Ton gewarnt: »Wenn du draußen bist, dann erzähl nur ja nichts Falsches!«

Das war nun schon über sieben Jahre her, aber Wang Yongming hatte an beiden Beinen von den Wunden, die die Fußfessel gescheuert hatte, noch heute deutlich sichtbare Narben…

Eine Eingabe ist ein Verbrechen

Da sich die Einwohner von Wangying überwiegend in das Grenzgebiet der Provinz Henan geflüchtet hatten, waren die meisten der Katastrophe entgangen, aber kaum jemand wagte, ins Dorf zurückzukehren. Über 1000 Dorfbewohner irrten draußen herum, mussten in den Kleidern schlafen, nachts, irgendwo auf dem offenen Feld im Grenzland zwischen den beiden Provinzen Henan und Anhui. Bei dem geringsten Windhauch, bei dem geringsten Geräusch flohen sie voller Panik tiefer nach Henan hinein. Auch wenn ein paar Mutige heimlich zurückkehrten, um nach dem Rechten zu sehen, so taten sie das doch wie

Strauchdiebe. Die Felder verkamen, was den Bauern die Tränen in die Augen trieb, das in den 15 Jahren der Reformpolitik mühsam hinzugekaufte Eigentum war geplündert, viele Familien erlitten schwere Verluste.

Die Dorfdelegierten Wang Junbin, Wang Xiangdong, Wang Hongchao und Wang Hongqin hatten sich in die Gemeinde Liufu, Kreis Shenqiu, Provinz Henan geflüchtet. Und sie entdeckten, dass Agenten der Polizeistation des Kreises Luquan der Provinz Anhui auch in diesem weit entfernten Dorf einer anderen Provinz herumspionierten. Die vier hatten als Vertreter ihres Dorfes längst schon keine andere Wahl mehr, so dachten sie, als dem Zentralkomitee den wahren Hergang des Zwischenfalls von Baimiao schnellstmöglich zu berichten.

So verbargen sich eines Tages – bis auf Wang Junbin, der den Verbindungsdienst zur Heimat übernahm – die restlichen drei im Schutz der vielen anderen Dorfbewohner vor den Augen der Agenten und bestiegen ein öffentliches Verkehrsmittel Richtung Kreisstadt. Von Shenqiu aus ging es ohne Aufenthalt weiter nach Zhengzhou, der Hauptstadt der Provinz Henan, wo sie in einen Zug nach Peking umstiegen. Wang Xiangdong und Wang Hongchao waren das zweite Mal auf dem Weg in die Hauptstadt, man könnte sagen, sie kannten sich dort aus, und so begaben sie sich vom Bahnhof direkt zur Eingabenempfangsstelle des Beschwerdebüros von Staat und Partei in der Nähe des Yongding-Tores. Und hast du nicht gesehen, sie waren kaum eine halbe Stunde da, als sie von einem Polizisten des Büros für Öffentliche Sicherheit ihres Heimatkreises, der dort längst auf der Lauer lag, umgehend verhaftet wurden.

Der offizielle Grund für die Verhaftung lautete: Die drei Männer hätten während der antirevolutionären Unruhen vom 2. April den Beamten der Öffentlichen Sicherheit zwei Pistolen der Marke »Vierter Mai*« und 15 Schuss Munition gestohlen und einen größeren politischen Zwischenfall in Peking vorbereitet!

Die drei protestierten lauthals, wütend griffen sie den Vollstreckungsbeamten wegen dieser unerhörten Niederträchtigkeit an, das Ganze sei eine schamlose Intrige, ein Racheakt übelster Sorte. Aber obwohl sie den Mund ziemlich voll nahmen, war das alles zwecklos.

Die drei wurden nach Anhui rücküberführt, allerdings nicht in den Kreis Linquan. Sie wurden im Kreis Taihe eingesperrt, dem alten Heimatkreis Zhang Xides, des Sekretärs des Kreiskomitees von Linquan.

Noch heute, wenn Wang Hongchao an die Tage seiner zweimonatigen Haft dort denkt, regt ihn das furchtbar auf. Zu schrecklich, zu qualvoll und zu furchtbar war diese Zeit, um sie je zu vergessen. Ihnen wurden die Hände auf den Rücken gefesselt – 24 Stunden am Tag ohne Unterbrechung. Mit auf den Rücken gefesselten Händen konnten sie weder Reisschale noch Stäbchen halten und mussten ihr Essen, wie Schweine und Hunde auf dem Boden kauernd, mit ausgestrecktem Hals auflecken und aufschnappen; wenn sie zur Toilette mussten, mussten sie mit allen möglichen Verrenkungen die Hosen herunterziehen, und den Hintern abwischen konnten sie sich schon gar nicht. Schlafen konnten sie immer nur auf der Seite liegend; jede Nacht von Alpträumen verfolgt, wachten sie mitten in der Nacht auf, oft in kalten Angstschweiß gebadet.

Diese Art der Bestrafung, die jedes menschliche Maß verloren hatte, zermürbte in Wirklichkeit aber nicht so sehr ihre Körper als vielmehr ihre Seelen. Jeglicher Würde beraubt und erniedrigt, wurden ihr Denken und ihr Wille gebrochen, wurden sie zu Wölfen gemacht, die sich gegenseitig zerfleischten.

Man muss sagen, dass Wang Hongchao keine Art der Folter fremd war. Früher hatte er das alles in Filmen, im Fernsehen, in Romanen gesehen und gelesen; doch wer sich dort mit diesem Geschäft abgab, das waren Banditen und Agenten der Guomindang, die Menschen umbrachten wie Fliegen, oder die völlig entmenschten japanischen Teufel oder die deutschen Faschisten. Nie hätte er sich träumen lassen, dass heute, in einem strahlenden sozialistischen Land, in dem das Volk das Sagen hatte, sich ausgerechnet die Volkspolizei für solch inhumane Gräueltaten hergab. Und das alles geschah auch noch innerhalb einer Exekutivbehörde der Kommunistischen Partei!

Das alles war für ihn schwer zu fassen, er fühlte sich traurig, bitter und verzweifelt.

Yu Guangxuan, der stellvertretende Vorsitzende der politischen Konsultativkonferenz des chinesischen Volkes im Kreis Linquan, schlug vor Empörung auf den Tisch.

Als ihm der wirkliche Hergang des Zwischenfalls vom 2. April deutlich wurde, als ihm vor allem klar wurde, was sich in Peking abgespielt hatte, wie jemand vom Amt für Öffentliche Sicherheit des Kreises Linquan die Unverfrorenheit besessen hatte, an der Eingabenempfangsstelle des Beschwerdebüros von Staat und Partei Lügen zu verbreiten und die Vertreter von Bauern, die wegen einer Eingabe angereist waren, zu verhaften, konnte er sich nicht mehr beruhigen. Er war so entrüstet, dass er beschloss, sich direkt an Jiang Zemin, den Generalsekretär der Partei, zu wenden und die Machenschaften im Kreiskomitee von Linquan offenzulegen, ihm also genau zu schildern, wie hier die Politik des Zentralkomitees und des Staatsrats unterwandert und in unerträglicher und verbrecherischer Weise ein grausamer Rachefeldzug gegen die Bauernmassen geführt wurde.

Er nutzte den Tag, es war ein Sonntag, und fuhr mit dem Wagen in die Provinz Henan und schickte vom Postamt des Kreises Xincai ein sehr langes Telegramm an den Generalsekretär. Das Telegramm kostete seine Familie das Haushaltsgeld von zwei Monaten.

Er berichtete in allen Einzelheiten, was er über den wahren Ablauf des Zwischenfalls vom 2. April herausgefunden hatte, und bezog in diesem Zusammenhang unmissverständlich Stellung.

Die Genossin in der Post wusste um die Wichtigkeit des Telegramms, wusste, was es hieß, wenn jemand einen so weiten Weg auf sich nahm, um ein Telegramm aufzugeben. Doch worüber das Telegramm berichtete, das hatte nichts mit der Provinz Henan zu tun und noch weniger mit dem Kreis Xincai – und was mit ihr nichts zu tun hatte, das musste sie natürlich nicht aus der Ruhe bringen.

Womit aber Yu Guangxuan wiederum nicht gerechnet hatte: Dieses Telegramm wurde Parteiebene um Parteiebene nach unten weitergereicht, bis es schließlich, man sollte es nicht glauben, ausgerechnet in den Händen von Zhang Xide landete, dem Sekretär des Kreiskomitees von Linquan.

Zhang Xide ließ das natürlich nicht kalt.

Er ordnete sofort eine Untersuchung durch das Büro für Öffentliche Sicherheit an, um diesen Menschen, der der Führung des Zentralkomitees die wahren Begebenheiten des Zwischenfalls von Baimiao berichtet hatte, in kürzester Zeit auszukundschaften.

Und die Beamten des Amtes mussten ihre Gehirne anstrengen. Denn als Yu Guangxuan das Telegramm aufgab, rechnete er bereits mit dem Schlimmsten, wandte an der entsprechenden Stelle des Telegramms einen kleinen Trick an und setzte als Absender nicht seinen wahren Namen ein, sondern den Namen des bereits verhafteten Dorfdelegierten Wang Hongqin; und obwohl er mit einem fremden Namen zeichnete, machte er vor dem Namen »Wang Hongqin« noch den Vermerk: »Kader a.D. der Gemeinde Wangying«. So sah es aus, als komme das Material von dort, wo sich das Ganze zugetragen hatte, wirkte also glaubwürdiger, war einerseits eine eindeutige Drohung mit dem Zaunpfahl, verbreitete andererseits ein wenig Nebel und machte es denen, die das Pferd nach einem Bild suchten, etwas schwerer.

Wang Hongqin war vom Büro für Öffentliche Sicherheit des Kreises Linquan bereits in Peking festgenommen worden, befand sich wie Wang Xiangdong und Wang Hongchao im Kreis Taihe in Haft. Nun gehörte schon viel dazu, mit auf den Rücken gefesselten Händen zu essen, zu trinken, seine Notdurft zu verrichten und zu schlafen, aber so behindert und unter den Augen des Wachpersonals zu fliehen und sich auf den Weg nach Henan zu machen, um dort ein Telegramm aufzugeben, das konnte man vergessen! Deshalb ließ sich Wang Hongqin als Absender sofort ausschließen, auch wenn sein Name auf dem Telegramm stand. Danach suchten die Beamten für Öffentliche Sicherheit nach einer Spur unter den »Kadern a. D. der Gemeinde Wangying«. Doch auch wenn sie ganz Wangying absuchten, es gab dort nicht einen einzigen »Kader a. D.«.

Schließlich fiel der Verdacht auf einen verrenteten Arbeiter namens Wang Hongzhang, der früher in einem dem Kreiswarenhaus unterstellten Verbundunternehmen gearbeitet hatte und dann in sein Dorf zurückgekehrt war, auch wenn doch eigentlich ein »verrenteter Arbeiter« und ein »Kader a. D.« zwei Paar Schuhe waren. Am selben Tag noch erhielt er eine Mitteilung seines alten Betriebes mit der Aufforderung, seine Einheit aufzusuchen, um Lohn abzuholen. Als Wang Hongzhang, der schon lange keinen Lohn mehr bezogen hatte, das hörte, machte er sich sofort und voller Freude auf den Weg in die Kreishauptstadt. Kaum in seiner alten Einheit angelangt, wurde er von der dort wartenden Öffentlichen Sicherheit zu Boden geworfen. Um allen Eventualitäten zu begegnen, sperrten sie Wang Hongzhang auch nicht in das Kreisuntersuchungsgefängnis. Doch weil er nicht einmal wusste, was ein Telegramm überhaupt war, prügelten sie ihn, bis ihm die Haut in Fetzen vom Fleisch hing. Er aber sagte immer noch, er wisse von nichts. Mit so einer Aussage konnte man sich natürlich nicht zufrieden geben, man beharrte darauf, er sei starrsinnig wie ein gekochter Eselskopf, an dem alles weich wird, nur nicht das Maul, und quälte ihn auf den Tod.

Wang Hongzhang war ein Bruder von Wang Hongbin, dem die Öffentliche Sicherheit mit einem Elektroschlagstock das Gesicht blutig geschlagen hatte, nur weil er an jenem 2. April seine Schwägerin Zhou Min völlig zu Recht in Schutz genommen hatte, und der nun immer noch ans Bett gefesselt war. Und Wang Hongling war der Bruder der beiden und der Mann von Zhou Min. Der hatte nichts anderes gewollt, als seine Tage anständig und in Ruhe zu verbringen. Aber was sich da alles vor seinen Augen abspielte und dass auch Zhou Min in das Untersuchungsgefängnis gesperrt und ihr die große, vier Kilo schwere Fußfessel angelegt worden war, das zermürbte ihn.

Bisher hatte Wang Hongling in der Gemeinde Liufu, Kreis Shenqiu, Provinz Henan, in einer Fabrik für Kupferrohre gearbeitet und jeden Monat ein üppiges Einkommen von über 1000 Yuan gehabt, aber jetzt gab er von einem Augenblick auf den anderen kurzerhand seine Arbeit auf, um für die gerechte Sache seiner Dorfgenossen sein Leben aufs Spiel zu setzen. Jetzt schlug er mit der Faust auf den Tisch! Am 18. Juni führte er zusammen mit dem Dorfdelegierten Wang Junbin durch alle geheimen Kontrollstellen hindurch, die der Kreis Linquan innerhalb und außerhalb der Provinz eingerichtet hatte, eine Gruppe von 56 Bauern glücklich nach Peking.

Diesmal trat der Ort Wangying mit seiner Eingabe in Peking als Kollektiv auf, was im Kreis Linquan ein ungeheures Echo fand und Kreissekretär Zhang Xide in Panik versetzte. Er dachte allerdings noch immer nicht daran, der heftigen Unzufriedenheit der Bauern von Wangying mit den überhöhten Lasten entgegenzukommen, er glaubte augenscheinlich immer noch, dass Unterdrückungsmaßnahmen das wirkungsvollste Mittel waren, um solche Eingaben zu verhindern.

Er schickte eine von Kadern zusammengestellte Truppe von über 100 Leuten los, die mit großem Getöse in Wangying einfielen. Ganz wie zu Zeiten der Kulturrevolution fuhr diese Truppe mit einem Propagandawagen, auf den ein schriller Hochtonlautsprecher montiert war, im Dorf herum. Alle Dorfbewohner empfanden das als Bedrohung, selbst die einfachen Leute in der Nachbarprovinz waren beunruhigt.

Zur selben Zeit druckte das Büro für Öffentliche Sicherheit des Kreises Linquan eine flugblattartige »Bekanntmachung über die dringende Aufforderung an die Kriminellen Wang Junbin u. a., sich selbst zu stellen«, die überall geklebt wurde. Darin wurden nicht nur die »Kriminellen Wang Junbin u. a.« aufgefordert, sich zu stellen, es wurden auch noch in scharfer Form »die Familienmitglieder und Verwandten der Kriminellen Wang Junbin u. a.« ermahnt, und zwar vielfach mit Formulierungen wie: »Ein Verbrecher ist ein Unglück bis ins neunte Glied*.«

Anschließend brachte das Disziplinarkomitee des Kreises den »Beschluss zum Parteiausschluss von Wang Junbin« heraus.

Nicht viel später entsandte das Kreiskomitee, verteilt auf mehr als 30 größere und kleinere Fahrzeuge, noch einmal über 200 Mann, die Wangying umzingelten und eine große Versammlung und eine Großverhaftung beschwerdeführender Massen androhten.

Nun herrschte in jenem Jahr große Dürre, und gerade als die verängstigten Dorfbewohner wegen der nötigen Bewässerung wieder anfingen, sich zurückzuwagen, blieb ihnen nun nichts, als erneut in alle Richtungen zu flüchten – und damit die Ernte von über 1000 Mu Mais vollständig einzubüßen.

Wang Yang, einer aus dem Dorf, der mit nach Peking gefahren war, verlor aus Angst den Verstand. Er hielt diesen unausgesetzten Terror buchstäblich nicht mehr aus und nahm eines Nachts Gift.

In der Folge wurde Wang Xiangdong und Wang Hongchao vom Kreisgerichtshof Linquan öffentlich der Prozess gemacht. Obwohl der Kreisgerichtshof von vorneherein sehr auf der Hut war und es innerhalb und außerhalb des Gerichtsgebäudes von bewaffneter Gerichtspolizei nur so wimmelte, strömten zu Prozessbeginn an die 600 bis 700 Menschen zusammen. Als der Staatsanwalt die Anklagepunkte verlas, riefen die Dorfbewohner ohne Rücksicht auf die Disziplin des Gerichts im Saal lauthals durcheinander und drohten aufgebracht mit den Fäusten.

»Verleumder, Intriganten!«

»Ihr seid ungerecht!«

»Lasst sie frei!«

»Bestraft lieber die wirklichen Mörder! Unterdrücker der Massen!«

Im Gericht herrschte Chaos.

Eine solche Sprengung des Gerichts war in der Geschichte des Kreises noch nie vorgekommen, der Richter und die Gerichtspolizei wussten nicht mehr aus noch ein. Wo das Volk den Tod nicht fürchtet, wie es schrecken mit dem Tod? Den mit scharfen Waffen ausgerüsteten Gerichtspolizisten, die eine weitere Aufheizung der Lage befürchteten, blieb nichts anderes, als sich schleunigst zurückzuziehen. Und der Vorsitzende Richter verkündete nolens volens die Verhandlung für unterbrochen.

In der Tat waren sich die Richter völlig im Klaren, dass das Gesetz nicht nur von diesen paar Bauern, die ihre Sitzung gesprengt hatten, missachtet wurde. Die Volksgerichte sind die staatlichen Organe der Rechtsprechung in unserem Land; das Recht, über den straf- oder zivilrechtlichen Charakter eines Falles zu entscheiden, haben nur sie.

Doch schon kurz nach dem Zwischenfall vom 2. April hatte eine Arbeitsgruppe des Kreiskomitees über den Charakter des Zwischenfalls entschieden; dort sprach man von einem »Strafprozess wegen widerrechtlichen Festhaltens von Polizisten und Kadern sowie der Störung der öffentlichen Ordnung«. Auf der »Bekanntmachung über die dringende Aufforderung an die Kriminellen Wang Junbin u. a., sich selbst zu stellen«, die das Büro für Öffentliche Sicherheit überall geklebt hatte, war von »Plünderungen« die Rede und sogar von einem Höhepunkt »wilder reaktionärer Propaganda«; in der vom Kreisdisziplinarkomitee herausgebrachten »Entscheidung über den Parteiausschluss von Wang Junbin« hieß es ebenfalls unmissverständlich, das Ganze »erfülle den Tatbestand des Raubes«. Es war nicht schwer zu erkennen, dass die Arbeitsgruppe des Kreiskomitees, das Büro für Öffentliche Sicherheit und das Kreisdisziplinarkomitee vor der offiziellen Entscheidung durch den Kreisgerichtshof über den Charakter der Straftaten und der Straftäter entschieden hatte. Das war selbst ein im Grunde gesetzwidriges Verhalten.

Wenn der Kreisgerichtshof von Linquan die inhaftierten Bauernvertreter nun nicht wegen der Verletzung eines Straftatbestandes verurteilte, dann war das dem Kreiskomitee nicht gut zu vermitteln. Deshalb trat der Gerichtshof nach der Unterbrechung der Verhandlung nicht noch einmal in eine öffentliche Verhandlung ein, sondern verurteilte hinter verschlossenen Türen Wang Xiangdong zu zwei Jahren Haft wegen »Behinderung der Behörden«; für das gleiche Vergehen wurde Wang Hongchao zu einem Jahr Haft und zwei Jahren Bewährung verurteilt. In der Frage, welche »Behörden« die beiden eigentlich bei der Ausübung ihrer Pflicht »behindert« hätten, war die Urteilsbegründung so schwer zu verstehen wie die Schriften der Mystiker.

Auf den Liangshan* getrieben

Nach etwas mehr als sieben Monaten Haft wurde Wang Hongchao mit seinem Urteil »ein Jahr Haft und zwei Jahre Bewährung« entlassen und kehrte schließlich nach Wangying zurück. Erst bei seiner Ankunft stellte er fest, dass der Kreis bei der Aushebung des »Banditennestes« Wangying nicht nur sein Haus zerstört, sondern auch die von ihm eingelagerten 8000 Rattengiftpäckchen seinem Weizen untergemengt hatte. Damit waren über 5000 Pfund Getreide mit tödlichem Gift verunreinigt und nicht mehr genießbar. Seine Frau hatte auf der Stelle vor Schreck den Verstand verloren; auch seine Tochter Wang Lingling war in ihren Grundfesten so erschüttert, dass sie nicht weiter zur Schule gehen konnte. Bis heute bleibt sie im Haus, kann kein Polizeiauto und keine Polizeisirene hören, ohne einen Rückfall zu erleiden.

Als er das Unrecht sah, das man ihm, seiner Frau und seiner Tochter angetan hatte, stiegen in Wang Hongchao die finstersten Gefühle auf. Und er dachte bitter:

Heute, wo das Zentralkomitee der Partei und der Staatsrat die Probleme der Landwirtschaft so ernst nehmen und es gebildete und einfühlende junge Bauern mit einem recht lebendigen Denken und einem recht ausgeprägten politischen Bewusstsein gibt, die auch den Mut haben, für ihre Sache einzutreten, muss man darin doch eine neue, durch die große Reform- und Öffnungspolitik in den ländlichen Gebieten erst möglich gemachte Erscheinung sehen, auf der die große Hoffnung der ländlichen Gebiete Chinas ruht! Warum passen viele unserer führenden Genossen, die sich mit der Landwirtschaft beschäftigen, so gar nicht zu unserer veränderten Mentalität? Sie sprechen schon längst nicht mehr die Sprache der Bauernmassen, ganz zu schweigen von dem schönen Grundsatz: »Man darf sich nicht scheuen, von Untergebenen zu lernen.« Bei dem geringsten Anlass werden Bauern, die ein aufrichtiges Wort wagen, als »durchtriebenes Volk« angesehen; Bauern, die es wagen, eine gesetzeswidrige Straftat oder einen Straftäter anzuzeigen, werden als eine »Zusammenrottung von Unruhestiftern« verunglimpft. Man ist schon daran gewöhnt, dass solche Äußerungen unterdrückt werden: »Wer es nicht begreift, hat drei Minuten zum Nachdenken, wer es dann wieder nicht begreift, erntet einen Wirbelsturm.« Und wer »sich nicht herumkommandieren lässt« und einen Beamten »bei der Amtsausübung behindert«, der wird mitleidlos attackiert und brutal unterdrückt. Kein Wunder, dass viele Bauern inständig auf eine neue politische Bewegung hoffen, um diese schlimmen Dinge in Ordnung zu bringen!

Desto länger Wang Hongchao darüber nachdachte, umso mehr schmerzte es ihn. Wenn alle Kanäle versperrt werden, über die das Volk seine Meinung äußern kann, dann ist jegliche Aussprache blockiert, dann werden Partei und Volksregierung taub und stumm. Wenn die letzte Hoffnung auf die Lösung von Problemen erstickt, wenn alle vernünftigen und legalen Kanäle des Systems verschlossen und die Bauern kriminalisiert werden, wird sich die Kraft, die in dieser Unzufriedenheit steckt, eines Tages befreien, und zwar mit gewaltiger Zerstörungskraft – das ist dann wirklich ein Faktor, der die Stabilität gefährdet!

Das Büro für Öffentliche Sicherheit des Kreises Linquan hatte es bestimmt auch deshalb gewagt, ihn und seine beiden Mitstreiter an der Eingabenempfangsstelle des Zentralkomitees zu verhaften, weil es, wie er vermutete, mit seinen Lügen auch die Genossen in Peking getäuscht hatte. Und so war sein erster Gedanke nicht, seine Frau und seine Tochter auf der Stelle ins Krankenhaus zu bringen, sondern noch einmal nach Peking zu fahren, um all die Lügen, die man dort aufgetischt hatte, ein für allemal aus der Welt zu schaffen.

An diesem Punkt seiner Überlegungen musste er unwillkürlich an den Beginn der Verhandlung vor dem Kreisgerichtshof denken und an die Zeugenaussagen, die der Ankläger der Kreisstaatsanwaltschaft verlesen hatte. Das waren die Aussagen seiner Dorfgenossen Shao Xiying, Wang Laizhi und Wang Haichao. Wang Hongchao wollte es auch jetzt noch nicht glauben. Und er handelte. Einen nach dem anderen suchte er die drei auf.

Shao Xiying sagte ihm, dass sie gar nicht vor Gericht erschienen sei. Als die Dorfbewohner von der Verhandlung zurückkamen und ihr erzählten, dass im Gerichtssaal eine von ihr gemachte Zeugenaussage verlesen worden sei, sei sie zutiefst erschrocken. Sie habe sich an dem bewussten 2. April mit Einbruch der Dunkelheit schlafen gelegt und überhaupt nicht mitbekommen, was sich draußen abspielte. Außerdem war sie Analphabetin, kannte nicht ein einziges Schriftzeichen, konnte unmöglich irgendwelche Beweise schriftlich festhalten und hatte auch niemals einen Fingerabdruck auf irgendwelchem Material als Unterschrift hinterlassen. Beunruhigt sagte sie: »Wenn sie wirklich eine Aussage von mir haben und daraus mir keinen Strick drehen wollen, dann brauchen sie das, um gegen andere vorzugehen.«

Wang Laizhi erzählte, Leute von der Öffentlichen Sicherheit hätten ihn einmal aufgesucht und ihm zwei Seiten kopiertes Material zu lesen gegeben. Er habe ihnen gesagt, dass er nicht lesen könne, da habe ihm sein Gegenüber die Namensliste auf dem Material vorgelesen und gefragt: »Wohnen diese Leute in eurem Dorf?« »Ja«, habe er gesagt. Da habe sein Gegenüber noch ein Schriftstück verfasst, das er mit einem Fingerabdruck unterschreiben sollte. Da er nicht gewusst habe, was da geschrieben stand, habe er sich geweigert. In diesem Augenblick sei Han Chunsheng vorbeigekommen, der Parteisekretär der Gemeinde Baimiao, und habe gesagt: »Wenn man dir sagt, du sollst unterschreiben, dann unterschreib gefälligst, es hat garantiert nichts mit dir zu tun!« Auf diese Aufforderung hin habe er das Material, das die Öffentliche Sicherheit mitgebracht hatte, und das Blatt, das noch hinzugekommen war, mit einem Fingerabdruck unterschrieben. Erst später habe er erfahren, dass das als »Zeugenaussage« gegen einige Delegierte des Dorfes gedacht war.

Wang Haichao war noch viel aufgebrachter. Er hatte niemals behauptet, Wang Junbin, Wang Xiangdong und Wang Hongchao hätten Polizisten geschlagen. Seine »Zeugenaussage« war reine Erfindung. Er sagte, sie hätten aufnotiert, was er erzählt habe, ihm das Notierte aber nicht vorgelesen. Dann habe er mit einem Fingerabdruck unterschreiben müssen. Wie hätte er ahnen sollen, dass bei der Verlesung vor Gericht von seiner eigentlichen Aussage nichts mehr übrig sein würde! Aus dunklen Motiven hatten sie die Leute in eine Falle gelockt und die Beschuldigungen erfunden!

Diese wirklichen Aussagen der drei Zeugen trafen Wang Hongchao ins Mark.

Es waren bereits die letzten Tage des Jahres 1994 angebrochen, als unter der Führung von Wang Hongchao, in dessen Herzen ein Feuer brannte, eine Gruppe von 73 Menschen aus Wangying zum vierten Mal in einen Zug Richtung Peking stieg – einem Nordwestwind entgegen, der um diese Jahreszeit durch Mark und Bein ging. Sie machten sich auf, um doch noch die blutigen Verbrechen des Kreissekretärs Zhang Xide an den unschuldigen Massen anzuklagen.

Als Zhang Xide erfuhr, dass die Bewohner von Wangying noch einmal kollektiv nach Peking unterwegs waren, um eine Eingabe zu machen, ging er hoch wie eine Rakete. Zähneknirschend sagte er: »Ich gäbe meinen rechten Arm, um mit denen abzurechnen!«

Dass die Einwohner des Dorfes Wangying, Gemeinde Baimiao, Kreis Linquan sich wegen ihrer Eingaben wieder und wieder nach Peking aufmachten, rüttelte am Ende auch das Provinzkomitee auf. Das berief eine Untersuchungskommission ein, die umgehend in Wangying erschien und den Zwischenfall vom 2. April untersuchen sollte. Aber auf deren Objektivität durfte man nicht zu viele Hoffungen setzen, denn in dieser Kommission waren nicht nur Kader aus der Provinz und dem Distrikt, es war auch das Kreiskomitee von Linquan vertreten, das für diesen Zwischenfall selbst unabweisbar die Verantwortung trug.

Als wir den von dieser vereinigten Untersuchungskommission bei der Beschwerdestelle des Zentralkomitees eingereichten »Schriftlichen

Bericht« lasen, fanden wir, dass darin nicht nur die entsprechenden Bestimmungen der staatlichen Politik zur Entlastung der Bauern ausgelassen, sondern auch die Überbelastungen der Bauern aus Wangying mit keinem einzigen Zeichen erwähnt worden waren. Die vielen da aufgeführten Zahlen machten eine richtige Beurteilung der Sachlage unmöglich und verschleierten das eigentliche Problem. Man war sogar so unverfroren, die korrupte Handlungsweise der Dorf- und Gemeindekader in Schutz zu nehmen. Was war zum Beispiel mit den über 111 790 Yuan geschehen, die vom Dorf 1992 »an die Gemeinde abgeführt« worden waren? Hatte das Dorf sie überhaupt entrichten müssen? Das wurde gleichermaßen nicht geklärt. Was war zum Beispiel die Bestimmung der allerorten auftauchenden Gelder? Waren das »Kreditrückzahlungen für den früheren Dorfrat«? Oder waren es »anderweitige Kredite«? Oder waren, bei der Höhe der Summen, diese Kredite am Ende von den Dorfkadern unterschlagen oder veruntreut worden? Das wurde mit keinem Zeichen erwähnt. Kurz, die Abrechnungen in diesem »Schriftlichen Bericht« waren ein einziges Durcheinander, aber die vereinigte Untersuchungskommission kam doch zu einem überraschenden Schluss: »Nach Klärung der Rechnungsführung konnte kein Unterschlagungsproblem bei Dorfkadern entdeckt werden.«

Der Bericht der Untersuchungskommission an die Beschwerdestelle des Zentralkomitees über den Zwischenfall vom 2. April entsprach nicht der vom Kreiskomitee in Linquan vorgegebenen Linie, sondern Wang Junbin, Wang Xiangdong, Wang Hongchao, Wang Hongqin, Wang Hongzhang und Wang Hongjun wurden darin samt und sonders als »Verbrecher« bezeichnet. Dass etwa Wang Hongchao, kaum aus dem Untersuchungsgefängnis entlassen, erneut eine Delegation nach Peking geführt hatte, las sich im »Schriftlichen Bericht« folgendermaßen: »Als die schriftliche Urteilsbegründung an die beiden Angeklagten geschickt wurde, akzeptierten beide Angeklagten das Urteil und erhoben keinen Einspruch bei einer höheren Instanz.«

Die Beschwerdestelle des Zentralkomitees hatte keinen Grund, einem Bericht nicht zu glauben, zu dem eine Untersuchungskommission gekommen war, in dem sich mit Kreis, Distrikt und Provinz drei Organisationsebenen der Partei zusammengefunden hatten. Deshalb wurde Wang Hongchao, als er noch einmal an der Spitze einer Bauerndelegation in Peking erschien, zwar an der Empfangsstelle des Beschwerdebüros nicht verhaftet, musste aber unverrichteter Dinge kehrtmachen.

Die Mitglieder der Untersuchungskommission, die das Provinz- und Distriktkomitee ausgeschickt hatte, steckten mit dem Kreis unter einer Decke, ein Kader deckte den anderen. Das stürzte die Leute in Wangying in tiefe Verzweiflung. Am ersten Tag des Jahres 1995 und an dem schönen Fest des Frühlingsbeginns in den darauf folgenden beiden Wochen kam im Dorf nicht die geringste Festtagsstimmung auf. Nach dem Frühlingsbeginn, einer Zeit, wo man allerorts in den Bauerndörfern sehr beschäftigt ist mit dem Eggen der Felder und der Aussaat, musste ein Großteil der Leute aus Wangying den Kreis verlassen, um sich auswärts einen Lebensunterhalt zu verdienen.

»Keine Trauer ist größer als des Geistes Tod*« – die Leute beschwerten sich nicht mehr. Und auch die Organisationen von Partei und Verwaltung in der Gemeinde Baimiao und dem Dorf Wangying existierten nur noch dem Namen nach.

Die Ruhe an der Oberfläche verdeckte jedoch einen ungelösten, scharfen Konflikt. Distriktkomitee und -verwaltung von Fuyang waren aus den mehrfachen und großangelegten Beschwerdeführungen der Bauern aus Wangying nicht klug geworden, und Zhang Xide, der Sekretär des Kreiskomitees, schreckte nun, im Bewusstsein seiner Unantastbarkeit, vor gar nichts mehr zurück. Mit dem Jahr 1995 wurden die Lasten für die Bauern im Kreis noch um ein Weiteres erhöht, die vom Distrikt erlassenen Steuern und Gebühren stiegen deutlich, allein die Abgabe für die zwei Säulen der Bildungspolitik* betrug für die Bauern jeweils 25 Yuan; doch diese Abgabe wurde auf ihrem Weg nach unten von Ebene zu Ebene größer, und auf der Gemeinde verlangte man schon 40 Yuan pro Person. Und wenn die da oben die Abgabe für die zwei Säulen der Bildungspolitik erhöhen konnten, nun, wie der Herr, so's Gescherr, dann schossen im Gefolge alle möglichen anderen Abgaben wie die Pilze aus dem Boden. In den von der Gemeinde Baimiao verwalteten Dörfern betrug die Belastung der Bauern 15,26 Prozent des durchschnittlichen Gesamteinkommens des Vorjahres und überstieg damit die »große Obergrenze«, die der Staat gesetzt hatte, um mehr als das Dreifache!

Die Belastung der Bauern wurde täglich höher, die Ausgaben überstiegen die Einkünfte, doch der Kreissekretär, Zhang Xide, wurde inmitten der Armut seines Kreises immer wohlhabender und saß breit und großtuerisch in einer Mercedes-Limousine der S-Klasse.

Im Herbst 1995 brach über die Bewohner von Wangying, wo Schmalhans ohnehin längst Küchenmeister war, ein weiteres Unglück herein. Am 1. September entsandte der Kreis über 300 Mitglieder des Arbeitsteams der »Kampagne zur Untersuchung der Entfaltung der Geburtenplanung*«! Unter diesen Leuten waren etliche ausgesprochen unfähig und benahmen sich wie die letzten Menschen, die Rechtsverletzungen waren sehr ernst, unter allen erdenklichen Vorwänden erhoben sie willkürliche Gebühren und verhängten Bußgelder, die mit dem Gegenstand der Geburtenplanung überhaupt nichts zu tun hatten. Und wenn man sich auch nur ein wenig widersetzte, dann wurden Schweine verjagt, Schafe auf die Felder getrieben, Getreide konfisziert, Möbel aus den Häusern geschleppt, sogar Türen wurden eingeschlagen, Häuser niedergerissen, Menschen verprügelt und verhaftet. Und selbst von all dem abgesehen verteilten diese Leute die als Bußgelder eingenommenen Summen heimlich unter sich und verlangten darüber hinaus von den Dorfbewohnern, täglich für den Lohn und die Fahrtkosten von über 300 Personen aufzukommen.

Die Bauern von Wangying kochten, schließlich versammelten sie sich wieder einmal, und eine fünfte Beschwerdeflut brach sich Bahn. Dieses Mal hatten die Dorfbewohner das traurige Gefühl: »Der Held, der geht, ach, niemals kehrt er wieder*.« Es war ihnen mehr als klar, dass, wenn sie dieses Mal wieder ohne Erfolg blieben, sie nicht würden überleben können.

Es gab kein Zurück. Und sie ließen sich auch kein Hintertürchen offen. Sie wankten nicht. Und diese todesmutige Truppe wurde wieder angeführt von dem Dorfdelegierten Wang Hongchao.

Das war im goldenen Oktober 1995 – ein Monat, in dem in Peking zum Entsetzen der Leute nacheinander zwei Zwischenfälle ans Licht der Öffentlichkeit kamen, die mit dem Kreis Linquan in der Provinz Anhui zu tun hatten. Und der Sekretär des Kreises Zhang Xide war schließlich doch dazu verdammt, für die Untaten, die er unter den Teppich gekehrt hatte, den Preis zu zahlen.

Am 4. Oktober, knappe drei Tage nach dem 46. Jahrestag der Gründung der Volksrepublik, kam Li Xinwen, ein Bauer aus dem Dorf Liwan, Gemeinde Chengguan, Kreis Linquan nach Peking, um eine Beschwerde einzureichen, in der er Folgendes berichtete: Das Büro für Öffentliche Sicherheit hatte, um für die Wasserpolizei ein großes Verwaltungsgebäude zu errichten, in Zusammenarbeit mit einem Überwachungstrupp des örtlichen Bauamts zwangsweise die Wohnhäuser von Bürgern abgerissen – und das, obwohl die Frage einer Kompensation für Abriss und Umzug noch nicht geklärt war. So, ohne gesichertes Einkommen, ohne feste Wohnung und nach seiner Reise in die Hauptstadt auch seines letzten Geldes beraubt, stürzte sich der verzweifelte Li Xinwen, nachdem es ihm misslungen war, sich am Qianmen-Tor vor ein Auto zu werfen, am Morgen des 5. Oktober von dem Gebäude nahe dem Yongding-Tor, in dem die Beschwerdeempfangsstelle von Staat und Partei untergebracht war.

Das war seit Bestehen dieser Stelle noch niemals vorgekommen. Und das hätte auch nicht geschehen dürfen oder, anders gesagt, nicht an diesem Ort geschehen dürfen, denn die Wirkung, die von dieser Tat ausging, war verheerend.

Und dann kam am 27. Oktober auch noch Wang Hongchao mit seinen 74 Bauern. Fast auf den Fuß folgte ihnen am 29. Oktober eine Delegation von 46 Bauern aus den Orten Zhanglou, Huangzhuang und Zhaozhuang der Gemeinde Tianqiao des Kreises Linquan.

In beiden Gemeinden, Tianqiao und Baimiao, war die Last der Abgaben nicht mehr zu ertragen, außerdem überstiegen der kompensationslose Transfer und die Zweckentfremdung von Kollektivfonds in jedem der anderen Orte den von Baimiao noch, allein 1994 war in jedem dieser Ortschaften eine Steuersumme von mehr als 60 000 Yuan ohne Kompensation transferiert worden, woran die Dorfverwaltungen wie verrückt verdienten. Vor allem zog sich die im Herbst 1995 entfaltete Kampagne zur Untersuchung der Entfaltung der Geburtenplanung in der Gemeinde Tianqiao ungefähr 50 Tage hin, die willkürlich erhobenen Abgaben und Bußgelder beliefen sich auf über 2,5 Millionen Yuan. Es war soweit, die Leute hatten nichts mehr zum Leben.

Dass große Gruppen von Bauern aus zwei verschiedenen Gemeinden kollektive Beschwerden über den gleichen Gegenstand vorbrachten, vor allem dass die Leute aus Wangying in drei Jahren sich bereits zum fünften Mal nach Peking aufgemacht hatten und das Problem der übermäßigen Belastung der Bauern immer noch keiner Lösung zugeführt worden war, erregte natürlich die besondere Aufmerksamkeit des Beschwerdebüros des Zentralkomitees; außerdem fand man schnell heraus, dass die Bauern aus Wangying diesmal eisern bleiben würden! Sie hatten hinter sich »alle Äxte zerbrochen und alle Boote versenkt«, waren auf alles gefasst und insgeheim vor allem und jedem auf der Hut.

Am 29. Oktober, einem Sonntag, gab es auf dem Platz des Himmlischen Friedens einen großen Menschenauflauf. Die Bauernmassen, die sich von Wangying nach Peking aufgemacht hatten, strömten auf den Platz des Himmlischen Friedens. Entsprechend ihrem Plan knieten sie gemeinsam unter der Staatsflagge nieder. Sie waren entschlossen, um den Preis ihres Lebens an das Zentralkomitee zu appellieren, das dem Volk angetane Unrecht zu rächen und den Gesetzen des Landes Geltung zu verschaffen.

Sie wussten, dass eine solche Aktion auf einem Platz wie diesem, auf den die ganze Welt schaute, für den Staat und vor allem für Peking sehr unangenehme internationale Auswirkungen haben, dass das Ansehen der Partei und der Volksregierung Schaden nehmen konnte. Aber offenbar hatten sie sich keinen anderen Ausweg gewusst, hatten nicht gewusst, wodurch sie sonst diese dem Leiden des Volkes gegenüber bereits so fühllos gewordenen Seelen hätten erschüttern können.

Von alters her galt: Das Volk wird von der Obrigkeit zur Rebellion gezwungen. Doch sie rebellierten eigentlich gar nicht, sie waren noch immer nur gekommen, um Unrecht anzuklagen, sie suchten noch immer nach den Organen der Partei und der Volksregierung. An ihrem Bekenntnis zur Partei, an ihrem Vertrauen in die Volksregierung hatte sich nichts geändert. Sie hatten sich unter Lebensgefahr nach Peking zur Partei und Regierung in der einzigen Hoffnung aufgemacht, das Zentralkomitee und der Staatsrat könnten die gute und richtige Politik der Entlastung der Bauern auf dem Fleckchen Erde, auf dem sie lebten, je früher desto besser umsetzen und sie von den falschen Anschuldigungen, mit denen Gemeinde und Kreis sie überhäuft hatten und gegen die sie nicht vorgehen konnten, eines schönen Tages reinwaschen.

Ein Sprung von einem Gebäude, ein Kniefall vor der Landesfahne – innerhalb eines Monats hatte es in der chinesischen Hauptstadt gleich zwei ungewöhnliche Aktionen von Bauern aus dem Kreis Linquan gegeben. Die Welt horchte auf, und auch das Zentralkomitee musste beunruhigt sein.

Schließlich ergriff die zuständige Abteilung des Zentralkomitees entsprechende Maßnahmen. Noch in derselben Nacht wurden Verantwortliche aus der Provinz Anhui und der entsprechenden Distrikte und Kreise nach Peking zitiert. Am nächsten Nachmittag wurden Verantwortliche des Landwirtschaftsministeriums, des Ministeriums für Öffentliche Sicherheit, der höchsten Volksstaatsanwaltschaft, des höchsten Volksgerichtes, des Disziplinarkomitees des Zentralkomitees und des staatlichen Komitees für Geburtenplanung und entsprechender Stellen des Staates und des Zentralkomitees zusammengerufen, um die konkreten Fragen, die von den Beschwerden der Bauern aufgeworfen wurden, zu untersuchen.

Wang Hongchao und zwei weitere Delegierte der Bauernschaft wurden zu den Versammlungen eingeladen und legten die Gründe für ihre Beschwerde dar.

Die Haltung der Genossen vom Landwirtschaftsministerium war eindeutig: Eine weitere Belastung der Bauern verstieß eklatant gegen die vom Zentralkomitee der Partei und dem Staatsrat beschlossenen Bestimmungen zur Entlastung der Bauern, noch unerträglicher war, dass man Beschwerde führende Massen angriff und sich aus Rache an ihnen vergriff; und die zu erstattenden Summen waren bis heute nicht angekommen – all das musste schnellstmöglich einer Lösung zugeführt werden!

Die Genossen vom Disziplinarkomitee des Zentralkomitees, der Staatsanwaltschaft und des höchsten Volksgerichts zeigten ebenfalls Flagge: Dass die Lösung der von den Bauern berichteten Probleme so lange hinausgezögert worden war und die Widersprüche sich sogar noch weiter verschärft hatten, das war augenscheinlich ein Fehler, musste entschlossen korrigiert und durfte nicht noch einmal hinausgezögert werden. Soweit sich das auf die Parteidisziplin bezog, mussten entsprechend entschiedene Disziplinarmaßnahmen ergriffen werden; soweit Gesetze missachtet worden waren, musste man dem mit dem Gesetz Abhilfe schaffen. Doch welcher Bereich auch betroffen war, es musste dem mit aller Härte auf den Grund gegangen werden!

Wang Hongchao konfrontierte die Genossen des Ministeriums für Öffentliche Sicherheit mit einigen zentralen Fragen des Zwischenfalls vom 2. April. Er fragte: Welche Regelungen gibt es für Streifenfahrten von Sicherheitsbeamten? Müssen sich Sicherheitsbeamte öffentlich ausweisen? Und kann man es als »Behinderung der Behörden« bezeichnen, wenn einige Volkspolizisten um zwei Uhr in der Früh vollkommen betrunken in ein Dorf schleichen, sich auf Nachfrage nicht ausweisen, sondern davonmachen, die Massen mit gezogener Waffe bedrohen und daraufhin als hinterlistige Betrüger, die sich für die Polizei ausgeben, verprügelt werden?

Der Genosse vom Ministerium für Öffentliche Sicherheit, der an der Versammlung teilnahm, antwortete unumwunden: »Streifenfahrten sind wichtig vor allem in Unruhegebieten oder in Gebieten, wo es vermehrt zu Straßenüberfällen und Ähnlichem kommt. Bauerndörfer gehören nicht dazu. Es ist gegen das Gesetz, wenn sich ein Vertreter der Öffentlichen Sicherheit bei der Amtsausübung nicht ausweist. Wer sich wehrt, weil er nicht weiß, ob er es mit der Polizei zu tun hat oder nicht, darf nicht eingesperrt beziehungsweise muss sofort freigelassen werden!«

Wang Hongchao hörte gebannt zu und hatte den Eindruck, hier finde er endlich Gehör, hier werde ihm endlich Anerkennung zuteil. Auch wenn er mit aller Macht versuchte, sich zu beherrschen, so konnte er doch seine Tränen nicht zurückhalten.

Am 11. November organisierte die Provinz Anhui erneut eine Untersuchungskommission und entsandte zwölf Genossen, die sich nur aus den beiden Führungsabteilungen von Partei und Regierung auf Provinz- und Distriktebene zusammensetzten. Sie begaben sich nach Baimiao und Wangying, um die wahren Sachverhalte zu untersuchen, hielten alle möglichen Versammlungen ab, statteten den beschwerdeführenden Massen einen ernsthaften Gegenbesuch ab und gaben auch rechtzeitig bekannt, auf was sie bei ihrer Untersuchung gestoßen waren. Nach ungefähr 20 Tagen nahm ein relativ gerechter Untersuchungsbericht Form an.

Zunächst räumte der Bericht ein, dass das Problem der zu hohen Belastung der Bauern im Kreis Linquan in der Tat ein gravierendes war. 1993, noch vor dem Zwischenfall vom 2. April, hatten sich allein die zusätzlich erhobenen Belastungen der Bauern auf 131659 Yuan belaufen. Darüber hinaus hatte der Transfer von Dorfsteuern 135176 Yuan, das zweckentfremdete Fondkapital 341729 Yuan betragen – die »unsinnigen Ausgaben« hatten 68,77 Prozent ausgemacht. Es wurde festgestellt: »Eine Erstattung hat nicht stattgefunden, was eine verheerende Wirkung hatte.«

Was den Zwischenfall vom 2. April anging, so befand die Untersuchungskommission wahrheitsgemäß:

> »Dafür tragen Verwaltung und Parteikomitee der Gemeinde Baimiao und des Kreises gleichermaßen die Verantwortung. … Es hat die Gefühle des Volkes verletzt, dass zur Einziehung von Geldern, bei der Kontrolle der Geburtenplanung und der mit ihr verbundenen Schwierigkeiten und vor allem bei der Lösung einiger innerer Widersprüche die Öffentliche Sicherheit, Kader und Polizei zur Unterstützung herangezogen wurden …, deshalb die Beschwerden der Bauern – zumal einige wenige Kader und bewaffnete Polizeikräfte bei der Ausübung ihrer Pflicht über das Ziel hinausgeschossen sind. Ein Teil der Massen ist gegenwärtig noch immer aufgebracht, und auch langfristig werden

Beschwerden und Klageführungen kein Ende nehmen, was die Stabilisierung der genannten Ortschaften erschwert.«

Der 6. Dezember 1995 war ein unvergesslicher Tag für Wangying: Der zu zwei Jahren Haft verurteilte Wang Xiangdong, der nunmehr ein Jahr und sieben Monate im Gefängnis zugebracht hatte, wurde für unschuldig erklärt und freigelassen. Das wurde im Dorf gefeiert wie Silvester, mit Trommeln und Gongs, mit Feuerwerk und roten Spruchbändern, auf denen stand: »Held des Volkes in Not«. So wurde der siegreich heimgekehrte Dorfdelegierte gefeiert, der für die Gemeinschaft dieses Unrecht auf sich gezogen hatte. Die an verschiedenen Orten untergetauchten Wang Junbin und Wang Hongqin, die von der Kreisstaatsanwaltschaft angeklagt worden waren und sich an verschiedenen Orten versteckt gehalten hatten, wurden bei ihrer Rückkehr ins Dorf von allen mit großem Bahnhof empfangen.

Unmittelbar darauf wurde Wangying der Verwaltungsgemeinde Shaoying entzogen und als eigene Gemeinde bestätigt. Wang Xiangdong wurde in demokratischen Wahlen zum ersten Vorsitzenden des Dorfkomitees der Verwaltungsgemeinde Wangying gewählt. Der Parteiausschluss Wang Junbins wurde widerrufen, und nicht viel später trat er sein Amt als Parteizellensekretär der Verwaltungsgemeinde Wangying an.

Anfang 1996 wurde der Sekretär des Kreiskomitees Zhang Xide versetzt. Die Nachricht, dass Sekretär Zhang »gegangen werde«, verbreitete sich wie ein Lauffeuer und war in Windeseile im Kreis herum. Am gleichen Tag noch fuhren die Bauern aus vielen Ortschaften und Gemeinden, die zur Großgemeinde Baimiao gehörten, mit einigen Dutzend Kraftfahrzeugen zum Kreiskomitee und umstellten Zhang Xides Haus.

Die Leute brüllten wütend: »Zhang Xide, komm raus!«

Es gab eine Unmenge von Schaulustigen, unter ihnen auch viele Kader aus Kreisverwaltung und -komitee, doch keiner gewährte Zhang Xide Geleitschutz.

Dieser erschien mit ausgesprochen betretener Miene auf der Bildfläche. Und als solle er damit vor den Ältesten des Kreises wegen seiner schlechten Arbeit beschämt werden, wurde er von den Bauern, in denen sich der Ärger lange angestaut hatte, umringt und schließlich von der wogenden Menge verschlungen. Zunächst machten ihm die Bauern nur laute Vorwürfe, dann mischten sich Flüche darunter; nach und nach kam die wogende Menge in Bewegung und wurde zu einem aufgewühlten Meer. Taumelnd und schwankend warf es Zhang Xide hin und her, von Zeit zu Zeit musste er Tritte und Schläge einstecken.

Und der einstmals so unangreifbare und größenwahnsinnige Sekretär des Kreiskomitees war auf einmal hilflos, ratlos und schnappte nach Luft.

Als das Büro für Öffentliche Sicherheit des Kreises von dem Auflauf hörte, schickte es mit lauter Sirene einen Polizeiwagen. Trotz der Angriffe von allen Seiten war Zhang Xide hellwach und beeilte sich, als er die Öffentliche Sicherheit heraneilen hörte, laut um Hilfe zu rufen. Aber er rief zugleich: »Ihr dürft die Massen nicht verhaften, dürft die Massen nicht verletzen!«

Vielleicht hatte er, nach langen Jahren als Kreiskomiteesekretär, erst bei seiner Abdankung erkannt, wie ein Beamter sich zu benehmen hatte.

Cheng Guanzhen, ein Soldat im Ruhestand, der auf 30 Jahre Parteizugehörigkeit zurückblickte, hatte kein Mitleid, als er den von den Bauern hin- und hergestoßenen und beschimpften ehemaligen Kreiskomiteesekretär derart in der Bredouille sah, und dachte unwillkürlich an den bis heute unvergessenen Jiao Yulu*, den ehemaligen Komiteesekretär des Kreises Lankao der Provinz Henan, der schon seit über 30 Jahren nicht mehr unter ihnen weilte.

Vielleicht war das eine etwas abwegige, aber doch ganz logische Assoziation, eine Assoziation, die besonders zu denken gibt!

Ein altes und schwieriges Thema

古老而沉重的話題

Der Teufelskreis

Das Verwaltungsdorf Shenzhai gehört zur Gemeinde Zhonggang im Kreis Funan, Provinz Anhui. Dort liegt ein bekanntes Hochwasserrückhaltegebiet. Wenn der Huai Hochwasser führt, gewinnt die Stadt Bengbu für seinen Unterlauf strategische Bedeutung. Sie schützt zwei Kohlestädte und die Sicherheit der Eisenbahnstrecke Peking–Pukou, schützt aber auch Jiangsu, Zhejiang und Shanghai vor Überschwemmungskatastrophen. Die Bauern um Bengbu bringen dafür größte Opfer, denn ihre fruchtbaren Felder dienen als »Hochwasserkorridore«. Bei jedem Hochwasser müssen sie ertragen, dass ihnen Haus und Hof überflutet wird; oft ist nach einem einzigen Hochwasser alles, was sie sich im Laufe von vielen Jahren mühsam angeschafft haben, verschwunden oder dem Erdboden gleich gemacht.

Die Menschen, die wir fragten, sagten: Wer diese Bauern betrügt, den soll der Himmel strafen!

Und ausgerechnet Shen Keli, der Parteizellensekretär und Vorsitzende des Dorfkomitees von Shenzhai, war ruchlos genug, um genau das zu tun!

Früher war Shen Keli einmal ein heißblütiger junger Mann gewesen, hatte seinen Militärdienst geleistet und war noch in der Kaserne der Partei beigetreten. Nach seiner Rückkehr dachten alle, das ist ein strebsamer Mann, und wählten ihn zum Dorfvorsteher. Kaum im Amt nahm er sich tatsächlich in jeder Hinsicht der Interessen der Gemeinschaft an, regelte für die Dorfbewohner eine ganze Reihe von Dingen und bekam allenthalben gute Kritiken. Später bekleidete er zusätzlich noch das ehrenvolle Amt des Parteizellensekretärs und wurde zum Vertreter des Gemeindekongresses gewählt. Doch je mehr er durch seine veränderte Stellung sah und wusste, um so weniger fühlte sich sein Kopf noch an irgendetwas gebunden, und egoistische Begierden begannen sich in ihm auszubreiten.

Er hatte entdeckt, dass es im gesellschaftlichen Leben heute viel zu viele ungute Erscheinungen gibt, die, solange nur etwas dabei herausspringt, gegen das Wohl des Volkes arbeiten. Viele Regierungsbehörden und mächtige Institutionen wetteifern darin, unter dem Deckmantel der normalen Verwaltung willkürlich Geld an sich zu ziehen, Bußgelder zu verhängen und Gebühren einzutreiben; und wenn kein Profit zu machen ist, schieben sie einander die Verantwortung zu. Aus dem Motto der Regierung »Im Dienste des Volkes« ist längst »Im Dienste des Volksvermögens« geworden.

Und da dachte sich Shen Keli, wer nicht auf seinen eigenen Profit bedacht ist, ist ein Esel.

In seinen Augen war seither der Kuhhandel von Geld und Macht, Opportunismus und Liebedienerei nur der direkte Weg zu Beziehungen, Macht und Karriere; Korruption, Bestechlich- und Rücksichtslosigkeit betrachtete er als probates Mittel zur persönlichen Bereicherung. Nach und nach wurde aus ihm ein Tyrann, habgierig und grausam, und Shenzhai war sein »privates Königreich«. Zunächst machte er seinen jüngeren Bruder Shen Kexin im Dorf zum Leiter der Truppen zur Verteidigung des Landes, auch Shen Kehui, ein weiterer Bruder, wurde hauptberufliches Mitglied dieser Truppe. Um sie mit Schusswaffen und Elektroknüppeln auszurüsten, wurden öffentliche Gelder zweckentfremdet; anschließend wurde ein dritter Bruder, Shen Chaoqun, mit der Leitung der Truppen von Houzhai betraut. Mit der Macht von »Partei, Verwaltung und Militär« in Händen und mit drei Brüdern als Helfershelfern gab es im Grunde nichts mehr, was Shen Keli in Shenzhai nicht durchsetzen konnte.

Am 4. November 1995 kam es schließlich zu einem besonders schlimmen Mordfall – einem Mordfall, der auch das Zentralkomitee der Partei und den Staatsrat in Unruhe versetzte: Bei der bewaffneten Eintreibung von Steuern wurde ein Mensch erschossen und zwei wurden verletzt.

Noch bevor der Fall vor Gericht kam, wurden Reporter des Zentralfernsehens auf Anordnung von oben in den Kreis Funan geschickt. Der entsprechende Bericht in der Sendung *Im Brennpunkt* erschütterte die ganze Volksrepublik. Bauern aus allen Teilen des Landes schickten Briefe an die Fernsehanstalt, in denen eine strenge Bestrafung der Mörder und eine Ermittlung gegen die verantwortlichen Führungskräfte in den zuständigen Behörden verlangt wurde. Wegen der besonderen Abscheulichkeit dieses Mordfalls hatten auch mehrere ausländische Medien die Sache groß herausgebracht. Um den Volkszorn zu besänftigen und um abzuschrecken, verurteilte der Oberste Provinzgerichtshof letztinstanzlich Shen Kexin und Shen Keli wegen vorsätzlichen Mordes zum Tode, setzte allerdings die Vollstreckung bei Shen Keli für zwei Jahre auf Bewährung aus.

Als der Oberste Provinzgerichtshof Shen Kexin zum Tode verurteilt hatte und vom Gericht in Funan die sofortige Vollstreckung des Urteils verlangte, bekam der Vorsitzende Richter Han Yunping zu seiner völligen Überraschung einen dringenden Anruf aus Peking. In diesem Anruf setzte ihm Ren Jianxing, damals Sekretär für Politik und Recht im Sekretariat des Zentralkomitees der Kommunistischen Partei sowie Richter am Volksgerichtshof, unmissverständlich auseinander, die für morgen angesetzte Hinrichtung im Mordfall von Shenzhai sei aufzuschieben, Reporter des Zentralfernsehens würden bei der großen Urteilsverkündung vor Ort Aufnahmen machen, erst danach könne die Erschießung vorgenommen werden.

Das war in der Prozessgeschichte der Volksrepublik ohne Parallele.

Wir sprachen mit einem der mit diesem Fall betrauten Richter, und er berichtete von einer interessanten Episode: Als Wang Huaizhong, der damalige Sekretär des Kreiskomitees von Funan, erfahren hatte, dass Reporter des Zentralfernsehens auf Befehl von oben nach Anhui kommen und die Urteilsverkündung vor Ort aufnehmen würden, zerbrach er sich den Kopf, in welchen Räumlichkeiten das Ganze stattfinden könnte, und entschied sich am Ende für die Kammer des Kreisgerichtshofs. Als die Reporter da waren, hatte er wiederum Angst, sie könnten nach Shenzhai selbst fahren, dort recherchieren und den Kontrast zwischen der bitteren Armut dieses Fleckens und der unerträglichen Überbelastung der Bauern entdecken und etwas berichten, was seine eigene politische Laufbahn und sein Ansehen negativ beeinflussen konnte. Deshalb brachte er die Reporter in einem sehr komfortablen Hotel unter und gab sich alle erdenkliche Mühe, sie mit jungen Mädchen »zu fesseln«. Aber die Reporter waren ausgesprochen undankbar und fanden am Ende einen Weg, nach Shenzhai zu fahren und dort Aufnahmen zu machen.

Als dann die Urteilsvollstreckung eröffnet wurde, konnte der beschränkte Raum der Kreisgerichtskammer die von überall heranbrandenden Bauern gar nicht aufnehmen. Fast wie bei einem hohen Festtag wimmelte die Kreisstadt von Menschen.

Das Zentralfernsehen nahm auf, wie die Masse vor Freude jubelte, als der Richter die Anweisung gab, Shen Kexin zum Hinrichtungsort zu überführen und die Erschießung vorzunehmen. Doch als die Szene offiziell gesendet wurde, berichtete man auch, dass gegen den Komiteesekretär des Kreises Funan, den Kreisdirektor, den Sekretär des Parteikomitees der Gemeinde Zhonggang und den Gemeindevorsteher Disziplinarmaßnahmen verhängt worden waren. Die Sendung *Im Brennpunkt* brachte dazu einen Kommentar des Staatsratspräsidenten Zhu Rongji: »Wer es von heute an wagt, die Bestimmungen des Zentralkomitees zu missachten und die Belastung der Bauern zu erhöhen, der muss sich dafür verantworten!«

Obwohl sich das Ganze in Anhui abspielte, kann man aus dem danach von den Sekretariaten des Zentralkomitees und des Staatsrats gemeinsam herausgegebenen Rundschreiben über schlimme Verbrechen im Zusammenhang mit den Bauernlasten aus dem Jahre 1995 entnehmen, dass es allein in diesem einen Jahr in acht verschiedenen Provinzen zu 13 ähnlich üblen Mordfällen wie in Shenzhai gekommen war. Allerdings war der Mord in Shenzhai in seiner Art der schlimmste von allen.

Um die Entschlossenheit von Zentralkomitee und Staatsrat in der Frage der Entlastung der Bauern und in der Verfolgung jedweder widerrechtlichen Erhöhung der Bauernlasten zu demonstrieren, wurde die entsprechende Ausgabe der Zeitschrift *Qingkuang tongbao (Lagebericht)* an alle Parteikomitees und Verwaltungen sämtlicher Provinzen, Selbstverwaltungsgebiete und regierungsunmittelbaren Städte geschickt, an jedes Parteikomitee eines größeren Wehrbereichs, an alle Ministerien und Kommissionen des Zentralkomitees und staatlicher Organisationen, an jedes Hauptquartier der Militärkommission beim Zentralkomitee, an die Parteikomitees jeder Waffengattung, jede zivile Vereinigung – mit der Aufforderung, dies an die verschiedenen Ebenen der Kreise weiterzuleiten und sie allen Parteizellensekretären und allen Dorfkomitees im ganzen Land zugänglich zu machen.

Doch all das verhinderte zum Kummer der Menschen und zu ihrer noch größeren Bestürzung nicht, dass sich ein Jahr später solche Ereignisse in Klein Zhangzhuang wiederholten. Und die Morde von Klein Zhangzhuang waren augenscheinlich noch schlimmer als das Verbrechen von Shenzhai.

Doch wie verhindert man Morde wie die von Klein Zhangzhuang?

Wir stellten fest, dass seit dem Mord an Ding Zuoming von Zentralkomitee und Staatsrat beinahe jährlich ein Rundschreiben über schlimme Verbrechen im Zusammenhang mit den Bauernlasten verschickt wurde. In manchem Jahr waren es sogar zwei. Allein im ersten

Halbjahr 1999 gab es in ganz China, nach der Gräueltat von Klein Zhangzhuang, acht Mordfälle, die sich auf die Bauernlasten zurückführen ließen: drei in der Provinz Hunan, zwei in Sichuan, je einen in Hubei, Gansu und Henan. Über die Herkunft dieser Angaben vermerkte das Rundschreiben ganz klar: »Nach lokalen Berichten.«

Berichtet wurde also von acht Fällen – aber was war mit denen, über die nicht berichtet wurde?

Man konnte doch zumindest festhalten, dass der Mordfall von Klein Zhangzhuang in der Provinz Anhui vertuscht worden war. Und allein hier hatte es vier Tote und einen Verletzten gegeben!

Dass so viele Bauern wegen ihres Kampfes so mitleidlos ihres Lebens beraubt wurden und der Überbelastung der Bauern allerorten noch immer nicht Einhalt geboten werden konnte – warum war das so?

Warum war das eigentlich so?

Das Problem der Überbelastung der chinesischen Bauern bewegt sich in einem Teufelskreis.

Man muss zugeben, dass Partei wie Regierung vielerlei Anstrengungen unternehmen, um die Bauern zu entlasten. Als wir mit der Recherche zu diesem Buch begannen, fanden wir heraus, dass die von Zentralkomitee und Staatsrat herausgegebenen und erlassenen Mitteilungen und Bestimmungen, Beschlüsse und Rundschreiben nicht nur klar Flagge zeigten, sondern auch in vielen Formulierungen ausgesprochen streng waren. Doch so entschlossen die Haltung des Zentralkomitees auch war, die von ihm nacheinander herausgebrachten, besonders gewichtigen »Dokumente mit dem roten Briefkopf*« konnten das weitverbreitete Problem der Bauernlasten bislang nicht lösen; sie konnten ihm nicht nur nicht Einhalt gebieten, es wurde sogar immer schlimmer.

Wir standen vor einem Rätsel.

In der Tat hatten das Zentralkomitee der Kommunistischen Partei Chinas und der Staatsrat bereits im Jahre 1985 eine »Mitteilung über die Unterbindung von willkürlichen Gebührenerhebungen unter den Bauern« herausgebracht; im Februar 1990 versandte der Staatsrat erneut eine »Mitteilung zur praktischen Entlastung der Bauern«; im September desselben Jahres verabschiedeten Zentralkomitee und Staatsrat gemeinsam den »Beschluss zur entschlossenen Unterbindung willkürlicher Gebühren, Bußgelder und sonstiger Abgaben«. Doch man war machtlos, und das Problem schaukelte sich immer weiter hoch. Das Material zeigte eindeutig: 1991 war das durchschnittliche Nettoeinkommen eines chinesischen Bauern im Vergleich zum Vorjahr nur um 9,5 Prozent gestiegen; im selben Zeitraum jedoch waren die »allgemeinen Dorfsteuern« und »Gemeindegesamtplanungsabgaben« um 16,7 Prozent, die von den ländlichen Arbeitskräften übernommenen freiwilligen Arbeitseinsätze und die Zwangsinvestitionen zur Akkumulation von Arbeit* sogar um 33,78 Prozent gestiegen!

Am 27. Dezember 1991 unterzeichnete Premierminister Li Peng die Anordnung Nr. 92 des Staatsrats. Diese »Vorschrift zur Regelung der Arbeitseinsätze und Gebühren der Bauern« hat den Status eines Gesetzes. Sie enthält viele sehr harte Bestimmungen. Doch ihre Wirkung war gering. Der »Fall Ding Zuoming«, der das Zentralkomitee besonders alarmierte, ereignete sich ein Jahr nach der Herausgabe dieser »Vorschrift«.

Nachdem dieser junge Bauer in der Blüte seiner Jahre in einer Polizeistation zu Tode geprügelt worden war, nur weil er dem Kreiskomitee über das Problem der nicht mehr erträglichen Überbelastung der Bauern berichtet hatte, schickte das Zentralkomitee nicht nur eine Untersuchungskommission, sondern gab innerhalb kaum eines Monats nach dem Geschehen nacheinander zwei sehr scharf formulierte Eilerlasse heraus. Darin hieß es, dass von den Projekten, die sich auf die Belastung der Bauern bezögen, 36 aufgehoben und zwei aufgeschoben würden, dass sieben der Überarbeitung bedürften, dass 14 weitere, die sich auf Zwangsmaßnahmen, Abgaben und Preismanipulationen bezögen, entschlossen korrigiert und zugleich 43 Punkte in der Kampagne zur Steigerung der Standards außer Kraft gesetzt würden. Als Obergrenze für die steuerlichen Gesamtabgaben eines Bauern wurden fünf Prozent des jeweils vorjährigen Nettogesamteinkommens festgelegt.

Seltsamerweise aber wurden die Bauern durch diese Kette von »Dokumenten mit rotem Briefkopf« der höchsten politischen Entscheidungsebene Chinas nicht entlastet.

Nachdem wir diese Dokumente, die doch eigentlich größte Autorität haben sollten, sorgfältig gelesen hatten, fiel uns auf, dass sie dem Übel gar nicht auf den Grund gingen. In der Mehrzahl richteten sie ihr Augenmerk auf die Überprüfung der Kostenverteilung, weshalb jeder Punkt, dessen vorläufige Aussetzung beschlossen wurde, die konkreten finanziellen Interessen unterer Regierungsbehörden beeinflussen musste, die dann sehr schnell unter neuem Deckmantel neue, nicht ausdrücklich verbotene Gebühren einführen konnten. Selbst bei den

Gebühren, die in der Verbotsliste auftauchten, konnten die Behörden durch hauseigene Richtliniendokumente oder über Reden ihres Führungspersonals ihre eigenen Interessen verfolgen und somit der Wiedereinführung solcher Punkte eine neue Basis geben – sofern sie nicht einfach die Dokumente des Zentralkomitees ignorierten.

Und überdies wurde in den scharf formulierten »Dokumenten mit dem roten Briefkopf« zwar sehr deutlich gesagt, was »verboten«, was »nicht erlaubt« war, aber hauptsächlich ging es darin um Prinzipien und Einstellungen, die rechtlich nicht bindend und praktisch nicht handhabbar sind. Damit ließen sich keine Grenzen setzen – was da gesagt war, war so gut wie nie gesagt.

Und so wurde, was aufgehoben werden sollte, nicht aufgehoben; was korrigiert werden sollte, wurde nicht korrigiert; was aufgeschoben werden sollte, wurde nicht aufgeschoben; es kam zu immer mehr, immer fauleren, immer absurderen Kostenverteilungen. Und mit den Einschränkungen und Regulierungen der »dreifachen Willkür*« ging es wie beim Schneiden von Schnittlauch und Kohl oder beim Rasieren von Bärten: Was geschnitten war, wuchs wieder, was wegrasiert war, spross wieder, es fing alles von vorne an.

Bei unseren Recherchen in über 50 Kreisen der Provinz Anhui entdeckten wir nicht eine Gemeinde, in der man sich buchstabengetreu an den Geist der Dokumente des Zentralkomitees oder an die entsprechenden Regelungen des Staatsrats hielt.

Und wir glauben, dass dies nicht nur in der Provinz Anhui so war.

Li Changping, der Sekretär des Parteikomitees der Gemeinde Qipan, Kreis Jianli, in der Provinz Hubei hatte es in seiner aufrüttelnden Denkschrift an die Führung des Staatsrats so formuliert: »Auch wenn die Probleme in den Gemeinden auftauchen, weiß das Zentralkomitee doch ganz genau, dass deren Wurzeln weiter oben zu suchen sind – warum geht man ihnen dort nicht an die Wurzel? Das Zentralkomitee tut es nicht, aus welchen Gründen auch immer; und wenn nichts geschieht, wird die Unverfrorenheit der lokalen Beamten immer größer, die Institutionen und die Zahl ihrer Mitarbeiter nehmen von Jahr zu Jahr zu, die Belastung der Bauern wird von Jahr zu Jahr höher. Die Richtlinien des Zentralkomitees sind für manche nicht mehr als für einen Tauben die Ohren – reiner Zierrat.«

1994 war die Situation mit den Bauernlasten schon ausgesprochen hart, doch aus der umfassenden Reform des Steuersystems, das vom Zentralkomitee und der Regierung auf Landes- und Gebietsebene vorangetrieben wurde, ergaben sich aus der zentralen Machtstellung des Zentralkomitees bei Finanzen und Ökonomie für den Finanzhaushalt der Gebietsverwaltungen nie dagewesene Probleme. Dieses Finanzsystem hat einen Wasserkopf, in ihm steigen die Haushaltseinnahmen nach oben, während alle möglichen Kosten für Arbeitseinsätze, Bildung, Geburtenplanung, Versorgung von Veteranen und Hinterbliebenen bis hin zur Ausbildung der Volksmilizen nach unten weitergegeben werden. Und die Gemeindeverwaltungen werden mit politischen Richtlinien abgespeist, was dann folgendermaßen klingt: »Abgaben nach oben dürfen die Einnahmen nicht übersteigen, Unterstützungen dürfen die wirklichen Ausgaben nicht übersteigen, wer mehr einnimmt, kann mehr ausgeben.« Das zwang und verführte jede Kreis- und Gemeindeverwaltung unweigerlich dazu, den Betrieb über die Ausbeutung der Bauern und die Aneignung der landwirtschaftlichen Überschüsse am Laufen zu halten.

Damit wurde die Belastung der Bauern wie in einem Schneeballsystem immer höher.

Nach einer Statistik des Landwirtschaftsministeriums stiegen die beiden Agrarsteuern (Agrarsteuer und Agrarsonderproduktsteuer*) 1995 im Vergleich zum Vorjahr um 19,9 Prozent; von den Bauern wurden lokale Zusatzsteuern* erhoben, die im Vergleich zum Vorjahr um 48,3 Prozent stiegen; die zu tragenden gesellschaftlichen Lasten wie die Kosten für Verwaltung und öffentliche Einrichtungen, Bußgelder und Fonds stiegen im Vergleich zum Vorjahr um 52,22 Prozent. In diesem Jahr überschritt die Belastung der Bauern in einem Drittel aller Provinzen, Städte und Selbstverwaltungsgebiete die vom Staat festgelegte Obergrenze von fünf Prozent.

Und das waren offensichtlich Zahlen aus einer recht konservativen Statistik.

In vielen Spottversen kamen der Ärger und die Ratlosigkeit der Bauern zum Ausdruck:

»Sieben Hände, achte dort, keine nicht beim Bauern schnorrt.«

»Ich nehme, du nimmst, er nimmt, die Bauern sind verstimmt; ich plane, du planst, er plant, die Bauern werden abgesahnt.«

»Schnell Korn, schnell Geld, schnell Leben, auf Brand und Raub und Kader achtgegeben!«

Ein weit verbreiteter Spottvers war unter den Bauern fast zu einem Lied geworden:

»Auf den Putz gehauen, Reden schwingen,
wer macht wem am meisten weiß,
Dorf, Gemeinde, Kreis
werden so bis zum Staatsrat dringen.
Von oben kommt ein Dokument,
das wird nach unten vorgelesen,
das ist als wär' es nie gewesen,
solange es nur jeder kennt.«

Vor diesem Hintergrund ereignete sich der »Zwischenfall von Baimiao«, Kreis Linquan, in der Provinz Anhui.

Dass die Dorfbewohner von Wangying ihre Probleme mit der Überbelastung nach oben berichteten, geschah im Grunde nur in der Hoffnung, die Gemeinde Baimiao werde die politischen Richtlinien des Zentralkomitees umsetzen. Aber die Gemeinde fragte nicht danach – und erst da wandten die Dorfbewohner sich an den Kreis, der Kreis wälzte auf jede erdenkliche Art die Verantwortung ab, so dass den Bauern nichts anderes übrig blieb, als den Weg durch die Instanzen zu beschreiten: vom Kreis zur Provinz – bis sie schließlich ihr Problem in Peking vortrugen. Doch das Problem wurde nicht nur nicht gelöst, es wurde im Kreis mit Waffengewalt unterdrückt. Erst durch den erschütternden Kniefall vor der Fahne auf dem Platz des Himmlischen Friedens und mit dem gesellschaftlichen Aufsehen, das er erregte, wurde den Problemen des Dorfes Wangying Aufmerksamkeit geschenkt. Die Lehren aus dieser Geschichte sind vielfältig.

1996 formulierten das Zentralkomitee der Kommunistischen Partei und der Staatsrat das berühmt gewordene Dokument Nr. 13 mit dem Titel »Über den Beschluss zur praktischen Verbesserung der Arbeit zur Entlastung der Bauern«. Der Beschluss führte unmissverständlich aus:

> »Die Verantwortung aller wichtigen Verantwortungsträger in Gemeinde und Dorf oder direkt Verantwortlicher für die Zwischenfälle und Kapitalverbrechen, die sich an der Überbelastung der Bauern entzündet haben, muss ermittelt werden; die Verantwortung aller führenden Verantwortungsträger von Partei und Verwaltung in Kreis und Distrikt muss nach den entsprechenden Bestimmungen ermittelt werden, und man muss entsprechende Lehren ziehen; wichtige Führungsgenossen in Partei und Verwaltung staatsunmittelbarer Städte, von Selbstverwaltungsgebieten und Provinzen, in denen es wiederholt zu schweren Zwischenfällen und Kapitalverbrechen gekommen ist, müssen für das Zentralkomitee der Partei und den Staatsrat schriftliche

> Untersuchungen verfassen; wer solche Fälle vertuscht, unterdrückt, nicht verfolgt oder Beschwerdeführer angreift oder sich an ihnen rächt, muss mit größter Strenge behandelt werden. Die Arbeit an Gesetzen zur Leitung und Kontrolle der Bauernlasten muss beschleunigt werden.«

Parteikomitees und Verwaltungen auf allen Ebenen waren gehalten, die einzelnen Punkte des Dokumentes sorgsam »Punkt für Punkt und Paragraph für Paragraph« umzusetzen und dieser Umsetzung »auf keinen Fall Hindernisse in den Weg zu legen oder sie zu verwässern«. Eine Missachtung dieses Beschlusses wurde unter Strafandrohung gestellt. Besonders wurde darauf hingewiesen: »Innerhalb eines Monats nach dem Frühlingsfest ist der Inhalt der Beschlüsse den Bauernmassen wiederholt zur Kenntnis zu bringen und in Stadt und Land bekannt zu machen.«

Das Dokument Nr. 13 machte die Haltung des Zentralkomitees und des Staatsrats in der Frage der Entlastung der Bauern eindeutig klar, und diese unbedingte Entschlossenheit erschütterte China wie ein Donnerschlag.

Um die Umsetzung dieses Beschlusses des Zentralkomitees zu überwachen und die Arbeit in den Gebieten voranzutreiben, entsandte der Staatsrat darüber hinaus Arbeitsgruppen, die aus Mitgliedern des Landwirtschafts- und des Kontrollministeriums, des staatlichen Planungskomitees, des Rechtsbüros des Staatsrats und der entsprechenden Nachrichteneinheiten zusammengesetzt waren, in die Provinzen Henan, Hubei, Anhui und Shanxi. Das war, was Ausmaß und Aufwand anging, noch nie da gewesen.

Und gleichermaßen unvorstellbar war: Die Belastung der Bauern erreichte just in dem Jahr, in dem das Zentralkomitee sein berühmtes Dokument Nr. 13 erließ und der Staatsrat seine Arbeitsgruppen aussandte, einen historischen Höchststand.

Nach den Statistiken des Staatlichen Statistischen Amtes sank zwischen 1991 und 1993 der Anteil von Ackerbau und Viehzucht an den gesamten Steuereinnahmen des Staates auf 2,2 Prozent. Doch mit dem Jahr 1996 stieg dieser Anteil auf 5,3 Prozent, hatte sich also im Vergleich zu den Vorjahren mehr als verdoppelt. Wenn man die Unzahl von willkürlichen Gebühren, Bußgeldern und Abgaben hinzurechnete, dann standen die Bauern am Ende eines Jahres voll harter Arbeit vor dem Nichts.

Offensichtlich dadurch alarmiert, gab das Zentralkomitee im Mai

1997 in einem Zeitraum von nur 16 Tagen vier Mitteilungen zur Lösung der »Drei-Land-Probleme*« heraus. Mit Nachdruck wurden die Entwicklung der Landwirtschaft, die unbedingte Sicherung der Stabilität in den ländlichen Gebieten und die praktische Wahrung der Interessen der Bauern betont, worin sich die Anteilnahme der Partei und der Volksregierung an ihren 900 Millionen Bauern zeigte.

Dennoch erreichte 1997 die Belastung der Bauern einen neuen Höchststand. Sei es in Anhui oder im Rest des Landes, aufgrund der sinkenden Preise für Agrarprodukte verlangsamte sich die Geschwindigkeit des Einkommenszuwachses bei den Bauern beträchtlich. Es kam zu dem Phänomen, dass »die Produktion stieg und die Einkommen nicht«, aber keine Gebietsverwaltung trug dem Rechnung und verringerte die Belastung der Bauern – im Gegenteil, die stieg dramatisch an!

Das statistische Material des Landwirtschaftsministeriums über die Genossenschaftswirtschaft der ländlichen Gebiete zeigt eindeutig: Das durchschnittliche Nettojahreseinkommen eines Bauern in den vier Jahren von 1994 bis 1997 belief sich auf das 1,9-Fache des Jahres 1993, doch die Belastung der Bauern durch die Abgaben an die entsprechenden staatlichen Behörden betrug im Jahresdurchschnitt des gleichen Zeitraums das Neunfache. Dazu kamen die sozialen Lasten für Verwaltung und öffentliche Einrichtungen, die sich seit 1993 mehr als verdoppelten, die darin enthaltenen Kostenzuteilungen stiegen auf das 3,38-Fache. Das heißt, der Anstieg der Belastung lag um ein Vielfaches über dem Anstieg des durchschnittlichen Nettojahreseinkommens der Bauern, mit der Feldarbeit war kein Geld mehr zu verdienen, im Gegenteil, sie war ein Zuschussunternehmen, so dass vielen Bauern nicht anderes blieb, als in den Städten zu arbeiten und mit dem dort sauer verdienten Geld diese ewig unklaren Steuern und Abgaben zu entrichten.

Am Anfang der Reformen lag auf jedem Mu Grund nur eine Last von zehn Yuan. Damals entrichteten die Bauern freiwillig ihre Abgaben an Getreide und Geld, kein Kader musste sie dazu anhalten. Jetzt lag auf jedem Mu, wenn es wenig war, eine Belastung von über 100 Yuan, wenn es viel war, von 200 oder 300 Yuan. Die Steuerlast überstieg offensichtlich die Leidensfähigkeit der Bauern, was die Eintreibung der Steuern natürlich zu einem Problem machte. Deshalb wurden in nicht wenigen Gebieten nach und nach Steuereinzuggruppen gebildet, die als regelrechte Stoßtrupps bei den Bauern das Geld eintrieben. Wenn kein Geld da war, wurden die Schweine weggeführt oder Schränke, Reis und Stühle fortgeschleppt; schlimmer noch, man stiftete Polizei und Öffentliche Sicherheit an, mit diktatorischen Maßnahmen den Bauern die Steuern abzupressen: Es wurde wiederholt geprügelt, verhaftet und eingesperrt. Das Verhältnis von Kadern und Massen verschlechterte sich weiter, immer wieder kam es auf Seiten der Bauern zu Petitionen, Demonstrationen und Kundgebungen.

Auch wenn die Sekretariate des Zentralkomitees der Kommunistischen Partei und des Staatsrats noch im selben Jahr gemeinsam eine Mitteilung zum korrekten Umgang mit diesen Petitionen, Demonstrationen und Kundgebungen herausgaben und betonten, die durch die neue Situation in den ländlichen Gebieten entstandenen Probleme seien korrekt anzugehen, sie konnten die durch das Eingreifen der Öffentlichen Sicherheit und bewaffneter Polizei verschärften Konflikte nicht entschärfen. Es war auch dieser Hintergrund, vor dem ein Heer von Öffentlicher Sicherheit und bewaffneter Polizei im Kreis Lingbi, Provinz Anhui ausrückte und den »Zwischenfall von Großgao« verursachte.

1998 erließ das Zentralkomitee sein Dokument Nr. 18, die Mitteilung über die praktische Verbesserung der Arbeit an der Entlastung der Bauern. Darin wurde betont: »In allen Gebieten muss die Arbeit an Eingaben, die sich auf die Bauernlasten beziehen, absoluten Vorrang haben und in ihrer Effizienz verbessert werden. Man muss der Stimme des Volkes Aufmerksamkeit schenken und die Konflikte an der Basis in ihrer Entstehung auflösen.«

Dieses Dokument trug den besonderen Vermerk: »Öffentlich bekannt zu machen«. Das war ein öffentliches und ernst gemeintes Versprechen des Zentralkomitees und des Staatsrats an die 900 Millionen Bauern.

Man kann also sagen, es gab wiederholte Ermahnungen und Anweisungen!

Man kann auch sagen, es war ein Alarmsignal!

Und doch kam es entsetzlicherweise zur gleichen Zeit wie in Klein Zhangzhuang in sechs verschiedenen Provinzen des Landes zu Mordfällen, die im Zusammenhang mit den Bauernlasten standen!

Die Beziehung zwischen Kadern und Volksmassen war so schlecht, dass eine Gemeindeverwaltung es nötig hatte, einen Verbrecher, der seine Strafe noch nicht voll verbüßt hatte, zum Dorfvorsteher zu machen – bis den Dorfbewohnern der Geduldsfaden riss, sie durch eine

Delegation eine Untersuchung der Rechnungsführung verlangten und der brutale Verbrecher unverfroren seine Söhne zu einem vierfachen Mord anstiftete! Anschließend wurde das scheußliche Verbrechen vom Kreis und von der Stadt vertuscht, die Untersuchungsbehörden und die regionale Gerichtsbarkeit kam zu unsinnigen Entscheidungen und falschen Urteilen, so dass den geschädigten Familienangehörigen nicht nur die ihnen zustehende Genugtuung nicht gewährt wurde – den Dorfdelegierten, die im Kampf für ihre demokratischen Rechte ihr Leben gelassen hatten, wurde, nachdem man sie auf grausamste Weise ihrer Leiber beraubt hatte, auch noch auf den unglücklichen Seelen herumgetrampelt!

Die Reformen Chinas nahmen ihren Anfang in der Provinz Anhui, und mit dieser ungeheuren Reformanstrengung wuchs eine Reihe von Kadern heran, die mit der Arbeit in den ländlichen Gebieten vertraut waren und die auch den Mut hatten, die Wahrheit zu sagen.

Wu Zhaoren, der als »Stimme der Bauern« in Anhui mehr als 17 Jahre Führungsaufgaben wahrgenommen hatte, war altes Parteimitglied und fühlte wirklich mit den Bauern. Als wir ihn interviewten, sagte er schweren Herzens:

> »Das Zentralkomitee hatte das Dokument Nr. 13, und tatsächlich hatte das Provinzkomitee das noch viel schärfer formulierte Dokument Nr. 2 von 1997, in dem haarklein festgelegt worden war, dass der Sekretär des Kreis- oder Stadtkomitees an Provinzkomitee und -verwaltung einen schriftlichen Bericht verfassen muss, wenn die Aufwendungen für Steuern und Planung die vom Staat festgelegte Marge von fünf Prozent des Nettojahreseinkommens überschreiten. Aber Dokument ist Dokument, wir haben nicht einen einzigen Sekretär eines Kreis- oder Stadtkomitees, keinen einzigen Kreis- oder Stadtvorsitzenden eine Untersuchung schreiben sehen. Und wenn es dann zu einem schweren Zwischenfall kam, dann wurde das von ihren Schreibern erledigt, Parteikomitee und Verwaltung setzten ihren Stempel darunter, und das nannte sich dann ›kollektive Verantwortung‹. In Wahrheit übernahm kein Mensch irgendeine Verantwortung, geschweige denn dass man eine Lehre aus den Geschehnissen zog. …
> Die führenden Organe brauchen Autorität und die müssen sie sich selbst erwerben. Was man sagt, darauf muss man zählen können, den Worten müssen Taten folgen, und das auf keinen Fall schleppend – wer sich daran nicht hält, hat es auch zu verantworten. Was man den Leuten verbietet, darf man selbst nicht tun. Wenn man sich nur um Anweisungen kümmert, aber deren Einhaltung nicht kontrolliert oder

> sie kontrolliert, Verstöße aber nicht ahndet, sie ahndet, aber nicht streng, wie will man da verhindern, dass die örtlichen Kader den Massen auf der Nase herumtanzen?«

Lu Zixiu hatte alle Reformwirbel des Systems der Familienproduktion und -verantwortung bei Landverpachtung Ende der 70er Jahre miterlebt und mitgemacht, er ist heute längst vom Posten eines stellvertretenden Vorsitzenden des Volkskongresses der Provinz pensioniert worden, aber er hat nicht einen Tag aufgehört, über die Lage der chinesischen Bauern nachzudenken. Man kann ihn als einen der bedeutendsten Spezialisten für die Probleme der ländlichen Gebiete bezeichnen.

Am glühendheißen Vormittag des 1. Juni 2001 haben wir ihn bei sich zu Hause befragt. Er schenkte uns eine von ihm gerade herausgebrachte Monographie: *Über die Drei-Land-Probleme.* Uns fiel auf, dass Zhang Guangyou, ein älterer Reporter der Nachrichtenagentur Neues China, ihm ein Vorwort geschrieben hatte, worin er anmerkte:

> »Der Genosse Xiaoping hat in seinen berühmten Südgesprächen* über die Reform der ländlichen Gebiete gesagt: ›Die Reform Chinas nahm in den ländlichen Gebieten und die Reform der ländlichen Gebiete in Anhui ihren Anfang; Wan Li* hat sich dabei große Verdienste erworben.‹ Dazu sagte der Genosse Wan Li: ›Der Grund für den großen Erfolg der Reform in den ländlichen Gebieten hat, außer der Unterstützung durch Deng Xiaoping und andere führende Genossen des Zentralkomitees und die aktive Hilfe der großen Bauernmassen, noch einen anderen Grund, nämlich die entschlossene Unterstützung durch Medienarbeiter, Schriftsteller, Wissenschaftler, Theoretiker und Führungskader. Hier wurde auf hohem ideologischem und theoretischem Niveau, mit wirklicher Sachkenntnis und mit dem Mut zur Wahrheit entschieden für das Wohl der Bauern gekämpft.‹ Unter den Genossen, von denen Wan Li hier sprach, ragte Lu Zixiu besonders heraus.«

Und es war dieser Lu Zixiu, der, obschon schon über siebzig, als wir ihn auf die Arbeit in den ländlichen Gebieten ansprachen, immer noch aufgeregt war wie ein junger Mann.

Er sprach mit uns über eine Konferenz, die ihm bis heute zu schaffen machte. Es handelte sich um eine von Provinzkomitee und -verwaltung Anhui in Funan zusammengerufene Konferenz über die Entlastung der Bauern. Als über den Stand der Arbeit berichtet wurde, sprachen einige Distrikt- und Stadtkomiteesekretäre der Reihe nach von ihren jeweiligen Schwierigkeiten; und auch wenn sie davon nicht zu Unrecht berichteten, konnte Lu Zixiu ihnen nicht weiter zuhören. Denn nach mehreren Jahrzehnten Arbeit in den ländlichen Gebieten hatte er es sich längst angewöhnt, die Probleme aus dem Blickwinkel der Bauern zu betrachten. Und obwohl er diese Distrikt- und Stadtkomiteesekretäre sehr gut kannte, zu einigen auch ein ganz gutes Verhältnis hatte – hier stieg ihm doch das Blut ins Gesicht.

Ungeachtet der Tatsache, dass die Versammlung in Funan stattfand, knöpfte er sich als Ersten den Sekretär des Stadtkomitees von Funan, einen Mann namens Wang Huaizhong, vor. Er nahm keine Rücksicht auf das Gesicht seines Gegenübers, sondern rief ihn geradeheraus beim Namen: »Wang Huaizhong, du fühlst dich nur dem Provinzkomitee verantwortlich und nicht den Bauern! Du scherst dich nicht um die wirkliche Lage der Bauern, machst in großem Stil verschwenderische Imageprojekte und spielst dich auf. Du machst den ›großen Kreis der Rinderzucht‹, aber die Rinder stehen nur rechts und links der Straßen, damit es etwas hermacht; damit du sie vorzeigen kannst, hast du sie eigens für diese Tagung für teuer Geld geliehen und zusammengetrieben. Hast du die Bauern noch nicht genug betrogen?«

Danach wandte er sich an den Sekretär des Stadtkomitees von Chuzhou: »Was sind denn deine Kriterien für Kader? Willkürliche Steuern, willkürliche Bußgelder, willkürliche Abgaben, und am Ende werden die Menschen in den Tod getrieben – was soll man denn mit solchen Kadern anfangen? Und du, du versetzt solche Kader, und die machen dann anderswo so weiter!«

Danach zog er auch noch den Sekretär des Stadtkomitees von Bengbu zur Rechenschaft: »Ein dir unterstellter Kreis macht Eingabe nach Eingabe, was ihm längst den Spitznamen ›Großer Kreis der Eingaben‹ eingebracht hat. Es ist doch kaum zu glauben, dass die Fehler nur bei den Bauern liegen sollen und du nicht die geringsten Probleme hast!«

Dann richtete er das Wort an den Sekretär des Bezirks Chaohu: »Ziehst du das Geld für die Ausbesserung deiner Straßen nicht den Bauern aus der Tasche? Dabei ist Straßenbau Sache des Staates, wie kannst du dazu die einfachen Leute heranziehen? Kein Geld haben und die Straßen aufreißen, wer hat denn gesagt, dass du das machen sollst? Hast du dabei nicht nur an deine eigenen Meriten gedacht?«

Nachdem er alle Namen in der Runde genannt hatte, seufzte er in Richtung all dieser Lehnsfürsten: »Viele von uns Kadern sehen nur die neuen Gebäude, aber nicht, wer dazu beiträgt; sehen nur die schnurgeraden Straßen, aber nicht, wer sie bezahlt! Kaum geht es unseren Bauern ein wenig besser, schon macht jeder aus ihnen seinen persönlichen Leckerbissen! Den Bauern geht es wirklich schlecht, jeder Dahergelaufene kann sie tyrannisieren! Damals haben wir das Umfassende Verantwortungssystem gemacht, eine Sensation für das ganze Land, die auch das ganze Land beeinflusst hat, ein System, das man mit drei Sätzen zusammenfassen kann: genug für den Staat, genug für das Kollektiv, und was übrig bleibt, gehört den Bauern. Aber jetzt sind den Bauern die Vorteile des Umfassenden Verantwortungssystems nach und nach von allen möglichen Instanzen klammheimlich weggenommen worden und heute heißt es eher: Es reicht nicht für den Staat, es reicht nicht für das Kollektiv, und den Bauern bleibt nichts!«

Während er sprach, flossen ihm Tränen über das Gesicht: »Unvorstellbar, wie wenig unsere Kader heute die Bauern kennen, wie wenig sie sie beachten und wie wenig Freundschaft es zwischen Kadern und Bauern gibt. Ich schlage vor, dass ihr alle einmal umdenkt, euch an die Stelle der Bauern versetzt und überlegt, ob sie das noch ertragen können, wenn es mit den Willkürlichkeiten so weitergeht!«

Lu Zixius Worte waren wie Hammerschläge, die alle Anwesenden erschütterten.

Die Stadt- und Bezirkskomiteesekretäre, die er mit Namen genannt hatte, saßen verblüfft und schweigend auf ihren Stühlen.

Schließlich ergriff der Sekretär des Bezirks Liu'an zögernd das Wort: »Was das Problem der Bauernlasten angeht, so ist das doch weiter nicht schlimm.«

Das hätte er besser nicht gesagt, denn kaum war es heraus, da platzte Lu Zixiu der Kragen. Er nahm wieder keinerlei Rücksicht auf das Gesicht seines Gegenübers: »Was das Problem der Belastung deiner Bauern angeht, so habe ich hier einen Stapel Briefe von den Massen! Wenn die Bauern Obstbäume anpflanzen, dann rücken ihnen die Gemeindekader auf die Bude und wollen eine Sonderproduktsteuer, ist es nicht so?«

Der Bezirkssekretär von Liu'an kam offensichtlich in große Verlegenheit. Es war mucksmäuschenstill.

In der Tat war parteiinterne Kritik und Selbstkritik von jeher das Zaubermittel zur Überwindung aller Schwierigkeiten und persönlicher Mängel und Fehler; doch schon seit einiger Zeit hatte man sich in Kaderkreisen und für Beamtenlaufbahnen allmählich auf »spielerische Prinzipien« geeinigt. Eines dieser Prinzipien war, dass man es im Allgemeinen nicht zu genau nehmen durfte, zumindest durfte man sich selbst nicht in Schwierigkeiten bringen, musste in seinen Worten genug Spielraum lassen, und wenn man in der Lage war, eine Lüge glaubhaft vorzubringen, dann galt das sogar als ein Ausdruck von Reife im Amt. Deshalb empfanden viele Lu Zixius Freimütigkeit als taktlos.

In einer Pause trat ein stellvertretender Leiter des Verkehrsamtes der Provinz neben Lu Zixiu, ergriff dessen Hand und sagte mit tränenschimmernden Augen: »Überall heißt es, Direktor Lu ist ein guter Mensch, aber dass du so ein so guter Mensch bist, habe ich nicht gewusst!«

Nach der Tagung suchte der Tagungsleiter und stellvertretende Sekretär des Provinzkomitees Lu Zixiu in seinem Zimmer auf und versicherte ihm mehrfach: »Gut gesprochen! Sehr gut gesprochen!«

Beim Essen kam auch der Sekretär der Provinzkomitees zu ihm und war des Lobes voll: »Gut gesprochen, sehr gut gesprochen, wir brauchen ein Umdenken!«

Lu Zixiu gab missgelaunt zurück: »Darauf ist geschissen! Warum habt ihr denn nichts gesagt? Ich habe euch mit Freuden den Handlanger gemacht!«

Auch Wen Jiabao hatte ihm einmal für seine unverstellte Art gedankt. Damals war Lu Zixiu Sekretär des Distriktkomitees des Kreises Chu und Wen Jiabao noch Sekretariatsleiter des Zentralkomitees. Als Lu Zixiu eines Tages den auf einer Inspektionsreise befindlichen Wen Jiabao empfing, kam er ohne Umschweife zum Thema: »Direktor Wen, wollen Sie die Wirklichkeit sehen oder ein paar Vorzeigeprojekte?«

Als Wen Jiabao das hörte, lachte er und antwortete humorig: »Na, ich will alles sehen.«

Und da zeigte ihm Lu Zixiu alles: die Vorzeigeprojekte, die so genannten Glanzlichter, aber auch die Schattenseiten. Er fasste die erfolgreichen Erfahrungen seines Gebietes mit der Reform- und Öffnungspolitik zusammen und analysierte die Probleme, die ihm so große Sorgen machten, berichtete also Erfreuliches ebenso wie Unerfreuliches.

1996 nahm Lu Zixiu an einer Arbeitstagung zur Unterstützung der Armen teil, unter allen Delegierten sah ihn Wen Jiabao sofort heraus. Er trat an seine Seite und fragte: »Was denken Sie, was ist augenblicklich das drängendste Problem der Landwirtschaft?«

Lu Zixiu erwiderte unumwunden: »Die Kader. Mich natürlich eingeschlossen. Die Richtlinien können noch so gut sein, wenn niemand sie umsetzt, geht gar nichts. Viele der heutigen Kader gehen mit den großen Hunden pinkeln und bekommen mit den kleinen das Bein nicht hoch, sie entfernen sich immer mehr von den Massen!«

An jenem 1. Juni 2001 hatten wir ein außerordentlich gutes Gespräch mit Lu Zixiu, und als er erfuhr, dass wir über die »Drei-Land-Probleme« recherchierten, zeigte er sich ganz begeistert, und was er erzählte, war voller Eigenheiten.

So sagte er: »Früher bei Mao Zedong hieß es, das Wichtigste ist die Bildung der Bauern, heute halte ich das Auskommen der Bauern für das ernstere Problem. Wenn das nicht ernst genug genommen wird, wird unsere Agrargesellschaft sich nicht entwickeln können, die landwirtschaftliche Produktion wird nicht weitergehen, die Entwicklung des Staates und die lange friedvolle Herrschaft werden alles nur leere Worte sein.«

»Lenin hat gesagt«, fuhr er fort, »Kapitalismus ist immer und überall. Aber ich habe heute den Eindruck, dass wir es weniger mit einem allgegenwärtigen Kapitalismus als vielmehr mit einem allgegenwärtigen Feudalismus zu tun haben!«

Und dann sagte er noch: »Damals haben Millionen und Abermillionen von Bauern mit uns die Revolution gemacht, weil sie erkannt haben, dass unsere Partei sich um ihr Wohl bemüht und sie zur Befreiung führt. Wenn wir uns heute nicht um ihr materielles Wohlergehen kümmern, sondern ihnen das Gefühl einer unerträglichen Belastung geben, was können wir dann von ihnen erwarten? Vor über tausend Jahren hat Kaiser Tang Taizong* einmal gesagt: ›Wasser kann tragen ein Boot, doch es ist auch sein Tod‹ – und dieses Wasser, das sind die chinesischen Bauern! Tang Taizong wusste, wie wichtig die Bauern sind, über die Jahrhunderte und Dynastien hinweg wusste jeder, wie wichtig die Bauern sind, doch kaum hatte man die Macht in Händen, war von den Bauern nicht mehr die Rede, im Gegenteil, sie wurden ausgebeutet und unterdrückt. Die Geschichte sollte uns eine Warnung sein, ich sehe heute die Kommunistische Partei Chinas vor dem gleichen schwierigen Problem.«

Ein uraltes Thema

China ist ein großes Agrarland mit einer feudalistischen Geschichte von 2000 bis 3000 Jahren, die überwiegende Mehrheit seiner Bevölkerung waren und sind Bauern, und gerade wegen dieser besonderen

Situation ist die Frage der Bauernlasten ein Zeiten und Dynastien überdauerndes Thema.

Man muss nur die großen Geschichtsbücher aufschlagen, um sich zu fragen, welcher Aufstand nicht auf die Belastung der Bauern zurückging. Von der ersten, der Chen Sheng/Wu Guang-Revolte* im Jahre 206 v. Chr. bis zu allen folgenden Bauernaufständen, von den politischen Reformen Shang Yangs* bis zu allen folgenden politischen Reformen, gab es auch nur eine, die nichts mit den Bauern zu tun hatte?

Der Satz von Tang Taizong »Wasser kann tragen ein Boot, doch es ist auch sein Tod« geht auf den Philosophen Xunzi* zurück. Und auch im Guanzi*, dem klassischen Buch, das vielleicht als Erstes auf die Entlastung der Bauern und die enge Verbindung zwischen dem Regieren eines Staates und dem Wohlergehen der Bauern hinweist, wird in mehr als einem Kapitel ausgeführt: »Die Belastung des Volkes muss Maß haben, seine Verwendung eine Grenze, dann lebt auch ein kleines Reich in Ruhe; hat die Belastung des Volkes kein Maß, seine Verwendung keine Grenze, dann ist auch ein großes Reich in Gefahr«; »hat das Volk nicht genug, dann ist das eine Schande für die Regierung; lebt das Volk im Unglück, kann man nicht regieren.«

In der Zeit der Republik, vor allem in den 30er Jahren, hatten die Versuche der Guomindang, die Fronlasten zu verringern, die Grundsteuer zu senken und die verschiedenen Steuern und Abgaben abzuschaffen, bei den ständig steigenden Militärausgaben und in- und ausländischen Anleihen, bei den immensen Verlusten der öffentlichen Finanzen und der extremen Korruption in der Politik nicht den geringsten Erfolg.

Kurz vor der Befreiung 1949 trat die aufgeklärte Dorfgentry*, welche die moralischen Traditionen der Agrargesellschaft hätte fortsetzen können, allmählich von der politischen Bühne der ländlichen Gebiete ab, weil sie die gewaltsame Auspressung der Bauern durch die Regierung, unter der sie ja auch selbst litt, nicht mittragen konnte. An ihre Stelle treten konnten nur noch üble lokale Machthaber und Dorfpöbel und -banden. Diese intensivierten noch die Ausbeutung der ländlichen Gebiete durch die Regierung und wirtschafteten gleichzeitig in die eigene Tasche. Im Verlauf dieser Verpöbelung brach schließlich die Selbstverwaltung der ländlichen Gebiete in sich zusammen. Indem die Regierung der Republik das grundlegende System, das die chinesische Agrargesellschaft zusammengehalten hatte, zerstörte, grub sie sich ihr eigenes Grab.

Als die Salutschüsse zum Geburtstag des neuen China in der Luft verhallt waren, verkündete Mao Zedong feierlich in seiner tief vom Hunan-Dialekt gefärbten Sprache: »Das chinesische Volk hat sich erhoben!« Damals waren alle Mitglieder der Kommunistischen Partei Chinas, Mao Zedong eingeschlossen, der festen Überzeugung: Gestützt auf die Staatsmacht, die in den die Städte umgebenden ländlichen Gebieten errungen worden war, würde die chinesische Bauernschaft – der Souverän des Staates – nie wieder über Gebühr belastet werden; die »Bauernlasten« und die »drei großen Berge*« seien ein für allemal gestürzt, und die Armut würde mit dem Ende der alten Gesellschaft vollständig zu Grabe getragen werden!

Doch der Erfolg der Revolution hieß nicht, dass man die historischen Überbleibsel und Verkrustungen von Jahrtausenden über Nacht würde wegschaffen können. Die Revolution war etwas so in der Geschichte noch nie Dagewesenes und die Mitglieder der Kommunistischen Partei mussten sich ihren Weg durch unwegsames Dornengestrüpp bahnen. Enttäuschungen waren ihnen sicher.

Kurz nach Gründung der Volksrepublik China steckte das Zentralkomitee seine Hauptenergie in die Lösung des Problems der Arbeitslosigkeit in den Städten, der Inflation und der beginnenden industriellen Entwicklung. Es war aber nicht in der Lage, die Ausgaben der öffentlichen Hand in den ländlichen Gebieten zu berücksichtigen, und hatte keine Zeit für den Aufbau dieser Gebiete – deshalb war das Zentralkomitee so nachsichtig mit Gebietsverwaltungen, die sich an den Bauern schadlos hielten, und erlaubte ihnen parallel zum Einzug der regulären Steuern und der Agrarsteuer in einem gewissen Maß die Erhebung von Gebietszuschlägen. Diese Gebietszuschläge durften einen gewissen Höchstsatz nicht übersteigen, aber das reichte nicht, um die Ausgaben der Gemeinden zu decken. Und wer schaute da schon so genau hin. So entstanden immer neue Gebühren, jeder Couleur, und es dauerte nicht lange und die Lage war ernst.

Aus unserer Durchsicht der Dokumente wissen wir, dass der damals für die Landwirtschaft zuständige Liao Luyan als Erster auf das Problem der Bauernlasten hingewiesen hat. In einem an das Zentralkomitee und den Vorsitzenden Mao gerichteten Bericht mit dem Titel »Zur Lage und Beurteilung der Arbeit der Dorfverwaltungen, der Grundschulerziehung in den Gemeinden, der Bauernlasten und der Gemeindefinanzen« heißt es, dass willkürliche Steuererhebungen bereits auf jeder Ebene der neuen Staatsmacht zu beobachten seien. Aufgrund von Vor-Ort-Untersuchungen von 61 Gemeinden habe er entdeckt, dass die staatliche allgemeine Getreideabgabe, die Gebietszuschläge, die Spenden für den Widerstandskrieg gegen USA und die Koreahilfe* mit den Gemeinde- und Dorfabgaben zusammengenommen bereits 21,53 Prozent des durchschnittlichen Jahresertrages der Bauern ausmachen. Außerdem gebe es noch eine Vielzahl von schwer abzuschätzenden Faktoren wie Banken, Märkte, Genossenschaften, Postämter, Xinhua-Buchläden und dergleichen bäuerliche Systeme, die unter dem Deckmantel der »Entwicklung« die Bauern dazu zwängen, »Gelder zu zeichnen« und »mit Freuden zu spenden«. Die Unzufriedenheit der Massen sei sehr groß, es werde davon gesprochen, dass die Gemeindekader längst alles zu Geld machten – Bilder, Briefmarken, Tee, Glasnudeln, Steuerbescheinigungen –, was einen äußerst schlechten Einfluss habe, und die Belastung der Bauern sei bereits als »drückend« zu bezeichnen.

Der Vorsitzende Mao schenkte Liao Luyans Bericht große Beachtung. Als Reaktion darauf erließen Zentralkomitee und Staatsverwaltungsrat* spezielle Bestimmungen, die die Gebietszuschläge auf maximal 15 Prozent der regulären Steuern beschränkten und außerdem festlegten, die Gebietszuschläge zusammen mit der Agrarsteuer zu entrichten.

Doch getrieben von ihren regionalen Interessen nahmen es die Gebietsverwaltungen nicht sonderlich genau mit den vom Zentralkomitee festgesetzten Agrarsteuern und Zuschlägen und zeigten weiterhin keinen Eifer, willkürliche Abgabeerhebungen zu unterbinden. Die Situation wurde sogar schlimmer als zuvor.

Als der Vorsitzende Mao das erfuhr, war er sehr beunruhigt. Um die Unzufriedenheit der Bauern zu beseitigen, wies er den Staatsverwaltungsrat sofort an, drastische Maßnahmen zu ergreifen und die Axt an die Wurzel des Problems zu legen: Alle Gebietszuschläge wurden abgeschafft, die Sonderzuwendungen für die Gemeindekader, die Verwaltungskosten der Gemeindeverwaltungen und das Gehalt des Lehrpersonals wurden zur Gänze von den Staatsfinanzen garantiert; es wurde strengstens untersagt, von den Bauern weitere Abgaben in irgendeiner Form zu erheben; zu öffentlichen Arbeiten durften die Massen nur auf rein freiwilliger Basis herangezogen werden; nur unter bestimmten Umständen waren Planungsgebühren erlaubt, durften aber sieben Prozent der regulären Agrarsteuer nicht überschreiten.

Diese Entscheidung des damaligen Staatsverwaltungsrates wurde abgekürzt als die Richtlinie »Garantie, Verbot und Planung«. Diese Maßnahme nahm nicht nur grundsätzlich den Druck von den gerade befreiten Bauern, sondern mobilisierte auch ihre produktiven Kräfte und unterstrich die sich rasch entwickelnde Überlegenheit des neuen China.

Doch kurz nach der Gründung des neuen China kam es zum Koreakrieg, unmittelbar darauf verhängten die westlichen Länder mit Amerika an der Spitze ihre Wirtschaftsblockade gegen die junge Volksrepublik – und angesichts der internen und externen Schwierigkeiten konnte sie ihren Weg in den Sozialismus nicht mehr in der angemessenen Ruhe beschreiten. Außerdem scheint einem wirtschaftlich so rückständigen Agrarland wie dem unseren unter dem Druck der Ereignisse nichts anderes übrig geblieben zu sein, als der Entwicklung der Schwerindustrie Priorität einzuräumen, um so »im Kreis der Völker der Welt auf eigenen Füßen zu stehen«. Und dieser Akkumulation für die staatliche Industrialisierung scheint keine andere Wahl geblieben zu sein, als die ländlichen Gebiete und die Bauern zu opfern.

Unter diesen Vorzeichen konnte keine Regierung auch nur daran denken, die Widersprüche zu lösen, die sich aus den von den hochgradig verstreut lebenden damals 400 Millionen Bauern erwirtschafteten Steuerüberschüssen ergaben. Deshalb beschritt die chinesische Bauernschaft, der gerade erst der Boden zugeteilt worden war, unter der planvollen Organisation von Zentralkomitee und Regierung den Weg von den Gruppen für gegenseitige Hilfe über die Genossenschaften, von elementar- über hochorganisierte Genossenschaften zu den Volkskommunen. Um es mit einem sehr sprechenden Bild von Mao Zedong zu sagen: »Ein Schopf voll wirrer Haare lässt sich schlechter packen als ein Zopf.« Und so wurde nach und nach die Grundlage für ein System geschaffen, das die ländlichen Gebiete im Dienst der Industrialisierung der Städte hochgradig kollektivierte. Unter diesem System staatlicher Monopolwirtschaft hatte der Staat den absoluten Zugriff auf alle Ressourcen der ländlichen Gebiete; er kontrollierte alle wirtschaftlichen Prozesse wie Produktion, Austausch, Verteilung und Verbrauch der Landwirtschaft und der anderen Produktionsbereiche. Und über diesen Zugriff des Staates wurden die von der chinesischen Bauernschaft erwirtschafteten Überschüsse umgewandelt in die grundlegende Kapitalakkumulation für die Industrien der Städte.

Über einen Zeitraum von mehr als 30 Jahren war dadurch die Belastung der Bauern ungeheuer hoch und rezessiv. Denn da die Belastung der Bauern von der Bühne weg hinter den Vorhang verlagert wurde, hatte der Staat keine direkten wirtschaftlichen Beziehungen mehr zu ihnen; aus den ursprünglich 130 Millionen Bauernhaushalten, bei denen der Staat seinen Einheitsan- und -verkauf tätigte, wurden sehr schnell sieben Millionen Gruppen für gegenseitige Hilfe; diese wiederum wurden reduziert auf 790.000 Agrarvereine; 1958, im Jahr des Großen Sprungs nach vorn*, wurde innerhalb von nur drei Monaten wie auf einen Gongschlag die gesamte chinesische Bauernschaft ausnahmslos in 52.781 Volkskommunen organisiert.

Wir können nicht wissen, wie groß das Opfer am Ende war, das die chinesischen Bauern zugunsten einer grundlegenden Kapitalakkumulation für die städtischen Industrien brachten, aber man kann es so formulieren: Die Industrialisierung der Volksrepublik ist auf den Leibern der chinesischen Bauern errichtet, der glänzende Aufbau der chinesischen Städte auf dem Rücken der chinesischen Bauern gewährleistet worden.

Schon früh, während der Genossenschaftsbewegung, hat es die allgemeine Unzufriedenheit der Bauern erregt, dass die Kollektivierung mit großen politischen Maßnahmen vorangetrieben wurde, ohne auf ihre Wünsche zu achten, und dass mit ihren Produkten bei der Durchführung der Maßnahmen wild herumgewirtschaftet wurde. So wurde bei der Verteilung der Ernte von 1956 das Wohl der Bauern sträflich missachtet, ihr Einkommen sank deutlich, in vielen ländlichen Gebieten kam es zu einer Flut von Austritten aus den Genossenschaften, viele Bauern beschwerten sich in Peking, Tausende von ihnen versammelten sich zu Demonstrationen, verlangten den Rückzug aus den Genossenschaften, und in einigen Gebieten ging man daran, Land und Getreide zu verteilen und die Vereinigungen eigenmächtig aufzulösen. Nach Schätzungen des damaligen zentralen Ministeriums für die Arbeit in den ländlichen Gebieten traten fünf Prozent der Haushalte aus den Genossenschaften aus, nicht wenige Genossenschaften brachen zusammen.

Damals kam es zu unliebsamen Radikalisierungen. Manche Bauern gingen gemeinsam gegen die Führung vor, demolierten Kreisverwaltungen und Büros der Öffentlichen Sicherheit; und manche regionalen Kader machten aus ihrem Austritt aus der Genossenschaft einen Bruch mit der Offensive in Richtung Sozialismus, es kam zu Schlägereien, zu Morden und Selbstmorden, was eine ausgesprochen schlechte gesellschaftliche Wirkung hatte.

Aber die aggressive Austrittsbewegung wurde bald durch den hohen politischen Druck der »Kampagne gegen die Rechtsabweichler*« zum Stillstand gebracht.

Die nachfolgende Kampagne für die Volkskommunen, so kann man sagen, ließ die Wogen wieder hochschlagen. Zu einem Zeitpunkt, an dem die hochorganisierten Genossenschaften noch nicht gefestigt waren, organisierte man Millionen und Abermillionen chinesischer Bauern unter gewaltigem politischen Druck in Volkskommunen und fasste sie in 5.040.000 Produktionsbrigaden zusammen. Der ursprüngliche Besitz der Bauern oder was ihnen bei der Bodenreform an Boden, Vieh, Gerät, Getreide zugeteilt worden war sowie ein Großteil der Lebensmittel gingen ausnahmslos und ohne Gegenleistung in den Besitz der Volkskommunen über. Mehr als 50.000 Volkskommunen wurden zu staatlichen Finanzeinheiten für die ländlichen Gebiete, von wo aus man zu jeder beliebigen Zeit und an jedem beliebigen Ort durch »Gleichmacherei und unentgeltliche Ausnutzung« einen sehr bequemen und kostenlosen Zugriff auf alle Ressourcen und Arbeitskräfte in ihrem Umfeld hatte.

Nun waren die chinesischen Bauern wirkliche Proletarier geworden!

Im Gefolge der ungestümen Entwicklung der Volkskommunen wehte der »Wind des Kommunismus« auch in den ländlichen Gebieten immer heftiger, vielerorts hieß es »im Laufschritt voran in den Kommunismus«, es wurden Experimente mit der Abschaffung von Privatbesitz gemacht, auch Kisten, Koffer und Schränke aus den Haushalten gingen in den Besitz der Volkskommunen über; man zerschlug die Töpfe und verkaufte das Eisen, damit »das ganze Volk Stahl schmelze«. Nach diesem gewaltigen Schlag gegen die Produktivkräfte der Bauern grassierte die Bummelei wie eine Seuche, und das Sinken der Agrarproduktion nahm dramatische Ausmaße an.

Die Materialien zeigen es: Im zweiten Jahr der Volkskommunen fiel die Getreideproduktion des Landes im Vergleich zum Vorjahr um 13,6 Prozent, und die staatlichen Getreideankäufe schossen im Vergleich zum Vorjahr um 14,7 Prozent in die Höhe; 1960 fiel die Getreideproduktion um weitere 15,6 Prozent und verringerte sich damit auf 287 Milliarden Pfund, doch die staatlichen Ankäufe stiegen unvermindert an. Um ihrer Verpflichtung bei den staatlichen Ankäufen nachzukommen, blieb den Bauern nichts anderes übrig, als auch das Saatgut und ihre eigenen Getreiderationen abzuliefern.

Nach Yue Guding, der im Agraramt des Kreiskomitees Feixi in der

Provinz Anhui arbeitete, war die damalige Neigung zum Aufbauschen der eigenen Leistung nicht mehr zu überbieten. In seinem eigenen Kreis etwa, einem mittleren Agrarkreis, wurde fälschlicherweise eine Getreideproduktion von 400 Millionen Pfund gemeldet – das war mehr als das Doppelte des wirklichen Ertrages. Wenn die Leute nicht vor Hunger starben, dann vor Schreck.

Heute ist nicht mehr zu ermitteln, wie viele Menschen am Ende wegen dieses Systems ihr Leben ließen. Man hört nur gerüchteweise, dass allein im Bezirk Fuyang, Provinz Anhui, die Anzahl der Personen, die auf nicht normalem Weg zu Tode kamen, fast doppelt so hoch gewesen sein soll wie die der Gefallenen der Huai-Hai-Operation* zur Befreiung des chinesischen Volkes auf beiden Seiten.

Im Kreis Fengyang starben 60.245 Menschen, das waren 17,7 Prozent der ländlichen Gesamtbevölkerung; darunter erreichte der Ort Xiahuangzhuang mit der Volkskommune Damiao mit 68,6 Prozent die höchste Verlustrate. In 240 Haushalten des Kreises starb die gesamte Familie; 27 Ortschaften wurden völlig verlassen.

Den armen Bauern und unteren Mittelbauern fehlte es nicht an Enthusiasmus für das neue China, aber die Katastrophe nahm zwischen 1960 und 1962 so fürchterliche Ausmaße an, dass man von einem nie da gewesenen Leid sprechen kann. Unsere Geschichte nennt diese auf das System zurückzuführende Tragödie »die drei bitteren Jahre«.

Sofort danach wurden unter der Leitung von Mao Zedong die 60 Richtlinien für die Volkskommunen festgelegt: die Volkskommunen wurden in die drei Stufen, Kommunen, große Produktionsbrigaden und Produktionsbrigaden, aufgeteilt, die Produktionsbrigaden zur grundlegenden Rechnungseinheit erklärt. Dadurch wurden die Volkskommunen auf den Maßstab der elementar organisierten Genossenschaften zurückgeführt. Das Schlimmste war damit überstanden, aber das Existenzproblem der ländlichen Gebiete längst nicht grundsätzlich gelöst. Die Volksbrigaden aßen weiter aus »dem großen Topf«, und auch die »große Konfusion durch die Zentralisierung der Arbeit« wurde, solange die Mitglieder der Volkskommunen arbeiteten, nicht angetastet; die »linke« ideologische Linie wurde weiter nicht zur Rechenschaft gezogen und korrigiert. Bis Ende der 70er Jahre konnten die chinesischen Bauern die Fesseln des Systems der Volkskommunen nicht abstreifen.

Während der linksradikalen Kulturrevolution trieb China seine Kampagnen zur Kritik am Kapitalismus zum Äußersten. Selbst eine

Bauernfamilie, die zu Hause für den Dorfmarkt zwei Hühner aufzog und ein wenig Kohl anpflanzte, beschritt, so hieß es, den Weg des Kapitalismus.

Die nationalen Verteilungsstatistiken der Volkskommunen zeigen es: Der Arbeitstag eines Bauern war damals nicht mehr wert als einen Jiao und einen Fen, das heißt, der Lohn für die schweißtreibende Arbeit eines ganzen Tages reichte gerade für eine halbe Packung der minderwertigsten Zigaretten; die Bauern in vielen Regionen ackerten das ganze Jahr hindurch und standen am Ende nicht nur mit leeren Händen da, sondern schuldeten den Produktionsbrigaden Geld! In einer heißen Phase der Propaganda, der zufolge »in schöner Landschaft« überall »Pirole sangen und Schwalben zwitscherten«, erreichte damals in Anhui und zahlreichen anderen Provinzen die Getreideproduktion pro Arbeitskraft nicht einmal den Stand der Han-Dynastie vor 2000 Jahren.

Man kann wirklich sagen, dass die chinesischen Bauern in Not und Elend lebten!

Nach dem Ende des zehnjährigen Chaos der Kulturrevolution fuhr Wang Guangyou, damals stellvertretender Sekretär des Provinzkomitees und seit Jahren Leiter der Agrarressorts, zu Nachforschungszwecken tief in das alte Befreiungsgebiet der Revolution am Dabie-Gebirge. Und als er ein Bauernhaus betrat, schossen ihm vor der Szene, die sich ihm bot, die Tränen in die Augen: ein alter Mann nackt auf einem Bett, hinter dem Ofen geduckt zwei große Mädchen von 17, 18 Jahren, ebenfalls ohne einen einzigen Faden am Leib, zu arm für eine Hose! Und das war die Wiege der chinesischen Revolution! Welche Opfer hatte das Volk aus den alten Befreiungsgebieten in den Jahren des revolutionären Kampfes für die Revolution gebracht! Wang Guangyou sagte tief ergriffen: »Ich wusste, dass die Bauern arm sind, aber ich habe nicht erwartet, dass die Armut ein solches Ausmaß angenommen hat. Wir haben so viele Jahre Sozialismus gemacht, wo ist denn jetzt dessen Überlegenheit? Haben wir uns der Bauern würdig erwiesen?« Er war beschämt und voller Unruhe.

Wer Felder bestellte, hatte nicht genug zu essen, das ganze Land bekam die Armut zu kosten. Auf die überwiegende Mehrheit der damaligen Stadtbewohner kam pro Tag und Person nicht einmal ein Pfund Getreide, es gab nur ein halbes Pfund Fleisch im Monat, zwei Liang* Zucker, vier Liang Speiseöl, vier Liang Kuchen, ein halbes Pfund Tofu und ein Stück Tofu-Käse. In Städten mit schlechteren Bedingungen konnte nicht einmal das garantiert werden.

Kurz, es nahm kein Ende mit den Lebensmittelmarken und dem Schlangestehen. Auf diese Weise verbrachte das chinesische Volk Jahre! Das waren die schlimmen Konsequenzen, die man zu kosten bekommen musste, wenn man auf den Bauern, den »Eltern unserer Kleidung und Nahrung«, herumtrampelte und die normale Produktion der Landwirtschaft zerbrach!

Damals war im ganzen Land eine inhaltlich nahezu identische Geschichte von einem Bauern bei der Ernte im Umlauf: die ersten drei Hacken für Regierung, Getreideabgabe und Steuer; die nächsten drei Hacken für den Lohn des Leiters der Volkskommune, des Direktors der großen Produktionsbrigade und des Direktors der kleinen Produktionsbrigade; und dann noch drei Hacken für alle weiteren vermaledeiten Abgaben und Blutsauger. Erst die zehnte Hacke gehörte ihm selbst.

Wie hätten die Bauern, die unter einem derartigen wirtschaftlichen und psychischen Druck standen, nicht mit Gott und der Welt hadern sollen!

Doch wenn es den Bauern nicht gut ging, dann war man seit jeher gewohnt, die Verantwortung dafür auf Naturkatastrophen zu schieben oder sie Kadern zuzuweisen, die nicht genug »von Dazhai*« gelernt hatten – andernfalls lief es auf Sabotage des Klassenfeindes hinaus.

Nach den zehn chaotischen Jahren der Kulturrevolution wurde in den ländlichen Gebieten von Anhui »das System der Familienproduktion und -verantwortung bei Landverpachtung« gestartet, indem das Umfassende Verantwortungssystem den Egalitarismus der »großen Zentralisierung der Arbeit« revolutionierte, wodurch die ländlichen Gebiete Chinas schnell in die erfreuliche Lage kamen, drei Generationen in der Landwirtschaft zu beschäftigen. Wang Guangyou, der Sekretär des Parteikomitees der ehemaligen Volkskommune Dabo im Kreis Feixi, Provinz Anhui, hat dafür die folgende Metapher geprägt: »Früher waren die Mitglieder der Volkskommunen eingesperrt wie Enten im Korb, und sie schnatterten aufgeregt. Jetzt, wo die Ertragsquote bei den Haushalten liegt, sind die Enten frei, sie schwimmen im Teich, strecken die Flügel und paddeln im Wasser, manche schlagen vor Übermut Purzelbäume, manche jagen einander im Spiel, alles sehr lebendig!«

Mit dem Umfassenden Verantwortungssystem setzte sich ab Ende der 70er Jahre in einer zweiten großen Anstrengung die Agrarreform des neuen China fort. Sie brachte eine sehr geschwinde Entwicklung der Wirtschaft in den ländlichen Gebieten und führte zu dem schönen

Erfolg, dass zwischen 1982 und 1984 das jährliche Durchschnittseinkommen der Bauern real um über 15 Prozent stieg. Natürlich brachte das auch restaurative Entwicklungen mit sich, und Wang Guangyou erwies sich als allzu optimistisch. Denn auch wenn wir nach der 3. Plenartagung des 11. Parteitags bereits in der Mitte der 80er Jahre und damit in der Mitte der Reform- und Öffnungspolitik angelangt waren, so war an dem System des staatlichen Getreideaufkaufs, das die chinesischen Bauern mehr als 20 Jahre eingeschränkt hatte, weder gerührt noch gerüttelt worden. Der Staat legte Menge und Preise für die Erzeugnisse der Landwirtschaft und des bäuerlichen Nebengewerbes im Sortiment fest. Und diese Festlegung richtete sich geradewegs nach den Bedürfnissen der Städte und des staatlichen Exports und reflektierte im Grunde nicht die realen Bedürfnisse der Bauern und der ländlichen Gebiete. Außerdem war seit vielen Jahren dieses An- und Verkaufssystem, das der Beziehung zwischen Stadt und Land und zwischen Arbeitern und Bauern schwer geschadet hatte, zum Allheilmittel gemacht worden: Was dem Staat fehlte, das holte er sich von den Bauern. Zu seinen Bedingungen. Das hatte zur Folge, dass die staatliche Abnahme von Erzeugnissen der Landwirtschaft und des bäuerlichen Nebengewerbes immer mehr zunahm und wie ein Berg auf den chinesischen Bauern lastete.

Die Liste der Produkte in diesem An- und Verkaufssystem war lang und wurde immer länger: Schlachtschweine, Mastrinder, frische Eier, Flachs, roter Flachs, Hanf, im Rauch getrockneter Tabak, der berühmte, in der Sonne getrocknete Tabak, Tee, Seidenraupen, Rindsleder, Schaf-, Lamm- und Ziegenfelle, Schweinsleder, Kaschmirwolle, Federn, Wollschaf-, Ziegen- und Schweinedarm für Wurstpellen, Schweineborsten, Maozhu-Bambus, Stangenbambus, Palmblätter, Rohlack, Holzkohle, Schilfmatten, handgeschöpftes Papier, Bienenhonig, Zitrusfrüchte, Äpfel, gedörrte chinesische Datteln, Sichuan-Senf, Sternanis, Mu-Er-Pilze, Taglilien, Zugtiere, Tongbaumöl, Rizinusöl, Harz, Talg, Trompetenbaumöl, Pfefferminzöl, Zitronenöl, Zuckerrohr, Zuckerrüben, Kiefernharz, Naturkautschuk, Getreide, Baumwolle, Ölpflanzen, Holz …

Hinzu kamen 21 Wasserprodukte und 53 chinesische Heilpflanzen, das Ganze addierte sich auf über 132 Produkte. Die Liste umfasste fast die gesamte Palette landwirtschaftlicher Produkte im weitesten Sinn und ließ den chinesischen Bauern nicht den geringsten Raum zur Entwicklung einer Warenproduktion!

Die Städter waren über alle möglichen Propagandamedien informiert, dass die chinesischen Bauern die zweite Befreiung begrüßten, sie wussten, dass sich in den ländlichen Gebieten eine umwälzende Veränderung vollzog, wussten, dass die Bauern schließlich auf dem von ihnen selbst vertraglich übernommenen Boden anbauen konnten, was sie wollten – was sie jedoch nicht wussten, war, dass die chinesische Bauernschaft weiterhin an das starre staatliche An- und Verkaufssystem gebunden war!

Man muss zugeben, dass dieses System in einem sehr großen Umfang den Aufbau des Staates, die Versorgung der Städte und die Bedürfnisse des Exports garantierte, doch es beraubte ein paar 100 Millionen Bauern despotisch des Rechts an ihren Waren, behinderte die Industrialisierung der Landwirtschaft und zerschnitt die Beziehungen zwischen Stadt und Land. Vor allem wurden Erzeugnismengen und -preise von oben diktiert, ohne die Bedürfnisse der ländlichen Gebiete und der Bauern groß zu bedenken. Dadurch konnten die Bauern selbst nicht in Genuss ihrer eigenen Produkte kommen, man konnte sie in den ländlichen Gebieten nicht kaufen, der Ankaufspreis lag niedriger als die Produktionskosten; von der Vergeblichkeit der harten Arbeit eines Jahres ganz zu schweigen, blieb manchem nichts anderes übrig, als zu höherem Preis die Produkte zurückzukaufen, die er zur »Erfüllung« seiner Verkaufsquote an den Staat zu einem niedrigeren Preis hatte abgeben müssen.

Und für ihre Klagen gegen diese völlig unvernünftige Überbelastung hatten die Bauern, auch wenn sie im Recht waren, keinen Ansprechpartner!

Schließlich meldete sich Hu Yaobang* in seiner Funktion als Generalsekretär der Partei nach einigen regionalen Untersuchungen zu Wort: »Von heute an müssen wir mit größerem Mut nach innen tätig werden und uns nach außen öffnen. Was die Bauern selbst tun können, das sollen sie tun können; was sie nicht tun können, darin soll sie die Region unterstützen; was die Region nicht schafft, kann der Staat übernehmen. Das Zentralkomitee hofft auf schnelleren Wohlstand für die Bauern.«

Auch Wan Li, als stellvertretender Ministerpräsident in leitender Funktion zuständig für Fragen der Landwirtschaft, wurde ähnlich deutlich: »Hindernisse für die Entwicklung der Warenproduktion müssen beseitigt werden.«

Danach legte das Zentralkomitee der Kommunistischen Partei samt dem Staatsrat mit noch einmal verstärkter Dynamik weitere zehn Richtlinien für die Wirtschaft in den ländlichen Gebieten fest. Am meisten Aufmerksamkeit erregte dabei die Reform des staatlichen An- und Verkaufssystems. Die Reform dieses Systems war für die ländlichen Gebiete von ebenso großer Bedeutung wie die Einführung des Umfassenden Verantwortungssystems, es war ein grundlegender Durchbruch auf dem Weg zur Entlastung der Bauern!

Natürlich wurde das damalige wirtschaftliche und gesellschaftliche Leben noch von der Planwirtschaft bestimmt, so dass das Problem dieses ausgesprochen unvernünftigen Systems staatlicher Getreideaufkäufe nicht von Grund auf gelöst werden konnte. Es wurde lediglich umgewandelt in ein System vertraglich festgelegter Aufkaufsquoten, und auch dieses neue »System« ließ den Bauern im Grunde kein Mitspracherecht. Es war keine Verkörperung fairen Handels und gegenseitiger Nutznießung, und die vom Staat vertraglich festgelegten Getreidepreise waren in der Regel sehr viel niedriger als der Marktpreis. Diese Differenz hatte noch immer den Charakter einer Steuer, und als verdeckte Steuer und unsichtbare Belastung wurde sie auch von den Bauern betrachtet.

Doch wie man es auch dreht und wendet: Die Fesseln einer Agrarpolitik, welche die chinesischen Bauern an das staatliche An- und Verkaufssystem gebunden hatte, waren gelockert.

Gerade als die Vertiefung der Reform in den ländlichen Gebieten einen lebhaften Aufschwung erlebte und sich erfreulich bemerkbar zu machen begann, fasste am 20. Oktober 1984 die 3. Plenartagung des 12. Parteitags einen Beschluss, der das Zentrum der Reformen von den ländlichen Gebieten auf die Städte verlagerte.

Der Beginn der Reformen in den Städten hätte rein theoretisch für die Reform der ländlichen Gebiete und deren Wirtschaft eine neue Herausforderung sein können, zugleich auch eine neue Chance, die Reformen von Stadt und Land aufeinander abzustimmen und sich gegenseitig befruchten zu lassen.

Aber diese idealen Umstände traten nicht ein.

Denn jede Reform kostet Geld. Die Verlagerung des Zentrums der Reformen bedeutete eine einseitige Verlagerung der Einkommensverhältnisse zugunsten der Städte, und das bedeutete unausweichlich, dass die Wirtschaft der ländlichen Gebiete erneut in eine äußerst schwierige Lage schlitterte.

Es ist eine historische Tatsache, dass das Zentralkomitee, beginnend mit dem Jahr 1982, jährlich ein Dokument Nr. 1 zur Reform in den ländlichen Gebieten formulierte, in den folgenden Jahren insgesamt fünf Dokumente. Die waren für die Reformen von großer Bedeutung, man darf das nicht unterschätzen. Vielleicht erinnert man sich noch daran, wie 1984 bei den feierlichen Umzügen zum 35. Jahrestag der Staatsgründung Bauern aus der Umgebung von Peking ein großes Transparent mit der Aufschrift »Nr. 1-Dokumente sind gut« stellvertretend für Millionen ihrer Klassengenossen über den Platz des Himmlischen Friedens trugen. Aber als Folge der Verlagerung des Reformschwerpunktes auf die Städte waren es nicht mehr viele Richtlinien, die für die Landwirtschaft erlassen werden konnten. Die Nr. 1-Dokumente des Zentralkomitees zur Reform der ländlichen Gebiete mussten immer abstrakter, immer prinzipieller werden, es gab keine neuen Inhalte und Maßnahmen, und schließlich verschwanden sie ganz.

Und so spülte eine Realität wieder an die Oberfläche, die die Menschen nicht sehen wollten: Nach langen 32 Jahren, seit Liao Luyan in der Anfangszeit der Volksrepublik auf das Problem der Bauernlasten hingewiesen hatte, wurde auf einer am 6. Dezember 1984 in Peking einberufenen Konferenz über die Arbeit in den ländlichen Gebieten – am Ende just jenen Jahres, an dem der Reformschwerpunkt verlagert worden war – auf genau das gleiche Problem noch einmal hingewiesen.

Damals hatte die Wirtschaft in den ländlichen Gebiete gerade erst angefangen aufzuleben, davon reich geworden war nur eine extreme Minderheit, aber auf den verschiedenen Verwaltungsebenen war man überraschenderweise der Überzeugung, dass die Bauern bereits sehr wohlhabend geworden seien, und viele Behörden zogen den Bauern nach und nach das Geld aus der Tasche, indem sie die Preise für landwirtschaftliche Produktionsmaterialien hochsetzten, Steuern und Gebühren erhöhten und dergleichen mehr.

Zwar mahnte Deng Xiaoping damals: »Wenn es in der Landwirtschaft zu Irritationen kommt, können wir das nicht in drei bis fünf Jahren ungeschehen machen.« Außerdem unterstrich er: »Wir müssen der Landwirtschaft den Platz einräumen, der ihr zukommt.« Doch die Realität sah anders aus: Um das Problem der Unkosten, die die Reformen in der Stadt verursachten, zu lösen und um gleichzeitig die Geschäftskosten des Staates bei der Eintreibung der Agrarsteuern auf ein Minimum zu reduzieren, wurden die Volkskommunen umgewandelt in 1766 Gemeindeverwaltungen mit unabhängigen finanziellen

Interessen und entsprechenden fiskalischen Rechten. Später nahm diese unterste Verwaltungsebene der ländlichen Gebiete ungeahnte Ausmaße an: Strukturen, die es an der Spitze gab, wurden ausnahmslos auch hier übernommen. Man richtete mit der Zeit Parteikomitees ein, Verwaltungen, Disziplinaruntersuchungen, Volkskongresse, Konsultativkonferenzen und sechs Gruppen von Streitkräften. Diese sechs Gruppen gehörten verwaltungstechnisch zur Gemeindeebene. Die Gemeindeverwaltungen wuchsen sich immer mehr aus und brachten nacheinander »sieben Ämter und acht Büros« hervor, die höhere Verwaltungsbehörden vertraten. So entstanden Büros für öffentliche Finanzen, Steuern, öffentliche Sicherheit, Industrie und Handel, Verkehr, Hygiene, Getreideverwaltung, Agrartechnik, Wasserwirtschaft, Saatgut, Pflanzenschutz, Agrarmaschinen, Viehzucht, Nahrungsmittel und Fischerei. Es war, wie man so sagt, der Spatz zwar klein, aber an ihm war alles dran.

Diese Tag für Tag expandierenden Einheiten und täglich mehr werdenden Angestellten mussten ohne Ausnahme von den Bauern ernährt werden. Ihre Lasten wurden immer schwerer.

Und diese Umwandlung wurde durch die Bank für einen »Durchbruch bei der Reform der ländlichen Gebiete« gehalten, »der die Aufmerksamkeit der ganzen Welt auf sich zieht«. Man wusste nicht, ob man weinen oder lachen sollte.

Der Staat hat die wuchernden Strukturen und das überflüssige Personal nicht nur nicht entschlossen gestutzt und gekürzt, nein, um die unaufhörlich wachsenden Ausgaben der unteren Behörden und der regionalen Verwaltungs- und Parteiorganisationen zu decken, wurde im Gegenteil durch die berühmten »Dokumente mit dem roten Briefkopf« unablässig und unnachgiebig die Belastung der Landwirtschaft und der Bauern weiter erhöht: Nicht nur wurde aus der Agrarsteuer eine Agrarsonderproduktsteuer abgeleitet und eine »Vorschrift zur Führung der Arbeitsdienste und die Kostenübernahme durch die Bauern« erlassen, schlimmer noch, man lud auch noch die auf Dorfebene organisierten öffentlichen Reserve- und Wohlfahrtsfonds, die Bezahlung der Dorfkader, die Verwaltungskosten, die allgemeinen Steuern und die Gemeindegesamtplanung sowie all das, was für die Schulen, die Geburtenplanung, die Veteranen und Hinterbliebenen, die Ausbildung der Volksmiliz und die Instandhaltung der öffentlichen Wege gebraucht wurde, den Bauern auf und verabschiedete starre Bestimmungen in Bezug auf die Kriterien der Steuererhebung. Darunter war vieles, was eigentlich aus Verwaltungsmitteln hätte finanziert werden müssen und sich am Ende zu einem wichtigen Bestandteil der Bauernlasten entwickelte.

»Warum musste man denn die Obergrenze für die Belastung der Bauern auf maximal fünf Prozent des Nettoeinkommens des Vorjahres festlegen?«, haben wir einige Fachleute in Peking gefragt, und die relativ einmütige Ansicht dieser Fachleute war: Weil das Produktionsniveau der einzelnen Arbeitskraft in der chinesischen Landwirtschaft zur Zeit noch sehr niedrig ist und die erwirtschafteten Überschüsse in der Landwirtschaft geringfügig sind. Wenn über die Agrarsteuer und die Agarsonderproduktsteuer hinaus die Belastung der Bauern fünf Prozent des Nettoeinkommens des Vorjahres erreicht oder gar überschreitet, hat die Landwirtschaft Schwierigkeiten, auch nur die einfache Reproduktion aufrechtzuerhalten.

Als wir das hörten, wurde uns das Herz schwer. Denn das entsprechende Material und die realistischen Untersuchungen von Dr. Wen Tiejun zu den »Drei-Land-Problemen« zeigten, dass die Zahlen, die die statistischen Ämter nach oben weiterleiteten, im Durchschnitt um 54 Prozent höher lagen als die Zahlen der landwirtschaftlichen Behörden. Die statistischen Ämter errechneten ein durchschnittliches Nettoeinkommen für die gesamten Kreise und Provinzen, also einschließlich der Städte, wo das Einkommen um vieles höher liegt als in den ländlichen Gebieten. Das heißt, die Steuereinnahmen fielen viel größer aus, wenn auch für die Bauern die Mittelwerte der statistischen Ämter zugrunde gelegt wurden. Und genau das taten die Regionen bei ihrer Steuerberechnung!

Die chinesischen Bauern verloren unter der Last der unablässigen Verwaltungsgebühren und all der Abgaben, Fonds und Bußgelder das Vertrauen in Partei und Regierung. Der Feuereifer, den das Umfassende Verantwortungssystem in früheren Jahren ausgelöst hatte, war längst dahin.

Was die Reform der ländlichen Gebiete angeht, die einmal von Anhui aus das ganze Land ergriffen hatte, so betonte später Wan Li als Vizepräsident des Staatsrats und Vorsitzender des Ständigen Ausschusses des Nationalen Volkskongresses: »Die Vorteile, die man den Bauern eingeräumt hat, darf man nicht wieder zurücknehmen. Wir müssen unbedingt noch ein Dokument herausbringen, das den Bauern Mut macht, sonst werden die Bauern nicht mehr auf die Worte der Partei hören.«

Doch die Vorteile für die Bauern wurden nichtsdestotrotz einer nach dem anderen zurückgenommen.

Die Forderung der 3. Vollversammlung der 11. Plenartagung, die Investitionen in die Landwirtschaft schrittweise auf 18 Prozent der Gesamtinvestitionen der Volkswirtschaft zu erhöhen, ist niemals verwirklicht worden. Jedes Jahr war von einer Erhöhung der Investitionen die Rede, am Ende überließ man das den Bauern. Die Bauern murrten über die Worte, denen niemals Taten folgten, und bezeichneten sie als »Klappern ohne Handwerk«.

Seit der Verlegung des Reformschwerpunktes von den ländlichen Gebieten in die Städte wurde der Abstand zwischen Stadt und Land, Städtern und Bauern immer größer, und was wir am wenigsten gehofft hatten, trat ein: In den Städten wurde in einem rasenden Tempo alles größer, höher, schöner, der Lebensstandard verbesserte sich von Tag zu Tag; doch in den riesigen ländlichen Gebieten hatten wir das Phänomen »steigender Produktion bei nicht steigendem Einkommen«. Dieses Phänomen zeigte sich zum ersten Mal zwischen 1989 und 1991. Die Landwirtschaft produzierte erfreulich gute Ernten, doch nach Abzug der Preisfaktoren stieg das Nettojahreseinkommen der Bauern nur um zwei Prozent, 1991 gab es gar ein Minuswachstum. Das zweite Mal trat das Phänomen nach 1996 auf; über zwei Jahre ging der Zuwachs des Nettojahreseinkommens kontinuierlich zurück, von neun Prozent auf 4,6 Prozent und schließlich auf vier Prozent im Jahre 1998.

»Die Regierung hat von dem zwischen 1989 und 1992 rasanten Zuwachs der Bauernlasten früh und relativ einmütig Kenntnis genommen, aber inwieweit man nach 1992 und vor allem in den letzten Jahren über die Höhe der Bauernlasten Bescheid wusste, kann man heute nicht klar beurteilen.« Diese Worte stammen aus der Feder von Wen Tiejun. Er war als junger Mann und einer der Spezialisten für die »Drei-Land-Probleme« von Anfang an in den Versuchsregionen für die Reform der ländlichen Gebiete Chinas dabei. Später, in seinen mittleren Jahren, veröffentlichte er die Monographie »Untersuchung des grundlegenden Wirtschaftssystems in den ländlichen Gebieten Chinas«, die vom Landwirtschaftsministerium mit dem ersten Preis für Fortschritt in Wissenschaft und Technik geehrt wurde und aus der wir hier zitiert haben.

Während der Einkommenszuwachs der Bauern sich immer mehr verlangsamte, wurde eine Einschätzung der Situation der Bauernlasten offensichtlich immer wichtiger. Und da nach 1992 und vor allem für die letzten Jahre eine klare Einschätzung fehlt, inwieweit die Regierung über das Niveau der Bauernlasten informiert war, waren »Steigerung der Produktion ohne Steigerung des Einkommens« und Minuswachstum offensichtlich das Normalste von der Welt.

Einige hatten sich schon einmal an diese Arbeit gemacht (wie wir) und die entsprechenden Richtlinien und Kommentare in den von den Organen des Zentralkomitees und des Staatsrats in der *Renmin Ribao (Volkszeitung)* veröffentlichten Dokumente in einen Computer eingegeben und analysiert – Resultat: In den Passagen, die sich auf die Landwirtschaft, die ländlichen Gebiete und die Bauern bezogen, tauchte ein neues Vokabular auf, das es in der chinesischen Sprache so vorher noch nicht gegeben hatte: »Auszehr der Landwirtschaft«, »Auszehr der reichen Familien«, »Quittunggeben«, »Prahlerei in der Landwirtschaft«, »Bauernlasten« usw. usf.; ständig und ständig wiederholt wurde die »Entlastung der Bauern«.

Das war eine Analyse, die nachdenklich machte.

Als wir mit der Abfassung dieses Buches beschäftigt waren, wurde in Peking auf höchster Ebene ein internationaler Kongress zur Frage der Entwicklung Chinas eröffnet, auf dem nicht wenige Fachleute appellierten: Um den Erfordernissen zu entsprechen, die der Eintritt in die Welthandelsorganisation mit sich bringe, müssten die Richtlinien für unsere Landwirtschaft einer riesigen Readjustierung unterzogen werden; man müsse nicht nur die Unterstützung für die Landwirtschaft erhöhen, auch die Steuern müssten gesenkt werden.

Die Fachleute wiesen darauf hin, dass die OECD-Staaten die Landwirtschaft jährlich in einer Größenordnung von 250 Milliarden US-Dollar subventionieren. Die USA etwa subventionieren jeden Maisanbauer mit 30.000 Dollar, das ist ungefähr das Hundertfache des durchschnittlichen Einkommens eines Maisanbauers im chinesischen Nordosten. Im Allgemeinen subventionieren alle Länder ihre Agrarprodukte und halten damit die Weltmarktpreise für Agrarprodukte künstlich niedrig. Wir sind eines der wenigen Länder, das seine Landwirtschaft nicht direkt subventioniert.

In den nur zehn Jahren von 1990 bis 2000 stieg die von den Bauern erhobene Gesamtsteuer von 8,790 Milliarden rasant auf 46,530 Milliarden Yuan, das war ein Anstieg um das Vier- bis Fünffache. Die Pro-Kopf-Steuer der Bauern erreichte eine Größenordnung von 146 Yuan, wo Stadtbewohner nur durchschnittlich 37 Yuan zu entrichten hatten –

und wo ihr Realeinkommen bereits sechsmal höher war als das reale Einkommen der Bauern, hatten die Bauern das Vierfache an Steuern zu zahlen! Das allein war eine große Ungerechtigkeit, doch die Bauern hatten neben der Agrarsteuer und der Agarsonderproduktsteuer auch noch Steuern und Planungsabgaben mit unterschiedlichsten Namen und die verschiedensten gesellschaftlichen Lasten zu tragen. Auch wenn nicht die Rede davon sein kann, dass die chinesischen Bauern unsagbar litten, so war dies doch eigentlich der Grund für die Unterlegenheit der chinesischen Landwirtschaft im internationalen Wettbewerb.

Die kapitalistischen Staaten Westeuropas und Amerikas konnten durch eine vernünftige Deflation auf der einen Seite die Zinsen und andererseits die Steuern senken und in großem Maßstab die Ausgaben für Verwaltung und Verwaltungspersonal verringern – schwer zu glauben, dass ein sozialistischer Staat wie der unsere nur in der Lage sein sollte, die Zinsen zu senken, aber nicht die Steuerlast auf die arbeitende Bevölkerung!

Steuern wie ein Ochse Haare

In den letzten beiden Jahren waren wir unermüdlich auf den Äckern und Feldern von Anhui unterwegs, um uns über eine Frage Klarheit zu verschaffen: Wieviele verschiedene Steuern und Gebühren werden eigentlich von den Bauern erhoben? Erst später fanden wir heraus, dass uns das niemand würde beantworten können.

Allein die Vielfalt der Bezeichnungen für Steuern ist erschreckend! Die Statistiken der Kontroll- und Administrationsbehörden des Zentralkomitees verzeichnen allein für ihren eigenen Bereich 93 verschiedene Posten von Rücklagen, Fonds und Abgaben, die mit den Bauernlasten zu tun haben, verteilt auf 24 staatliche Behörden, Komitees, Sekretariate und Büros; in den Regionen beläuft sich die Zahl dieser Posten auf 269; und dann sind da auch noch die von keiner Statistik zu erfassenden Trittbrett-Abgaben, die dadurch entstehen, dass man im Rahmen der staatlichen Readjustierung der Preise auch die Preise auf andere Güter erhöht und die Differenz abschöpft.

Bei unseren Recherchen stellten wir fest, dass von Anfang an viele davon von den Dorf- und Gemeindekadern nach Lust und Laune erhoben wurden. Die einen offenbarten ihre Absurdität, wenn man nur von ihnen hörte, die anderen schienen von einem gewissen schwarzen Humor geprägt, doch einen Heller schuldig bleiben durfte niemand.

An Gemeindefonds gab es: den Fonds zur Errichtung von Verwaltungsgebäuden; den Fonds zur Errichtung von Schulgebäuden; den Fonds zur Errichtung eines wissenschaftlichen und technischen Netzwerkes; den Fonds zur Einrichtung von Ambulanzen; den Fonds zur Errichtung von Zentren für Parteiaktivitäten; den Fonds zur Errichtung von Propagandadienststellen für Geburtenplanung; den Fonds zur Errichtung von Radiostationen; den Fonds zur Errichtung von Kinos; den Fonds zur Errichtung von Unternehmungen; den Fonds zur Umgestaltung der Umwelt, den Unterstützungsfonds für den Kampf gegen Kriminalität und viele mehr.

An Verwaltungskosten gab es in den Gemeinden: Ausgaben für die Renovierung von Verwaltungsgebäuden; Ausgaben für Dienstreisen und Arbeitsessen von Kadern; Ausgaben für Aktivitäten der Kommunistischen Partei und ihres Jugendverbands; Ausgaben für Versammlungen des Nationalen Volkskongresses und der Nationalen Repräsentativkonferenz der Kommunistischen Partei Chinas und viele mehr.

An Ausgaben für Dorfkader und unproduktives Personal gab es: festgelegte Beihilfen für Parteizellensekretäre, Dorfkomiteevorsitzende und Buchhalter; Verdienstausfallausgleich für Kompanieführer der Volksmiliz, Mitglieder des Komitees für Öffentliche Sicherheit, Parteizellensekretäre des Kommunistischen Jugendverbandes, Frauenvorsitzende und Leiter von Ortsgruppen; Beihilfen für Tierärzte, Agrartechniker, Radioangestellte, Forst- und Böschungsschutzbedienstete, Zeitungsausträger, Hygiene- und Reinigungspersonal; Beihilfen für Elektriker, Bewässerungsarbeiter, Tischler, Dachdecker und alle weiteren nützlichen Helfer, die in einer Gemeinde eingesetzt werden, und viele mehr.

An Ausgaben für die Bildung gab es: Gehalt für vom Volk angestellte Lehrer; Beihilfen für vom Staat angestellte Lehrer; Kosten für die Errichtung und den Umbau von Schulgebäuden; die normalen Kosten für die Schulverwaltung; Materialkosten für Zeitungen und Büchereien; Kosten für die Ausstattung von Schulen mit technischem und Sportgerät und viele mehr.

An Ausgaben für die Geburtenplanung gab es: Kosten für die Gesundheitsfürsorge alleinerziehender Mütter; Kosten für die Versorgung bei Eingriffen zur Geburtenkontrolle; Beihilfen für Mitglieder des

Komitees für Geburtenplanung; Beihilfen für die kleinen Teams für Geburtenplanung und viele mehr.

An Ausgaben für die Ausbildung der Volksmilizen gab es: Unterhaltsbeihilfe für Milizionäre; Arbeitsausfallausgleich für Milizionäre; Beihilfen für den Waffen- und Munitionswachdienst und viele mehr.

An Ausgaben und Beihilfen für das Allgemeinwohl und Veteranen und Hinterbliebene gab es: Zuschüsse für die Errichtung von Altenheimen; für die Angestellten von Altenheimen; für die Errichtung von genossenschaftlicher medizinischer Betreuung; für das medizinische Personal in den ländlichen Gebieten; für die Vergünstigungen von Angehörigen gefallener Helden; für die Vergünstigungen von Invaliden; für die Vergünstigungen der Familien von Soldaten im aktiven Dienst; für die Vergünstigungen für alte, schwache, kranke und invalide ehemalige Armeeangehörige; für die Betreuung von Arbeitsunfällen bei staatlichen Bauprojekten vorübergehend beschäftigter Arbeiter aus der Landbevölkerung; Betreuung bedürftiger Haushalte; Betreuung der fünf Garantien und viele mehr.

Darüber hinaus gab es noch Beihilfen für unentgeltliche Arbeitsleistungen im Straßenbau; Beihilfen für Lohnarbeit bei der Errichtung von Kulturdörfern; Kosten für Betrieb und Instandhaltung von Straßen und den Bau von Plätzen; Planungsgebühren für Häuser mit Garten, Baugenehmigungsgebühren; Kosten für die Saatgut-Quarantäne, für die Impfung des Viehbestandes, für die eiserne Futterkrippe für das Vieh, für die Verlegung von Stromkabeln und den gemeinsamen Kampf gegen Ratten und Mäuse; Kosten für die Anschaffung von Funkgeräten und Motorrädern in den Polizeidienststellen und von Uniformen und Roben für Gerichtsangestellte ...

In manchen Gegenden hatten die Gemeindeschulen darüber hinaus noch Kosten für Förderung, Nachhilfe, Prüfungsbogen, Materialien und Besen. Und allein unter der Rubrik »Schweinezucht« gab es eine Schlachtschweinesteuer, Schlachtsteuer, Mehrwertsteuer, Einkommensteuer und Städtebausteuer, mancherorts spielte es keine Rolle, ob man überhaupt Schweine zog, es wurde pauschal und pro Kopf eine Schweinekopfsteuer erhoben.

Und nicht nur das. Fast alle Behörden, die mit der Landwirtschaft zu tun hatten, ob sie nun zu den Regierungsorganen gehörten oder nur deren Funktionen übernahmen – vor allem in den Bereichen Ernährung, Versorgung und Absatz und Bankwesen –, waren durch die fortlaufende Vertiefung der Reform- und Öffnungspolitik zu Organisationen mit eindeutig unternehmerischen Tendenzen geworden. Öffentliche Aufgaben und unternehmerische Ausrichtung waren nicht getrennt, die Organisationen hatten zwei Funktionen: Umsetzung politischer Richtlinien und Erhöhung des Profits. Dabei nahmen sie oft keine Rücksicht auf Gesetze, gesetzliche Bestimmungen und Verordnungen der Regierung, trieben mit Gewalt Abgaben für berufliche Tätigkeiten oder auf Gewinne aus Preismanipulationen ein, für die man keine Abgaben erheben durfte. Das alles trug erheblich zur Erhöhung der Bauernlasten bei.

Während unserer Untersuchung stellten wir außerdem fest, dass in manchen Gemeinden allein für die Beurkundung einer Ehe vierzehn verschiedene Gebühren erforderlich waren. Außer einer Grundkostengebühr für die Beurkundung waren da noch eine Gebühr für die Referenzen, die notarielle Beglaubigung, die voreheliche Gesundheitsuntersuchung, den Gesundheitsschutz von Mutter und Kind, die Sicherheitsleistung für allein erziehende Mütter, den Konsum beim Hochzeitsfest, eine Schlachtungsgebühr, eine Aufforstungsgebühr für Brautleute, eine Gebühr für Planung und Bau von Kindergärten, die Sicherheitsleistung für die Geburtenplanung, die Sicherheitsleistung für Spätgebärende, die Sicherheitsleistung für die Harmonie in der Ehe und die Sicherheitsleistung für die goldene Hochzeit.

Seitdem der Staat das Umweltschutzgesetz verabschiedet hatte, wurde aus dem Rauch der Herde, auf denen die Bauern ihr Essen kochten, eine Umweltverschmutzung gemacht, und mit vielen schönen Worten wurde von den Haushalten eine »Entsorgungsgebühr« erhoben. Und wenn Bauern von den Dorfkadern ihr Recht verlangten, dann schoss wieder eine »Gesinnungsgebühr« aus dem Boden, und man griff darüber hinaus zu einer während der Kulturrevolution sehr beliebten Theorie – damals hieß es: »Das Problem liegt nicht in der Größe, sondern in der Gesinnung.« Die Höhe dieser Gebühr wurde mehr schlecht als recht nach der Einschätzung der »Gesinnung« festgelegt.

Einige machten sich nicht einmal die Mühe, dem Ding einen Namen zu geben; sie streckten einfach die Hand aus und wollten Geld. Wer etwas dagegen zu sagen wagte oder auch nur die Stirne kraus zog, auf den wurde auf der Stelle losgeschlagen, bis er nach Vater und Mutter schrie.

Heutzutage heißt verwalten: Steuern eintreiben. Das ist längst eine chronische Krankheit vieler Behörden, die sich in Gewalttätigkeiten und Betrug äußert. Da die Besteuerung der Bauern für viele Einheiten und öffentliche Einrichtungen von Partei- und Regierungsorganen von Vorteil ist und außerdem die Organe von Staat und Zentralkomitee in den »Dokumenten mit dem roten Briefkopf« vielen dieser Steuern zugestimmt haben, werden all die Mitteilungen, Bestimmungen, Vorschriften und Beschlüsse zur Entlastung der Bauern auf ihrem Weg durch die Instanzen als Belehrung nach unten weitergegeben – Hauptsache, niemand hält sich daran. Wenn der Druck größer wird, hält man sich ein wenig mehr zurück; wenn der Wind umschlägt, kommt man wieder aus den Löchern.

Hier taucht ein aus der Mechanik bekannter Begriff auf, der im Zusammenhang mit der Entlastung der Bauern häufig angeführt wird: Plastizität. Je größer der Druck wird, um so größer wird die Plastizität. Sehr schnell werden spezielle Eigenarten ausgebildet, was bedeutet: Wenn es von oben Vorgaben gibt, gibt es unten Gegenvorgaben.

Die Geburtenplanung gehört längst zur nationalen Politik, ist eine unantastbare »Hochspannungsleitung«. Doch als die guten Richtlinien für die Geburtenplanung erst einmal in die Hände einiger Dorfkader gelangt waren, wurden sie in haarsträubende regionale Richtlinien umgesetzt: »Wer ins Wasser geht, den soll man nicht retten; wer Tabletten nimmt, dem soll man das Tablettenfläschchen nicht wegnehmen; wer sich aufhängt, dem soll man das Seil nicht durchschneiden.« Zugleich wurde die Geburtenplanung als neuer wirtschaftlicher »Wachstumsbereich« betrachtet und als Freibrief für die ungezügelte Anhäufung von Reichtümern.

Ein stellvertretender Vorsitzender des Volkskongresses von Anhui sagte uns, bei einer Kontrolle habe man im Kreis Suixi eine Ortschaft entdeckt, bei der durch unangekündigte Stichproben innerhalb eines kurzen Monats über 3,10 Millionen Yuan an Bußgeldern verhängt wurden. Weil dort außerdem das Gesetz durch Bußgelder ersetzt wurde, konnte, wer ein Bußgeld zahlte, Kinder bekommen, die Geburtenerlaubnis war ein »Geldbäumchen«, und schon früh in den 90er Jahren gab es in diesem Kreis plötzlich zehntausend zusätzliche »schwarze« Kinder.

Die Justizbehörden des Kreises Lixin veröffentlichten in einem besonderen Fall einen Gerichtsbeschluss, der den Leuten die Sprache verschlug. Drei Kader mit Namen Lin Ming, Yuan Zhidong, Li Peng aus der Gemeinde Sunmiao hatten, beginnend mit dem 3. Dezember 1998 bis zu ihrer Festsetzung Mitte Mai 1999, unter der Bezeichnung

»Schule des Volkes« Killer angeheuert, Spezialwagen ausgestattet und unter falschen Anschuldigungen wie »Behinderung der Behörden«, »unerlaubte Geburt« und »Übertretung der Geburtenbeschränkung« oder auch ganz ohne Angabe irgendeines Grundes in den 22 zur Gemeinde Sunmiao gehörenden Ortschaften über 200 unglückliche Bauern aus den Familien heraus verhaftet, in ihre Privatgefängnisse gesteckt und mit allerübelsten Methoden in großem Stile Geld erpresst.

Ihre drei Privatgefängnisse waren Orte des Schreckens und des Terrors, die Fenster waren verhängt, und in den Zimmern gab es keinerlei Licht, am helllichten Tag war es darin stockfinster. Und weil ohne Unterschied Groß und Klein in diese Gefängnisse gesperrt wurde, stank es darin den ganzen Tag zum Himmel. Die inhaftierten Bauern mussten ihr Bettzeug selbst mitbringen, konnten nur auf der Erde schlafen, und es blieb ihnen nichts anderes übrig, als sich mit Exkrementen und Maden abzufinden. Man mochte davor am liebsten die Augen verschließen.

Diao Xiying, Wang Qin und Xiao Shi waren dort einen Monat lang inhaftiert wegen eines Vergehens mit dem überraschenden Namen »ungebührliches Betragen der Schwiegertochter«. Der Haftgrund für Li Ying, die sich wegen einer schwierigen Entbindung, die in der Gemeinde nicht durchgeführt werden konnte, ins Kreiskrankenhaus hatte fahren lassen, war: »Entbindung ohne Angabe der Uhrzeit«; für Qiu Jimei: »Schwangerschaft kurz nach der Hochzeit«; für Luo Lai, nur weil sie ihrer Tante geholfen hatte, die Kinder großzuziehen; auch Zhou Ping, die aus eigenem Antrieb in die Gemeinde gegangen war, um sich einer Abtreibung zu unterziehen, wurde von den drei Wirrköpfen drei Tage lang eingesperrt.

Und immer ging es um Geld.

Ru Zipin aus der Ortschaft Shuangmiao hatte mehrere Jahre außerhalb gearbeitet und einige Ersparnisse. Er wurde zum Opfer einer schwerpunktmäßigen Erpressung: Am 12. Dezember 1998 verhaftet, blieb er 18 Tage lang eingesperrt und wurde erst gegen die Zahlung von 8000 Yuan wieder auf freien Fuß gesetzt.

Ebenso erging es Zhou Lixun, Zhou Lifu und Zhou Guoyun, die als staatliche Lohnarbeiter außerhalb gearbeitet hatten: Sie wurden am selben Tag verhaftet und erhielten erst nach fünf Tagen Haft am 16. Januar 1999 und gegen die Zahlung von 10.000 Yuan in bar die Freiheit wieder.

Ma Yuerong, der sechs Jahrzehnte seines Lebens in dem Örtchen

Rusai verbracht und in dessen Häuschen es gerade erst gebrannt hatte, bei dem also eigentlich kein Geld zu holen war, wurde über 170 Tage eingesperrt. Und weil er so lange eingesperrt war, war er beim Verlassen des Gefängnisses bereits taub. Eine Wöchnerin mit Namen Ma Yin, von den kriminellen Kadern der »unerlaubten Schwangerschaft« beschuldigt, brachte ihr Kind schließlich völlig zermürbt in deren Gefängnis zur Welt; als Ma Xueyi, ihr Vater, und ihre Schwester Ma Sanyin davon erfuhren, besuchten sie sie im Gefängnis, mit dem Resultat, dass sie ohne Angabe von Gründen festgehalten und schließlich im Austausch für Ma Yin inhaftiert wurden.

Der Kreis Lixin ist das Armenhaus Chinas, vielen Bauern blieb, um das Geld für diese »Strafen« zusammenzubringen, nichts anderes übrig, als überall Schulden zu machen. Einige verkauften Haus und Hof und sind seither arme Schlucker.

Doch obwohl Lin Ming, Yuan Zhidong und Li Peng alle möglichen Verbrechen begangen, Beweise gefälscht und sich eine ganze Reihe von Unregelmäßigkeiten hatten zuschulden kommen lassen wie Korruption, Veruntreuung öffentlicher Gelder und Beihilfe zur Veruntreuung öffentlicher Gelder durch übergeordnete Führungskader, belief sich das Strafmaß, zu dem sich das Regionalgericht durchringen konnte, auf lediglich drei Jahre Haft beziehungsweise drei Jahre und ein Jahr auf Bewährung. Eine solche Milde ließ die Massen von Sunmiao verzweifeln.

Dazu kommt, dass sich all diese Untaten vor der Nase von Parteikomitee und Gemeindeverwaltung abgespielt hatten – aber am Ende hat nicht einer der zuständigen Kader auch nur die geringste Verantwortung übernommen.

Ein Antikorruptionsbüro im Dorf

Weil die Kanäle, durch welche die Bauern sich hätten äußern können, nicht offen waren und sie somit keinen regulären Ausdruck für ihre Belange finden konnten, sondern sich im Gegenteil mitleidlosen Angriffen und Racheakten ausgesetzt sahen, waren auch die gutherzigen Bauern langsam nicht mehr so »folgsam«: Sie redeten nicht mehr, und ihre Geduld schlug in Widerstand um.

Der Parteizellensekretär Shi Hua aus dem Dorf Dongliu, Gemeinde Fengmiao, Kreis Lingbi, Provinz Anhui hatte an diesem Tag vor, bei den Bauern vorstellig zu werden und die Steuern einzutreiben. Um die Bauern einzuschüchtern, hatte er eigens hohe Beamte aus der Gemeindeverwaltung zu seiner Unterstützung hinzugebeten und eine Truppe von Leuten herbeigerufen, die von den Bauern hinter ihrem Rücken längst als »Killer« beschimpft wurden.

Zuerst fuhren sie mit dem Traktor nach Klein Gaozhuang.

Als ihnen beim Bauern Gao Zhuanming klar wurde, dass kein Bargeld zu holen sein würde, stürmten wie gewöhnlich die »Killer« die Wohnung und vergriffen sich an seinen Getreidevorräten.

Kaum dass sie damit fertig waren und sich zum nächsten Bauern aufmachen wollten, wurden sie von den aufgeschreckten Dorfbewohnern eingekreist. Deren angestaute Wut entlud sich, und sie kippten den Traktor in den Teich am Ende des Dorfes. Wenn der Wagenführer Wang Xi sie nicht inständig angefleht hätte, die Bauern hätten die vier Reifen seines Traktors mit Küchenmessern in Streifen geschnitten.

Als die Dorfkader sahen, dass sie gegen diese Menge nicht ankamen, zogen sie sich zurück und verbargen sich, ohne groß darauf zu achten, wohin sie gingen, im Haus von Zhang Jidong. Die Menge, die sie nicht aus den Augen gelassen hatte, hing wie ein Schwarm Bienen vor der Haustür von Zhang Jidong und stellte sie vielstimmig zur Rede:

»Und ihr wollt Kader der Kommunistischen Partei sein?«

»Kennt ihr noch Moral, Gewissen, Gesetz und Parteidisziplin?«

»Lasst doch die einfachen Leute leben!«

Die Dorfkader hatten zu diesem Zeitpunkt nichts mehr von ihrer früheren Macht und ihrem früheren Ansehen, so lächelten sie betreten und erklärten: »Alles Anweisung von oben, was sollen wir machen.« Und sie schworen: »Von heute an ist damit Schluss!«

Wie hätten die Dorfbewohner das so einfach glauben sollen? Bei ihrer Angst, hinters Licht geführt zu werden? Ein Geschrei erhob sich, Fragen und Flüche flogen durch die Luft, und die Situation wurde recht angespannt. In seiner Not trat ein Gemeindekader heraus und versicherte der Menge, er werde die Ansichten der Dorfbewohner ganz bestimmt der Gemeindeführung berichten.

In seinem Inneren wusste Zhang Jidong ganz genau, dass sie sich ohne diesen Spektakel auch an seinen Getreidevorräten vergriffen hätten. Jetzt, wo die Lage ungünstig war, führten sich diese Kader, denen doch sonst vor Überheblichkeit auf dem Scheitel Augen wuchsen, vor allen Leuten wie Musterknaben auf. Aus lauter Feigheit. Aber dass sie sich heute eine Abfuhr geholt hatten, würden sie nicht auf sich sitzen lassen, das würde bestimmt eine größere Racheaktion nach sich ziehen.

Je mehr er darüber nachdachte, um so schwerwiegender erschienen ihm die zu erwartenden Folgen, so dass er, zwar widerwillig, aber doch, sauer verdiente 100 Yuan aus der Tasche zog und sie einem der Dorfkader in die Hand zwang, in der Hoffnung, mit dem finanziellen Verlust das Unheil abwenden zu können. Er sagte: »Damit lässt sich jetzt kein Staat machen, kauft euch ein paar Schachteln Zigaretten und lasst den Zorn verrauchen. In diesen Tagen geht es uns hier in Dongliu immer schlechter, sie sind ein bisschen geladen, nehmt es um Himmels willen nicht so genau!«

Wie er es erwartet hatte, erschien nicht lange nach diesem Vorfall der Kommandant der Streitkräfte von Fengmiao an der Spitze einer Steuereintreibertruppe mit 300 Mann aus zehn der umliegenden Ortschaften auf dem Plan. An der Spitze gingen Polizisten in Uniform, bewaffnet mit Handschellen und Schlagstöcken, und die aus den Ortschaften zusammengezogene Öffentliche Sicherheit in Tarnanzügen, alle mit grimmigen Gesichtern und zu allem bereit. Sie glichen am ehesten schnellen Eingreiftruppen oder Einsatzkommandos im Krieg. Dicht hinter ihnen folgten zwei Traktoren, vollbesetzt mit Gemeindekadern, und 17 tuckernde und schwarzen Rauch ausstoßende dreirädrige Motorfahrzeuge.

Weil die Bauern von Wangyangzhuang die heftigsten Einwände gegen die willkürliche Erhebung von Steuern und Fonds erhoben hatten und weil sie sich am einigsten waren, fuhr diese Truppe zuerst nach Wangyangzhuang.

Die Steuereintreibertruppe war noch nicht im Dorf angekommen, aber die auf den Feldern beschäftigten Bauern sahen mit einem Blick, dass sie nichts Gutes im Schilde führten. Sie ließen alles stehen und liegen und rannten in ihr Dorf zurück.

Die Steuereintreibertruppe riegelte alle Wege von und nach Wangyangzhuang ab. Dann stürmte die Öffentliche Sicherheit in ihren Tarnanzügen den Ort, griff sich bei Lu Shuji über 1600 Pfund Getreide, bei Wang Ruxiu und Wang Ruwei jeweils mehr als 400 Pfund, bei Wang Weixin über 600 Pfund und entwendeten Wang Shiming 200 Yuan in bar, die für chemisches Düngemittel bereitlagen. Noch während dieses gewaltsamen Aufbringens von Geld und Getreide wurden Song Zhuanquan und Cao Yuzhong krankenhausreif geschlagen.

Wie es der Zufall wollte, hatte der taiwanesische Kaufmann Wang Yingqiu, der aus dem Ort stammte, an diesem Tag seinen Generalbevollmächtigten Wang Qinwen aus Qingdao hierher geschickt, um sich umzusehen und die Errichtung einer Fabrik vorzubereiten. Als der, erschreckt von diesem Horrorszenarium in dem künftigen Investitionsumfeld, eine Kamera in die Höhe hielt, um ein Foto zu schießen, wurde er zusammengeschlagen. Natürlich verging dem taiwanesischen Kaufmann daraufhin der Plan, etwas zum Wohl seiner Heimat zu tun.

Aber an diesem Tag brach in Wangyangzhuang ein Vulkan aus.

Jeder griff sich, was gerade zur Hand war: Hacke, Sichel, Spaten, Mistgabel, Besenstiel, Holzschaufel. Und irgendwer schrie: »Selbst ein Hund springt über die Mauer, wenn es zuviel wird! Und wir sind Menschen!« Sofort kam aus der Menge zurück: »Wir zeigen's ihnen!« Und alles stürzte sich auf die Steuereintreibertruppe.

Als die Öffentliche Sicherheit Frauen und Männer, Alt und Jung mit erhobenen Waffen und in ihrem Todesmut erblickte, kam ihre vorderste Frontlinie sofort ins Wanken.

Übrig blieben die zahlenmäßig nicht erheblichen Gemeindekader, die nun besonders zum Angriffsziel wurden. Eine Weile hörte man weit über das Dorf hinaus ein Schreien, Schimpfen und Fluchen. Die so Angst einflößende und zu allem entschlossene Steuereintreibertruppe löste sich schlagartig in wilder Flucht auf.

Das geschah in der Hochwassersaison des Flusses Xinsui, der, um das wenigste zu sagen, auf über 100 Meter Breite angeschwollen war. Den Kommandanten Liu Huanling und einige Gemeindekader ließen die Dorfbewohner nicht aus, sie jagten sie bis zum Fluss, wo der Kommandant in die Fluten sprang und mit letzter Kraft das andere Ufer gewann; wer die Kunst des Schwimmens nicht beherrschte, versteckte sich notgedrungen in den Bohnenfeldern am Ufer; einige verbargen sich sogar in den dreckigen und stinkigen Latrinen der Bauern, Maden krochen ihnen an den Beinen und der Kleidung hoch, doch sie wagten sich nicht zu rühren, aus Angst beim geringsten Laut von den Bauern, die hinter ihnen her waren, entdeckt zu werden…

Durch den Getreideraub und die Prügelaktionen von Wangyangzhuang und Klein Gaozhuang waren die Bauern der Gemeinde Huangxu des angrenzenden Kreises Qiu beizeiten klug geworden. In dieser Gemeinde gab es das recht große Dorf Yueman, mit einem Weiher, an dem die Schweine gehütet wurden, und mit gut ein paar hundert Einwohnern. Sobald die Bewohner dieser Ortschaft eine Steuereintreibertruppe in der Gemeinde oder im Dorf ausmachten, entzündeten sie Leuchtfeuer – wie im Krieg, wenn man Aktivitäten des Feindes entdeckt hatte – oder sie gaben geheime Zeichen: Wenn sich ein Eintreibertrupp von Westen näherte, wurde das am westlichen Dorfausgang mit Gongschlägen angezeigt; wenn sie von Osten kamen, wurden am östlichen Dorfausgang Warnpfeifen geblasen. Ob Mann, ob Frau, ob Alt, ob Jung, niemand durfte sich für unzuständig erklären, jeder musste sich mit etwas bewaffnen und dorthin laufen, woher das Signal gekommen war, um die Steuereintreiber gebührend zu empfangen. Und ob das nun Schlag zwölf Uhr mittags war oder gegen Abend, bei Alarm legte auch die Bauersfrau, die gerade beim Kochen oder Teig machen war, das Nudelholz beiseite, löschte das Feuer im Herd und stürzte mit einer Waffe in der Hand aus der Tür; von den Burschen, die am Weiher Korn mähten oder Unkraut jäteten, gar nicht zu reden.

Die Gemeindekader hatten ein Jahr lang ununterbrochen Geld und Getreide eingezogen, jetzt aber rissen die schlimmen Zwischenfälle in den Dörfern nicht mehr ab. Nicht nur die Feuerholzstapel des Dorfkaders von Dongliu waren mehr als ein- oder zweimal mit Fackeln angezündet worden; der Neubau des Parteizellensekretärs von Zhangji, der bereits hochgezogen worden war und nur noch auf den Richtbalken wartete, wurde in einer Nacht bis auf die Grundfesten niedergerissen; die Baumwolle des Parteizellensekretärs von Wangliu, die bereits – eine schiere Augenweide – Blüten trieb, wurde ebenfalls in einer Nacht bis auf die Wurzeln niedergemäht. Zu Gao Zhuanmin, dem Tierarzt der Gemeinde Gaoji, kamen immer mehr Leute, deren Vieh allem Anschein nach heimlich vergiftet worden war. Gao Zhuanmin sagte, in neun von zehn Fällen handele es sich hierbei um das Vieh von Gemeindekadern. Im Spaß nannte er das die »Kaderviehseuche«.

Mit der zunehmenden Verschlechterung des Verhältnisses zwischen Kadern und Massen wurden auch die Spottverse, die im Umlauf waren, immer hässlicher:

»Stellt die Kader an die Wand,
es trifft keinen nicht zurecht;
Stellt die Kader an die Wand,
jeder, der entkommt, ist schlecht.«

Als wir zum ersten Mal davon hörten, dass in einem Bauerndorf ein »Antikorruptionsbüro« aufgemacht worden sei und ein Bauer namens

Yan Xueli sich selbst zum »Bürovorsteher« ernannt habe, hielten wir das tatsächlich für einen Witz.

Der volle Name des Antikorruptionsbüros lautete »Antikorruptions- und -bestechungsbüro«. Das Büro war ein Exekutivorgan für die Untersuchung von Wirtschaftsdelikten, das der nationalen Staatsanwaltschaft unterstellt war. Woher hatte die Bauernschaft auf einmal so viel Macht?

Da wir verstehen wollten, wie ein solches Antikorruptionsbüro nach Zhangdayu in der Gemeinde Wugou, Kreis Suixi, Provinz Anhui kam, beschlossen wir, uns dorthin auf den Weg zu machen und der Sache auf den Grund zu gehen. Es war der 22. Januar 2001, der 29.Tag im 12. Monat des alten Bauernkalenders, und die Züge und Autos von Süden nach Norden waren vollgestopft mit Menschen, die nach Hause unterwegs waren, um Neujahr zu feiern – doch wir hatten es eilig, auf dem schnellsten Weg nach Huaibei zu kommen, während der Huai-Hai-Operation Kommandostelle des Gesamtfrontkomitees, dessen Sekretär damals Genosse Deng Xiaoping war. Weil der Ort, zu dem wir wollten, fernab von Huaibei lag, mussten wir zunächst mit dem Zug nach Huaibei fahren, weiter mit dem Auto nach Suixi, um dann von der Kreisstadt aus in einen Werksbus umzusteigen, mit dem es gut 120 chinesische Meilen* nach Südwesten ging, bis wir endlich in Wugou ankamen. Die restliche Wegstrecke nach Zhangdayu mussten wir auf Schusters Rappen zurücklegen.

Das war die endlose, weite Ebene von Huaibei mit ihren gleichgetönten Dörfern und Weizengarben, den spärlichen Bäumen, die jetzt ihr Laub abgeworfen hatten. Hier war der Himmel hoch und der Kaiser weit. Der Ort, an dem der erste Bauernaufstand in der Geschichte Chinas stattgefunden hatte, liegt hier ganz in der Nähe.

Die Gemeinde Wugou ist entlegen, von den Verkehrswegen abgeschnitten, Nachrichtenwege funktionieren schlecht. Dass ihre wirtschaftliche Entwicklung sehr im Verzug war, ließ sich denken, doch die Belastung der Bauern war noch um einiges schlimmer als in vielen anderen Gegenden. Die durchschnittliche Belastung betrug pro Person über 250 Yuan. Das lag weit über allem, was wir erwartet hatten.

Der Dorfvorsteher und der Sekretär von Shaochangying in der Gemeinde Wugou waren Onkel und Neffe. Die beiden waren süchtig nach dem Erheben von Steuern. Nicht allein die willkürliche Eintreibung von Geldern und die willkürliche Verhängung von Bußgeldern waren an der Tagesordnung, selbst wenn die Familien Saatgut, chemische

Düngemittel und Schädlingsbekämpfungsmittel kauften, hatten sie ihre Hände im Spiel. Im Vergleich zum Marktüblichen waren die Preise unsagbar hoch, und dabei handelte es sich auch noch um mindere Qualität. Das stürzte die Bauern ins Unglück.

Sie klagten die Dorfchefs bei der Gemeinde an, doch da scherte man sich nicht um sie. In einem Jahr wurden die Bauern angewiesen, 108 Mu mit Maulbeerbäumen zu bepflanzen. Für die Schösslinge, die sie aus den Händen der Dorfoberen beziehen mussten, verlangten diese mehr als einen Jiao pro Stück. Die Bauern streckten vor Verblüffung die Zunge heraus: Für einen Schössling mehr als einen Jiao, wie viele Schösslinge brauchte man für 108 Mu, und wieviel Geld machte das? Als keiner die Maulbeerbäume anpflanzen wollte, ließ der Sekretär seine Muskeln spielen: Man musste zahlen, ob man pflanzte oder nicht! Später wurden die vertrockneten Schösslinge als Brennholz gebraucht, die Kosten wurden ebenfalls den Dorfbewohnern aufgebrummt. Im Juli eines anderen Jahres verlangten die Bauern zur Zeit der Kornernte die Erlaubnis, ihre Ernte selbst einbringen und verkaufen zu dürfen, was ihnen die Dorfbosse nicht gestatteten. Die Ernte musste ohne Ausnahme gemeinsam eingebracht und kollektiv verkauft werden, Onkel und Neffe regelten Ernte und Verkauf, und die Bauern verloren ein paar tausend Pfund.

Schließlich schlossen sich alle zusammen und schlugen in der Gemeinde Lärm. So ging es nicht weiter. Sie forderten die Bestrafung der Dorfbeamten. In der Gemeinde wälzte man die Verantwortung auf andere ab und verlor sich in endlosen Debatten, bis die aufgebrachten Bauern dem Leiter der Organisationsabteilung des Parteikomitees die Kleider in Fetzen vom Leib rissen.

Dorfzelle und Dorfkomitee hatten keine Möglichkeit, das Vertrauen des Volkes zu gewinnen, die beiden Dorfkomitees waren außer Funktion, sie bestanden nur noch dem Namen nach, Shaochangying war das erste Dorf der Gemeinde Wugou, das eine regelrechte Lähmung befiel.

Ganz allmählich, wie im Spätherbst der Nebel über die Felder der großen Tiefebene zieht, legte sich der anarchische Zustand von Shaochangying aus über die ganze Gemeinde. Die Bauern, denen der Druck der Belastungen die Luft abdrückte, nahmen in ihrer Not schließlich ein großes Risiko auf sich. In 22 der 29 Dörfer der Gemeinde boykottierten sie Getreideabgabe und Steuer, und sie verprügelten die Hälfte der Kader derart, dass die sich zuweilen am helllichten Tag nicht mehr vor die Tür wagten. Eine Zeit lang waren die Basisorganisationen praktisch aller Dörfer der Gemeinde paralysiert.

Das war die Lage, die Yan Xueli aus Zhangdaxu zu einem berühmten Mann machte.

Zhangdayu teilt sich auf in Vorderdorf und Hinterdorf, und wenn auch das Dorf nach irgendwelchen »Zhangs« benannt ist, heißen doch die Leute von fünf Teildörfern in der Umgebung mit Nachnamen Yan. 1960 hatte das Dorf noch mehr als 300 Einwohner, nachdem über 130 während des Großen Sprungs verhungert waren; damals gab es gut 970 Mu Ackerboden. Heute, 40 Jahre später, ist man bei gerade mal 330 Einwohnern, und der Ackerboden hat nicht zugenommen. Im Gegenteil, die seit damals wahllos hingestellten Bauernhäuser haben Boden verschlungen, und so hat man heute nur noch eine Ackerfläche von gut 870 Mu. Bis heute gibt es im Dorf nicht ein einziges Unternehmen, und außer ein paar sehr eigenen Zeitgenossen, die außerhalb arbeiten, hat so ziemlich jeder auf seiner Scholle zu tun. Man steht mit der Sonne auf und geht mit der Sonne schlafen, und die Tage sind hart. Die drei ärmsten von 22 Bauerngruppen finden sich im Hinterdorf, und dort war auch unser Yan Xueli.

Seit der Bodenreform machte er im Hinterdorf den Gruppenleiter, und das jetzt nun schon seit 35 Jahren, erst vor kurzem hatte er sich aus Altersgründen zurückgezogen, aber er blieb für alle der Gruppenleiter Yan. Und da man ihn seit Jahrzehnten im Dorf so nannte, wusste kaum noch einer seinen vollen Namen. Als wir in Zhangdaxu nach dem Haus von Yan Xueli fragten, sahen wir nur in ratlose Gesichter. Als wir dann allerdings das von ihm begründete Antikorruptionsbüro ansprachen, ging, kaum dass das Wort gefallen waren, plötzlich ein Lächeln über das Gesicht des kleinen Mädchens, das dabei stand. Sie sagte geschäftig: »Ach, ihr wollt zum Büroleiter Yan!«

Es sah so aus, als mache der »Antikorruptionsbüroleiter« einigen Eindruck.

Dorfbewohner sagten uns, Yan Xueli sei so lange Leiter der Produktionsbrigade gewesen und habe sich immer den guten Stil der »alten Bodenreform« bewahrt, unbestechlich und bescheiden habe er seine Stellung nie missbraucht und obendrein eine ganze Portion Gerechtigkeitssinn und Hilfsbereitschaft an den Tag gelegt. In diesem Zusammenhang fiel auch das Wort »Ritterlichkeit«. Auch wenn er selbst nicht gerade im Überfluss lebte, war er durch und durch großzügig und wohlwollend gegen jedermann. Vor allem aber, dass er »oben denen« die Wahrheit sagte, dass er den Mut hatte, Tacheles zu reden, gab ihm unter den Dorfbewohnern ein solides Ansehen. Die paar Jahre, die er nicht mehr auf der Position des Gruppenleiters war, hatte er tatenlos zusehen müssen, wie alles vor die Hunde ging, wie es keinen Anstand mehr gab, wie die Dorfkader rücksichtslos und willkürlich Steuern erhoben, Bußgelder verhängten und dann das Geld mit vollen Händen aus dem Fenster warfen. Er konnte sich nicht daran gewöhnen, er konnte es nicht mit ansehen, und eines Tages rief er aus: »Wir brauchen ein Antikorruptionsbüro, wo wir einmal die Scheißrechnungen von diesen Hundsfotten unter die Lupe nehmen!«

Damals war gerade der Mutterbruder von Yan Xuelis Schwiegertochter Sekretär des Parteikomitees der Gemeinde, und Yan Xueli ging davon aus, dass von seiner Seite der Forderung nach einer Kurierung der gegenwärtigen Dorfkader keine Steine in den Weg gelegt würden. Außerdem war die Entlastung der Bauern vom Zentralkomitee und vom Staatrat in zahllosen Dokumenten betont worden, also wurde er an der Spitze der Dorfbewohner bei der Gemeinde vorstellig.

In jenen Tagen war es an der Tagesordnung, dass Bauern bei Gemeindekomitee und -verwaltung Lärm schlugen, Empfehlung folgte auf Empfehlung, die Gemeindechefs kamen gar nicht mehr zur Ruhe und waren längst auf dem Siedepunkt. Als Yan Xueli mit Gefolge auftauchte, kehrte der Sekretär gerade von dem Empfang so einer Bauerndelegation in sein Büro zurück.

»Kommt ihr aus einem bestimmten Grund?« Angesichts der vielen Bauern, die hereindrängten, befiel den Sekretär unwillkürlich eine Anspannung.

Yan Xueli antwortete: »Ohne Grund kommt man nicht in den Tempel!«

Der Sekretär fragte: »Willst du auch Unruhe stiften?«

Yan Xueli stieg das Blut in den Kopf: »Was heißt hier Unruhe stiften?«

Der Sekretär gab ärgerlich zurück: »Glaubst du, hier ist noch nicht genug los?«

Yan Xueli hatte noch gar nicht gesagt, was er wollte, und musste sich schon verspotten lassen, in ihm brodelte es, und er sagte übellaunig: »Erstens komme ich nicht, um irgendwelche Unruhe zu stiften, zweitens will ich hier nicht irgendeinen Ärger machen, ich will lediglich mit dir über die Probleme reden, die wir im Dorf mit den Bauernlasten haben!«

Als der Sekretär »Bauernlasten« nur hörte, bekam er augenblicklich einen dicken Hals: »Worum geht es denn?«

Da setzten ihm die mitgekommenen Bauern ihre ganze Unzufriedenheit mit ihren Dorfkadern auseinander – es klang, als brate man Bohnen.

Der Sekretär konnte nichts dagegensetzen und konnte auch nicht gut aufbrausen, also heftete er seinen unzufriedenen Blick auf Yan Xueli. Er fand, dass Yan Xueli, der ja immerhin zur angeheirateten Familie gehörte, ihn nicht nur nicht unterstützte, sondern auch noch vorneweg und blindwütig das Durcheinander größer machte. Und er sagte abwinkend: »Du geh erst einmal heim!«

Da konnte Yan Xueli erst recht nicht aufgeben: »Du willst also die Beschwerden der Leute nicht unterstützen?«

Dem Sekretär war es offensichtlich unangenehm, Yan Xueli vor so vielen Leuten anzufahren, also bezwang er sich und sagte nichts.

Doch Yan Xueli ließ nicht locker: »Wenn Dorfkader die Bauern schikanieren, unterdrücken und ausbeuten, fühlt sich die Gemeindeführung wohl nicht zuständig?«

Das war zuviel für den Herrn Sekretär, mit einem Satz war er auf den Beinen: »Scher dich weg!« Seine Stimme überschlug sich.

Yan Xueli war bestürzt. Er hätte nicht gedacht, dass ein Sekretär des Gemeindeparteikomitees und zudem auch noch ein Verwandter sich vor allen Leuten so würde gehen lassen. Das war zuviel für ihn, und er gab die Freundlichkeit gepfeffert zurück: »Was denkst du denn, wer du bist? Wenn es dich nicht kümmert, wenn unter dir alles drunter und drüber geht, mich kümmert es! Die Leitung unseres Antikorruptionsbüros übernehme ich, darauf kannst du Gift nehmen!«

»Was für ein Antikorruptionsbüro?« Jetzt war es an dem Parteikomiteesekretär, verdutzt zu schauen.

»Antikorruption! Antibestechung! Antibauernlasten!«

Yan Xueli wuchs in seinem gerechten Zorn, seine Worte waren klar und richtig, und ohne sich umzuwenden verließ er, gefolgt von den anderen und erhobenen Hauptes, den Ort des Geschehens.

Die Nachricht, dass dieser Yan Xueli aus Zhangdaxu ein bäuerliches Antikorruptionsbüro gründen und sich selbst zum Büroleiter ernennen wolle, erzählte einer Zehnen, Zehne erzählten es Hunderten, und im Handumdrehen wusste man im ganzen Kreis und in der Kreisstadt Huaibei davon.

Als Stadtkomitee und -verwaltung verstanden hatten, dass in der

Gemeinde Wugou die Ausuferung der Willkürlichkeiten zu einem allgemeinen Steuer- und Getreideboykott durch die Bauern geführt hatte, beschloss man, bei der nächsten turnusmäßigen Gelegenheit aus der Kreisstadt vier tüchtige Kader zu entsenden, um die dortige Arbeit zu stärken. Doch die dafür vorgesehenen Kandidaten, der Gemeindevorsteher und seine drei Stellvertreter, fielen bei der Wahl durch. Man sollte es nicht glauben, aber sie wurden Opfer einer organisierten und geplanten Wahlbestechung.

Delegierte des Gemeindekongresses gab es insgesamt 63. 58 davon erhielten 145-mal in unterschiedlichem Umfang Geld und Geschenke, darunter nicht nur der stellvertretende Sekretär des Gemeindeparteikomitees, der stellvertretenden Gemeindevorsteher, der Sekretär des Disziplinarkomitees, der Sekretär des Kommunistischen Jugendverbandes, der Leiter der Propagandaabteilung, der Militärkommandant, der Leiter des Partei- und Regierungsbüros; da waren auch noch der Leiter des Bildungskomitees, die Leiterin des Frauenbundes, der Leiter der Ein- und Verkaufsgenossenschaft, die Leiterin des Büros für Geburtenplanung, der Leiter der Bank und die Präsidenten der Justiz-, Finanz- und Steuerbehörde, der Industrie- und Handelskammer und nicht zu vergessen der Chef des Getreideamtes, des Agrarwirtschaftsamtes und des Krankenhauses. Alles staatliche Kader. Mit Bargeld, mit Schnaps und Zigaretten wurden die Delegierten des Gemeindekongresses auf Abwege gebracht, darunter nicht nur der Vorsitzende und sein Stellvertreter sowie die Delegierten der Stadt, sondern auch Parteizellensekretäre und Dorfkomiteevorsitzende.

Ein derart dreister und großangelegter Wahlbetrug, bei dem so viele Parteimitglieder und Kader sich ganz offen hatten bestechen lassen, war selbst für die Geschichte des neuen China eine Seltenheit!

Dass man unsere Volksvertreter mit ein paar Packungen Zigaretten und ein paar Flaschen Schnaps »stürzen« konnte, zeigt die niedere Gesinnung derer, die hinter den Bestechungen standen, doch es zeigt auch, dass in dem System, durch das unsere Volksvertreter herausgebildet werden, selbst besorgniserregende Probleme liegen. Zumindest konnten solche Wahlen schwerlich den Willen des Volkes widerspiegeln – anders gesagt, es gab ziemlich viele Volksvertreter, die den heiligen Wahlen keine besondere Wichtigkeit beimaßen. Wer gewählt wurde und wer nicht, das war in ihrem Leben tatsächlich einerlei.

Durch diese Korruption wurde die Anarchie, die seit langem in Wugou herrschte, für alle Welt sichtbar. Und dieser Wahlbetrug hatte eine verheerende gesellschaftliche Wirkung und führte dazu, dass die ursprünglich von Huaibei geplanten turnusmäßigen Gemeindewahlen verschoben werden mussten. Als Chen Desheng, der Sekretär des Stadtkomitees, von der Schwere des Problems in Kenntnis gesetzt wurde, rief er: »Hier muss eingeschritten werden!«

In aller Eile bot der Kreis Suixi eine Untersuchungskommission aus Vertretern aller möglichen Gremien auf, und auch die Stadt Huaibei versammelte rasch über 100 Personen aus Parteikomitee, Verwaltung und jeder relevanten Behörde in einer »unterstützenden Arbeitsgruppe«. Selbst der Stadtkomiteesekretär Chen Desheng schloss sich ihr an, nahm sich eine Woche Zeit, begab sich zu den beiden Dörfern, wo die Lage am schlimmsten war, aß und wohnte unter den Dorfbewohnern, erkundigte sich nach der Stimmung des Volkes, verstand ihre Vorbringungen und nahm sie ernst.

Wie schief ist die Waage?

天平是怎样倾斜的

Die Finanzen laufen leer, wer Hunger hat, malt sich einen Kuchen

Bei unseren Recherchen überkam uns das Gefühl, dass unser System den Dorfkadern zu viel Macht und zu viele nicht-marktwirtschaftliche Ressourcen verleiht und dass es außerdem an einer wirksamen Kontrolle fehlt. Das ist der Grund, warum sie nur so schwer dazu zu bewegen sind, sich um eine gleichberechtigte Beziehung zu den Bauern zu bemühen. Unter ziemlich vielen von ihnen ist zudem nicht zu übersehen, dass sie das Bewusstsein haben, einer privilegierten Schicht anzugehören. Den Grundsatz »dem Volke dienen« haben sie längst auf den Mond geschossen.

Natürlich hatten wir gleichermaßen den Eindruck, dass, aufs Ganze gesehen, das Niveau der Gemeinde- und Dorfkader höher ist als das der einfachen Bauern, denn unter ihnen gibt es eine große Anzahl von Streitern für das Wohl des Staates und des Volkes, eine große Anzahl guter Beamter, die sich mit Hingabe für die Sache der Bauern einsetzen.

Das Problem ist, wieso die Frage der Bauernlasten, die allen so großes Kopfzerbrechen macht und jedem am Herzen liegt, immer noch keiner Lösung zugeführt werden konnte, wenn doch die überwiegende Mehrheit der Gemeinde- und Dorfkader über die Richtlinien der Partei zur Verringerung dieser Lasten durchaus im Bilde ist.

»Können wir uns einmal einen Augenblick den Finanzen der Gemeinden widmen?« Diesen unerwarteten Vorschlag machte Lu De, der Sekretär des Kreiskomitees von Wangjiang, einem Reporter der Nachrichtenagentur Neues China.

Der Kreis Wangjiang ist einer jener Kreise, deren Gebiet am Ufer des Yangzi jahrelang fortgesetzt von Naturkatastrophen heimgesucht worden war, und der Reporter wollte sich eigentlich vom Sekretär des Kreiskomitees erklären lassen, wie man aktiv produzieren und gleichzeitig Katastrophenschutz betreiben könne, doch Lu De wollte mit aller Macht von diesem Thema weg und versteifte sich dem Reporter eines Nachrichtenapparats gegenüber, der zu den höchsten Stellen Zugang hatte, auf das Thema Gemeindefinanzen.

Lu De, der an der Universität Anhui Chinesisch studiert hatte, war sich natürlich über die Bedeutung der öffentlichen Meinung im Klaren, außerdem war er, bevor er in den Kreis Wangjiang versetzt worden war, als stellvertretender Generalsekretär der Stadtverwaltung von Anqing tätig gewesen, hatte also einen großen Überblick und ergriff deshalb wohl die Gelegenheit beim Schopfe. So sagte er zu dem Reporter: »Über die Gemeindefinanzen muss einmal geredet werden, das ist eigentlich längst überfällig! Wenn wir über dieses Problem nicht reden, dann werden die richtigen Probleme erst noch kommen!«

Erst vor ein paar Tagen hatte er von einer Angelegenheit gehört, die war beklemmend. Es ging dabei nicht um den Kreis Wangjiang, auch nicht um die Provinz Anhui, sondern um einen Parteizellensekretär in der Provinz Hubei. Dieser Parteizellensekretär war fünf Jahre hintereinander Parteimitglied des Jahres und hatte, um die verlangten Steuervorauszahlungen leisten zu können, hohe private Kredite aufgenommen. Doch als die Parteizelle einen neuen Sekretär einsetzte, wollte niemand die Verbindlichkeiten des alten Sekretärs übernehmen; was er für die Gemeinschaft geliehen hatte, wurde zu seinen privaten Schulden. Und da er dem fortgesetzten Druck seiner Gläubiger nicht standhalten konnte, hat sich der alte Parteizellensekretär in seiner Ausweglosigkeit erhängt. Diese Angelegenheit beschäftigte Lu De lange, auch wenn sie sich ganz woanders zugetragen hatte.

Im Kreis Wangjiang gibt es zwei Großgemeinden, deren eine bei der Jahresbilanz von 1999 einen Überschuss von 40.000 Yuan verzeichnete, während bei der anderen nicht mehr als 1,86 Yuan übrig war. Das reichte nicht einmal, um einen Kugelschreiber zu kaufen. Doch die Verbindlichkeiten der beiden Gemeinden beliefen sich bereits auf über vier Millionen Yuan, mit der Auszahlung der Lehrer- und Kadergehälter war man bereits ein halbes Jahr beziehungsweise acht Monate im Rückstand.

Was das Problem so schlimm machte, war die Tatsache, dass diese beiden Gemeinden keine Ausnahme waren. Nach einer Statistik des Kreises waren bis Ende 1999 von den 21 dazugehörigen Gemeinden ganze 18 mit ihren Lehrer- und Kadergehältern im Rückstand, eine Gesamtsumme von 14.500.000 Yuan. Und es bestand überhaupt kein Zweifel, dass sich die Situation noch verschlechtern würde.

Lu De wurde deswegen oft von Sorgen gequält. Angesichts der Bodenproduktionsquoten, die pro Haushalt festgesetzt wurden, war die Schwierigkeit der Arbeit in den ländlichen Gebieten noch größer geworden: Hochwasserausgleichszahlungen, Renovierung der Bewässerungsanlagen, Geburtenkontrolle, Schulpflicht, Wirtschaftsentwicklung, Öffentliche Sicherheit … – all das musste von den Basiskadern organisiert, gestartet, geleitet und vorangetrieben werden. Die Arbeit der Basiskader ist ganz und gar nicht einfach, sie ist vielmehr ausgesprochen hart und nicht ohne Bitterkeiten. Und dann gab es nach dieser vielen Arbeit nicht einmal einen Lohn; ein, zwei Monate waren da vielleicht noch nicht der Rede wert, aber wessen Aktivität war noch zu mobilisieren nach einem halben oder einem Jahr?

»Auch das sind nur Menschen, die leben und etwas vom Leben haben wollen!«, sagte Lu De ratlos. »Ich fürchte, es wird damit enden, dass die Leute in der Basisverwaltung irgendwann die Türen hinter sich zuschließen und gehen. Wenn heute einige Gemeindekader die Lasten für die Bauern erhöhen, dann deshalb, weil sie keine andere Wahl haben.«

Das war offensichtlich ein Kreiskomiteesekretär, der die Frage, warum man die Bauernlasten nicht in den Griff bekam, aus einem anderen Blickwinkel beantwortete.

Bei unseren Recherchen bekamen wir ebenfalls ein genaues Gespür für das Dilemma, in dem die Gemeindefinanzen stecken. Es wurde über die Gemeindefinanzen genauso viel geredet wie über die Bauernlasten. Und wenn man über Gemeindefinanzen sprach, wurde in der Regel auf das Steuerverteilungssystem der Reform von 1994 hingewiesen. Diese Reform ging nicht nur nicht über den Rahmen des Umfassenden Verantwortungssystems hinaus, sondern stürzte im Gegenteil die Gemeinde- und Kreisfinanzen in ungeahnte Schwierigkeiten, da der Anteil der Zentrale an den Einnahmen erhöht wurde. Den Statistiken der chinesischen Finanzjahrbücher zufolge wiesen die Gemeinden und Kreise vor der Reform im Jahr 1993 bereits ein Defizit von 4,221 Milliarden Yuan auf; im Jahre der Einführung des »getrennten Steuersystems« stieg dieses Defizit dramatisch auf das über 17-Fache an und erreichte 72,628 Milliarden Yuan; 1995 stieg es weiter auf 82,770 Milliarden Yuan. Und so nahm es auch weiterhin zu.

Wegen dieser finanziellen Schwierigkeiten brannte den Gemeindeführungen, kaum dass sie im Amt waren, die Notwendigkeit unter den Nägeln, sich, wie auch immer, irgendwelche Mittel zu beschaffen.

Garantie der Löhne und Garantie der öffentlichen Sicherheit – das etwa war ihre zentrale Arbeit, die alles andere unter sich begrub. Wenn sie damit auch nur das Dringendste erledigen konnten, dann nahmen sie an Geld, was sie in die Finger bekamen – ob das Gelder aus irgendeinem Agrarprogramm waren, aus Arbeitsersatzfonds, aus der Armenunterstützung oder aus der Katastrophenhilfe. Was man zweckentfremden konnte, wurde zweckentfremdet; wo man etwas umwidmen konnten, wurde es umgewidmet; wo man Schulden machen konnte, wurden Schulden gemacht; wo man leihen konnte, wurde geliehen; es blieb tatsächlich nichts anderes übrig. Wie man am Ende die Löcher stopfen wollte, das wurde wenig oder überhaupt nicht mehr überlegt.

Im Kreis von Shouxian der Provinz Anhui, so erzählte man uns, hatte ein Führungskader aus der Gemeinde Bagongshan vor seiner Versetzung in seiner Not beim Krematorium Geld geliehen, um die Lehrer bezahlen und ohne Schwierigkeiten gehen zu können.

Wenn die Gemeinden bis über die Ohren in Schulden steckten, dann musste dieses Prinzip »das Korn essen, ehe es gesät ist« zu einem wirkungsvollen Notbehelf werden.

Und schon ging, wer weiß, seit wann, ungehindert ein fürchterliches Gespenst in den weiten ländlichen Gebieten Chinas um: »Die Finanzen laufen leer.«

Was es mit dieser Formulierung auf sich hat, fragten wir Chen Sanle, einen alten Herrn, der früher den Vorsitz des Forschungsbüros des Distriktkomitees und der Distriktverwaltung von Chaohu innegehabt hatte und gleichzeitig Vorsitzender des Agrarwirtschaftskomitees der Bezirksverwaltung von Chaohu gewesen war.

Er erzählte uns, wie die Verwaltungen auf allen Ebenen Jahr für Jahr ihren untergebenen Stellen unrealistische Steigerungsraten bei den Finanzen vorgeschrieben haben; um die entsprechenden Erfolge in ihren Personalakten verbuchen zu können, gingen alle nach diesem Rezept vor, so dass die Quoten von Ebene zu Ebene höher wurden. Und weil das außerdem »politische« Pflicht war und die vorgegebenen Quoten auf Biegen und Brechen erfüllt werden mussten, blieb den Gemeindeverwaltungen, die am Ende dieser Kette standen, schließlich nichts anderes übrig, als Jahr für Jahr ein fantastischeres Finanzaufkommen zu produzieren. Und das verlangte von ihnen, wenn sie über keine profitablen Unternehmen in Industrie und Handel verfügten, den Profit zu fingieren und am Ende bei den Banken Kredite aufzunehmen – oder bei den Bauern Fonds einzurichten. Zunächst wurde das

Geld auf Jiao und Fen bei den Finanzämtern einbezahlt, danach wurde über alle möglichen Kanäle versucht, das nach oben gezahlte Geld wieder zurückzuführen. Bei diesem Prozess wurde keinerlei wirtschaftlicher Gewinn erzielt, aber auf den Bilanzen stand ein Zuwachs der Finanzeinnahmen.

Um es geradeheraus zu sagen: Auf allen Ebenen betrog man sich und einander und spielte gemeinsam das langweilige Spiel »wer Hunger hat, malt sich einen Kuchen«.

Oberflächlich gesehen stieg das Finanzaufkommen der Gemeinden Jahr für Jahr stürmisch an, die Situation war nicht nur gut, sie war sogar sehr gut, dabei waren in Wahrheit viele Regionen längst so arm, dass es nicht mehr lohnte, die Deckel von den Töpfen zu nehmen.

Chen Sanle sagte: »Wenn die Finanzen leer laufen – dann läuft alles falsch. Doch alle machen gewissenhaft weiter, und das richtet einen ungeheuren und ganz furchtbaren Schaden an. Wenn wir keine Strukturreform durchführen, wenn wir unser Rechtssystem nicht anwenden und keine drastischen Strafen verhängen, dann wird das Gesamtkonzept des Zentralkomitees, dann werden die großen staatlichen Entscheidungen in der Luft verpuffen. Wenn wir den Staat einen Drachen nennen, dann müssen wir wissen, dass der Drache der Flut und des Sturms immer Angst hat, auf Grund zu laufen!«

Auf einen schäbigen Bauernhut kommt ein Dutzend Großmützen

Li Shaobai, Leiter des Wasserwirtschaftsbüros im Kreis Shucheng und bereits im Rentenalter, war im Befreiungskrieg einer der vorbildlichen Unterstützer der Truppen bei ihrer Überquerung des Yangzi* gewesen. Wegen dieser besonderen Verdienste wurde er, als die neue Macht des Volkes errichtet worden war, zum ersten »demokratischen Gemeindevorsteher« des Kreises gewählt. Wenn man auf das neue China zu sprechen kommt, das damals lebendig wie eine Sonne am östlichen Himmel aufging, bewegt ihn das noch heute tief.

In der Zeit direkt nach der Befreiung 1949, so Li Shaobai, habe man alles Versäumte nachgeholt und in Angriff genommen und so in der Kreisverwaltung nur eine allgemeine, eine Zivil-, eine Finanz- und eine Bildungsabteilung eingerichtet, und in keiner dieser vier Abteilungen seien mehr als fünf bis sechs, höchstens ein Dutzend Leute beschäftigt gewesen. Wenn die Leute aus Kreiskomitee und Kreisverwaltung sich zum Essen in der Kantine getroffen hätten, hätten sie an ein paar Tischen Platz gefunden. Damals habe es in einer kleineren Gemeinde außer dem Gemeindevorsteher und dem politischen Instrukteur nur noch einen Büroangestellten gegeben und jemanden in der Finanzverwaltung, zusammen nicht mehr als fünf bis sechs Leute. Und auch bei dem wenigen Personal habe es damals viel zu tun gegeben. Aber da alle an einem Strang gezogen hätten, sei die Arbeit in der Gemeinde doch frisch und munter angepackt worden. Erst 1956, bei der Vergrößerung der Gemeinden, seien deren Parteikomitees um einen stellvertretenden Sekretär, einen Chef der Organisationsabteilung und ein Mitglied des Propagandakomitees erweitert worden, bei den Massenorganisationen habe es nicht anders ausgesehen, dort habe es zusätzlich einen Sekretär des Komitees des Kommunistischen Jugendverbandes, eine Leiterin des Frauenbundes, einen Militärkommandanten und einen Vorsitzenden der Bauernvereinigung, insgesamt nun sechs bis sieben Personen gegeben; die Gemeindeverwaltungen hätten einen stellvertretenden Gemeindevorsteher bekommen, dem eine kleine Anzahl von Komitees unterstellt worden sei, mit deren Hilfe er seine Arbeit in Angriff hätte nehmen können. Die Komitees waren ausgestattet mit Büroangestellten, Assistenten oder Referenten für die Zivilverwaltung, für Getreide und Finanzen, Produktion, Militär, öffentliche Sicherheit, Landwirtschaft, Industrie und Handel, insgesamt auch etwa acht bis neun Leute. Die beiden Verwaltungsebenen von Parteikomitee und Verwaltung hätten es gemeinsam ebenfalls auf nicht mehr als 14 bis 15 Leute gebracht.

Wir hatten die Materialien aus den entsprechenden Jahren gelesen und gefunden, dass es 1952 eine klare Bestimmung des Zentralkomitees gab, nach der die Zahl der für die Kaderarbeit freizustellenden Personen auf drei beschränkt wurde. Und auch wenn später die Verwaltungsgebiete und die Organisationen der einzelnen Gemeinden vergrößert wurden, so rekrutierten sich die Mitglieder sämtlicher Gemeindekomitees aus Aktivisten der Massen, es wurde durch die Bank niemand dafür von seiner normalen Arbeit freigestellt. Dazu kommt, dass damals die Dekrete ungehindert durchkamen, die Disziplin sehr hoch war und die öffentliche Moral täglich stieg. Und ob es nun halb oder ganz freigestellte oder ehrenamtliche Kader waren, jeder konnte auf- und absteigen, jeder konnte hinausgeworfen und eingestellt werden, jeder konnte Beamter oder Bürger werden.

Man kann sagen, dass zwischen Anfang der 50er und Anfang der 80er Jahre die Löhne und die Bürokosten in den Gemeinden vollständig von den Finanzen des Kreises getragen wurden; die Gemeinde hatte weder das Recht noch das Geld, zusätzliche Organisationen aufzubauen oder weitere »Hilfen« zum Lebensunterhalt einzurichten.

Zur Zeit der Kommunen wurde in den Volkskommunen, die der Ebene der heutigen Gemeinden entsprachen, ein System durchgeführt, das die Einheit von Politik und Gesellschaft zur Folge hatte. Damals wurde kein Unterschied gemacht zwischen Partei, Politik, Militär und Wirtschaft. An Führungskadern gab es – neben dem Sekretär des Parteikomitees der Kommune, ihrem Leiter und dessen etlichen Stellvertretern, dem Militärkommandanten, dem Sekretär des Kommunistischen Jugendverbandskomitees und dem Leiter des Frauenbundes – die »acht hohen Beamten«: den Beamten für landwirtschaftliche Maschinen, den Beamten für Viehzucht, den Beamten für Wasserwirtschaft, den Beamten zur Verbreitung von Agrartechnik, den Beamten für Forstwirtschaft usf. Die Organisationen der ländlichen Gebiete waren damals nicht sonderlich leistungsfähig.

Nach der Reform des Wirtschaftssystems der ländlichen Gebiete durch das Umfassende Verantwortungssystem wurde auch die Einheit von Politik und Gesellschaft im Stil der Volkskommunen reformiert. Im Verlauf der drei Jahre währenden Arbeit am »Abbau der Kommunen und Aufbau der Gemeinden« wurden 56.000 Volkskommunen in 92.000 Gemeinden umgewandelt. Doch die Volkskommunen waren die Organisationsform der Kollektivwirtschaft in den ländlichen Gebieten gewesen, die als Folge der Reformen nur noch dem Namen nach existierte. Darüber hinaus kam durch die rasche bis unkontrollierte Zunahme der Gemeindeorganisationen und des Personals das Problem der Bauernlasten an die Oberfläche und wurde täglich schlimmer. Eine wichtige Ursache war hierbei, dass der Staat den Dorfverwaltungen beim Aufbau der Gemeindefinanzen erlaubte, sich aus Gewinnen und Verwaltungsgebühren, die ihre Unternehmen abführten, aus Fonds, Geldspenden und allen möglichen Bußgeldern ihre Einnahmen selbst zu beschaffen. Das öffnete in den Gemeinden einer beliebigen Zunahme von Organisationen und Personal, aber auch allen möglichen Willkürlichkeiten bei Steuern, Fonds und Bußgeldern Tür und Tor.

Nachdem sukzessive eine Reihe von Reformmaßnahmen mit starker Tendenz zu einer »profitorientierten Machtdelegierung« und eine

Reihe von Richtlinien für ein finanzpolitisches Verantwortungssystem, wo man in »verschiedenen Kantinen aß«, erlassen worden waren, bildeten die verschiedenen Ebenen der Verwaltung und ihre Ämter ganz unterschiedliche Interessen aus. Die Ämter, denen der Staat die Macht übertragen hatte, für die wirtschaftliche Entwicklung der ländlichen Gebiete in allen Sektoren die »Truppen aufzustellen«, wurden sehr schnell zu handelnden Subjekten, die ihr Machtmonopol für ihre eigenen Interessen einsetzten. Unsere Kader entwickelten sich zu einer speziellen Interessengruppe, deren Konflikt mit den Interessen des Volkes vorprogrammiert war.

Schon im Jahr 1990 waren die Steuern, die von den verschiedenen Ministerien und Kommissionen des Staatsrats für die Bauern erlassen worden waren, auf 146 angestiegen! Und wie der Herr, so's Gescherr. Getrieben vom Profit wurden auch bei den Ämtern auf allen Ebenen der Verwaltung die Gebühren immer mehr, der Rahmen für Gebühren immer weiter und das Niveau der Gebühren immer höher; insbesondere die Kreis- und Gemeindeverwaltungen sprangen auf diesen Zug auf, taten es den übergeordneten Behörden gleich und erhöhten ihre Steuern.

Und wer hat die Früchte der Reform in den ländlichen Gebieten verbraucht? Die unbegrenzte Zunahme von Organisationen und Beamten!

Die 80er Jahre waren die Zeit, in der die chinesische Regierung die Organisation vereinfachte und die Dynamik der Zuständigkeiten am stärksten war, doch es war auch genau die Zeit der schnellsten Zunahme der Kreis- und Gemeindeorganisationen sowie des Personals.

Die Zahl der Kader der verschiedenen Verwaltungs- und Parteiorgane auf der Gehaltsliste unseres Landes belief sich 1979 auf 2.790.000. Im Jahr 1989 war diese Zahl bereits auf 5.430.000 gestiegen – vor allem wegen der schnellen und fast unkontrollierten Zunahme auf Kreis- und Gemeindeebene. Personal und Organisationen auf beiden Ebenen stiegen während dieser fortgesetzten Vereinfachung mindestens um das Zehnfache! 1997 standen bereits über acht Millionen Kader in Verwaltungs- und Parteiorganisationen bei unserem Staat in Lohn und Brot. Die stürmische Zunahme von Personal und Organisationen auf Kreis- und Gemeindeebene in diesem Zeitraum war beispiellos.

Vereinfachung – Ausweitung; weitere Vereinfachung – weitere Ausweitung; große Vereinfachung – große Ausweitung. Das scheint im

Grund unvorstellbar, doch es ist unwiderlegbare, wenn auch traurige Realität.

Aus dem relevanten Material, das wir untersuchten, ging hervor, dass unter den heute gut 200 Staaten der Welt acht kleine Staaten nur eine Verwaltungsebene haben, und zwar eine Zentralregierung; 25 Staaten haben lediglich zwei Ebenen: die zentrale und lokale Verwaltungen; 67 Staaten, darunter die Vereinigten Staaten, Japan, Kanada, Australien, haben nur drei Verwaltungsebenen; doch unser Land hat im Augenblick deren fünf: das Zentralkomitee, die Provinzen, die Städte, die Kreise, die Gemeinden. Man kann sagen, das ist eine »chinesische Besonderheit«, die ihresgleichen sucht.

Innerhalb dieses Systems der fünf Ebenen gibt es noch weitere Besonderheiten: Die früheren Distrikte sind Ableger der Provinzen, die jetzt auf der gleichen Ebene liegen wie die Städte; auf Kreisebene wird unterschieden in Stadt oder Bezirk; zwischen Kreis und Gemeinde gab es früher noch den Distrikt; auch wenn die in den Gemeinden aufgegangen sind, gibt es noch die Märkte, und der Unterschied zwischen Großgemeinde und Gemeinde ist nicht unbeträchtlich.

Regierungsunmittelbare Städte heißen »Stadt«, provinzunmittelbare Städte heißen »Stadt«, und auch Kreisstädte werden als »Stadt« bezeichnet. Das Schriftzeichen »Stadt« steht also für drei verschiedene Ebenen.

Und nicht nur die Organisationen haben verschiedene Ebenen, auch in den Organisationen auf ein und derselben Ebene gibt es unnötige Wiederholungen und übertriebene Arbeitsaufteilungen. Allein in den Organisationen auf Kreisebene gab es früher nur ein Agrarbüro, das für die »Drei-Land-Probleme« zuständig war. Heute gibt es außer diesem Agrarbüro noch das Büro für Landerschließung, das Büro für Viehzucht, das Büro für Wasserprodukte, das Büro für Wasserwirtschaftswesen, das Büro für Forstwirtschaft, das Büro für die Verwaltung von Gemeinde- und Großgemeindeunternehmen, das Büro für landwirtschaftliche Rohstofferschließung usf. Deren Aufgaben sind sich sehr ähnlich, aber sie existieren doch als Abteilungen nebeneinander. Alle kümmern sich um alles, aber niemand übernimmt Verantwortung. Und natürlich führen diese wiederholten Überschneidungen auch zu Kompetenzrangeleien und zum Weiterschieben von Verantwortung.

Da ist zum Beispiel dieser kleine Kreis mit 300.000 Einwohnern, in dem man ein anständiges Unternehmen vergeblich sucht, in dem aber gut 10.000 Leute von den öffentlichen Finanzen leben und gut 5000 von willkürlich erhobenen Steuern.

Warum sollen nicht viele erledigen können, was ein Einzelner erledigen kann? So viele Abteilungen kümmern sich im Grunde gar nicht um die Belange der Bauern, sondern ernähren sich von ihrem Geld!

Nehmen wir nur einmal die Gemeinden und Märkte. Ihre Organisationen entsprechen vollkommen denen der Kreise: Organisationen für Arbeit, Landwirtschaft, Handel, Bildung, Militär, Finanzen, Jugend und Frauen. Die »acht hohen Beamten« aus der Zeit der Volkskommunen sind aufgestiegen zu verschiedenen Institutionen, und viele tragen auf dem Kopf die großen Mützen der Exekutive. Manchmal heißt es im Scherz: Den Gemeinden und Märkten fehlt eigentlich nur noch ein Außenministerium, ansonsten sind sie eingerichtet wie das Zentralkomitee.

Wo viele Tempel sind, da gibt es viele Buddhas. Eine normale Gemeinde, eine normale Großgemeinde beschäftigt in ihren Organisationen 200 bis 300 Menschen, in entwickelten Gebieten können es auch 800 bis 1000 sein. Diese Menschen schaffen nicht für einen Fen Produktionswerte und Gewinne, aber sie wollen Lohn und Prämien; sie wollen nicht nur viel bekommen, sie wollen auch gut essen und wohnen, wollen Bürogebäude errichten, wollen Häuser beziehen, wollen Dienstwagen fahren, Diensttelefone benutzen und Handys. Das hätte man früher nicht einmal zu denken gewagt, denn damals hatte ein Kreis ein bis zwei Jeeps, die älteren Kreiskomiteesekretäre sind ihr Leben lang mit dem Fahrrad gefahren.

Untersuchungen des Büros für Agrarwirtschaft der Provinz Anhui ergaben: Zur Großgemeinde von Gangting im Kreis Lixin gehörten nur 80.000 Menschen, aber das aus öffentlichen Mitteln versorgte Personal bestand aus über 1000, mit den Lehrern zusammen sogar aus 1800 Personen. Und die Steuereinnahmen der Großgemeinde beliefen sich pro Jahr nur auf unzureichende sechs Millionen Yuan, das reichte nicht einmal für die Kader. In einer anderen Gemeinde beschäftigte allein das Finanzamt 35 Personen, das waren mehr als in den Finanzämtern normaler Kreise; das Büro für Geburtenkontrolle und sein Aktionsbüro beschäftigte in einer weiteren Großgemeinde ganze 65 Personen.

»Viele Drachen führen zur Dürre«, so heißt es doch. Eine allmächtige und allumfassende Regierung ist notwendigerweise eine Regierung von geringer Wirksamkeit.

Die Bauern sagen ironisch: »Ein paar Dutzend Großmützen verwalten einen einzigen schäbigen Bauernstrohhut.«

Es gibt sogar ein Lied darüber: »Sind Reformen erst im Gange, wird dem Bauern richtig bange.«

Manchmal wird die heutige Regierung mit einem Schwarzen Loch verglichen. Schwarze Löcher drehen sich sehr schnell und ziehen unentwegt Materie aus dem All; je größer ein Schwarzes Loch, um so größer die von ihm absorbierte Materie – erst wenn es alle Umgebungsmaterie absorbiert hat, hört seine Bewegung auf, und es verschwindet schließlich.

Auf die direkten Folgen eines solchen gesellschaftlichen Verwaltungssystems hat einst Deng Xiaoping schonungslos hingewiesen:

> »Ganz oben wird die Macht missbraucht, man löst sich von der Praxis, man löst sich von den Massen, man ist auf Statussymbole bedacht, redet in schönen Phrasen, das Denken erstarrt, man klammert sich starr an überkommene Formen, die Organisationen schießen aus dem Boden, es gibt mehr Personal als Arbeit, die Dinge werden nur schleppend erledigt, man nimmt keine Rücksicht auf die Wirkung, man übernimmt keine Verantwortung, man hält sein Wort nicht, amtliche Dokumente kreisen, man schiebt sich gegenseitig die Verantwortung zu, sogar ausgesprochenen Beamtendünkel gibt es, beim kleinsten Anlass wird zurechtgewiesen, es kommt zu Racheakten, der Wille des Volkes wird unterdrückt, man betrügt nach oben und verschleiert nach unten, man führt sich auf wie ein Tyrann, es kommt zu Vetternwirtschaft und Bestechung, Korruption und Verstößen gegen das Gesetz und so weiter und so fort. …
> Wenn wir das augenblickliche unausgesetzte Ins-Kraut-Schießen und gegenseitige Überlappen der Organe und Organisationen von Staat und Partei weiter zulassen und die Zuständigkeiten nicht klar trennen, werden viele ihrem Amt nicht gewachsen sein, keine Verantwortung übernehmen, der Arbeit wird es an Energie mangeln, an Wissen und an Wirkung, und das wird vom Volk auf keinen Fall gebilligt werden … Bei dieser Frage geht es um die Existenz von Staat und Partei, hier steht die Existenz von Staat und Partei auf dem Spiel.«

Das ist aus einer Rede Deng Xiaopings vom 18. August 1980 auf einer Vollversammlung des Politbüros des Zentralkomitees, die den Titel trug: »Die Reform des Führungssystems von Staat und Partei«. Seither hat sich an der Einheit von Politik und Gesellschaft, einem von den Volkskommunen auf dem Lande eingeführten Organisationssystem, in dem Partei, Verwaltung und Militär nicht getrennt werden, nicht das

Geringste geändert. Nicht lange nach dieser Rede haben sich die Zustände, auf die er hingewiesen hat, verstärkt entwickelt.

Aus Berechnungen Li Xiangangs vom Zentrum zur Erforschung der Wirtschaft in den ländlichen Gebieten, einer Institution des Landwirtschaftsministeriums, ging hervor: Von Kreisebene abwärts gab es (Lehrer nicht mit eingerechnet) 13.162.000 Kader, die von den Bauern ernährt werden mussten; durchschnittlich ernährten 68 Bauern einen Kader.

1987 veröffentlichte der chinesische Finanz- und Wirtschaftsverlag ein Buch mit dem Titel *Analyse des Materials der dritten chinesischen Volkszählung*, worin auch die historischen Zahlenverhältnisse von Beamten und Bevölkerung aufgeführt wurden: Während der Westlichen Han-Dynastie (206 v. Chr. bis 8 n. Chr.) kam auf 7945 Einwohner ein Beamter, während der Östlichen Han (25–220) waren es 7464; während der Tang (618–906) 2927, während der Yuan (1280–1367) 2613, während der Ming (1368–1644) 2299 und während der Qing (1644 bis 1911) schließlich 911; und Mitte der 80er Jahre kam auf 67 Einwohner ein Beamter.

1998 ließ der assistierende Finanzminister Liu Changkun verlauten: »In der Han-Dynastie ernährten 8000 Menschen einen Beamten, in der Tang-Dynastie waren es 3000, in der Qing-Dynastie 1000, heute sind es 40 Menschen, die einen Beamten ernähren.«

Daraus kann man ersehen, dass sich die Zahlen des assistierenden Finanzministers mit denen aus der *Analyse des Materials der dritten chinesischen Volkszählung* im Großen und Ganzen decken. Nur bei den Zahlen für die Gegenwart gibt es eine nennenswerte Abweichung, die sich offensichtlich aus dem zeitlichen Abstand von etwa elf Jahren, die zwischen beiden Zahlen liegen, erklärt. Innerhalb von nur elf Jahren aber ist das Verhältnis von Beamten und Bürgern von 1:67 auf 1:40 gestiegen. Und das, nachdem Deng Xiaoping auf die oben angesprochenen Gefahren hingewiesen hatte! Und dieser nahezu unkontrollierte Zuwachs an Organisationen und Personal hat sich vor allem auf Kreis- und Gemeindeebene abgespielt.

Die Berechnung von Li Xiangang, der zufolge »durchschnittlich 68 Bauern einen Kader ernähren«, ohne dabei die Lehrer zu berücksichtigen, war theoretisch richtig, denn die Schulpflicht ist eine Richtlinie des Staates, und so müsste das Gehalt der Lehrer vom Staat bezahlt werden, weshalb das Lehrpersonal eben nicht in eine solche Statistik gehört. In Wirklichkeit aber macht das Gehalt der Lehrer einen relativ wichtigen Teil der Bauernlasten aus. Deshalb ist am Ende nicht wirklich klar, wie viele Bauern einen »Kader« ernähren.

Diese wenigen Zahlen genügen, um klar zu machen, wie dringend eine Reform der Verwaltungsorganisationen ist. Dass die Bauern einen ungezügelten und sich täglich weiter aufblähenden Verwaltungsapparat am Leben halten müssen, wird am Ende die Stabilität der Gesellschaft gefährden.

Nach Forschungen des Historikers Ke Jianxiong liegt ein Grund für den zyklischen Aufstieg und Niedergang der Dynastien und damit der feudalistischen Gesellschaft im zyklischen Wandel des Zahlenverhältnisses zwischen unproduktiven Beamten, Würdenträgern, Behördenangestellten und Hofschranzen sowie den produktiven Bauern. Wenn die unproduktive Seite sich in Grenzen hielt, waren Gesellschaft und Wirtschaft verhältnismäßig stabil und florierten; wenn die unproduktive Seite zunahm, dann erlebten Gesellschaft und Wirtschaft einen Niedergang. Bauernaufstände waren ein Mittel, dieses Verhältnis wieder zurechtzurücken. Auch der amerikanische Gelehrte Huang Renyu sagt, am Übergang von West- zu Ost-Han habe es zwei bemerkenswerte Erscheinungen gegeben: Erstens habe die Kontrollkraft der Regierung abgenommen und die nicht-staatliche Clanbeamten hätten zugenommen; zweitens habe es ein Ausufern der bürokratischen Organisationen gegeben. Schätzungen zufolge soll es in diesem Zeitraum an zentralen Orten bis zu 130.000 Beamte gegeben haben – und genau da kam es zu gesellschaftlichen Umwälzungen.

Deshalb ist es auf keinen Fall übertrieben, die Frage der Bauernlasten zu einer der wichtigsten politischen Fragen zu machen, von der der Bestand des Staates abhängt.

Jiang Zemin hat mehrfach darauf hingewiesen, dass zur Zeit »eine Masse an Schmarotzern immer weniger Produzenten« gegenübersteht. Außerdem hat er auf einer Versammlung betont: »Der Weg zur Ernährung des Volkes beginnt bei der Einsparung von Beamten.«

Die Einsparung von Beamten jedoch bezieht sich nicht nur auf die Entlastung der Bauern, sondern noch viel mehr auf den Gedeih und Verderb des Staates. In einem Knittelvers heißt es:

»Am Himmel sind der Sterne viel
Wenn der Mond nicht scheint
Auf Erden sind der Fallen viel
Was als Weg erscheint

Und gibt es der Beamten viel
hat stets das Volk geweint.«

Beides gibt der gleichen Wahrheit Ausdruck.

Die Trennung von Stadt und Land

Die chinesische Akademie für Sozialwissenschaften hat auf nationaler Ebene einmal eine stichprobenartige Untersuchung durchgeführt, eine Umfrage in 63 Städten über die Berufserwartungen von 2599 Stadtbewohnern über 16 Jahren. Das Ergebnis zeigte: Unter 69 Berufen, die zur Auswahl standen, waren die zehn unter Städtern beliebtesten Berufe in folgender Reihenfolge: Bürgermeister, Verwaltungsleiter, Universitätsprofessor, Computeringenieur, Richter, Staatsanwalt, Rechtsanwalt, Ingenieur in einem Hightech-Unternehmen, Führungskader in Verwaltung oder Partei, Naturwissenschaftler. Die drei letzten Plätze belegten: Arbeiter in einem Privatbetrieb, Haushälterin und Bauarbeiter.

Als wir das lasen, dachten wir zuerst: Was käme heraus, wenn man eine solche Untersuchung unter unseren 900 Millionen Bauern durchführen würde?

Xu Xinxin vom Soziologischen Institut der Akademie für Sozialwissenschaften, der an dieser Untersuchung teilgenommen hat, sagte, in der Veränderung der Berufswünsche, der Wertigkeit der verschiedenen Berufe und in den Tendenzen für die Berufswahl spiegele sich ein tiefer Wandel in der Struktur der chinesischen Gesellschaft. Was das für ein tiefgreifender Wandel war, hat Xu Xinxin nicht gesagt, das musste er aber auch nicht sagen. Denn das Ergebnis der Untersuchung zeigte die Sehnsüchte der chinesischen Stadtbevölkerung nur allzu deutlich. Nur hätte er erklären müssen, ob unter den 2599 befragten Stadtbewohnern über 16 auch Bauern waren, die unter den Vordächern der Städte wohnten und arbeiteten. Wenn nicht, dann konnten wir uns nur sehr schwer vorstellen, für wen Bauarbeiter, Haushälterin und Arbeiter in einem Privatbetrieb ein Berufswunsch hätte sein können. Oder es bedeutete, von den zur Auswahl stehenden 69 Berufen, unter denen sich mutmaßlich der Beruf Bauer gar nicht fand, belegten diejenigen die letzten Plätze, die nicht als Wunschberuf angesehen wurden, sondern als einzige Berufsmöglichkeit der jeweiligen Befragten.

Wie auch immer, eines war sicher: Niemand hatte bei dieser Umfrage an die chinesischen Bauern gedacht.

Das ist das größte Unheil in einem großen Agrarland mit 900 Millionen Bauern!

Bei der gründlichen Erforschung der Frage der Bauernlasten kommt man um eine Betrachtung des sozioökonomischen Umfelds, in das die Bauern gestellt sind, ebenso wenig herum wie um eine andere bittere Tatsache, dass nämlich die 900 Millionen chinesischen Bauern bis heute in einer sekundären wirtschaftlichen Entwicklungsstruktur leben, in der Stadt und Land getrennt sind. Sie stehen täglich unter einem gigantischen mentalen und ökonomischen Druck, erfahren heftige emotionale Verluste und schwere ideologische Depressionen. Wer sich um die systemimmanenten Ursachen der Überbelastung der Bauern herumdrückt, braucht überhaupt nicht über die Entlastung der Bauern zu sprechen.

An einem Vormittag im Vormärz des Jahres 2001 kamen wir zur Akademie für Sozialwissenschaften nach Peking, um dort ein Interview mit dem Wissenschaftsrat Lu Xueyi zu führen. Das ist ein bekannter Soziologe, Leiter der Soziologischen Vereinigung und darüber hinaus in der Tat Spezialist für die Erforschung der Arbeit in den ländlichen Gebieten. Schon in den frühen 80er Jahren war er stellvertretender Leiter des Instituts zur Entwicklung der ländlichen Gebiete in der Akademie für Sozialwissenschaften gewesen. Und gerade wegen seines speziellen Hintergrundes steht für ihn die Beschäftigung mit dem Problem der Bauernlasten auf einer ganz neuen, viel höheren Ebene, und seine Überlegungen dazu gehen sehr viel tiefer und haben einen sehr viel weiteren Horizont.

»Um das Problem der Bauernlasten zu lösen, darf man das Augenmerk nicht auf die ländlichen Gebiete richten«, so begann er ohne Umschweife das Gespräch.

Er stammt aus der Stadt Wuyi in der Provinz Jiangsu, einem landschaftlich wundervollen Fleckchen Erde, hat sich die Gewandtheit und Intelligenz eines Gelehrten aus dem Süden bewahrt, doch er hat seit dem Beginn seines Philosophiestudiums an der Universität Peking 1975, also seit mehr als 25 Jahren, in Peking gelebt, und seine Gestik ist geprägt von der Geradlinigkeit und Großzügigkeit des Nordens.

Er sagte, die »Trennung von Stadt und Land und die Idee des einen Landes mit zwei Politiken«, die sich unter den Bedingungen der Planwirtschaft herausgebildet habe, sei bis heute unverändert. Seit langer

Zeit hätten wir auf diese Weise eine künstliche Trennung von Stadt und Land und Stadt- und Landbevölkerung. Mit dem System der Wohnsitzregistrierung werde die Trennung zwischen Stadt- und Landbevölkerung festgeschrieben und ein paar 100 Millionen Bauern der Zugang zu den Städten verwehrt; durch das System des staatlichen An- und Verkaufs würden die Nahrungsmittel unterteilt in Agrargetreide und Handelsgetreide, das heiße, die Bauern ernähren die Städter; durch das Arbeitssystem würden die Menschen unterteilt in Bauern und Arbeiter, den Bauern werde der Zugang zu den Fabriken verweigert, durch das Lohn- und Sozialsystem würden die Menschen unterteilt in solche, die das Recht haben, in deren Genuss zu kommen, und solche, die dieses Recht nicht haben – am Ende würden die Bauern aus allen sozialen Sicherungssystemen ausgeschlossen …

Er sagte, diese strikte Trennung von Stadt und Land, wo Stadt und Stadtbevölkerung die eine Seite und Land und Landbevölkerung die andere Seite im System der »zwei Politiken in einem Land« bilden, führe dazu, dass es bei den chinesischen Bauern – man könne hinsehen, wo man wolle – auf sozialem Gebiet, in der Bildung, in der Krankenversorgung, in der Arbeitssicherung, in der Alters- und Sozialfürsorge, wirtschaftlich in der Zirkulation, dem Austausch, der Versorgung, in der Beschäftigung und bei den Steuern zu einem gravierenden Ungleichgewicht gekommen sei.

Die strikte Trennung von Stadt und Land sei für die Millionen Bauern zu einer unüberwindbaren Kluft geworden. Diese Kluft führe dazu, dass jeder Bauer, kaum aus dem Mutterleib heraus, in dieser Gesellschaft mit Sicherheit ein Bürger zweiter Klasse werde.

»Die Bauernlasten sind nicht nur schwer, sie sind auch eine Diskriminierung«, sagte Lu Xueyi zunehmend erregt. Und dann packte ihn plötzlich die Empörung, seine Sorge um die Bauern ließ ihn überfließen: »Die Praxis von Dutzenden von Jahren beweist, das alles ist ein ökonomisches und gesellschaftliches Problem, nicht das Problem irgendeiner Gemeinde, eines Kreises oder einer Provinz, es geht uns alle an, ein Problem, das nicht in einem Jahr und nicht in zwei Jahren, sondern nur auf lange Sicht zu lösen sein wird. Das ist keines der üblichen Arbeitsprobleme, auch keines, das man mit verstärkter Führung lösen könnte, sondern ein Problem der generellen Politik, ein Problem des Systems.«

Wir hatten eine Menge Material darüber gelesen und festgestellt, dass ein verwickelter, aber doch auch konkreter Prozess zu dieser Politik und zu diesem System geführt hatte. Eigentlich hatte das Zentralkomitee die Gesetzmäßigkeit, der zufolge man nach der Staatsgründung und der Entwicklung der Industrialisierung die Bauern hätte an die Städte heranführen und die Verstädterung hätte vorantreiben müssen, klar erkannt.

Mao Zedong hatte bereits in seiner Schrift *Über Koalitionsregierungen* ausgeführt: »Bauern – das sind die Vorläufer der Arbeiter. In der Zukunft müssen wir ein paar Millionen Bauern an die Städte und an die Fabriken heranführen. Wenn China eine starke nationale Industrie und große moderne Städte aufbauen will, dann muss das in einem Umwandlungsprozess der ländlichen Bevölkerung in Städter geschehen.« Doch nach der Befreiung und vor den vielfältigen konkreten Problemen des Staates und der Notwendigkeit, in den Städten eine Industrie aufzubauen, änderte er seine Ansicht. Er glaubte, hier habe man es mit dem Problem des schrittweisen Abbaus des Unterschieds zwischen Stadt und Land, Arbeiter- und Bauernschaft zu tun; dafür zeigte er auf einer Versammlung in Bengzhou einen neuen Weg auf: »Unser Land hat eine Besonderheit, wir haben gut 600 Millionen Menschen, aber nur 1,6 Milliarden Mu Ackerboden. Wenn wir keine besonderen Maßnahmen ergreifen, wird der Staat mit dieser Situation vielleicht nicht fertig.« Unter »besonderen Maßnahmen« verstand er: »Wie können wir die Bevölkerung der ländlichen Gebiete reduzieren? Nicht, indem wir sie in die Städte drängen, sondern indem wir die Industrie in die ländlichen Gebiete bringen, indem wir die Bauern an Ort und Stelle zu Arbeitern machen.«

So begann sich die Vorstellung von der »Trennung von Stadt und Land und einem Staat mit zwei Politiken« herauszubilden.

Damit die Landbevölkerung nicht in die Städte drängte, war das von Anfang an praktizierte städtische Arbeitskräftesystem im Prinzip nur darauf bedacht, keine bäuerliche Bevölkerung aufzunehmen und es der Landbevölkerung zu verbieten, in den Städten nach Arbeit zu suchen. Das wird in der *Entscheidung über Arbeit und Beschäftigung*, die der Staatsverwaltungsrat im August 1952 herausgegeben hat, deutlich ausgesprochen: »Die Überzeugungsarbeit unter den Bauern muss verbessert werden.« Später, im Dezember 1957, wurde es in der *Provisorischen Regelung für die befristete Anstellung von Arbeitskräften aus den ländlichen Gebieten* noch deutlicher: »Den Einheiten* ist es nicht erlaubt, selbst in den ländlichen Gebieten Arbeitskräfte anzustellen und planlos in die Städte drängende Bauern zu beschäftigen.«

Es war ausgerechnet diese »provisorische Regelung« des Staatsverwaltungsrates, die die Landbevölkerung, die in die Städte kam, um sich hier eine Arbeit zu suchen, als »planlos in die Städte drängende Bauern« bezeichnete. Seit diesem Zeitpunkt haben diese Bauern einen ausgesprochen unrühmlichen Namen weg. Auch spätere Anordnungen des Staatsrats brachten alle eine unveränderte Haltung der Zentralregierung zum Ausdruck: für die Landbevölkerung grundsätzlich jede Möglichkeit auszuschließen, in den Städten Arbeit zu finden und aus den Städten Nahrungsmittel zu beziehen.

»Essen ist der Himmel des Volkes« – dass den Bauern jede Möglichkeit genommen wurde, in den Städten an Nahrungsmittel zu kommen, implizierte, dass in den Städten kein Lebensraum zur Verfügung stand.

Hinzu kamen die »besonderen Maßnahmen« im System der Wohnsitzregistrierung. Im Januar 1958 waren auf der 91. Tagung des Ständigen Ausschusses des Nationalen Volkskongresses die »Bestimmungen für die Wohnsitzregistrierung der VR China« diskutiert und verabschiedet worden. Artikel 10, Absatz 2 dieser Bestimmungen beschränkte strikt die Übersiedelung der Landbevölkerung in die Stadt.

Seither sind die Städte und ländlichen Gebiete Chinas nicht mehr auf der gleichen Straße unterwegs. Die großen Divergenzen in den Produktions- und Arbeitsmethoden und der himmelweite Unterschied der Lebensbedingungen und des Wohnumfelds haben die Schere zwischen dem Realeinkommen in der Stadt und dem auf dem Land Jahr für Jahr weiter auseinander gehen lassen. Diese Schere ist nicht nur in der neuen Epoche der Reformen nicht kleiner, sondern durch die Verlagerung des Reformschwerpunktes auf die Städte noch einmal größer geworden.

Nach Berechnungen von Zhao Renwei vom Wirtschaftsforschungsinstitut der Akademie für Sozialwissenschaften lag das Gefälle im Realeinkommen von Stadt und Land 1979 bei 2,36 : 1 und stieg seither, mit Ausnahme von 1985, wo es eine Zeit lang auf 2,14 : 1 sank, stetig an. 1987 wuchs es auf 2,38 : 1, 1995 lag es bereits bei 2,79 : 1. Die Zahlen für das Jahr 2000 waren zur Zeit dieser Berechnung noch nicht heraus, aber er schätzte für 2000 mindestens ein Einkommensgefälle von 3,2 : 1. Wenn man hinzurechnet, wie viele zusätzliche soziale Vergünstigungen die Stadtbevölkerung genießt, dann muss man das Gefälle im Realeinkommen auf über 4:1 ansetzen.

Was das System der Sozialfürsorge angeht, so brachte der Staatsverwaltungsrat bereits im Februar 1951 die *Bestimmungen für die*

Arbeitsversicherung heraus, die in der Folgezeit ständig verbessert wurden und in denen nunmehr minuziös festgelegt ist, welche verschiedenen Rechte die Angestellten in den staatlichen Unternehmen in diesem Bereich genießen: Von der unentgeltlichen Versorgung im Krankheitsfall oder bei einem Arbeitsunfall und der unentgeltlichen Erholung und Kur über Rente, Mutterschaftsurlaub und Krankenversicherung für alleinerziehende weibliche Angestellte und über Hilfsfonds für die Opfer von Arbeitsunfällen und Fonds für die Bestattung im Todesfall und die Versorgung der Hinterbliebenen bis hin zur im Preis um die Hälfte verbilligten medizinischen Versorgung und die Bestattungsbeihilfen für direkte Verwandte, die ein Angestellter unterstützt – das ist alles berücksichtigt. Bei den Unternehmenskollektiven wird unter Verweis auf die staatlichen Unternehmen ebenso verfahren; vom Personal der staatlichen Organisationen und Institutionen ganz zu schweigen. Von den genannten Vergünstigungen abgesehen genießt das Personal darüber hinaus noch die nahezu kostenlose Versorgung mit Wohnraum durch die Einheit.

Kurz, Städter werden von Geburt an besonders beschützt. Essen, trinken, große und kleine Geschäfte, schlafen, gebären, Alter, Krankheit, Tod und Beerdigung, alles wird vom Staat übernommen. Für die Landbevölkerung gibt es nichts Vergleichbares.

Auf zwei periodischen Reporterempfängen im März 2001 fragte ein Reporter der *Renmin Ribao (Volkszeitung)* den Ministerpräsidenten Zhu Rongji, wie er über die Einkommensverteilung, die sich in der Gesellschaft so heftig widerspiegele, denke und welche Maßnahmen er ergreifen werde, um dies zu regulieren. Zhu Rongjis Antwort bestand aus drei Sätzen: Darauf müsse man achten, alles sei halb so schlimm, man arbeite an einer Lösung. Und dann erklärte er noch: »Die Erhöhung des Einkommens der Bauern ist längst erste Pflicht der augenblicklichen Wirtschaftsarbeit, das nimmt eine herausragende Stellung ein, wir werden eine Reihe von Maßnahmen ergreifen, um dieses Problem zu lösen.«

Doch das war die Realität, mit der sich die Menschen in jenem Jahr konfrontiert sahen: Das Finanzministerium stellte ungeheure Summen bereit, um die Bezüge der Angestellten der politischen Verwaltungseinheiten in den Städten zweimal zu erhöhen, am Jahresende gab es zusätzlich eine Prämie in Höhe eines Monatsgehaltes, ein so noch nie da gewesener Vorgang. 2002, dem letzten Jahr in der Legislaturperiode dieser Regierung, war immer noch nichts davon zu sehen, dass die

Erhöhung der Einkünfte der Bauern »eine herausragende Stellung« einnehme, sie zur »ersten Pflicht« erhoben worden sei, und es war noch weniger nachzuvollziehen, dass das Einkommensgefälle zwischen Stadt und Land noch größer werden musste, um dies nicht mehr als »halb so schlimm« einzustufen. Und in diesem Jahr plante das Zentrale Finanzministerium weitere Sonderausgaben von 10,18 Milliarden Yuan ein, um den Lohn der Angestellten in den Einheiten des öffentlichen Dienstes und die Pensionen der ehemaligen Angestellten des öffentlichen Dienstes zu erhöhen.

Qiu Xiaohua, der stellvertretende Vorsitzende des staatlichen Amtes für Statistik, führte nicht ohne Besorgnis aus: Das Einkommensgefälle zwischen Stadt und Land sei bereits weit größer, als es das Verhältnis von 3:1 auf den Tabellen ausweise, das Verhältnis müsse eher bei 5:1 bis 6:1 liegen, das sei der höchste Wert seit Gründung der Republik, weltweit liege das Einkommensgefälle zwischen Stadt und Land in den meisten Staaten nur bei 1,5:1!

Aus dem Material Zhu Qingfangs vom Soziologischen Institut der Akademie für Sozialwissenschaften ließ sich ersehen, dass 1987 das durchschnittliche Jahreseinkommen der städtischen Angestellten bei 615 Yuan lag, das durchschnittliche Jahreseinkommen eines Bauern im selben Jahr hingegen nur bei 134 Yuan. Die Städter verdienten damals somit im Durchschnitt das Viereinhalbfache eines Bauern. Bis 1999 stieg das durchschnittliche Jahreseinkommen der städtischen Angestellten auf 8346 Yuan, im gleichen Zeitraum stieg zwar auch das Nettojahreseinkommen eines Bauern, aber nur auf 2210 Yuan. Das heißt, das durchschnittliche Jahreseinkommen in der Stadt lag um 6136 Yuan über dem Nettojahreseinkommen auf dem Land! Dabei muss man besonders darauf hinweisen, dass aufgrund der Inflation 100 Yuan von 1987 im Jahre 1999 nur noch 22,6 Yuan wert waren, das entspricht einer Abwertung um 77 Prozent beziehungsweise einem jährlichen Wertverfall von 7,1 Prozent. So gerechnet entsprach das bäuerliche Nettojahreseinkommen von 2210 Yuan im Jahr 1999 einem tatsächlichen Einkommen von 97,78 Yuan im Jahr 1987. Im Vergleich zum tatsächlichen Einkommen von 134 Yuan im Jahre 1987 bedeutete das einen Verlust des Realeinkommens. Und nach 2000 wurde das Einkommensgefälle zwischen Stadt und Land noch größer.

Die Reichen werden immer reicher, die Armen immer ärmer. Dieser »Matthäus-Effekt*« zwischen den Großstädten und den ländlichen Gebieten wird Tag für Tag dramatischer.

Seit dem ersten Fünfjahresplan nach Gründung der Volksrepublik bis zum 5. Fünfjahresplan vor der Reform- und Öffnungspolitik lagen die Investitionen des Staates in der Landwirtschaft im Allgemeinen stabil bei etwa zehn Prozent. Aber 1981, die Reform- und Öffnungspolitik war gerade erst angelaufen, verringerten sich die staatlichen Investitionen in der Landwirtschaft. So stiegen etwa 1985 die Gesamtinvestitionen im Vergleich zum Vorjahr um 45 Prozent, die in der Landwirtschaft fielen jedoch um 0,5 Prozent! Das nahm der chinesischen Landwirtschaft, die ohnehin schon auf dem Zahnfleisch ging, die Lebensenergie.

Das große Problem mit der »Sekundärstruktur« der Landwirtschaft liegt darin, dass die Mitglieder unserer Gesellschaft ökonomisch wie kulturell keine umfassende und ausbalancierte Entwicklung durchmachen konnten. Das musste wohl oder übel zu einer Zweiklassengesellschaft führen: Ein Teil der Menschen ging rasch in Richtung Modernisierung, doch an der Mehrheit der Menschen ging sie vorbei.

Der gewaltigen Überproduktion der städtischen Industrien standen schon vor Jahrzehnten verarmte Bauern gegenüber, die sich diese Produkte nicht leisten konnten. Während das durchschnittliche Pro-Kopf-Einkommen sich auf 700 Dollar belief, gab es eine Überproduktion, für die den damals 800 Millionen Bauern in großem Maße die Kaufkraft fehlte. Die Bauern, die mehr als 70 Prozent der Bevölkerung ausmachten, konnten sich, was den Konsum anging, nicht mit den kaum 30 Prozent Stadtbewohnern messen. Das war der desolate Zustand, zu dem die verzerrte Entwicklung der städtischen Industrien führen musste.

Man kann sagen, dass heute die leistungsfähigsten Menschen sich größtenteils in den Städten konzentrieren und dass die Bildungsinvestitionen des Staates mehr oder weniger ausschließlich in die Städte fließen.

Die wirtschaftliche Rückständigkeit der ländlichen Gebiete führte unausweichlich auch zu einer Rückständigkeit in Umweltfragen. Die Heimsuchungen durch Sand- und Staubstürme haben die Städter den Einbruch der Umwelt von außen bereits schmerzlich spüren lassen, doch welches Unheil den Städten durch die »kulturellen Stürme«, die aus den ländlichen Gebieten kommen werden, noch droht, zu diesem gewichtigen Thema wurden keine Untersuchungen angestellt. Die schonungslosen Attacken der Sand- und Staubstürme auf die Städte sind nichts anderes als eine Form der Rache der Umwelt auf die Sekundarisierung des Landes gegenüber den Städten, wodurch sich eben nicht nur die Umwelt und die natürlichen Ressourcen verschlechterten.

Die Tatsachen beweisen es: Nicht wenige Straftaten, die heute in China begangen werden, sind eine Rache der Armen an den Reichen, eine Rache des Landes an der Stadt, eine Rache der rückständigen an den entwickelten Gebieten. Diese Straftaten werden beklagt und gebrandmarkt, aber ihren Ursachen auf den Grund geht kaum jemand. Denn immer noch ignorieren wir die Existenz dieser brutalen und inhumanen Sekundarisierung.

Als Lu Xueyi auf dieses Thema zu sprechen kam, wurde er noch einmal sehr lebhaft, und er sah uns durch seine Brillengläser durchdringend an: »Wenn man auf die 40 Jahre, in denen wir nun schon die ›getrennte Verwaltung von Stadt und Land und die zwei Politiken in einem Land‹ praktizieren, zurückblickt, dann waren, wenn es in der Volkswirtschaft zu Turbulenzen und Schwierigkeiten kam, immer die Bauern die Leidtragenden. Durch seine Finanz-, Steuer-, Preis-, Bank- und Kreditpolitik garantierte der Staat die Entwicklung der Städte und der staatlichen Industrien, doch dem mussten die Bauern und die ländlichen Gebiete immer größeren Tribut zollen.«

Das Wort »Tribut« kam ihm schwer über die Lippen und es klang eher wie »Opfer«.

Da wanderten unsere Gedanken plötzlich zu einem Satz von Du Runsheng. Du Runsheng war einst der Leiter des Forschungsbüros des Zentralkomitees der Kommunistischen Partei für die Politik in den ländlichen Gebieten, gleichzeitig nahm er die Pflichten eines Leiters des Forschungszentrums des Staatsrats für die Entwicklung der ländlichen Gebiete wahr, er war für die Politik in den ländlichen Gebieten und die Forschungsarbeit für die Entwicklung der ländlichen Gebiete eine wichtige Figur, was er sagte, hatte Gewicht. Und er hatte gesagt: »Wir sind den Bauern zu viel schuldig!«

Wenn wir ihnen bereits zu viel schuldig waren und ihnen keine Gelegenheit gaben, sich zu erholen, warum mussten ausgerechnet immer die ländlichen Gebiete und die Bauern, die ohnehin schon überfordert waren, immer größeren Tribut zollen, um für die Turbulenzen und Schwierigkeiten in der Volkswirtschaft geradezustehen? Das fragten wir Lu Xueyi, doch er folgte weiter seinen eigenen Gedankengängen.

Er erinnerte sich: Als der Staat bei der Inflation von 1988 korrigierend in die Makroökonomie eingriff, schlug die Waage der Ökonomie weiterhin in Richtung der Städte aus. Das führte 1989 zu Einkommensverlusten bei den Bauern und zum ersten Mal seit Beginn der Reform- und Öffnungspolitik zu negativen Zahlen beim Realwachstum des Nettoeinkommens, es war ein Minus von 1,6 Prozent zu verzeichnen; beim nächsten Eingriff des Staates in die Makroökonomie Mitte der 90er Jahre war der Preis, den die Bauern dafür zu zahlen hatten, größer denn je.

Er sagte, damals habe der Staat die Reform der staatlichen Betriebe entschieden vorangetrieben, die Eingriffe in die Makroökonomie seien sehr groß gewesen, im ganzen Land seien über zehn Millionen Beschäftigte aus den staatlichen Betrieben freigesetzt worden. In den folgenden Jahren stieg die Arbeitslosenquote, in manchen alten Industriestützpunkten betrug die Freisetzung in die Arbeitslosigkeit über zehn Prozent mit entsprechend ernsten Folgen für die wirtschaftliche Lage. Aber da in den folgenden Jahren die Preise vor allem für Getreide und ähnliche Produkte fielen (der Preis für ein Pfund Mais fiel von zwei Yuan auf unter einen Yuan, der Preis für ein Pfund Eier fiel von 3,50 Yuan auf 1,80 Yuan, die Preise für Gemüse und Obst gingen kontinuierlich noch weiter nach unten), waren die Sonderzuwendungen für die freigesetzten Beschäftigten sehr niedrig, aber sie konnten davon leben, und die Gesellschaft blieb in ihren Grundfesten stabil. Diese glückliche Stabilisierung war nicht leicht zu erreichen gewesen, sie war sicher ein Erfolg des kontrollierenden Eingriffs in die Makroökonomie durch den Staat, doch mit keinem anderen Resultat als dem, dass die damals noch 800 Millionen Bauern ein gewaltiges Opfer bringen mussten!

Der Vorsitzende der Soziologischen Vereinigung Chinas rechnete es uns auf einem Blatt Papier vor.

1996 betrug die gesamte Getreideproduktion in China 1009 Milliarden Pfund; 1997 waren es 988,3 Milliarden Pfund; 1998 waren es 1024,6 Milliarden Pfund; 1999 waren es 1016,7 Milliarden Pfund – im Durchschnitt also etwa 1 Billion Pfund. Im November 1996 lag der Durchschnittspreis für ein Pfund Reis, Weizen und Mais bei 1,0355 Yuan, in diesem Jahr nahmen die Bauern also mit ihrem Getreide 1035,15 Milliarden Yuan ein. Aber im November 1999 war der Durchschnittspreis pro Pfund bereits auf 0,7075 Yuan gefallen, das Einkommen der Bauern aus dem Getreideanbau betrug also nur noch 707,5 Milliarden Yuan. Das heißt, die Getreideproduktion lag 1999 nicht niedriger als 1996, aber das Produktionswachstum schlug sich nicht in höherem Einkommen nieder, das Realeinkommen der Bauern verringerte sich vielmehr um 328 Milliarden Yuan.

Neben dem Preis für Getreide fielen auch die Preise für sämtliche landwirtschaftlichen Nebenprodukte beträchtlich. Nach ersten Schätzungen verringerte sich das Einkommen, das die Bauern aus allen Produkten bezogen, allein zwischen 1996 und 1999 um 400 Milliarden Yuan. Im Jahr 2000 gingen die Produktivität und auch die Einkommen zurück, die Einkommen waren noch um einiges niedriger als 1996.

Man kann sagen, dass sich in den nur vier Jahren von 1996 bis 2000 die realen Einkommensverluste der chinesischen Bauern auf mindestens 1 Billion und 600 Milliarden Yuan beliefen!

Das war das gewaltige Opfer, das die Bauern für die Absicherung der Eingriffe des Staates in die Makroökonomie, für die reibungslose Realisierung und Unterstützung der Reform der staatlichen Betriebe und für die Stabilisierung der Städte und der Gesellschaft ohne Murren auf sich genommen haben!

Das Bedauerliche ist nun, dass es in den politischen und intellektuellen Kreisen in China zu wenige gibt, die die Interessen der Bauern vertreten. Die Stimmen, die sich für die Interessen der Bauern einsetzen, sind zu schwach, die chinesischen Bauern sind in der Tat längst so etwas wie die typischen Verlierer der chinesischen Gesellschaft.

In der Tat mussten die Bauern ihre Interessen nicht nur opfern, wenn es einen Konflikt zwischen der Entwicklung in den Städten und auf dem Land gab; bei jedem Konflikt mit den kollektiven Interessen wurde zuerst die Wirtschaft der ländlichen Gebiete unterdrückt. Um die staatlichen Getreideunternehmen zu schützen, wurden seit 1995 zahllose weiterverarbeitende Betriebe in den Gemeinden kaputtgemacht; um das Monopol der staatlichen Versorgungskooperativen zu schützen, wurde landesweit einer großen Anzahl der vom Volk betriebenen Agrar- und baumwollverarbeitenden Unternehmen vor der Zeit der Garaus gemacht; um den Gewinn der staatlichen Stahlindustrie zu schützen, wurden die kleinen regionalen Stahlfabriken im Jahr 2000 mit einem Federstrich samt und sonders zwangsweise geschlossen. Wegen der Schließung einer großen Anzahl von Zuckerfabriken und Zuckerraffinerien auf dem Lande stieg der Zuckerpreis in China von ursprünglichen 2300 Yuan auf gegenwärtige 3100 Yuan pro Tonne, was auch den staatlichen Zuckerbetrieben Verluste einbrachte …

Der Preis, der dafür zu zahlen war, wurde von den verschiedenen Behörden hin und her geschoben.

Wenn wir uns anschauen, wie die Staatsunternehmen aus den roten Zahlen kommen, denken wir dann auch daran, dass die Situation der Unternehmen in den Gemeinden, die einmal als »neue Truppen« gerühmt worden waren, die schon »die Hälfte des Landes« in Händen haben, längst prekär ist wie Morgentau und dass 900 Millionen Bauern wie Ochsen ihre immer höheren Lasten schleppen?

Die ungleiche Verteilung der wirtschaftlichen Ressourcen gründet offensichtlich in der ungleichen Verteilung der politischen Ressourcen durch den Staat. Professor Hu An'gang von der Qinghua-Universität, ein Spezialist für die Erforschung der Lage des Landes, führte aus, dass bei der augenblicklichen Zusammensetzung der Delegierten im Volkskongress die Bevölkerung aus den ländlichen Gebieten ernsthaft diskriminiert werde. Auf 9,6 Millionen Bürger vom Lande komme nur ein Delegierter. In den Städten sei das ganz anders, dort könnten 2,6 Millionen Einwohner einen Delegierten aufbieten, also das Vierfache. Er vertrat die Auffassung, dass dies direkt die Bestimmung von Artikel 33 unserer Verfassung verletze, in der jedem »Bürger der Volksrepublik China nach Vollendung seines 18. Lebensjahres ohne Ansehen seiner ethnischen Zugehörigkeit, seiner Rasse, seines Geschlechts, seines Berufs, seiner Herkunft, seiner Religion, seines Bildungsstandes, seiner finanziellen Situation und seiner Wohnberechtigungsdauer das aktive wie das passive Wahlrecht« zusteht. Außerdem sei es offensichtlich, wie es zu diesem Ungleichgewicht bei den Delegierten komme: Die Zahl der Volkskongressdelegierten aus Shanghai und Peking sei am höchsten und die aus den zwölf Agrarprovinzen wie Henan, Anhui, Jiangxi, Hebei usf. am niedrigsten.

Der russische Schriftsteller Iwan S. Turgenjew hat einmal gesagt: »Wenn es keine vollständige Gleichheit gibt, dann gibt es auch keine Liebe.« Wo sich die Interessenvertreter der verschiedenen Schichten im Volkskongress und Parlament drängen, wer soll da für die Bauern, die in der absolut schwächsten Position sind, seine Stimme erheben?

Zhong Dajun vom Pekinger Wirtschaftskontroll- und -forschungszentrum hat dazu eine in der Ausdrucksweise recht drastische Äußerung veröffentlicht:

> »Dürfen wir als sozialistischer Staat eine solche Kluft in unserem Volk zulassen? Was ist denn unsere Entwicklungsrichtung, unser Entwicklungsziel? Steht der Mensch im Mittelpunkt oder stellen wir weiter die Jagd in den Mittelpunkt? Und was ist das Ziel dieser Jagd? Doch schwerlich nur, dass eine Minderheit mit den entwickelten Ländern

> Schritt halten und den Ausländern ein paar Mustergebiete vorführen kann, um damit zu zeigen, dass China bereits ihr Niveau erreicht hat? Sollen sich die Ressourcen Chinas weiterhin in den Stadtgebieten massieren, oder denken wir an die Herstellung einer gewissen Balance? In der relativ langen Zeit seit der Staatsgründung konzentrierte die Entwicklungsstrategie, die das Schwergewicht auf die Schwerindustrie legte, sämtliche Ressourcen auf die Jagd nach dem Fortschritt und auf die militärische Stärke, aber der Preis für diese Jagd war eine Vernachlässigung der ländlichen Gebiete, die Opferung von Menschen und die Verschlechterung der Umwelt. Heute, im 21. Jahrhundert, kann man die wirtschaftlichen Entwicklungsmuster und Denkweisen aus der Zeit des Kalten Krieges nicht weiterverfolgen. Die Verringerung des gewaltigen, in 50 Jahren gewachsenen Abstandes zwischen Stadt und Land und zwischen den verschiedenen Regionen ist die Aufgabe und das drängendste strategische Ziel für China im 21. Jahrhundert. Wir müssen das zur Zeit der Planwirtschaft gebildete System der Wohnsitzregistrierung zerschlagen, den vernünftigen Ressourcenfluss im gesamtstaatlichen Rahmen garantieren, und die Begründung einer Entwicklungsstrategie, die auf dem Menschen aufbaut, sollte unsere wichtigste Überlegung sein.
>
> Die freie Wahl des Wohnsitzes ist eines der Grundrechte des Menschen. Wenn es keine freie Mobilität auf dem Arbeitsmarkt gibt, kann man nicht von Marktwirtschaft reden.«

Der Soziologe Lu Xueyi, ein Delegierter des Volkskongresses, schrieb während der Beratungen speziell einen Antrag, in dem es hieß: »Gegenwärtig geht es nicht um die Umsetzung von Politik, sondern um die Umsetzung der Verfassung. Geben wir den Bauern die minimalen bürgerlichen Rechte!«

Die Schere geht weiter auseinander

Die Trennung von Stadt und Land und die Idee des einen Landes mit zwei Politiken brachte für die chinesischen Bauern noch eine andere schwere Belastung mit sich, und zwar die »Schere« im Tausch von Erzeugnissen der Landwirtschaft gegen Erzeugnisse der Industrie.

Welchem Wirtschaftswissenschaftler das Patentrecht für die Theorie von der »Schere« zusteht, wissen wir nicht, aber der Ausdruck ist sehr sprechend, schlicht und schnörkellos.

Ein Blick auf die schematische Skizze macht das im Großen und Ganzen klar:

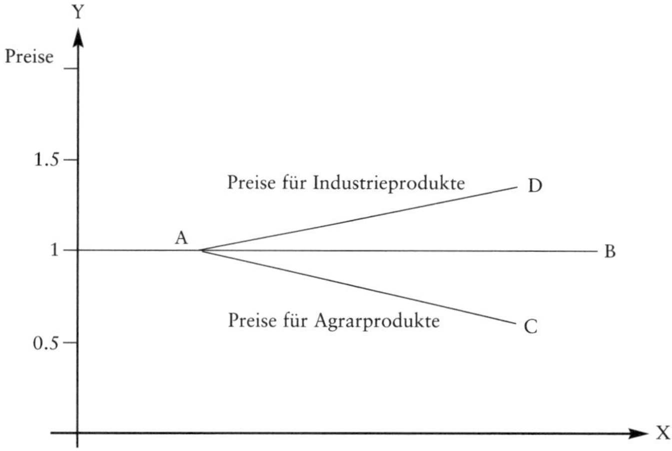

Das Prinzip ist ganz einfach und auf einen Blick von einem Schüler der Unterstufe einer Mittelschule zu verstehen: Wenn Preis und Wert der Agrar- und Industrieprodukte einander entsprechen, ist ihre Vergleichslinie AB auf 1. Aber wenn die Preislinie AB in AC und AD ausschert, dann fällt die verborgene Belastung zwischen Agrar- und Industrieprodukten auf die Schultern der Bauern. Einfacher gesagt: Als Resultat der Zwangsmaßnahmen des Staates werden die Industrieprodukte zu einem Preis an die Bauern verkauft, der höher liegt als ihre realer Wert, die Agrarprodukte der Bauern werden weit unter Wert verkauft.

Das Problem der Schere zwischen Agrar- und Industrieprodukten ist alt, es existierte bereits vor der Befreiung, und es wurde damals schonungslos entlarvt als Beleg für die Ausbeutung der Bauern durch die Guomindang. Nicht lange nach der Befreiung hat das Zentralkomitee davon gesprochen, dieses von der alten Gesellschaft übernommene Problem der unsinnigen Bauernlasten zu verkleinern.

In Wirklichkeit aber existierte das Problem der Schere nicht nur in China, sondern auch in der früheren Sowjetunion. Wir haben damals die Sowjetunion als »großen Bruder« bezeichnet und in vieler Hinsicht das politische und wirtschaftliche Modell der Sowjetunion kopiert, doch ob es nun Mao Zedong war oder Liu Shaoqi*, niemand hieß zu Beginn die Politik Stalins gut, mittels dieser Schere die Bauern auszubeuten, um die Industrialisierung voranzutreiben. Später jedoch hat sich das schnell geändert, als man nämlich entdeckte, dass sich allein mit der Agrarsteuer die öffentlichen Mittel nicht beschaffen ließen, die man für Investitionen in die Ausweitung der Reproduktion brauchte. Aus Materialien, die uns vorliegen, geht hervor, dass die chinesische Regierung 1952 die »Schere« einsetzte, um von den Bauern mehr als 2,456 Milliarden Yuan zu »rauben«.

Zum ersten Mal hat Mao Zedong 1956 auf der 2. Plenartagung des 8. Parteitags der Kommunistischen Partei Chinas öffentlich auf dieses Problem hingewiesen. Er führte bei dieser Gelegenheit eindeutig aus: »Einige Genossen hoffen, die Preisschere zwischen den Agrar- und Industrieprodukten sofort ausgleichen zu können, das ist nicht möglich. Denn augenblicklich macht diese Preisschere 30 Prozent der öffentlichen Einnahmen aus, und die direkte Agrarsteuer bringt im Durchschnitt nicht mehr als ungefähr zehn Prozent. Wenn wir diese Preisschere nun abschaffen und einen gleichwertigen Austausch einführen, wird die Staatsakkumulation davon in Mitleidenschaft gezogen werden.«

Das zeigt, es fiel der damaligen Zentralregierung vom Gefühl und von der Einstellung her schwer, mittels dieser Schere die Bauern zugunsten der Industrialisierung so zu berauben, wie Stalin es gemacht hatte, und es war undenkbar, die Bauern so auszubeuten, wie die Guomindang es gemacht hatte. Aber wenn man auf den Trümmern eines langjährigen Krieges eine staatliche Industrialisierung aufbauen wollte, blieb keine andere Wahl, als die Bauern und die ländlichen Gebiete dafür bluten zu lassen.

Allerdings hat Mao Zedong auf derselben Versammlung weiter ausgeführt: »Die Schere geht zu weit auseinander, so dass die Bauern nach keinem Gewinn mehr streben können, auch das ist falsch.« Doch bei diesem Hinweis blieb es. Wenn man sich für eine Planwirtschaft entschied, wenn man sich für die Trennung von Stadt und Land und die Idee des einen Landes mit zwei Politiken entschied, dann würde das Problem der »Schere« eskalieren, das war dann nicht mehr zu ändern.

Am 1. März 1995 stand in einem Leitartikel der *China Economic Times* etwas, das nachdenklich macht: »Die grundsätzliche Stellung der Landwirtschaft wurde – trotz gleichzeitiger Betonung ihrer Bedeutsamkeit – geschwächt, das Einkommen der Bauern fiel trotz gegenteiliger Appelle, und die Preise für die Produktionsmittel der Landwirtschaft stiegen trotz aller Appelle, sie unter Kontrolle zu halten.«

Das ist nicht recht verständlich, hat sogar etwas Absurdes, aber wenn man genauer darüber nachdenkt, trifft es doch den Nagel auf den Kopf. Und dieser Kopf ist: Was wir betreiben, ist nichts anderes als »verbale Landwirtschaft«.

Wenn man sich die Staatsausgaben anschaut, so wurde in den 25 Jahren von 1959 bis 1984 die Landwirtschaft mit insgesamt 220 Milliarden Yuan aus Unterstützungsfonds gefördert – das macht den Eindruck, als hätten die Staatsfinanzen in Form von Unterstützungsfonds an die Bauern zurückgegeben, was sie ihnen durch die »Schere« abgenommen hatten. Doch wenn man genau hinsieht, hatten diese so genannten »Unterstützungsfonds« mit den Bauern nicht so sehr viel zu tun. Die Staatsmittel, die für Land-, Forst- und Wasserwirtschaft zur Verfügung standen, wurden im Wesentlichen für die Verwaltungskosten der verschiedenen landwirtschaftlichen Behörden eingesetzt, die Bauern hatten nicht das Geringste davon; die von Staats wegen etablierten Investitionsprogramme in der Wasser- und Forstwirtschaft (zum Beispiel mit ihren Dammbauten für großdimensionierte Wasserkraftwerke und die Flussregulierungsarbeiten am Gelben Fluss und am Huai, wohin die meisten öffentlichen Gelder aus diesen Investitionsprogrammen flossen) kosteten die Bauern nicht nur einen großen Teil ihres Bodens, oft mussten sie auch noch zu Arbeitseinsätzen bei Wasserbauanlagen ausrücken und auch noch selbst für ihre Verpflegung sorgen – den Nutzen davon hatten am Ende im Wesentlichen die Städte und die Industrie. Ein schlagendes Beispiel sind die Überschwemmungen am Huai: Wenn es in seinem Einzugsgebiet zu Überschwemmungen kommt, werden die Dämme und Deiche oftmals durchstochen oder aufgerissen, um die Städte, Eisenbahnstrecken und Minen am Unterlauf des Flusses zu schützen. Die ländlichen Gebiete entlang des Flusses verwandeln sich dann über Nacht in Seenlandschaften und die Bauern in Katastrophenopfer.

Nach Berechnungen des Forschungszentrums des Staatsrats für die Entwicklung der ländlichen Gebiete hat die Zentralregierung in 25 Jahren Planwirtschaft von 1953 bis 1978 durch die »Schere« in den Preisen für Agrar- und Industrieprodukte insgesamt sechs bis acht Billionen Yuan eingenommen. Die fixen Vermögenswerte der staatlichen Industrien beliefen sich vor der Reform- und Öffnungspolitik 1978 auf nicht mehr als gut neun Billionen Yuan. Das macht klar: Die Primärakkumulation von Kapital für die staatliche Industrialisierung in China geht grundsätzlich auf die chinesischen Bauern zurück!

Die »Schere« sollte kleiner werden, da ihr weiteres Auseinandergehen offensichtlich fatal wäre. Nach dem Anschieben der Reform- und Öffnungspolitik verschwanden die Festpreise für Agrar- und Industrieprodukte allmählich, einige systemische Faktoren der »Schere« wurden reformiert, aber da die Reform nicht vollständig war, gab es die Schere nicht nur weiterhin, sie ging sogar immer weiter auseinander.

Die heimliche Belastung der Bauern zeigt sich heute im Wesentlichen in der Steigerung ihrer Wasser-, Strom- und Produktionsmittelkosten. Vor allem der Strompreis ist in den letzten Jahren für die Bauern rapide gestiegen. Allgemein gesprochen liegt der Strompreis pro Kilowattstunde in den Kraftwerken bei drei Jiao zwei Fen, eingespeist in die Stromnetze der Provinzen kostet die Kilowattstunde nur drei Jiao fünf Fen, auch bei der städtischen Stromversorgung kostet die Kilowattstunde noch nicht mehr als drei Jiao sieben Fen; bei der Gemeindestromversorgung angekommen kostet sie schon sieben Jiao acht Fen, und wenn der Verbrauchsstrom bei den Bauern ankommt, kostet die Kilowattstunde bestenfalls bereits acht Jiao bis einen Yuan. Der mittlere Preis für die Kilowattstunde lag bei einem Yuan bis 1,50 Yuan, der höchste bei 2,50 Yuan. Der Strompreis steigt von den Kraftwerken bis in die Kreisnetze um 64,3 Prozent; von der Gemeinde bis zu den Bauernhaushalten um ein Vielfaches.

Wenn wir nur die Forschungsergebnisse von drei Landwirtschaftsexperten zusammenfassen – Xu Zhiquans *Die unausbalancierte Industrialisierung Chinas und die politischen Richtlinienentscheidungen in der Landwirtschaft,* Zhang Guichens *Die Modernisierung der ländlichen Gebiete Chinas und die Bauern* und die nach den Preisindizes des *Statistischen Jahrbuchs von 1999* von Zhang Zhaoxin berechneten Daten –, ist daraus einwandfrei zu ersehen, dass die durch die »Schere« den Bauern aufgebürdeten Lasten seit der Reform- und Öffnungspolitik immer weiter zugenommen haben:

1980 waren es 30,034 Milliarden Yuan; 39,18 Milliarden Yuan 1985; 72,645 Milliarden Yuan 1990; 96,8 Milliarden Yuan 1991; 1992 wurde mit 125,1 Milliarden die Hundertmilliardengrenze durchbrochen; 1993 waren es 171,8 Milliarden; 1994 waren es mit 218,9 Milliarden schon über 200 Milliarden; 267,1 Milliarden 1995; 282,6 Milliarden 1996; 1997 waren es mit 314,4 Milliarden schon mehr als 300 Milliarden; 1998 stieg die Zahl auf 359,1 Milliarden Yuan an …

In gerade einmal acht Jahren war die Preisschere um das nahezu Zwölffache auseinander gegangen!

Diese Jahr für Jahr wachsenden Zahlen sind ausgesprochen eintönig und von geringer Aussagekraft. Doch als wir einem Bauern aus dem Huai-Gebiet zusahen, was er uns an fünf Fingern abzählte, wurden wir für solche Zahlen etwas sensibler. Dieser Bauer sagte uns: Allein für die Setzlinge für einen Mu Getreide braucht man 25 Yuan, für den chemischen Dünger muss man 110 Yuan aufbringen, für Pestizide 10 Yuan, für Maschinen 60 Yuan, für die Bewässerung mindestens noch einmal 40 Yuan, dazu noch die Agrarsteuer von 80 Yuan (Achtung, diese Agrarsteuer ist sehr niedrig und lässt sich nicht verallgemeinern), das macht zusammen 325 Yuan; doch der Verkauf von 450 Pfund Weizen bringt nur 330 Yuan. Das heißt, wenn die Bauern pro Mu nur 450 Pfund Weizen produzieren, dann haben sie ein Jahr umsonst gearbeitet! Die ganze Schufterei von spät bis früh, bei Wind und Wetter – für nichts und wieder nichts.

Die Bauern aus Miaotang, Gemeinde Shiyuan, Kreis Changfeng, die von dem Ort, an dem wir wohnten, nicht weit weg lebten, hatten ein durchschnittliches Jahreseinkommen von gerade einmal 960 Yuan. Das heißt, die harte Arbeit eines Jahres brachte nur 80 Yuan im Monat ein. Und auch wenn die Armut von Miaotang ein Sonderfall war, so konnten die Bauern der meisten Gemeinden und Dörfer unter dem gnadenlosen Auseinanderklaffen der Schere längst nur noch mit Mühe die einfache Reproduktion und die kollektivwirtschaftlichen Organisationen aufrechterhalten.

Als wir auf einer berichtigten Tabelle über den Einfluss des Preisfaktors auf Einnahmen- und Ausgabensteigerungen eine Reihe von Zahlen durchgesehen hatten, waren wir mehr als entsetzt: In den sieben Jahren von 1989 bis 1995 lagen die Gesamteinnahmen der Bauern bei 1,187 Billionen Yuan, denen jedoch Ausgaben in Höhe von 1,3437 Billionen Yuan gegenüberstanden. Bei einer Abwägung ihrer Einnahmen und Ausgaben ergab sich ein Nettoverlust der chinesischen Bauernschaft von sage und schreibe 155 Milliarden Yuan!

Über das Problem der »Schere« gibt es von jeher zwei Meinungen. Für die einen ist sie ein Erbe der alten Gesellschaft, das das neue China nur allmählich abbauen und auflösen kann. Dieser Ansicht fehlt es allerdings an Überzeugungskraft, denn seit der Gründung des neuen China haben wir mittlerweile ein halbes Jahrhundert durchmessen und keinen Abbau des Erbes der alten Gesellschaft gesehen; und gegenteilige Tendenzen sind mit nichts zu rechtfertigen. Die zweite Einschätzung ist die so genannte »Theorie der Primärakkumulation«. Ihr zufolge muss im Umwandlungsprozess von einer Agrar- in eine Industriegesellschaft die Landwirtschaft die Kapitalakkumulation für die Industrialisierung liefern. Diese Theorie ist seit langem von niemandem mehr in Zweifel gezogen worden, sie scheint ein unantastbares Gesetz zu sein.

Nur Frau Professor Xu Hong von der Shanghaier Universität für Finanzökonomie ist nach sechsjähriger Forschungsarbeit über die gesellschaftlichen Belastungen der chinesischen Bauern und die Entwicklung der ländlichen Gebiete aufgestanden und hat widersprochen. Sie ist der Ansicht, dass diese Theorie dem Charakter unseres Staates nicht entspricht und noch weniger den Hoffnungen und Wünschen der Mehrzahl unserer Brüder in der Landwirtschaft. In Wahrheit, so sagt sie, ist die »Schere« auf einen langfristigen Fehler der Wirtschaftspolitik zurückzuführen, sie ist ein Missstand, der sich über lange Jahre der Planwirtschaft aufgebaut hat und nun schwer zu beheben ist!

In den ersten 30 langen Jahren seit der Staatsgründung wurde das System des staatlichen An- und Verkaufs von landwirtschaftlichen Produkten aufrechterhalten, um den Aufbau des Staates und die Bedürfnisse des Exports und der Versorgung der städtischen Industrien zu gewährleisten. Das war erkennbar ein grundlegendes System des Sozialismus. Wer gegen dieses System verstieß, war ein Gegner der Partei und des Sozialismus. Doch es war diese Politik, die den Kontakt zwischen Millionen Bauern und den Märkten unterbrach. Die Bauern hatten im Grunde nicht das Recht, mit ihren Produkten frei umzugehen. Was angebaut wurde, wieviel angebaut wurde, wie wenig angebaut wurde, all das geschah auf Anweisung; wieviel Getreide zu welchem Preis verkauft wurde, auch das wurde oben bestimmt.

1984 wurde aus dem staatlichen An- und Verkauf das System der vertraglich festgelegten Einkaufsquoten, doch da damals die Ernten allerorten sehr gut waren, tauchten für eine Weile Probleme beim Getreideabsatz auf, was den Bauern Angst machte, so dass sie an möglichst vielen Orten ihre Einkaufsquoten vertraglich festlegten. Danach allerdings, als in den folgenden Jahren die Getreideerträge schwankten, wurde die Tendenz, dass die Quotenpreise niedriger lagen als die Marktpreise, immer schärfer. Die Preise des Getreides lagen überall weit unter Marktwert, und die Quotenverträge wurden zu einer harten Monopolverpflichtung.

Nach 1990 wurden aus Quotenverträgen staatliche Quoten, wodurch den Bauern, die die Quoten erfüllt hatten, selbst die ursprünglichen planwirtschaftlichen Güter und Materialien genommen wurden. Außerdem war es ihnen nicht mehr erlaubt, nach Erfüllung ihrer Quote die Überschüsse in der Stadt zu verkaufen, sie durften sie nur zu »Vereinbarungspreisen« an die Getreidestationen verkaufen. Die so genannten »Vereinbarungspreise« lagen nur geringfügig höher als die »Vertragspreise« und waren noch immer weit niedriger als die Marktpreise. Zum Beispiel lag 1988 der Vertragspreis für Rohreis bei 4,5 Jiao pro Pfund, der Vereinbarungspreis bei sieben Jiao, der Marktpreis jedoch bei 1,1 Yuan; allein in diesem Jahr brachten die Bauern aus Anhui im Bereich des Warengetreides ein Opfer von über fünf Milliarden Yuan. Die staatlichen Vertragspreise für Getreide waren für die Bauern längst zu einer riesigen und schweren Verpflichtung geworden!

Obwohl im Kreis Taihe in der Provinz Anhui, wo die Testläufe für die Agrarsteuerreform 1994 zunächst durchgeführt wurden, diese die Bauern weitest möglich entlastete, konnte sie doch nicht das Geringste an den Verpflichtungen gegenüber dem staatlichen Getreidequotensystem ändern. In jenem Jahr wurden im Rahmen dieses Systems 130.554.000 Pfund Getreide nach oben abgeführt. Zu diesem Zeitpunkt lag der Vertragspreis für ein Pfund Weizen oder Mais um 6,6 Jiao niedriger als der Marktpreis – bei 353.459 Haushalten und 1.220.000 Einwohnern im Kreis Taihe lag also die Belastung, welche die Bauern nur wegen dieses einen Punktes zu schultern hatten, bei über 40.470.000 Yuan! Das war eine durchschnittliche Pro-Kopf-Belastung der Bauern von 30,66 Yuan, und die Haushalte wurden mit 114,5 Yuan belastet!

Aus den verschiedenen Preisen wie Fest-, Vereinbarungs- und Überschusspreisen, zu denen diese zweigleisige Produktion im Rahmen des staatlichen Quotensystems führte, resultierten viele ungute Phänomene wie Investitionsschwankungen und unredliche Gewinnmitnahmen in der Kette von »normalem zum Vereinbarungspreis*« und zurück; ganz zu schweigen von der Tatsache, dass das staatliche Kapital auf diese Weise in großem Umfang aus den mittleren Kanälen abfloss und die Bauernlasten schwerer wurden als je zuvor. Das Problem ist, dass heute, wo unsere Wirtschaft und Gesellschaft sich jeden Tag einen Schritt mehr der Marktwirtschaft nähern, diese Form des Getreideaufkaufsystems, das die Warenproduktion der ländlichen Gebiete unterdrückt und den Kontakt zwischen Bauern und Markt unterbindet, vor allem wegen seiner sakrosankten »Legalität« einen nicht abzuschätzenden Angriff vor allem auf die aktive Produktion der Bauern in den Getreideanbaugebieten darstellt!

Ein Theoretiker, der seinen Namen nicht preisgegeben wissen will, sagte uns: »Die chinesische Bauernschaft ist der größte Investor der staatlichen Unternehmen mit ihren sechs Billionen Guthaben, der größte Aktionär, der seit 50 Jahren auf die ihm zustehende Dividende verzichtet; die Regierung ist der Generaldirektor der staatlichen Guthaben. Gibt es da noch irgendeinen Grund, weiter unablässig von den Bauern, die ohnehin schon mit leeren Händen dastehen, Investitionen zu verlangen?«

Wu Zhaoren, der stellvertretende Vorsitzende des Agrarwirtschaftskomitees der Provinz Anhui, erzählte uns von folgendem Vorkommnis.

Er habe, sagte er, eines Tages seine Frau zu ihrer Familie begleitet und dabei festgestellt, dass der Reis in den Nassfeldern sehr viel später dran war als in früheren Jahren, und die Bauern nach dem Grund gefragt. Da habe er erfahren: »Beim Dünger haben wir steigende Preise, bei den Wassergebühren haben wir höhere Preise, beim Strom haben wir Vereinbarungspreise, beim Diesel haben wir Höchstpreise, bei Holz und Möbeln haben wir keine Festpreise, nur beim Verkauf von Getreide tut sich bei den Preisen nichts.« Alle hätten ihm wie aus einem Mund gesagt: »Der Getreideanbau ist nicht rentabel, für den Eigenbedarf geht es gerade noch, aber dafür Geld auszugeben ist hoffnungslos.«

Als er das gehört habe, sei er erschrocken gewesen und habe gefragt: »Wenn ihr nur noch für euren Eigenbedarf produziert, was machen denn dann die Menschen in den Städten?«

Da hätten die Bauern seltsam gelacht: »Wenn wir auf dem Land Kapital verlieren, damit die Leute in der Stadt etwas zu essen haben, was bekommen wir von den Städten dafür?«

Wu Zhaoren entgegnete nichts. Er verfiel in bekümmertes Grübeln.

Wu Zhaoren sagte: »China hat über eine Milliarde Menschen, da spielt die Ernährung eine wichtige Rolle. Wo keine Nahrung ist, da herrscht Chaos!« Wir dürften uns nicht von Nahrungsimporten abhängig machen, der Weltmarkt könne so viel nicht liefern, außerdem hätten wir nicht so viele Devisen, wir müssten selbst mehr produzieren und uns auf die eigene Kraft verlassen.

Wu Zhaoren war der Auffassung, es sei eine Auswirkung der Wertgesetze, dass die Anbauinitiative bei den chinesischen Bauern nachlasse. Wenn man eine Marktwirtschaft wolle, dann müsse man die Wertgesetze anerkennen; wenn man sie außer Acht lasse, dann werde man dafür die Quittung bekommen. Wenn wir heute noch zuließen, dass Bauern »im Schweiße ihres Angesichts ihr Getreide anbauen und es mit Tränen im Gesicht verkaufen«, dann sei das nicht nur unmoralisch, sondern auch nicht machbar; wenn man unbeirrt daran festhalte, könne das nur zu heftigem Widerstand der Bauern führen, und das Resultat davon wage er sich nicht vorzustellen!

KAPITEL 7

Von Standards, Vorzeigeprojekten und anderem

达标·形象工程及其它

Standards ich und Standards du, oben bleibt der Beutel zu

Am Fuße des Berges Bagong liegt die im ganzen Land historisch wie kulturell berühmte Stadt Shouxian. Wir staunten, wieso sich ausgerechnet hier so viel große Kultur konzentriert und eine so lange gewichtige Geschichte aufgezeichnet finden: Hier ist der Ort, an dem die Staaten Chu und Cai zur Zeit der Frühlings- und Herbstannalen* ihre Hauptstadt errichteten; hier hat in der modernen Geschichte die erste Parteiorganisation der KP Chinas in Anhui, die Sonderparteizelle von Xiaodian, das Licht der Welt erblickt; hier ist die Heimat der alten Kultur von Chu, hier stehen die einzige vollkommen erhaltene Stadtmauer aus der Song-Dynastie* und der größte islamische Tempel des Reiches der Mitte; hier ist das Grab von Liu An*, des Königs von Huainan, der bei dem unverzagten Versuch, Unsterblichkeitspillen herzustellen, am Ende das Rezept für Tofu entdeckte; und hier ist das Grab des berühmten Generals Zhao Yun* aus der *Geschichte der Drei Reiche,* der »selbst die Rute nahm und um Züchtigung bat«.

Doch unerwarteterweise beeindruckte uns im Kreis Shouxian etwas anderes viel mehr: das ergreifende Erlebnis des Anfeng-Teiches*, der den Ruf hat, »der erste Teich unter dem Himmel« gewesen zu sein.

Der Anfeng-Teich hieß in alter Zeit Päonien-Teich, er war zur Zeit der Frühlings- und Herbstannalen vom Staat Chu angelegt worden und verdankte sich der Initiative von Sun Shu'ao, dem Kanzler von Chu; der Damm des Teiches war 52 chinesische Meilen, also 26 Kilometer lang, umfasste eine Wasserfläche von 50.000 Mu, hatte 36 Tore, 72 Stauwehre – eine gigantische Anlage! Und auch wenn es die einzige heute noch erhaltene große Wasserbauanlage aus alter Zeit war, so gereichte sie den Einwohnern von Shouxian doch zum Vorteil.

Wir überquerten die alte Walstatt der Schlacht am Fei-Fluss* und näherten uns dem Teich von Anfeng. Beim ersten Blick auf die dunstverhangene Teichfläche, wo Himmel und Wasser ineinander übergingen, waren wir mehr als erstaunt: Warum wurde eine solch ungeheure

Wasserfläche ausgerechnet als »Teich« bezeichnet? Als wir uns ihm näherten, konnten wir nicht anders, wir waren überwältigt von den wundersamen Ideen dieser Alten, deren Meisterschaft die Natur übertraf. Aus dem großen Interesse heraus, die Verwaltung der Großgemeinde, auf deren Gebiet der Teich liegt, zu besuchen, wollten wir zunächst unser Verständnis für dieses gewaltige, von Menschen gebaute Schlüsselprojekt für den Wasserbau aus dem Altertum vertiefen und begreifen, wie es so unbekümmert und entspannt zweitausend Jahre überstand und noch heute den Menschen zum Vorteil gereichte. Doch an seinen Ufern hörten wir wider Erwarten die Geschichten von der »Ausmerzung der Leerdörfer«, die sich dort abgespielt hatten. Diese Geschichten machten uns das Herz bleischwer, als sollte es selbst im Teich von Anfeng untergehen.

Wie lange waren Asche und Rauch dieser erst vor einigen Jahren errichteten Projekte, eines wie das andere »eine Standarderfüllung mit dem Ziel der Höherstufung« der Gemeinden, schon verweht? Sie waren der Reihe nach vom Horizont in der Nähe des Anfeng-Teiches so restlos verschwunden, dass die Leute sich fragten, ob sie jemals da gewesen waren. Auf der einen Seite dieses uralte Bauwerk, bis heute ein Glück für die Menschen, auf der anderen Seite diese kurzlebigen Bauten, die für die Nachfahren von Sun Shu'ao eine nicht enden wollende Katastrophe darstellten!

Ausgerechnet an diesem »ersten Teich unter dem Himmel« diese Geschichten von schnell hochgezogenen und schnell zerstörten Projekten zu hören – das empfanden wir als Hohn der Geschichte und als unvergleichliche Absurdität.

Sun Jianjun war der stellvertretende Vorsteher der Großgemeinde Anfeng-Teich und persönlich verantwortlich für Finanzen und Handel, die komplexen Finanzen der Großgemeinde waren ihm vertraut wie der Familienschmuck. Natürlich war das, was er uns nun so akribisch vorrechnete, nicht der »Familienschmuck« der Großgemeindeverwaltung, sondern es waren Zahlen, deren bloße Erwähnung ihm im Herzen weh tat.

Er sagte, die »Ausmerzung der Leerdörfer« habe 1996 begonnen. Aber was bedeutet das, die »Ausmerzung der Leerdörfer«? Zunächst bedeutet es, dass man in allen »leeren« Dörfern, in denen es keine Unternehmen gab, welche gründen wollte. Das Wort »Ausmerzung« verwies auf die Entschlossenheit der Führung, die die »Aufträge von oben« erteilte, und auf die Dynamik der Arbeiten. Man war wie zurückversetzt in das Jahr 1958, in die Zeit des Großen Sprungs, als hinter jedem Haus ein Hochofen stand, aus jedem Dorf Qualm aufstieg und es ein Gehtnicht nicht gab.

Doch die Bauern, die seit jeher »die Arbeit mit der Sonne anfingen und mit der Sonne die Arbeit niederlegten« und ihre Lebensbedingungen der Ackerscholle abgewannen, wussten nicht genau, was das ist, ein Unternehmen, und schon gar nicht, wie man es betreibt. War das also nicht, als wolle man Enten eine Leiter hochjagen und Männer Kinder kriegen lassen? Natürlich hatten seit Jahren die Bauern, die auf Arbeit in die Stadt gegangen waren, etwas von der Welt gesehen, die einen oder anderen hatten tatsächlich Unternehmen gegründet, ein paar wenige von ihnen sogar florierende. Und wenn man so etwas riskieren wollte, musste das immer der Reihe nach gehen, zumindest musste man sich zunächst mit der Marktlage vertraut machen. Wenn man sich dann für ein Produkt entschieden hatte, musste man sich kundig machen, wie man es herstellt und wie man ein Unternehmen überhaupt führt. In der Stadt, das lag auf der Hand, gab es viele staatseigene Unternehmen, die Mittel ersannen, um den Schwierigkeiten zu entgehen, aber mit Pauken und Trompeten Unternehmen in den ländlichen Gebieten gründen zu wollen, hieß das nicht, die Bauern zum Affen zu machen, hieß das nicht, ihr schwer verdientes Geld in den Teich zu werfen?

Was Sun Jianjun als »Aufträge von oben« bezeichnete, klang in unseren Ohren irgendwie nach Kampagne, nach blinder Gschaftlhuberei. Erst nach Besuchen in vielen anderen Gegenden erfuhren wir, dass es das nicht nur in der Großgemeinde Anfeng-Teich gegeben hatte, sondern überall, in Anhui und über Anhui hinaus auch in anderen Provinzen.

Sun Jianjun sagte, in der Großgemeinde habe man zunächst eine Kautschukfabrik betrieben und in sie 4,85 Millionen Yuan hineingesteckt. Weil aber niemand gewusst habe, wie man so eine Fabrik betreibt, sei man eigens zur Provinz gelaufen und habe um Hilfe gebeten. Die Fabrik habe jetzt schon lange dicht gemacht, die Lichter seien aus, die Gebäude stünden noch da, die Einrichtung sei unverkäuflich, man habe in der Großgemeinde eine Rechnung aufgemacht, selbst wenn man die Einrichtung der Fabrik vollständig verkaufe, sei das Ganze nicht das Geringste wert, die Kautschukfabrik hänge an den Darlehen in der Bilanz, die Summe einschließlich der Zinsen liege bei über sechs Millionen Yuan.

Als Nächstes dann die Zinkschmelze. »Wenn man darüber nachdenkt, ist es einfach zum Lachen. Nirgendwo im Umkreis des Anfeng-Teichs wird Zink produziert, es gibt auch keine Verkokungsanlage, nichts von dem, was wir gebraucht hätten, ist da, aber sie mussten unbedingt eine Schmelzhütte zur Produktion von Zink aufmachen.« Sun Jianjun stand die Resignation ins Gesicht geschrieben: »Auf einen Schlag hat man da 1,55 Millionen Yuan hineingesteckt, es waren noch keine zwei Jahre vergangen, da lag die Fabrik auf dem Bauch.«

Danach habe man es mit einer Chemiefabrik versucht. Die habe auch etwas produziert, aber das habe niemand haben wollen. Schließlich habe man noch 200.000 Yuan hinterhergeworfen, ohne dass man das Geld auch nur habe aufplatschen hören. Anschließend sei ein Stahlwerk dran gewesen, die Gebäude des Werkes hätten noch nicht gestanden, als klar geworden sei, dass der Markt nicht ging, man habe noch einmal 300.000 aufs Spiel gesetzt, aber das sei so gewesen, als werfe man mit Fleischklößchen nach Hunden, alles sei auf Nimmerwiedersehen verschwunden. Damals habe die Verwaltung noch darauf gedrängt, dass man in der Großgemeinde Aktien kaufe, angeblich für ein gemeinschaftliches Universalmaschinenwerk. Doch auch wenn man das Schild des Kreises heraushänge, als das Ganze zusammengebrochen sei, habe mitsamt den Zinsen ein Verlust von über 300.000 Yuan in den Bilanzen der Verwaltung der Großgemeinde Anfeng-Teich gestanden.

Außerdem habe man nicht nur noch eine Schaumgummipolsterfabrik für Autos, sondern auch noch eine Fabrik für Bodenfliesen betrieben. Für beide Fabriken seien insgesamt 334.000 Yuan investiert worden, doch weil die Qualität der Produkte den Standard nicht erreicht habe, habe man nie das geringste Geld gesehen.

Und zuletzt sei da noch die Strohmattenfabrik gewesen. Damals habe man angenommen, dass die anderen Fabriken aus technischen Gründen nicht laufen würden, die es bei der Herstellung von Strohmatten nicht geben werde. Man müsse nur die Bauern mobilisieren, um den Anfeng-Teich herum Schilfrohr anzupflanzen. Dann brauche man nur noch ein paar Flechtmaschinen, mit dem Schilf und den Flechtmaschinen würde das alles im Handumdrehen gehen – das sei so gut wie sicher. Und das Resultat? Das Schilfrohr sei nicht so gut anzupflanzen gewesen, wie man sich das vorgestellt hatte, und für die Strohmatten, die schließlich produziert worden seien, habe man keinen Absatzmarkt gefunden. Über 400.000 Yuan seien draufgegangen für die Anschaffung der Flechtmaschinen aus Hubei, zum Spottpreis von ein paar 10.000 Yuan habe man sie am Ende verschleudern müssen. Dazu sei der Kapitalverlust bei der Produktion gekommen, mehr als 500.000 Yuan, spurlos versickert.

So erfuhren wir: In gerade mal zwei Jahren hatten acht Unternehmen mehr als zehn Millionen Yuan verschlungen.

Über zehn Millionen Yuan!

Die »Ausmerzung der Leerdörfer« war für die Großgemeinde ein schwerer Schlag, die öffentlichen Finanzen machten sie zu »Leergut«!

Das investierte Geld bestand nicht selten aus von der Kreisführung vermittelten Bankkrediten. Am meisten Kredite gab die Bauernkreditbank. Jetzt waren diese hilfreichen Vermittler einer wie der andere längst wegen »herausragender Verdienste« befördert worden, als Gesäßabdruck blieben die schlimmen Bilanzen zurück, die alle die Verwaltung am Hals hatte. Der blieb keine Wahl, sie musste früher oder später den Bauern in die Tasche greifen.

Als wir von Shouxian nach Hefei zurückkamen, studierten wir die *Dringende Mitteilung über die praktische Reduzierung der Bauernlasten*, die die Sekretariate von Staatsrat und Zentralkomitee am 29. Januar 1993 herausgegeben hatten; hierin wurde unmissverständlich festgestellt: »Das Problem der Bauernlasten zeigt sich in den ländlichen Gebieten, seine Wurzeln aber liegen in den übergeordneten Behörden.« Außerdem wurde betont, dass zur Reduzierung der Bauernlasten »unbedingt das Übel an der Wurzel gepackt, also in den zentralen staatlichen Institutionen angegangen werden muss«.

Dem Zentralkomitee war die Situation »unten« vollkommen klar, das wurde damit deutlich. Es wusste, dass eine wichtige Ursache für die hohe Belastung der Bauern in den »zentralen staatlichen Institutionen«, in den vielen verschiedenen Standarderfüllungen, in den Abgaben, den Arbeitsdiensten, den Bußgeldern und Ähnlichem lag, derentwegen die Regionalverwaltungen angehalten wurden, bei den Bauern in großem Stil Fonds und Abgaben zu erheben.

Die chinesischen Bürger – die große Bauernschaft natürlich eingeschlossen – haben die Pflicht, Steuern zu zahlen, gleichzeitig haben sie das Recht, in den Genuss öffentlicher Dienstleistungen zu kommen. Es kann und darf nicht sein, dass sie auch noch unentwegt für die Regierung Geld beschafften und die Arbeit machten.

»Nie wieder Kinderarmut, nie wieder Beeinträchtigung der Bildung.«

»Wohlstand kommt über gut ausgebaute Straßen.«

»Elementarer Gesundheitsschutz für alle.«

»Telefon für die Dörfer.«

»Verbesserung der Qualität der Leibeserziehung des Volkes.«

»Die Aufklärungsmethoden bei Kriminalfällen dürfen nicht hinter die Methoden der Verbrecher zurückfallen.«

Parolen dieser Art waren überall an den Dorfein- und -ausgängen zu lesen, sie standen in den »Dokumenten mit dem roten Briefkopf«, vom Hörensagen kannten wir sie längst. Was da gesagt wurde, war ja auch alles gut und richtig, das alles musste getan werden, aber woher sollte das Geld dafür kommen? Alle Verwaltungsebenen vom Zentralkomitee bis in die Regionen kümmerten sich nur um die Festlegung von Planziffern, um die Herausgabe von Dokumenten, das Geld aber wurde von den Bauern genommen.

Natürlich stand in den Dokumenten nicht selten der Hinweis: »Der Staat investiert einen Teil, das Kollektiv beschafft einen Teil, die Bauern zahlen einen Teil.« Das klang vernünftig und sogar voller Fürsorge. Doch dieses »der Staat investiert einen Teil« stand in der überwiegenden Mehrzahl der Fälle nur auf dem Papier, war eine leere Versprechung; und bei diesem »das Kollektiv beschafft einen Teil« war der springende Punkt das Wort »beschaffen«, wo sollte man das Geld denn beschaffen? So redeten die ersten beiden »Teile« um den heißen Brei herum, am Ende nämlich lag die ganze Last bei den Bauern.

Das Resultat war, dass Teil um Teil sich zu einem Lastenberg aufhäuften!

Bei den Bauern ging der Spruch um: »Die Behörden haben die Ideen, die Kader haben das letzte Wort, und den Bauern wird das Geld aus der Tasche gezogen.«

Am 26. Oktober 1994 veröffentlichte die *Renmin Ribao* eine Rede des damaligen Landwirtschaftsministers Liu Jiang, in der es hieß: »Einige Genossen sind der Auffassung, dass die Bauern für unsere Vorhaben nicht viel Geld werden aufbringen müssen, nicht mehr als für ein, zwei Eier. In Wirklichkeit verlangt der eine dies, der andere jenes, am Ende werden bei den Bauern ein, zwei Körbe voller Eier eingesammelt.«

Uns fiel auf, dass die Führungskader, die wir in den Kreisstädten interviewten, in ihrer überwiegenden Mehrheit die »Theorie der zwei Aspekte« verfochten, die eine Sache hat. Auf einer Versammlung konnten sie großartig davon reden, wie wichtig die Entlastung der

Bauern sei; auf der nächsten Versammlung lobten sie ebenso sehr die Beschleunigung der »Standarderfüllungen«, kritisierten Verzögerungen und forderten in scharfem Ton Rechenschaft: »Alle bekommen das hin, warum ihr nicht?« Denn mit dem Ausbau der Straßen konnten die Großgemeinden großtun. Und wenn die Verwaltungsgebäude wohlgeraten und mehrfach ausgezeichnet worden waren, wenn man befördert worden und als »Pionier«-Kader etabliert war, interessierte es nicht mehr, woher das Geld für all das stammte. Ob es den Bauern geraubt oder durch üble Kreditmachenschaften beschafft worden war, ob man damit »das Brot der Ahnen aß«, »den Weg der Kinder und Enkel unterbrach« – all das verhinderte nicht, dass das Schule machte.

Es ist wohl Milan Kundera, der einmal gesagt hat, es bestehe ein direktes Verhältnis zwischen Geschwindigkeit und Vergessen. Als wir in diesen Jahren die begeisterte Atmosphäre beobachteten, mit der die schon lange diskutierten Aktivitäten zur »Steigerung der Standards« angegangen wurden, stellten wir fest, dass wir ein Volk sind, das in einer ständigen Informationsexplosion zu leben und nach jedem Bombardement in Ermattung, Erstarrung und Selbstmitleid zu verfallen scheint. Der sozialistische Weg chinesischer Prägung ist unsere nationale Politik, aber worin besteht denn in den ländlichen Gebieten dieser »sozialistische Weg chinesischer Prägung«? Nach mehr als zwanzig Jahren Reform- und Öffnungspolitik versteht das unter den chinesischen Bauern niemand mehr.

Den gemeinsamen Statistiken des staatlichen Planungskomitees und des Landwirtschaftsministeriums zufolge gab es seit den 90er Jahren, durch »Dokumente mit dem roten Briefkopf« der zentralen staatlichen Institutionen verordnet, 43 Aktivitäten zur »Standarderfüllung«, für die die Bauern Geld und Material aufbringen mussten. Manche nannte man nicht so, aber ihrem Charakter nach waren sie nichts anderes. Zählt man die von den regionalen Verwaltungen und Parteikomitees verordneten »Standarderfüllungen« hinzu, so kommt man auf 78. Darunter fiel nahezu alles, was in den Bereich der Arbeit in den ländlichen Gebieten gehört: Erziehung, Gesundheit, Kultur, Leibeserziehung, Geburtenplanung, Radio und Fernsehen, Telefon, Erziehung zur Landesverteidigung, Training der Volksmilizen, Arbeitsversicherung für die Zivilverwaltung, das vergesellschaftete Dienstleistungssystem der ländlichen Gebiete, der Aufbau von Basisorganisationen, fundamentale Verkehrseinrichtungen, Aufbau von modernen Dörfern und Großgemeinden, Aufforstungsprojekte, die Gesamtverwaltung der öffentlichen Sicherheit usf. Im Großen ging es etwa um die Standarderfüllung bei den »beiden Säulen« der Bildung, im Kleinen bis hinunter zum Abonnement einer Zeitung oder der Bekämpfung der Mäuse.

Jedes Programm kostete die Bauern Geld, und was da eingesammelt wurde, war bei weitem mehr als »ein, zwei Körbe« Eiergeld!

Die übergeordneten Behörden entschieden alles am grünen Tisch, brachten Programme heraus, fassten Entschlüsse und vernachlässigten ihre Pflichten. An Geld stellten sie keinen Pfifferling bereit, und wenn sie etwas beisteuerten, dann war es der Speck, mit dem man Mäuse fängt. Nach der Standarderfüllung wurde eine abgabenähnliche Prämie fällig, die den schönen Namen bekam: »Beisteuerprämie«.

Die Inhalte der »Standarderfüllung« waren in jedem Programm sehr konkret. So hieß zum Beispiel die Standarderfüllung bei den »zwei Säulen« der Bildung für jedes Dorf: Einrichtung einer Grundschule in einem zweistöckigen Gebäude, Ersatz der Lehm- durch Ziegelmauern sowie der Ziegel-Holz-Konstruktionen durch Betonfertigteile, Verkleidung der Mauern mit Porzellanziegeln, Umwandlung des Schulhofs in einen Garten, Standardisierung der Einrichtung. Allein dieses Programm drückte die Bauern vollständig zu Boden. Ein anderes Beispiel: Der zu erfüllende Standard bei Polizeistationen von Gemeinden und Großgemeinden war die »Drei-fünf-eins-eins-Maßnahme« – das hieß: drei Leute, fünf Zimmer, ein Motorrad, ein Walkie-Talkie. Wenn diese »Drei-fünf-eins-eins-Maßnahme« unten ankam, reichten nicht einmal 13 Leute aus, aus den fünf Zimmern wurde ein Gebäude; aus einem Motorrad und einem Walkie-Talkie wurden ein Polizeiwagen, ein paar Motorräder und ein Handy für jeden. Und noch ein Beispiel: Bei der Maßnahme »von Dorf zu Dorf eine Straße« nannte sich der Standard der Straße »Zwei-Ungen«: Asphaltierung und Schwärzung; Sand, Steine, Erdwälle zählten erst gar nicht. Und ein letztes Beispiel: Die Radiostation erließ eine ausgesprochen konkrete »Quote für Kleinlautsprecher pro Haushalt«. Das verwirrte die Bauern vollends. Dazu muss man wissen, dass heute Radios und Fernseher in den ländlichen Gebieten Chinas relativ weit verbreitet sind. Bei dieser »Quote für Kleinlautsprecher pro Haushalt« wusste keiner, ob er weinen oder lachen sollte.

Unnötig zu sagen, dass die Pläne für die Abnahme der Standarderfüllung in so gut wie jedem Kreis ein paar Dutzend Paragraphen hatte, jeder hörte sich wichtig an, keiner durfte weggelassen werden, alles musste von den Bauern aufgebracht werden.

Es kam zu endlosen Beschwerden. Die Bauern waren überall unzufrieden. Spottverse machten die Runde:

»Standards ich und Standards du, oben bleibt der Beutel zu.«

»Großplan hier und Großplan da, wofür man Bauern bluten sah.«

Was wir heute unter den Kadern haben, ist ein Ernennungssystem oder ein getarntes Ernennungssystem. Die ausgewählten Kader müssen sich nur noch nach oben verantworten und nicht mehr nach unten. Deshalb fürchtet man nur noch die Kritik der Führung, nicht mehr den Widerstand der Massen, was dazu geführt hat, dass die Beziehungen zwischen Volk und den verschiedenen Ebenen von Parteikomitees und Verwaltungen, die einmal mit Leben erfüllt waren, verwässert wurden. Die Diener des Volkes sind zu Herren des Volkes geworden. Gleichzeitig bilden unsere Organisationssysteme regierungsnahe Gesamtverwaltungen, eine von den Behörden getrennte Verwaltungsstruktur mit vielen verschiedenen Zielsetzungen; sie bilden zwischen Verwaltung und Verwaltung, zwischen Abteilung und Abteilung, zwischen Verwaltung und Behörden und schließlich auch zwischen den verschiedenen Regierungsorganen ein riesiges, von oben nach unten agierendes Überprüfungssystem der dienstlichen Leistungen von Beamten. Deshalb brachten diese unter einer Vielzahl von Bezeichnungen sich Hals über Kopf zu einer Massenveranstaltung entwickelnden »Abnahmen der Standarderfüllung« nicht nur für die Bauern unsägliche Bitterkeiten, sie gingen offensichtlich auch über das hinaus, was Kreis- und Gemeindefinanzen verkraften konnten. Wegen dieser Abnahme der Standarderfüllung, noch mehr wegen ihrer Beförderung und ihres Aufstiegs haben viele Kader in den Kreisen und Gemeinden ihr Gewissen verdunkelt.

Und der Seltsamkeiten gab es viele. Bei der Standarderfüllung im vergesellschafteten Dienstleistungssystem der Landwirtschaft verlangten die zuständigen übergeordneten Behörden, dass beim Bau von Bauernbüros die »fünf Bedingungen« eingehalten wurden, und das waren: ein Zimmer, ein Schild, ein Angestellter, eine Basis, ein Fonds. Daran wäre nicht viel auszusetzen, das Problem aber war, dass viele zuständige Behörden die »Standarderfüllung« dazu nutzten, um aus den Problemen der Menschen eine große Sache zu machen.

Früher waren in den ländlichen Gebieten im Großen und Ganzen Arbeiter und Bauern als Zeitpersonal eingestellt worden; auch wenn diese Stellen relativ sicher waren, hatten die Verwaltungen der Gemeinden und Großgemeinden doch das Recht zur Kündigung, wenn ein Angestellter dem Amt nicht gewachsen war oder die öffentlichen Haushalte die Mittel nicht mehr aufbrachten. Heute jedoch verlangen die übergeordneten Behörden für Finanzen, Steuern, öffentliche Sicherheit, Gerichtsbarkeit, Industrie und Handel, Verkehr, Gesundheit, Ernährung, Agrartechnik, Agrarmaschinen, Wasserbau, Saatgut, Pflanzenschutz, Viehzucht, Nahrungsmittel, Fischerei und vieles, vieles mehr nicht nur immer mehr Personal mit immer mehr Gehalt, sie wollen es sich auch auf keinen Fall mit jemandem verscherzen und stellen das frühere Zeitpersonal fest an.

Bei unseren Recherchen erfuhren wir, dass in der Großgemeinde Yuanqiang im Kreis Taihe in der Provinz Anhui bei den Aktivitäten zur »Standarderfüllung mit dem Ziel der Höherstufung« für neue Schulgebäude 2,28 Millionen Yuan ausgegeben, für Straßenarbeiten 1,16 Millionen Yuan verbraucht, für die Verlegung des Kabelfernsehens 440.000 Yuan aufgebracht worden waren; die Investitionen für die Standarderfüllung bei Projekten in der Land-, Forst- und Wasserwirtschaft beliefen sich auf 4,4 Millionen Yuan. Wer zum ersten Mal nach Yuanqiang kam, der bekam ein Leuchten in die Augen, doch die neuen Gebäude konnte man zum einen nicht essen und zum anderen nicht trinken. Die Gemeindeverwaltung hatte über 13 Millionen Yuan Schulden, und die jährlichen Bankzinsen waren nicht niedrig.

In welchem Leben sollten die Alten der Gemeinde das denn zurückzahlen?

Wo Schulden sind, sind Gläubiger, aber wer sollte die Verantwortung für diese Verbrechen übernehmen?

Als wir von der Schuldenlage der Gemeinde Bagongshan im Kreis Shouxian erfuhren, waren wir wirklich erschüttert. Man kann sagen, die Gemeinde Bagongshan ist die kleinste Großgemeinde in der Provinz Anhui, sie umfasst insgesamt nur 40 Verwaltungsdörfer, eine winzige Großgemeinde, die jedoch in den Aktivitäten zur »Standarderfüllung« eine Gesamtschuld von über 10 Millionen Yuan angesammelt hat, so dass Bao Guangxi bei seinem Amtsantritt als Sekretär des Parteikomitees der Gemeinde nur noch mit Mühe die laufenden Kosten aufbringen konnte und in seiner Not ausgerechnet beim Krematorium Geld lieh.

Bei den Toten Geld zu leihen, um den Lebenden das Gehalt zu zahlen, so etwas war unerhört!

Dieses Detail, bei dem man nicht wusste, ob man weinen oder lachen soll, war wie ein bitterer Schnaps und für die Menschen schwer zu akzeptieren.

Vom 5. bis zum 18. Oktober 1999 veranstaltete die Gesellschaft für Agrarwirtschaft in Chengdu eine »Wissenschaftliche Forschungskonferenz über die Bauerneinkommen und über die Strukturanpassung der ländlichen Gebiete«. Die Delegierten aus den Regionen hielten enthusiastische Reden des Tenors: »Erst eine Verbesserung der gesellschaftlichen Moral wird eine Entlastung der Bauern bringen.«

Auf der Konferenz brachten alle öffentlich ihre Unzufriedenheit mit den Zentralorganen zum Ausdruck: Die realitätsfernen Aktivitäten zur Standarderfüllung mit dem Ziel der Höhereinstufung kämen maßgeblich aus den verschiedenen Behördenkomitees des Zentralkomitees, und wenn man das Übel nicht an dieser Wurzel packe, werde eine Reduzierung der Bauernlasten nur schwer zu erreichen sein.

Auf einen Punkt konnten sich die Delegierten der Konferenz einigen: »Wer das Land mit dem Gesetz regieren will, muss das Land erst einmal nach dem Gesetz verwalten. Und wer nach dem Gesetz verwalten will, muss zunächst die Macht und die Beamten nach dem Gesetz regulieren.«

Die Zentralorgane gingen nicht mit gutem Beispiel voran und wälzten alles, wozu dem Staat die Kraft fehlte, auf die Bauern ab. Die Vorstellung, eines schönen Morgens sei alles gut und wir müssten nicht mehr über die Reduzierung der Bauernlasten debattieren, das war ein Märchen aus Tausendundeiner Nacht – von der Erhöhung der Bauerneinkommen ganz zu schweigen.

Um wessen Image geht es?

Zur Zeit führen nicht wenige Verwaltungsorgane oder private und kollektive Unternehmen etwas im Munde, das sehr modern klingt: »Kräftebündelung im Innern, Imagebildung nach außen«. Natürlich, wenn die Dinge wirklich so liegen, wenn es Volk und Staat nützt, wenn es Vorteile bringt, versteht sich das von selbst. Doch es ist keine Seltenheit, dass durch die Wahlperioden von drei und vier Jahren in Kreisen und Gemeinden die Kader zu häufig die Position wechseln, viele deshalb schwerlich von langer Hand planen, sondern, kaum im Amt, mit heißer Feder geplante »Vorzeigeprojekte« verfolgen.

Etwas freundlicher formuliert könnte man auch sagen: den Worten Taten folgen lassen. Im Grunde aber ist das Formalismus, schlimmer noch, solche Kader versuchen daraus nur für den eigenen Aufstieg

Kapital zu schlagen, weshalb es heute eine neue Ideologie, morgen eine neue Strategie und übermorgen eine neue Haltung gibt. Aber wer Standards steigern will, der muss Geld beschaffen, und das geht immer zu Lasten der Bauern.

Hier kommen wir auf ein bedenkenswertes Problem zu sprechen: Ist politische Emsigkeit unbedingt etwas Gutes? Wenn dabei nur viel Lärm und Schaumschlägerei herauskommt, ist das keine Emsigkeit im Dienste des Volkes, sondern ein einfältiger Aktionismus zum Schaden des Volkes.

Eine hocheffiziente und mit konkreten Dingen befasste Verwaltung muss sich nicht unbedingt in Gschaftlhubereien verlieren und vor Beschäftigtsein nicht mehr ein noch aus wissen, sie muss im Rahmen der Gesetze und des Systems ihre Aufgabe unprätentiös und gut erfüllen und mit beiden Beinen fest auf der Erde bleiben. Bei der Bewältigung der Staatsangelegenheiten ist kein Lärm nötig, die ruhige Hand ist hier der viel bessere Stil. Aber dennoch kommen »Vorzeigeprojekte«, die den Bauern und dem Volk schaden, dauernd vor.

In Huagou, Kreis Guoyang, Provinz Anhui, haben wir mit eigenen Augen das so genannte »Projekt der viermal 10.000« gesehen. Einmal »10.000« wäre schon schlimm genug gewesen, aber diese »viermal 10.000« waren fürchterlich!

Konkret handelte es sich dabei um folgende Projekte: 10.000 Mu Taglilien, 10.000 Rebstöcke für einen grünen Korridor, 10.000 Mu Gemüse und 10.000 Haushalte mit Taubenzucht. Das wollten wir sehen. In der alten Heimat von Laozi*, in einer Großgemeinde in der Tiefebene nördlich des Huai, wurden grandiose 10.000 Mu Gemüse und unglaubliche 10.000 Mu Taglilien angepflanzt, das müsste als dienstlicher Erfolg für einen Gemeindebeamten doch ausreichen, oder nicht? Hatte ein Gemeindechef, der 10.000 Haushalte für die Taubenzucht mobilisieren und einen 10.000 Meter langen jadegrünen Korridor aus Rebstöcken aufforsten konnte, sein Leben etwa vertan?

Und wirklich wurde anfangs um das »Projekt der viermal 10.000« viel Lärm gemacht. Chen Xiaoming, der Sekretär des Gemeindeparteikomitees, auf dessen Mist dieses Projekt gewachsen war, bekam dafür nicht nur viel Anerkennung, sondern war eine Weile auch sehr populär. Der Sekretär des Kreiskomitees sprach ihm auf einer Plenarsitzung mit großer Geste seine Anerkennung aus: »Guoyang braucht mehr Menschen wie Chen Xiaoming, dann hätte ich es als Kreissekretär leichter!«

Um sein »Projekt der viermal 10.000« durchzuführen, griff Chen Xiaoming auf den unverbrüchlichen Enthusiasmus, die drakonische Strenge und die unüberwindliche Siegeszuversicht seiner Zeit als Leiter des Polizeireviers von Huagou zurück. Um die fristgerechte Fertigstellung der 10.000 Meter Rebstockkorridor zu garantieren, wurden die 10.000 Meter Wald, die zuvor die Straße flankiert hatten, auf seine Anordnung hin niedergemacht; ebenso 78 Bauernhäuser, die an der Straße standen.

Als wir nach Huagou kamen, bot sich uns ein trostloses Bild. Unter den zwangsabgerissenen Häusern waren auch neue Häuser gewesen, einige erst vor zwei Jahren für über 10.000 Yuan gebaut! Wessen man die Bauern da beraubte, das waren die Ersparnisse eines halben Lebens voll harter Arbeit! Viele Bauern hatten keine Bleibe mehr und hausten über ein Jahr wie die Bettler unter einer Brücke. Sie verfassten Lieder, um ihrem Ärger Luft zu machen:

»Chen verdeckt den Himmel mit der Hand,
im Kopf mit nichts als Imageflausen,
Lässt Bauern in der Scheune hausen
Im früher hier befreiten Land.«

Vor Ort bei dem 10.000 Meter langen grünen Korridor entdeckten wir, dass von den im Rahmen des Projekts, das so vielen Bauern das Zuhause genommen hatte, für 50.000–60.000 Yuan gekauften Rebschösslingen überraschenderweise kaum einer überlebt hatte, während die Bauern erzählten, dass dafür 10.000 Meter Bäume, die in herrlich vollem Saft gestanden hatten, abgeholzt worden seien. Jetzt war kein Korridor mehr zu sehen und kein Grün, übrig waren nur gut 10.000 nackte Betonstäbe, die die Rebstöcke hätten stützen sollen und die nun schweigend von der Absurdität dieses Projektes erzählten.

Das auf dem gegenüberliegenden Flussdamm in Angriff genommene Projekt der 10.000 Mu Taglilien ist heute die Schafweide des Dorfes. Die einfachen Leute hatten von dem Ganzen keinen Fen profitiert, doch für den Ankauf von Taglilienschösslingen wurden damals von der Gemeindeverwaltung über 200.000 Yuan ausgegeben.

Dort, wo auf 10.000 Mu hätte Gemüse reifen sollen, hatten die Bauern jetzt vor allem Weizen angebaut. Und was war mit den 10.000 Taubenzüchterhaushalten? Jede Bauernfamilie war von der Gemeinde gezwungen worden, für Dutzende Yuan ein Taubenpärchen zu kaufen – heute waren die Tauben eingegangen, die Nester waren leer, das Stammkapital der Bauern war auf Nimmerwiedersehen verschwunden.

Als wir hinkamen, war das »Projekt der viermal 10.000« bereits von der Zeitung *Fazhi ribao (Rechtssystem)* und vom Zentralfernsehen an den Pranger gestellt, für gescheitert erklärt und war Chen Xiaoming seines Amtes enthoben worden. Empfangen hat uns der neue Gemeindevorsteher Deng Hua, er war eigentlich stellvertretender Leiter des Kreisjustizbüros, ein Absolvent des Zweiges Politik und Religion an einer pädagogischen Bergbauhochschule, der selber aus dem Kreis stammte. Er erzählte uns, der Kreis habe ein Darlehen in Höhe von 880.000 Yuan laufen, auch die Gemeinde habe 200.000 Yuan aufgenommen, und die neuen Partei- und Regierungsverwaltungen hätten nun alle Hände voll zu tun, die realen Probleme, die dieses Projekt für die Bauern mit sich gebracht habe, zu lösen.

Wir hatten uns nicht verhört, er sprach von 880.000 Yuan Schulden, und das war ein »Darlehen«, keine kostenlose Beihilfe, dieses Geld hatte der Kreis nicht umsonst bekommen, er musste es zurückzahlen. Aber wer sollte das machen? Wenn es nicht zurückgezahlt wurde, würde man sich dann an die Bürger von Huagou halten?!

Ein einziger Chen Xiaoming hatte ausgereicht, um die einfachen Leute einer ganzen Region zu armen Schluckern zu machen, selbst Hühner und Hunde fanden keine Ruhe – wenn man dem Gedankengang des Kreiskomiteesekretärs folgte, dann konnten ein paar Chen Xiaomings für einen ganzen Kreis düsterste Zeiten heraufbeschwören!

Wer hatte nun sein »Image« mit diesem Projekt aufgebaut?

Das beantwortet sich von selbst.

Und doch, wie soll man in den Weiten der ländlichen Gebiete Chinas einen Chen Xiaoming stoppen?

Viele Kader vieler Regionen brennen noch heute für »Erfolge am Straßenrand« und »Blumentopfprojekte«. Auf beiden Seiten der großen Straßen, die ausnahmslos nur vom Auto aus in Augenschein genommen werden können, soll man keine zerfallenen Häuser oder Häuser aus Stroh sehen, die Bauern sollen alle in so genannten »Wohlstandsdörfern« konzentriert oder in »Planungsgebiete« überführt werden; die Bäume und Felder entlang der Straße sollen schmuck dastehen. Man will sich Puder auflegen, um besser auszusehen. Kleider machen Leute, das Geschirr macht das Pferd.

Das untere Beamtenpersonal lügt, was das Zeug hält, aber das zeigt nur, dass man in den oberen Etagen gerne Lügen hört, zumindest schadet es nichts, wenn man nicht die Wahrheit sagt – und das sagt doch alles!

Diese »Vorzeige- oder Imageprojekte«, die von den Massen als »Glanz auf dem Eselskötel« bezeichnet wurden, haben der chinesischen Bauernschaft ungeheure Verluste eingebracht, für die wir keine Zahlen haben, aber sie sind erschreckend hoch!

Revolution ist keine Einladung zum Essen, sie ist das Essen selber

Am 12. November 1997 veröffentlichte die Anhuier Zeitschrift *Da Cankao (Großer Ratschlag)* einen Artikel mit der Überschrift »Besorgniserregende Schulden bei den Gemeinden und Dörfern«. Darin hieß es:

> »Letztlich habe ich mit einigen Genossen, die mit der Lastenreduzierung beschäftigt sind, eine Untersuchung über den Schuldenstand auf Dorf- und Gemeindeebene durchgeführt, das Ergebnis ist erschütternd. Wir haben drei Gemeinden und Großgemeinden untersucht. Die erste hat 13,1, die zweite 8,55 und die dritte 7,31 Millionen Yuan Schulden. Die Schulden der dazugehörigen Dörfer liegen bei 300.000–400.000 Yuan. Wenn man das umlegt, so entfällt auf jeden einzelnen Bauern eine durchschnittliche Schuldenlast von 300 Yuan, auf jeden Haushalt eine Last von durchschnittlich 2000 Yuan. Nach der Untersuchung sprach ich mit einigen Kreisvorsitzenden und Kreissekretären. Sie waren der Auffassung, dass das keine besondere, sondern eine sehr verbreitete Situation sei. Das jagte mir einen kalten Schauer über den Rücken!«

Der Verfasser dieses Artikels war Wu Zhaoren, der stellvertretende Vorsitzende des Komitees für Agrarwirtschaft in der Provinz Anhui. Als wir seinen Artikel zum ersten Mal lasen, waren auch wir erschüttert. Denn die Agrarwirtschaft war ja sein Metier, und die Bürokratisierung eines Menschen konnte doch nicht so weit gehen, dass er nicht die geringste Ahnung hatte, was unter ihm vorging! Und als er in nur drei Gemeinden eine Inspektion durchgeführt hatte, war es allein das Gespräch mit einigen Führungskräften, das ihn »erschütterte« und ihm »einen kalten Schauer über den Rücken jagte«.

Erst als wir mit Wu Zhaoren in Kontakt getreten waren, erfuhren wir, dass er sich oft und gerne in die ländlichen Gebiete der verschiedenen Regionen begab, um sich vor Ort zu informieren. Er hatte mehr als die Hälfte seines Lebens geschrieben und geschrieben. Zuerst als Sekretär einer Volkskommune und später als führender Kader hatte er an die 100 Millionen Schriftzeichen zu Papier gebracht, wenn davon eine Million gedruckt worden waren, dann war das wenig, doch dass das Schuldenproblem auf Dörfern und Gemeinden einmal derart ernst werden würde, damit hätte er nicht gerechnet.

Erst als wir uns später tiefer in die Untersuchung eingearbeitet hatten, erfuhren wir, dass das Schuldenproblem schon vor Jahren sichtbar gewesen war, man hatte es nur verstanden, das Problem mit allen möglichen Kunstgriffen wie dem »Leerlauf der öffentlichen Finanzen« und dem »Verzehren der Lebensmittel für das nächste Jahr« zu verdecken. Mit dem Jahr 1998 bestimmte das Zentralkomitee auf einer Konferenz zur Arbeit in den ländlichen Gebieten, dass von jetzt ab innerhalb der kommenden drei Jahre die »Gesamtsteuer« der Bauern in den Regionen die absolute Quote von 1997 nicht überschreiten dürfe. Das zwang das Schuldenproblem der Gemeinden Chinas auf die politische Bühne, es war nicht mehr zu verbergen, die Widersprüche waren von diesem Zeitpunkt an öffentlich. Dennoch war das Problem zum Zeitpunkt seiner Entdeckung schon relativ ernst und relativ weit verbreitet.

So gesehen war es relativ früh und kaum zu überschätzen, wenn Wu Zhaoren als Verantwortlicher im Komitee für Agrarwirtschaft einer Provinz 1997 auf das Problem der »besorgniserregenden Schulden bei Dörfern und Gemeinden« hinwies. Die drei Gemeinden, von denen im Artikel Wus die Rede war, waren die Großgemeinden Yuanqiang im Kreis Taihe, Jianshe und Anfeng-Teich im Kreis Shouxian. Als er sich im Oktober 1997 zu seiner Inspektionsreise aufmachte, war es bereits einige Jahre her, dass er zum ersten Mal von dem Anstieg der Schulden in Jianshe und Anfeng-Teich auf über zehn Millionen Yuan erfahren hatte.

Aus den Ergebnissen einer Untersuchung, die das Landwirtschaftsministerium früher einmal in den ländlichen Gebieten von zehn Provinzen durchgeführt hat, konnte man folgendes lernen: Die durchschnittliche Verschuldung lag auf Gemeindeebene bei vier Millionen, auf Dorfebene bei durchschnittlich 200.000 Yuan.

Wir haben keine Zahlen für die Zeit nach 1998 gefunden, aber man kann sicher davon ausgehen, dass diese Zahlen für jedes Gebiet rasant weiter gestiegen sind.

Der Schluss, den man daraus ziehen muss, ist eindeutig: Die Verschuldung der Gemeinden und Dörfer ist längst ein großes nationales Problem.

Aber wofür hat man sich derart verschulden müssen? Außer den bereits beschriebenen »Standarderfüllungen« und »Imageprojekten«, die daran den Löwenanteil hatten, gibt es einiges, was noch viel rätselhafter ist.

»Das sind die bösen Früchte der Großmannssucht«, sagte uns Wu Zhaoren, »verlogene Berichte über die Effizienz von Unternehmen, gefälschte Berichte über die Einnahmen der öffentlichen Hand, aber nach diesen verlogenen Berichten musst du deine Abgaben abführen. Früher sagte man, ›fürs Dicktun zahlt man keine Steuern‹, aber das stimmt nicht mehr, fürs Aufschneiden zahlt man sehr wohl Steuern, und danach hat man kein Geld mehr für die Löhne. Dann nimmt man wohl oder übel Darlehen auf, um etwas zu essen zu haben. Und dann werden die Darlehen für unrechtmäßige Ausgaben verwandt, das erscheint in keiner Bilanz, das steht unter ›weitere Ausgaben‹, ein ›weiter‹, unter dem sich Vielerlei verbergen kann. Darunter natürlich diese nicht auszumerzenden Bewirtungskosten!«

Der berühmte Satz von Mao Zedong: »Revolution ist keine Einladung zum Essen« müsste heute lauten: »Revolution ist keine Einladung zum Essen, sie ist das Essen selber.« Und die berühmten Zeilen:

»Die Rote Armee verachtet, weit marschierend, das Leid.
*Tausend Berge, zehntausend Flüsse sind für sie eine Kleinigkeit.«**

müssten heute auch anders lauten:

»Der Beamte verachtet, weithin saufend, sein Leid.
Tausend Schnäpse, zehntausend Becher sind für ihn
eine Kleinigkeit.«

Die Chinesen, die sich einmal vor nichts in der Welt gefürchtet haben, haben sich geändert: Heute wagen sie alles – zu fressen. Was da kreucht und fleucht und schwimmt, auf der Erde, am Himmel und in den Meeren, solange es kein Menschenfleisch ist, es wird gefressen, was man fressen kann; HuhnGansFischFleisch hat man schon über, Schildkröte ist keine Seltenheit, Raubvögel und wilde Tiere sind schon alle gekostet. Leichte und schwere Alkoholika, weißen Schnaps, Bier, Fruchtwein, den besten Jiafan-Schnaps*, Einheimisches, Westliches – alle geistigen und politischen Getränke hat man durch, außer Industriealkohol wird alles gesoffen, was man saufen kann!

In den Spottversen der Bauern wurde mit deutlicher Handschrift entlarvt, was Kader in den ländlichen Gebieten der Partei, dem Image der Verwaltung und dem Staat antaten:

»Von revolutionären Schnäpsen täglich rund
Versäuft er Partei und Magen und
Wer Wasser trinkt, statt Bier, wer will denn ihn?
Wer wenig trinkt, doch viel verträgt, den muss man noch erziehn.
Wer alles trinkt und nichts verträgt, dem ist schon alles einerlei.
Wer sagt, wir sind arm? Das Fettgesicht denkt nichts dabei.
Wer sagt, wir knapsen hier und knapsen da?
Draußen steht ein Santana!«

Wieviel von dem schwer verdienten Geld der Bauern diese glänzenden Pfannkuchengesichter von Kadern eigentlich die Kehle hinuntergejagt haben, wird sich wohl nie ermessen lassen. Nach Berechnungen des Statistischen Staatsamtes werden auf diese Weise 80 bis 100 Milliarden Yuan an öffentlichen Geldern verfressen und versoffen! Mit dieser ungeheueren Summe könnte man die Olympischen Spiele viermal hintereinander ausrichten, könnte ein bis zwei Sanxia-Staudämme* bauen, vor allem könnte man die Schande wegwischen, dass es im neuen China immer noch Menschen gibt, die keine Ausbildung machen können!

Am 28. Juni 1998 verklagte der Besitzer des Restaurants »Zum Fluss«, ein Mann namens Su Duoxin, die Verwaltung der Gemeinde Pingwei, Kreis Huainan, Provinz Anhui, vor Gericht, weil sie mit der Bezahlung ihrer Zechen sehr im Rückstand war.

Su Duoxin hatte mehrfach die Gemeindeverwaltung mit einem dicken Stapel Rechnungen unter dem Arm aufgesucht, war aber jedes Mal mit der Begründung, die öffentliche Hand habe kein Geld, vor die Tür gesetzt worden. Zu diesem Zeitpunkt war Su Duoxin selbst seinen Gläubigern gegenüber in einer verzwickten Lage, so dass ihm nichts übrig blieb, als sich ein Herz zu fassen und in der Kreisstadt Huainan Klage einzureichen. Die Sachlage war nicht schwierig, außerdem waren die Beweise unbestreitbar, also kam die Mittlere Volksgerichtskammer der Stadt Huainan in Anbetracht der roten Zahlen in den Gemeindefinanzen, die es ihr unmöglich machte, die in den letzten zehn Jahren aufgelaufenen Schulden in Höhe von 383.474 und die Zinsen von 31.377,76 Yuan, eine Gesamtsumme also von 414.851,76 Yuan, zu bezahlen, am 19. Januar 1999 zu folgendem zivilrechtlichen Urteil:

Sie sprach die zehn Zimmer des ersten Stockes des Gemeindeverwaltungsgebäudes mit einer Gesamtfläche von 411 Quadratmetern Su Duoxin als Schadenersatz zu. Dieses Urteil schlug ein wie eine Bombe.

In der Gemeinde haben die Bauern darüber ihre Lieder gemacht:

»Diese Kader sind doch schwach,
verfressen zehn Zimmer ohne Dach!«

Diese Geschichte hatte einen besonders schlechten Einfluss auf die Gesellschaft. Nach einer entsprechenden Untersuchung kam das Disziplinarkomitee der Stadt Huainan zu der Überzeugung, dass der Parteikomiteesekretär der Gemeinde, der Gemeindevorsteher und sein Stellvertreter für das Ganze direkt verantwortlich waren, man erteilte jedem der drei einen parteiinternen Verweis und machte das in der ganzen Stadt kund.

Eigentlich hätten die kleinen und großen »Staatsdiener« der Gemeinde sich das eine Lehre sein lassen müssen, dann hätte dieses »Versaufen von Partei und Magen« ein Ende gehabt. Doch wer hätte das gedacht, kaum waren diese Vorkommnisse zwei Jahre vorbei, als im Juni 2000 auch der Besitzer des Restaurants »Zur Erhabenheit« die Gemeinde wegen ausstehender 250.000 Yuan verklagte!

Das Merkwürdige war, dass immer noch derselbe Mann als Gemeindevorsteher dafür verantwortlich war, der schon beim letzten Mal einen parteiinternen Verweis bekommen hatte.

Bei unseren Recherchen fanden wir heraus, dass praktisch jedes Parteikomitee und jede Verwaltungsabteilung dieser Gemeinde dem Problem schon früh große Bedeutung beigemessen hatte. Das war noch merkwürdiger. Die von ihnen verabschiedeten Bestimmungen waren beinahe drakonisch. So kamen schon im Januar 1990 die »Bestimmungen über Arbeitsessen und die Bewirtung von Gästen von Partei- und Regierungsorganen« heraus, in denen ein Paragraph lautete: »Gäste sind ohne Ausnahme in der Behördenkantine zu bewirten. Es ist nicht erlaubt, Tabakwaren, Spirituosen und kostspielige Gerichte zu reichen. Der Besuch von Restaurants ist untersagt.« Doch just in diesem Jahr stand die Gemeinde beim Wirt »Zum Fluss« bereits mit 7.783 Yuan in der Kreide, was sich im Verlauf des nächsten Jahres auf über 16.000 Yuan erhöhte. Und so erließ die Gemeinde 1994 eine weitere Bestimmung: Die Zahl der Tischbegleiter sei streng zu kontrollieren; es sei das Prinzip Ein-Gast-drei-Begleiter zur Anwendung zu bringen; die Bewirtung dürfe sich im Durchschnitt nur auf zehn Yuan pro Person belaufen; Tabakwaren und Spirituosen seien untersagt; jede Einheit habe ihre Bewirtungskosten selbst zu tragen; die Gemeindeverwaltung werde keine Pauschalzahlung vornehmen. Und doch ließ im selben Jahr die Gemeinde beim Wirt »Zum Fluss« schon über 120.000 Yuan anschreiben. Und wieder, 1995, gab die Gemeinde einen neuen Einfall heraus: Gäste würden ohne Ausnahme auf Bewirtungscoupons der Gemeindeverwaltung in der Kantine oder in einem Restaurant essen, ohne Rechnung des Restaurants und ohne Unterschrift werde die Gemeinde nicht für die Kosten aufkommen.

Man weiß nicht mehr, ob man weinen oder lachen soll, im selben Jahr beliefen sich die Schulden beim Wirt »Zum Fluss« auf 180.000 Yuan. Nach 1996 hatte das Parteikomitee der Gemeinde mehrfach beschlossen, einen gründlichen Sparkurs einzuhalten, und unentwegt neue Maßnahmen ergriffen, aber Tatsache war, dass von Mai 1995 bis April 1996, also in nur einem einzigen Jahr, beim Wirt »Zum Fluss« Rückstände von 40.000 Yuan aufliefen und im Restaurant »Zur Erhabenheit« waren es nachweislich 120.000 Yuan!

Das hatte etwas Unglaubliches, schien aber ein krasser Einzelfall zu sein. Erst als wir in einer ganzen Reihe von Gemeinden recherchiert hatten, fanden wir heraus, dass das, was in Pingwei geschehen war, überall vorkam, es war nur noch nicht so weit gekommen, dass man sich vor Gericht gegenüberstand. Das Verprassen von öffentlichen Geldern kam nicht nur in ländlichen Gebieten vor, sondern auch in den Städten, die ländlichen Gebiete standen vielmehr unter dem Einfluss der Städte. Die wiederholten Anweisungen des Zentralkomitees lösten das Problem auch nicht, der tiefere Grund hierfür war mit einer allgemeinen »Verfressenheit« womöglich nicht ausreichend erklärt.

Heutzutage liegt das Verprassen von öffentlichen Geldern nicht allein am »Ob du es isst oder nicht isst, es ist umsonst – und wer isst nicht, wenn es umsonst ist«. Umsonst zu essen und zu trinken scheint längst eine Möglichkeit zu sein, mit der sich demonstrieren lässt, wer man ist, ein Symbol für die Stellung. Ein gutes Essen kann sogar essenziell wichtige Abläufe und Inhalte wie die »Erfüllung der Standards« und die Höherstufung, die Abnahme der »Arbeit«, das Durchschlagen des »Knotens«, die reibungslose Karriere usf. direkt beeinflussen.

Es besteht gar kein Zweifel: All das hatten Verwaltung und Parteikomitee von Pingwei nicht mehr im Griff, und ihr wieder und wieder beschlossenes Regelsystem war nichts weiter als eine Wunschvorstellung.

Als am 25. Juli 2000 die Mittlere Volksgerichtskammer von Huainan nach einer Anhörung die Verwaltung von Pingwei verurteilte, an den Chef des Restaurants »Zur Erhabenheit« die Rückstände mit Zinsen in Höhe von insgesamt 232.442,15 Yuan zu zahlen (und zwar innerhalb von zehn Tagen nach dem Inkrafttreten des Urteils), unterwarf sich die Verwaltung der Gemeinde diesem Urteilsspruch nicht, sondern brachte den Fall vor die Obere Volksgerichtskammer der Provinz Anhui. Sie vertrat die Auffassung, der Kläger hätte die Bewirtungspraxis klar als unguten gesellschaftlichen Stil erkennen müssen und auch erkannt, denn das wiederholte Anschreiben großer Gelage unterstütze in der Tat die Entwicklung und die Ausbreitung dieses unguten Stils. Dass dem Kläger die Schulden samt Zinseszinsen nicht erstattet worden seien, sei zwar nicht korrekt gewesen – doch unter diesen Umständen von der Gemeinde die nachträgliche Erstattung zu verlangen, bedeute nicht nur einen Verlust von staatseigenem Kapital, sondern helfe auch dem gesellschaftlichen Stil und der Errichtung einer geistigen Kultur nicht auf.

Diese Erklärung der Gemeinde verschlug den Menschen die Sprache.

Einen Beamten anzuklagen ist für die einfachen Leute immer eine heikle Sache, doch in diesem Fall richteten sich die beiden Instanzen des Volksgerichtes nach dem Gesetz, sie blieben unparteiisch, und nach einer gründlichen Prüfung kam die Obere Volksgerichtskammer von Anhui am Ende zu dem Beschluss: »Der Einspruch wird abgewiesen, das ursprüngliche Urteil wird bestätigt.«

Wir haben den Wirt »Zur Erhabenheit«, den Sieger in diesem Prozess, in seinem einfachen ebenerdigen Haus in Pingwei besucht. Er hatte den Beschluss des Oberen Gerichts gerade erst erhalten und noch keine Zeit gefunden, die Reste des Feuerwerks vor seiner Haustür wegzukehren. Er sagte, er sei ganz bewegt, dass die Richter ihm hatten Gerechtigkeit widerfahren lassen, er habe sich sehr gefreut und sei in die Stadt gefahren, habe zehn Blitzfeuer und dazu noch 200 Kanonenschläge gekauft und erst einmal ordentlich gefeiert.

Wir konnten nicht umhin, uns mit ihm zu freuen.

An diesem Tag erfuhren wir, dass die Gemeinde in den letzten Jahren nicht nur in den beiden schon erwähnten Restaurants Schulden gemacht hatte, sondern auch in einem dritten mit Namen »Am Huai-Fluss«, und von der hier noch ausstehenden Speise- und Getränkerechnung in Höhe von mehr als 100.000 Yuan war bis heute kein Fen bezahlt. Damals hatte die Gemeinde privat mit dem Besitzer des Restaurants verhandelt, es war deutlich, dass sie Angst vor einem Prozess und der damit verbundenen Öffentlichkeit hatte.

Wenn so etwas auf eine Gemeinde wie Pingwei beschränkt bliebe, hätten wir wahrlich keinen Grund zur Sorge, das Problem aber ist, dass die ausgedehnten ländlichen Gebiete Chinas von »Gourmettempeln« überzogen sind wie von Läusen.

Die Vorwände, die man für irgendwelche Essen findet, sind extrem: Untersuchungsessen, Konferenzessen, Wohltätigkeitsessen – von Katastrophenhilfsessen gar nicht zu reden; wenn man Geld hat, wird es verfressen, wenn man keines hat, auch. Man isst auf Kredit, man lässt anschreiben, jahraus, jahrein, wer auch immer an der Macht ist, nimmt auf nichts und niemanden Rücksicht.

Wu Zhaoren erzählte uns von einer schmerzlichen Begebenheit.

Im Kreis Shangfeng, so erzählte er, habe es einen Bauern gegeben, der sich beim Komitee für Agrarwirtschaft über die Gelage seiner Dorfkader beschwerte, das sei ein schlimmes Problem, und er bitte um eine Untersuchung durch den Kreis. Nicht viel später sei dieser Bauer überraschenderweise wieder da gewesen, habe sich sehr sonderbar benommen und brennend auf eine Beendigung der Untersuchung gedrängt. Auf Nachfrage habe er gesagt, was die Dorfkader einmal im Bauch hätten, das würden sie nicht mehr hergeben, aber jetzt würden ihnen die Leute von der Untersuchungskommission die Haare vom Kopf fressen.

Als Wu Zhaoren davon hörte, blieben ihm alle Worte im Halse stecken.

Wenn es doch nur um diese rücksichtslosen Prassereien auf Staatskosten ginge! Aber zusammen mit den drückenden Steuern und Abgaben, der »Trennung von Stadt und Land«, der »Schere«, der »Standarderfüllung«, dem »Hochstufen«, den »Imageprojekten«, den »Geschenken«, der Diskriminierung, der Auspressung und Demütigung lastet das alles nicht nur schwer auf den Schultern der Bauern, es lastet noch schwerer auf ihren Herzen!

Nichts als Tricks

弄虚作假之种种

Ein seltenes Telegramm

Die schwere Belastung der Bauern mit eigenen Augen zu sehen, Dörfer um Dörfer zu besuchen, die der Armut noch nicht entronnen waren – das war eine Qual für unser Gewissen.

Ein Freund hatte uns eine Geschichte erzählt, die uns lange nicht losließ und uns dauerhaft beunruhigte.

Dieser Freund erzählte, er habe einmal einen Distriktbeamten auf einer Inspektionsreise durch einen Kreis begleitet, und weil sie früher Kommilitonen gewesen seien, hätten sie nicht nur im selben Hotel, sondern auch im selben Zimmer gewohnt. Früh am Morgen habe ein Hotelangestellter ein Telegramm gebracht, das sie beide sehr erschreckt habe. Das Telegramm sah aus wie ein langer Hada, ein Schal aus weißer Seide, den man sich in der Inneren Mongolei als Begrüßungsgeschenk überreicht, gut 30 bis 40 Zentimeter lang. Bei genauerem Hinsehen hätten sie erkannt, dass es von einem Bauern aus dem hintersten Winkel des Kreises kam, der den Distriktbeamten sehen wollte: Auf ihm ruhe die Hoffnung des ganzen Dorfes, die Bewohner hätten schon viel schlucken müssen, und nun wolle er diesen »Beamten, der ihnen Vater und Mutter*« sei, aufsuchen, um Klage zu führen. Doch die Türsteher des Hotels hätten ihn nicht hereingelassen, er habe schon auf alle möglichen Listen und Wege gesonnen, aber auch der Sekretär des Hotels habe ihn hinauskomplimentiert. Weil es jedoch so dringend sei, hätten die Bauern ein paar 100 Yuan aus dem Verkauf von Schweinen aufgebracht, seien in das nächstgelegene Postamt gelaufen und hätten das von ihnen aufgesetzte Beschwerdeschreiben auf das Telegramm übertragen – in der Hoffnung, dass das wohl im Hotel »ankommen« würde.

Dem Distriktbeamten seien bei der Lektüre des Telegramms die Tränen über das Gesicht gelaufen und er habe mit bebender Stimme gesagt: »Ich bin zu weit von ihnen weg, zu weit …«

Und unser Freund habe ebenso ergriffen zurückgegeben: »Ich weiß nicht, ob das Guinness-Buch der Rekorde das aufnehmen würde, aber das ist mit Abstand das längste Telegramm, das über die mit Abstand kürzeste Distanz geschickt wurde!«

Wenn ein gewöhnlicher Bauer, der nichts weiter wollte, als bei einem Distriktbeamten Klage zu führen, schon auf solche Schwierigkeiten stieß, was würde erst geschehen, wenn er sich an einen Beamten der Provinz oder einen noch höheren Führungskader zu wenden versuchte?

Wer sich von den oberen Behörden unter das einfache Volk bemühte, so hörten wir und sahen wir, war umgeben von einem Schwarm von Kadern aller möglichen Ebenen und Dienstgrade. Wenn er sich an vorher bestimmte »Inspektionsorte« begab und vorher festgelegtes Personal befragte – wieviel von den wahren Sachverhalten konnte er da in Erfahrung bringen? Das aber ist doch das Wichtigste. Denn, was er verstand, beeinflusste direkt seine Entscheidungen, die Richtlinien, die er herausgab, und konnte natürlich auch über das Wohl und Wehe seiner Arbeit entscheiden.

Wir mussten an Mao Zedong denken. Der Mao der Kriegsjahre war ein strategisch so vorausplanender Mann, entschied eine Schlacht aus 1000 Meilen Entfernung, hatte seine Millionen Soldaten im Kopf, führte geschickte Manöver durch, verlor keine Schlacht, aber wie konnte er nach der Befreiung einen Appell verfassen, der die »Motorisierung der Landwirtschaft bis 1980« zum Ziel hatte? Rückblickend war dieser Appell augenscheinlich nichts als lächerlich. Wenn man Gründe dafür sucht, so war das außer auf einen Mangel an Erfahrung im Aufbau einer Volkswirtschaft zu einem Großteil auf eine falsche Einschätzung der wirklichen Lage der damaligen Landwirtschaft wie auch der damaligen Industrie Chinas zurückzuführen. Er hatte sich von der gesellschaftlichen Realität abgewandt – was bleibt, kann nur Bedauern für einen großen Mann sein.

Außerdem wurden wir aufmerksam auf zwei Versprechen, welche die chinesische Regierung in den 90er Jahren gemacht hatte: Erstens sollte der Fluss Huai im Jahr 2000 wieder sauber sein, zweitens sollte die Armut nicht mit ins nächste Jahrhundert genommen werden.

Um zu erreichen, dass der Huai pünktlich wieder sauber war, beschwor die chinesische Regierung den Geist, mit dem der Große Yu* die Fluten geordnet hatte, und die Kühnheit der schnellen Entscheidung: In den letzten Junitagen 1996 fiel der Startschuss für eine »Null-Uhr-Null-Aktion« von gewaltigem Ausmaß, und im Morgengrauen des 1. Juli wurden an die 1000 kleine Papierfabriken am Ufer des Huai geschlossen.

Um die Armut zu beseitigen, musste man in diesen Gebieten 80 Millionen Menschen genug zu essen und anzuziehen geben. Um das zu erreichen, hatte die chinesische Regierung in den sieben Jahren zwischen 1994 und 2000 Menschen, Material und Geldmittel konzentriert und die Kräfte sämtlicher gesellschaftlicher Bereiche mobilisiert. Darüber hinaus wurde der »Staatliche Angriffsplan auf die Armut« beschlossen und aller Welt verkündet: »Das Ziel der Beseitigung der Armut ist bis zum Jahre 2000 zu erreichen.«

Aber kein Wunder und kein Erfolg konnte die Wirklichkeit, wie sie noch immer ist, überdecken. Das heißt, der Huai sieht heute, nur weil ein Jahrhundert zu Ende gegangen ist, immer noch nicht anders aus, sein Zustand macht immer noch Sorgen; und auch die Armut haben wir nicht vor den Toren des neuen Jahrhunderts zurückgelassen, sie ist in etlichen Distrikten noch immer ein Problem für unsere Brüder und Schwestern auf dem Land.

Der uns versprochenen Entschlossenheit fehlte es zweifellos an einer präzisen und verlässlichen Einschätzung der Komplexität und Ernsthaftigkeit der wirklichen Lage.

Das erinnerte uns an eine besonders bizarre Inszenierung einer »Standarderfüllung«, zu deren Abnahme sich das zuständige Bildungskomitee in der Mittelschule von Fengmiao im Kreis Lingbi angesagt hatte. Es ging um die Erfüllung der neunjährigen Schulpflicht. Noch bevor die hohen Abnahmebeamten in Fengmiao eintrafen, hatte die Gemeinde in einer Eilanordnung alle Jugendlichen, die ihrer Armut wegen seit Jahren den Unterricht nicht mehr hatten besuchen können, »mobilisiert« und in die Schule zurückbeordert. Die tatsächlichen Schüler mussten eigens für ihre vermeintlichen »Mitschüler« in jedem Fach ein Schulheft anlegen und vollschreiben; außerdem wurde umgehend jemand in das über 50 Kilometer entfernte Xuzhou in der Provinz Jiangsu geschickt, um dort Markenzigaretten und Markenspirituosen zu kaufen. Das Ergebnis der Abnahme war, wie man hörte, sehr zufrieden stellend, doch während die Abnahmedelegation vorne das Dorf verließ, wurden hinten die Jugendlichen, die sich den Unterricht nicht leisten konnten, wieder aus der Schule geworfen.

Wenn wir uns bei der Beurteilung der Schulsituation in den ländlichen Gebieten lediglich auf zufrieden stellende Urteile à la Fengmiao zu verlassen und danach Bildungspläne zu erstellen hätten, müsste das nicht zu verheerenden Folgen führen?

Eine respektable Führungskraft

Wen Jiabao, der heutige Staatsratsvorsitzende, war sich über diese Tricksereien auf den unteren Ebenen offensichtlich schon früh im Klaren. Man kann sagen, Wen Jiabao war auf der Führungsebene des Zentralkomitees einer der Genossen, die sich am häufigsten tief in die ländlichen Gebiete von Anhui gewagt haben; gleichzeitig war er derjenige, der den regionalen Kadern, die ihn begleiteten, am meisten Kopfzerbrechen bereitete. Um die wirkliche Situation der Bauern und der ländlichen Gebiete zu verstehen, nahm er oft keine Rücksicht auf das Gesicht der regionalen Kader und fand immer einen Weg, seine Abschottung zu durchbrechen, so dass sie mit ihren Tricksereien nicht weit kamen.

Im Mai 1996 kam Wen Jiabao, damals noch Leiter des Sekretariats des Zentralkomitees und Kandidat für das Politbüro, vor der Weizenernte nach Anhui, um die Arbeit gegen die Armut zu inspizieren. Kaum war er dort, legte er drei Richtlinien fest: keine Begleitung, bei den Besuchen in den Dörfern kein großes Gefolge, alles einfach und mit leichtem Wagen.

Auch das Personal, das ihn begleitete, konnte man an fünf Fingern abzählen: Außer einem Sekretär, einem Wachoffizier und je einem Büroleiter aus dem Sekretariat und aus dem Führungsteam für die Arbeit in den ländlichen Gebieten des Zentralkomitees gab es bloß noch eine zuständige Führungskraft aus dem Landwirtschaftsministerium.

Als sie angekommen waren, fuhren sie mit den zuständigen Führungsleuten aus der Provinz Anhui in zwei ganz normalen Minibussen in das alte Revolutionsgebiet am Berg Bie.

Auf der Bergstraße, die vom Kreis Jinzhai durch den Kreis Huoshan führt, ritt Wen Jiabao plötzlich eine unerwartete Attacke. Er sagte zum Fahrer: »Ich müsste einmal aussteigen.« Der Wagen hielt sofort.

Die Leute im Wagen dachten tatsächlich, Wen Jiabao wollte sich einfach mal in die Büsche schlagen, doch der sprang aus dem Wagen und folgte wider Erwarten mit raschen Schritten einem kleinen Weg.

Erst da entdeckten die Führungsleute der Provinz Anhui, die in dem anderen Minibus saßen, dass vor ihnen ein nicht besonders großes Bauerndorf lag. Genau darauf hielt Wen Jiabao zu, was sie doch schon erstaunte, denn es war gegen den festgelegten Plan. Außerdem war das, wie es aussah, eine besonders ärmliche Gegend. Alles beeilte sich, aus dem Bus zu steigen und ihm mit hastigen Schritten zu folgen.

Als Wen Jiabao ein paar Bauern sah, die Hände voll mit Baumrinde, trat er auf sie zu und fragte: »Was tut ihr denn da?«

Eine Frau, der das gütige Gesicht und der freundliche Ton nicht entging, hätte trotz der kadermäßigen Aufmachung nie gedacht, dass es sich bei ihm um einen Kader aus dem Zentralkomitee handeln könnte, und deshalb antwortete sie leichthin: »Die Vorräte sind alle, und die neuen stehen noch auf dem Halm, in den Bergen gibt es jetzt nichts, das man verkaufen könnte, aber die Ein- und Verkaufsgenossenschaft kauft gerade Baumrinde, anscheinend für Papier, da schälen wir ein paar Bäume, verkaufen die Rinde und kaufen dafür etwas zu essen.«

Wen Jiabao wandte sich auch einem jungen Mann zu, und als er erfuhr, dass es sich um einen von den Einwohnern angestellten Lehrer handelte, befragte er ihn eingehend nach seiner finanziellen Situation. Der Lehrer antwortete wehmütig: »Von der Gemeinde gibt es im Monat nur 50 Yuan Unterstützung, auch das Verpflegungsgeld reicht nicht. Und wenn ich Unterstützung sage, dann ist diese nie angekommen, man hat sie mir erst kurz vor Neujahr gegeben, für gewöhnlich gibt es auch kein Verpflegungsgeld.«

Wen Jiabao hörte genau zu und nickte.

Erst als er sich im Dorf genau umgesehen hatte, stieg er wieder in den Wagen. Als sie in der Kreisstadt Huoshan angekommen waren, aß er, ich weiß nicht, irgendwas, und verlangte einen Bericht über den Kreis.

Der Komiteesekretär von Huoshan wusste nicht, dass Wen Jiabao auf dem Herweg bereits ganz gegen die »Ordnung« ausgestiegen war, und machte seinen Bericht so, wie er es gewohnt war, und verstieg sich sogar zu der aufgeregten Aussage: »In den vergangenen Jahren haben wir hier in Huoshan eine große Entwicklung durchgemacht, wir haben den Hut abgenommen und eine Krone aufgesetzt, den Hut der Armut haben wir abgenommen und die Krone des Wohlstands aufgesetzt.« Und damit verband er geschickt alle möglichen Zahlen: den Gesamtwert der Produktion des Kreises, die Produktionszahlen von Nahrungsmitteln, die Einnahmen der öffentlichen Hand, die Einkommenszuwächse bei den Bauern.

Er war auch darauf vorbereitet, alle erfolgreichen Statistiken Punkt für Punkt herzubeten, als ihm Wen Jiabao das Wort abschnitt und ihn plötzlich fragte: »Wenn es euch hier so gut geht, dann könnt ihr sicher pünktlich die Gehälter zahlen?«

Der Kreiskomiteesekretär antwortete schroff: »Wir sind nicht einen einzigen Fen Lohn im Rückstand!«

Da nannte Wen Jiabao den Namen des Dorfes, das er besucht hatte.

Der Sekretär war verdutzt. Aber sogleich erwiderte er: »Das ist das ärmste Dorf im Kreis.«

Wen Jiabao, der bekannt ist für seinen Humor, lachte: »Dann habe ich also zufällig gerade euer ärmstes Dorf gesehen?«

Da erst erkannte der Kreiskomiteesekretär, dass er in Schwierigkeiten war. Er schielte verstohlen zu den Führungskadern des Provinzkomitees hinüber, die dabeisaßen und ihn mit ausdruckslosen Gesichtern anschauten. Nicht von ungefähr brach er in Schweiß aus.

Wen Jiabao sagte ernst: »Genossen, es ist nicht so, dass wir eure Zahlen anzweifeln, mir ist es viel wichtiger, ob der Lebensstandard der Bauern wirklich gestiegen ist. Ihr seid alle sehr jung, wir hoffen, dass ihr öfter zu den Bauernmassen geht, um nach dem Rechten zu sehen! Die Armut wirklich abzustreifen, ist sehr schwierig, ganz davon zu schweigen, dass sie auch wieder zurückkommen kann, wenn sie einmal überwunden war.«

Bei dieser Gelegenheit wollte sich Wen Jiabao auch die Lebensbedingungen der Bauern vor Augen führen, deren Land für den Staudamm an der Mündung des Drachenflusses geflutet worden war. Der Kreis Shucheng führte ihn in ein Dorf, das in jeder Hinsicht recht gut dastand. Er sah jedoch das Problem mit einem Blick und fragte: »Das hier ist ein Flutungsgebiet?«

Der Kreiskomiteesekretär sah, dass man ihm nichts verheimlichen konnte, und antwortete wahrheitsgemäß: »Nicht direkt ein Flutungsgebiet, eher mehr so ein Randgebiet.«

»Ich will ein Flutungsgebiet sehen und dort das ärmste Dorf.«

Darauf war der Kreiskomiteesekretär gedanklich nicht vorbereitet, da von den Führern des Zentralkomitees oder aus der Provinz, die für gewöhnlich seine Arbeit inspizierten, noch keiner eine solche Forderung gestellt hatte. Denn den Führungsleuten »Vorzeigeprojekte« vorzuführen und sie die »Glanzlichter« sehen zu lassen, war längst eine eingefahrene Gewohnheit. Und so wandte der Kreiskomiteesekretär ein: »Die Wege dorthin sind unpassierbar.«

»Was heißt unpassierbar? Dass man mit dem Auto nicht durchkommt?«, fragte Wen Jiabao nach.

»Ja.«

»Und wie weit ist das zu Fuß?«

Der Sekretär überlegte: »An die zehn Kilometer.«

Wen Jiabao lachte auf, als er das hörte: »Das ist ja nicht weit! Also, dann gehen wir zu Fuß.« Und damit machte er Anstalten, aufbrechen zu wollen.

Als der damalige Provinzkomiteesekretär die Entschlossenheit Wen Jiabaos sah, ergriff er schnell das Wort: »Steigen wir schnell ein und fahren, bis wir nicht mehr weiterkommen, dann können wir immer noch aussteigen und zu Fuß gehen!«

Daraufhin stieg alles ein.

Der Kreissekretär hatte die Unpassierbarkeit der Straße nur vorgeschützt, weil er nicht wollte, dass Wen Jiabao in eine Gegend mit extremer Armut käme. Dennoch war er ein zuverlässiger Mann, und als er das Einverständnis auch des Provinzkomiteesekretärs bemerkte, hatte auch er keine unbegründeten Bedenken mehr, vergaß auf der Stelle seine Behauptung, die Straße sei unpassierbar, und dirigierte den Fahrer ohne Schwierigkeiten in ein Dorf hinein.

Als Wu Zhaoren vom Provinzkomitee für Agrarwirtschaft uns diese Episode erzählte, offenbarte sein Gesicht abgrundtiefe Scham. Er sagte: »Als ich damals den Kreiskomiteesekretär sagen hörte: ›Da sind wir, wir können aussteigen!‹, summte mir der Kopf. Ich dachte bei mir, da hört sich doch alles auf, da behauptet dieser Mensch, die Straße sei nicht passierbar, und lässt nicht einmal etwas außerhalb halten, damit wir wenigsten ein kleines Stück zu Fuß gehen müssen – wie kann er denn mitten im Dorf halten lassen? Wo hat denn so ein Mensch, und der Provinzkomiteesekretär mit ihm, sein Gesicht gelassen? Der stellvertretende Provinzgouverneur, der an meiner Seite ging, bemerkte: ›Man möchte im Boden versinken ...‹ So stiegen wir auf die Gefahr hin, das Gesicht völlig zu verlieren, aus dem Auto.«

Das Dorf war in der Tat sehr arm, die Häuser sahen nicht aus wie Häuser, sie waren dunkel und feucht. Und weil es in Bauernbehausungen so dunkel ist, sieht man den halben Tag die Hand nicht vor den Augen, wenn man aus dem Tageslicht kommt. Doch hier war es in der Tat nicht wichtig, ob man etwas sah oder nicht: Viele Familien besaßen nichts als ihre vier Wände, keine irgendetwas von Wert. Wen Jiabao lief das halbe Dorf ab und von Behausung zu Behausung wurde ihm schwerer ums Herz.

Und er kam noch einmal nach Anhui, um die Arbeit an der Strukturanpassung der Agrarwirtschaft zu inspizieren. Im Kreis Funan war die Besichtigung eines kleinen Dorfes geplant. Es handelte sich um ein neues Dorf, dessen Hauptstraße von zwei Reihen schmucker Häuser eingefasst wurde. Die Straße selbst war ebenfalls frisch renoviert und verbreitert – das sah nicht nur nach Überfluss aus, das zeigte auch eine gewisse Stattlichkeit. Doch kaum war Wen Jiabao ausgestiegen und hatte einen Blick darauf geworfen, als er sich weigerte, das Dorf zu besichtigen.

Das brachte die begleitenden Führungskräfte ziemlich in Verlegenheit.

Wu Zhaoren, der Wen Jiabao schon mehrfach auf Inspektionsreisen durch Anhui begleitet hatte, war das schon gewohnt, er wollte aus der Sackgasse heraushelfen, indem er sagte: »Wenn wir schon einmal da sind, können wir es uns doch auch ansehen!«

»Nein«, sagte Wen Jiabao ungerührt, »was soll ich mir denn da ansehen? Da haben einige ausschließlich reiche Menschen sich ein paar neue Häuser gebaut.«

Ein Kreiskader beeilte sich zu erklären: »Es gibt gerade eine Versammlung ..., die Leute sind schon dort.«

Wen Jiabao beharrte: »An dieser Versammlung nehme ich nicht teil.«

Die Stimmung vor Ort wurde schwierig.

Da kamen zwei Menschen herbei, die aussahen wie Dorfbewohner, Wen Jiabao ging auf sie zu und fragte: »Seid ihr freiwillig hierhergezogen?«

Sein Gegenüber lachte laut auf: »Ganz freiwillig.«

Wen Jiabao fragte gedankenverloren weiter: »Wieviel Geld habt ihr für die Häuser gebraucht?«

»Über 20.000 Yuan.«

Wen Jiabao schaute im Dorf umher, kein Mensch war zu sehen, da nahm er an den beiden »Bauern« Maß. Offensichtlich war ihm schon an der Art der Antwort etwas aufgefallen und er fragte, wobei er auf einen der beiden mit dem Finger zeigte: »Was machst du genau in diesem Dorf?«

Sein Gegenüber antwortete: »Parteizellensekretär.«

Wen Jiabao fragte gutgelaunt: »Dann will ich dich etwas fragen: Warum habt ihr die Straße so breit gemacht und dafür soviel guten Ackerboden verbraucht?«

Der Parteizellensekretär gab keinen Mucks von sich.

Als man zurück in der Kreishauptstadt war, hatte das Stadtkomitee für Wen Jiabao das »Hotel International« vorgesehen. Als er »Hotel

International« hörte, bestand er darauf, dort nicht abzusteigen. Er wollte in einem Gästehaus wohnen. Und nach dem Abendessen wollte er sich nicht ausruhen, sondern verlangte einen Arbeitsbericht von zwei Führungsleuten aus dem Kreis. Für den Bericht zog der Kreiskomiteesekretär von Taihe ein vorbereitetes Manuskript aus der Tasche und machte gerade Anstalten, mit seiner Verlesung zu beginnen, als Wen Jiabao einwarf: »Lies mir kein Manuskript vor, ja?«

Ohne Manuskript wusste der Kreiskomiteesekretär nicht mehr, was er sagen und was er nicht sagen sollte, er druckste herum und wusste nicht weiter.

Wen Jiabao schüttelte resigniert den Kopf und sagte: »Heute Nachmittag war ich sehr aufgebracht, in diesem Dorf im Kreis Funan habe ich nicht einen Vertreter der Massen gesehen. Ich weiß nicht, was ihr mir eigentlich habt zeigen wollen. Letztes Jahr in der Provinz Henan hat mir ein Kreiskomiteesekretär auch so ein Dorf gezeigt, in dem keine Bauern zu sehen, die Häuser noch herausgeputzter waren und die Dorfstraße noch breiter war als die in eurem Dorf hier. Da habe ich den Kreiskomiteesekretär gefragt, wieviel Prozent der Dörfer seines Kreises so aussehen. Er machte Ausflüchte und murmelte etwas von 20 Prozent. Ich sagte, gut, dann sind das 20 Prozent, und wie sieht es in den übrigen 80 Prozent der Dörfer aus? Ich möchte eher wissen, wie es in 80 Prozent der Dörfer deines Kreises aussieht, und die wirst du mir zeigen, ja!? Da behauptete er sofort, die Straßen seien unpassierbar, man komme da nicht gut hin. Ich sagte, wenn man mit dem Auto nicht hinkommt, dann können wir immer noch zu Fuß gehen, so viele Bauern können zu Fuß gehen, warum sollten wir das nicht können? Du zeigst mir den Weg, ich will das sehen!«

Die Genossen aus Anhui, die ihn begleiteten, hörten natürlich den Sinn seiner Worte heraus. Dass man sich auf unpassierbare Straßen herausredete, um ihm nicht die Armut und Rückständigkeit im eigenen Zuständigkeitsbereich zeigen zu müssen, das gab es nicht nur in Henan, das war ihm auch hier begegnet. Diese Tricksereien, nach oben nur »Erfolge« und »blühende Landschaften« zu melden, hatten sich über ganz China ausgebreitet wie eine Seuche.

An jenem Abend redete Wen Jiabao lang und viel und legte seine ganze Überzeugungskraft in seine Worte: »Ich bin schon oft im Distrikt Fuyang gewesen, und wenn ich vergleiche, dann hat sich sehr viel getan. Das Leben der Bauern hat sich sehr verändert, auch wenn zum geforderten Wohlstand, zur geforderten materiellen und geistigen Kultur noch einiges fehlt und im Distrikt noch großes Ungleichgewicht herrscht. Vielleicht geht es einigen Dörfern sehr gut, aber es gibt auch noch recht viele durchschnittliche Dörfer und sehr viele Dörfer, die in Armut leben. Und auch innerhalb der einzelnen Dörfer gibt es großes Ungleichgewicht: Da sind reiche, eine große Anzahl durchschnittliche, aber auch relativ arme Haushalte. Ich finde, unsere Bauern sind sehr genügsam. Sie essen ein paar Schalen Reis, ohne irgendwelches Gemüse, genauso wohnen sie auch, aber es gibt kein böses Wort gegen die Partei oder gegen die Regierung. Sie sind sehr einfach. Ich habe das Empfinden, dass unsere Bauern außerordentlich viel Bewusstsein haben, und je mehr das so ist, um so mehr sollten Kader die Schwere ihrer Verantwortung spüren. Es ist unsere unbedingte Verantwortung, den Bauern irgendwie zu helfen, möglichst schnell einen besseren Lebensstandard zu erreichen.«

Und er fuhr fort: »Was die Politik für die ländlichen Gebiete angeht, so bin ich nach Anhui gekommen, um mir verschiedene Meinungen anzuhören, denn hier gibt es viele Genossen, die mit der Lage vertraut sind und auch den Mut haben, ihre Meinung zu äußern. Für mich war es jedes Mal ein Gewinn, wenn ich hier war. Viele meiner politischen Vorstellungen haben sich gebildet, wenn ich irgendwo unplanmäßig ausgestiegen bin. Was man für mich vorbereitet, was ich sehen soll, das sind oft typische und relativ vertraute Glanzlichter – das heißt nicht, dass diese Dinge nicht real sind, aber oft haben sie keine Allgemeingültigkeit. Deshalb gehe ich gern meiner eigenen Nase nach und schaue mich um. Meine Untersuchungen sind sehr einfach: Ich fahre in irgendein Dorf, manchmal will ich ein Stündchen dort verbringen und mit den Bauern reden, aber es kann auch ein Tag daraus werden. Am längsten war ich einmal in Tieling, ich saß auf einem Kang, einer dieser typischen gemauerten Ofenbänke, und wir führten sehr persönliche Gespräche, aus denen ich sehr viel mitnahm: die Bodenbeziehungen, die Verteilungsbeziehungen, die Beziehungen zwischen Kadern und Massen. Wenn man sich nicht zusammensetzt und eingehend miteinander redet, kann man für all diese Dinge kein Verständnis entwickeln. Und weil das so ist, habe ich noch immer das Gefühl, vielleicht zehn Prozent, wenn es hoch kommt, von den ländlichen Gebieten zu begreifen, das meiste verstehe ich noch nicht. Ich weiß, dass die Situation der Bauern nicht durchweg gut ist und wir die Probleme ins Auge fassen und lösen müssen. Deshalb hoffe ich heute auf eine freie Aussprache. Wenn es Probleme gibt, solltet ihr sie auch ansprechen.«

Wen Jiabao kam aus einer einfachen Gasse in der Altstadt von Tianjin, er wohnte mit seinen Eltern und zwei Geschwistern in einem Zimmer mit ganzen 21 Quadratmetern, deshalb war der »Einfache-Volk-Komplex« tief in ihm verwurzelt. Er begab sich besonders gern an die Basis, von den über 2000 Kreisen Chinas hatte er allen Ernstes über 1800 besucht, so viele wie vielleicht kein anderer auf der Führungsebene des Zentralkomitees.

An diesem Tag sagte er sehr bewegt: »Die Politik unserer Partei muss danach streben, der absoluten Mehrheit der Menschen von Nutzen zu sein, und deshalb hoffe ich noch immer, die Mehrzahl der Massen aufsuchen zu können. Wenn es in den ländlichen Gebieten wirklich so gut liefe, was hätten denn dann Leute wie wir noch zu tun? In Fangshan, einem Vorort von Peking, habe ich viele Bauern gesehen, die noch immer einen Schwarz-Weiß-Fernseher haben, und es ist kaum vorstellbar, dass es bei euch hier besser steht als in einem Vorort von Peking. Den Mitgliedern der Kommunistischen Partei muss das Wohl der Mehrheit am Herzen liegen, sie dürfen sich nicht nur um eine Minderheit kümmern!«

Und er betonte besonders: »Ich sage es noch einmal, ich bin hier, um mir ein Bild zu machen, ich bin nicht auf einer Besichtigungstour, deshalb bitte ich euch, mir nicht nur irgendwelche Glanzlichter vorzuführen!«

Der Komiteesekretär der Kreisstadt Fuyang, der bei der Aussprache zugegen war, war ein äußerst intelligenter Mann, er verließ die Besprechung sofort und beeilte sich, Leute zusammenzutrommeln, um die für den nächsten Tag geplante Besichtigung von Balihe und Klein Zhangzhuang, einem »von weltweit 500 Dörfern mit der schönsten Umwelt« abzusagen; außerdem prägte er ihnen ein, das aus dem besten Hotel Fuyangs abgezogene erstklassige Geschirr und die ausgeliehenen Köche samt und sonders in der kommenden Nacht wieder zurückzuexpedieren, da dürften keine Fehler gemacht werden!

Ein nicht wieder gutzumachender Betrug

Im Kreis Nanling in der Provinz Anhui recherchierten wir, wie man dort einmal Zhu Rongji hinters Licht geführt hat.

Damals war Zhu Rongji gerade Ministerpräsident geworden und sein Motiv, nach Anhui zu kommen, war klar: Er wollte sehen, wie die von ihm früher festgelegte Politik des staatlichen Aufkaufs von Getreide in den ländlichen Gebieten der Provinz umgesetzt wurde. Unermüdlich hatte er allen eingeschärft: »Wenn es um die Landwirtschaft geht, wenn das Zentralkomitee wichtige agrarpolitische Entscheidungen plant, dann würde ich immer wieder nach Anhui gehen, um mir zuvor ein Bild über die Lage zu machen.«

Es war Ende Mai 1998, als Zhu Rongji in Begleitung des stellvertretenden Vorsitzenden des staatlichen Entwicklungs- und Planungskomitees, des stellvertretenden Staatsratssekretärs und des stellvertretenden Leiters des Forschungsbüros des Staatsrats in Anhui ankam.

Das war schon Zhu Rongjis fünfter Besuch in Anhui. Er streckte voller Freude die Finger der rechten Hand* aus und zählte den Genossen aus Anhui die näheren Umstände seiner fünf Besuche auf: Das erste Mal sei 1987 gewesen, da habe er noch im staatlichen Wirtschaftskomitee gearbeitet und in Wuhu an einer Konferenz über Ressourcenrecycling teilgenommen; das zweite Mal sei 1991 gewesen, da habe er sich nach den besonders verheerenden Überschwemmungen ein Bild der Lage gemacht; das dritte Mal sei er dann Mitte Dezember 1993, zur Zeit des ungeheuren Anstiegs der Getreidepreise, in Anhui gewesen; das vierte Mal sei er Ende Juni 1997 beim Einbruch der Getreidepreise in Anhui und Henan gewesen; und nun sei er das fünfte Mal hier.

Und er sagte es wieder und wieder: »Ich habe eine schicksalhafte Verbindung zu Anhui.«

Und obwohl das so war, war der Betrug, den man sich in Anhui mit Zhu Rongji leistete, nicht wieder gutzumachen.

Natürlich wussten die Genossen in Anhui, dass Zhu Rongjis Familie aus dem Kreis Nanling stammte, weshalb auf der jetzigen Inspektionsreise dieser Kreis auch ins Programm aufgenommen worden war.

Der Kreis Nanling ist ein großer Getreideproduzent und untersteht unmittelbar der Stadt Wuhu. Im Volksmund heißt es »Reisstadt Wuhu und Kornkammer Nanling«. Wuhu ist eine der berühmten »vier großen Reisstädte«, ihr guter Ruf ist abhängig von der Unterstützung durch die »Kornkammer Nanling«. Allerdings wird in Nanling nicht nur Getreide produziert, sondern auch Öl, Baumwolle, Tee und Maulbeerbäume für die Seidengewinnung – und all das im Überfluss. Der Kreis ist seit alters her die besonders wohlhabende »Heimat von Reis und Fisch«.

Doch als Ministerpräsident Zhu Rongji sich hierher aufmachte, um die Umsetzung seiner Politik des staatlichen Getreideaufkaufs zu inspizieren, war die Führung von Nanling und Wuhu trotzdem nervös. Denn in den Getreidespeichern von Nanling war in Wirklichkeit überhaupt kein Getreide.

Dass in den staatlichen Getreidespeichern gar kein Getreide gespeichert war, klingt seltsam, ist es aber nicht. Die vom Staat verordnete Politik zum Aufkauf von Getreide war in den Regionen schwer durchzuführen. Das Zentralkomitee legte den Preis fest, den Aufkäufern wurde freie Hand gelassen, es kam zu Kapitalverlusten, die eigentlich aus den regionalen öffentlichen Finanzetats ausgeglichen werden mussten. In diesen Jahren war das Getreide immer weniger wert, man konnte die Gehälter für Kader, Angestellte und Arbeiter des großen Getreideproduzenten nicht mehr bezahlen, woher sollte das Geld für Getreidesubventionen schließlich noch kommen? Ohne Subventionen blieb den verantwortlichen staatlichen Getreideaufkaufstationen nichts anderes übrig, als mit allen möglichen Tricks den Preis über angebliche Qualitätsminderung zu drücken, den Aufkauf zu beschränken oder ihn schlichtweg zu verweigern. Deshalb sahen die Getreideaufkaufstationen die Getreidespeicher am liebsten leerstehen.

Doch jetzt, wo Zhu Rongji im Anmarsch war, wollte man ihm weder in Nanling noch in Wuhu vor Augen führen, dass man die staatliche Getreidepolitik gar nicht durchführte. Was der Ministerpräsident sehen sollte, das war das gute politische, gesellschaftliche und wirtschaftliche Klima in der alten Heimat seiner Familie.

Da blieb nichts anderes, als ihm etwas vorzumachen.

Damals war die Getreidestation von Eling im Kreis Nanling längst eines der staatlichen Unternehmen, die immense Verluste einfahren. Außer dem Speicher 6, in dem noch Getreide lagerte, waren die restlichen Speicher leer. Das große Täuschungsmanöver begann am 18. Mai. Truppen und Massen wurden mobilisiert und unter großem Aufwand aus verschiedenen anderen Gebieten 1031 Tonnen Getreide herbeigeschafft. Die Fahrer mitgerechnet waren über 200 Menschen für den Transport und die Einlagerung des Getreides im Einsatz. In den vier Tagen vom 18. bis zum 21. Mai machten die Angestellten und Arbeiter der Getreidestation von Eling fast kein Auge zu. Der Leiter der Getreidestation arbeitete in der ersten Nacht bis zwei Uhr, in der zweiten bis vier Uhr in der Früh, und in den folgenden Nächten arbeitete er durch. In diesen unvergesslichen vier Tagen und Nächten waren alle Restaurants und Teehäuser der kleinen Gemeinde überfüllt mit umschichtig zum Essen und Teetrinken kommenden Transportarbeitern; die Kolonne der Autos von und zur Getreidestation riss nicht ab und vollführte einen Lärm, der die Bürger in der Nachbarschaft keine Nacht zur Ruhe kommen ließ.

Zu dieser Zeit für die Abteilung Getreide zuständig war die stellvertretende Kreisvorsteherin. Sie fühlte sich als Genossin dieser Aufgabe nicht gewachsen und bat ihren Kollegen, den stellvertretenden Kreisvorsitzenden, in die Frontlinie des Getreidetransportes. Als uns der Leiter der Getreidestation zu einem Interview empfing, beschrieb er diesen Mann als eine junge, gedrungene und korpulente Person, die eigentlich die Bildungsarbeit leitete, jetzt aber persönlich die ganze Aktion dirigierte. Ein Tag vor der Ankunft Zhu Rongjis wurde das Ganze von einer großen Delegation der Provinz, der Stadt und des Kreises unter Leitung des stellvertretenden Stadtkomiteesekretärs von Wuhu abgenommen. Da dieser auch als Kreiskomiteesekretär von Nanling tätig war, kannten ihn fast alle einfachen Leute aus dem Kreis. Wer allerdings am Ende dieses ganze Täuschungsmanöver ausgeheckt hatte, das wusste niemand genau zu sagen.

An dem Tag, an dem der Ministerpräsident zu seiner Inspektion eintreffen sollte, war es allen Angestellten und Arbeitern verboten, die Getreidestation von Eling zu betreten. Ihr Leiter wurde vorübergehend zum Lagerverwalter degradiert und durch den Leiter der Getreidestation aus Sanli ersetzt. Auf diesem lastete die ganze Verantwortung. Er hatte in diesen Tagen mehr zu tun als alle anderen, er lernte sämtliche Erlasse, sämtliche Zahlen und vor allem sämtliche politischen Bestimmungen des Zentralkomitees in Bezug auf die Getreidearbeit auswendig, um jederzeit alle Fragen Zhu Rongjis beantworten zu können.

Nicht einmal die Polizei von Nanling wurde vergessen: Bevor der Ministerpräsident die Getreidestation von Eling betrat, wurden drei »durchtriebene Gesellen«, die gedroht hatten, Zhu Rongji unter einem Vorwand die ganze Geschichte anzuzeigen, unter Hausarrest gestellt.

Und so war alles gut vorbereitet. Und so ging Zhu Rongjis Reisegesellschaft völlig ahnungslos einem berückenden Schwindel auf den Leim.

Am Vormittag des 22. Mai 1998, gegen zehn Uhr, schüttelte Zhu Rongji zur Begrüßung freudig die Hände der Anwesenden. Was er nicht wissen konnte: Unter ihnen war nicht ein einziger Angestellter oder Arbeiter der Getreidestation, und der eigentliche Leiter der Station war in diesem Augenblick an eine Ecke des Betriebes verbannt worden, an der er unmöglich in den Genuss einer Begrüßung durch den Ministerpräsidenten kommen konnte.

Die Fragen Zhu Rongjis beantwortete der falsche Leiter der Getreidestation. Und doch war er in dieser Posse nicht mehr als ein lebendes Requisit, er musste nach einem ihm vorgeschriebenen Text unter fremder Regie sein Spiel aufführen.

Das Ganze wurde vom Zentralfernsehen aufgezeichnet und später im In- und Ausland als freie Nachricht gesendet.

Zhu Rongji fragte voller Sorge: »Kauft ihr unbegrenzt auf?« Das beunruhigte ihn am meisten. Aufgrund wiederholt guter Ernten war der Getreidepreis immer weiter gefallen, überall erlahmten die Aktivitäten des Getreideaufkaufs, man hielt sich nicht mehr an die staatlichen Bestimmungen und kaufte den Bauern zu garantierten Preisen unbegrenzt das überschüssige Getreide ab. Alle Bauern machten Verluste, zugleich erfuhr ihre Begeisterung für den Anbau von Getreide einen Dämpfer. Und das hatte zur Folge, dass ein weiterer, gesicherter Anstieg der Getreideproduktion nur schwer garantiert werden konnte.

Da überraschte die vollmundige Antwort des falschen Stationsleiters: »Wir kaufen unbegrenzt auf!«

Sehr zufrieden mit dieser Antwort nickte Zhu Rongji und fragte weiter: »Wieviel war es im vergangenen Jahr?«

Und er bekam die salbungsvolle Antwort: »Letztes Jahr waren es 5000 Tonnen, im laufenden Jahr sind wir bei ungefähr 1700 Tonnen.« Das war eine himmelschreiende Lüge.

Zhu Rongji fragte weiter: »Kauft ihr hier das Getreide einer oder mehrerer Großgemeinden auf?«

»Einer.«

Da stellte Zhu Rongji gedankenverloren eine Reihe weiterer Fragen: »Wieviel Mu Ackerboden hat denn diese Gemeinde? Wie hoch ist die Produktion pro Mu? Und wie hoch ist die Gesamtproduktion?«

Ohne zu überlegen kam die Antwort: »Die Gemeinde hat insgesamt 2300 Mu Ackerboden, die in einem Jahr 15.000 Tonnen abwerfen.«

Der falsche Stationsleiter hatte nur die Zahlen aus den Materialien, die man ihm zur Verfügung gestellt hatte, auswendig gelernt. Dabei hatte er die Widersprüche übersehen, die womöglich hinter den Zahlen sichtbar werden könnten.

Und wie zu erwarten machte ihm nun Zhu Rongji seinerseits folgende Rechnung auf: »Bei zwei Ernten pro Jahr sollen die Nassfelder nicht mehr abwerfen als 700 Pfund pro Mu? Auch wenn ihr nicht wenig aufgekauft habt, könnt ihr doch abzüglich des Saatgutes und des Eigenbedarfs der Bauern nicht die gesamten Getreideüberschüsse aufgekauft haben! Und das nennst du ›unbegrenzt‹? Du musst hier die Wahrheit sagen!«

Der falsche Stationsleiter war ein intelligenter Mann, er hatte sich im Vorhinein auf alle Eventualitäten vorbereitet. Als nun der Pferdefuß sichtbar wurde, brachte ihn das nicht aus dem Konzept, im Gegenteil, er schien noch ruhiger zu werden und sagte voller Überzeugung: »Wir haben uns alle erdenkliche Mühe gegeben, unsere gegenwärtigen Kapazitäten sind ausgelastet, die Getreidespeicher sind zum Bersten gefüllt!«

Zhu Rongji warf einen Blick auf die ihn umgebenden Getreidespeicher und lächelte. Da machte der falsche Stationsvorsteher gerade im rechten Moment eine Geste und lud den Ministerpräsidenten ein, die Getreidespeicher zu inspizieren.

Zhu Rongji betrat unter seiner Führung den Speicher Nr. 3.

Als er die hohen, ordentlich aufgehäuften Getreideberge sah, hatte er keine Ruhe, bis er selbst auf einen solchen hinaufgestiegen war. Da die Getreidehaufen sehr abschüssig waren, blieb den beiden Sicherheitsbeamten, die mit von der Partie waren, nichts anderes übrig, als ihm Hals über Kopf zu folgen. Jeder streckte eine Hand aus und stützte ihm von hinten den Rücken.

Zhu Rongji, der mittlerweile auf dem Gipfel des Getreideberges angekommen war, lächelte erfreut, als er sah, dass die von ihm bestimmte Getreidepolitik nicht nur in die Tat umgesetzt, sondern auch noch offensichtlich weit über seine Erwartungen hinaus vollendet worden war.

Auf einer Besprechung, die noch am gleichen Tag in Wuhu stattfand, sagte er bewegt: »In meiner Zeit als stellvertretender Ministerpräsident lag der Schwerpunkt meiner Arbeit auf der Landwirtschaft, und dabei lag mir das Getreide besonders am Herzen. Man kann sagen, im Bereich der Landwirtschaft habe ich am meisten Energie auf das Getreide verwandt, noch mehr als auf die Finanzen. Nachdem ich nun Ministerpräsident geworden bin, gilt mein erster Besuch der Landwirtschaft in Anhui!«

Er sagte, selbst in den Städten sei, ganz unabhängig vom Anteil der Industrialisierung, das Wichtigste noch immer die Landwirtschaft. Jeder in der Partei müsse sich mit der Landwirtschaft auskennen, er müsse die Mühen der Menschen kennen, vor allem die Mühen der Bauern. Wie wolle einer sonst Sekretär sein oder Bürgermeister einer Stadt? Die größten Massen seien die chinesischen Bauern, und das Fundament der chinesischen Volkswirtschaft, das sei die Landwirtschaft!

Mit Nachdruck und sehr ernsthaft setzte er auseinander, warum er mit solcher Sorgfalt an seinen Inspektionsreisen festhalte. Er sagte, die Durchführung einer politischen Richtlinie durchlaufe bei einem so großen Land wie China einen Prozess, und wenn sie wirksam werde, müsse es auch einen Prozess der Überprüfung, Nachbesserung und Perfektionierung der politischen Praxis geben, was nicht heiße, dass man den regionalen Kadern misstraue. Ganz im Gegenteil: »Anhui ist eines der Gebiete, das am entschiedensten die Politik des Zentralkomitees umsetzt.«

Was er nicht ahnen konnte: Dieses Gebiet, das »am entschiedensten die Politik des Zentralkomitees umsetzte«, gab bei dieser Umsetzung nicht nur Rabatte, sondern arbeitete mit allerlei Tricks.

Nach einem heftigen Regen in Jiangnan rechnete uns der längst zurückgetretene eigentliche Leiter der Getreidestation von Eling voller Gewissensbisse die Verluste vor, die durch diesen Schwindel entstanden waren: 1000 Tonnen Getreide, also alles andere als eine Kleinigkeit. Der Hin- und Rücktransport, die Überprüfung der Hygiene, das Aufschneiden und Leeren der Säcke, das Leeren und Abdecken der Lager, der Wasser- und Stromverbrauch, der Getreideverlust, die Ausgaben für die Verpflegung, dazu der Einfluss auf den Aufkauf von Gemüsesamen in der Saison – das mache alles zusammen über 100.000 Yuan und habe der Getreidestation, die ohnehin schon tief in den roten Zahlen gesteckt habe, den Rest gegeben.

Und dabei waren das erst die wirtschaftlichen Verluste.

Wenn man sich die Fotos betrachtet, die ein Reporter der Nachrichtenagentur Neues China vor Ort gemacht hat, und auf den Fotos den stets ernst blickenden Ministerpräsidenten Zhu Rongji und die zufriedene und aufgeregte Miene des falschen Stationsvorstehers bei seinem Arbeitsbericht sieht, überkommt einen eine schwer zu beschreibende Traurigkeit.

Ein solcher Schwindel ausgerechnet gegenüber Zhu Rongji, der nichts so hasst wie gefälschte Rechenschaftsberichte! Woran kann man denn dann überhaupt noch glauben?

Dieser Betrug zerrte nicht nur seine Bemühungen, überall nach dem

Rechten zu sehen, in den Dreck, er würdigte auch seine ehrliche Anteilnahme und Sorge um unsere 900 Millionen Bauern herab.

Wenn der Ministerpräsident eines Staates mit 1,3 Milliarden Menschen keine Möglichkeit hat, verlässlich die Wahrheit über die Meinung des Volkes und die soziale Situation zu erfahren, wie kann er dann garantieren, dass die Politik des Zentralkomitees nicht danebengeht? Von den fürchterlichen und in ihrer Schädlichkeit kaum auszumachenden Irreleitungen, die solche Betrügereien für die Überprüfungsarbeit mit sich bringen, gar nicht erst zu reden!

Wir konnten feststellen, dass diese Anhuireise Zhu Rongjis seine Entschlossenheit zur Fortsetzung der staatlichen Ein- und Verkaufspolitik von Getreide nun noch verstärkte. In der Tat hat er nur zehn Tage nach seiner Rückkehr nach Peking als Ministerpräsident einen Erlass des Staatsrats mit dem Titel »Vorschriften zum An- und Verkauf von Getreide« unterschrieben und herausgegeben. Damit wurde die Getreidepolitik, die bisher über »Mitteilungen« lief, auf die starre und rechtlich verbindliche Ebene von »Vorschriften« gehoben. Zu diesem Zeitpunkt waren bereits sieben Provinzen mit über 60 Kreisen dabei, eine Steuer- und Abgabenreform für die ländlichen Gebiete voranzutreiben, deren Schwerpunkt auf der Entlastung der Bauern lag. Die formelle Durchführung dieser »Vorschriften« führte unausweichlich zu einem vorzeitigen Scheitern dieser Reform.

Natürlich ist man hinterher immer klüger.

Und man kann sagen, als Zhu Rongji lange vor diesem Staatsratsbeschluss sich zu seiner Inspektionsreise nach Anhui aufmachte, so geschah dies, um zu sehen, ob die einmal beschlossene Getreidepolitik nach der »Überprüfung ihrer Praxis« noch der »Nachbesserung und Perfektionierung« bedurfte. Deshalb hatte er den Genossen in Anhui eigens noch einmal erklärt, dass das kein Misstrauen gegenüber den lokalen Kadern sei. Das Bedauerliche war, dass Zhu Rongji bei seiner ersten wichtigen Inspektionsreise als Ministerpräsident nicht die gesellschaftliche Wirklichkeit zu sehen bekam und – ganz abgesehen von der Tatsache, dass er der Ministerpräsident war, oder ganz abgesehen von den »Vorschriften für den An- und Verkauf von Getreide« – damit eine so überaus wichtige Gelegenheit zur »Nachbesserung und Perfektionierung« seiner Politik verpasst wurde.

Heiße drei Monate

Durch Zufall erfuhren wir von den »heißen drei Monaten«, einer Geschichte, die sich in dem Dörfchen Kleingang zugetragen hatte. Was wir angesichts eines solch nahezu absurden Geschehens empfanden, war nicht mehr Trauer, sondern blankes Entsetzen!

Das Dörfchen Kleingang liegt im Kreis Fengyang, und der Kreis Fengyang liegt in Anhui. Das ist mittlerweile vermutlich jedem bekannt, denn an der Spitze des in den ländlichen Gebieten eingeführten Umfassenden Verantwortungssystems wurde es Ende der 70er Jahre in ganz China als Ausgangspunkt eines Weltereignisses, der Reform unseres Wirtschaftssystems, angesehen. Die Entschlossenheit von 18 Bauernfamilien, mit allem Mut und einem Fingerabdruck die privatisierende Überantwortung von Ackerland zu unterzeichnen, hat Millionen von Chinesen bewegt.

Aber wenn wir schon vom Ausgangspunkt der Reformen in den ländlichen Gebieten sprechen, dann müssen wir darüber noch ein paar Worte mehr verlieren.

Um der Wahrheit die Ehre zu geben, begannen die Reformen 1978 mit der »Überantwortung der Produktion auf die Haushalte« nämlich im Bezirk Shannan des Kreises Feixi unweit von Hefei, der Provinzhauptstadt von Anhui. Am 15. September wurde um acht Uhr abends von 21 Mitgliedern der Kommunistischen Partei Chinas aus der Großbrigade der Volkskommune Shannan eine Parteizellenversammlung abgehalten, die das Provinzkomitee aufschreckte und das Schicksal von Millionen Bauern betraf. Den Vorsitz bei der Versammlung hatte Tang Maolin, der Sekretär des Bezirkskomitees von Shannan, den man den »mutigen Tang« nannte, und auf dieser Versammlung wurde der Beschluss zur »Überantwortung der Produktion auf die Haushalte« gefasst. Das war zwei Monate früher als im Dörfchen Kleingang, dessen »Geheimvertrag« zur weltweiten Sensation werden sollte. Nur fünf Tage nach der Sondersitzung der Parteizelle ging die Überantwortung der Produktion auf die Haushalte im Bezirk Shannan so leicht von der Hand wie das Bambusspalten, sie erfasste mit 1073 Produktionsbrigaden, wie auch Kleingang eine war, über 100.000 Menschen!

Und streng genommen war auch der Bezirk Shannan nicht der erste Ort, an dem es zu dieser Überantwortung der Produktion kam, das war vielmehr die Volkskommune »12,5 Meilen« des Kreises Lai'an, der wie der Kreis Fengyang zum Distrikt Chuxian gehört. Der vielleicht etwas seltsam anmutende Name dieser Volkskommune rührte daher, dass sie 12,5 chinesische Meilen von der Kreishauptstadt entfernt lag. Die Überantwortung der Produktion auf die Haushalte wurde vom Kreiskomiteesekretär des Kreises Lai'an mutig unterstützt.

Doch manchmal treibt die Geschichte mit den Menschen ihr dramatisches Spiel. Heute weiß praktisch jeder, dass der Ursprung der Reform der ländlichen Gebiete in Kleingang lag, den Bezirk Shannan und die Volkskommune »12,5 Meilen« hingegen kennt kaum jemand.

Der Grund dafür ist ganz einfach: Die 3. Plenartagung des vom 11. Parteitag gewählten Zentralkomitees im Dezember 1978 war eine Zeitenwende. Aber vor einem derart besonderen historischen Hintergrund hätte auch eine noch größere Vollversammlung nicht alle von der Geschichte überkommenen Probleme auf einmal lösen können; der tief verwurzelte und langjährige Einfluss des linken Denkens musste unausweichlich auch die neue Politik der Partei beeinflussen. Deshalb wurde auf dieser Plenartagung, welche für die Ankunft einer neuen Zeit von Öffnung und Reformen steht, in den »Beschlüssen des Zentralkomitees der Kommunistischen Partei zur beschleunigten Entwicklung der Landwirtschaft« noch immer eindeutig festgehalten: »Die Überantwortung der Produktion auf die Haushalte ist nicht erlaubt, die Privatisierung von Ackerland ist untersagt.« Doch das war genau das, was soeben in den Kreisen Feixi und Lai'an geschah: Die Produktion wurde den Haushalten überantwortet und Ackerland privatisiert.

Damals wurde der Kreiskomiteesekretär von Lai'an zur Zielscheibe der versammelten Kritik eines ganzen Landes. Auf Zügen und Autos, die den Kreis von außerhalb durchquerten, klebten groß zusammengesetzte Parolen: »Entschiedener Widerstand gegen die Privatisierungstendenzen in Anhui.« Da der Kreiskomiteesekretär von Lai'an nun allgemeine Zielscheibe war, konnte das Provinzkomitee, an dessen Spitze Wan Li stand, natürlich schlecht weiter dafür Propaganda machen. Obwohl der Bezirk von Shannan einmal ein Pilotgebiet für die Reformen gewesen war, die Wan Li insgeheim unterstützte, schreckten die Mitglieder des Kreiskomitees doch vor der damaligen politischen Lage zurück und bliesen zum Rückzug. Sie gaben ein Dokument heraus, dem zufolge die privatisierten Äcker wieder einzuziehen waren – doch ohne Erfolg.

Im Vergleich dazu ging der Kreiskomiteesekretär von Fengyang viel intelligenter vor: Er sprach in Kleingang nicht von einer »Überantwortung der Produktion auf die Haushalte«, sondern von einer Überantwortung auf die Gruppe – und überantwortete dann klammheimlich die Produktion von den Gruppen auf die Haushalte. Diese Vorgehensweise wurde vom Distriktkomitee von Chuxian unterstützt. Dessen Sekretär, der über reiche politische Erfahrung verfügte, war nicht nur selbst bei den Vorbereitungen dabei, er begab sich auch zusammen mit Lu Zixiu, dem Vorsitzenden des Forschungsbüros von Distriktkomitee und -verwaltung, eigens nach Fengyang. Schließlich wurde beschlossen, das Ganze als »Umfassendes Verantwortungssystem« zu bezeichnen, das war taktisch geschickter und fasste das Ganze auch gut zusammen: »Das Umfassende Verantwortungssystem, geradeheraus und unumwunden, bringt dem Staat genug Abgaben, lässt dem Kollektiv genug, und was übrig bleibt, gehört dem Einzelnen.« Indem man die Formulierung »Überantwortung der Produktion auf die Haushalte« vermied, kam der Vorteil für Staat, Kollektiv und den Einzelnen lebhaft und sinnfällig zum Ausdruck. Als die Erfahrung aus Kleingang, die man auf allen Ebenen akzeptieren konnte, publik gemacht wurde, erfasste sie das ganze Land. Außerdem war der Kreis Fengyang das ärmste Gebiet Anhuis, hatte in der Geschichte Zhu Yuanzhang*, den ersten Kaiser der Ming-Dynastie, hervorgebracht, und darüber hinaus gab es dort ein ungeheuer trauriges Volkslied:

»Wer Fengyang sagt, der sagt Fengyang
Das hat keinen schlechten Klang
Unser Kaiser war Yuanzhang
Nur die Not ist oft so lang.
Wer hat, verkauft ein Pferd
Wer nicht, verkauft ein Kind
Der Knecht hat nichts von Wert
Und tanzt allein im Wind.«

Armut denkt an Veränderung, an Revolution. Deshalb verstand es sich fast von selbst und war auch nicht untypisch, dass ein Dörfchen und ein Kreis, in denen die Armut ein solches Ausmaß erreicht hatte, den ersten Schritt in Richtung Reform wagten.

Das Problem war, dass, je mehr die Geschichte die Runde machte, auch Kleingang selbst immer mehr zur Legende wurde. Zunächst war da nur die Geschichte von den 18 Bauernfamilien mit ihrer Unterschrift per Fingerabdruck, danach gab es diesen »Geheimvertrag«, der im Chinesischen Revolutionsmuseum unter der Nummer »GB54563« aufbewahrt wird.

Wir haben viele der Beteiligten befragt, fast alle hatten ihre Zweifel an diesem »wertvollen Museumsstück«, denn das Papier dieses Vertrages ist so völlig unzerknittert, dass man sich nur schwer vorstellen kann, wie es in diesem Zustand so lang und so unversehrt von Bauern versteckt werden konnte. Und wer sollte den Vertrag bei diesem Geheimtreffen aufgesetzt haben? Diese wichtigen Details sind bis heute nicht abschließend geklärt. Auch ob an diesem Geheimtreffen 18 oder 20 Haushalte teilgenommen haben, ist umstritten, und unter den 20 Namen, die auf dem »Museumsstück« stehen, taucht ein Name zweimal auf, so dass an der Versammlung am Ende wohl doch 19 Personen teilgenommen haben.

Als wir uns am Vormittag des 14. Juni 2001 abermals mit Lu Zixiu zu einem Interview trafen, gab auch er uns eine negative Antwort: »Die Sache mit den Fingerabdrücken ist gefälscht, ich müsste es ja wissen, nicht?« Das war eine rhetorische Frage, denn an seiner Schlussfolgerung bestand kein Zweifel. Er war damals schon der Leiter des Forschungsbüros in dieser Region, später wurde er Bezirkskomiteesekretär, seine Einschätzung war vertrauenswürdig.

Aber ob der »Geheimvertrag« nun echt war oder nicht, das ist jetzt nicht mehr wichtig. Was zählt, ist, dass das Umfassende Verantwortungssystem von Kleingang damals einem ungeheuren Druck ausgesetzt war. Man riskierte die harte Wahl zwischen Gefängnis und Enthauptung. Deshalb muss man den Beitrag der Menschen in diesem kleinen Dorf für die Sache der chinesischen Reformen vorbehaltlos anerkennen. Und deshalb hat Kleingang die Bezeichnung »Ursprung der Reformen« verdient.

Was sich dort abgespielt hat, war in Wahrheit eine unerhörte Revolution, man kann sogar sagen, sie war nicht weniger einschneidend als die Befreiung von 1949, denn der Gegenspieler war dieses Mal kein Feind, sondern man selbst!

Seit 1978 hatten die Menschen in Kleingang mehrere Jahre lang sehr gute Ernteerträge, eben weil sie auf den Vertragsböden das Recht zur Eigeninitiative erhalten hatten. Für einen Zeitraum von mindestens fünf Jahren gehörte Kleingang zu den relativ wohlhabenden Produktionsbrigaden. Kurz nach dem Neujahrsfest von 1980 unternahm Wan Li eine spezielle Reise nach Kleingang. Er ging von Tür zu Tür, und als er sah, dass man in jedem Haushalt etwas zu essen und anzuziehen hatte, freute er sich sehr und bemerkte: »Ihr könnt am Ende das Hungertuch ins Meer werfen!« Zu einem der Pioniere des Umfassenden Verantwortungssystems sagte er: »Was Millionen von Mitgliedern der Kommunistischen Partei nicht gewagt haben, das habt ihr gewagt, denn ihr habt keinen Beamtenhut auf dem Kopf. Man braucht nur den Mut, zu handeln und zu denken, dann gibt es nichts, was man nicht erreichen kann. Das Problem der Ernährung und der warmen Unterbringung der chinesischen Bauern ist in den 30 Jahren seit der Befreiung nicht gelöst worden, ihr habt es unter großem Risiko selbst gelöst!«

Als später der Schwerpunkt der staatlichen Reformen auf die Städte verlagert wurde, war mit einem Schlag die staatliche Duldung für die Menschen in Kleingang, die vom Getreideanbau lebten, nicht mehr da. Wenn auch das Ernährungs- und Unterbringungsproblem gelöst war und die Familien alle etwas zu essen und anzuziehen hatten, so war man doch auch auf dem Niveau der bloßen Versorgung mit Nahrung und Kleidung stehen geblieben, und das auch noch nach fast 20 Jahren Reform. Man konnte keine Häuser bauen, man konnte die Straßen nicht renovieren, es gab kein Telefon, es gab kein fließendes Wasser, es gab keine Schule, es gab nicht ein einziges Unternehmen, es gab keine Toilette, die die Bezeichnung hygienisch verdient hätte. Ja, an diesem Ort, an dem die gewaltige Reformierung Chinas ihren Anfang genommen hatte, war man am Ende nicht einmal in der Lage, einen Ausstellungsraum einzurichten, in dem die Menschen sich hätten informieren können.

So viele Jahre hatte sich kein Mensch darum gekümmert, dieses größte »Glanzlicht« der chinesischen Reform- und Öffnungspolitik aufzupolieren, alle waren überall nur mit »Prestigeprojekten« beschäftigt. Doch nach dem »Projekt Kleingang«, mit dem man das Prestige der ganzen Provinz Anhui in großem Stil hätte aufwerten können, fragte niemand, weder in der Provinz noch im Distrikt noch im Kreis.

Aber natürlich stand Kleingang, wo sich in 20 Jahren nichts verändert hatte, gleichermaßen in einer bestimmten Stellvertreterschaft für die riesigen ländlichen Gebiete Chinas. Es war doch nur ein begrenzter Teil der ländlichen Gebiete um die Küstenstädte, der schnell reich wurde, dem überwiegenden Rest ging es nicht besser als Kleingang. Wenn man unter diesem Gesichtspunkt einmal die letzten 20 Jahre von Kleingang betrachtet, so kommt ihm eine geradezu klassische Bedeutung für das Verständnis der Landwirtschaft, der ländlichen Gebiete und der Bauern Chinas zu.

Und doch tauchte nach fast 20 Jahren, in denen man sich in Kleingang an das Umfassende Verantwortungssystem hielt, plötzlich die Nachricht auf, es gebe eine völlig neue Veränderung. Die Veränderung war so groß, dass man in Kleingang zu träumen glaubte. Aber es war kein Traum, sondern es bestätigte sich ein damals sehr populärer Satz: Die Träume werden wahr.

Die Veränderung setzte im Juni des Jahres 1998 ein.

Mitte Juni kam ein Führungskader des Provinzkomitees an der Spitze der Verantwortlichen der Dezernate Verkehr, Bau, Bildung, Wasserwirtschaft, Gesundheit und Pressewesen nach Kleingang. In Kleingang hatte keiner eine Ahnung, welchen praktischen Nutzen der Besuch von so vielen Führungspersonen haben sollte. Denn es hatte über viele Jahre hinweg einfach zu viele gegeben, die alles besichtigt, inspiziert, Fragen gestellt und Arbeitsanweisungen gegeben hatten, das kam und ging, sie drehten sich um sich selbst, schauten, fragten – in Kleingang nahm das keiner ernst.

Aber dieses Mal war alles ganz anders. In Kleingang wurde jetzt der Schleier von einem weltbewegenden Projekt gelüftet.

Zuerst kam der Leiter des Kreisbildungskomitees, er brachte nach Kleingang die frohe Botschaft: Im Juni würden die Arbeiten für eine Grundschule beginnen, die Platz biete für 160 Schüler und Lehrer, fünf Klassenstufen würden unterrichtet, die Arbeiten würden im August abgeschlossen, und er garantiere dafür, dass die Schule am 1. September offiziell eröffnet werde. Jedenfalls sei das Projekt auf dem Weg.

Danach gaben sich das Bauamt und das Wasserbauamt die Klinke in die Hand: Man wollte für Kleingang einen Wasserturm errichten, und gesagt, getan, Ende Juli waren die Arbeiten abgeschlossen, und in Kleingang hatte man zum ersten Mal fließend Wasser so wie in der Stadt. Man erzählte sich, dass von den 550.000 Yuan, die, wie ursprünglich vereinbart, von drei Behörden gemeinsam aufgebracht werden sollten, nur die 100.000 vom Bauamt wirklich ankamen, die Versprechen des Wasserbau- und Gesundheitsamtes waren ein Schlag ins Wasser, und das Loch von 400.000 Yuan musste am Ende wohl oder übel von den Wasserwerken gestopft werden.

Unmittelbar darauf brachten nach dem Gesamtplan des Baukomitees des Kreises sechs Abteilungen der Kreisverwaltung und des Kreiskomitees das Kapital dafür auf, um Haus für Haus in Kleingang lückenlos zu verputzen, was dem Ort eine völlig neue Identität gab. Alles war so schmuck und hell. Und um den Grad an Zivilisiertheit noch zu erhöhen, bekam jedes Haus auch noch eine hygienische Toilette. In der Folge wurde ein Ausstellungspavillon zum Umfassenden Verantwortungssystem errichtet; auch das Büro der Parteizelle wandelte sich durch Verschönerungsarbeiten »vom einheimischen Speer zur westlichen Kanone«. Da folgte das Bauamt auch noch einer Forderung des Provinzbüros und legte Pläne für 40 Bauernhäuser auf den Tisch. Als an die Projekte letzte Hand angelegt war, hatte das Ganze 230.000 Yuan gekostet, die eigentlich vom Propagandabüro, vom Komitee für Geburtenplanung, dem Gesundheitsamt, der Ein- und Verkaufsgenossenschaft, der Volksarmee und dem Kreisbaukomitee »gestemmt« werden sollten. Doch ganz unerwartet besannen sich fünf der sechs Institutionen anders, nur das Baukomitee konnte sich nicht herauswinden und zahlte zähneknirschend seine 212.332 Yuan. Die übrigen über 17.000 Yuan wollte man nicht auch noch übernehmen, was das Baukomitee in die missliche Lage brachte, als ausführende Einheit ihr Geld bei übergeordneten Stellen einfordern zu müssen. Diese »Scheißrechnung« war beim Abschluss unserer Recherche noch immer nicht beglichen.

Erwähnt werden muss noch, dass auch das Fernmeldeamt von Fengyang, als es einmal den Auftrag dazu hatte, mit aller Konsequenz vorging: Jedes Haus in Kleingang bekam ein Telefon. Und da man den Leuten bei den Gebühren nicht allzu sehr in die Tasche greifen wollte, wurde die Sache vom Fernmeldeamt über einen Kredit geregelt: Man nahm bei der Bank ein Darlehen von einer Million Yuan auf. Wenn dieses Geld irgendwann in der Zukunft einmal mit Zinsen zurückgezahlt werden musste, würde das natürlich ein Desaster werden.

Was ein wenig der Erläuterung bedarf: Auch wenn man vor alledem in Kleingang nicht das Geld hatte, um die Straße auszubessern, so hieß das nicht, dass da keine vorzeigbare Straße gewesen wäre. Schon früh hatte ein Ort in der Provinz Jiangsu 1,2 Millionen Yuan aufgebracht und Kleingang die so genannte »Straße der Freundschaft«, eine Betonfahrbahn, gestiftet. Nur war sie nicht ganz perfekt, ein Abschnitt von vier Kilometern war auf beiden Seiten ganz kahl, das sah nicht gut aus. Da erschien die Brigade des Forstwirtschaftsamtes in Kleingang, und auch wenn es Juni war und unerträglich heiß, hatten sie nicht nur einen Weg gefunden, auf eigene Kosten bei der Hunderte von Kilometern entfernten Forstfarm des Kreises 830 Sichuan-Wacholderbäume zu kaufen, jeder Stock über zwei Meter hoch, sie machten auch noch ein wissenschaftliches Experiment: Man packte die Wurzeln der Stöcke samt Nährboden ein, nutzte die Nachtzeit für den Transport und brachte sie noch am frühen Morgen in die Erde. Außerdem stellte man zwei Arbeiter an, die von der Sache etwas verstanden. Diese bekamen Kost und Logis in Kleingang, begossen, umhäufelten und umsorgten die Pflänzlinge. Dass die Bäume, die man bei hohen Temperaturen einpflanzte, auch tatsächlich angingen, für dieses Wunder bekam der Aufsatz, den der Techniker des Forstwirtschaftsbüros darüber verfasste, später den ehrenvollen Innovationspreis im Bereich Wissenschaft und Technik.

All diese wie aus dem Hut gezauberten Projekte verschlangen insgesamt 2.701.400 Yuan, die kostenlosen Arbeitskräfte, das von den Abteilungen bereitgestellte Material natürlich nicht eingerechnet, das kann man nicht berechnen. Diese Projekte fielen für die Menschen in Kleingang wie ein Pfannkuchen mit Fleischfüllung einfach vom Himmel. Doch erst als am 22. September 1998 unvermutet Generalsekretär Jiang Zemin in Kleingang auftauchte, verstand man hier die Zusammenhänge.

Dass sich solche Geschichten immer als Tragikomödie erweisen müssen, wenn man genauer hinsieht!

Die einen waren der Meinung, die Verwandlung von Kleingang sei etwas anderes als der Schwindel mit den Getreidespeichern. Kleingang, das sei die Rote Fahne der Reformen, wenn dieser Ort ein wenig Unterstützung und Anerkennung erfahre, dann sei das nicht übertrieben und außerdem verdient.

Andere meinten, Kleingang habe sich historische Verdienste um die Reformierung Chinas erworben. Wenn man sich nun auf verschiedenen Ebenen bemühe, soweit wie möglich mit Geld zu helfen, dann sei das eine Selbstverständlichkeit, gegen die man nichts haben könne.

Wieder andere vertraten die Auffassung, um 20 Jahre Umfassendes Verantwortungssystem zu feiern und den Generalsekretär auf einer Inspektionsreise zu begrüßen, sei nichts Falsches daran, wenn man für das Erscheinungsbild von Kleingang plane und investiere, das sei nicht mehr als eine Routineaufgabe der Behörden.

Doch die Menschen in Kleingang selbst schienen diese »weltbewegende« Sache gar nicht zu schätzen.

Als der Wasserturm fertig war und Wasser lieferte und der ältere Bruder eines der Arbeiter einen Schluck Wasser trinken wollte, verboten ihm das einige Kleinganger. Das ginge nicht, sagten sie, er solle statt dessen lieber Bier trinken! Als man bei der Renovierung der Straße und der Pflanzung der Bäume Erde brauchte und, Entschuldigung, dafür Erde aus Kleingang nehmen wollte, musste man zehn Yuan pro Handkarren dafür zahlen und keinen Fen weniger – das war doppelt so teuer wie bei vergleichbaren Arbeiten in der Kreishauptstadt! Es sah aus, als machten sich die Menschen in Kleingang nicht das Geringste aus diesen Projekten.

In Kleingang war man offensichtlich gekränkt. Es hieß: Uns hat noch nie jemand geholfen! Nur weil der Generalsekretär kommt, wird hier eine Grundschule gebaut, jedes Haus verputzt und die Straße von Schlaglöchern befreit! Nur deshalb ist ein Ausstellungspavillon aus dem Boden gestampft worden! Nur deshalb gibt es jetzt eine himmelhohe Allee mit Sichuan-Wacholder! Nur deshalb hat jedes Haus ein Telefon, eine neue Toilette und fließend Wasser! Nur ein Schwachkopf würde nicht erkennen, dass es zu diesen Veränderungen nicht Kleingang zuliebe gekommen ist!

Als wir die Geschichte von Kleingang zum ersten Mal hörten, waren wir erschüttert. Das Ganze hatte sich zwar in einem bestimmten Dorf in Anhui abgespielt, aber dergleichen geschah auch anderswo, und hier wie dort wurde viel Lärm um nichts gemacht. Warum bloß haben unsere Kader einen so ungebrochenen Spaß an derlei Dingen? Darüber müssten wir einmal ernsthaft nachdenken!

Wir reimten uns das so zusammen: Wenn sich das alles in Kleingang nicht abgespielt hätte, wenn also Jiang Zemin bei der Besichtigung des Ortes, in dem die Reform der ländlichen Gebiete ihren Anfang genommen hatte, ein Dorf vorgefunden hätte, das in 20 Jahren Reform unverändert geblieben wäre, dann hätte das für die 900 Millionen chinesischen Bauern viel mehr gebracht – nämlich eine erfreulichere Zukunft für sie und die gesamte Landwirtschaft.

Wenn nur das Wörtchen »wenn« nicht wär'…

Erfolgszahlen

Die Vortäuschung falscher Tatsachen zum Schaden von Volk und Land – das finden die einfachen Menschen zutiefst verabscheuungswürdig, und sie glauben schnell, jeder Amtsträger mache sich solcher Schönfärbereien schuldig. Doch in Wirklichkeit gibt es immer noch jede Menge tüchtiger, der Wahrheit verpflichteter Führungskader, die an dem Prinzip Deng Xiaopings, man solle »die Wahrheit in den Tatsachen suchen«, festhalten.

Huang Tongwen, den wir dieses Mal trafen, war einer von ihnen. Er stammte aus einem kleinen Dorf in Anhui, seine Vorfahren waren Bauern. Der Kreis seines Heimatdorfes ist ein Grenzgebiet zwischen vier verschiedenen Kreisen und Städten, eine Region, für die sich früher niemand zuständig fühlte. Dieser Kreis mit Namen Changfeng liegt am Ende der Welt und außerdem auf dem »Dachfirst von Jianghuai«, wo es keine ertragreichen Böden und kein Wasser gibt. Jedes Jahr kam es zu zerstörerischen Naturkatastrophen, und dazu wurde das Gebiet erst 1965 zu einem eigenständigen Kreis, dem eine vernünftige Ordnung noch bevorstand. Zwei Jahre später brach die »Kulturrevolution« aus, die zehn Jahre dauern sollte. Was von Natur aus fehlte, darum kümmerte sich in dieser Zeit niemand. Und auch wenn die Menschen dem Kreis mit dem Namen Changfeng – das heißt: »anhaltender Reichtum« – bei seiner Gründung die besten Wünsche mitgaben, kam es doch hier nie zu dem Wunder eines solchen Reichtums.

Huang Tongwens Eltern waren erst nach den großen Überschwemmungen von 1954* in sein Heimatdorf gezogen. Die Armut dort war, soweit er sich erinnern konnte, noch größer als in dem übrigen ohnehin schon armen Kreis Changfeng, und das hinterließ in ihm einen unauslöschlichen Eindruck. Nicht lange nach dem Abschluss der höheren Schule durchschritt er 1972 die Tore der Pädagogischen Hochschule von Anhui. In dem Augenblick, in dem er sein Dorf verließ, hatte er für sich einen Entschluss gefasst : Er würde alles in seiner Macht Stehende tun, um etwas an der Rückständigkeit seiner Heimat zu ändern.

1988 erlebte der Kreis eine Dürre von historischem Ausmaß, in einer Hitzewelle nach der anderen verdampfte die Feuchtigkeit aus dem Getreide, die Bauern, die der Vernichtung ihrer Ernte hilflos zusehen mussten, hätten gerne geweint, hatten aber keine Tränen. Huang Tongwen, der damals schon als Kreiskomiteesekretär Verantwortung trug, brannte vor Ungeduld. Im Angesicht dieser großen Katastrophe vertrug er nicht die geringste Verzögerung, er wies das Führungspersonal sämtlicher Ebenen an, sich auf der Stelle in die vorderste Front zu begeben, und verbat sich mit Nachdruck verzögerte, verschleiernde und lückenhafte Berichte über die Krisengebiete. Er selbst stand sozusagen an der Spitze seiner Soldaten, kniete sich in die Sache hinein, überblickte rechtzeitig die Situation, leitete die Arbeiten vor Ort und fand Mittel und Wege, die durch die Katastrophe verursachten Verluste auf ein Minimum zu reduzieren.

In diesen Tagen kam ein Führungskader der Provinz namens Wang Jiapei in Begleitung des Komiteesekretärs und des Bürgermeisters der Stadt Hefei zu einer Inspektion nach Changfeng. Nach dem Besuch des Krisengebiets wollte er einen Bericht des Kreises hören, und Huang Tongwen brachte die Sache ohne Umschweife auf den Punkt: »In diesem Jahr werden wir unseren Verpflichtungen nur mit Mühe nachkommen.«

Er hatte ganz nüchtern gesprochen und sehr bestimmt. Die Anwesenden trauten ihren Ohren nicht und sahen einander bestürzt an. Denn in einer Zeit, wo »der Sieg des Menschen über die Natur« zu einer wichtigen Vorstellung unseres Volkes geworden war, kannten die Menschen kaum etwas anderes als so pathetische Formeln wie »reiche Ernte trotz großer Naturkatastrophen«. Und außerdem standen in den Dokumenten des Zentralkomitees klare und strenge Bestimmungen: Wenn keine besonderen Umstände vorlagen, mussten die staatlichen Vorgaben beim Getreidekauf unbedingt erfüllt werden, und Naturkatastrophen wie diese in Changfeng galten im Allgemeinen nicht als »besondere Umstände«.

Eine Antwort wie die von Huang Tongwen hatte der Provinzkader offenbar nicht erwartet. Er schaute reichlich verwundert auf diesen jungen Kreiskomiteesekretär da vor ihm und war sichtlich unzufrieden.

In normalen Zeiten war Huang Tongwen ein den Organisationen treu ergebener Mensch, außerdem war er intelligent und hatte ein in Beamtenkreisen beliebtes selbstverständliches Fingerspitzengefühl. Dass große Dürrejahre eine Gelegenheit waren, sich leicht einschlägige Lorbeeren zu verdienen, wusste er nur allzu gut. Bevor er aus den Stadtorganisationen aufs Land versetzt worden war, war er bereits Sektionsleiter gewesen – als einer der Jüngsten auf dieser Ebene, zu einer Zeit also, als er besonders auf »berufliche Erfolge« angewiesen war. Aber er hatte keine großen Karriereambitionen, stattdessen aber ein Gewissen, eigene Ideen und den Mut, Verantwortung zu übernehmen. Er war der Auffassung, er habe bei einer derart außergewöhnlichen Lage, die das ganze Gebiet seines Kreises betraf, und bei den schweren Verlusten, denen sich die Bauern gegenübersahen, nicht die geringste Veranlassung und auch nicht das Recht, die wirkliche Lage zu verheimlichen. Er musste die Wahrheit sagen.

Und so sagte er: »Ich könnte natürlich versichern, dass wir unseren Verpflichtungen nachkommen werden. Das wäre wirklich ganz leicht, wir müssten bloß eine Versammlung abhalten. Aber ich kann das nicht. Das wäre einfach zu bitter für die Bauern, und im nächsten Jahr würden sie keine Möglichkeit mehr haben zu produzieren.«

Er sprach ruhig und gelassen. Er war unter Bauern aufgewachsen, er erinnerte sich noch, als wäre es gestern gewesen, welche Katastrophe es für die Bauern bedeutet hatte, als während der Kulturrevolution alles schöngeredet wurde.

Als der Provinzkader weg war, bezeichneten ihn nicht wenige als einen Dummkopf. Denn die von der Katastrophe in Mitleidenschaft gezogenen Gebiete in Anhui waren flächenmäßig sehr groß, aber nur ein einziger Kreiskomiteesekretär hatte davon geredet, dass es schwierig sein würde, den Verpflichtungen nachzukommen: er! Das war gerade zu der Zeit, als die Parole »Beamten machen Zahlen, Zahlen machen Beamte« in aller Munde war. Viele Beamte konnten eine solche Gelegenheit, sich selbst in Szene zu setzen, gar nicht erwarten, und er warf eine solche frei Haus gelieferte Chance einfach weg! Die Berichte aus den anderen Regionen verschleierten in verschiedenen Graden die wahre Situation in den Krisengebieten, doch er schlug auf kleinen und großen Versammlungen Alarm: Über Katastrophen musste berichtet werden. Und er tat das nicht nur auf den unteren Ebenen, sondern schickte auch Mitarbeiter aus, die den oberen Instanzen berichteten und um die raschestmögliche Zuteilung von Getreide und Geld aus der Katastrophenhilfe rangen, um damit zu garantieren, dass die Menschen von Changfeng das Krisenjahr schadlos überstehen.

In diesem Jahr unterteilte er, je nach der Situation, seinen Kreis in drei Gebiete: 1. ein Gebiet mit hoher Produktivität, in dem die dort mobilisierten Bauern nach der Erfüllung der Verpflichtungen mehr Getreide verkauften und einen größeren Beitrag leisteten; 2. ein leichtes Krisengebiet, das mit allen Mitteln und Wegen darum rang, die Verpflichtungen im Getreideaufkauf zu erfüllen; 3. schließlich ein schweres Krisengebiet, in dem er den Dorfkadern auf das Strengste untersagte, »blaue Augen zu machen, den großen Mann zu markieren« und zuviel Getreide zu verkaufen.

Der Vorsitzende der Katastrophenhilfe der Provinz half den Bedürftigen in den Krisengebieten, das tat er, aber natürlich ganz nach den Bestimmungen, die es dafür gab. Zu Beginn der Krise hatten viele Regionen zunächst beschönigende Berichte über die wirkliche Situation abgeliefert und sich großgetan mit einer langen Liste von Erfolgszahlen und einem Haufen von Heldentaten, wie man sich hier und wie man sich da aus eigener Kraft helfen werde. Als schließlich nichts mehr zu beschönigen war, begann ein großes Heulen und Wehklagen, und keiner von ihnen schreckte davor zurück, seine Schwierigkeiten zu übertreiben, um nach der Krise Getreide zurückkaufen zu können. Man kann sagen, dass bei der Frage der Katastrophenhilfe diese Betrügereien für viele Kader das waren, was sie unter ihren Beamtenpflichten verstanden. Entsprechend hielten sie ihr Credo hoch: »Wer nicht lügt, bringt es zu nichts.«

Und doch fiel es in der Provinz auf, dass die Berichte, die aus Changfeng kamen, mit den anderen nicht übereinstimmten. Dort beschrieb man aus eigenem Antrieb die Lage in den Krisengebieten, verlangte Katastrophenhilfe für die Bedürftigen – und was die Zahlen anging, so schien die Lage sehr ernst zu sein.

Um sich Klarheit zu verschaffen, kam Wang Jiapei hinter dem Rücken von Kreiskomitee und -verwaltung nach Changfeng, tat sich dort eine ganze Weile um und begab sich eigens auch in das von der Katastrophe am schlimmsten betroffene Zhuxiang. Nachdem er die Lage mit eigenen Augen gesehen hatte, war er sehr bedrückt. Doch als ihm klar wurde, dass selbst in diesem am schwersten betroffenen Ort, wo das Leben der Bauern entsprechend hart war, aufgrund der resoluten Maßnahmen des Kreiskomitees nicht zuviel Getreide verkauft worden und deshalb die soziale Lage stabil und der Wille, der Katastrophe zu trotzen und sich selbst zu helfen, ausgesprochen stark war, war er auch sehr überrascht.

Schließlich kam er in die Kreishauptstadt und wollte sich unbedingt noch einmal mit diesem Kreiskomiteesekretär treffen, der den Mut hatte, die Wahrheit in den Tatsachen zu suchen.

Der erste Satz, den er an Huang Tongwen richtete, war: »Du bist ja unglaublich!« Ja, wieviel Mut brauchte es in der Tat vor dem Hintergrund dieser Slogans von der »guten Ernte trotz Naturkatastrophen«, um an einer Politik wie der des Kreiskomiteesekretärs festzuhalten!

»Hast du keine Angst gehabt, dir Ärger einzuhandeln?«, fragte Wang Jiapei neugierig.

»Ich habe gar nicht so viel nachgedacht«, antwortete Huang Tongwen in seiner ruhigen Art, »alle meine Vorfahren waren Bauern, meine Familie, die Familie meiner Frau, alle leben auf dem Land und alle in sehr armen Gegenden, ich weiß, wie schwer es die Bauern haben. Wenn die Bauern zuviel Getreide verkauft hätten, wie hätten sie überleben sollen? Sollen sie nicht auch noch im nächsten Jahr produzieren?« Wenn man einmal Beamter sei und nicht die Verantwortung für die einfachen Leute übernehme und das Leid der Massen missachte, das heiße in seinen Augen, seine Klassenherkunft zu vergessen!

Wang Jiapei war sehr bewegt. Zurück in seinem Amt für Zivilverwaltung schrieb er einen Bericht an die Provinzregierung über das, was er gesehen und gehört hatte, und schilderte darin wahrheitsgemäß die ernste Lage des Kreises Changfeng. Später begab sich der stellvertretende Provinzgouverneur, der mit der Verwaltung der Landwirtschaft betraut war, in eigener Person mit Hilfsgeldern nach Changfeng, so dass die dortigen Bauern gut über das scheinbar ausweglose Katastrophenjahr hinwegkamen.

Drei Jahre später brach die Jahrhundertüberschwemmung von 1991 über ganz Ostchina herein. Um den von den Wassermassen am Ober- und Unterlauf des Huai aufgebauten übermächtigen Druck zu verringern, wurden viele getreideproduzierende Gebiete im Kreis Changfeng geflutet. Dadurch wurde eine Großgemeinde mit 9.600 Mu Ackerboden überschwemmt, 116 natürliche Ortschaften wurden von der Außenwelt abgeschnitten, 3.693 Familien verloren ihr Zuhause, und unzählige Bauern wurden obdachlos.

Angesichts dieses plötzlichen und erschreckenden Hochwassers mobilisierte Huang Tongwen nach einem Augenblick des Schocks auf das Dringlichste die Kader aller Ebenen und verpflichtete sie zu einer höchstmöglichen Verantwortlichkeit gegenüber den Menschen, begab sich sofort an die vorderste Front, dirigierte alles von dort aus, sprach den Menschen Mut zu, entfachte Kampfgeist und Widerstandswillen und verlangte entschieden die sofortige Berichtigung geschönter Zahlen.

Huang Tongwen wusste genau: Wenn er die Zahlen auswringen und die wirkliche Lage nach oben melden würde, dann würde der augenblickliche Wirtschaftsindex für seinen Kreis dem entsprechen, was man »nationales Armutsgebiet« nannte. Gegenwärtig gab es in der Provinz eine Reihe von Kreisen, die nicht davor zurückschreckten, sich fälschlicherweise das Etikett »arm« an die Brust zu heften. Sollte er es ihnen also unbedingt gleichtun? Außerdem gehört Changfeng eigentlich zur Stadt Hefei, wo alle mit allen Mitteln nach Reichtum streben. Konnte man denen da oben überhaupt vermitteln, dass eine Provinzhauptstadt wie Hefei plötzlich ein »nationales Armutsgebiet« sein sollte?

Huang Tongwen dachte aber an etwas anderes noch viel mehr,

und zwar, wie die Belastung, die die üblichen »Erfolgszahlen« für die Bauern mit sich brachten, zu verringern und den Bauern eine Atempause zu verschaffen sei. Natürlich konnte so etwas seinem weiteren Aufstieg abträglich sein, doch er war der Auffassung, es wäre für seinen Kreis künftig von großem Vorteil, wenn man in der Provinzführung und in der ganzen Gesellschaft wüsste, wie es wirklich um Changfeng stand.

Aufgrund der realistischen Berichte über die Lage in Changfeng wurde der Kreis nach vielfältigen Untersuchungen unter die nationalen Armutsgebiete eingereiht. Mit diesem Etikett versehen erhielt der Kreis jährlich aus Staatsmitteln nicht geringe Unterstützungen und die Tage in Changfeng wurden um vieles besser. Und doch beeinflusste diese Geschichte noch einmal die Laufbahn von Huang Tongwen.

Damals wurde Wang Taihua, der der roten Erde der alten Revolutionsgebiete von Jiangxi entstammte, zum Sekretär des Ständigen Ausschusses des Provinzkomitees und des Stadtkomitees von Hefei berufen. Auch er ist ein Mann, der sich den Tatsachen verpflichtet fühlt. Innerhalb eines Monats nach seiner Amtseinführung hatte er bereits die vier Distrikte und die drei Kreise, die zu Hefei gehören, besucht. Er legte größten Wert auf Kader, die die Wahrheit sagten und sich wie er selbst nach den Tatsachen richteten. Huang Tongwen kam ihm da gerade recht. Er suchte ihn zu einem Gespräch auf und beschloss, ihn als stellvertretenden Vorsitzenden der politischen Konsultativkonferenz und als Leiter der Einheitsfront nach Hefei zu beordern.

Aber wider Erwarten stimmte der Ständige Ausschuss des Provinzkomitees diesem Ansinnen seines Sekretärs nicht zu. Der Grund dafür war sehr einfach: Huang Tongwen hatte nicht nur die Wirtschaft von Changfeng nicht nach oben gebracht, sondern im Gegenteil den Status eines nationalen Armutsgebietes herausgeschlagen, wo also waren seine »Erfolge im Amt«?

Wohl oder übel fand das Stadtkomitee von Hefei für Huang Tongwen eine »gleichwertige Verwendung« und überließ ihm den Posten eines Sekretärs des Komitees für Politik und Recht; damit kam er, wie schon zehn Jahre zuvor, in den Genuss einer Sektionsleitung.

Wang Taihua machte danach eine noch gründlichere Untersuchung von Changfeng. Dabei fand er heraus, dass man die Verhältnisse eines Agrargebietes wie Changfeng mit einer derart lebensfeindlichen Umwelt und einer derart schlechten Grundausstattung nicht von heute auf morgen ändern kann und dass alle Anstrengungen die Kräfte eines einzelnen Kreises übersteigen. Er traf eine ungewöhnliche Entscheidung und legte den 23. April fest als »Tag der Changfeng-Hilfe«. In jedem Jahr ließ Wang Taihua seither an diesem Tag Arbeit Arbeit sein und begab sich mit einem Team des Ständigen Ausschusses des Stadtkomitees und einigen Assistenten aus den verschiedenen Behörden zur Gemeinde Shuihu und berief dort eine Konferenz ein. Er hörte sich Arbeitsberichte des Kreiskomitees und der Kreisverwaltung an, stellte Forderungen auf, um die Wirtschaft von Changfeng voranzubringen, griff nicht nur verschiedene Ansichten auf und beherzigte nützliche Vorschläge, sondern mobilisierte in den zuständigen Behörden auch alle verfügbaren Kräfte und Mittel. Um den Bauern von Changfeng eine Möglichkeit der Regeneration zu geben, kam auch das Stadtkomitee zu einem ungewöhnlichen Entschluss: Die gesamte Agrarsteuer Changfengs wurde aus dem Haushalt der Stadt bezahlt, um die Nachhaltigkeit der wirtschaftlichen Entwicklung dieser Agrarregion zu stärken.

Später stieg Wang Taihua zunächst zum stellvertretenden Sekretär des Provinzkomitees von Anhui mit hauptsächlich organisatorischen Aufgaben und kurz darauf zum Sekretär des Provinzkomitees auf. Auch die Laufbahn von Huang Tongwen nahm schließlich eine Wende: Er wurde 2001 zum stellvertretenden Sekretär des Stadtkomitees von Hefei und Sekretär des Disziplinarkomitees der Stadt befördert. Und er hat sich auch nach seinem Aufstieg zu einem führenden Vertreter des Stadtkomitees seinen Mut zur Wahrheit bewahrt und vergräbt sich weiterhin in seine an den Tatsachen orientierte Arbeit. Was sich verändert hat, ist weniger er selber als vielmehr sein Schicksal.

Heute, wo wir uns unter der Parole »Wissenschaft und Technik ist die wichtigste Produktivkraft« schnell nach vorn bewegen, darf man nicht vergessen, dass das Volk als Ganzes einen wirklich wissenschaftlichen und an den Tatsachen orientierten Geist aufbauen muss – das ist wichtiger als jede Produktivkraft!

Auf der Suche nach einem Ausweg

寻找出路

Der erste Steuerreformer

1989, zum 40. Jahrestag der Gründung der Volksrepublik, zeichnete das Fernsehen von Anhui eine Sendung auf mit dem Thema »Land – Mensch – Paradies«, darin gab es folgende Erklärung: »Die Umsetzung des Umfassenden Verantwortungssystems hatte zur Folge, dass die Landwirtschaft die besorgniserregenden Schwierigkeiten abstreifte. Aber zugleich stand sie auch vor einem Scheideweg. Nachdem der Boden vertraglich den einzelnen Familien überantwortet war, war jetzt die Frage, wie man die Produktivkraft um einen weiteren Schritt entwickeln könne.«

Diese Sendung sprach das Problem an, zeigte aber keine Wege auf, wie es gelöst werden könnte. Damals wurde das Umfassende Verantwortungssystem bereits seit über zehn Jahren praktiziert, und die ländlichen Gebiete Anhuis und die Gesamtheit der ländlichen Gebiete Chinas standen immer noch an einem solchen Scheideweg!

Die Menschen erwarteten einen zweiten Großen Sprung nach vorn in der Landwirtschaft, die Bauern lechzten danach, wieder lachen zu können. Doch unentwegt vertieften sich die Widersprüche in den ländlichen Gebieten, es entstanden neue Probleme, die die Menschen nicht zur Ruhe kommen ließen, aber ein zweiter Reformschritt, der für die ländlichen Gebiete ein Ausweg hätte sein können, war nicht in Sicht.

Ein Jahr vor dieser Sendung hatte ein Mitglied des Forschungsbüros des Sekretariats der Provinzverwaltung, ganz in der Nähe des Anhuier Fernsehsenders, auf dieses Problem bereits eine Antwort gegeben. Es handelte sich dabei um He Kaiyin, einen hochrangigen Agraringenieur, der später als der »erste Steuerreformer Chinas« berühmt wurde.

Das war ein Mensch mit einem Werdegang voller Enttäuschungen. Er war von ungewöhnlich hohem Wuchs, hager, mit blassem, durchgeistigtem Gesicht, mit einer auffällig hochragenden Nase und einem Paar Augen, die ständig in tiefen Gedanken befangen zu sein schienen: ein Intellektueller, der die Auseinandersetzung liebte, den Mut zur

Wahrheit hatte und sich gern um die großen Fragen seines Landes kümmerte. Wegen dieses besonderen Charakters wurde er 1957, noch als Student der Pekinger Agrarhochschule, zum »Rechtsabweichler« gestempelt und in ein Arbeitslager für Jugendliche verschickt, die in der großen Öde des Nordens selbst fast in der Wildnis lag. Dort blieb er zwei Jahre. Später, nach der Rehabilitierung der »Rechtsabweichler«, kehrte der damals 43-jährige He Kaiyin endlich in sein Heimatdorf nach Anhui zurück. Im Grunde hätte er nun seine Tage ruhig in der Provinz verbringen können, doch ausgelöst von der großen Reform der ländlichen Gebiete wurde sein Enthusiasmus noch einmal angefacht.

Dazu kam, dass der Kreiskomiteesekretär von Lai'an, Wang Yemei, einmal sein Führungskader gewesen war, ein Mann, der sich ebenfalls gern der großen Fragen seines Landes annahm und über die gesellschaftlichen Brennpunkte nachdachte. Als dieser in Lai'an als Erster die Trommel rührte für die Überantwortung der Produktion auf die Haushalte, folgte ihm He Kaiyin auf dem Fuß und begab sich in die vorderste Front der Landreform; später unterstützte er aktiv das Umfassende Verantwortungssystem, das in Kleingang umgesetzt wurde, und riskierte sein Leben bei der Vorantreibung des Systems der Familienproduktion und -verantwortung bei Landverpachtung. Das Umfassende Verantwortungssystem, das darin enthalten war, trat im ganzen Land seinen Siegeszug an, und ein Mann namens Wang Yuzhao wurde später zum Helden dieser Reform und zum Provinzgouverneur von Anhui, der dann auch ihn in das Sekretariat der Provinzregierung berief.

Was kann ein Agrarwissenschaftler und -ingenieur in einer Verwaltungsbehörde ausrichten? Er beginnt mit einer systematischen Erforschung der Agrarpolitik.

Im Oktober 1988 richteten das Forschungsbüro des Zentralkomitees für die Politik in den ländlichen Gebieten und das Forschungszentrum des Staatsrats für die Entwicklung der ländlichen Gebiete zusammen mit der Akademie für Sozialwissenschaften, der *Renmin Ribao* und anderen Einheiten ein »Symposium zur Theorie von zehn Jahren Reform in den ländlichen Gebieten« aus. Zu diesem Zeitpunkt war Wang Yuzhao bereits stellvertretender Vorsitzender des Forschungsbüros des Zentralkomitees für die Politik in den ländlichen Gebieten und des Forschungszentrums des Staatsrats für die Entwicklung der ländlichen Gebiete und vergaß auf diesem von seinen Behörden maßgeblich organisierten Symposium natürlich den von ihm so sehr geschätzten He Kaiyin nicht. Er veranlasste seinen Sekretär, eigens eine Dokumentenmappe direkt an He Kaiyin zu schicken.

Als der diese Mappe bekam, war er sehr aufgeregt. Ja, wenn man von der Einführung des Umfassenden Verantwortungssystems in Kleingang her rechnete, war die Reform der ländlichen Gebiete Chinas bereits in ihrem zehnten Jahr, aber wie müsste der zweite Schritt dieser Reformen ausfallen und was könnte er ändern? Vom Zentralkomitee bis in die Regionen hinein versuchte man das herauszufinden. Und auch ihn trieb diese Frage um. Die Nachricht bekräftige insgeheim seinen Entschluss, dass er sich erst einmal gründliche Kenntnisse und eine tiefere Einsicht in die Problematik verschaffen musste.

Also machte er sich mit aller Anspannung an die Arbeit. Und im Forschungsbüro für die Wirtschaft in den ländlichen Gebieten der Akademie für Sozialwissenschaften der Provinz und in der Forschungsabteilung für landwirtschaftliche Kulturen des Agrarwissenschaftlichen Institutes fand er drei Gleichgesinnte, mit denen zusammen er sich an eine gründliche Untersuchung machte.

Seit dem Frühjahr 1988 schlug auch die »Flut der bei Staatsprojekten angeheuerten Landbevölkerung« hohe Wellen. Diese Erscheinung brachte He Kaiyin zu der feinsinnigen Erkenntnis, dass bei der Feldbestellung die Einnahmen die Ausgaben schon nicht mehr deckten, dass sich, bei gleichzeitiger Zunahme der Pflichten, die Einkommenszunahme der Bauern verlangsamte. Während die Lasten der Bauern Tag für Tag schwerer wurden, entstanden unentwegt neue Widersprüche, gegen die es keine entsprechenden politischen Maßnahmen gab. Die Widersprüche stauten sich immer mehr auf und behinderten bereits ernstlich die weitere Entwicklung der Wirtschaft in den ländlichen Gebieten Chinas. Und weil zudem das Umfassende Verantwortungssystem in das zehnte Jahr ging, kümmerten sich die Bauern nicht mehr selbst um ihre Felder. Diese seit Generationen bestehende, lebenswichtige Verbindung zur Scholle gab es nicht mehr, einer nach dem anderen machte sich in die Städte auf, um sich in ein neues Leben zu flüchten. Nicht zu reden davon, dass dies, da in den ländlichen Gebieten hauptsächlich Alte, Frauen und Kinder zurückblieben, zu einer Verödung von großen Flächen und zu einer großen Unterproduktion von Getreide führte und die Arbeit auf dem Land noch weiter erschwerte.

He Kaiyin dachte, wenn man einen Durchbruchspunkt für den zweiten Reformschritt anpeilen wolle, müsse man sich zunächst über diese neuen Widersprüche Klarheit verschaffen.

Aber um welche neuen Widersprüche handelte es sich denn?

Die Resultate seiner und der Untersuchung seiner drei Mitstreiter könne man, so He Kaiyin, im Großen und Ganzen folgendermaßen zusammenfassen:

1. der Widerspruch zwischen Nutzungs- und Eigentumsrecht,
2. der Widerspruch zwischen Wert und Preis von Agrarprodukten,
3. der Widerspruch zwischen der Doppelstruktur in der Trennung von Stadt und Land und der einheitlichen Wirtschaft,
4. der Widerspruch zwischen Kleinproduzenten und Großmärkten, im Teufelskreis von Schwierigkeiten im Getreideabsatz wie im Getreidekauf,
5. der Widerspruch zwischen der Verlangsamung der Bauerneinkommen bei stetiger Zunahme der Lasten,
6. der Widerspruch zwischen der Abschaffung der einzelnen Gemeinschaftsstrukturen und der großen Öffnung und Zirkulation,
7. der Widerspruch zwischen den industriellen Strukturen und den Arbeitsmarktstrukturen in den ländlichen Gebieten,
8. der Widerspruch zwischen relativer Armut und kollektivem Reichtum,
9. der Widerspruch zwischen dem Sinken des Produktionsniveaus und nicht entsprechendem Niveau von Wissenschaft und Technik,
10. der Widerspruch, der sich aus der Phasenverschiebung zwischen dem Aufbau einer materiellen und einer geistigen Kultur ergab.

Für ihn stellten diese Widersprüche im Grunde einen schwer zu vermeidenden Abrieb in der Umstellung vom alten System der Planwirtschaft auf das neue System der Marktwirtschaft dar, die zu den angeführten Erscheinungen führen mussten.

Wer die oben genannten Widersprüche auflösen wollte, musste die geeigneten politischen Maßnahmen ergreifen.

Damals waren unter dem Einfluss des Geistes des Umfassenden Verantwortungssystems von Kleingang die wissenschaftlichen Kreise von Anhui noch recht lebendig. Als He Kaiyin sich damit beschäftigte, erschienen auf den verschiedenen politischen Ebenen Führungskader, die entsprechende Maßnahmen ergreifen wollten und die auch den dazu notwendigen Mut aufbrachten. Jeder Einzelne hatte bereits Reformexperimente verschiedenen Inhalts gegen die in den ländlichen

Gebieten neu auftretenden Widersprüche durchgeführt. So wurde etwa hier mit einem »Green-Card-Anmelderegister« experimentiert, dort wurden unter dem Schlagwort »sechs Büros – ein Unternehmen« die technischen und wissenschaftlichen Strukturen der ländlichen Gebiete zusammengefasst und reformiert, es wurden aktiv Fondsgesellschaften zur gegenseitigen Hilfe entwickelt, es wurde die erste Gemeindeschule mit angeschlossenem Polytechnikum aufgebaut; außerdem begann man mit der Verbreitung der Erforschung und Belebung des Ackernutzungsrechtes, mit aller Macht trieb man Agrarunternehmen in der Form von GmbHs voran und führte mutig eine Arbeitsversicherung und ein Altervorsorgesystem für Kader ein …

Überall im Jianghuai-Gebiet gingen die Blüten der Reformpolitik auf, was für die systematische Untersuchung der Agrarpolitik wirklich frische und reichhaltige Reformwege mit sich brachte.

He Kaiyins Forscherelan war so lebhaft wie noch nie. Diese Zeit war außerordentlich anregend für ihn.

Natürlich sah er ganz klar, dass die mannigfachen Widersprüche in den ländlichen Gebieten sehr verwickelt waren und dass man die verschiedensten Reformmaßnahmen nicht gleichzeitig durchführen konnte; den besten Weg zur Auflösung von Widersprüchen hatte Mao Zedong in seiner Schrift *Über den Widerspruch** brillant dargestellt: Widersprüche gebe es immer und überall, sie hätten viele verschiedene Seiten, man müsse nur ihre hauptsächlichen und ihre sekundären Seiten herausfinden, dann könne man die Hauptwidersprüche angehen und dabei die Nebenwidersprüche gleich mit auflösen.

Nachdem er die Lagebeschreibungen einiger anderer Genossen analysiert hatte, kam He Kaiyin zu der Überzeugung, das gegenwärtig dringlichste Problem sei die endgültige vertragliche Überantwortung des Bodens, die den Bauern ein langfristiges Nutzungsrecht einräumen würde; als nächstes müssten die Agrarsteuern reformiert und die Lasten der Bauern von Grund auf verringert werden.

Er brachte seine Gedanken und Ideen zu Papier und stellte einen ausgesprochen scharfsinnigen Artikel fertig, dem er den Titel *Wo ist der Ausweg des zweiten Reformschrittes in den ländlichen Gebieten?* gab.

Damit hatte He Kaiyin mit seinen Forschungen zum zweiten Reformschritt in den ländlichen Gebieten begonnen – und wenn dieser Weg auch dornenreich war und er viele Rückschläge hinnehmen musste, so blickte er doch nicht ein einziges Mal zurück.

Seinen Artikel schickte er nach Peking, wo er auch die Aufmerksamkeit eines hohen Beamten in der Forschungsabteilung des Zentralkomitees erregte. He Kaiyin konnte jedoch nicht damit rechnen, dass sich zwischen Frühjahr und Sommer 1989 in Peking solche politischen Turbulenzen ereignen würden. Mit diesen Turbulenzen kam das ultralinke Gedankengut wieder zum Vorschein. Allenthalben trat eine gegen das Umfassende Verantwortungssystem gerichtete Strömung auf, was ihn nicht wenig erschreckte. Es war auch zu dieser Zeit, dass in den Gemeinden von Staats wegen eine neue Kreditpolitik verfolgt wurde, der zufolge die Banken »nur einnahmen und keine Kredite gewährten«, was zu einer rapiden Abnahme der Gemeindeunternehmen führte und die Lage der Bauern noch einmal verschärfte.

Während er sich also den Kopf über den zweiten Reformschritt für die ländlichen Gebiete zermarterte, wollte man sogar die Resultate der ersten Reform mit einer Handbewegung wegwischen!

In dieser Zeit kam es zu einer Reihe seltsamer gesellschaftlicher Erscheinungen. Zunächst traten in verschiedenen Provinzen öffentlich Kader gegen das Umfassende Verantwortungssystem auf und vertraten die Ansicht, die Überantwortung der Produktion auf die Haushalte habe zwar den bedrängten Bauern etwas zu essen gebracht, aber damit auch die sozialistische Hauptrichtung der Entwicklung in den ländlichen Gebieten vom Tisch gefegt. In der Folge erschien in einer Pekinger Tageszeitung ein langer Artikel, in dem die Wiederaufnahme der Kollektivwirtschaft propagiert wurde. Dem Umfassenden Verantwortungssystem wurde vorgeworfen, dass sich in den Tiefen dieses erstarrten Begriffs ein Kern verberge, der gegen die Zusammenarbeit in der Agrarproduktion und das System des Kollektiveigentums am Boden gerichtet sei. Es fehlte nicht viel, und man hätte die Rückkehr zu der Epoche der Volkskommunen mit ihrer »Kollektivität und Großdimensionierung« gefordert.

He Kaiyin wurde das Herz schwer wie Blei.

Für ihn war das Umfassende Verantwortungssystem, das die Familien in die Pflicht nahm, unter dem System der Planwirtschaft eingeführt und erneuert worden. Im Gefolge der Entwicklung der Warenwirtschaft und der Produktivkräfte auf dem Land hatte es seine Grenzen nach und nach offenbart, innerhalb derer man nur schwer die Forderung nach einem Markteintritt der Bauern erfüllen konnte; wer mehr anbauen wollte, bekam durch den Markt kein zusätzliches Bodennutzungsrecht; wer nicht anbauen wollte, hatte keine Möglichkeit, seine Nutzungsrechte zu veräußern. Dieses System der Familienproduktion und -verantwortung bei Landverpachtung im Hinblick auf vollständige Nutzungsrechte irgendwie weiter zu perfektionieren – das war es, was gegenwärtig dringend Not tat. Die unpassende Propaganda für ein großdimensioniertes Wirtschaften bedeutete doch eine Rückkehr zum Kollektiv, was sich historisch längst als ein ungangbarer Weg erwiesen hatte. Um so mehr, als infolge der Unmöglichkeit, mit dem Anbau von Getreide noch Geld zu verdienen, die besorgniserregende Verödung ganzer Landstriche täglich weiter um sich griff. Wenn man in so einer Zeit Gerüchte in die Welt setzte, man wolle sich von dem Umfassenden Verantwortungssystem abwenden und eine Kehrtwendung vollführen, musste das die Menschen nur noch mehr verunsichern und es war nicht dazu angetan, die Lust der Bauern an der Landwirtschaft zu erhöhen.

Also setzte er sich hin und schrieb mit frischem Mut unter dem Titel *Vorschläge zu einer festen vertraglichen Überantwortung von Ackerboden und langfristigen Nutzungsrechten für die Bauern* einen Artikel gegen die dem Umfassenden Verantwortungssystem ungünstige Stimmung.

Und er schrieb nicht einfach nur, er ließ vielmehr einen Sturm von Gedanken über das Papier fegen:

> »Nach der 3. Plenarsitzung des 11. Parteitags hat unsere Volkswirtschaft eine rasante Entwicklung erlebt, und zwar deshalb, weil wir zunächst mit der Landwirtschaft begonnen und das Umfassende Verantwortungssystem verwirklicht haben. Die Reform der ländlichen Gebiete hat die Reform des Wirtschaftssystems der Städte und die Reform des politischen Systems vorangetrieben, was zu gewaltigen und sprunghaften Veränderungen im Aufbau unseres Landes geführt hat. Aber infolge der Entwicklung der objektiven Situation und der Ausbreitung der zweiten Stufe der Reformen in den ländlichen Gebieten ergab sich eine Reihe von Problemen, die man regulieren und mit politischen Maßnahmen anpassen muss. Diese Probleme zeigen sich konzentriert in der niedrigen Aktivität der Bauern, im langfristigen Auf und Ab der Getreideproduktion mit der historischen Höchstmarke von 1984. Die Nachhaltigkeit der landwirtschaftlichen Entwicklung ist nicht ausreichend; vor allem das ›zweigleisige Getreidesystem‹, das sich längst herausgebildet hat, drückt der Getreideproduktion grundsätzlich die Luft ab.«

Und weiter mit seiner an der Wirklichkeit orientierten theoretischen Analyse:

> »In den langen Jahren, in denen der Ackerboden dem Kollektiv gehörte, mussten die Bauern neben der staatlichen Agrarsteuer zusätzlich eine ganze Menge von Abgaben an das Kollektiv entrichten. Doch auf den Äckern in Kollektiveigentum gab es besonders viele Missstände, nach einem Großteil des Bodens fragte überhaupt niemand. In Wirklichkeit befand sich der Ackerboden in einer Art Privatbesitz der Bauern, sie konnten nach Gutdünken auf ihm Häuser bauen, Ziegel brennen, Teiche ausheben und gleichzeitig Neuland gewinnen – all das brachte jedoch dem Staat Verluste. Andererseits hatte das Kollektiv das Recht, Vertragsböden auszurichten, viele Kollektivkader im Vorland der Städte und Gemeinden betrachteten den Ackerboden als Privatbesitz und verschafften sich Nebenverdienste durch den Einzug von Land. Das führte in der Folgezeit zu einer Abnahme der bebauten Fläche von acht Millionen Mu pro Jahr. Während die Bevölkerung ungebremst zunahm und sich in den 40 Jahren seit der Gründung der Volksrepublik mehr als verdoppelte, halbierte sich die bebaute Fläche pro Einwohner, und es kam zu einer Krise, die das ganze Volk bedrohte. Das hing hauptsächlich mit den Unklarheiten im Eigentumsrecht zusammen, das Subjekt ›Kollektiv‹ war eine Nullstelle und doch vorhanden, das zog allen den Boden unter den Füßen weg, und niemand schätzte das Land.«

An dieser Stelle breitete er vorbehaltlos seine Überlegungen zur endgültigen vertraglichen Überantwortung des Bodens und zur Reform des Steuererhebungssystems in den ländlichen Gebieten aus:

> »An diesem Punkt unserer Untersuchung erweist sich, dass wir rechtzeitig und in großem Maßstab handeln, eine Reform des Kollektiveigentums an den Böden durchführen und sie ohne Ausnahme in Staatsbesitz zurückführen müssen. Dass die Böden unseres Landes dem Land selbst gehören, ist ganz natürlich. Das Eigentumsrecht (Recht an den Feldern) und das Nutzungsrecht (Recht an der Ackerfläche) muss von Grund auf getrennt und einer endgültigen vertraglichen Überantwortung zugeführt werden. Das heißt, auf der Grundlage des bestehenden Systems werden Verträge geschlossen, die den Bauern langfristige Sicherheit geben und verstreute Bodenflächen zusammenführen, so dass jeder Haushalt zusammenhängende Äcker und Felder zur Bewirtschaftung bekommt. Außerdem kann das Nutzungsrecht verlängert und übertragen werden, wobei übertragen nicht verkaufen bedeutet, sondern lediglich – beglaubigt durch die zuständige Behörde – eine Zurücknahme der Grundinvestitionen und der entsprechenden vertraglichen Rechte. Wenn der Ackerboden weiter Kollektiveigentum bleibt und man die Bauern weiter alle möglichen Agrarsteuern zahlen lässt,

> so widerspricht das den Rechtsprinzipien. Da der Grund und Boden im Besitz des Staates ist, erhalten die Bauern vom Staat vertraglich ihre Äcker, also ist es das Natürlichste von der Welt, dass sie an den Staat Getreideabgaben entrichten.«

Und er schlug folgende konkrete Maßnahmen für die Begleichung der Steuern in Naturalien vor:

> »Auf der Grundlage der durchschnittlichen Produktivität pro Mu in den letzten drei bis fünf Jahren sollte bis zum Jahr 2000 unverändert eine Getreideabgabe von zehn Prozent beibehalten werden. Wenn die Erträge steigen, sollten die Abgaben nicht mitsteigen, um die Aktivitäten der Bauern zur Steigerung der Produktivität zu stimulieren. Danach wird die Abgabe alle zehn Jahre vertraglich ausgehandelt. Was die Zuschüsse zu den Gehältern der Kader in den ländlichen Gebieten und andere Abgaben angeht, so darf das in keinem Fall die Regel sein. Die Bauern haben dagegen allgemein eine Antipathie, sie stöhnen unter den Belastungen, so dass uns nichts anderes übrig bleibt, als die verschiedenen Abgaben zusammen mit der Getreideabgabe zu erheben, und zwar mit zusätzlichen fünf Prozent. Das heißt, insgesamt wird eine 15-prozentige Steuer auf den Ertrag erhoben, was die Getreideabgabe und alle sonstigen Steuern einschließt. Alle weiteren Abgaben verschwinden, Beihilfen zu den Kadergehältern und dergleichen werden mit einem Drittel der Getreideabgabe zu festen Abnahmepreisen in die Gemeindehaushalte zurückgeführt. Danach hat kein Mensch mehr das Recht, von den Bauern auch nur einen Fen an zusätzlichen Abgaben oder Steuern zu erheben, die Interessen der Bauern werden rechtlich abgesichert, und sie erhalten die Rechte einer juristischen Person.«

Seiner Meinung nach waren diese beiden Schachzüge dazu angetan, die ganze Situation in den ländlichen Gebieten zu beleben.

Wenn man die lange chinesische Geschichte überblickt, dann waren Getreideabgaben an den Kaiser ein ehernes Gesetz. Nach der Befreiung wurde in China eine Bodenreform durchgeführt und der Ackerboden kostenlos an die Bauern verteilt, doch das »Kaisergetreide« als Abgabe blieb. Noch für einen recht langen Zeitraum nach der Gründung der Volksrepublik war diese Getreidenaturalsteuer eine wichtige Einnahmequelle für den Staatshaushalt.

Der Auffassung von He Kaiyin zufolge konnte der Staat bei Wiedereinführung der Naturalsteuer den Städten zu stabilen Preisen ihre Getreiderationen liefern, die Staatsfinanzen von der schweren Bürde der Subventionen und gleichzeitig die Getreidemärkte von Grund auf befreien und so den Bauern einen größeren Nutzen aus der Entwicklung der Handels- und Marktgetreideproduktion verschaffen.

Seine konkrete Idee brachte er auf den einfachen Nenner: Eine Vereinheitlichung der Steuern nutzt dem Staat und dem Kollektiv – was übrig bleibt, gehört dem Einzelnen.

Damit stellte er eine organische Verbindung zwischen dem ersten und dem zweiten Reformschritt in den ländlichen Gebieten her. Diesen zweiten Reformschritt bezeichnete er sogar als »das Zweite Umfassende Verantwortungssystem«, weil er gerade diesen Reformschritt für eine Perfektionierung und Weiterentwicklung des alten Umfassenden Verantwortungssystems hielt.

Um die Durchführbarkeit seiner Vorstellungen zu verdeutlichen, stellte He Kaiyin einige Berechnungen an:

> »Nehmen wir Anhui als Beispiel.
> Die Jahresproduktion an Getreide liegt in Anhui bei durchschnittlich 50 Milliarden Pfund. Zur Zeit müssen 7,1 Milliarden Pfund zu Festpreisen abgegeben werden, der vom Preis her angeglichene Teil macht 7,5 Milliarden Pfund aus. Wenn man 15 Prozent von der Gesamtproduktion als Pacht einzöge, käme man ohne weitere Kosten auf gleichfalls 7,5 Milliarden Pfund. Wenn die Steuer nach der bebauten Fläche berechnet würde, könnte man von den insgesamt 65 Millionen Mu, abzüglich der zeitweilig von der Grundsteuer befreiten Armutsgebiete, auf mindestens 50 Millionen Mu Ackerboden eine Pacht erheben. Im Provinzdurchschnitt wäre das ein Steueraufkommen von 150 Pfund pro Mu (verschiedene Gebiete im Nordosten könnten nach den örtlichen konkreten Gegebenheiten ein wenig davon abweichen). Bei 50 Millionen Mu wären das ebenfalls 7,5 Milliarden Pfund, was den normalen Bedarf decken würde. Wenn man dies täte, könnte man nicht nur die Provinzfinanzen von der schweren Bürde jährlicher Getreidesubventionen in Höhe von 1,2 bis 1,3 Milliarden befreien, sondern auch das kostenlos als Grundsteuer erhaltene Getreide zu einem Paritätskurs an die nicht-bäuerliche Bevölkerung liefern, wobei auch noch einiges zu verdienen wäre – kurzum, die Vorteile für den Staat wären groß. …
> Und nun einmal unter der Perspektive des ganzen Landes.
> Die Gesamtproduktion an Getreide liegt bei 800 Milliarden Pfund. Wenn man davon 15 Prozent als Pacht einziehen würde, stünden dem Staat 120 Milliarden Pfund zur Verfügung; wenn man die Steuer nach der bebauten Fläche berechnete, blieben von den insgesamt 1,6 Milliarden Mu an Ackerboden nach Abzug der 400 Millionen zeitweilig steuerbefreiter Armutsgebiete noch immer 1,2 Milliarden Mu. Im

Durchschnitt könnte man pro Mu 100 Pfund Getreide (natürlich schwanken diese Zahlen je nach Provinz und Distrikt) und insgesamt zwölf Milliarden Pfund als Steuer einnehmen. Im Augenblick kommt der Staat bei der Abgabe zu Festpreisen nicht über zehn Milliarden Pfund hinaus, und das ist noch nicht einmal einfach. Wenn wir ein pachtgestütztes System einführen, kann der Staat jährlich zudem über kostenlose zwölf Milliarden Pfund Getreide verfügen und damit die nicht-bäuerliche Bevölkerung versorgen – das wäre sehr viel mehr als die jetzigen zehn Milliarden Pfund.«

Nach diesen großen Berechnungen für die Provinz und den ganzen Staat stellte He Kaiyin auch detaillierte Berechnungen für die Bauern an:

»Nun, würde eine kostenlose Naturalabgabe in Form von Getreide die Einnahmen des Staates verringern? Die Antwort muss lauten: im Gegenteil. Wenn wir den Kreis Tianchang als Beispiel nehmen, der die höchste Pro-Kopf-Produktion von Getreide und auch die schwersten Vertragsverkaufspflichten in der Provinz Anhui hat, so bearbeiten die Bauern dort im Durchschnitt 1,93 Mu mit einem Ertrag von 2500 Pfund. Sie haben eine Vertragsverkaufspflicht von 610 Pfund. Nach den Preissteigerungen kann jeder Einzelne für ein Pfund Korn mit 2,22 Jiao rechnen, also für seinen Verkauf insgesamt mit 135,42 Yuan; wenn nun pro Mu 200 Pfund Getreide kostenloser Naturalabgabe als Pacht an den Staat gezahlt würden, dann müsste hier, nach den bearbeiteten Flächen, jeder Einzelne im Durchschnitt 386 Pfund Getreide entrichten, es wären also 224 Pfund weniger als jetzt zu Festpreisen, die dann auf dem freien Markt verkauft werden könnten. Nach dem gegenwärtigen Marktpreis könnte man dafür pro Pfund 5,5 Jiao (bei hohen Marktpreisen sind es auch schon einmal sieben Jiao), insgesamt also 123,2 Yuan erzielen, das wären gerade mal 20,22 Yuan weniger als bei dem früheren Festpreisverkauf. Aber bei einem durchschnittlichen Ertrag von 2500 Pfund blieben in den Händen jedes einzelnen Bauern, abzüglich der 610 Pfund Naturalabgabe, noch immer 1890 Pfund, von denen er mindestens 1000 Pfund für 550 Yuan auf dem freien Markt verkaufen könnte; wenn man nach den Bestimmungen das Restgetreide zu Festpreisen von drei Jiao pro Pfund an die Getreidestationen verkaufen muss, dann kann er nur 350 Yuan verdienen. Auf dem freien Markt können die Bauern also 200 Yuan mehr einnehmen, was die 20,22 Yuan, die man im Vergleich zum Festpreisverkauf eingebüßt hat, wieder ausgleichen kann. Jeder Einwohner der ländlichen Gebiete kann also auf dem freien Markt ein Nettoplus von 187,78 Yuan erwirtschaften. Das heißt, wenn man den Festpreisankauf abschafft und den Getreidemarkt und die Getreidepreise völlig freigibt, ist der Vorteil einer kostenlosen Naturalabgabe in Getreide und des Verkaufs der Überschüsse auf dem freien Markt für die Bauernschaft von Tianchang sehr groß.«

Natürlich war das ein herausragendes Beispiel, denn die Getreideproduktion in Tianchang ist sehr hoch – rechnete sich das aber auch für die Bauern in rückständigeren Kreisen? He Kaiyin nahm dafür den Kreis Dingyuan als Beispiel und kam zu dem Ergebnis, dass auch hier mit einem Einkommensplus von 3505 Yuan zu rechnen sein würde.

Vor allem aber konnte er zeigen: Wenn man diesen »Zehnten« zum Gesetz machen, nicht wieder irgendwelche Extrasteuern von den Bauern erheben und das Bodennutzungsrecht langfristig klären würde, dann würden auch die Aktivität der Bauern im Getreideanbau und die Investitionsbereitschaft zunehmen, um die Produktions- und Warenquote der Böden zu erhöhen – und je mehr die Bauern anpflanzten, um so größer wäre auch ihr Profit.

Und so konnte He Kaiyin die Vorteile einer Steuerreform und einer endgültigen vertraglichen Überantwortung des Bodens überzeugend zusammenfassen:

»Der Staat erhält das Eigentumsrecht an den Böden zurück, das Nutzungsrecht geht langfristig auf die Bauern über, keine Einheit und keine Einzelperson kann mehr Ackerland an sich ziehen. Und wenn noch einmal jemand zu eigenem Nutzen Boden requiriert, muss er nicht nur für das Genehmigungsverfahren zahlen, sondern auch noch für seinen Haushalt, dem das Stück Land vertraglich zugesprochen wird, eine Existenzmöglichkeit schaffen sowie eine Ackerbesitzsteuer entrichten, deren Höhe der von diesem Stück Land zu erbringenden Getreideabgabe entspricht. Auf diese Weise kann man wirksam die Abnahme der bebauten Flächen kontrollieren. Wenn die Bauern selbst Land brauchen für den Bau von Häusern, für das Ausheben von Teichen, zur Fischzucht und für die Errichtung von Porzellanöfen, dann haben sie gleichfalls die entsprechende Getreideabgabe zu zahlen – auf diese Weise werden auch die Bauern den Boden eher zu schätzen wissen. … Wenn Staat und Kollektiv versorgt sind, bleiben die Überschüsse beim Einzelnen. Niemand wird mehr das Recht haben, von den Bauern auch nur einen Fen an zusätzlichen Steuern zu erheben. Auf diese Weise kann man ungesunden Tendenzen wie der willkürlichen Erhebung von Steuern und Abgaben wirksam Einhalt gebieten und die Bauern entlasten. Gemeindekader können den Bauern nicht mehr in die Tasche greifen, Lohnbeihilfen und Abgaben usf. werden alle aus der Getreideabgabe an die Gemeindeverwaltungen zurückgeführt. Kader haben nur noch die Aufgabe, sich mit aller Kraft für die Bauern einzusetzen. Diese Ausrichtung auf ihre Pflicht und die Unmöglichkeit, den Bauern in die Tasche zu greifen, wird natürlich das Verhältnis zwischen Kadern und Massen erheblich verbessern und das Ansehen von Partei und Regierung erhöhen.«

He Kaiyin wusste sehr wohl, dass die Auswirkungen einer solchen Reform immens wären und auch die Interessen einiger Behörden tangieren würden; deshalb schrieb er dazu am Ende seines Aufsatzes: »Hierfür muss der Staatsrat die Initiative ergreifen und das Ganze koordinieren und die verschiedenen Interessen miteinander ausgleichen.« Außerdem schlug er vor, »das Ganze zunächst in einer Provinz oder in ausgewählten, möglichst unterschiedlichen Kreisen mehrerer Provinzen auszuprobieren«.

Nachdem er seinen Artikel beendet hatte, beschloss He Kaiyin, ihn auch an das Forschungsbüro des Zentralkomitees für die Politik in den ländlichen Gebieten und an das Forschungszentrum des Staatsrats für die Entwicklung der ländlichen Gebiete zu schicken. Denn das waren die beiden höchsten Forschungsstätten für diesen Bereich, und außerdem bekleidete der alte, ihm mittlerweile so vertraute Kader Wang Yuzhao in beiden Einrichtungen wichtige Ämter.

Zunächst rief er in Peking an.

Ein Anruf, der nichts brachte außer einer großen Überraschung. Denn er erfuhr – die Wogen der »Vorfälle auf dem Platz des Himmlischen Friedens*« vom 4. Juni 1989 hatten sich noch nicht lange wieder geglättet –, dass das Forschungsbüro des Zentralkomitees für die Politik in den ländlichen Gebieten längst aufgelöst und das Forschungszentrum des Staatsrats für die Entwicklung der ländlichen Gebiete zu einer Unterabteilung des Landwirtschaftsministeriums gemacht worden war. Das hieß, die beiden zentralen und höchstrangigen Forschungseinrichtungen zur Politik und Entwicklung in den ländlichen Gebieten existierten gar nicht mehr!

Begütigend sagte ihm Wang Yuzhao am Telefon: In Peking bereite man sich vor, seinen letzten Artikel zu besprechen und zu analysieren.

Aber das konnte He Kaiyin nicht beruhigen. Denn sein neuer Artikel erklärte und argumentierte in einigen Punkten viel umfassender als der vorangegangene Aufsatz und ging auch zweifellos sehr viel weiter. Wenn also schon jemand den alten Artikel besprechen wollte, durfte er da überhaupt den neuen noch einreichen? Und wenn, wohin sollte er ihn dann schicken?

Einmal im Regierungsbezirk Zhongnanhai

He Kaiyin überlegte hin und her und entschloss sich schließlich, direkt beim Zentralkomitee vorstellig zu werden.

Es war nicht das erste Mal, dass er das tat.

Das erste Mal war noch zu Zeiten der Kulturrevolution gewesen – eine Zeit, auf die er ungern zurückschaute.

Damals hatte man ihm neben seinem Status als »Rechtsabweichler« auch noch die Mütze eines »Konterrevolutionärs«* verpasst. Es war lächerlich, wenn man daran zurückdachte: Der Grund für seine Abstempelung zum Konterrevolutionär war einzig und allein, dass er in seiner Freizeit im Selbststudium Russisch lernte. Da damals die Beziehungen zwischen China und der Sowjetunion sehr angespannt waren, sich unlängst der »Zwischenfall von der Juweleninsel*« ereignet hatte und das Umerziehungslager, in das er gesteckt worden war, in der nordöstlichen Provinz Heilongjiang an der Grenze zur UdSSR lag, konnte sein Studium des Russischen nichts anderes bedeuten, als dass er sich offenbar auf seinen Dienst als sowjetischer Agent vorbereitete. Seither wurden die Probleme für den »Rechtsabweichler« He Kaiyin, der im Lager noch hatte technische Arbeiten verrichten dürfen, sehr viel ernster.

Er wurde in ein abgelegenes Dorf verbracht, musste bei den Bauern zwangsarbeiten, und seine Tage waren härter als die der Bauern selbst, obwohl die doch jahrein, jahraus beschäftigt waren und oft nicht genug zu essen hatten. Infolge der Überarbeitung erkrankte er an einem schweren Leberleiden. Glücklicherweise kümmerten sich die Bauern in vielfältiger Weise um ihn, was in ihm ganz eigene Gefühle für sie hervorrief. Er wollte ihnen nun seinerseits helfen.

Genau zu jener Zeit wurde aufgrund der »16 Vorschriften zur Urbarmachung«, die Wang Zhen, der Leiter des Amtes für Neulanderschließung, formulierte hatte, ein Produktionsverantwortlichkeitssystem mit dem Ziel einer höheren Getreideproduktion eingeführt. Ohne Rücksicht auf seine Vorbelastung, die man gegen ihn immer ins Feld führen konnte, wandte er sich in einem Brief mutig an Zhang Linchi, den Sekretär des Provinzkomitees von Heilongjiang. Da der auch das Amt des ersten Stellvertreters des Amtes für Neulanderschließung bekleidete, hatte He Kaiyin die Hoffnung, sein Brief werde über diesen mit zwei wichtigen Ämtern betrauten Mann zum Staatspräsidenten Zhou Enlai gelangen, und in den riesigen ländlichen Gebieten Chinas könne entsprechend dem Geist der »16 Vorschriften zur Urbarmachung« das Produktionsverantwortungssystem so eingeführt werden, dass es die Begeisterung der Bauern für die Produktion stimulierte.

Als er das tat, bekamen die Bauern um ihn herum feuchte Hände; sie meinten sogar, die Sache sei das Risiko nicht wert, solche Briefe seien völlig umsonst, außer Ärger brächten sie nichts ein. Aber He Kaiyin ging doch zum Postamt, und in dem Augenblick, in dem er den Brief in den Briefkasten steckte, fiel ihm plötzlich der Satz von Marx ein: »Ich habe gesprochen und meine Seele gerettet.«*

Die Sache lief nicht so schlecht wie befürchtet. Nicht lange nachdem der Brief aufgegeben war, informierte man He Kaiyin, er solle sich unverzüglich zum Sekretariat des Provinzkomitees begeben. Er machte sich voller Unruhe in die Provinzhauptstadt Harbin auf, wo ihn der Sekretär von Zhang Linchi empfing. Er sagte: »Genosse Zhang Linchi schenkt Ihrem Brief große Beachtung, er hat ihn mehrmals hintereinander gelesen und war sehr bewegt. Er sagte: ›Es gibt also doch noch jemanden, der so einen Brief zu schreiben wagt.‹ Er hält die Fragen, die der Brief aufwirft, für sehr wichtig, doch er wird ihn nicht einfach noch oben weiterleiten, denn wenn er das tut, dann steht der Brief für die Meinung des Provinzkomitees.« Der Sekretär schlug He Kaiyin vor, »eine demokratische Persönlichkeit von hohem Ansehen« zu suchen, die bereit wäre, den Brief nach oben weiterzuleiten.

Auch wenn damit noch kein Problem gelöst war, klangen die Worte des Sekretärs von Zhang Linchi doch lange in ihm nach.

Auf dem Heimweg überlegte He Kaiyin unentwegt, wer denn wohl eine demokratische Persönlichkeit von hohem Ansehen sei. Er zerbrach sich den Kopf, aber er kam zu keinem Resultat. An wen er auch dachte, selbst bei Leuten, die er mit Namen kannte – wer wäre in der Lage, diesen Brief in die Hände des Staatspräsidenten Zhou Enlai zu legen? Kein Einziger.

Doch plötzlich leuchteten die Augen He Kaiyins auf.

Ihm war Sun Xiaocun, der stellvertretende Vorsitzende der Politischen Konsultativkonferenz des Chinesischen Volkes, eingefallen. Sun Xiaocun war der ehemalige Leiter seiner Alma Mater, der Pekinger Agrarhochschule.

Er überlegte: Konnte Sun Xiaocun als »demokratische Persönlichkeit von hohem Ansehen« gelten? Und würde der alte Sun Xiaocun überhaupt bereit sein, den Brief eines Studenten, den er schon seit Ewigkeiten nicht mehr gesehen hatte, an den Ministerpräsidenten

Zhou Enlai weiterzugeben? Er hatte nicht die geringste Gewissheit, aber außer Sun Xiaocun fiel ihm weiter niemand ein.

So sandte er das Material per Einschreiben an das Sekretariat der Politischen Konsultativkonferenz des Chinesischen Volkes, in der Hoffnung, man werde es an Sun Xiaocun weiterleiten.

Er bekam nicht die geringste Reaktion auf seinen Brief.

Bis He Kaiyin 1979, also fünf Jahre später, vollständig rehabilitiert war und sich eigens nach Peking aufmachte, um Sun Xiaocun zu besuchen. Der erzählte ihm, er habe sich damals für seine Materialien sehr interessiert und den Eindruck gehabt, diese Vorstellungen seines ehemaligen Studenten seien zwar kühn, aber doch anregend. Und er habe damals auch anlässlich eines Besuches bei Staatspräsident Zhou Enlai die Sprache auf diese Sache gebracht. Aber damals seien die »Anti-Lin-Biao- und Anti-Konfuzius-Kampagnen*« gerade auf ihrem Höhepunkt und auch Zhou Enlais Lage sehr schwierig gewesen, weshalb er ihm schließlich das Material doch nicht geschickt habe – zum einen, um Zhou Enlai nicht in noch größere Schwierigkeiten zu bringen, zum anderen aber auch, um He Kaiyin zu schützen. Wenn Zhou Enlai ein Memo verfasst und die »Viererbande*« davon Wind bekommen hätte, so sagte er, wären die Folgen kaum auszudenken gewesen.

Heute, abermals zehn Jahre später, war die Situation völlig anders, man hatte nicht nur dem permanenten »Klassenkampf« abgeschworen, sondern auch Modernisierung und Aufbau zur maßgeblichen Politik gemacht. Nach seinem enttäuschenden Anruf in Peking bei Wang Yuzhao, durch den er von der Schließung der beiden Forschungsstätten für die ländlichen Gebiete erfahren hatte, arbeitete He Kaiyin seinen Artikel um, versah ihn mit der neuen Überschrift *Einige Ideen zur Vertiefung der Reform in den ländlichen Gebieten* und übergab ihn einem Reporter des Anhuier Büros der Nachrichtenagentur Neues China.

Wie er gehofft hatte, brachte das Neue China sehr schnell eine »Interne Referenz«, die *Renmin Ribao* druckte wegen des Aufsatzes eine Sonderbeilage, woraufhin das Forschungsbüro des Staatsrats am 17. Februar 1990 in einer ganzen Nummer der *Juece cankao (Entscheidungsreferenz)* die Ansichten He Kaiyins und die Argumente seines Artikels auf das genaueste zusammenfasste. Besonders ins Auge stachen folgende Sätze:

> »Genosse He Kaiyin vertritt die Auffassung, wenn man sich seinen Vorschlägen anschließe, könne die Landwirtschaft aus ihrer langjährigen Krise herausgeführt werden. Aber das wäre eine relativ große

> Aktion, und die gegenwärtige Lage verlangt nach Stabilität, die niemand leichtfertig aufs Spiel zu setzen wagt. Er verlangt ein Gespräch mit den führenden Genossen des Staatsrats und deren Unterstützung. Und er verlangt, einen Kreis als Pilotgebiet auswählen zu dürfen, im Glauben, das müsse von den Massen ebenso befürwortet und begrüßt werden können wie das Umfassende Verantwortungssystem. Das zumindest könne für die Gebiete der Getreideproduktion automatisch angenommen werden.«

Gleichzeitig zur »Internen Referenz« des Neuen China, zur Sonderbeilage der *Renmin Ribao* und zur *Entscheidungsreferenz* des Forschungsbüros des Staatsrats veröffentlichte auch Zhang Xuetao, der stellvertretende Leiter des Sekretariats der Provinzregierung Anhui, den Artikel He Kaiyins in der *Zhengwu neican (Interne Staatsreferenz)*. Dieses eigens für die Entscheidungsträger des Zentralkomitees bestimmte Blatt bekam man in der Provinz nicht unbedingt zu Gesicht, aber He Kaiyins hier veröffentliche Vorstellungen erregten doch die Aufmerksamkeit von Provinzverwaltung und -komitee. Der Sekretär des Provinzkomitees verfasste ein Memo, in dem er eine diesbezügliche Diskussion der zuständigen Behörden anregte, und sein Stellvertreter stellte ganz klar fest: »Was der Genosse He Kaiyin in diesem Artikel schreibt, ist ausgezeichnet.« Er bat das Komitee für die Wirtschaft in den ländlichen Gebieten, die zuständigen Stellen und Spezialisten zur weiteren Begutachtung einzuladen. Überall hoffte man auf weitere Stellungnahmen der entsprechenden Spezialisten und auf die Organisation von Feldversuchen im kleinen Maßstab. Von den stellvertretenden Provinzgouverneuren, der eine zuständig für Handel, der andere für Kultur, Bildung und Gesundheit, versicherte einer He Kaiyin seiner Unterstützung, der andere suchte ihn eigens auf, um ihn um weiteres Material zu bitten. Der für die Industrie zuständige stellvertretende Provinzgouverneur zeigte eindeutig Flagge: Innerhalb einer Woche, nachdem er den Artikel gelesen hatte, verfasste er zwei Memos, in denen er bestätigte: »Das ist ein wichtiger Vorschlag«, und klar zu verstehen gab: »Ich bin dafür, dass man das in einzelnen Distrikten ausprobiert.«

Kurz, der Artikel fand bei vielen Führungspersönlichkeiten der Provinz große Beachtung.

Bedauerlicherweise war jedoch die Lage damals so, wie sie das Forschungsbüro des Staatsrats beschrieben hatte: »Aber das wäre eine relativ große Aktion, und die gegenwärtige Lage verlangt nach Stabilität, die niemand leichtfertig aufs Spiel zu setzen wagt.« Obwohl eine Konferenz von Spezialisten unter Leitung des Agrarkomitees der Provinz Anhui einberufen wurde, so wurde doch weniger über die praktische Bedeutung von He Kaiyins Vorstellungen zu einer Vertiefung der Reformen in den ländlichen Gebieten diskutiert als vielmehr darüber, ob sie mit der gegenwärtigen landesweit dynamisch entfalteten »Regulierungs- und Konsolidierungsarbeit« im Einklang stünden oder ihr gar zuwiderliefen.

Der Schluss, zu dem man kam, war offensichtlich: Was sollte man in einer Regulierungs- und Konsolidierungsphase auch noch über irgendeine »Vertiefung von Reformen« sprechen!

Daraufhin schrieb das Agrarkomitee im Namen der Organisation an das Provinzkomitee einen Bericht über die Konferenz. Darin vertrat es die Auffassung, die Vorstellungen des Genossen He Kaiyin zu einer Vertiefung der Reformen in den ländlichen Gebieten entsprächen nicht den gesetzlichen Bestimmungen der derzeit geltenden Politik.

Was der Bericht sagte, entsprach größtenteils den Tatsachen, das Problem war nur, dass schwerlich als Reform im wahren Sinne des Wortes hätte angesehen werden können, was bruchlos den gesetzlichen Bestimmungen der seinerzeit geltenden Politik entsprach.

Aufgrund der Ablehnung der Experten kümmerten sich die wichtigen Führungsleute des Provinzkomitees nicht mehr um die Sache und auch andere Führungskader aus der Provinz, die sich hatten darum kümmern wollen, ließen es bleiben. Die schwer errungenen Forschungsresultate He Kaiyins wurden in das hinterste Regal gepackt, ohne dass jemand sie genau zur Kenntnis genommen hätte.

He Kaiyin fühlte die Ratlosigkeit dessen, der seinem Land helfen will und dem alle Türen verschlossen sind.

Ein gutes Jahr verging, in dem er, ohne allzu große Hoffnung, seine Studien fortsetzte und gelegentlich auch kleinere Aufsätze publizierte. Einer dieser Artikel hieß *Wissenschaft und Technik sind die wichtigste Produktionskraft*. Und ausgerechnet für diesen Artikel wurde ihm der 2. Preis des nationalen Wissenschaftskomitees zugesprochen. Kaum dass er in Peking eingetroffen war, um den Preis entgegenzunehmen, wurde er wider Erwarten zum Forschungsbüro des Staatsrats gebeten, um über seine Arbeit zu berichten.

Diese Nachricht regte ihn ungeheuer auf.

Das Ganze geschah am 2. Februar 1991. Er betrat zum ersten Mal in seinem Leben die heiligen und geheimnisvollen Hallen des Regierungsbezirks Zhongnanhai und kam zum Gongzi-Gebäude*, das direkt neben dem Ziguang-Pavillon* steht. Empfangen wurde er von Yu Guoyao, dem Leiter der Gruppe für die Wirtschaft in den ländlichen Gebieten des Forschungsbüros des Staatsrats.

He Kaiyin berichtete von seinen Vorstellungen zu einer weiteren Perfektionierung und Entwicklung des Umfassenden Verantwortungssystems in der Landwirtschaft und präsentierte seine konkreten Vorschläge zu einer langfristigen Überantwortung der Ackerböden, zu einer Reform der Agrarsteuer, zu einer Abschaffung des staatlichen Getreideaufkaufs zu Festpreisen und des zweigleisigen Getreidepreissystems, zur vollkommenen Freigabe der Märkte und Preise für Agrarprodukte bis zum Aufbau eines perfektionierten, auf Wissenschaft und Technik gestützten gesellschaftlichen Pflichtensystems und zur Entwicklung einer Warenwirtschaft der Gemeinden in Distriktmaßstab. Schließlich sprach er auch noch von einer Reform der Wohnsitzregistrierung in den ländlichen Gebieten, um das Eis der Doppelstruktur von Land und Stadt zu brechen.

Wenn er sich über diese Themen, die er seit Jahren mit größter Konzentration erforscht hatte, ereiferte, konnte He Kaiyin kein Ende finden.

Yu Guoyao hörte ihm aufmerksam zu. Als He Kaiyin schließlich auf seinen Artikel *Einige Ideen zur Vertiefung der Reform in den ländlichen Gebieten* zu sprechen kam, sagte er ihm, Ministerpräsident Li Peng habe diesen Artikel gelesen und schätze die Standpunkte, die darin vertreten wurden, sehr. Außerdem habe der Ministerpräsident auf einer Besprechung der Gruppe für die Wirtschaft in den ländlichen Gebieten speziell auf He Kaiyins Vorschlag einer »Zehntsteuer« hingewiesen. Das war für He Kaiyin eine große Ermutigung. Und er glaubte seinen Ohren nicht zu trauen, als Yu Guoyao fortfuhr: »Gegenwärtig ist das Hauptproblem, wie man aus diesen Ideen ein handhabbares Programm macht. Soweit ich die Worte des Ministerpräsidenten vom ›Blick in die Zukunft‹ verstehe, passt eine großangelegte Aktion im Augenblick nicht in die Landschaft, da wir noch in einer Regulierungs- und Konsolidierungsphase sind; außerdem gibt es über diese Ideen noch abweichende Meinungen. Deshalb schlage ich vor, du vertiefst deine Forschungen, arbeitest detaillierte Argumentationen aus, machst daraus ein handhabbares Maßnahmenprogramm und legst das dem Provinzkomitee und der Provinzverwaltung vor, um zunächst einen Test zu machen. Am besten in der Größenordnung eines Kreises oder einer Großgemeinde, das ginge auch. Wenn der Test Erfolg hat, dann ist der nächste Schritt eine Kleinigkeit.«

Diese Worte versetzten He Kaiyin in helle Aufregung. Er hatte nur einen Gedanken: Wenn ihm als Einzelnem bei einem Besuch im Regierungsbezirk Zhongnanhai eine so große Verantwortung auferlegt wurde, dann klang das irgendwie nach einem Satz von Konfuzius*: »Wo die Bezeichnungen nicht stimmen, werden die Worte keine Wirkung haben.« Er fragte: »Könnte der Ministerpräsident mir nicht etwas Schriftliches geben? Das würde vieles erleichtern, wenn ich zurück bin.«

»Das wäre nicht ratsam«, erklärte ihm Yu Guoyao, »wenn die Führung etwas Schriftliches herausgibt, dann wird das als Absichtserklärung des Zentralkomitees verstanden – und dann könnte so etwas nicht nur bei euch in Anhui, sondern auch in anderen Provinzen getan werden, und wenn das geschähe, dann hätten wir ein ganz schönes Chaos. Mach aus deinen Ideen ein Programm und probier es aus, das wird eine größere Wirkung haben; andere haben diese Gedankengänge und Vorstellungen nicht. Wenn man das Fell verteilt, bevor man den Bären gefangen hat, wird das nicht unbedingt zum Erfolg führen.«

He Kaiyin konnte sich diesem Argument nicht ganz verschließen. Er nickte mit dem Kopf. »Ich verstehe«, sagte er.

Doch Yu Guoyao ermutigte ihn: »Das Umfassende Verantwortungssystem kommt aus eurer Provinz, und was in einem Kleingang Erfolg hat, wird schnell im ganzen Land verbreitet sein. So gesehen musst du deine Vorschläge bloß in einem Dorf testen. Wenn sich erweist, dass sie dem Staat und den Bauern Nutzen bringen, dann werden sie sich von selbst durchsetzen.«

He Kaiyin war der unumstößlichen Meinung, dass der zweite Reformschritt in den ländlichen Gebieten nur in einer Perfektionierung und Weiterentwicklung des Umfassenden Verantwortungssystems bestehen konnte. Er dachte an die linken Strömungen in der Gesellschaft, die sich gerade gegen solche Pläne richteten, und sprach offenherzig von seinen Befürchtungen. Yu Guoyao war ganz seiner Meinung. Was die Reformen in den ländlichen Gebieten anging, so hatten die beiden sehr viele gemeinsame Ansichten. Und so kam es, dass die beiden Männer, der eine in einer wichtigen Position, der andere immerhin ein hochrangiger Agronom, an einem der kältesten Tage des Jahres in diesem Büro des Regierungsviertels der Hauptstadt über zwei Stunden lang ohne Vorbehalte sehr angeregt miteinander sprachen.

Beim Abschied packte Yu Guoyao He Kaiyins Hand und schüttelte sie kräftig mit den Worten: »Ich hoffe, die Vertiefung der Reformen kommt in Anhui wieder zu einem guten Ende!«

He Kaiyin nickte und musste unwillkürlich über sich selbst lachen. Es war offensichtlich, dass es nicht die alleinige Idee des Yu Guoyao gewesen war, sich mit ihm zu einem Bericht über seine Arbeit zu verabreden; und er, He Kaiyin, stand ganz für sich alleine, zumindest vertrat er damals nicht einmal eine Gemeinde oder auch nur ein Dorf, geschweige denn Anhui.

Doch die Hoffnung, der Yu Guoyao bei ihrem Abschied Ausdruck verliehen hatte, brachte He Kaiyin zu dem Entschluss, diese Hoffnung durch seine Arbeit Wirklichkeit werden zu lassen. Da Anhui bei dem ersten Reformschritt einen gewaltigen Beitrag geleistet hatte, würde die Geschichte des zweiten Reformschritts auch in Anhui geschrieben werden!

Im April 1991, nach einer weiteren vertieften Untersuchung, erstellte He Kaiyin in knappen, aber treffenden Worten einen handhabbaren Maßnahmenkatalog unter dem Titel *Grundlegende Maßnahmen zur Entwicklung der Warenwirtschaft. Einige Vorstellungen zur Vertiefung der Reformen in den ländlichen Gebieten.* Dieser Bericht war ein umfassendes Reformprogramm – und zwar für alle zentralen Bereiche der ländlichen Gebiete: für die Reform des Bodensystems, des Agrarsteuersystems, des Wohnsitzregistrierungssystems, des Eigentumsrechtssystems, des Wirtschaftsführungssystems, des Fondssystems, des Arbeitskraftverlegungssystems, des Systems von Wissenschaft und Technik, der sozialen Sicherungssysteme, des Aufbaus einer geistigen Zivilisation und des Getreideankaufs zu Festpreisen.

Natürlich konnte ein solch umfassender Ansatz nicht in allen Aspekten gleichzeitig umgesetzt werden, vor allem durfte man das Kind nicht mit dem Bade ausschütten. Er wollte mit einer Reform des Bodensystems und des Steuersystems die ersten Breschen schlagen.

Diese Reformen hatte er ganz konkret geplant. So schlug er zum Beispiel vor, dem Boden teilweise die Eigenschaft der Ware zurückzugeben und den Bauern vertraglich ein Nutzungsrecht von 30 bis 50 Jahren für die Böden zuzusichern, um deren Überlassung langfristig zu festigen; Äcker und Felder sollten gegen Gebühr übertragen werden, und bei der Festsetzung des Preises sollte das Kollektiv mitwirken können. Und was die Steuern anbelangte, so sollte eine Reform des Steuereinzugs das gesamte Steuersystem betreffen und die Steuerabgaben sich nach dem Verdienst richten; es sollten eine Getreideabgabe entrichtet, die Festpreisabnahme abgeschafft und für drei Jahre festgeschrieben werden; die Steuer sollte an den Staat gehen, Ausgaben sollten den Gemeinden erstattet, die Rechnungsführung veröffentlicht werden – und so weiter und so fort.

Bevor seine *Grundlegenden Maßnahmen* in gedruckter Form herauskamen, schickte er sie über die Sekretäre verschiedener Abteilungen an die wichtigsten Führungspersonen in Provinzkomitee und -regierung.

Im Nu gingen drei bis vier Monate ins Land. Auf seinen Maßnahmenkatalog gab es nicht die geringste Reaktion, He Kaiyin schwebte in tausend Ängsten.

Er vermutete, das habe sicher mit dem letzten, besonders ablehnenden Bericht des Agrarkomitees von vor zwei Jahren zu tun. Aber er hatte in seiner Broschüre doch ausdrücklich sein Treffen mit dem Leiter der Gruppe für die Wirtschaft in den ländlichen Gebieten des Forschungsbüros des Staatsrats, dessen Vorschläge und auch die Worte des Ministerpräsidenten erwähnt!

Es war, als sei er von einer Nebelwand umgeben.

Im Juli rief das Forschungszentrum des Staatsrats bei ihm an und lud ihn zu einer »Nationalen Konferenz über die Probleme in den ländlichen Gebieten« nach Changchun ein, die von der *Nongmin Ribao* (*Bauernzeitung*) und von der Volksregierung der Provinz Jilin gemeinsam ausgerichtet wurde. Zuvor hatte die *Bauernzeitung* außerdem seine Vorstellungen über eine Vertiefung der Reformen in einem Artikel mit der Überschrift »Zur Lage in den ländlichen Gebieten« veröffentlicht und ihnen eine Vorbemerkung der Redaktion vorangestellt:

> »Die Vertiefung der Reformen in den ländlichen Gebieten und die weitere Perfektionierung und Entwicklung des Produktionsverantwortungssystems der Landwirtschaft ist ein weites und komplexes Thema. Der vorliegende Artikel blickt aus makroskopischer Sicht zusammenfassend auf die Entwicklungsgeschichte der Landwirtschaft seit der Gründung der Volksrepublik zurück und zieht die Lehren daraus. Vor allem wird die Haben- und Verlustseite in der Entwicklung der landwirtschaftlichen Produktion seit der 3. Plenartagung des 11. Parteitags und der Erfolg bestimmter politischer Entscheidungen einer objektiven Analyse und Reflexion unterzogen: Die Gründe für das langjährige Schwanken der Landwirtschaft werden diskutiert. Auf dieser Basis werden einige Vorstellungen und Vorschläge entwickelt, die zum Teil völlig neu, zum Teil auch leicht umzusetzen sind und die wir hier in Auszügen als Referenz für die zuständige Führung wiedergeben.«

Der Telefonanruf aus Peking und die Einladung zur Konferenz waren für den geplagten He Kaiyin wie eine Spritze mit einem Stärkungsmittel. Zumindest war damit klar, dass das Forschungszentrum des Staatsrats seine Arbeit verfolgte und seine Ideen sich so langsam zu verbreiten begannen. Natürlich hoffte er auf die Mitwirkung weiterer Spezialisten zu diesem Thema, noch mehr erhoffte er sich von seiner Teilnahme an der Konferenz in Changchun Gespräche mit Fachkollegen aus dem ganzen Land.

Voller Enthusiasmus suchte er den Leiter seines Büros auf.

Vor lauter Aufregung dachte er nicht einmal daran, auf den Gesichtsausdruck seines direkten Vorgesetzten zu achten, er berichtete von dem Telefonanruf aus Peking und hoffte auf Unterstützung.

Zu seiner Überraschung schüttelte der Büroleiter nur ganz kühl den Kopf: »Einer Teilnahme an dieser Konferenz kann ich nicht zustimmen.«

»Warum?« He Kaiyin war wie vor den Kopf geschlagen. Sein Büro war mit Forschungsarbeiten beschäftigt, wenn also das Forschungsbüro des Staatsrats einen Angestellten dieses Büros zu einer nationalen Konferenz einlud, dann müsste der Leiter dieses Büros sich eigentlich freuen und stolz sein.

Doch sein Büroleiter würdigte ihn keiner Antwort, er hob nicht einmal den Kopf und kümmerte sich um seine Angelegenheiten.

He Kaiyin brachte einen halben Tag lang kein Wort heraus. Dann konnte er es nicht mehr ertragen und suchte den stellvertretenden Generalsekretär der Provinzregierung auf.

Als der hörte, dass He Kaiyin zu einer nationalen Konferenz eingeladen war, sagte er hocherfreut: »Da musst du hin, das ist eine Ehre für Anhui!«

Mit dieser Erlaubnis des stellvertretenden Generalsekretärs der Provinz kümmerte er sich nicht mehr um seinen Büroleiter, sondern begab sich sofort zum Bahnhof, um sich eine Fahrkarte nach Changchun zu kaufen.

Doch kaum war er am Nachmittag wieder im Büro, als ihn der Büroleiter direkt auf den Kopf zu fragte: »Du hast dir eine Fahrkarte gekauft?«

He Kaiyin antwortete in dem Gefühl, im Recht zu sein: »Allerdings.«

»Gib mir die Fahrkarte!« Ohne weitere Erklärung streckte er die Hand aus.

Befremdet fragte He Kaiyin zurück: »Warum sollte ich das tun?«

»Dieses Mal darfst du nicht fahren!«

»Der stellvertretende Generalsekretär Liu hat es mir bereits erlaubt!«

»Der stellvertretende Generalsekretär?«, der Ton des Büroleiters wurde hart, »steht der höher als der Provinzgouverneur?«

He Kaiyin war bestürzt: »Der Provinzgouverneur verbietet mir das? Das kann ich kaum glauben!«

Der Büroleiter sagte nichts mehr. Aber er ließ keinen Zweifel aufkommen, dass er noch immer von He Kaiyin die Fahrkarte verlangte.

He Kaiyin blieb skeptisch, er glaubte nicht, dass jemand wie der Gouverneur einer Provinz, der soviel wichtige Dinge zu erledigen hatte, sich für eine derart unbedeutende Sache interessieren könnte. Wenn das wirklich im Sinne des Gouverneurs war, was hieß das denn dann? Vielleicht, dass der Gouverneur zuvor nur mit dem Hüttenwesen zu tun gehabt hatte und mit landwirtschaftlichen Sachverhalten weder vertraut war noch ihnen eine große Bedeutung beimaß? Oder hatte er im Hinblick auf die sensible »Regulierungs- und Konsolidierungsphase« Angst, dass es für Anhui Unannehmlichkeiten nach sich ziehen würde, wenn ein Mitglied einer Behörde seiner Regierung an einer nationalen Konferenz teilnehmen würde?

Zu Hause konnte He Kaiyin keinen anderen Gedanken mehr fassen, konnte nicht einmal mehr etwas essen, aber er kam zu keinem Schluss – erst als er im Bett lag, überfiel ihn jäh eine Eingebung: Als das letzte Mal das Sekretariat der Provinzregierung die *Interne Staatsreferenz* mit seinem Artikel herausgebracht hatte, hatten einige stellvertretende Provinzgouverneure, ob sie nun direkt oder nur indirekt mit Landwirtschaft zu tun hatten, in Aktenvermerken ihre Haltung deutlich gemacht. Nur der Gouverneur hatte keinen klaren Standpunkt bezogen.

Eines konnte jedoch im Augenblick nicht klarer sein, und zwar, dass man ihm nicht erlaubte, nach Changchun zu fahren. Er konnte die Konferenz abschreiben.

Eine große Konferenz zweier Provinzen

He Kaiyin wurden die Tage lang, jeder Tag erschien ihm wie ein Jahr.

Eines Tages, er hatte gerade das Verwaltungsgebäude der Provinzregierung betreten, wurde er vom stellvertretenden Provinzgouverneur

Long Nian mit den Worten angesprochen: »Mein lieber He, komm doch mal her!«

He Kaiyin war recht perplex, denn Long Nians Bereich war die Industrie, was konnte er von ihm wollen? Als sie in Long Nians Büro ankamen, erfuhr He Kaiyin, dass der sich für die ganze Sache sehr interessierte. Er fragte ihn gründlich über seine Reformvorstellungen aus und sagte resolut: »Mein lieber He, von Landwirtschaft verstehe ich nichts, aber die Unterstützung der Armen gehört zu meinen Aufgaben, vor allem im Kreis Linxian. Deine Ideen kannst du dort zunächst einmal ausprobieren.«

Long Nian war ein energischer und kurzentschlossener Mann, wenn er etwas sagte, dann war das wie ein Paukenschlag. Am frühen Morgen des nächsten Tages rief er ihn zum großen Regierungshof und sie fuhren mit einem Kleinbus nach Linxian. Sie blieben in diesem nationalen Armutsgebiet eine Woche. Am Tag beschäftigten sie sich mit den Möglichkeiten, die Armut zu verringern, und der hochspezialisierte Agrartechniker He Kaiyin wurde für Long Nian zum Berater in Sachen Armutsbekämpfung; an den Abenden rief Long Nian nacheinander die Leiter des Getreidebüros, des Steuerbüros, des Verwaltungssekretariats und der Kommission für die Reform des Wirtschaftssystem herbei, um He Kaiyin bei der Erstellung seiner Berechnungen zu helfen und einen für alle Seiten zufrieden stellenden Steuerplan zu entwerfen.

Bevor sie den Kreis wieder verließen, verabredete Long Nian mit He Kaiyin, zur Erntezeit wieder hierher zurückzukommen, um den entscheidenden Wendepunkt in der Probephase der Steuerreform anzuschieben, die Bauern zu entlasten und gleichzeitig die Armutsbekämpfung voranzutreiben.

Doch man soll den Tag nicht vor dem Abend loben. 1991 gab es am Übergang vom Sommer in den Herbst ein Jahrhunderthochwasser, ihre Pläne platzten wie eine Seifenblase. Etliche Bauerndörfer wurden in die Fluten gerissen, die Bauern hatten nicht einmal mehr etwas zu essen, wie sollte man da eine Steuerreform machen? Und dann wurde auch noch ein stellvertretender Sekretär des Provinzkomitees, der diese Arbeit aktiv unterstützt hatte, versetzt.

Resultat: zu früh gefreut.

Allerdings gab es auch Erfreuliches für He Kaiyin, und am Ende fiel ihm ein Stein vom Herzen. Durch Zufall erfuhr er, warum man ihn in der Provinz nicht nach Changchun hatte fahren lassen. Ihn hatte zu jener Zeit jemand von oben wegen »Lug und Trug« angeklagt, weshalb die Provinzregierung hinter seinem Rücken beim Staatsrat nachgefragt hatte, ob Ministerpräsident Li Peng sich tatsächlich zustimmend geäußert und ob das Forschungsbüro des Staatsrats sich wirklich mit ihm zu einem Gespräch im Regierungsbezirk Zhongnanhai verabredet hatte. Als herauskam, dass es mit all dem seine Richtigkeit hatte, bekam der Genosse, der ihn beschuldigt hatte, ein schlechtes Gewissen und rückte mit der Wahrheit heraus.

Der Winter ging ins Land, der Frühling kam, 1992 war ein ruhiges Jahr, im März und April dieses Jahres wehten Genosse Xiaopings Reden auf seiner Reise in den Süden wie ein Frühlingswind über das große Reich der Mitte hin und brachten neues Leben. Wie gut das tat!

> »Man muss etwas mehr Mut bei der Reform- und Öffnungspolitik an den Tag legen, Mut zum Experiment, nicht wie Frauen mit gebundenen Füßen. Wenn man das Ziel erkannt hat, dann mutig versucht, dann mutig drauflos! Ohne Draufgängertum, ohne ›Abenteuermut‹ bleibt alles saft- und kraftlos, dann werden wir keinen guten Weg, keinen neuen Weg nehmen und auch nichts Neues zustande bringen können. ... Bei der Reform der Städte wie der ländlichen Gebiete geht es nicht um Debatten, sondern um mutige Versuche, mutiges Drauflosgehen; unsere Politik lässt Versuche zu, das Zulassen von Versuchen ist viel besser als jeder Zwang. ... Man muss die Gelegenheit beim Schopfe packen, und jetzt ist so eine Gelegenheit. Ich mache mir Sorgen, dass die Chance verpasst, die Gelegenheit nicht beim Schopfe gepackt wird; wenn man eine Chance sieht und sie nicht nutzt, ist auf einmal der richtige Zeitpunkt vorbei.«

Als He Kaiyin diese aufregende Rede des Genossen Deng Xiaoping las, rauschte sein Blut.

Auf diese Rede hin stand der stellvertretende Provinzgouverneur Zhao Ming beim Ständigen Ausschuss der Provinz Anhui auf und schlug dem für die Landwirtschaft zuständigen stellvertretenden Provinzgouverneur Wang Sheyun den Bericht von He Kaiyin zum wiederholten Male um die Ohren: »Genosse Sheyun, diese Vorschläge des Genossen He Kaiyin sind nun schon einige Jahre alt, ich selbst habe sie mehrfach gelesen und überdacht. Jetzt ruft uns das Zentralkomitee zu mutigen Experimenten auf. Was meinst du, sollen wir nicht einen Kreis auswählen oder eine Gemeinde, um seine Vorschläge einmal auszuprobieren? Wenn du einverstanden bist, suchen wir die zuständigen Abteilungen auf und erforschen das Ganze gemeinsam, wie wäre es?«

Zwei Tage später ließ Wang Sheyun verlauten: »Ich bin mit dem Vorschlag einverstanden.« Das war wirklich: Wie unwegsam das Gelände auch sein mag, am Ende des Tunnels ist doch ein Licht. Nach allem war endlich die Gelegenheit da.

Damals wurde eine Konferenz zur Landesverwaltung in Huaibei in der Provinz Anhui abgehalten, an der auch Du Runsheng, der namhafte Spezialist für die Wirtschaft in den ländlichen Gebieten, teilnahm; auch He Kaiyin bekam eine Einladung zur Konferenz und hielt eine Rede. Da es bei der Konferenz um nationale Fragen ging, konnte er auch nur über diesbezügliche Probleme sprechen, doch seine Gedanken waren noch immer bei den Reformen der ländlichen Gebiete. Deshalb brachte er einen Druck seines Artikels mit zur Konferenz und schenkte ihn Du Runsheng.

Nachdem dieser den Aufsatz gelesen hatte, gab er seiner höchsten Bewunderung Ausdruck. Zu He Kaiyin sagte er: »Mein lieber He, was die Küste angeht, so wage ich das nicht zu sagen, das muss ich noch gesondert untersuchen, aber ich kann unbedingt bestätigen, dass diese Maßnahmen für die gewaltigen ländlichen Gebiete von Mittel- und Westchina praktisch sind!«

Die hohe Meinung von Du Runsheng machte He Kaiyin Mut.

Gegen Ende der Konferenz kam Wang Huaizhong, der stellvertretende Assistenzdirektor des Ständigen Ausschusses des Distriktes Fuyang, mit einem Wagen vorgefahren, um Du Runsheng abzuholen. Der war zur Zeit der Huai-Hai-Operation in Fuyang Sekretär des Distriktkomitees gewesen und mit diesem Gebiet seither emotional verbunden. Als der Staat 1987 beschloss, einige ausgewählte Pilotgebiete für die Reformen in den ländlichen Gebieten einzurichten, hatte Fuyang aufgrund der Empfehlung seines alten Sekretärs Du Runsheng das Glück, zu den auserkorenen zu gehören. Und jetzt, wo sich Du Runsheng gerade in Anhui aufhielt, luden die Menschen in Fuyang ihren ehemaligen Sekretär und Landwirtschaftsspezialisten in ihr Pilotgebiet ein, um die Arbeit anzuleiten.

Doch Du Runsheng war ein vielbeschäftigter Mann, hatte eine Terminlücke genutzt, um an der Konferenz teilzunehmen und schon zuvor eine Rückfahrkarte nach Peking gekauft. Also sagte er zu Wang Huaizhong: »Ich kann im Herbst einmal vorbeikommen, jetzt wäre es besser, an meiner Statt den Genossen He Kaiyin aus eurer Provinz einzuladen. Er weiß, was zu tun ist, und hat schon einige sehr gute Maßnahmen vorgeschlagen.«

Auf diese Empfehlung hin fuhr He Kaiyin mit Wang Huaizhong nach Boxian, die Heimatgemeinde von Cao Cao* und Hua Tuo*.

Damals war Fuyang noch keine Stadt, Boxian noch nicht Bozhou und noch weniger hatte der Ort sich im Distrikt Fuyang ausgezeichnet, als sich ein paar wichtige Leiter des Distrikts dort zu einem Meeting versammelten. Mit He Kaiyins Ankunft nahmen zweifellos die Reformthemen zu. Der Distriktsekretär Wang Zhaoyao bat He Kaiyin mit großer Freundlichkeit, seine Vorstellungen zum zweiten Reformschritt in den ländlichen Gebieten vorzustellen. Der so lange deprimierte He Kaiyin war begierig nach so einem Ort gewesen, einem Ort, an dem er ungehemmt sagen konnte, was er wollte, und so ließ er sich nicht lange bitten und legte eloquent die Ideen dar, mit denen er nun schon so viele Jahre schwanger ging.

Als er geendet hatte, mahnte er alle: »Dieser Entwurf schließt eine Menge Maßnahmen ein, die heute noch verboten sind; ob man das wirklich wird machen dürfen, kann auch ich nicht mit Gewissheit sagen.«

Die Behördenmitglieder traten danach in eine lebhafte Diskussion ein. Schließlich sagte der Sekretär des Distriktkomitees zu He Kaiyin: »Wir haben beschlossen, es zu versuchen, hilf uns dabei!«

Als He Kaiyin hörte, dass seine eigenen Vorstellungen schließlich doch noch umgesetzt werden sollten, erfüllte ihn eine unaussprechliche Freude, aber er wiederholte seine Bedenken: »Damit sind bestimmte Risiken verbunden.«

Wang Zhaoyao sagte rundheraus: »Wir sind auf staatliches Geheiß Pilotgebiet für die Reformen in den ländlichen Gebieten, wir haben die Erlaubnis, etwas Neues, Bahnbrechendes zu machen. Und wenn es Risiken gibt, dann werden das Distriktkomitee und ich sie tragen, mit dir hat das nichts zu tun.«

Seine Worte klangen ruhig und entschlossen.

Nach der Versammlung begleitete Wang Zhaoyao ihn persönlich, um den Ort zu bestimmen, in dem sie die Reform des Agrarsteuersystems testen konnten.

Zunächst kamen sie in den Kreis Yingshang. Dort wurde aus diesem Grund eine Großversammlung des Kreiskomitees einberufen, an der auch sämtliche Mitglieder der fünf Verwaltungsebenen des Kreises und selbst der Sekretär des Distriktkomitees teilnahmen. Der machte eigens klar, dass die Entscheidung, ob der Kreis für einen Testlauf zur Verfügung stehen wolle oder nicht, nicht vom Distriktkomitee oktroyiert werde, er hoffe im Gegenteil, dass niemand mit seiner Meinung hinter dem Berg halten werde.

He Kaiyin stellte zunächst noch einmal die entsprechende Lage vor, danach kam es zu einem freien Meinungsaustausch und die Versammlung wurde sehr lebhaft. Recht schnell war klar, dass die verschiedenen Fronten schwer zu vereinen waren: Kreiskomitee und -verwaltung waren sehr dafür, die Konsultativkonferenz sprach sich nicht eindeutig aus, der Volkskongress war entschieden dagegen. Unter den Argumenten, die von Gegnern und Kompromisslern vorgetragen wurden, war besonders ein Satz typisch: »In anderen Gebieten hat man das nicht gemacht, wenn wir das machen, dann werden womöglich die Gemeindekader etwas dagegen haben.«

Am Ende konnte man sich nicht einigen.

He Kaiyin, der sorgfältig zuhörte, kam mehr und mehr zu der Überzeugung, dass die Reden des Genossen Xiaoping auf seiner Reise in den Süden sehr weitsichtig gewesen waren und die Krankheit der Zeit getroffen hatten – und das ganz genau und auch sehr zur Zeit.

Man suchte nicht den Erfolg, man wollte keinen Fehler machen; man suchte Sicherheit und fürchtete das Durcheinander, wollte alles in Seelenruhe abwarten. »Ohne Draufgängertum, ohne ›Abenteuermut‹ bleibt alles saft- und kraftlos«, »wie Frauen mit gebundenen Füßen« – dieser Geist war gegenwärtig das hervorstechendste ideologische Hindernis für die Vertiefung der Reformen in den ländlichen Gebieten.

Natürlich kannte He Kaiyin die hinter den wohlklingenden Begründungen der Gegner verborgenen Ursachen. Angst hin, Angst her, wenn man das Kind beim Namen nannte, dann befürchteten sie, nach einer solchen Steuerreform könnten die Gemeindekader nicht mehr nach Herzenslust Geld aus den Bauern herauspressen. Und solche Kader waren zweifelsohne auch unter den Kreiskadern, viel von ihren beruflichen Erfolgen bestand im Erreichen der Standards mit dem Ziel der Hochstufung in der Verwaltungshierarchie. Und wo sollte das Geld herkommen, das man für die »öffentlichen Aufgaben« brauchte, wenn man die willkürliche Erhebung von Steuern, Abgaben und Fonds nicht mehr gestattete?

Einer Steuerreform zuzustimmen hieß in gewissem Sinne, sich selbst den Geldhahn zuzudrehen.

Es war nicht zu übersehen: Wenn man eine Reform durchführen wollte, brauchte man zuerst einen gewissen Reformgeist und den Mut, das eigene Leben zu ändern und zu revolutionieren!

Wang Zhaoyao hatte die Situation erkannt, er zwang niemanden. Denn der Erfolg jeder Agrarreform hing zunächst einmal davon ab, ob die Bauern sie verstanden, sich mit ihr identifizierten und sie unterstützten. Solange die Kader auf Kreisebene noch so waren, wie sie waren, konnte man nicht erwarten, dass sie die Bauernmassen organisieren und mobilisieren würden, um die Reform zu einem Erfolg zu führen!

Zu He Kaiyin sagte er: »Schauen wir mal, wie es im Kreis Guoyang ist.«

Als sie im Geburtsort des Philosophen Laozi ankamen, stellte Wang Zhaoyao ihn den wichtigsten Leuten aus Kreiskomitee und -verwaltung vor, denn er hatte im Distrikt dringend zu tun und musste früher abreisen. Zuvor sagte er ernst zu He Kaiyin: »Das darf man nicht überstürzen. Wenn es dich beruhigt: Ich werde für eine Steuerreform im Distrikt eintreten.«

Auch im Kreis Guoyang wurde eine Großversammlung des Kreiskomitees einberufen, wo es, vielleicht weil der Distriktsekretär nicht vor Ort war, noch hitziger zuging als in Yingshang. Man hatte gerüchteweise von den grundlegenden Prinzipien dieser Steuerreform gehört: »Genug Steuern für Staat und Kollektiv, und was übrig bleibt, bleibt bei den Bauern; keine Behörde und kein Einzelner hat das Recht, darüber hinaus auch nur einen Fen von den Bauern zu erheben.«

Von Anfang an brodelte es, Gegner und Befürworter hielten sich die Waage, alle Seiten zeigten sich unnachgiebig. Da stand der Kreisvorsteher auf, warf sein Notizbuch auf den Tisch und sagte: »Wir, das heißt Kreiskomitee und -verwaltung, tragen alle Risiken. Wir haben so viele Einwände gehört und zur Kenntnis genommen, aber wir wollen es immer noch machen!«

Seine Worte verschlugen der Versammlung einen Moment lang die Sprache.

Nachdem die Versammlung sich aufgelöst hatte, suchte He Kaiyin den Kreisvorsteher auf. Er war diesem offenen Mann, der den Mut hatte, Verantwortung zu übernehmen und Entscheidungen zu treffen, sehr dankbar, aber er mahnte ihn doch auch ganz offen: »Ihr solltet warten bis nach der turnusmäßigen Umgestaltung der Verwaltung. Wegen dieser Sache darfst du die Wahlen zum Kreisvorsteher nicht verlieren, sonst können wir am Ende überhaupt nichts mehr erreichen.«

Der Kreisvorsteher dachte nach und kam zu demselben Schluss. Auch wenn es heißt, dass die verschiedenen Ebenen der Verwaltung nicht an einem Strang ziehen können, so muss es bei der Arbeit doch einen Nenner geben – aber solange die allgemeine Einschätzung nicht übereinstimmte, durfte nichts überstürzt werden. Er lachte bitter: »Na gut, dann vertagen wir das vorläufig.«

Als He Kaiyin den Kreis Guoyang verließ, hatte er nicht vor, noch einmal einen der Führungskader im Kreis zu behelligen, er packte sein Bündel und ging schweigend zum Bahnhof für Überlandbusse.

Dass die Großversammlungen der beiden Kreiskomitees so heftig verlaufen würden, hatte er geahnt, der Weg zur Steuerreform in den ländlichen Gebieten würde gewiss lang sein, verschlungen und voller Hindernisse und Schwierigkeiten.

Unterwegs machte er sich viele Gedanken, fast hätte er den Mut völlig sinken lassen. Er fühlte sich erschöpft, es war ausweglos, und so kam er ganz verwirrt nach Hefei zurück.

Eine Gemeinde mit Namen Xinxing

In der Tat, die Welt ist groß und alles kann geschehen.

Ausgerechnet eine entlegene kleine Gemeinde des Kreises, in dem die Großversammlung des Kreiskomitees so ungewöhnlich heftig verlaufen war, dass man sich im Unfrieden trennte, eine Gemeinde, deren Namen soviel bedeutet wie »aufstrebend«, war dazu bestimmt, sich in die Geschichte der Reformen der Volksrepublik einzuschreiben.

Wir haben wirklich keinen Grund, zu schlecht über die heutigen Gemeindekader zu denken, die überwiegende Mehrzahl versucht noch immer, die Wirtschaft der ländlichen Gebiete zu verbessern. Und nur aus diesem starken Wunsch heraus konnten Liu Xingjie, der Sekretär des Parteikomitees von Xinxing, und der Gemeindevorsteher Li Peijie für einen so leicht zu übersehenden Artikel in der *Bauernzeitung* ein derart großes Interesse zeigen und auf der Stelle eine enthusiastische Diskussion darüber führen.

Es handelte sich um den mit Yang Wenliang unterschriebenen Artikel »Die Fesseln der Bauern lösen und das Getreide auf den Markt bringen«. Die beiden Kader waren für die im Artikel angesprochene Steuerreform Feuer und Flamme. »Steuern einheitlich einnehmen und das Geld wieder auf die verschiedenen Behörden verteilen« – sie spielten mit dem Gedanken, diese Idee in die Tat umzusetzen.

Als die beiden Männer auf die Steuererhebung zu sprechen kamen, brannte ihnen durchaus die Kopfhaut und ihre Hirne glühten. Sie hatten mit eigenen Augen gesehen, wie die Steuern, die sie erheben mussten, mit jedem Jahr höher wurden. In diesem Jahr musste die Gemeinde 310.000 Yuan an Agrarsteuer aufbringen, 240.000 Yuan an Agrarsonderproduktsteuer, 24.000 Yuan an Bodennutzungsgebühr, 815.000 Yuan an Tabaksteuer, Gesamtplanungsabgaben in Höhe von 1,62 Millionen Yuan und dazu noch die Ausgaben für den Straßenbau und die Wasserregulierung: Die Gesamtsumme belief sich auf 3,2 Millionen Yuan. Pro Person ergab das eine Steuerlast von über 100 Yuan, pro Mu lag die Belastung bei über 50 Yuan. Um die genannten Steuern einzutreiben, mussten sie eigens Leute organisieren, die von Haus zu Haus gingen und die Steuern aus den Menschen pressten. Die Aufwendungen dafür beliefen sich im Allgemeinen auf zehn Prozent des Gesamtsteueraufkommens, manchmal wurden sogar 20 bis 30 Prozent erreicht, und diese Extraausgaben mussten samt und sonders den Bauern aufgehalst werden. Vor allem die Tabaksteuer wurde Jahr für Jahr erhöht, den Gemeinden blieb nichts anderes übrig, als sie an die Bauernhaushalte weiterzugeben, pro Mu waren das über 80 Yuan. Aber die Bauern hatten pro Mu an Produktionsinvestitionen für die Abdeckung der Schösslinge mit Plastikfolien, für Düngung, Kohle zum Räuchern und Bewässerung usf. Ausgaben von nahezu 200 Yuan! In einem schlechten Jahr hieß das, sie mussten aus eigener Tasche zuschießen. Überall waren die Klagen der Bauern zu vernehmen, die Gemeindekader verbrachten jedes Jahr zehn Monate damit, die Bauern unter Drohungen zum Anbau und zum vertragsmäßigen Getreideverkauf zu zwingen. Dorfkader galten längst nicht mehr als Menschen, bei niemandem.

Liu Xingjie war gerade in seinem dreißigsten Jahr. In seiner jugendlichen Angriffslust sagte er, als er mit eigenen Augen sah, dass sie in diesem Jahr wieder einmal Schwierigkeiten haben würden, ihre Steuer- und Aufkaufpflicht zu erfüllen, aufgeregt zu Li Peijie: »Der Staatsrat hat mehrfach den Erlass herausgegeben, die Lasten der Bauern dürften fünf Prozent des Nettoeinkommens der Vorjahres nicht überschreiten – und was ist das Resultat? Diese Obergrenze, die eigentlich gedacht war, die willkürliche Erhebung von Steuern einzudämmen, ist heute die Untergrenze der Steuerquote. Falsche Berichte und Übertreibungen sind so weit verbreitet, dass man das Einkommen der Bauern, das sich eindeutig nur auf 1000 Yuan beläuft, mit 1500 bis 2000 Yuan angeben muss, um am Ende nach diesen geschönten Zahlen die fünf Prozent Steuer zu berechnen – wie soll man das stoppen!«

Li Peijie war um einiges älter als Liu Xingjie, hatte natürlich auch mehr erlebt als er, und als er den jungen Sekretär so reden hörte, stellte er folgende Berechnung über den Getreidepreis an: »Der staatlich festgelegte Getreidepreis und die Preise auf dem Markt liegen zu weit auseinander. Oder nehmen wir zum Beispiel Sojabohnen, der staatliche Preis liegt bei nur 3,8 bis vier Jiao für das Pfund, auf dem freien Markt verkauft man das Pfund bereits für neun Jiao bis ein Yuan, damit sind die Bauern ausgesprochen unzufrieden. Das muss alles geändert werden!«

»Stimmt, erst wenn wir irgendeinen legalen und vernünftigen Weg finden, können wir die Bauern entlasten«, sagte Liu Xingjie seufzend, »die Steuer muss für die Bauern verständlich sein und die Gemeindekader davon befreien, das ganze Jahr nur mit der Eintreibung einer unerfüllbaren Steuervorgabe beschäftigt zu sein.«

Seit Liu Xingjie Sekretär des Parteikomitees der Gemeinde Xinxing war, suchte er nach einer Lösung. Für ihn hatte sich wegen der Steuer zwischen Gemeindekadern und Bauern schon zu viel Ärger angestaut, das Verhältnis zwischen der Partei und den Massen hatte sich sehr verschlechtert, in dieser Richtung wollte er unbedingt etwas tun.

Li Peijie sagte: »Ich habe nichts dagegen, wenn wir ausprobieren, was da in der Zeitung beschrieben ist.«

Und so wurden sich die beiden, die später als die »zwei Jies aus Xinxing« bekannt wurden, schnell einig. Sie setzten sich zusammen und stellten nach der im Artikel von Yang Wenliang beschriebenen Methode eine sorgfältige Berechnung an: Die Gemeinde Xinxing hatte jeden Monat Personalausgaben von ungefähr 70.000 Yuan, das machte im Jahr 840.000 Yuan; die Verwaltungsausgaben beliefen sich, vorsichtig gerechnet, auf 200.000 Yuan; die Agrarsteuer lag im Allgemeinen fest bei 550.000 Yuan; wenn man die Aufbausteuer von 400.000 Yuan, die 200.000 Yuan, die für Feldbewässerung und Aufforstung benötigt wurden, die 200.000 Yuan für die »Fünf Garantien und vier Unterstützungen*« hinzurechnete, belief sich, nach allen möglichen Abzügen, das Minimalkapital, das die Gemeinde im Jahr brauchte, auf ungefähr 2,6 Millionen Yuan. Die Anbaufläche der Gemeinde betrug 87.000 Mu – wenn, vorsichtig gerechnet, jedes Mu im Jahr einmalig 30 Yuan an Abgaben erbrachte, dann konnte damit grundsätzlich der Finanzbedarf der gesamten Gemeinde gedeckt werden.

Und so wurde die mutige Idee geboren, dass über diese einmaligen 30 Yuan pro Jahr und Mu hinaus niemand weitere Steuern erheben dürfe!

Ob die Massen das akzeptieren würden? Die beiden mobilisierten Gemeindekader, um auf den Dörfern in großem Stil die Meinung der Bauern zu dieser Frage einzuholen. Als die Bauern hören, sie sollten nur noch einmal im Jahr Steuern zahlen und danach dürfe ihnen niemand mehr in die Tasche greifen, klatschten sie vor Freude in die Hände.

Damit stand der Entschluss von Liu Xingjie und Li Peijie fest. Daraufhin suchten sie mit allen erdenklichen Mitteln die Unterstützung ihrer Vorgesetzten und fuhren Anfang Oktober 1992 in die Kreishauptstadt von Guoyang, um dem Kreiskomitee und der Kreisverwaltung behutsam von ihrer Arbeit zu berichten.

Kreiskomiteesekretär und Kreisvorsteher hörten dem Bericht der beiden Männer sehr aufmerksam zu und waren besonders erleichtert, als sie hörten, dass sie bereits in großem Umfang die Meinung der Bauern eingeholt, auf einer Versammlung von Gemeindekomitee und -verwaltung eigens einen speziellen Beschluss gefasst hatten und ihre Entschlossenheit sehr groß war. Sie stimmten nicht nur einem Probelauf unmissverständlich zu, sondern stellten ihnen darüber hinaus auch noch He Kaiyins Programm für eine Reform der Agrarsteuer vor.

Als Liu Xingjie und Li Peijie das hörten, waren sie begeistert. Und regelrecht überwältigt waren sie, als der Kreisvorsteher sie nicht nur in ihrem Vorhaben bestärkte, sondern auf der Stelle eine Entscheidung traf: Kreiskomitee und -verwaltung, so lautete der Beschluss, würden am 3. Januar des kommenden Jahres bei ihnen vor Ort zu ihrer moralischen Unterstützung eine Konferenz abhalten.

Mit der Führung des Kreises im Rücken wuchs das Selbstvertrauen der »beiden Jies aus Xinxing«.

Doch als sie kurz darauf die Geschichte von dem Streit auf der Großversammlung des Kreiskomitees hörten, auf der der Kreissekretär sein Notizbuch auf den Tisch geworfen* hatte, beschlich sie das Gefühl, dass, wenn überhaupt, die Sache so einfach nicht werden würde, denn eine vereinigte Steuereintreibung widersprach den Bestimmungen der damaligen Politik.

Wenn die Großversammlung des Kreiskomitees sich so schwer tat, was sollte das erst bei ihrer kleinen Gemeinde werden? Die beiden Männer konnten nicht umhin, im Nachhinein wurde ihnen etwas bange. Aber Angst war eine Sache, was getan werden musste, eine andere.

»›Wenn man das Ziel erkannt hat, dann mutig versucht, dann mutig drauflos!‹«, sagte Liu Xingjie. »Wer auch immer eine Untersuchung anstellen sollte – wir haben doch diesen Satz des Genossen Xiaoping!«

Am 23. November 1992 wurde der Volkskongress der Gemeinde Xinxing feierlich eröffnet. Von den 110 Abgeordneten waren bis auf zwei, die sich aus beruflichen oder gesundheitlichen Gründen entschuldigt hatten, alle pünktlich erschienen. Li Peijie trug als Vertreter der Gemeindeverwaltung einen Arbeitsbericht mit dem Titel »Ernsthafte Entlastung der Bauern und Aufbau eines Bodenvertragssteuer(-abgaben-)systems« vor. Nach einer eingehenden und gründlichen Diskussion gaben alle 108 anwesenden Delegierten ihre Zustimmung.

Noch niemals waren die Volksvertreter der Gemeinde Xinxing bei einer Beratung durch den Kongress zu einem so einmütigen Entschluss gekommen. Man kann sagen, das hatte es in der Geschichte der Volkskongresse des neuen China noch nie gegeben, dass – gestützt auf die Entschließung des Volkskongresses einer Gemeinde – eine derart wichtige Reformarbeit durchgeführt worden ist!

Nach der Versammlung, und auch das war einmalig in der Geschichte der Volksrepublik, entstand das erste Bulletin, in dem die Gemeindeverwaltung die Reform propagierte. Dieses Bulletin, das die eigenhändige Unterschrift des Gemeindevorstehers Li Peijie trug, fand sich eines Morgens in allen Verwaltungsdörfern und Großgemeinden der Gemeinde plakatiert; es machte bekannt: »Vom 1. Januar 1993 an wird probeweise in der Gemeinde das Bodenvertragssteuer(-abgaben-)system eingeführt.« Der Inhalt des Bulletins war wie folgt:

»1. Bei der vertraglich gesicherten Gesamtsteuer haben die Bauern nur die politisch vorgeschriebenen freiwilligen Arbeiten zu leisten, sie tragen keine weiteren Kosten und es ist keiner Einheit und keiner Einzelperson gestattet, von den Bauern Steuern zu erheben oder die Abgaben zu erhöhen.
2. Von den 89.000 Mu der Gemeinde sind pro Mu und Jahr 30 Yuan als Vertragssteuer zu entrichten (im Sommer und im Herbst je eine Hälfte). Wenn die Steuer ordnungsgemäß entrichtet ist, erhalten die Bauern, die das nach den staatlichen Bestimmungen zu einem Festpreis zu liefernde Getreide zum Verkauf anbieten, dies bezahlt.
3. Das Finanzamt der Gemeinde schließt direkt mit den Bauern einen Vertrag, und die Kader der Dörfer und Verwaltungsdörfer tragen bei

der Steuereintreibung Sorge, dass dieser Vertrag umgesetzt wird. Gleichzeitig wird erwartet, dass sämtliche Gemeindekader, Staatsangestellten, Lehrer und Mitglieder der Kommunistischen Partei bei der Entrichtung der Steuer mit gutem Beispiel vorangehen ...«

Das war ein Bulletin, das nicht seinesgleichen hatte, denn obwohl es im Namen einer untersten Verwaltung aufgehängt wurde, so zeigte es doch ganz schlicht sowohl den Wunsch der Millionen Bauern, die historische Last abzuschütteln, als auch ihre Entschlossenheit, kühn in Richtung Marktwirtschaft zu gehen.

Viel von dem, was in dem Bulletin stand, hatte für die ländlichen Gebiete des heutigen China zweifelsohne Modellcharakter. Und natürlich werden wir es wie alle wichtigen Ereignisse in der Geschichte der Volksrepublik für immer im Gedächtnis behalten!

Die Nachricht von der Steuerreform in der Gemeinde Xinxing schlug wie ein Blitz aus heiterem Himmel in die stille Einöde der Ebene nördlich des Flusses Huai ein und versetzte die Kader und die Bevölkerung des ganzen Kreises Guoyang in helle Aufregung. Die Kader gerieten bei den Steuereintreibungen immer in arge Bedrängnis, und die Bauern hatte deren willkürliches Vorgehen zunehmend verängstigt – als sie hörten, dass in Xinxing mit einer Steuer experimentiert wurde, bei der »mit einer Zahlung alles abgegolten war«, wurde dies von den Massen und den Kadern mit vollem Herzen begrüßt.

Eine Zeit lang riss der Strom der Besucher nicht ab, die nach Xinxing kamen, um ihre Schaulust zu befriedigen und aus den dortigen Erfahrungen zu lernen. Vom Leben erschöpft, von benennbaren und unbenennbaren Fesseln zu lange und zu fest gebunden, hofften alle, diese abstreifen zu können. Sie alle waren auf der Suche nach Veränderung. Nun ging die Gemeinde Xinxing mit gutem Beispiel voran, stürmte einen neuen Weg entlang, und natürlich brannten auch die anderen Gemeinden darauf, diesen neuen Weg zu versuchen.

Zunächst folgte die Gemeinde Dancheng dem Ruf. Da wollte die Gemeinde Madian nicht zurückstehen, rührte die Trommel und traf alle Vorbereitungen.

Um Neujahr war Huaibei stets eine erstarrte Welt aus Eis und Schnee, der unerbittliche Nordwestwind riss fast alles Leben auf der großen Ebene mit sich. Das Neujahr 1993 jedoch verbrachten der Kreis Guoyang und die umliegenden Kreise mit hitzigen Debatten über die Steuerreform von Xinxing.

Am dritten Tag des neuen Jahres strömten die Führungen von Kreiskomitee, -verwaltung, -volkskongress und Konsultativkonferenz samt den Verantwortlichen aller Gemeindekomitees und -verwaltungen des Kreises in Xinxing zusammen, um termingerecht eine Gemeinschaftssitzung der vier großen Verwaltungsebenen einzuberufen. Nach dem Plan des Kreiskomiteesekretärs und des Kreisvorstehers sollte eine solche Vor-Ort-Versammlung das Reformmuster von Xinxing auf den gesamten Kreis übertragen.

Die Versammlung sah als ersten Redner den Vertreter von Xinxing vor, und Liu Xingjie war sorgfältig vorbereitet. Er berichtete voller Pathos, wie sie das Bodenvertragssteuer(-abgaben-)system zur Entlastung der Bauern eingeführt und welche Erfahrungen sie damit gemacht hatten. Fast alle Teilnehmer der Konferenz waren ganz Ohr, die gesamte Versammlung geriet in einen Zustand der Erregung. Und gerade in diesem Augenblick trat eine Situation ein, mit der selbst Kreiskomiteesekretär und Kreisvorstand nicht gerechnet hatten. Der Vorsitzende des Kreisvolkskongresses erhob seine Stimme, äußerte eine abweichende Meinung und führte ernst aus: Auch wenn der Reformplan von Xinxing vernünftig sei, so sei er doch gegen das Gesetz!

Der Ton des Volkskongressvorsitzenden ließ keinen Zweifel zu, durch seine kühle Sprache schimmerten unerschütterliche Ablehnung und standhafte Prinzipientreue hindurch.

Wer mit der Welt der Politik und der Beamtenkarrieren vertraut war, wusste sofort, dass er Rückendeckung hatte. Jedem war klar, dass diese Gemeinschaftssitzung vom Kreiskomiteesekretär und vom Kreisvorsteher geleitet wurde, um den Reformgeist von Xinxing publik zu machen und die Reformpläne auszudehnen. Man konnte sagen, die beiden hatten sich das Hirn zermartert und sich »bloßgestellt«. Ebenso war jedem eines bewusst: Wer es wagte, vor den Verwaltungsebenen des ganzen Kreises, den Verantwortlichen der Komitees und Verwaltungen sämtlicher Gemeinden des Kreises öffentlich eine dem Kreisvorsteher und Kreiskomiteesekretär widersprechende Meinung zu äußern, der musste, wo nicht den Volkskongress der Provinz, so doch zumindest den des Distriktes hinter sich haben.

Die Mehrzahl der Anwesenden spürte sofort, dass das ursprüngliche Ziel nicht zu erreichen war. Für die Reformen in Xinxing, für die von Kreiskomitee und Kreisvorstand initiierte Gemeinschaftssitzung ein Wink mit dem Zaunpfahl!

Auf der Versammlung trat abrupt eine erstickende Stille ein. Die zuvor so erregte Atmosphäre verlor sich schlagartig und ohne ein Echo zu hinterlassen. Nicht einmal der Kreiskomiteesekretär und der Kreisvorsitzende konnten in dieser Situation gut etwas sagen.

Als der Kreiskomiteesekretär, der innerlich zu den Reformen von Xinxing tendierte, dann doch zögerlich wieder das Wort ergriff, bekannte er nicht mehr Farbe, sondern äußerte sich so, dass, wenn alle Stricke rissen, er noch rechtzeitig einen Rückzieher machen konnte.

Kurz nach der Versammlung waren die Führungskräfte, die die Reformen unterstützt hatten, ihrer Sache nicht mehr so sicher.

Und die Steuerreform von Xinxing geriet in arge Verwirrung.

Ja, konnte man denn eine solche Reform überhaupt noch machen?

Liu Xingjie und Li Peijie zögerten, aber sie waren nicht bereit, das Ganze aufzugeben. Nach eingehender Beratung beschlossen Partei und Gemeindeverwaltung, an ihrem ursprünglichen Plan festzuhalten und die Steuerreform hartnäckig und ohne Rücksicht auf Verluste weiterzuführen!

An eines glaubten Liu Xingjie und Li Peijie fest: Diese Steuerreform brachte Vorteile für die Bauern; und es war die größte Pflichtvergessenheit eines Basiskaders in den ländlichen Gebieten, wenn er sich nicht um das Wohlergehen der Bauern kümmerte!

Natürlich wussten sie um die Wichtigkeit des Prinzips der Organisation und wussten, dass die »Erprobung eines Bodenvertragssteuer(-abgaben-)systems« den Bestimmungen der gegenwärtigen Politik zuwiderlief, all das wussten sie; aber es stand ihnen noch klarer vor Augen, wie Ministerpräsident Jiang Zemin wieder und wieder betont hatte, dass alle die »große Fahne der Theorien Deng Xiaopings hochhalten« sollten. Und die Reden Deng Xiaopings auf seiner Reise in den Süden waren ein wichtiger Bestandteil dieser Theorie. Ob man über diese Reden nur redete oder sie hundertprozentig befolgte, das war offensichtlich die entscheidende Frage, wenn man davon sprach, die große Fahne der Theorien Deng Xiaopings hochzuhalten und sich an die wichtigen Weisungen des Ministerpräsidenten Jiang Zemin zu halten!

»Inhaberpapiere« und »Aktienmarkt« galten immer als Dinge des Kapitalismus, doch Deng Xiaoping hatte den bedenkenswerten Ratschlag gegeben: »Sind derlei Dinge nun gut oder schlecht, sind sie eine Gefahr, sind sie nur vom Kapitalismus und nicht auch vom Sozialismus zu verwenden? Das muss zu fragen erlaubt sein, und das müssen wir entschlossen herausfinden.« Er hatte weiter gesagt: »Wenn es geht, wenn es ein, zwei Jahre gut geht, dann geben wir es frei; wenn es ein

Irrtum war, korrigieren wir das, und das war es dann.« Und er hatte zum Schluss gesagt: »Das kann schnell geschehen, das kann langsam geschehen, das kann auf halber Strecke geschehen. Wovor also Angst haben? Wenn es nicht wichtig ist, an einer Haltung festzuhalten, dann werden auch keine großen Fehler gemacht.«

Die Lektüre dieser kühnen Worte Deng Xiaopings war für Liu Xingjie und Li Peijie eine Art Offenbarung.

Plangemäß gaben sie den einzelnen Bauernhaushalten die »genauen Testregeln« für die Steuerreform und die »einheitliche Abgabenberechnung« nach der Zusammenlegung aller Steuern in die Hand; sie gingen, wie es in den Bestimmungen stand, von Tür zu Tür und schlossen die Verträge ab.

Damit hatte die Gemeinde Xinxing ohne Blick zurück das Vorspiel für die Steuerreform des ganzen Landes eröffnet!

Die Gemeinde Madian, die sich darauf vorbereitet hatte, mit Xinxing zusammen die Reform durchzuführen, ließ, als der Sekretär des Parteikomitees sah, dass der Augenblick nicht günstig war, die Hände davon; während, ermutigt von Xinxing, die Gemeinde Dancheng, die dem Reformplan auf einer Versammlung des Volkskongresses auf der Basisebene gleichfalls zugestimmt hatte, weiter entschlossen war, mit Xinxing weiterzumachen.

Doch die schönen Zeiten waren nicht von Dauer.

Am 1. März schickten das Rechtskomitee des Kreisvolkskongresses und das Finanzbüro plötzlich Abgesandte nach Xinxing, um die dortige Arbeit zu inspizieren. Das war der Anfang der Feindseligkeiten. Am 3. März wurde Liu Xingjie versetzt.

Es hieß, seine Versetzung habe der Steuerreform in Xinxing »das Brennholz unter dem Kessel entzogen«; dann hieß es wieder, Liu Xingjie mit dem Amt eines Gemeindevorstehers von Chengguan auf stellvertretender Kreisebene zu betrauen und Li Peijie an seiner Stelle zum Sekretär des Parteikomitees von Xinxing zu machen, das sei ein Zeichen der Wertschätzung von Kreiskomitee und Kreisverwaltung. Aber wie auch immer, die Versetzung Liu Xingjies zu einem Zeitpunkt, an dem die Steuerreform in der so schwierigen Anfangsphase war, bedeutete für Xinxing einen Verlust.

Als Li Peijie vom Amt des Gemeindevorstehers in das des Sekretärs des Parteikomitees wechselte, wurde sein bisheriger Stellvertreter Gong Baojie zu seinem Nachfolger. Auch er gehörte zu den Befürwortern der Steuerreform, auch in seinem Namen fand sich die Silbe »jie«, so dass später aus den »zwei Jies aus Xinxing« die »drei Jies aus Xinxing« wurden.

Doch diese Versetzungen brachten die Reform nicht zum Stehen. Im Gegenteil, da sie im Volk verwurzelt war und dem Willen des Volkes entsprach, entwickelte sie sich rasant und alles ging glatt wie das Bambusspalten.

Mit dem 27. April nahm die Situation allerdings eine abermalige plötzliche Wendung. An diesem Tag fasste der Ständige Ausschuss des Volkskongresses des Kreises Guoyang formell folgenden Entschluss: Die Beschlüsse der Volkskongresse zur Durchführung einer Steuerreform werden annulliert.

Gegen die Entscheidung des Ständigen Ausschusses des Kreisvolkskongresses konnte die Gemeinde Dancheng nicht an, und so zog sie ihren Beschluss zurück. Als Li Peijie von der formellen Entscheidung erfuhr, schloss er sich in seinem Büro ein und starrte einen Vormittag lang nachdenklich die Wand an. Er stand vor einer bitteren Entscheidung.

Tags darauf begab er sich eigens in die Kreisstadt und stattete dem Vorsitzenden des Kreisvolkskongresses einen Besuch ab. Er wollte eine Anstrengung unternehmen, um den Vorsitzenden irgendwie zum Einlenken zu bewegen. Doch auch diese Hoffnung wurde am Ende zunichte gemacht. Die Antwort, die er bekam, ließ überhaupt keinen Handlungsspielraum offen: »Ihr dürft nicht weitermachen, das ist gegen das Gesetz!«

Aber er war dazu immer noch nicht bereit. Er lief zum Kreiskomitee und bat um die Fortsetzung der Reform. Natürlich wusste der Kreiskomiteesekretär, dass die Entscheidung des Ständigen Ausschusses von oben Unterstützung bekam. An diesem Punkt konnte auch er offensichtlich nicht mehr so einfach Stellung beziehen und so sagte er: »Wenn du weitermachst, verlierst du dein Amt!« Dem fügte er bedeutungsvoll hinzu: »Wenn du dein Amt verlierst, kann man dich wieder neu einsetzen!«

Li Peijie verstand diesen Hinweis natürlich sofort.

Auf dem Rückweg nach Xinxing war Li Peijie hin- und hergerissen, er hatte das klare und traurig-heroische Gefühl, dass die »Wahrheit manchmal in den Händen der Minderheit liegt«.

Er dachte, wenn man alles, was der gegenwärtigen Politik und den gegenwärtigen Gesetzen widersprach, ohne weitere Analyse einfach ablehnte, verhinderte und im Keim erstickte, würde dann überhaupt noch etwas wie das Umfassende Verantwortungssystem von Kleingang möglich sein? Wenn man nicht mehr den Mut aufbrachte, sich ohne Angst vor Strafe in ein »Abenteuer« zu stürzen, wie konnte da aus den Reformen etwas Vernünftiges werden?

Was war schon ein Gemeindeparteikomiteesekretär?, dachte er weiter. Wenn er weitere Untersuchungen anstellte, würde er im schlimmsten Falle das schwarze Beamtenkäppi* verlieren. Wenn er nur etwas für die einfachen Leute tun konnte, dann war das auch eine Verbannung zurück auf die Felder wert!

Und so ermannte sich er sich selbst: Er musste diesen Weg bis zum bitteren Ende gehen!

Wenn er danach auf kleinen und großen Versammlungen Rechenschaft ablegen sollte, gab er zu wissen vor, dass die Reform nicht weiter betrieben würde. Er tat jedoch das genaue Gegenteil. Er war fest entschlossen, »dem Himmel zu verheimlichen, dass er über das Meer fuhr«, und zu tun, was er tun musste.

Aufgrund der Bestimmungen der mit den Bauern von Xinxing geschlossenen Verträge, denen zufolge nach der Abgabe von 30 Yuan pro Mu außer den politisch bestimmten Arbeitseinsätzen keine weiteren Leistungen mehr zu erbringen waren, erlebte die Anbauaktivität einen nie da gewesenen Anstieg. Nicht wenige Bauernhaushalte betrieben aus eigenen Stücken eine hocheffiziente Landwirtschaft. Allein der Anbau von Arzneigrundstoffen und von Trockenmoos, einer Spezialität aus Guoyang, schnellte auf 10.000 Mu hoch, das war im Einzelnen zwei- bis neunmal soviel wie im vergangenen Jahr; der Anbau von Teichlotus wurde auf 5000 Mu erweitert, das Fünffache des Vorjahres. Da alle bereit waren zu investieren und mit Elan die Felder zu bestellen, half auch der gute alte Himmel nach, und die Sommerernte war selten so gut gewesen. Das Resultat war, dass in diesem Jahr keine Volksmiliz, keine Polizei und noch weniger irgendwelche Dorfkader vor der Tür standen, um Steuern einzuziehen, die Schweine auf die Felder zu treiben und das Getreide zu verstreuen. In der ganzen Gemeinde hatte man diese Aufgabe innerhalb von nur zehn Tagen ganz reibungslos hinter sich gebracht.

Das war seit vielen Jahren nicht mehr so gewesen.

Da man an die »genauen Testregeln« der Reform gebunden war, wurde jedweder willkürlichen Bereicherung in Xinxing der Boden entzogen. Die durchschnittliche Belastung der Bauern und die durchschnittliche Belastung pro Mu Boden wurde im Vergleich zum selben

Zeitraum des Vorjahres jeweils um 37 beziehungsweise um 20,6 Prozent reduziert.

Daran hätte man früher nicht einmal im Traum zu denken gewagt.

Am meisten war Li Peijie überrascht, dass nach der probeweisen Einführung der vertraglich vereinbarten Einheitssteuer eine vernünftige Landzirkulation erkennbar wurde. Das Land begann in die Hände derer zu wandern, die etwas von Ackerbau verstanden. Li Peijie schickte Leute aus, die dem nachgehen sollten. Sie fanden heraus, dass über 100 Haushalte ihr Land vertraglich übergeben hatten. Darunter war ein Haushalt mit über 60 Mu, die pro Ernte an Qualitätssojabohnen einen Nettoverdienst von 2000 Yuan brachten. Und weil man keine Leute organisieren musste, die Geld und Getreide eintrieben, mussten viele Planstellen nicht beibehalten werden – allein durch diese Maßnahme wurden die verschiedenen Dorfkader um über 300 reduziert, was die Belastung der Bauern um ein weiteres gutes Stück verringerte.

Doch auch wenn Li Peijie und Gong Baojie nach außen hin auf all dem den Deckel hielten und das Wort »Reform« nicht in den Mund nahmen, so war es doch nicht vor der Nachrichtenabteilung der Kreisverwaltung geheim zu halten. Nach Auffassung des Leiters dieser Abteilung mussten die Veränderungen, die aus der Steuerreform in Xinxing hervorgegangen waren, an die Provinz rückgekoppelt werden. Noch an dem Tag, an dem er selbst von der Situation erfuhr, schrieb er kurz und knapp einen Bericht von ein paar 100 Schriftzeichen an die Nachrichtenabteilung der Provinz.

Ein Reporter des Provinzbüros der Nachrichtenagentur Neues China bekam diesen Bericht in die Hände und hielt seinen Nachrichtenwert für sehr hoch. Also verfasste er eine kleine Notiz und veröffentlichte sie in der internen Publikation *Vierzehntägiges Gespräch*.

Wer hätte gedacht, dass dieses winzige Nachrichtenkästchen eine Reihe von führenden Leuten des Kreisvolkskongresses Guoyang auf den Plan rufen würde. Als sie erfahren hatten, woher die Nachricht kam, erteilten sie dem Leiter der Nachrichtenabteilung des Kreises eine öffentliche Rüge: »Wie konntest du eine solche Nachricht weiterleiten?«

Ihrer Auffassung nach würde diese Meldung den Kreis in »Kalamitäten« bringen und den guten Ruf der Menschen im Kreis beschmutzen!

Auf der Steuerberichtsversammlung der Kreisverwaltung stellte Li

Peijie fest, dass ihn eine Reihe von Leuten eigenartig ansahen. Er nahm an, dass die Kunde von der Reform die Runde gemacht hatte. Um dem Kreiskomitee und der Kreisverwaltung keine Unannehmlichkeiten einzutragen, log er einfach, als die Reihe an ihm war, das Blaue vom Himmel herunter: »Die Gemeinde Xinxing handelt vollständig in Übereinstimmung mit der Entscheidung des Ständigen Ausschusses des Kreisvolkskongresses. Weitere Maßnahmen zur Durchführung einer Steuerreform wurden nicht getroffen.«

Er sprach mit vollem Ernst. Es blieb ihm nichts anderes übrig, er hatte die Kunst der Lüge genau studiert. Nachdem Li Peijie erst einmal die Süße der Reformen gekostet hatte, war er entschlossen, sie weiterzuführen und notgedrungen und gegen sein Gewissen weiter an seinem Lügengeflecht zu spinnen.

Eigentlich gab es keinen Widerspruch zwischen Gewissen und Parteisinn, im Grunde sollten sie ein und dasselbe sein, aber wegen der Reform des Bodenvertragssteuer(-abgabe-)systems hatten Li Peijie wie auch Gong Baojie fast täglich die bittere Wahl zwischen Parteidisziplin und Gewissen zu treffen …

Wenn es hinter der Mauer blüht, wird man es draußen riechen

Dass He Kaiyins Vorstellungen von einer Steuerreform in den ländlichen Gebieten in zwei Kreisen von der Hauptversammlung des Kreiskomitees abschlägig beschieden worden waren, ließ er nicht auf sich beruhen, und so suchte er nach seiner Rückkehr in die Provinzhauptstadt Hefei nach anderweitiger Unterstützung.

Genau zu diesem Zeitpunkt setzte der Bürgermeister der unweit von Hefei am Yangzi gelegenen Kupfermetropole Tongling eine gewaltige Diskussion in Gang, in der es ans Eingemachte gehen, jeder mögliche Missstand aufgezeigt und das Denken befreit werden sollte. Das landesweite Echo auf diese Diskussion war nicht gering. Das brachte He Kaiyin auf einen seltsamen Gedanken: Was, wenn er seine eigenen Reformpläne an diesen Bürgermeister schickte? Er ließ dem Gedanken sofort die Tat folgen, schrieb an den jungen, fest zu Reformen entschlossenen Bürgermeister Wang Yang einen Brief und legte das entsprechende Material bei.

Der war von Brief und Material sehr angetan, gab es an den Kreis

Tongling weiter mit der Aufforderung, die Machbarkeit des Ganzen zu untersuchen. Obwohl der Kreiskomiteesekretär zur Zeit auf einer Schulung des Provinzkomitees war, kündigte er, als er davon hörte, seine Unterstützung an; bei dem stellvertretenden Kreiskomiteesekretär und dem Kreisvorsteher, die zu Hause die Arbeit leiteten, war die Begeisterung noch größer. Als sie das Memo Wang Yangs in Händen hielten, schrieben sie sofort einen Brief an He Kaiyin und luden ihn nach Tongling ein.

He Kaiyin begab sich voller Vorfreude eilig nach Süden.

Er hatte nicht erwartet, dass sein Brief so schnell Wirkung zeigen würde. Allerdings hatte er auch nicht damit gerechnet, sich auf der Vollversammlung des Kreises der gleichen Situation gegenüberzusehen wie zuvor in Yingshang und in Guoyang: Nachdem er seine Steuerpläne im Detail vorgestellt hatte, traten die Befürworter in dem Bewusstsein, einer guten Sache zu dienen, kühn und selbstsicher auf, aber auch die Gegner sprachen mit Bestimmtheit und voller Leidenschaft – und keine Seite gab nach.

Das brachte den Kreisvorsteher, der die Versammlung leitete, in eine schwierige Lage.

Als er He Kaiyin schließlich verabschiedete, versicherte er ihm immer wieder: Er hoffe wirklich sehr, dass man in seinem Kreis einen Versuch mit diesem Steuergesamtplan für die ländlichen Gebiete machen werde! Aber eine Steuerreform sei eine gewichtige Sache, ohne die ausdrückliche Unterstützung der Provinz seien die verschiedenen Meinungen auf den unteren Ebenen nur schwer auf einen Nenner zu bringen. Die Legislaturperiode sei bald vorüber, wenn es eine eindeutige Stellungnahme des Kreiskomitees und der Kreisverwaltung gebe, dann halte man wohl auch an einer Fortsetzung des Experimentes fest.

Wieder einmal kehrte He Kaiyin voller Enttäuschung nach Hefei zurück, nur schwer fand er seine innere Ruhe wieder. Denn plötzlich erhielt er ein Schreiben des Forschungsbüros des Komitees der Provinz Hebei und fast gleichzeitig auch ein Schreiben des Sekretärs des dortigen Provinzkomitees. In beiden Briefen wurde ihm mitgeteilt, dass seine Vorstellungen über eine Vertiefung der Reformen in den ländlichen Gebieten das besondere Interesse des Provinzkomitees und wichtiger Führungspersönlichkeiten der Provinzregierung erregt hätten; man sei dort der Überzeugung, dass »seine Gedankengänge und Methoden nicht nur auf die Entwicklung der Warenwirtschaft in den ländlichen Gebieten Hebeis passen, sondern auch für die Entwicklung der Wirtschaft in den ländlichen Gebieten des ganzen Landes von bestimmter Bedeutung sind«.

Als er das las, durchströmten He Kaiying die unterschiedlichsten Empfindungen: Er fühlte sich ermutigt und gleichzeitig traurig und ratlos. Bestätigte das nicht den alten Satz: »Wenn es hinter der Mauer blüht, wird man es draußen riechen?«

Er hatte so sehr gehofft, dass sein Traum und sein Kampf in Anhui, in seiner Heimat, die ihn hervorgebracht und großgemacht hatte, Früchte tragen würden! Schließlich war doch auch das Umfassende Verantwortungssystem in Kleingang, also in seiner Provinz, aus der Taufe gehoben worden.

Auch wenn seine Vorstellungen augenscheinlich für Anhui übertrieben waren und er in drei Gemeinden gegen Wände gelaufen war, so griff er doch noch einmal zur Feder, um seiner eigenen Provinzführung einen Brief zu schreiben, in dem er seiner ehrlichen Hoffnung Ausdruck gab, man müsse doch endlich »die Vorteile seiner Vorstellungen erkennen«.

Nicht viel später versahen der stellvertretende Generalsekretär der Provinzregierung, der für Landwirtschaft zuständige stellvertretende Provinzgouverneur und der stellvertretende Provinzgouverneur im Ständigen Ausschuss He Kaiyins Brief mit ausdrücklich zustimmenden Anmerkungen. Vor allem der Kommentar des stellvertretenden Provinzgouverneurs im Ständigen Ausschuss bewegte He Kaiyin sehr: »Diesen Vorschlag trägt der Genossen He Kaiyin schon viele Jahre vor, ich habe ihn mehrmals gelesen und überdacht. Zur Zeit fordert uns das Zentralkomitee doch zu mutigen Experimenten auf, wie wäre es da, wenn wir noch einmal mit der Provinzführung Fühlung aufnähmen und die entsprechenden Behörden aufsuchten und in einem Kreis oder in einer Gemeinde einen Versuch durchführten und die ganze Sache untersuchten?«

Da seine Haltung so entschieden war, wartete He Kaiyin voller Zuversicht auf die abermalige Kontaktaufnahme mit der Provinzregierung. Aber die Tage gingen ins Land, bis zum Ende des Jahres erhielt er in dieser Sache keine Nachricht mehr, und sein Bericht verschwand wie ein Ochse aus Sand im Meer. Schon waren wieder ein Jahr und ein erster Januar vergangen, das Frühlingsfest nahte, alle waren lärmend und voller Freude mit ihren Neujahrseinkäufen beschäftigt, doch He Kaiyin fühlte sich müde und deprimiert und war überhaupt nicht in der Stimmung, Silvester zu feiern.

Er war ein Mann, der sich alles zu sehr zu Herzen nahm: Seit er seine Idee zu einer Vertiefung der Reformen in den ländlichen Gebieten entwickelt hatte, waren nun schon fünf Jahre vergangen, aber seine Ideen durften noch immer nicht mehr sein als Ideen, sie standen noch immer nur auf dem Papier und waren Gegenstand von Diskussionen. Wie sehr er sich einen Ort wünschte, wo er seinen Traum ausprobieren und Wirklichkeit werden lassen konnte!

Auf der Straße brannten die Kinder unentwegt Festtagsböller ab, und er dachte: »Die Welt ist so groß, wenn meine Vorschläge in einer anderen Provinz akzeptiert werden, auch gut!«

Plötzlich fiel ihm Li Changchun ein, der Gouverneur der Nachbarprovinz.

Das vor allem, weil Henan wie Anhui eine große Agrarprovinz war und das größte Problem der großen Agrarprovinzen die Belastung der Bauern war. Natürlich dachte er an Li Changchun auch, weil dessen Name für ihn wie für viele andere Chinesen einen Ruf wie Donnerhall hatte. Li Changchun hatte in seiner Zeit als Bürgermeister von Shenyang, der Provinzhauptstadt von Liaoning, und später als Gouverneur von Liaoning den Mut gehabt, sich in diverse Abenteuer zu stürzen und wirkliche Reformen anzugehen. So trug es eindeutig seine kenntnisreiche Handschrift, dass die Schlagwetterschutzausrüstungsfabrik von Shenyang als Erste im Land Konkurs angemeldet hatte.

He Kaiyin wandte sich brieflich an Li Changchun, als gebe er einem ihm völlig vertrauten und völlig vertrauenswürdigen Führungskader einen Arbeitsbericht: »An den Provinzgouverneur Li Changchun: Ein gutes neues Jahr! Entschuldigen Sie bitte, wenn ich es wage, Sie zu belästigen. Ich möchte Ihnen Vorschläge zu einer Vertiefung der Reformen unterbreiten.«

Er erklärte alles: den inneren Zusammenhang seiner Reformideen für die ländlichen Gebiete, seine konkreten Reformpläne, wie das Forschungsbüro diesen eigens eine Nummer der *Entscheidungsreferenz* gewidmet, es an das Politbüro des Zentralkomitees geschickt und dort die Aufmerksamkeit von Ministerpräsident Li Peng erregt hatte usf. Gleichzeitig legte er dem Brief seinen neuesten Aufsatz bei: *Grundlegende Maßnahmen zur Entwicklung der Warenwirtschaft in den ländlichen Gebieten*.

Als er den Brief aufgegeben hatte, machte er sich keine allzu großen Hoffnungen. Er wusste, der Gouverneur einer Provinz hatte eine Unmenge von Amtsgeschäften zu erledigen und musste sich einfach um zu viele Dinge kümmern, außerdem waren sie einander noch nie begegnet, und überdies war es ungewiss, ob Li Changchun den Brief überhaupt zu Gesicht bekommen würde. Dennoch, als er sein Herz in diesem Brief ausgeschüttet hatte, war es, als habe er sich einen lange gehegten Wunsch erfüllt, und als der Brief weg war, fühlte er sich insgesamt doch recht erleichtert. Ein Mensch braucht Träume, dachte er, nach Freud können Träume das innere Gleichgewicht wiederherstellen.

Doch was dann geschah, damit hatte He Kaiyin nie und nimmer gerechnet. Li Changchun, also ein ihm persönlich ganz unbekannter Provinzgouverneur, hatte seinen Brief nicht nur gelesen, maß diesem Brief nicht nur große Bedeutung bei, sondern das Komitee für die Reform des Wirtschaftssystems von Henan sandte ihm sogar postwendend und offiziell ein überschwängliches Antwortschreiben!

Erst als er das las, erfuhr He Kaiyin, dass Li Changchun nicht mehr Gouverneur, sondern zum Sekretär des Provinzkomitees von Henan aufgestiegen war. In dem Schreiben hieß es:

> »Wir haben den Brief und die Materialien, die Sie an den Sekretär des Provinzkomitees geschickt haben, erhalten. Li Changchun als Sekretär des Provinzkomitees und Li Chengyu als stellvertretender Provinzgouverneur haben jeweils Aktennotizen dazu gemacht und uns beauftragt, Ihre Vorschläge zu prüfen und uns mit Ihnen in Verbindung zu setzen. Wir sind der Auffassung, dass Sie in Ihrem Aufsatz *Grundlegende Maßnahmen zur Entwicklung der Warenwirtschaft in den ländlichen Gebieten* viele gute Vorschläge und Ideen vorgelegt haben, die für eine weitere Vertiefung der Reformen in den ländlichen Gebieten von großer Bedeutung sind. Wir hoffen, dass Sie uns über die weiteren Ergebnisse Ihrer Forschungen auf dem Laufenden halten und uns neue Einsichten zukommen lassen, damit wir uns weiter austauschen und bei der Forschung unterstützen können.«

Dem Schreiben beigelegt waren Kopien der Aktennotizen von Li Changchun und Li Chengyu. Aus diesen wurde ersichtlich, dass das Provinzkomitee bereits zu einer »Umsetzung der Agrarsteuerreform« entschlossen war und als Pilotgebiet den Distrikt Shangqiu bestimmt hatte.

Am 20. März hatte He Kaiyin das offizielle Schreiben des Komitees für die Reform des Wirtschaftssystems von Henan erhalten; am 14. April bekam er darüber hinaus noch einen Brief, in dem Li Chengyu ihm im Namen der Volksregierung von Henan von ganzem Herzen seinen Dank aussprach.

Als er sah, dass seine mühsame Arbeit nun doch noch Früchte zu tragen begann, war He Kaiyin sehr zufrieden. Aber gemessen an dem Zuspruch aus Henan war die Tatsache umso enttäuschender, dass er über den langen Zeitraum von einem Jahr auf seinen Bericht an die Provinzregierung von Anhui nicht die geringste Reaktion erfahren hatte.

Allerdings gab es in dieser Zeit auch erfreuliche Nachrichten aus Anhui. Und zwar zeigten sich erste Anzeichen für eine Reform des Bodensystems, die er so lange ersehnt hatte. Auf der Konferenz für die Arbeit in den ländlichen Gebieten wurde eine Entscheidung des Zentralkomitees propagiert, dass die den Bauern vertraglich garantierten Nutzungsrechte für die Äcker auf 30 Jahre verlängert werden. Außerdem wurde eine finanzielle Übertragung und Verpfändung dieser Rechte zu einem festgesetzten Preis ebenso erlaubt wie deren Einbringung als Aktie in ein kollektives Unternehmen. Die Lösung dieses Problems und die Übertragung eines langfristigen Nutzungsrechts auf die Bauern, das hatte He Kaiyin schon vor fünf Jahren mit allem Nachdruck gefordert.

Kaum war diese neue Entscheidung bekannt geworden, als allen voran das Distriktkomitee und die Distriktverwaltung von Fuyang unter der Leitung von Du Ying, dem Vorsitzenden des Büros für Pilotgebiete, und einiger anderer mutige Forschungen in diese Richtung vorantrieben. Im ganzen Distrikt wurden die Äcker neu vermessen, die Verwaltungsdörfer wurden zu Einheiten gemacht, und nach der wirklichen Zahl der Einwohner wurde auf Grundlage der Prinzipien »der Stärkung des Besitzrechtes, der Klärung der Verpachtungsrechte, der Festigung des Pachtrechts, der Befreiung der Nutzungsrechte« das Rad der vertraglichen Überantwortung der Äcker freudig eine Umdrehung weiter gedreht: Die vertraglich überlassenen Böden durften zu Lebzeiten nicht vermehrt, nach dem Tode nicht verringert werden, man konnte sie vererben, man konnte sie auch gegen Entgelt übertragen, vermieten, verpfänden oder mit ihnen an die Börse gehen. Mit diesen Reformen konnten die Bauern ihren Boden einem Dritten überschreiben und ruhig außerhalb in der Industrie oder im Handel arbeiten. Für die, die wirklich etwas vom Anbau verstanden, hatte es den Vorteil, dass sie so den Umfang ihrer Betriebe vergrößern konnten, woraufhin viele Agrartechniker und Gemeindeunternehmen Boden pachteten und sich mit speziellen Produktionen beschäftigten. Das erhöhte nicht nur die Produktivität der Böden, sondern trieb vor allem die Arbeitsteilung in den ländlichen Gebieten voran.

Auch wenn das noch nicht in vollem Umfang den Vorstellungen He Kaiyins in seinen *Vorschlägen zu einer festen vertraglichen Überantwortung von Ackerboden und langfristigen Nutzungsrechten für die Bauern* entsprach, der Warencharakter des Bodens nur teilweise wiederhergestellt wurde und der Fluss des Eigentums an der Ressource Boden nur mäßig in Gang kam, war He Kaiyin doch völlig begeistert. Denn die Freigabe der Bodennutzungsrechte war nicht länger ein Märchen aus Tausendundeiner Nacht.

Er glaubte wieder fest an den bekannten Ausspruch Mao Zedongs: »Nur immer mit der Ruhe, in China darf man nichts überstürzen.« Aber auch wenn man nichts überstürzen darf, dachte er weiter, bekomme ich darüber doch so langsam graue Haare!

Der Himmel hält eine große Aufgabe bereit

天降大任

Mitstreiter

Tatsächlich hatte bereits ein Artikel He Kaiyins in einer Beilage der *Renmin Ribao* vom 23. Februar 1990 die Aufmerksamkeit des damaligen Provinzgouverneurs Yue Qifeng von Hebei erregt, vor allem die Erklärung am Anfang des Artikels sprang ihm ins Auge:

> »Wir können uns die historische ›Zehntsteuer‹ zum Vorbild nehmen und als Naturalabgabe eine Agrarsteuer von zehn Prozent auf die Getreideproduktion pro Mu und zusätzlich eine Gesamtsteuer von fünf Prozent in den ländlichen Gebieten erheben. So kann der Staat jährlich ohne zusätzliche Kosten über 40 Milliarden Pfund Getreide verfügen und gleichzeitig die finanzielle Belastung der Bauern verringern. Die Bauern befriedigen die Bedürfnisse der Allgemeinheit, und die Überschüsse verbleiben bei ihnen, ohne irgendwelche weiteren unvernünftigen Belastungen.«

Auch Hebei war eine große Agrarprovinz mit einer gewaltigen Getreideproduktion, ihr lagen die vielen Probleme, die sich aus der Einziehung der Agrarsteuer ergaben, schon lange am Herzen, weshalb Yue Qifeng nach sorgfältiger Lektüre des Aufsatzes sofort eine Aktennotiz machte: »Mit der Bitte um Überprüfung und um einen Bericht über die Lage in Hebei!«

Die Genossen, die Yue damit beauftragte, waren der Leiter des Forschungsbüros des Provinzkomitees, der Leiter des Forschungsbüros der Provinzregierung und der Generalsekretär der Provinzregierung. Und Yue zeigte nicht nur selbst Interesse an den Reformvorschlägen He Kaiyins, er wollte auch Initiativen des Forschungspersonals von Provinzkomitee und -verwaltung anstoßen, einen Überblick über die Situation in Hebei gewinnen und auf der Stelle mit einer Untersuchung und einer Diskussion beginnen.

Noch am gleichen Tag fasste das Sekretariat des Provinzkomitees von Hebei den Entschluss, mit seinem Forschungsbüro als gutem Beispiel voranzugehen. Der Vorsitzende des Forschungsbüros, der später zum stellvertretenden Leiter des Forschungsbüros des Zentralkomitees beförderte Xiao Wanjun, zog auf der Stelle seine Gefolgsleute zusammen. Und so kommt nun Yang Wenliang von der Abteilung Ländliche Gebiete des Forschungsbüros des Provinzkomitees, der als 68er-Absolvent des Instituts für Internationale Politik an der Universität Peking dazu bestimmt sein sollte, in der Geschichte der Steuerreform in den ländlichen Gebieten Chinas eine wichtige Rolle zu spielen, zufällig und doch notwendig in unseren Gesichtskreis.

Kaum mit der Aufgabe betraut, vergrub er sich in einer Untersuchung über das Getreideabgabesystem und präsentierte drei Monate später das Resultat seiner Forschung unter der Überschrift »Über die Einführung eines Getreideabgabesystems«. Als der erste Entwurf fertig gestellt war, schrieb er an He Kaiyin im fernen Anhui.

Darin hieß es voller Hochachtung:

> »Mit großem Gewinn und großer Freude habe ich Ihre ausgezeichnete Arbeit gelesen. Im Augenblick fasse ich auf Anweisung des Provinzgouverneurs Yue Qifeng die Situation in Hebei zusammen und überprüfe Ihre Vorschläge zu einem unbegrenzten Nutzungsrecht an den staatseigenen Böden durch die Bauern, zur Abschaffung des vertraglichen Festpreissystems und der Einführung einer Naturalabgabe in Getreide (Zehntsteuer). Meiner Auffassung nach sind Ihre Vorschläge grundsätzlich durchführbar; wenn sie übernommen würden, müssten sie die Aktivitäten der Bauern zur Bewahrung der Äcker und des Getreideanbaus erhöhen, das Verantwortungssystem der Familien festigen und die Entwicklung der Wirtschaft in den ländlichen Gebieten vorantreiben. Natürlich müsste das auch für die politische Stabilität in den ländlichen Gebieten von Nutzen sein.
> Anhui ist dabei, die langfristigen Fehler der ›linken Politik‹ zu korrigieren. Die Durchführung des Familienverantwortungssystems war der erste große Erfolg, und die Bauern unseres Landes sind Chen Tingyuan (dem früheren Kreissekretär von Fengyang) dafür zu Dank verpflichtet; auch für Ihre Vorschläge zur Festigung und Vervollkommnung des Familienverantwortungssystems, allen voran die Nutzungsrechte und die Zehntsteuer, werden die Bauern bestimmt einmal dankbar sein.«

Unterschrieben war der Brief mit: »Ihr Mitstreiter Yang Wenliang aus Hebei.«

Als He Kaiyin diesen Brief erhielt, war er erstaunt und erfreut zugleich. Er hätte im Traum nicht damit gerechnet, dass seine Reformvorschläge, die in Anhui keinerlei Anklang gefunden hatten, in einer anderen Provinz so ernst genommen werden würden. Einem Mitstreiter gegenüber waren Förmlichkeiten nicht angebracht, so reagierte He Kaiyin frank und frei in einem Brief auf Yang Wenliangs Artikel.

Als Yang Wenliang das Manuskript seines Artikels zum letzten Mal durchsah, um es dem Provinzgouverneur vorzulegen, trat eine Veränderung der Situation ein. Yue Qifeng wurde von Hebei nach Liaoning versetzt, wo er ebenfalls das Amt des Provinzgouverneurs bekleidete. Aufgrund seiner Versetzung drohte nun Yang Wenliangs Bericht in den Akten zu verschwinden.

Aber da Yang Wenliang schon so viel Herzblut in diese Sache gesteckt hatte, konnte er nicht mehr davon lassen. Es war reiner Zufall, dass er als Quereinsteiger mit dieser Aufgabe betraut worden war, aber nachdem er sich ihr mit Haut und Haaren verschrieben hatte, war ihm vollkommen bewusst, wie groß die Bedeutung dieses Themas war. Er empfand eine heilige Verantwortung gegenüber der Gesellschaft. Und die Auslotung einer Naturalabgabe in Getreide wurde für ihn zum Wichtigsten überhaupt, er ging völlig darin auf.

In der Folgezeit veröffentlichte Yang Wenliang innerhalb und außerhalb der Provinz eine Reihe weiterer Artikel über dieses Thema – immer in der Hoffnung, damit die Aufmerksamkeit übergeordneter Stellen zu erregen.

Am 16. Juli 1991 schrieb er dazu in einem Brief an He Kaiyin:

> »Auch wenn wir einander noch nicht begegnet sind, so ist doch aus Ihren Briefen und Ihren Arbeiten zu ersehen, dass Sie sehr mit den Bauern fühlen, dass Sie von einer besonderen Begeisterung, einem starken professionellen Interesse und Sendungsbewusstsein für die Forschungsarbeit in Bezug auf die Politik der Partei erfüllt sind. Es macht mich sehr glücklich, dass ich als Kämpfer an dieser Front jemanden wie Sie meinen Mitstreiter nennen darf. In den Problemfeldern Boden, Getreide, Bevölkerung und Bauernlasten würde ich sehr gerne mit Ihnen zusammenarbeiten und mit Ihnen gemeinsam nach einer Lösung für die Probleme suchen, die der weiteren wirtschaftlichen Entwicklung der ländlichen Gebiete grundsätzlich im Wege stehen. ...
> Unsere Partei hat den Dienst am Volk zum Grundsatz, das Ziel des Sozialismus, den wir aufbauen wollen, ist Wohlstand und Sicherheit für die Menschen – wenn wir der Belastung der Bauern keine Aufmerksamkeit schenken, dann besteht die Möglichkeit, dass das sozialistische China auf das alte feudalistische Gleis gerät.«

Er bezeichnete He Kaiyins Reformvorstellungen sogar als »grundlegenden Ausweg, um eine Wiederholung dieser Tragödie zu vermeiden«.

Am 18. September 1992 veröffentlichte Yang Wenliang zusammen mit einem Kollegen einen Artikel mit der Überschrift »Naturalabgabensystem in Getreide. Ein grundlegender Weg zur Entlastung der Bauern«, der in den vom Büro des Provinzkomitees herausgegebenen *Zonghe diaoyan xinxi (Gesammelte Forschungsnachrichten)* erschien. Überraschenderweise erregte unter den vielen Artikeln, die er zu diesem Thema veröffentlicht hatte, nur dieser die Aufmerksamkeit des Provinzkomiteesekretärs Xing Chongzhi. Der gab ihn mit folgendem Memo sofort weiter an seinen Stellvertreter Li Binliang: »Lieber Genosse, ruf die verantwortlichen Genossen zusammen zu einer Beratung über einen Reformplan. Wir müssen alle Anstrengungen unternehmen, um im Rahmen der Bestimmungen zu einer Lösung des Problems der Überbelastung der Bauern zu kommen.«

Tatsächlich hatte Li Binliang den Artikel im Forschungsbüro bereits gelesen und ihn mit einem Memo an Wu Zhixiong, den Leiter des Teambüros zur konzertierten Reformführung auf Kreisebene, weitergeleitet. Zu Yang Wenliangs Artikel hatte er angemerkt: »Sehr viele Anregungen. Wie wäre es, wenn man in einem konzertierten Reformexperiment diese Sache samt Öl- und Getreidepreis versuchsweise freigäbe? Mit der Bitte, sich ein eigenes Urteil zu bilden!« Als er nun auch die eindeutige Stellungnahme des Komiteesekretärs bekam, wuchs seine Entschlossenheit, ein Experiment mit einer Naturalabgabe in Getreide durchzuführen, also schickte er noch ein weiteres Memo an Wu Zhixiong: »Das ist ein überaus wichtiges Problem. Bitte nach der Aktennotiz des Komiteesekretärs Meinungen austauschen und bei Gelegenheit diskutieren.«

Als Wu Zhixiong nacheinander zwei Memos des stellvertretenden Komiteesekretärs bekam, wagte er nicht, das Ganze auf die lange Bank zu schieben. Er suchte Yang Wenliang sofort auf, in der Hoffnung, der würde möglichst schnell mit etwas Konkreterem herauskommen.

Die letztendliche Zustimmung der Führung des Parteikomitees versetzte Yang in helle Aufregung, sehr schnell schrieb er »Vorschläge für eine Durchführung des Naturalabgabensystems in Hebei«. Damit war er nicht zufrieden, also entwarf er auch noch einen »Reformplan für ein Naturalabgabensystem in Hebei«. Aus Vorsichtsgründen lief er mit seinem fertigen Plan zum Büro des Provinzkomitees für die Arbeit in den ländlichen Gebieten, zum Strukturreformkomitee, zum Finanz- und zum Landwirtschaftsbüro, um deren Meinung einzuholen; danach begab er sich zum Kreis Zhengding, einem Kreis mit großer Getreideproduktion, um die Meinung vor Ort einzuholen. Er fand das Kreiskomitee und die Kreisverwaltung von Zhengding einem solchen Experiment gegenüber sehr positiv eingestellt. Daraufhin führte er mit fünf Genossen aus verschiedenen Büros über einen Zeitraum von vier Monaten Untersuchungsgespräche in 100 Bauernhaushalten in zehn Dörfern aus fünf Gemeinden. Zuletzt überarbeitete er sein Manuskript mehrfach zu einem »Handlungsplan für das Pilotgebiet für ein Naturalabgabensystem im Kreis Zhengding«.

Das alles geschah zwischen September 1992 und Mai 1993. Der Reformplan war festgelegt und sollte dem Provinzkomitee offiziell vorgelegt werden. Doch Yang Wenliang hatte das Gefühl, noch etwas Wichtiges versäumt zu haben, und zwar eine Fahrt nach Anhui, um den eigentlichen Schöpfer der Reform nach seiner Meinung zu fragen.

Am 24. Mai 1993 bestieg Yang Wenliang in Shijiazhuang einen Zug nach Süden und kam in Hefei, der Provinzhauptstadt von Anhui, an. Hefei ist eine alte Stadt mit einer über 2000-jährigen Geschichte. Bis heute sind in dieser Stadt nicht nur ein Befehlsstand von Cao Cao und Ruinen aus der Schlacht von Zhang Liao* erhalten, sondern auch der Ahnentempel und das Grab des berühmten konfuzianischen Musterbeamten Bao Zheng*. Außerdem war hier der Ahnenschrein und die Heimat des schon zu seinen Lebzeiten und nach seinem Tode doppelt umstrittenen Li Hongzhang*, der für die Große Qing-Dynastie in der Auseinandersetzung mit den imperialistischen Mächten des Westens im 19. Jahrhundert die Verantwortung für halb China übernommen hatte. Doch Yang Wenliang, der durch die Straßen von Hefei hastete, hatte dafür keinen Sinn, er machte sich, nachdem er in einem Hotel gegenüber der Provinzregierung die Formalitäten erledigt hatte, voller Ungeduld auf den Weg zu He Kaiyin.

He Kaiyin freute sich sehr, als er sah, dass Yang Wenliang den weiten Weg nicht gescheut und auch noch zwei Genossen aus dem Büro für die konzertierte Reform des Kreises Zhengding und einen Genossen aus dessen Getreidebüros mitgebracht hatte. Das versteht sich von selbst. Eigentlich hatte er den Gästen aus Hebei ihre Zeit in Anhui etwas entspannter und angenehmer gestalten und ihnen wenigstens die Sehenswürdigkeiten zeigen wollen, aber als er erfuhr, dass Provinzkomitee und -verwaltung von Hebei die Steuerreform in den ländlichen Gebieten sehr ernst nahmen, sie unterstützten und von ihm auf schnellstem Wege einen konkreten Maßnahmenkatalog erwarteten, entschloss er sich, überhaupt nirgendwohin zu gehen, die Türen zu schließen und in größtem Einvernehmen mit seinen Gästen »Dienstangelegenheiten« zu durchforsten. Er hoffte sehr, dass die Resultate seiner Forschungen für das Pilotgebiet in Hebei von praktischem Nutzen sein könnten.

Yang Wenliang blieb zwei Tage in Hefei, zwei Tage, in denen ununterbrochen geredet wurde. Beide bedauerten, dass sie sich so spät getroffen hatten, und hatten natürlich unendlich viel zu besprechen.

Kaum in Hebei zurück, legte Yang Wenliang letzte Hand an den Maßnahmenkatalog für den Testlauf der Reform. Aber als er ihn eingereicht hatte, erfuhr er, dass es in der Führungsetage des Provinzkomitees zu einer Veränderung gekommen war. Sofort fragte er sich, ob das Ärger für den Testlauf der Reform bedeuten würde.

Seine Befürchtungen waren nicht unbegründet. Wir haben in China bis heute kein System, das, unabhängig von einzelnen Personen, die Kontinuität der Arbeit garantiert, im Gegenteil, wir haben uns längst an diese schlimme personenabhängige Diskontinuität gewöhnt.

Glücklicherweise stellte der Maßnahmenkatalog den stellvertretenden Komiteesekretär Li Binliang vollauf zufrieden und er unterstützte Yang Wenliang weiterhin. Und als er den neuen Komiteesekretär der Provinz in einem Memo um eine Überprüfung seiner Entscheidung bat, so fügte er, offensichtlich aus einer ähnlichen Besorgnis heraus, noch einige Sätze hinzu:

> »Diese Maßnahmen sind von den Genossen des Reformbüros gemeinsam mit den Genossen aus dem Kreis erstellt worden, ich habe sie mir angehört. Diese Maßnahmen haben folgende Besonderheit: Gleichzeitig mit der Freigabe der Getreidefestpreise wird ein Naturalabgabensystem eingeführt. Die gegenwärtige Geldsteuer wird für die Bauern umgewandelt in eine Naturalsteuer, die als Gesamtsteuer einmalig abgegolten wird. Das ist von hoher Transparenz und wird von den Massen problemlos akzeptiert. Vielleicht ist das der radikale Schritt zur Entlastung der Bauern, außerdem können die notwendigen Ausgaben der Gemeinden garantiert und kann dem Staat eine sichere Menge an Getreide in die Hand gegeben werden. Im Augenblick haben drei Gemeinden im Kreis Zhengding vor, einem Probelauf zuzustimmen.«

Wie sich herausstellte, waren Yang Wenliangs Befürchtungen gegenstandslos. Als der neue Komiteesekretär den »Handlungsplan für das Pilotgebiet für ein Naturalabgabensystem im Kreis Zhengding« sorgfältig gelesen hatte, setzte er einfach drei Worte darunter: »Ich bin einverstanden.«

Yang Wenliang atmete auf. Aber er wagte noch immer nicht, sich Zeit zu lassen. Um dem Reformplan den letzten Schliff zu geben, machte er sich mit den Genossen aus dem Kreis Zhengding auch noch nach Peking auf. Sie suchten das Forschungsbüro des Zentralkomitees, das staatliche Planungskomitee, das Landwirtschafts- und das Binnenhandelsministerium, das Institut für Agrarwirtschaft an der Agraruniversität Peking und viele weitere Einheiten und Behörden auf, um deren Meinung einzuholen.

Als er He Kaiyin vom Fortschreiten ihrer Arbeit berichtete, war dieser ganz aufgeregt und sogar ein wenig neidisch auf die Kühnheit der Reformen in Hebei und die Umsicht, die sie walten ließen.

Zur gleichen Zeit erfuhr He Kaiyin durch Zufall, dass die Gemeinde Xinxing im Kreis Guoyang längst heimlich seine Steuerreform in Angriff genommen hatte. Er konnte das kaum glauben, ja, es schien ihm eigentlich unvorstellbar. Denn schließlich war er selbst deswegen einmal im Kreis Guoyang gewesen, und er erinnerte sich noch so gut wie heute an die Szenen bei der Großversammlung, wie also sollte so etwas möglich sein?

Halb aus freudiger Überraschung, halb aus Neugier setzte sich He Kaiyin in einen Überlandbus und fuhr in den Kreis Guoyang, um zu sehen, was an dieser Nachricht dran war.

Nicht diskutieren, vormachen

In Guoyang traf He Kaiyin auf den Kreisvorsteher, der wegen seiner Unterstützung für die Steuerreform auf der Vollversammlung des Kreiskomitees sein Notizbuch auf den Tisch gehauen hatte. Er wurde sehr herzlich aufgenommen, doch als He Kaiyin auf die Steuerreform in Xinxing zu sprechen kam, lachte der Kreisvorsteher bedeutungsvoll und sagte: »Geh doch selbst hin und schau nach.« Und damit rief er nach Wang Wei, einem Mitarbeiter, der ihn zu den Genossen der Landwirtschaftsabteilung begleiten sollte.

Als sie das Büro des Kreisvorstehers verließen, fragte He Kaiyin voller Ungeduld, was denn in Xinxing geschehen sei. Und er erfuhr hinter vorgehaltener Hand, dass sich die Nachricht von der Steuerreform in Xinxing schon sehr weit herumgesprochen habe, und das nicht nur in den umliegenden Kreisen. Selbst aus den Provinzen Jiangsu und Sichuan seien Forschungsteams angereist, aus manchen Gebieten seien sogar ganze Gemeindekomitees, -verwaltungen, -volkskongresse und politische Konsultativkonferenzen gemeinsam hier erschienen, um aus ihren Erfahrungen zu lernen. Aber im Kreis Guoyang selbst werde die Angelegenheit bis heute verheimlicht.

He Kaiyin fand das Ganze immer eigenartiger. All das hatte sich so weit herumgesprochen, nur in der Provinzhauptstadt sollte man nie etwas davon gehört haben? Es stimmte schon: »Am Fuß der Lampe ist es dunkel.«

Gemeinsam suchten sie die Genossen der Landwirtschaftsabteilung auf. Unerwarteterweise schützten die Genossen Krankheit vor, als sie hörten, dass man nach Xinxing wolle, was Wang Wei in ziemliche Verlegenheit brachte. Zu He Kaiyin sagte er rundweg: »Im Augenblick wagt niemand, dich zu begleiten. Ich versuche es noch einmal, wenn das auch nichts nutzt, komme ich selber mit!«

Wang Wei fiel der kaum 30 Jahre alte Niu Sen ein, vom Gemeindekomiteesekretär gerade zum stellvertretenden Leiter des Kreisagrarkomitees befördert, zuständig für die Erforschung der ländlichen Gebiete und ein klarer Kopf. Er rief ihn an, schilderte ihm die Lage, woraufhin dieser sofort versprach, sie zu begleiten. Erst diese Zusage machte es Wang Wei leichter ums Herz.

Die drei begaben sich gemeinsam nach Xinxing.

Dort lernte He Kaiyin den Sekretär des Gemeindekomitees Li Peijie kennen.

Als der erfuhr, dass es sich beim Berater der Provinzverwaltung um die Person handelte, die als Erste diese Reformvorstellungen auf den Tisch gelegt hatte, schüttelte er ihm bewegt beide Hände, ließ ihn den halben Tag nicht mehr los und sagte immer wieder: »Das ist zu gut. Ist mit der Laterne nicht zu finden, und heute steht der Herr Professor vor der Tür!«

Li Peijie war kein Mann, der, wenn er einen wirklichen Menschen vor sich hatte, nicht die Wahrheit sagte. Er erzählte He Kaiyin, dass die Steuerreform in Xinxing weiter heimlich betrieben werde, aber die Implikationen dieser Reform seien gewaltig. Diese Schlacht nur auf eine Gemeinde gestützt, also sozusagen als Einzelkämpfer zu schlagen, das sei, als stürze man sich mit einem kleinen Boot in die Wogen des offenen Meeres. Die Unwägbarkeiten, die man vor sich habe, die Risiken, die Schwierigkeiten, alles sei übergroß. Im Grunde erhebe man von den Bauern pro Jahr und Mu nur noch 30 Yuan, aber ihnen würden von vielen übergeordneten Behörden noch immer alle möglichen

Pflichten und willkürlichen Abgaben aufgebürdet. Die Reformen hätten einen so gewaltigen Gegenwind, dass sie in der Gemeinde manchmal nicht weitermachen könnten!

Dennoch dachte He Kaiyin: Hauptsache, ein Anfang ist gemacht! Zwar waren die Reform der Steuererhebung in Xinxing und die Reform hin zu einem Naturalabgabensystem in Heibei im Grunde nicht mehr als unideale Flickschustereien am alten System, aber immerhin mobilisierten solche Experimente die Anbauaktivitäten der Bauern und verbesserten zu einem gewissen Grad auch die Beziehungen zwischen Partei beziehungsweise Kadern und Massen. Vor allem aber warf jeder Reformschritt bei weitem mehr, umfassendere und schärfere Probleme auf, als er zu lösen in der Lage war. Und genau deshalb waren die Lehren und die Anregungen, die sich daraus ziehen ließen, so wertvoll!

Dieser Durchbruch war ohne Zweifel unschätzbar und wegweisend für die ländlichen Gebiete Chinas auf ihrem Weg zu einem zweiten Reformschritt!

He Kaiyin und Li Peijie waren fast auf Anhieb ein Herz und eine Seele und diskutierten die ganze Nacht hindurch. Danach ging er unverdrossen von Haus zu Haus, auf der Suche nach Gesprächen und Ideen. Zurück in Hefei schrieb er, was er gesehen und gehört hatte, in einem Untersuchungsbericht nieder und reichte es direkt bei der Provinzregierung von Anhui ein.

Besonders erregte ihn dabei, dass Wang Zhaoyao, der ehemalige Distriktkomiteesekretär von Fuyang, wo man das erste Pilotgebiet für die Reformen eingerichtet hatte, mittlerweile stellvertretender Gouverneur im Ständigen Ausschuss der Provinz war. Diese veränderte Personalie gab He Kaiyin eine Ahnung ein: Es sprachen Gründe dafür, dass die große Getreideprovinz Anhui bei der Vertiefung der Reformen auf dem Land doch noch eine angenehme Überraschung bereithalten könnte.

Kurz nach seiner Rückkehr aus dem Kreis Guoyang nahm He Kaiyin an einer Provinzkonferenz über die Arbeit in den ländlichen Gebieten teil. In einer Pause kam ein Teilnehmer namens Ma Mingye auf ihn zu, stellte sich selbst als Kreisvorsteher des Kreises Taihe vor und erzählte, sie hätten dieses Jahr »zum Jahr der Erhöhung der Bauerneinkommen und der Entlastung der Bauern« erklärt; außerdem hätten Kreiskomitee und -verwaltung deswegen die Strategie »über Reformen zu Entwicklung und Entlastung« eingeschlagen. Im Kreis habe man nach eingehenden Untersuchungen schließlich beschlossen, die Reformen mit einer »Berichtigung der Steuern und einer Abschaffung der Gebühren« einzuleiten.

»Professor He, wir kennen Ihre vielen herausragenden Ideen zur Vertiefung der Reformen in den ländlichen Gebieten längst«, kam Ma Mingye direkt zum Punkt, »wir haben uns das auch in Xinxing angesehen, der Kreis Taihe beabsichtigt ebenfalls, ein Experiment mit einer Steuerreform zu machen, und hofft auf Ihre Hilfe!«

He Kaiyin freute sich natürlich, das zu hören: »Gut, ich kann Ihnen dazu einiges an Material zur Verfügung stellen.«

Ma Mingye sagte: »Dafür wären wir Ihnen sehr dankbar. Wann könnte ich das Material denn sehen?«

»Nach der Konferenz gebe ich es Ihnen.«

»Aber ich möchte es lieber gleich sehen.«

»Gleich?« He Kaiyin lächelte über diese Ungeduld.

Ma Mingye sagte sehr ernst: »Am besten noch heute.«

He Kaiyin hatte nicht damit gerechnet, dass er auf einer solchen Konferenz auf jemanden treffen würde, der einen ähnlich ungestümen Charakter hatte wie er selbst.

Noch mehr überraschte ihn, dass das Ganze in Taihe erstaunlich schnell ging: Nach nur wenigen Tagen lag der Provinzregierung ein »Meinungsbericht über eine Agrarsteuerreform im Kreis Taihe« vor.

Da das die Landwirtschaft betraf, kam der Bericht in die Hände von Wang Zhaoyao, der sich schon zu seiner Zeit als Distriktkomiteesekretär von Fuyang besonders für die Steuerreform interessiert hatte. Wang Zhaoyao setzte sofort den stellvertretenden Generalsekretär der Provinz in Kenntnis und verlangte die rasche Zusammenstellung einer entsprechenden Einheit durch Wu Zhaoren, den stellvertretenden Leiter des Komitees für die Wirtschaft in den ländlichen Gebieten. Und der traf sehr schnell die entsprechenden Anordnungen.

Prompt verband das Büro der Arbeitsgruppe zur Leitung der Arbeit in den ländlichen Gebieten mit dem Bericht aus dem Kreis Taihe eine Konferenz zu diesem Thema und lud alle zuständigen Einheiten und Behörden dazu ein. Eine solche Effektivität bei einer derartig großen Aufgabe war in der Geschichte der Provinz selten beobachtet worden.

Als He Kaiyin die Nachricht erhielt, er solle bei dieser Konferenz den Vorsitz führen, war auch er überrascht über die ungewöhnliche Geschwindigkeit, mit der das Ganze über die Bühne ging. Seiner Meinung nach hatte das sicher mit Wang Zhaoyao zu tun, der von der vordersten Reformfront der beiden Provinzen Henan und Hebei kam. Natürlich gab es noch einen weiteren wichtigen Faktor, den man nicht übersehen sollte: In diesem Jahr war im Dorf Luying der Gemeinde Jiwangchang, Kreis Lixin der junge Bauer Ding Zuoming in einer Polizeistation zu Tode geprügelt worden, weil er über die verzweifelte Lage der Bauern berichtet hatte – und dieser Fall beunruhigte die Führung von Staat und Partei. Danach überschlugen sich dringliche Mitteilungen, Spezialkonferenzen und Überprüfungen landwirtschaftlicher Programme durch das Zentralkomitee und den Staatsrat. Eine Zeit lang war in diesem Jahr die »Lastenverringerung« Thema Nummer eins in China.

Man kann sagen, dass der Bericht des Kreises Taihe, in dem eine Agrarsteuerreform mit dem wesentlichen Ziel der Entlastung der Bauern gefordert wurde, zur richtigen Zeit und am richtigen Ort kam! Deshalb war es nach He Kaiyins Auffassung nicht weiter verwunderlich, dass man in einer solchen Situation auf allen Ebenen die Sache mit vereinten Kräften unterstützte und eine solche Konferenz einberief.

Und so war eingetreten, was er sich nicht hätte träumen lassen.

Pünktlich um 8.30 Uhr wurde die Konferenz am 8. November 1993 unter Leitung von Wu Zhaoren im Nordgebäude der Provinzkomiteeverwaltung eröffnet. An dieser Konferenz nahmen Vertreter aller wichtigen Behörden der Provinz und des Kreises Taihe teil.

In begeisterten Reden wurden der große Mut des Kreises Taihe ausdrücklich begrüßt, die Klarheit des Berichtes gelobt, seine Durchführbarkeit und seine Einfachheit bestätigt. Gleichzeitig wurden konkrete Vorschläge zur weiteren Verbesserung der Pläne gemacht. Von anderer Seite wurde anschließend festgestellt, dass die gegenwärtige Belastung der Bauern in der Tat zu groß sei und nicht hatte verringert werden können, weswegen man den Bericht aus Taihe unterstütze und es auf einen Versuch ankommen lassen wolle. Es hieß, schon als Genosse He Kaiyin zum ersten Mal seine Ideen für eine Steuerreform vorgetragen hätte, hätte man mit beiden Armen dafür gestimmt, nur sei der Plan, den man jetzt für Taihe entworfen habe, augenscheinlich noch etwas unausgefeilt, doch das könne, wie man glaube, durch unentwegte Suche und Praxis mit der Zeit behoben werden.

Auch He Kaiyin ergriff das Wort. Er sprach vor allem darüber, wie viele Jahre er über die Steuerreform nachgedacht hatte. Da es sich um eine Reform handelte, so sagte er, müsse sie sich notwendigerweise auf konkrete Probleme einiger Behörden auswirken, weshalb er seiner besonderen Hoffnung Ausdruck gab, dass alle zuständigen Ämter und Behörden Taihes der Reform viel Verständnis und Unterstützung entgegenbringen würden.

In allen Reden kam eine grundsätzlich positive Haltung zum Ausdruck. Doch wie nicht anders zu erwarten, sprach sich der Vertreter der Finanzverwaltung der Provinz als der für die Erhebung der Agrarsteuer zuständigen Behörde in aller Schärfe gegen eine solche Reform aus. Zhang Guangchun, der damalige Chef der Abteilung für Agrarsteuer im Finanzbüro der Provinz, sprang plötzlich auf, zeigte mit der Hand auf He Kaiyin und machte ihm lauthals Vorhaltungen: »Mein lieber He, im Sitzen tut niemandem das Kreuz weh! Deine wirren Ideen! Du bringst die ganzen Steuern und Abgaben durcheinander, so kann man keine Steuern erheben, wer soll denn dann die Gehälter zahlen? Und wenn wir keine Gehälter mehr zahlen können, dann kommen die Leute nicht zu dir, sondern zu mir!«

Er war sehr aufgeregt, wild gestikulierte er in Richtung He Kaiyin, es war ein völlig abrupter Ausbruch, alle Teilnehmer waren wie erstarrt und sofort gefror die Atmosphäre.

Als wir bei unseren Recherchen von dieser Episode hörten, verstanden auch wir sie nicht recht. Denn die Abteilung für Agrarsteuer hatte tagtäglich mit dem Thema zu tun, und jemand, der für diese Abteilung verantwortlich war, sollte eigentlich besser als jeder andere um die Belastung der Bauern in den ländlichen Gebieten wissen – eine Belastung, die so hoch war, dass später sogar Ministerpräsident Zhu Rongji nicht umhin konnte auszurufen: »Die Bauern können diese Belastung nicht mehr tragen, dieses Problem muss gelöst werden!« Und ein Regierungsbeamter und Spezialist für die Agrarsteuer hatte mit den 900 Millionen Bauern, dem größten Steuerzahler Chinas, nicht das geringste Mitleid und machte sich zum Sprachrohr für die »Gehaltsbezieher«.

Der Erste, den es nicht mehr auf seinem Platz hielt, war Ma Mingye, der Kreisvorsteher des Kreises Taihe.

Er war sich völlig darüber im Klaren, dass der Bericht seines Kreises sich auf viele Reformideen He Kaiyins bezog, aber diese Ideen waren alles andere als schlecht. Außerdem hatten sie im Kreis zunächst umfängliche Untersuchungen angestellt, er selbst hatte aus verschiedenen Kreisbehörden besonders verantwortungsbewusste Genossen zu einer Untersuchungskommission zusammengezogen, die sich zu über 100 Bauernhaushalten in zehn Dörfern aus fünf Gemeinden des Kreises aufmachten – und erst nach dieser eingehenden Untersuchung und einem sorgfältigen Resümee war der Bericht formuliert worden und schließlich von der 26. Sitzung des Ständigen Kreisausschusses verabschiedet worden.

Er gab zwar zu, dass an dem Bericht noch einiges zu verbessern war, dass er möglicherweise sogar vollkommen umgekrempelt werden müsste, aber den Weg der Reform und das wesentliche Ziel durfte man nicht in Zweifel ziehen. Der Abteilungsleiter für Agrarsteuer hatte den Bericht in Bausch und Bogen und ohne eingehende Analyse abgelehnt und seine Wortwahl war so extrem, seine Haltung so ungehobelt, das konnte er unmöglich akzeptieren.

Danach entbrannte eine heftige Diskussion, aber am Ende setzten sich doch die Befürworter durch.

Schließlich machte Wu Zhaoren als Vorsitzender der Konferenz einige zusammenfassende Bemerkungen. Er sagte, zunächst müsse der Ausgangspunkt für die vom Kreis Taihe verlangte Agrarsteuerreform bestimmt werden, das sei ein guter Gedanke. So könne man die Belastung der Bauern und die Fehler der Kader verringern, die wirtschaftliche Entwicklung der Bauern vorantreiben, was darüber hinaus ja auch die Unterstützung der zuständigen Führung im Provinzkomitee und in der Provinzverwaltung habe. Wie sollte die Reform umgesetzt werden? Und welchen Namen sollte sie bekommen? Man könnte auch erst das Kind zur Welt bringen und ihm später einen Namen geben. Er sagte, er befürworte einen Probelauf dieser Reform in Taihe. Der Bericht allerdings müsse, damit er auch theoretisch und praktisch überzeuge, neu und etwas präziser formuliert werden, bevor man ihn dann noch einmal den Spezialisten vorlege.

Nach der Konferenz kam Ma Mingye hinter He Kaiyin her und fragte: »Warum hast du keinen Ton gesagt, als die so mit dir umgesprungen sind?«

He Kaiyin antwortete lachend: »Wir sind Freunde. Er hat mir gegenüber überhaupt keine Vorurteile, er ist nur von seiner Arbeit ausgegangen.«

»Wenn ihr Freunde seid, wie kann er dann so wenig Rücksicht nehmen?« Ma Mingyue kam aus dem Staunen nicht heraus: »Und wieso hast du nicht mit ihm diskutiert?«

He Kaiyin erwiderte: »Mit solchen Dingen muss man umgehen, wie es der Genosse Deng Xiaoping empfohlen hat: nicht diskutieren, vormachen! Bei Diskussionen über solche Fragen kommt nichts heraus, man redet sich nur die Köpfe heiß, verletzt einander und das vergrößert die Widerstände.«

Ma Mingye überlegte kurz: »Du hast recht. Wenn man nichts tut, kann man nichts entscheiden, man muss etwas tun, dann muss man auch keinen Tratsch fürchten. Bei uns auf dem Land gibt es ein Sprichwort: ›Erst wenn man aus dem Wasser ist, sieht man die schlammigen Füße.‹ Mit beiden Beinen auf der Erde bleiben, das ist das Allerwichtigste!«

He Kaiyin sah in das tapfere Gesicht des jungen Kreisvorstehers und erkannte plötzlich dessen Liebenswürdigkeit und Achtbarkeit.

Als sie auseinander gingen, sagte Ma ernst: »Ich nehme mir sofort einen anderen Wagen und fahre zurück, meinen Fahrer und meinen Wagen lasse ich dir. Zhou Xinhua, der Vorsitzende des Komitees für die Wirtschaft in den ländlichen Gebieten, bleibt auch, ich warte in Taihe auf dich.«

He Kaiyin freute sich: »Du hast nicht einmal nach meiner Meinung gefragt, warst du deiner Sache so sicher?«

Ma Mingye ergriff seine Hand, schüttelte sie heftig und sagte: »Ja, so sicher war ich, allerdings. Was es noch zu bereden gibt, besprechen wir in Taihe!« Dann brach er auf.

Abends besprach He Kaiyin zum ersten Mal die Verbesserungen des Berichtes mit dem dagebliebenen Zhou Xinhua. Am nächsten Tag standen beide sehr früh auf, nahmen in aller Eile etwas zu sich und machten sich in Ma Mingyes Limousine auf den Weg.

Als sie am Nachmittag im Kreis Taihe ankamen, waren sämtliche zuständigen Abteilungs- und Büroleiter der verschiedenen Behörden in einem Raum versammelt. Ma Mingye berichtete zunächst von der Konferenz auf Provinzebene; daraufhin äußerte He Kaiyin seine Meinung, wie man den Plan für die Agrarsteuerreform in eine abschließende Form bringen könnte. Auf der Versammlung brodelte es, jeder gab Ratschläge und trug seine Ansichten und Vorschläge bei. Zhou Xinhua konnte man als »Schnellschützen« bezeichnen, denn er verzichtete in der folgenden Nacht auf seinen Schlaf und produzierte eine überarbeitete Version des Berichtes.

Am Vormittag des darauf folgenden Tages kamen alle noch einmal zusammen, um den neuen Bericht abermals heftig zu diskutieren. Mittags fasste Zhou Xinhua die verschiedenen Meinungen zusammen, und am Nachmittag setzte man sich wieder zusammen, und die Diskussion ging weiter.

Der Kreiskomiteesekretär formulierte »Drei Forderungen« in Bezug auf den Reformplan: »1. muss das Ziel der Lastenverringerung erreicht werden, um die Bauern zufrieden zu stellen; 2. müssen Verständlichkeit und Vereinfachung der Vorgänge erreicht werden, um die Effektivität der Kader an der Basis zu erhöhen; und schließlich 3. muss der Nutzen des Staates, der Kollektive und der Privatpersonen berücksichtigt werden, um die Unterstützung der höheren Instanzen zu gewinnen.«

Unter der Anleitung von He Kaiyin und durch die breite und wiederholte Diskussion auf allen Ebenen kam ein ganz klar in vier Teile und 19 Paragraphen gegliederter »Bericht zum Umsetzungsplan für die Agrarsteuerreform im Kreis Taihe« zustande.

Darin wurde beschlossen: Mit dem 1. Januar 1994 wird im gesamten Kreis Taihe der staatliche Getreideaufkauf zu Festpreisen abgeschafft, an seine Stelle tritt eine Naturalabgabe in Getreide. Sollte es mit der Abgabe in Naturalien Schwierigkeiten geben, kann der entsprechende Betrag, der vom Finanzamt und anderen Behörden nach den jeweiligen Marktpreisen für Getreide festgelegt wird, auch in Geld entrichtet werden. Sämtliche Steuern und Abgaben werden zu einer Gesamtsteuer zusammengefasst und zusammengerechnet; die früher getrennte Berechnung auf Gemeinde-, Dorf- und Gruppenebene wird den Gemeinden übertragen; was bisher auf die verschiedenen Ebenen aufgeteilt war, wird in einer Hand vereinigt; die Steuerlast der Bauern wird festgeschrieben; wo in der Vergangenheit die Steuern nach Person, Land, Produktionsmengen und Nettoeinkommen berechnet wurden, beziehen sie sich nun maßgeblich auf die Ackerfläche in Mu. In normalen Jahren werden pro Mu 50 Pfund Getreide als Naturalabgabe erhoben, das gilt für die nächsten drei Jahre; in Gebieten mit kaum oder überhaupt keiner Ackerfläche und in Armutsgebieten werden die Abgaben jeweils gesondert festgesetzt.

Als Kaiser Zhu Yuanzhang, der selbst aus dem Bauernmilieu stammte, bei der Gründung der Ming-Dynastie eine gesetzliche Regelung der Steuern ins Auge fasste, sprach er die berühmt gewordenen Worte: »Gesetze müssen einfach sein, damit die Menschen sie leicht verstehen.« Auch He Kaiyin vereinfachte mit seiner Reform die Steuern in 16 leicht zu memorierende, sprichwortartige Ausdrücke von je vier Schriftzeichen, insgesamt also 64 Schriftzeichen, seinem so genannten »Klassiker der Viererausdrücke«:

»Die Steuer wird, wie jeder weiß,
berechnet nach dem Grundstoffpreis,
der Getreidezehnt wird garantiert,
der Festpreis endlich ausrangiert.
Sommers sechs Prozent, im Herbst nur vier,
zweimal Steuern zahlen wir,
wie hoch die Steuer dies Jahr war,
bleibt sie bis übernächstes Jahr.
An der Kornstation ist abzugeben,
was die Finanzbüros erheben,
geht erst zum Staat, in seine Speicher,
und macht dann die Gemeinden reicher.
Was es an Geld braucht, unter Freunden,
bekommt das Dorf von den Gemeinden.
Gewinn und Kosten, wie gedacht,
werden öffentlich bekannt gemacht.«

Kurz, man versuchte alles, um den einfachen Leuten den Umsetzungsplan näher zu bringen, ihn an der Realität zu orientieren, ihm die entsprechende Ernsthaftigkeit zu verleihen und die entsprechende Menschlichkeit in ihm sichtbar werden zu lassen.

Um der willkürlichen Steuererhebung wirklich Einhalt zu gebieten und die Bauern wirklich zu entlasten, wurden in den Plan zwei spezielle Paragraphen aufgenommen. Erstens: »Wenn entgegen den Getreideabgabeverträgen von den Bauern willkürlich Steuern, Fonds und Abgaben erhoben werden, so haben die Bauern das Recht, diese zu verweigern, den Vorgang zu melden und Klage darüber zu führen; die Verwaltung beschützt und ermutigt das ausdrücklich.« Zweitens: »Das Volksgericht wird auf der Grundlage der ›Mitteilung zur rechtzeitigen Bearbeitung von Fällen der Überbelastung von Bauern‹ des Obersten Volksgerichts nach den mit den Bauern geschlossenen Vertragsbedingungen gegen ihre widerrechtliche Belastung mit Kosten oder Arbeiten durch Verwaltungsorgane oder Gemeinde- und Dorfkader auf dem Wege eines Dienstverfahrens gesetzlich vorgehen und in angemessener Zeit ein Urteil fällen. Unsinnige Entscheidungen werden auf diesem Weg aufgehoben; wirtschaftliche Verluste der Bauern werden ausgeglichen; die Verantwortlichen für vorsätzliche Gewalttaten und große Verluste im Rahmen einer Überbelastung der Bauern werden strafrechtlich verfolgt und zur Verantwortung gezogen.«

Natürlich betonte der Umsetzungsplan auch die Gebührenfreiheit und den Zwangscharakter der Steuererhebung, und auch für Bauern, die ihren Pflichten in dieser Hinsicht nicht nachkamen und auf Belehrungen nicht reagierten, wurden entsprechende Gesetze erlassen, um die Probleme juristisch lösen und, wenn nötig, auch bei Gericht eine Zwangsvollstreckung beantragen zu können.

Nach einer erneuten Beratung des Umsetzungsplans begab sich He Kaiyin mit Ma Mingye und Zhou Xinhua nach Fuyang. Der damalige Distriktkomiteesekretär freute sich sehr, als er den neuerlichen Bericht las, und veranlasste sein Büro sofort, das Ganze mit dem Stempel des Distriktkomitees und der Distriktverwaltung zu versehen.

Dieses Mal verbrachte He Kaiyin drei Tage und drei Nächte in Taihe. Noch Jahre später sagte er uns ganz ergriffen: »Der Reformgeist und der Pragmatismus von Ma Mingye sind mir unvergesslich geblieben. Und auch die Koordinationsfähigkeit des Sekretärs, mit der er die Arbeit seiner Behörden organisierte, war bewundernswert!«

Der Umsetzungsplan wurde an die Provinz geschickt und erhielt die einhellige Genehmigung der zuständigen Abteilungsführungen. Natürlich wurde die umfassende Zustimmung begleitet von ganz konkreten und sehr guten Verbesserungsvorschlägen. Schließlich verfasste Wu Zhaoyao als stellvertretender Leiter des Komitees für die Wirtschaft in den ländlichen Gebieten eigenhändig die endgültige Fassung des Umsetzungsplans.

Am Vormittag des 16. November 1993 um neun Uhr kam Zhou Xinhua mit dieser endgültigen Fassung des Umsetzungsplans zum Büro der Provinzregierung. Nach den entsprechenden Bestimmungen waren Dokumente einem entsprechenden Sekretariat zu übergeben, von dort wurden sie nach Begutachtung zu den zuständigen Abteilungen weitergeleitet, von wo aus sie schließlich noch einmal an die zuständigen Büroleiter gelangten. Ein Dokument diese ganze Leiter hinauf zu dem für diesen Bereich zuständigen stellvertretenden Generalsekretär und stellvertretenden Gouverneur weiterzuleiten war eine sehr mühsame Aufgabe. Um Zeit zu sparen, sagte He Kaiyin: »Wir versuchen einfach, die Konventionen zu brechen.« Er wusste, dass der stellvertretende Provinzgouverneur Wang Zhaoyao die Angelegenheit nicht aus den Augen verloren und in Provinzkomitee und -verwaltung bereits eine Menge vorgearbeitet hatte. Also empfahl er Zhou Xinhua, das Dokument unbedingt dem Leiter des Dokumentensekretariats zu übergeben, er selbst werde es dann eigenhändig und direkt dem für

Landwirtschaft zuständigen stellvertretenden Generalsekretär übergeben. Der blätterte das Dokument durch, sah He Kaiyin an und sagte: »Hast du dieses Material sorgfältig durchgesehen?« He Kaiyin war auf der Hut: »Wir haben es gemeinsam formuliert, es trägt außerdem den Stempel des Kreiskomitees und der Kreisverwaltung von Fuyang und wurde erst nach einer endgültigen Überarbeitung durch das Komitee für die Wirtschaft in den ländlichen Gebieten eingereicht.« Der stellvertretende Generalsekretär sah es von vorne bis hinten durch, machte keine weitere Bemerkung mehr, zückte seinen Stift und setzte sein »Einverstanden« darunter. Danach machte der Leiter des Dokumentensekretariats daraus eine offizielle Stellungnahme. Das Ganze dauerte keine zwei Stunden. Danach sagte He Kaiyin voller Aufregung: »Das war die effektivste und schnellste Erledigung eines Dokumentes, die ich in den 20 Jahren, die ich in dieser Behörde bin, erlebt habe.«

Und damit war der Vorhang aufgezogen zum mit Spannung erwarteten Vorspiel einer nie da gewesenen Steuerreform des Kreises Taihe mit seinen 13,9 Millionen Einwohnern und seinen 17,5 Millionen Mu Anbaufläche in der Weite der Nordhuai-Ebene!

Am 1. Januar 1994, während in drei Gemeinden des Kreises Zhengding in der Provinz Hebei noch Testläufe mit dem Naturalabgabensystem durchgeführt wurden, wurde in allen 31 Gemeinden des Kreises Taihe in der Provinz Anhui blitzartig die Gesamtreform angegangen. Taihe war damit verdientermaßen der erste Kreis Chinas, in dem eine Agrarsteuerreform durchgeführt wurde!

Reform und Nicht-Reform, das ist nicht dasselbe

Die vom Forschungszentrum für die wirtschaftliche Entwicklung in den ländlichen Gebieten herausgegebene *Zhongguo jingji shibao (Economic Times China)* sprach in einem Artikel, in dem sie über die Steuerreform auf dem Lande berichtete, von einer »Interaktion von Nord und Süd zum Vorantreiben der Reform«. Yang Wenliang, der in Hebei für die Reform zuständig war, schrieb dazu bescheiden in einem Brief an He Kaiyin:

> »Mich mit Ihnen, Professor He, auf eine Stufe zu stellen, ist wirklich zuviel der Ehre. Seit den Vorschlägen für ein Naturalabgabensystem sind Sie mir voraus gewesen; und was den Grad der Erforschung der

> Reformen angeht, so sind Sie in die Thematik viel tiefer eingedrungen. Deshalb hat die Reform mit dem Naturalabgabensystem in Anhui ihren Anfang genommen, Hebei hat sich nur angeschlossen. Sie sind der Spezialist, und ich bin Ihr Gefolgsmann. Ich habe nichts anderes getan, als Ihnen auf dem Fuß zu folgen und aktiv für die Agrarsteuerreform die Trommel zu rühren und Ihre Fahne hochzuhalten.«

Auch wenn Yang Wenliang das sagte, hatte die Reform in Hebei gerade aufgrund seines Einsatzes die volle Unterstützung der Führung des Provinzkomitees. Außerdem gehörte Hebei zur Schutzzone der Hauptstadt Peking und war, was die Fruchtbarkeit der Böden anging, eindeutig im Vorteil. Deshalb zog die Reform dort von Beginn an die Aufmerksamkeit aller gesellschaftlichen Kreise auf sich, was innerhalb kürzester Zeit sehr aufgebauscht wurde, aber doch auch die Menschen mitriss wie der Yangzi.

Am 3. Dezember 1992, am 16. Tag des Reformenvorspiels, eröffnete die Provinz Hebei zusammen mit der Verwaltung der Kreises Zhengding in Peking eine Konferenz über den Testlauf der Naturalabgabereform.

Man kann sie als die erste große Konferenz über eine Agrarreform in der Geschichte Chinas bezeichnen. Etwas von solchem Niveau und solcher Wirkung war vorher noch nie da gewesen. Die Forschungsbüros des Zentralkomitees und des Staatsrats, das Forschungszentrum für die Entwicklung der ländlichen Gebiete und alle weiteren zuständigen Führungsorganisationen und namhaften Spezialisten waren zu dieser Konferenz geladen. Auf ihr wurde der in Hebei gemachte Versuch einer Reform in Richtung Naturalabgabe ausgesprochen gewürdigt. Und zweifellos war ihr Einfluss auf die dem Zentralkomitee und dem Staatsrat direkt unterstellten Behörden bei weitem größer als der Ertrag ihrer theoretischen Diskussionen.

Das neue Jahr hatte gerade erst angefangen, als der Provinzkomiteesekretär in Hebei am 10. Januar 1994 direkt entschied, man könne die Versuche ausweiten. Daraufhin wurden die Versuche von drei Gemeinden im Kreis Zhengding rasch auf über 184 Gemeinden in allen 26 Kreisen der Provinz ausgeweitet, in vier Kreisen wurden die Versuche flächendeckend durchgeführt.

Zu diesem Zeitpunkt war die Tageszeitung *Guangming Ribao* (Das Licht)* voll des Lobes über das System der Naturalabgabe, die Zeitschriften *Jingji cankao bao (Wirtschaftsreferenz)* und *Tansuo yu qiushi (Forschung und Suche)* brachten ebenfalls nacheinander Artikel wie

»Das Naturalabgabensystem ist eine grundlegende Maßnahme zur Entlastung der Bauern« usf.

Am 10. Mai veranstaltete die Provinz Hebei im Kreis Huolu eine Konferenz zum Austausch von Versuchsplänen zum Naturalabgabensystem.

Eine Zeit lang überschwemmten die heftigen Wogen dieser Reform die endlosen Raine am Nordufer des Gelben Flusses und brachten richtig Leben in dieses wichtige Getreide- und Baumwollanbaugebiet!

Bedauerlicherweise hatte die Agrarsteuerreform, die in Anhui ihren Anfang genommen hatte, in Anhui selbst ein anderes Schicksal. Der damalige Provinzgouverneur Fu Xishou beschloss aus heiterem Himmel, die Testläufe für eine Steuerreform im Kreis Taihe sofort einzustellen. Diese Entscheidung kam so überraschend, dass sich viele Leute nicht sicher waren, ob das die Entscheidung eines einzelnen Mannes war oder ob das Zentralkomitee dahintersteckte.

Als He Kaiyin die Nachricht erreichte, wollte er es zunächst gar nicht glauben. Denn er hatte mit Yang Wenliang einen heißen Draht aufrechterhalten und in Hebei war ganz eindeutig die Hölle los – ein Verbot der Versuche in Anhui konnte also kaum im Sinne der Zentralkomitees sein. Aber die Entscheidung des Gouverneurs zur sofortigen Einstellung der Probeläufe musste zweifellos ihren Grund haben. Bloß welchen?

Bei unseren Recherchen gelang es uns nicht herauszufinden, was der wirkliche Grund für diese plötzliche Entscheidung gewesen war. Aber alle, die mit heißem Herzen die Reformen in Taihe unterstützten, vor allem die mitten in den Reformen steckenden Einwohner von Taihe, fühlten sich wie vor den Kopf geschlagen!

Die Menschen waren verwirrt, erschüttert, beunruhigt, traurig und ratlos. Nicht wenige stellten hinter vorgehaltener Hand Fragen: Wenn man den Mut zur Erneuerung und zu einem entschiedenen Zupacken nicht hatte, konnte es dann in den ländlichen Gebieten überhaupt noch eine Entwicklung geben? Oder anders gesagt: War noch Hoffnung für die chinesische Landwirtschaft und ihre Bauern?

Nach He Kaiyins Auffassung musste man dagegen aufstehen und mit rationalen Argumenten vorgehen.

Also schickte er Kopien der entsprechenden Memos der führenden Kader der Provinzen Henan und Hebei an die wichtigsten Führungskräfte von Partei und Regierung der Provinz Anhui.

Da suchte in Hefei der stellvertretende Gouverneur Wang Zhaoyao den Provinzkomiteesekretär Lu Rongjing auf und legte ihm seine Meinung dar. Er sagte: »Das Dokument, das dem Kreis Taihe die Durchführung einer Agrarsteuerreform erlaubt, ist längst unterzeichnet herausgegangen. Wenn wir das jetzt widerrufen, geben wir uns da nicht selbst eine Ohrfeige? Wenn man auf diese Weise am Abend den Tagesbefehl widerruft, wie kann die Provinzregierung dann noch arbeiten? Ganz zu schweigen davon, dass andere Provinzen längst dabei sind, die Agrarsteuerreform umzusetzen!«

Natürlich wusste Lu Rongjing, dass die Reform in Taihe mit der Unterstützung Wang Zhaoyaos angepackt worden war und dass seine Meinung etwas für sich hatte. Aber der Provinzgouverneur wollte die Reform stoppen, um die Steuergesetze zu schützen; er war nicht nur von der Arbeit, sondern viel mehr noch von den Gesetzen her im Recht. Also antwortete Lu Rongjing: »Wenn kein Erlass rausgegangen wäre, dann könnte man mit der Reform aufhören, als sei nichts gewesen. Da die Provinzregierung nun aber schon ein Dokument verschickt hat, dann macht weiter. Nach dem Herbst schauen wir uns das Resultat an, dann werden wir sehen.«

Damit war das Gesicht aller Beteiligten gewahrt. Aber auch wenn seine Worte recht milde geklungen hatten, so waren sie doch klar und bestimmt, und so ging die Reform in Taihe weiter.

Im Spätherbst dann ergab sich eine dramatische Wende: Der Provinzgouverneur wurde seines Amtes enthoben. An dem Tag, an dem sich diese unerwartete Nachricht verbreitete, war er gerade von einer Reise nach Europa und Amerika zurückgekehrt. Er befand sich noch auf dem Flughafen von Hefei, als ihn die Nachricht vom Beschluss des Zentralkomitees ereilte, er solle vorzeitig von seinem Amt zurücktreten – angeblich deshalb, weil die Unzufriedenheit der Massen und der Kader mit seiner Regierungsarbeit zu groß war.

Am selben Tag schickte das Zentralkomitee mit Hui Liangyu einen Mann als Vertretung auf den Posten des Provinzgouverneurs, der die chinesischen Bauern verstand und mit der chinesischen Landwirtschaft und den ländlichen Gebieten vertraut war. Wer seine Geschichte kannte, wusste, dass er in den 30 Jahren seit seinem Abgang von der Agrarschule und während seiner Arbeit im Landwirtschaftsbüro eines Kreises in der Provinz Jilin das Wort »Bauer« nicht mehr aus dem Mund genommen hatte. Seither hatte er in den verschiedensten Ämtern seine Qualifikation als Landwirtschaftsexperte unter Beweis gestellt.

Kaum war er in Anhui angekommen, als er auch schon die Agrarsteuerreform in Taihe außerordentlich lobte. Nach der offiziellen Amtsübernahme im Februar des folgenden Jahres war die erste Entscheidung der ersten Sekretariatsbesprechung seiner neuen Regierung die Versendung eines »Dokumentes Nr. 1«, das die Reformerfahrungen des Kreises Taihe auf über 20 Kreise auf beiden Ufern des Huai ausdehnte!

In der Tat war es nicht mehr nötig, wie Lu Rongjing gesagt hatte, sich »nach dem Herbst das Resultat anzuschauen und dann weiterzusehen«. Man musste nicht mehr so lange warten, man sah schon viel früher klar. Seit der Einführung der Agrarsteuerreform hatte man in Taihe in nur einem halben Jahr auf Anhieb das größte Wunder seit Gründung der Republik vor 45 Jahren vollbracht: Für die Steuererhebung in den 31 Gemeinden des Kreises mit ihren 9.169 kleinen Bauerngruppen und ihren 353.459 Bauernhaushalten hatte man nur fünf Tage gebraucht!

Als sie die seit Jahren ungekannte Begeisterung sahen, mit der die Bauern vor der Getreidestation Schlange standen, um ihre Abgabe zu leisten, da juckte vielen Kadern vor Bewegung die Nase, ihre Augen brannten, und sie stellten fest: »Früher gab es so viele Dokumente, Behörden, Programme und Nummern, dass selbst wir Kader durcheinander kamen – und alle wollten von den Bauern Geld. Jetzt ist es besser, die Höhe der Abgaben ist jedem klar. Früher waren wir ein ganzes Jahr lang damit beschäftigt, Geld, Getreide und alles aus den Leuten herauszupressen, an dreißig Abenden im Jahr mussten wir Klinken putzen, das haben wir heute vollständig vom Hals, es ist alles ganz ruhig und friedlich geworden. Von der Getreideabgabe bis zur Rechnungserstellung kommen wir nicht mit Geld in Berührung, das macht die Sache noch sauberer!«

Die Kader wussten Bescheid, hatten ihren Frieden und machten sich die Hände nicht schmutzig; und weil die Steuer auf einmal abgegolten werden konnte und auf drei Jahre festgeschrieben war, waren auch die Bauern erleichtert und zufrieden.

Und obwohl in diesem Jahr die Ernte im Zeichen einer Dürre stand, so brauchte man für die Steuereintreibung nur 15 Tage!

Insgesamt kam eine Getreideabgabe von 65.277.000 Pfund zusammen, was die frühere zu Festpreisen abzuliefernde Menge noch um 17.747.000 Pfund übertraf! Nach Abzug des Preisfaktors verringerte sich die Belastung der Bauern vor Steuern um mehr als die Hälfte. Vor allem gab der Kreis mutig die Getreidemärkte und -preise frei, und nach Abzug des Eigenbedarfs und des Saatguts stieg das Einkommen allein durch das Warengetreide um 150 Millionen Yuan. Im Durchschnitt bedeutete das für jeden Einzelnen im Kreis einen Einkommenszuwachs von 120 Yuan!

Ein Jahr vor der Reform waren wegen der Bauernlasten über 93 Beschwerden von über 500 Personen aus dem Kreis Taihe auf allen möglichen Ebenen von Partei und Verwaltung eingegangen, doch 1994, im Jahr der Reform, gab es in den 2.969 natürlichen Dörfern mit ihren 13,2 Millionen Bauern deswegen nicht eine einzige Beschwerde mehr.

Ma Kezhong aus dem Dorf Mawang war früher für seine Beschwerden weithin berühmt gewesen. Allein 1993 hatte er wegen der Überbelastung der Bauern und der Sonderproduktsteuer zweimal vom Kreis bis zur Provinz geklagt und war schließlich bis zum Büro des Staatsrats für die Entlastung der Bauern gegangen. Nach der Steuerreform hatte jede Familie eine Kontrollkarte, jeder Haushalt eine klare Buchführung, und Ma Kezhong führte seine Familie zur ungestörten Arbeit auf die Felder. Als Folge davon war die Ernte im Frühjahr und im Herbst so reich wie noch nie: Wo der Landmann emsig ist, ist die Erde fruchtbar. Als Ma als Erster seiner Abgabepflicht nachgekommen war, war er ganz außer sich vor Freude: »Wenn die Steuern in Getreide gezahlt werden, alles an seinem Platz ist, niemand wagt, willkürlich Steuern zu erheben und einem in die Tasche zu langen, wenn die Kader nicht korrupt sind, wenn die Getreidestation nicht die Preise drückt, wenn die Belastung der Bauern abnimmt und ihr Einkommen zu-, wo will man sich dann noch beschweren!«

Natürlich, was gut ist, stößt auf Widerstand. Die so erfreulichen Erfolge von Taihe waren in Wirklichkeit schwer errungen. Als die Steuerreform angegangen wurde, war auf Landesebene gerade eine Reform des getrennten Steuersystems der Staats- und der Regionalsteuern angelaufen. Nach der Zentralisierung von Finanzen und Ökonomie zeigten sich die Vorteile für Zentralkomitee und Staatsrat auf der Stelle: 1993 hatte das Zentralkomitee an öffentlichen Geldern nur 95,7 Milliarden Yuan eingenommen, 1994 schnellte diese Zahl auf 290,6 Milliarden hoch – eine Zunahme von fast 200 Milliarden. Aber 1993 beliefen sich die Einnahmen aus Steuern in den Regionen auf über 339 Milliarden, die dann durch die Reform auf 231 Milliarden sanken. Und das betraf nur die Einnahmen an öffentlichen Geldern. Auch die Ausgabenseite drehte sich durch die Reform um 180 Grad: Das Zentralkomitee hatte ein Mehr an Ausgaben von nur 44,2 Milliarden im Vergleich zum Vorjahr, insgesamt nur 175,4 Milliarden, während die Ausgaben der Regionen auf einen Schlag um 70,8 Milliarden auf insgesamt 403 Milliarden anstiegen – mehr als das Doppelte als die Ausgaben des Zentralkomitees!

Im Rahmen dieser Veränderungen lebten die Finanzbudgets der Gebietsverwaltungen »von der Hand in den Mund«, viele Regionalregierungen hatten Schwierigkeiten, die Ausgaben für Verwaltungsangelegenheiten und Spesen zu garantieren.

Den öffentlichen Händen ging es nicht gut. Sie konnten aber ihre Schwierigkeiten nicht mehr auf die Bauern abwälzen und in ihrer Entscheidung für eine Agrarsteuerreform schwankend werden. Kreiskomitee und -verwaltung von Taihe schätzten die Lage richtig ein und ergriffen rechtzeitig Maßnahmen zum Personalabbau. Ein ganz typisches Beispiel für den Druck zur Reduzierung der Verwaltung und überflüssigen Personals war eine Gemeinde, die im ersten Jahr 98 Kader entließ und im zweiten Jahr deren Zahl noch einmal verringerte. Gleichzeitig wurde im Kreis eine Reihe von Reformpaketen wie die Reform der Getreideabgabe zu einem Festpreis, eine Reform des Gemeindefinanzsystems, eine Anpassung der Landwirtschaft, eine Arbeitsversicherung für Dorfkader, eine Verwissenschaftlichung des Anbaus und ein verstärkter Aufbau von Märkten durchgeführt, um mit allen Mitteln die Produktionsaktivität der Bauern und Kader zu mobilisieren.

Aber es gab gleichzeitig eine ganze Reihe von Dingen, die Kreiskomitee und -verwaltung von Taihe unmöglich nach eigenem Gutdünken entscheiden konnten. Da führt ein einzelner Kreis eine Steuerreform durch und »stopft« alle Löcher für eine zusätzliche Belastung der Bauern – und im zweiten Jahr der Testläufe kommt vom Zentralkomitee die eindeutige Anweisung, dass die Bauern einheitlich eine zusätzliche »Bildungsabgabe im Rahmen des Zweisäulenprogramms« von 25 Yuan zu zahlen haben. Und es gibt viele andere Zentralorgane, die ihre »Renommierprojekte« ohne finanzielle Unterstützung einfach nach unten durchreichen.

Das alles geschah über »Dokumente mit dem roten Briefkopf«, was darauf stand, musste »unten« ausgeführt werden. Der Kreis Taihe hatte keinerlei Möglichkeit, die strengen Vorgaben der Zentralorgane nicht auszuführen. Also wurde nolens volens eine entsprechende Anpassung des ursprünglichen Reformplans vorgenommen, wurden nolens volens neue Abgaben für Bildung, Gesundheit, Rüstung, Archive, Statistiken usf. erhoben: Das Versprechen einer einmaligen Abgeltung der Steuer und einer Festschreibung der Steuerhöhe für drei Jahre war nicht mehr zu halten.

Und dennoch, auch wenn das alles so war, so war es doch nicht dasselbe, als wäre die Agrarsteuerreform nie in Angriff genommen worden. Die erfreulichen Veränderungen in Taihe fanden in den ländlichen Gebieten, in denen die Belastung der Bauern noch immer täglich stieg und das Verhältnis von Kadern und Massen noch immer täglich angespannter wurde, einen gewaltigen Widerhall. Die umliegenden Kreise begannen nicht nur, Taihe nachzueifern, auch der Kreis Guoyang mit seiner Gemeinde Xinxing, wo die Reformen heimlich durchgeführt worden waren, versteckte sich nicht mehr. Selbst diejenigen aus dem Kreis Yingshang, die auf der Großversammlung am Anfang keine Ruhe gegeben hatten, sahen nun die Vorteile der Reform und unternahmen Anstrengungen für ein Reformexperiment zur »Berichtigung der Steuern und Abschaffung von Abgaben«.

In der Provinzhauptstadt Hefei gab es jemanden, der sich um die Agrarsteuerreform in Taihe ständig große Sorgen machte und keine Ruhe fand. Nach der Frühjahrsernte fuhr er nach Taihe. Es handelte sich dabei um Zhang Guangchun, den Leiter der Abteilung für Agrarsteuern im Finanzbüro der Provinz, der vor noch nicht allzu langer Zeit He Kaiyin wegen seiner »wirren Ideen« angegriffen hatte. Er machte sich Sorgen, dass diese Reform Unordnung in die Agrarsteuereinnahmen bringen könnte, die er als zuständiger Abteilungsleiter später nur schwer würde erklären können.

Voller Unruhe und Angst fuhr er nach Taihe, um sich zu informieren. Zu seiner Überraschung stellte er fest, dass seine Befürchtungen völlig grundlos gewesen waren. Ihm fiel ein Stein vom Herzen. Wenn er eine Meinung oder eine Ansicht hatte, dann sprach er sie auch aus; er hatte noch nie damit hinter dem Berg gehalten. Doch er war auch jemand, der, wenn er einen Irrtum einsah, seine Meinung schnell änderte. Nun wusste er, dass er sich geirrt hatte. Und er dachte, er müsse sich nun wirklich für seinen damaligen Frontalangriff auf He Kaiyin entschuldigen. Also verkündete er jedem, dem er begegnete: »Was die da in Taihe machen, ist nicht schlecht!«

Die Nachricht von der Agrarsteuerreform des Kreises Taihe in der Provinz Anhui verbreitete sich in Windeseile, und es dauerte nicht lange, bis ein paar Kader von der staatlichen Finanzbehörde, Abteilung Agrarfinanzen, nach Taihe kamen, um sich vor Ort ein Bild zu machen. Zunächst begaben sie sich nach Hefei, der Provinzhauptstadt, wo sie lediglich mit der Abteilung für Agrarsteuern, die ja zur eigenen Verwaltung gehörte, Kontakt aufnahmen. Als sie in Taihe ankamen, belästigten sie erstens nicht die Kreisleitung und zweitens sagten sie auch den Gemeindevorstehern nicht Bescheid. Sie verlangten lediglich vom zuständigen Finanzbüro Personal und Fahrzeuge und fuhren eigens in sehr abgelegene und arme Gebiete, wo sie direkt in die Haushalte gingen und bei den Bauern vor Ort Untersuchungen anstellten.

Sie taten das offensichtlich, um zu einer objektiveren Einschätzung der Lage zu kommen.

Den Worten anderer würden sie vielleicht nicht geglaubt haben, aber wie Zhang Guangchun, der sie begleitete, sich selbst als mahnendes Beispiel hinstellte – das verfehlte seine Wirkung nicht.

Unterwegs pries er die Vorteile der Agrarsteuerreform. Er war gar nicht zu bremsen. Er sagte, die Belastung der Bauern sei um die Hälfte, wenn nicht mehr, zurückgegangen, gleichzeitig seien die Einnahmen der öffentlichen Hand gestiegen. Er sagte, früher seien die Steuern manchmal am Jahresende noch nicht eingegangen gewesen und jedes Jahr 15 Prozent der Agrarsteuern »sedimentiert«, mit der Naturalabgabe hingegen gingen die Agrarsteuern im Nu ein, nicht ein Haushalt im Kreis sei die Steuer schuldig geblieben, das hätte man früher nicht einmal zu denken gewagt.

Nicht viel später kam auch der Leiter des Staatsratsbüros zur Entlastung der Bauern mit einer Delegation nach Fuyang, um die Arbeit zu inspizieren. Nachdem sie verstanden hatten, wie dort die Reform des Agrarsteuersystems funktionierte, hielten sie mit Lob und Anerkennung nicht zurück, schlugen vor, Distriktkomitee und -verwaltung sollten ihre Erfahrungen gründlich zusammenfassen, und gaben zu verstehen, dass sie von nun an die weitere Entwicklung der Reform mit großer Aufmerksamkeit verfolgen würden.

Wu Zhaoren, der stellvertretende Vorsitzende des Komitees für die Wirtschaft in den ländlichen Gebieten, der eigenhändig die endgültige Fassung des Umsetzungsplans verfasst hatte, hörte zu dieser Zeit ständig gute und aufregende Nachrichten aus Taihe. Es juckte ihn, selbst dorthin zu fahren – und eines Tages tat er es auch und begab sich, in Begleitung des stellvertretenden Vorsitzenden des Büros zu Entlastung der Bauern und des Leiters des Agrarkomitees des Distrikts, zunächst nach Fuyang und später zusammen nach Taihe.

Um Lage und Stimmung realistischer beurteilen zu können, übergingen die drei Männer die Gemeindekader und besuchten über 20 Bauern in drei Gemeinden – man kann also sagen, dass sie »inkognito« reisten. Wohin sie auch kamen, welche Bauern sie auch trafen, wie aus einem Mund wurde die Agrarsteuerreform über den grünen Klee gelobt. Wu Zhaoren war tief bewegt. Nach ihrer Rückkehr schrieb er in einem Vorwort zu dem Buch *Neue Untersuchungen zu einer Reform der ländlichen Gebiete* ganz ergriffen: »In meiner Erinnerung haben die Bauern seit Jahren außer dem Umfassenden Verantwortungssystem nur dieses eine Mal eine politische Maßnahme in vollem Umfang unterstützt.«

Als er die Agrarsteuerreform von Taihe resümierte, fand er sie in mehrerlei Hinsicht zufrieden stellend:

> »Für die Getreidestationen, da sie ihre Quoten ohne Probleme erfüllen können und die Hauptkanäle ausreichend Getreide bekommen; für die öffentlichen Finanzen, die pünktlich ausreichende Summen einnehmen; für die Banken, die insgesamt weniger Geld zirkulieren lassen; für die Basiskader, die eine Menge Zeit und Kraft sparen und den zermürbenden Ärger mit den Massen vermeiden. Natürlich ist der Dreh- und Angelpunkt noch immer die Zufriedenheit der Bauern, dass sie innerhalb einer Woche die Naturalabgabe abgeleistet haben, weshalb sich auch nicht ein einziger Haushalt wegen Überbelastung beschwert hat. Das staatliche Büro für Reformpilotgebiete, das Büro des Staatsrats für die Entlastung der Bauern, die entsprechenden Büros auf Provinzebene, die zuständigen Behörden der Provinz haben vor Ort neun Inspektionen durchgeführt, und das Resultat ist jedes Mal das gleiche gewesen: Die Bauern sind zufrieden.«

Eingehend analysierte Wu Zhaoren die Gründe für den Erfolg dieser Reform:

> »Zur Zeit gibt es eine ganze Reihe guter politischer Schritte, Ideen und Pläne. Die Schwierigkeiten liegen allein in der Umsetzung. Oft gerät dabei alles aus den Fugen, weil die Arbeit ohne Kraft ist. Im Kreis Taihe achtete nicht nur die Planung auf jedes Detail, sondern auch die Umsetzung war perfekt. Warum das so war? Der Dreh- und Angelpunkt war die hohe Bedeutsamkeit, die man dem Ganzen bei Kreiskomitee und -verwaltung beimaß. Die sechs Verwaltungsebenen marschierten gemeinsam; sämtliche Behörden von Kreis und Gemeinden machten konzertierte Anstrengungen, davon profitierten die Arbeitsteams und entwickelten eine hohe Effektivität. Das ist eine Erfahrung von allgemeiner Bedeutung, denn meiner Auffassung nach liegt hier das Geheimnis des Erfolges.«

Am 18. Dezember 1994 kam Jiang Chunyun, stellvertretender Ministerpräsident, Sekretär des Sekretariats des Zentralkomitees und Mitglied des Politbüros, mit zehn verantwortlichen Genossen aus Ministerien und Komitees zu einer Inspektionsreise nach Anhui. Als sie die großen Veränderungen sahen, die die Reform in Fuyang mit sich gebracht hatte, stellte Jiang Chunyun in einer Ansprache fest: »Ihr habt hier einen Durchbruch für die Entwicklung von Reformen in den ländlichen Gebieten geschafft ...«

Ganz unerwarteter fiel ihm Li Yanling, der stellvertretende Finanzminister, der zu seiner Begleitung gehörte, ins Wort: »Hier ist die Sonderproduktsteuer auch Teil der Agrarsteuern, das ist unsinnig, man sollte sie nach den Fakten, also nach realen Produktionszahlen einziehen! Was sie hier machen, ist falsch!«

Jiang Chunyun gab nicht gerade höflich zurück: »Das weiß ich. Aber es ist nicht falsch. Ich war selbst einmal Basiskader. ›Die Steuererhebung nach den Fakten‹ – das ist bloße Theorie, das ist nicht durchführbar. Meines Wissens werden in den meisten Regionen die gleichen Abgaben erhoben. Also reden wir nicht mehr davon.«

An diesem Tag war Jiang Chunyun ausgesprochen guter Dinge. Der stellvertretende Ministerpräsident, zuständig für das Agrarwesen und Gruppenleiter der Führungsgruppe des Zentralkomitees für die Arbeit in den ländlichen Gebieten, sah die durchbruchartigen Fortschritte bei der Reform der ländlichen Gebiete in Anhui und sagte erfreut zu Provinzgouverneur Hui Liangyu: »Die Reform des Agrarsteuersystems ist ein großer Durchbruch bei der Vertiefung der Reformen auf dem Lande. Ihr solltet eure Versuche getrost ausweiten!«

Yang Yongzhe, der stellvertretende Vorsitzende des Forschungsbüros des Staatsrats, der mit von der Partie war, schloss sich ganz aufgeregt an: »Dabei heißt es heute immer, die Reformen auf dem Land seien zum Stillstand verurteilt. Jetzt, wo wir das hier gesehen haben, hat man das Gefühl, dass das überhaupt nicht stimmt. Die Reform des Systems der vertraglichen Überantwortung von Böden und die Reform der Agrarsteuererhebung sind etwas ganz Besonderes und Effektives. Das wird für das ganze Land von leitmotivischer Bedeutung sein!«

Kaum war Jiang Chunyun mit seiner Reisegruppe abgereist, als Hui Liangyu auf einer Besprechung des Provinzsekretariats unmissverständlich forderte, auf der ganzen Fläche des Flussgebiets nördlich der Wasserscheide von Yangzi und Huai, vor allem im Nordhuai-Gebiet, die Reform des Agrarsteuersystems durchzuführen.

Danach verbreitete sich die Reform schnell über Taihe und Fuyang hinaus und begann in über 20 Kreisen (und Städten) innerhalb der Grenzen von Anhui, Blüten zu treiben. Es ging wie das Bambusspalten.

Die Steuerreform auf dem Lande war ein Brennpunkt, auf den das ganze Land schaute. Sie war nicht nur in den Provinzen Anhui, Hebei und Henan nicht mehr aufzuhalten, sondern weitete sich rasch auch auf 50 Kreise (und Städte) in Hunan, Guizhou, Shanxi und Gansu aus.

Damals hieß es in einem Artikel der vom Sekretariat des Provinzkomitees herausgegebenen *Shengwai dongtai (Provinzexterne Tendenzen):* »Die Reform des Agrarsteuersystem hat bereits das Ausmaß eines Steppenbrandes!«

Die unvergessliche Konferenz von Fuyang

Fuyang liegt im Nordwesten. Hier grenzen Anhui und Henan aneinander, hier ist eine berühmte Kornkammer und hier war das erste vom Staatsrat registrierte Pilotgebiet für die Reform auf dem Land. Dieses Pilotgebiet war bereits 1986, noch unter der Führung von Du Runsheng, dem damaligen Vorsitzenden des Forschungsbüros des Staatsrats für die Entwicklung in den ländlichen Gebieten, und einer ganzen Reihe von namhaften Agrarspezialisten wie Duan Yingbi, Zhou Qiren, Chen Xiwen, Du Ying und Lu Mai eingerichtet worden. Die Gemeinde Xinxing, Kreis Guoyang, die als Erste die Bodensteuerreform in Angriff genommen hatte, und Taihe, das man als ersten Kreis der Agrarsteuerreform bezeichnen kann, liegen alle in diesem Gebiet. Dass deshalb die Konferenz über die Erfahrungen mit der Reform des Basissteuersystems in den ländlichen Gebieten vom 21. bis zum 25. April 1995 in Fuyang stattfand, war nur folgerichtig.

Den Vorsitz führte Du Ying, der Vorsitzende des staatlichen Sekretariats für Steuerreformpilotgebiete auf dem Lande.

Auf der Konferenz kamen über 80 Spezialisten zusammen, vom Komitee für die Reform des Wirtschaftssystems über das Staatsratssekretariat für Sondergebiete, das Landwirtschaftsministerium, das Finanzministerium, das Ministerium für Binnenwirtschaft und das Getreideministerium bis hin zu Vertretern der verschiedenen Pilotgebiete in Anhui, Hunan, Guizhou, Hebei und Henan. Hier untersuchte man die Erfahrungen Taihes und tauschte sich über die konkreten Methoden und Resultate in den verschiedenen Pilotgebieten aus.

Die anwesenden Fachleute sprachen den Reformen die höchste Wertschätzung aus und gaben ihrer Überzeugung Ausdruck, dass sie in die richtige Richtung gingen, einen weiteren Durchbruch in Bezug auf das alte System darstellten, praktisch durchführbar und die Erfolge offensichtlich seien.

Unerwartete Aufmerksamkeit erregte die Rede Liu Fuyuans, des stellvertretenden Vorsitzenden des Forschungsbüros des Staatsrats für politische Strategie in den Sonderzonen. Er sagte, die Vorsitzende Zhu Lin habe ihn zu dieser Konferenz geschickt, wobei er selbst natürlich auch ein großes Interesse an ihr gehabt habe und sofort losgefahren sei. Nachdem er den Genossen zugehört habe, komme er gegenüber dieser Reform zusammenfassend zu dem Eindruck, dass die Reformeinheiten der Pilotgebiete im Augenblick schon grundsätzliche Erfolge eingefahren hätten. Das sei von außerordentlicher Bedeutung. Der stellvertretende Ministerpräsident Jiang Chunyun habe gesagt, diese Reform habe nicht nur wirtschaftliche, sondern auch politische Bedeutung, was klar mache, dass dieses Problem auf allen Ebenen wirklich mit großer Anteilnahme verfolgt werde.

Das Büro für die Sonderzonen und eine Konferenz über die Steuerreform in den ländlichen Gebieten haben auf den ersten Blick nicht allzu viel miteinander zu tun. Dass also jemand von diesem Büro an der Konferenz teilnahm, hatte die Delegierten schon zu Beginn verwundert. Als Liu Fuyuan nun auch noch Zhu Lin erwähnte, nahm die allgemeine Erwartung zu, weil jeder wusste, dass Zhu Lin die Gattin von Ministerpräsidenten Li Peng ist. Und Li Peng gehörte zur Führung des Zentralkomitees und hatte früh schon sein Interesse an einer Zehntsteuer für die ländlichen Gebiete gezeigt. Deshalb musste es ein besonderes Gewicht haben, wenn Liu Fuyuan an dieser Konferenz teilnahm und eine Rede hielt.

Liu Fuyuan führte unter anderem aus:

> »Ich glaube, die Bedeutung dieser Reform liegt schon nicht mehr nur in der Lösung des Problems der Bauernlasten, sondern darin, das Verhältnis zwischen Staat, Kollektiv und Bauern in Ordnung zu bringen. Unsere erste Reform schrieb sich das Umfassende Verantwortungssystem auf die Fahne, Gegenstand der Reform war die Verwaltung, war das mit den Volkskommunen eingeführte System der Einheit von Politik und Gesellschaft. Die Zentralregierung und die Verwaltungen trafen auf verschiedenen Ebenen sämtliche Entscheidungen für die Bauern. Deren Produktion, die Zirkulation, der Konsum und die Zuteilung

waren erdrückt worden. Das hatte zur Folge, dass die Einkommen unserer Bauern zu niedrig waren, die Wirtschaft auf den ländlichen Gebieten einseitig wurde, die landwirtschaftliche Produktion ernstlich stagnierte. Diese Reform durchbrach das System der Einheit von Gesellschaft und Politik und gab den Kommunen und den Bauern einen Teil ihrer Souveränität zurück. Aber sie war nicht durchschlagend genug, die Probleme der Zirkulation und der Verteilung wurden von ihr nicht grundsätzlich gelöst.

Heute wird auf allen Verwaltungsebenen darüber diskutiert, wie man die Lasten der Bauern verringern, wie man die willkürlichen Steuererhebung eliminieren, wie man das Image der Kader verbessern könnte; viele Verwaltungen geben in ihren Dokumenten Anweisung, diese Steuer dürfe man erheben und jene nicht, diese sei sinnvoll, jene nicht, diese Höhe sei noch vernünftig, jene nicht mehr; bei einer Telefonkonferenz mit dem Staatsrat wurde bereits die Anweisung gegeben, 31 verschiedene Abgaben abzuschaffen. Am Ende allerdings ist es vor dem unklaren Hintergrund der Verteilungsbeziehungen in Wirklichkeit nicht möglich, klar auseinander zu halten, welche Abgabe sinnvoll ist und welche nicht. Das weiß man weder oben noch unten. Zum Beispiel sind die Abgaben für Geburtenplanung und Ausbildung der Volksmilizen ausschließliche Verwaltungsabgaben, also Abgaben, die nötig sind zur Durchführung der staatlichen Politik. Sie haben mit der Agrarproduktion nicht das Geringste zu tun und müssten in der Praxis auch aus öffentlichen Mitteln bestritten werden. Aber nun ist durch die verschiedenen Steuern und Abgaben alles durcheinander geraten und muss allein von den Bauern getragen werden.

Erst wenn die grundlegendsten Abgabenprobleme wirklich gelöst sind, können wir dem Problem der Verteilung in den ländlichen Gebieten zurufen: ›Stillgestanden!‹«

Die Rede Liu Fuyuans wurde von allen Delegierten mit heftigem Beifall bedacht.

Bei der Rede Li Qiuhongs, des jungen Leiters der Abteilung Agrarfinanzen im Finanzministerium, schlugen jedoch die Wellen hoch. Sie traf auf heftigen Widerstand und führte zu einer ausgesprochen angespannten Atmosphäre.

Seine einführenden Bemerkungen waren noch sehr zurückhaltend und liebenswürdig: »Für mich ist die Teilnahme an dieser Versammlung eine gute Gelegenheit, etwas dazuzulernen. Wir haben in der Vergangenheit nicht allzu viel über eine Reform des Steuersystems nachgedacht.«

Doch dass ein Abteilungsleiter aus dem Finanzministerium, der auf

Agrarfinanzen spezialisiert war, über etwas, das im Grunde zu seinem Beruf gehörte, »nicht allzu viel nachgedacht« haben sollte, das machte schon irgendwie staunen.

Und dann begann er mit einem alles andere als zurückhaltenden Expertenreferat. Das meiste, was er sagte, bestand aus Überzeugungsphrasen und Urteilssprüchen, die allesamt auf tönernen Füßen standen. Dabei fiel auch der bemerkenswerte Satz: »Zur Zeit hat die Gesamtbelastung der Bauern noch kein absolut unerträgliches Ausmaß erreicht.«

Kaum hatte er geendet, steckten die Delegierten aus den Pilotgebieten der Provinzen Guizhou und Hunan die Köpfe zusammen. Offensichtlich waren sie der Auffassung, diesem Kader, der da in seiner Behörde für Agrarmittel auf hohem Ross saß, gehe es wohl zu gut. Was hieß denn hier bitteschön »absolut unerträgliches Ausmaß«? Gerade weil die Bauern die Lasten nicht mehr tragen konnten und das Verhältnis von Kadern und Massen sich ernstlich verschlechtert hatte, war man doch zu dieser Steuerreform gezwungen gewesen!

Des Weiteren hatte Li Qiuhong sämtlichen grundlegenden Erfahrungen, die die einzelnen Pilotgebiete mit den Reformen gemacht hatten, widersprochen. Er sagte: »In den ländlichen Gebieten Chinas, ob in den einzelnen Haushalten, den Dörfern oder den Gemeinden, sind die jeweiligen Einkommensunterschiede sehr groß; eine wichtige Basis für die Lastenverteilung sollte das tatsächliche Einkommen sein und nichts anderes. Aber wenn man, wie im Kreis Taihe, pro Mu Anbaufläche einheitlich 100 Pfund Getreide erhebt, gehen diese Pläne mit einem Verteilungsprinzip, das für hohe Einkommen hohe, niedrige Einkommen niedrige Steuern vorsieht, offensichtlich nicht konform.«

Diese Auffassung machte eine ganze Reihe von Leuten stutzig.

Man muss dazu sagen, dass es sich bei Li Qiuhongs Äußerungen um theoretische Erwägungen handelte. Von den sozialistischen Verteilungsprinzipien her gesehen war es nicht erlaubt, unter Missachtung aller Unterschiede eine Einheitssteuer zu erheben. Das musste man sehr genau nehmen und die Lasten nach dem wirklichen Einkommen der einzelnen Gemeinden, Dörfer und Haushalte festlegen. Aber auf dieser Welt gibt es keine absolute Wahrheit, und so kann es auch keine absolute Gerechtigkeit geben.

Als Li Qiuhong aus diesem Blickwinkel den Kreis Taihe paradigmatisch für die Erfahrungen mit der Steuerreform auf dem Lande bewertete, ergaben sich unter den von ihm so resümierten vier Zielen der

Reform zunächst Widersprüche zu dem Ziel einer »Senkung der Ausgaben für die Steuereintreibung«. Wenn man, seiner Ansicht nach, die Steuern wirklich nach dem Einkommen der jeweiligen Familien und Haushalte erheben wolle, dann müssten Kreiskomitee und -verwaltung jede Menge Leute aufbieten, um alle 353.459 Bauernhaushalte in Taihe zu inspizieren. Denn nur so könne man sich Klarheit über die wahren Einkommensverhältnisse der einzelnen Familien und Haushalte verschaffen. Und das sei doch eine gewaltige Steuereintreibung.

Er musste im Fieber reden!

In der Folge sprach Li Qiuhong mit ähnlichen Argumenten über das Problem der Sonderproduktabgabe: »Was die Agrarsonderproduktabgabe angeht, so ist die Haltung der Steuerbehörden hierin eindeutig: Hier darf man keine Pauschale erheben. Das Ziel einer solchen Steuer ist die Unterstützung von Produktionssteigerungen und die Regelung des Ertrags unterschiedlicher Kulturen innerhalb des landwirtschaftlichen Anbaus. Bei einer Pauschale gibt es keinen Grund mehr für diese Steuer, und noch weniger kann man das Ziel dieser Politik verwirklichen.«

Viele Delegierte, die von der Basis kamen, hielt es an diesem Punkt nicht mehr auf den Sitzen, einige riss es hoch, und sie begannen, ihm schwere Vorhaltungen zu machen. Die Stimmung war mit einem Schlag auf dem Nullpunkt.

Alle wussten, dass in den Agrarsteuerbestimmungen von 1958 die Agrarsonderproduktsteuer stand, aber damals war sie lediglich Teil der Agrarsteuer: Da diese Steuer relativ hoch war, musste sie gesondert erhoben werden, doch wenn man sie erst einmal erhoben hatte, war keine weitere Agrarsteuer mehr fällig. Und in Bezug auf Getreidefelder war anfangs nie von einer Sonderproduktsteuer die Rede gewesen. Tatsächlich war die Sonderproduktsteuer auf Ackerböden erst in den letzten Jahren aufgekommen.

Das Problem war nun, dass durch diese realitätsferne Steuerberechnung die Sonderproduktsteuer längst zu einer »Ackerflächensteuer« und »Kopfsteuer« geworden war und die Wirkung verloren hatte, das Einkommen der Bürger neuverteilend zu regulieren. Sie hatte sich durch und durch zur »legalen« Belastung der Bauern entwickelt – eine Fessel, die Fortschritte in der Industrialisierung der Landwirtschaft in den ländlichen Gebieten Chinas verhinderte, und darüber hinaus ein Hemmschuh für den Wohlstand der Bauern!

Da die Agrarsteuerbestimmungen aus dem Jahre 1958 stammten,

stimmte die Erhebung der Agrarsteuer heute, so viele Jahre später, in großem Umfang und ernstlich mit der realen Situation nicht mehr überein. Das zu versteuernde Vermögen und das wirkliche Vermögen, der nominelle Veranlagungssatz und der wirkliche Veranlagungssatz, die zu versteuernde Bodenfläche und die wirkliche Bodenfläche usf. – alles klaffte auseinander. Das hatte unsinnige Phänomene zur Folge wie »niedrige Steuern bei hoher Produktivität« und »hohe Steuern bei niedriger Produktivität«, hohe nominelle Veranlagungssätze und niedrige wirkliche Veranlagungssätze oder niedrige nominelle Veranlagungssätze und hohe wirkliche Veranlagungssätze usf. Es gab sogar Steuern ohne Land und Land ohne Steuern! Wenn man dann noch die ungleichen Abgabepflichten im staatlichen System der festgelegten Getreideaufkaufquoten in Rechnung stellte, dann war das so, als erhebe man Steuern für ein Getreideanbaugebiet in einem Nicht-Getreideanbaugebiet, als erhebe man die Steuern eines Armutsgebiets in einem reichen Gebiet – all diese Mängel hatten längst die Aktivität der bäuerlichen Unternehmen ernstlich untergraben!

Dass ein Beamter aus dem Finanzministerium, von der Abteilung für Agrarfinanzen, sich nicht an die Lösung dieser Probleme in der Agrarsteuerpolitik machte, sondern an diesen unschätzbaren regionalen Reformexperimenten herumkrittelte und nicht die geringste Begeisterung zeigte, musste auf einer Konferenz wie dieser zu allgemeinem Unmut führen.

Aber damit noch nicht genug. Den tiefsten Eindruck bei den Anwesenden hinterließ Folgendes: »Wie wir aus Eingaben von Bauern wissen, gehen die Belastungen keineswegs einheitlich auf eine überhöhte Agrarsteuer zurück; worüber die Bauern sich beklagen, das ist die Vermischung von Steuern und Gebühren. Deshalb vertreten wir bei unserer Arbeit eine unbedingte Trennung von Steuern und Gebühren!«

Li Qiuhong sprach anscheinend ohne jeden Selbstzweifel und löste bei den Delegierten den heftigsten Widerspruch aus. Die Luft brannte. Denn verantwortlich für diese Vermengung von Steuern und Gebühren war doch zunächst einmal das Finanzministerium selbst!

Das 1985 verordnete, von den Gemeinden getragene Schulsystem in den ländlichen Gebieten war der wichtigste und Hauptgrund für das Problem der Bauernlasten. Das Geld, das dafür vom Finanzministerium zur Verfügung gestellt werden sollte, kam nie an. Die Kosten für die Schulpflicht mussten die Bauern aus eigener Tasche bezahlen! Was war das, bei 900 Millionen Bauern, für eine Schulpflicht? Selbst die eigentlich vom Staat zu bestreitenden Ausgaben für die Geburtenplanung, die Ausbildung der Miliz, die Arbeit für Kriegsversehrte und Hinterbliebene und den Straßenbau in den Gemeinden mussten die Kader zwangsweise und klinkenputzend von den Bauern verlangen.

Und jetzt kam dieser Finanzbeamte aus Peking daher und zeigte nicht einmal Dankbarkeit, sondern lenkte ab und machte die Leute für alles verantwortlich! Dieser Beamtenjargon und -ton brachte die Vertreter der Basis in Rage.

Die Delegierten, die direkt von der vordersten Front der Pilotgebiete kamen, ließ das Problem der Sonderproduktsteuer nicht los, sie stellten Gegenfragen: Ob man denn nun die Wahrheit in den Tatsachen suchen solle oder nicht? Wo etwas sei, da könne man etwas holen; wo nichts sei, könne man auch nichts holen; und man könne auch nur so viel holen, wie da sei. Und warum denn Jahr für Jahr Planquoten erlassen würden und Pflichten verteilt – ob es da nicht auf der Hand liege, dass Absichtserklärungen Absichtserklärungen seien und Taten Taten und die Menschen hinters Licht geführt würden? Sie, die Kader auf dem Land, hätten die Schuld auf sich genommen und sich Ruf und Ansehen ruiniert, und jetzt müsse man sich auch noch sagen lassen, da unten werde die Politik nicht umgesetzt! Was man denn jetzt davon halten solle?!

Der Delegierte aus Guoyang führte sich selbst als Beispiel an. Er sagte, sein Kreis habe in einer Gemeinde eigens einen Probelauf durchgeführt, um die Sonderproduktsteuer buchstabengetreu, also »nach den Tatsachen berechnet«, umzusetzen: Die Gemeindeverwaltung habe 19 Leute aus dem Finanzamt und der Verwaltungsstation aufgeboten, die auf die Dörfer und zu den Bauern gegangen seien, um den gesamten Verlauf der Produktion und des Absatzes von Sonderprodukten gemäß der Bestimmungen zu verfolgen. Dafür hätten sie zwei Monate gebraucht, hätten sorgfältige Kosten- und Einnahmenberechnungen angestellt und schließlich über 4.000 Yuan an Sonderproduktsteuergeldern eingezogen. Doch die Ausgaben für Spesen, Gehälter und den Ausgleich für versäumte Mahlzeiten dieser 19 Leute hätten sich ebenfalls auf über 4.000 Yuan summiert. Mit dem Resultat, dass die eingenommene Steuersumme von den Ausgaben für den Steuereinzug verschlungen wurde. Das heiße doch, es sei fast unmachbar, nach dem gegenwärtigen System und den gegenwärtigen Methoden Steuern einzuziehen.

Diese Geschichte war beinahe absurd zu nennen, aber sie enthüllte ein Problem schonungslos: die Realitätsferne des heutigen Steuersystems.

Irgendwann platzte auch Zhou Xinhua, dem stellvertretenden Leiter des Komitees für die Wirtschaft in den ländlichen Gebieten, der Kragen. Erbost deutete er auf Li Qiuhong, es fehlte nicht viel und er hätte ihm den Finger auf die Nase gesetzt, und er sagte entrüstet: »Ihr schert euch nicht um die reale Situation, ihr sitzt in euren Bürogebäuden und spielt Blindekuh mit euren Mutmaßungen. Hier liegen die Tatsachen auf dem Tisch, aber ihr gebt ums Verrecken keinen Fehler zu!«

Es war allen klar, dass der sanfte Li Qiuhong mit dem Aktenordnergesicht hier mit Nachdruck die Ansicht der Finanzministeriums vertrat. Und da es nicht seine persönliche Meinung war, bekamen die Delegierten der einzelnen Regionen immer mehr das Gefühl, dass die Zukunft für die Agrarsteuerreform, mit der sie alle so begeistert herumexperimentierten, nicht sehr rosig aussah.

Da zeigte auch He Kaiyin, der Vater dieser Reform und direkt beteiligt an den Testläufen in Taihe, Flagge und sprach über seine Einschätzung einiger Probleme der Reform. Er sagte, heute, unter den Bedingungen der Marktwirtschaft, seien die Produktpreise nahezu freigegeben. Allein der Preis für Getreide, des Hauptagrarerzeugnisses, sei noch immer im System der staatlichen Aufkaufquoten gebunden; das führe dazu, dass Getreide keine Ware werden könne und seine relative Effizienz täglich geringer werde. Es bestehe kein Zweifel, dass dieses Aufkaufsystem verschwinden müsse, der Markt für Getreide und der Preis für Getreide müssten freigegeben werden, sonst habe die chinesische Landwirtschaft keine Möglichkeit, sich zu entwickeln. Natürlich brauche es dafür die entsprechenden Bedingungen. Auf diese Überlegungen gehe die Ersetzung der Getreideaufkaufsquote durch eine Naturalabgabe in Getreide, wie sie in der Steuerreform vorgesehen sei, zurück: zum Ersten, um auf die zuverlässigste Weise den Staat mit Getreide zu versorgen und die Versorgung des nicht-landwirtschaftlichen Bedarfs an Getreide zu sichern; zum Zweiten, weil die Bauern an die ebenso bequeme wie transparente Naturalabgabe gewöhnt seien; zum Dritten, weil die Verbindung von Steuerreform und dem Voranbringen eines Kauf- und Verkaufssystems für Getreide so überaus bedeutsam sei. Die bereite den Boden für die nachfolgende Reform des Kauf- und Verkaufssystems für Getreide. Nur wenn sie Erfolg habe, wenn also die Getreidemärkte und -preise flächendeckend frei gegeben würden und sich eine umfassende Warenzirkulation herausbilde und Großmärkte entstünden, könnten die kommunalen Abschottungsstrukturen zusammenbrechen. Und erst dann könne man von einer großen Hoffnung für die chinesische Landwirtschaft sprechen!

Die stark theoretisch gefärbte Rede He Kaiyins, in der er die schwierigsten Zusammenhänge verständlich erklärte, war von einer enormen Überzeugungskraft. Es wurde auf einmal ganz still. Die Konferenzteilnehmer bewegten sich langsam und leise, Teetassen wurden behutsam zurückgestellt, aus Angst, man könne jemanden stören.

Diese Atmosphäre färbte auch auf He Kaiyin selbst ab, der nun seinerseits lebhaft wurde. Er sagte, was sie eigentlich täten, das sei lediglich eine Reform der Einzugsmethode der Agrarsteuern, im Grunde sei das noch gar keine Agrarsteuerreform im eigentlichen Sinn. Aber wenn man sich gegenwärtig an eine Agrarsteuerreform wagen würde, dann würden die gesetzgebenden Instanzen womöglich sofort einschreiten. Dass die Reform in Xinxing auf Anordnung des Kreises aufgegeben wurde, sei dafür ein Beleg. Das Ziel könne im Augenblick lediglich sein, einseitig Nachdruck auf die Steuereinzugsmethode zu legen, um zunächst einmal die Bauern möglichst zu entlasten und die »Reckstange« der politischen Bestimmungen etwas stabiler, aber auch durchsichtiger und einfacher handhabbar zu machen. Auch wenn das Ganze noch nicht vollkommen gerecht und vernünftig sei, gebe es tatsächlich keine Alternative dazu, aber im Vergleich zu der früheren willkürlichen Praxis seien die Bauern damit schon relativ zufrieden.

Selbst eine wirkliche Steuerreform könne nur eine Bresche schlagen für die weitere Vertiefung der Reformen in den ländlichen Gebieten. Von dieser Konferenz aber müsse dafür das Signal ausgehen. Wenn auch jedem klar sei, dass die Stagnation in der Reform des politischen Systems längst die Weiterentwicklung der Öffnungs- und Reformpolitik ernsthaft beeinträchtige, so habe das doch hier niemand deutlich ausgesprochen.

Dann formulierte er es anders und sagte: »Mit der Billigung des Zentralkomitees und der offiziellen Genehmigung für die Testläufe zu einem zweiten Schritt der Vertiefung der Reformen in den ländlichen Gebieten in Anhui werden wir Handlungsfreiheit gewinnen und mit dem gleichen Elan wie damals beim Umfassenden Verantwortungssystem die Steuerreform auf dem Lande einem Durchbruch einen weiteren Schritt näher bringen!«

Am Ende zog Du Ying, der die Konferenz leitete, folgendes Resümee: »Insgesamt habe ich das Gefühl, dass wir an einem entscheidenden Punkt der Entwicklung und der Reform der ländlichen Gebiete Chinas eine entscheidende Frage diskutiert haben. Warum ich das sagen kann? Weil unser ganzes Land sich in einer Zeit der raschen Industrialisierung befindet und in einer solchen Phase die Situation der Bauern, der ländlichen Gebiete und der Landwirtschaft ein wichtiger und für das Schicksal der Modernisierung unseres Landes entscheidender Aspekt ist. Insgesamt gesehen war die Lage auf dem Land in den vergangenen zwei Jahren nicht schlecht, doch auch die Probleme stechen ins Auge, die Widersprüche sind recht zugespitzt, und das steht mit dem, was auf dieser Konferenz diskutiert wurde, in engem Zusammenhang.«

Die Geburt des »Dokumentes Nr. 13«

Nach dieser unvergesslichen Konferenz häuften sich in den chinesischen Medien die Berichte über die Steuerreform in den ländlichen Gebieten, die dort nun langsam anlief. In den folgenden Monaten ergoss sich in den verschiedensten Zeitungen, Zeitschriften und Publikationen eine wahre Flut von zustimmenden Artikeln.

Die Agrarsteuerreform begann mittlerweile bereits, das gegenwärtige Steuereinzugssystem, das System der Getreidefestpreisabgabe und das ungebrochene Ins-Kraut-Schießen der untersten Verwaltungsebenen zu tangieren. Doch die Regionen waren nicht dazu in der Lage, diese Probleme und Widersprüche aus eigener Kraft zu lösen. Und sie mussten von Grund auf gelöst werden, sonst hätte man am Ende »Drachen gesät und Flöhe geerntet«, sonst würde die ganze Steuerreform bloß auf betretene Gesichter hinauslaufen.

In dieser Situation war es wieder einmal Wang Yuzhao, der stellvertretende Vorsitzende des Ständigen Ausschusses des Wirtschaftskomitees der Konsultativkonferenz und frühere Provinzgouverneur von Anhui, der die Initiative ergriff. Wie weiter oben bereits beschrieben, war Wang Yuzhao zu der atemberaubenden Zeit, als der Vorhang für das Reformvorspiel in den ländlichen Gebieten aufging, ein Gefolgsmann von Wan Li, der damals das Umfassende Verantwortungssystem eingeführt hatte; später wurde er stellvertretender Leiter des Forschungszentrums des Staatsrats für die ländlichen Gebiete und des

Forschungsbüros des Zentralkomitees für die Politik in den ländlichen Gebieten. Man kann sagen, Wang Yuzhao hat den ganzen Reformprozess auf dem Lande seit dem Ende der 70er Jahre mitgemacht. Und er verfolgte die Probleme auf dem Land bis heute mit brennendem Interesse – das war eine Sache, derer er nie müde wurde.

Wang Yuzhao jedenfalls rief einige alte Abteilungschefs aus dem Wirtschaftskomitee zu einer Spezialistengruppe zusammen. Im Anschluss an die Konferenz von Fuyang machten sie sich auf zu einer beschwerlichen Inspektionsreise durch Anhui, Hebei usf. Auch He Kaiyin gehörte zu den acht Mitgliedern dieser Delegation. Unterwegs kamen sie auch in den Distrikt Chuxian, in dem Wang Yuzhao früher viele Jahre gelebt und gearbeitet hatte und der mittlerweile zur Stadt ernannt worden war. Dort führte er die alten Genossen voller Freude auf den Berg Langye. Mit von der Partie waren auch Zhang Chunsheng und der eigens aus der Provinzhauptstadt angereiste Lu Zixiu, ehemaliger Distriktkomiteesekretär von Chuxian der eine, ehemaliger Stadtkomiteesekretär von Chuxian der andere. Als die alten Herrschaften erfuhren, dass dieser Berg *der* Langyeshan war, der in dem Gedicht *Der Pavillon des trunkenen Alten* von Ouyang Xiu* beschrieben wurde – von jenem Ouyang Xiu, der während der Nördlichen Song-Dynastie Präfekt des Distrikts Chuzhou gewesen war –, waren sie tief bewegt; als sie dazu noch entdeckten, dass sich ausgerechnet an diesem Platz drei heutige »Präfekten von Chuzhou« gerade ein Stelldichein gaben, waren alle der Meinung, diesen Berg dürfe man als einen Treffpunkt großer Reformer bezeichnen: Ouyang Xiu war ein entschiedener Unterstützer der von Fan Zhongyan* befürworteten Reformen, und Wang Yuzhao, Lu Zixiu, Zhang Chunsheng waren einer wie der andere die entschiedensten Reformer unserer Tage. Von allen Seiten kam der Vorschlag für ein Erinnerungsfoto.

In He Kaiyin, der der Einladung zu der gemeinsamen Inspektion nachgekommen war, brachte das eine Saite zum Schwingen, und er improvisierte aus dem Stegreif ein unübersetzbares Gedicht, in dem er die Schriftzeichen für die Namen der drei Genossen in anderen Worten versteckte, was großen Beifall fand. Noch ganz in der Stimmung dieses spontanen Gedichts nahm Liu Guangyun, der ehemalige Chef des Forstwirtschaftsministeriums, Pinsel, Tusche, Papier und Tuschestein her und schrieb auf der Stelle eine Kalligraphie des kleinen Stegreifgedichts von He Kaiyin. Er gab ihm den Titel »Für die vier Präfekten«.

Da ging allen das Herz auf, und es wurde viel gelacht.

Das war der glücklichste Tag der Inspektionsreise.

Anderswo wurde den acht Fachleuten das Herz oft schwer. Sie mussten feststellen, dass in den letzten Jahren aufgrund einer Unzahl unrealistischer Aktivitäten zur Steigerung der Standards die Kaderstärke in den Basisorganisationen von Partei und Verwaltung ernsthaft außer Kontrolle geraten war. In einigen Regionen waren die Gemeindekader richtige Leuteschinder, machten den Bauern das Leben zur Hölle, während deren Belastung in einem viel schnelleren Tempo wuchs als ihr Einkommen.

Erst als sie die Pilotgebiete in Anhui und in Hebei mit eigenen Augen gesehen und mit eigenen Ohren gehört hatten, wie willkommen diese Reformen bei den Bauernmassen und allen gesellschaftlichen Kreisen waren, fühlten sie sich ein wenig getröstet.

Nach ihrer Rückkehr hielten sie mit Genossen aus dem Landwirtschaftsministerium, dem Finanzministerium, dem Staatlichen Amt für Statistik usf. ein weiteres Symposium ab. Um in größerem Umfang die Ansichten und Vorschläge aus allen Bereichen der Gesellschaft in Erfahrung zu bringen, eröffnete das Wirtschaftskomitee der Konsultativkonferenz des chinesischen Volkes im Hochsommermonat Juli in Sichuan zudem eine »Forschungskonferenz zur Frage der Entlastung der Bauern«, an der miteinander in Verbindung stehende Behörden aus acht Provinzen teilnahmen. Schwerpunkt der Erörterungen war der Stand der Reformversuche, die in den verschiedenen Regionen zur Entlastung der Bauern durchgeführt worden waren, und die Suche nach einem Weg, das Problem der Bauernlasten zu lösen.

Wang Yuzhao nahm es nun selbst in die Hand, aus diesen ganzen Untersuchungen und Erörterungen Schlüsse zu ziehen und auf den Instanzenweg zu bringen. Er setzte sich hin und verfasste »Vorschläge zu einer praktischen Lösung des Problems der Bauernlasten«. Darin vertrat er die Auffassung, der grundlegende Ausweg aus der Problematik sei die Entwicklung der ländlichen Gebiete und eine Erhöhung des bäuerlichen Wohlstandes. Doch um die Belastung der Bauern in einem vernünftigen Rahmen zu halten, müsse man das Einzugs- und Kontrollsystem für die Agrarsteuer grundlegend reformieren und verbessern. Alle Untersuchungen hätten eindeutig ergeben, dass die Belastung der Bauern zu hoch sei, und das hänge oft direkt mit den überhöhten und übereilten Zielvorgaben der Regierung zusammen. Deswegen sei der Schlüssel für eine Lösung des Problems auf den oberen Verwaltungsebenen zu suchen.

Die Vorschläge waren fast so etwas wie ein Aufschrei: Man müsse die unrealistischen Bewegungen zur Erhöhung der Standards überprüfen und alles, was die Lasten der Bauern erhöhe, unter Verbot stellen. Man müsse der Idee Geltung verschaffen, keine Parolen und Zielvorgaben für Dinge auszugeben, die Staat, Behörden und Regionen nicht leisten könnten. Vom Zentralkomitee bis hinunter zu den Regionen müsse es jeder Führungskraft vollständig zu Bewusstsein kommen, dass heutzutage das Einkommen der überwiegenden Mehrheit der Bauern alles andere als hoch sei, dass die Unterschiede im Einkommen in der Gesellschaft ständig größer würden, was auch die im Durchschnitt hohen Wachstumsraten nicht verbergen könnten. Wenn man wissen wolle, wie es den Bauern wirklich gehe, müsse man sich ernsthaft um die Beziehungen zwischen den verschiedenen gesellschaftlichen Angelegenheiten und der Entlastung der Bauern kümmern.

Seine Vorschläge wurden auch ganz konkret. So müsse man zum Beispiel schleunigst ein Gesetz über den Einzug und die Kontrolle der Agrarsteuer in den ländlichen Gebieten verabschieden, den Aufbau von Einzugs- und Kontrollkräften verstärken und die Beteiligung von Polizei und Volksmiliz am Steuereinzug kategorisch verbieten; man müsse entschlossen den Verwaltungsapparat verkleinern und das Überprüfungssystem für die Kader reformieren; man müsse darüber nachdenken, auf der Basis sämtlicher gegenwärtiger Wirtschafts- und Technologieverbände eigene Massenorganisationen für die Bauern zu schaffen, um eine Beziehung zwischen Verwaltung und Bauern herzustellen und so die staatliche Politik einfacher durch- und umsetzen zu können – was für einen wirklichen Schutz der Rechte und Interessen der Bauern von Nutzen wäre …

Nachdem er seine Vorschläge auf den Instanzenweg gebracht hatte, kam Wang Yuzhao nur schwer zu Ruhe. Er überlegte, dass von allen politischen Führern sich Wen Jiabao, damals noch der Leiter des Hauptbüros des Zentralkomitees, am häufigsten in die ländlichen Gebiete begeben hatte und mit der Arbeit dort am besten vertraut war. Deshalb schickte er ein Exemplar direkt an ihn.

Er konnte natürlich nicht wissen, dass einem der stellvertretenden Ministerpräsidenten seine »Vorschläge zu einer praktischen Lösung des Problems der Bauernlasten« bereits auf den Schreibtisch gekommen waren, dass der diesen Bericht stracks an Li Peng und Zhu Rongji zur Lektüre weitergeleitet hatte und dass die ihn ihrerseits mit Vermerken versehen und auf den Weg ins Finanzministerium gebracht hatten. Er konnte auch nicht wissen, dass Jiang Chuyun, ein anderer stellvertretender Ministerpräsident, den ihm zugesandten Bericht ebenfalls gelesen und danach mit folgender Stellungnahme bereits an Wen Jiabao weitergeleitet hatte: »An den Genossen Wen Jiabao mit der Bitte um kritische Stellungnahme und zur sorgfältigen Begutachtung durch die Konzeptgruppe.« Diese Konzeptgruppe, die Wen Jiabao damals leitete, war gerade dabei, für das Zentralkomitee und den Staatsrat ein wichtiges Dokument zur Entlastung der Bauern zu verfassen.

Bei Wen Jiabao gingen also zwei Exemplare der Vorschläge von Wang Yuzhao ein. Man erzählte sich später, Wen Jiabao habe das erste Exemplar bereits gelesen, abgezeichnet und in den weiteren Umlauf gegeben gehabt und sich dann auch noch unnötigerweise mit dem von Wang Yuzhao weitergeleiteten Exemplar beschäftigt. Aber er ist nun einmal ein Mann, der es sehr genau nimmt, und wenn er auch schon ein Exemplar in Händen gehalten hatte, so griff er doch abermals zu einem Stift und leitete die Vorschläge mit ein paar eigenen Worten an Liu Qimin, den stellvertretenden Generalsekretär des Staatsrats, und an Mai Yurui, den stellvertretenden Landwirtschaftsminister, weiter. Jedes Schriftzeichen seiner Aktennotiz war tadellos geschrieben, nicht einmal die Interpunktion war vernachlässigt, alles war so gewissenhaft und sorgfältig, wie man das nicht anders bei ihm kannte: »Werte Genossen Qimin und Yurui, das Wirtschaftskomitee der Konsultativkonferenz hat diese grundsätzlichen Vorschläge zu einer Erforschung und Lösung der Bauernlasten überprüft und misst ihnen einen hohen Wert bei. Viele der guten Vorschläge hierin sind bereits in das Dokument des Staatsrats zur Frage der Entlastung der Bauern eingegangen; einige richtungweisende Reformmaßnahmen wurden in Pilotgebieten aktiv durchgeführt. Ich bitte, hiervon die Konsultativkonferenz und den Genossen Yuzhao zu unterrichten.«

Nicht lange nachdem diese Vorschläge aus der Feder von Wang Yuzhao an die Sekretariate von Zentralkomitee und Staatsrat geschickt worden waren, entstand unter der Leitung des Sekretariats der Führungsgruppe des Zentralkomitees für die Arbeit in den ländlichen Gebieten eine gemeinsame Untersuchungskommission aus Mitgliedern der verschiedensten Ämter und Behörden, darunter auch des Zentralfernsehens, die sich umgehend in das Peking am nächsten gelegene Hebei begab, um eine Untersuchung der dortigen Agrarreformen durchzuführen.

Zur gleichen Zeit verbreitete sich in aller Stille eine ermutigende Nachricht in den Weiten Anhuis: Generalsekretär Jiang Zemin hatte seinen Sekretär losgeschickt, um die Sache bis zu den ersten Pilotgebieten der Agrarsteuerreform im Kreis Taihe zurückzuverfolgen. Dieser Sekretär begab sich zu den Bauernhaushalten in Taihe, hörte, wo er hinkam, den Leuten aufmerksam zu, schaute sich alles genau an und machte sich sorgfältig Notizen. Schließlich hoffte die Führung des Kreiskomitees und der Kreisverwaltung von Taihe, er könne am Ende seine Sicht und Beurteilung der Dinge erläutern, aber der Sekretär lachte nur bescheiden und sagte: »Meine Aufgabe ist es, mir alles anzuschauen und zuzuhören und nach meiner Rückkehr wahrheitsgemäß Bericht zu erstatten.«

Am 13. Dezember 1996 brachten das Zentralkomitee und der Staatsrat das berühmteste Dokument zur Entlastung der Bauern heraus, das »Dokument Nr. 13«: »Beschlüsse zur realistischen Beendigung der Arbeit zur Entlastung der Bauern«. Hierin wurde grundsätzlich »die Entlastung der Bauern in drei Bereichen beschlossen«: Verringerung oder Aussetzung der Steuerbelastung in Armutsgebieten, Verringerung der Belastung von Gemeindeunternehmen, Ausgabenverringerung für Personal und Gemeindeorganisationen. Unmissverständlich wurden »fünf Verbote« ausgesprochen: das Verbot aller Aktivitäten zur Steigerung der Standards, für die Bauern mit Geld- oder Sachmitteln herangezogen wurden, das Verbot sämtlicher ungesetzlicher Fonds, das Verbot jeder Form von willkürlichen Steuer- und Abgabeerhebungen, Preissteigerungen und Bußgeldern, das Verbot sämtlicher Arbeitseinsätze und das Verbot aller diktatorischen Maßnahmen, um von den Bauern Geld- oder Sachmittel einzuziehen. Außerdem wurden zwei Punkte »betont«: Führung und Kontrolle – also die einheitliche Verantwortung von Regierung und Partei für eine Durchführung der Entlastung der Bauern und die strenge Ahndung aller etwaigen Versuche, die Bauernlasten doch wieder zu erhöhen.

Die Kernsätze des Dokuments lauteten: »Um das Problem der Bauernlasten von Grund auf zu lösen, ist eine entschlossene Vertiefung der Reformen notwendig. Die in einigen Regionen durchgeführte Entflechtung der Lasten und in einigen Hauptgetreidegebieten durchgeführten Agrarsteuerreformversuche können weitergeführt werden.«

Das war das erste Mal, dass Zentralkomitee und Staatsrat in einem »Dokument mit rotem Briefkopf« zu den Reformversuchen in den ländlichen Gebieten öffentlich positiv Stellung bezogen!

Einen Monat nach dem Erlass des »Dokumentes Nr. 13«, am 13. Januar 1997, hielt Wen Jiabao als Vertreter des Zentralkomitees auf einer Nationalen Konferenz zur Arbeit in den ländlichen Gebieten eine wichtige Rede über die Arbeit zur Agrarsteuerreform. Darin hieß es: »Das Zentralkomitee ist der Auffassung, dass die Reformen weitergeführt werden können, es aber im Augenblick noch nicht ratsam sei, sie flächendeckend einzuführen. Und das aus hauptsächlich zwei Gründen: Diese Reformen tangieren einige grundlegende Probleme des Systems, und sie bewegen sich auf eine Großreform zu ... All das ist relativ komplex und bedarf eines Gesamtplans. Die Testläufe in den entsprechenden Gebieten können unter Anleitung fortgeführt werden. Wo die Pilotgebiete bereits genehmigt wurden, muss man die Tests zu Ende führen und die gemachten Erfahrungen sorgsam studieren.«

Das war eine programmatische Rede, eine ebenso aufregende wie weitblickende Interpretation der Agrarsteuerreform!

Die Geschichte wird es zeigen

Am 27. März 1998 wurde Zhu Rongji auf dem 9. Volkskongress auf Vorschlag des Vorsitzenden Jiang Zemin von den Delegierten zum Ministerpräsidenten gewählt.

Am 6. April, nach noch nicht einmal zwei Wochen im Amt, unterzeichnete Zhu Rongji einen Erlass des Staatsrats, die »Vorschriften für den staatlichen Getreideaufkauf«. Aber diese Vorschläge hatten es in sich.

Ihr Ziel war eindeutig, die Anbauaktivität der Bauern zu erhöhen, den Getreidebedarf des Staates im Festankauf von 100 Milliarden Pfund zu garantieren und die staatlichen Getreidebehörden wirksam zu schützen. Außer der Agrarsteuer dürfe beim vertraglichen Ankauf des Getreides »im Auftrag keiner Organisation und keiner Einzelperson irgendeine Steuer oder Abgabe erlassen oder erhoben werden«, wobei unter »Organisationen« offensichtlich auch die Verwaltungen der verschiedenen Ebenen zu verstehen waren. Die neuen Vorschriften waren zweifelsohne vom »staatlichen Getreideaufkauf vor Ort« her gedacht, um der immer schlimmer werdenden Preisspekulation Einhalt zu gebieten und damit die Belastung der Bauern von Grund auf zu verringern.

Man kann die gute Absicht bei der Formulierung dieser Vorschriften nicht in Zweifel ziehen, aber sie fußten auf Wunschvorstellungen, die mit den Tatsachen nichts zu tun hatten. Zum Beispiel waren viele der in den Vorschriften genannten »Gemeindegesamtplanungs- und Dorfabgaben« gerade in staatlichen Erlassen von den Bauern gefordert worden; viele der darin enthaltenen Ausgaben hätten eigentlich von der öffentlichen Hand übernommen werden müssen. Die Belastung der Bauern entstand doch großenteils erst dadurch, dass der Staat dafür nicht aufkam! So wurden viele der sehr konkreten gegenwärtigen Probleme nicht angesprochen und keiner grundsätzlichen Lösung zugeführt. Die strengen Bestimmungen hingegen, nach denen es Gemeindekadern nicht mehr erlaubt sein sollte, beim Aufkauf des Getreides neben der Agrarsteuer irgendeine weitere Steuer zu erheben, trieb in Wirklichkeit die Basisverwaltungen in den ländlichen Gebieten und die Organisationen auf Dorfebene ins Extrem – ihnen blieb nichts anderes übrig, als entweder die Vorschriften heimlich nicht zu beachten oder sie zu dem Preis umzusetzen, dass man in noch mehr Gebieten zu Notlösungen wie »Kommandoeinheiten«, »Arbeitstruppen« und »Spezialtruppen« oder zu gesetzlichen Maßnahmen griff, um die Steuern vor Ort zwangsweise einzutreiben.

Schlimmer noch verwiesen die »Vorschriften für den staatlichen Getreideaufkauf« unmissverständlich darauf, dass dieser Aufkauf nur durch die staatlichen Systeme geschehen dürfe. Außerdem wurde gefordert, dass das staatlich aufgekaufte Getreide »pro Haushalt abgegeben und pro Haushalt abgerechnet« werden müsse, auch Kapital dürfe nur »geschlossen bewegt werden«, was zu der in den verschiedenen Regionen versuchsweise praktizierten Agarsteuerreform in einem nicht harmonisierbaren Widerspruch stand.

Damals plante man in Hebei noch eine Ausweitung der Reform für eine Naturalsteuer auf die ganze Provinz. Yang Wenliang, der die Arbeitsgruppe zu diesem Themengebiet leitete, bereitete mit aller Kraft eine »Konferenz zur Erforschung der Pläne für eine Reform in Richtung Naturalsteuer in Hebei« vor. Als er verstanden hatte, was die Bestimmungen in den »Vorschriften für den staatlichen Getreideaufkauf« konkret bedeuteten, fühlte er sich wie vor den Kopf geschlagen. Ihm war augenblicklich bewusst, was das bedeutete: das Ende einer Reform, die drei wichtige Führungsleute aus dem Provinzkomitee über nahezu sechs Jahre mit Nachdruck unterstützt hatten und für die er soviel Herzblut vergossen hatte. Und allen anderen Pilotgebieten für die Steuerreform drohte das gleiche Schicksal, nämlich von heute auf morgen eingestellt zu werden.

Kochend vor Wut setzte sich Yang Wenliang hin und las sich die »Vorschriften« wieder und wieder durch. Er versuchte einen einzigen Satz zu finden, der sich für die Steuerreform aussprach, aber es gelang ihm nicht. In der darauf folgenden Nacht schrieb er für das Provinzkomitee einen Spezialbericht mit dem Titel: »Die Reformen müssen weitergehen«.

Aber außer den wenigen, die wie er in die Steuerreform vernarrt waren, teilte niemand seine Auffassung. Kaum dass Yang Wenliang seinen Sonderbericht weggeschickt hatte, brachte das Sekretariat der Provinzverwaltung Hebei, Abteilung Finanzmarkt, einen gegenteiligen Bericht an das Provinzkomitee und die wichtigen Führungspersönlichkeiten auf den Weg. Darin hieß es: »Was in den Pilotgebieten für das Naturalabgabensystem und die Steuerreform getan wird, entspricht nicht den konkreten Bestimmungen in den ›Vorschriften für den staatlichen Getreideaufkauf‹ und beeinträchtigt darüber hinaus die geschlossene Bewegung des Aufbaukapitals der Banken zur Entwicklung der Landwirtschaft. Aus der gerade beschriebenen Situation heraus schlagen wir vor, dass sich unsere Provinz an die entsprechenden Bestimmungen aus den vom Staatsrat herausgegebenen ›Vorschriften für den staatlichen Getreideaufkauf‹ hält.«

In einem Land wie dem unseren, in unserem besonderen System mit seinen hierarchischen Ebenen untersteht die gesamte Partei den Weisungen des Zentralkomitees und die gesamte Verwaltung den Weisungen des Staatsrats. In diesem Sinne ist ein Regierungserlass oberstes und unanfechtbares Gebot. Und weil das so ist, hatten die wichtigsten Führungsleute der Provinz Hebei weder die Möglichkeit noch den Mut, die Vorschriften nicht umzusetzen. Ihnen blieb nichts anderes übrig, als die gerade veranlasste Reform in Richtung einer Naturalsteuer aufzugeben.

Also stellte der Provinzgouverneur klipp und klar fest: »Die Provinz wird einheitlich die ›Vorschriften‹ des Staatsrats umsetzen.« Und er ordnete an: »Das Gesamtreformbüro, das Bodensteuerbüro, das Getreidebüro und die Agrarentwicklungsbank sind sofort zu einer Beratung zusammenzurufen, haben sofort eine gemeinsame Mitteilung herauszugeben und für die Umsetzung des Gesetzes zu sorgen.«

Noch am selben Tag folgten die vier Abteilungen dieser Weisung.

Als Yang Wenliang davon erfuhr, hätte er vor Ärger beinahe den Verstand verloren. Umgehend wandte er sich noch einmal schriftlich an Provinzkomitee und -verwaltung und verlangte, in der Frage der

Fortführung der Reformtestläufe dringend beim Zentralkomitee um Instruktionen zu bitten.

Glücklicherweise war gerade eine Forschungsgruppe des staatlichen Planungskomitees in Hebei, um sich über den Stand der Sommergetreideaufkäufe zu informieren. Sie schrieb nach ihrer Rückkehr einen Bericht an Wen Jiabao, den dieser mit der folgenden Notiz versah: »Die Frage der Naturalsteuer kann im Zusammenhang mit der Steuerreform weiter erforscht werden, im Augenblick sollten die ›Vorschriften zum staatlichen Getreideaufkauf‹ einheitlich umgesetzt werden.«

Diese Stellungnahme übermittelte der stellvertretende Sekretär des staatlichen Planungskomitees noch am selben Tag telefonisch dem Provinzgouverneur von Hebei.

Die Anweisung Wen Jiabaos bedeutete zweierlei: Als stellvertretender Ministerpräsident musste er sich hinter den von Zhu Rongji unterzeichneten Staatsratserlass stellen und die entschlossene Umsetzung der Vorschriften fordern; doch in der Vergangenheit hatte er die Testläufe für eine Steuerreform in den ländlichen Gebieten in über 50 Kreisen und sieben Provinzen sehr hoch geschätzt, und seine Haltung hatte sich nicht geändert, er war mit der Reform in Richtung Naturalsteuer, wie sie in Hebei betrieben wurde, noch immer ohne Abstriche einverstanden. Wenn man seine Worte also ganz genau unter die Lupe nahm, konnte man entdecken, dass zwischen beiden Aussagen ein Unterschied bestand. Er hatte seinen Satz, dass »die ›Vorschriften zum staatlichen Getreideaufkauf‹ einheitlich umgesetzt werden« sollten, mit den beiden Worten »im Augenblick« eingeleitet! Das hieß doch, dass er sich hier für eine zeitliche Begrenzung aussprach. Und zudem verlangte er eine weitere Erforschung der Steuerreform. Deshalb konnte man durchaus der Auffassung sein, dass Wen Jiabao zwar hier und heute die Umsetzung der Vorschriften vertrat, dass das aber nicht unbedingt die viel bedeutenderen Experimente mit und die Forschung zur Steuerreform beeinflussen musste.

Bedauerlicherweise nahm der Provinzgouverneur die Anweisung Wen Jiabaos nicht in diesem Sinn unter die Lupe, sondern gab eine viel schärfer formulierte Weisung als Eilmeldung an die gesamte Provinz heraus: »Die Anweisung des stellvertretenden Ministerpräsidenten Wen Jiabao ist sorgfältig auszuführen. Der Getreideaufkauf muss geöffnet und Haushalt für Haushalt abgerechnet werden, den Dorf- und Gemeindekadern ist es nicht erlaubt, an den Getreidestationen weitere Steuern zu erheben, die früheren Testkreise für die ›Naturalsteuer‹ müssen sich einheitlich an die ›Vorschriften für den staatlichen Getreideaufkauf‹ halten. Diese Fragen müssen sehr entschlossen gehandhabt werden. Wenn unsere Kader diesem Aufruf nicht Folge leisten, müssen die typischen Fälle ernsthaft geahndet werden.«

Eines Morgens dann war die Reform in Richtung Naturalabgabe, die sich über einen Zeitraum von fünf Jahren hinweg dynamisch auf 37 Kreise und Städte ausgedehnt hatte, vollständig aus dem Gesichtsfeld der Provinz Hebei verschwunden. Ebenso kam die Steuerreform in den Pilotgebieten, die in über 60 Kreisen von sieben Provinzen eingerichtet worden waren, zum Stillstand.

Für manchen war die Verkündung des Aussetzens der Reformen gleichbedeutend mit ihrer endgültigen Ablehnung, und für den tatsächlich für die Erforschung dieses Themas verantwortlichen Yang Wenliang bedeutete das, er hatte fünf Jahre in einer sinnlosen Arbeitswut vergeudet!

In diesen Tagen, an die er nicht gerne zurückdenkt, durchlebte Yang Wenliang alle Formen der Ratlosigkeit. Wieder und wieder las er die Reden Deng Xiaopings auf seiner Reise in den Süden. Er wollte in diesen unbedingt eine Antwort finden. Er glaubte fest daran, dass die Steuerreform in den ländlichen Gebieten fortgesetzt werden musste, denn sie hatte die ungeteilte Unterstützung der Bauern gefunden. Außerdem war er der Überzeugung, dass Chinas Weg in die Marktwirtschaft unumkehrbar war. Deshalb durfte der einheitliche Getreideauf- und -verkauf nicht weitergeführt werden, nur eine schrittweise Öffnung des Getreidemarktes war eine gute Maßnahme.

Yang Wenliang glühte vor gerechtem Zorn, und vermisste einen Gleichgesinnten, dem er hätte sein Herz ausschütten können, aber wen sollte er aufsuchen? Da fiel ihm He Kaiyin ein, und er dachte sofort, dass die Situation des alten He gewiss um keinen Deut besser sein könnte als seine eigene.

Der war tatsächlich in keiner guten Verfassung. Zehn Jahre lang hatte er für die Agrarsteuerreform die Bitternisse des Lebens und die Unbeständigkeit menschlicher Beziehungen auf sich genommen, doch er hielt noch immer an der Mahnung Deng Xiaopings fest: »Nicht debattieren, vormachen! Aber entschlossen und mutig ans Werk.« Es war ein schwerer Weg gewesen bis heute, die Reform war schon von den Bauern in über 60 Kreisen und sieben Provinzen begrüßt worden, sie nun plötzlich eine nach der anderen vorzeitig sterben zu sehen, war für ihn nicht zu akzeptieren. Am meisten schmerzte ihn, dass als Folge der zwangsweisen Beendigung der Reformen diejenigen, die ihn früher begeistert unterstützt und ihn lächelnd begrüßt hatten, auf einmal ein ganz anderes Gesicht aufsetzten und taten, als würden sie ihn nicht mehr kennen. Wer zu dem Ganzen stets auf kritischer Distanz geblieben war, der hatte es nun alles kommen sehen; wer schon immer dagegen gewesen war, der erwartete sich ein unterhaltsames Schauspiel. Von wegen »nach dem Herbst schauen wir uns das Resultat an«, davon war keine Rede mehr, jeden Mist hängte man ihm an. Es hieß, seine Reformideen seien reine Hirngespinste; es hieß, seine Artikel würden immer konfuser; es hieß, er habe die staatliche Getreidepolitik und das Finanz- und Steuersystem zu einem Brei zusammengerührt; es hieß, er habe das alles nur aus Wichtigtuerei getan und sei ein Hochstapler. Als Folge davon wurden seine Aufsätze, die niemand mehr für ihn abzeichnete, im Büro der Provinzregierung auch nicht mehr gedruckt.

Schon 1987 hatte er aufgrund der besonderen Aktenvermerke des damaligen Provinzgouverneurs Wang Yuzhao und dessen damaligen Stellvertreters im Ständigen Ausschuss an einer hochrangigen Prüfung teilgenommen, was ihm in den folgenden Jahren den Titel eines »höheren Beamten« eintrug. Jetzt stand eine Gehaltsreform ins Haus, und er sollte nur noch die Entlohnung eines mittleren Beamten bekommen, niemand half ihm weiter. Und was er noch weniger verstand: Bei der Zuteilung der Wohnungen für Angestellte und Kader durch das Sekretariat der Provinzverwaltung lag er seinem Rang entsprechend ganz klar weit oben auf Platz zwei, aber heute kam jeder Kader der Organisationen des Sekretariats, einschließlich der gerade erst angekommenen jungen Leute, in den Genuss einer neuen Wohnung, nur er wohnte noch immer in einer ausgesprochen peinlichen alten Wohnung des ehemaligen Büros für Wohnangelegenheiten des Verwaltungsamtes.

Dieser politische, wirtschaftliche, gesellschaftliche und auch alltägliche Druck presste ihm zunehmend die Luft ab.

Seine Frau sah, wie er sich quälte, selbst auf der Straße ging er mit gesenktem Kopf, sie fürchtete, er werde noch einen Unfall haben. Noch mehr allerdings fürchtete sie, er könne zu irgendeiner Versammlung laufen oder zu irgendeinem sonstigen Anlass weiter seine Ideen zum Besten geben – also brachte sie ihn dazu, sich im Rauchen und Trinken zu üben. Denn sie hatte gehört, dass Alkohol gut sei gegen Trübsal und dass Rauchen beim Denken helfen könne, und hoffte, er werde so diese Phase gut überstehen.

»In den letzten Jahren warst du ein hochrangiger Agrartechniker, und oft hat man dich aufgesucht und um Rat gefragt, aber du hast nichts getan, um dir den Ärger vom Hals zu halten und Geld zu verdienen, du musstest mit dem bloßem Kopf in die Dornenhecken – und zu welchem Zweck? Heute, wo es schwierig ist, etwas zu sagen, da sei halt auch still, und mach dir nicht unnötig einen Kopf über deine Reformen!« So ermahnte sie He Kaiyin.

Nicht, dass er nicht auch selbst daran gedacht hätte, es gut sein zu lassen und sich mit der risikolosen und für den Namen wie den Geldbeutel gleichermaßen günstigen Agrarforschung zu beschäftigen. Doch er hatte in seine Forschung zur Vertiefung der Reform in den ländlichen Gebieten Chinas zuviel Herzblut investiert und zuviel Hoffnungen gesetzt, um sich jetzt »die Hände in goldenen Waschbecken zu waschen«, das ging nicht.

Und doch nahm er in dieser schweren und bitteren Zeit den Rat seiner Frau an: Er rauchte und trank. Und so begann He Kaiyin, der normalerweise keinen Alkohol und keine Zigarette anrührte, richtig zu rauchen und jeden Abend zwei Gläschen zu sich nehmen. Wider Erwarten stellte er fest, dass die Zigaretten und der Alkohol ihn wirklich ruhiger machten.

Aber es dauerte nicht lange, da wurde er wieder aus seiner Ruhe gerissen. Er fand heraus, dass die Steuerreform nicht mit Mann und Maus untergegangen war, und als er das entdeckt hatte, war er nicht mehr zu halten.

Hui Liangyu, der Provinzgouverneur von Anhui, hatte, als die »Vorschriften für den staatlichen Getreideaufkauf« erlassen wurden, im Namen der Volksregierung der Provinz Anhui einen Bericht an den Staatsrat geschickt, worin er betonte, dass der Distrikt Fuyang seiner Provinz, wie vom Staatsrat protokolliert, das erste Pilotgebiet für die Politik in den ländlichen Gebieten gewesen sei, und forderte, das Pilotgebiet für die Durchführung einer Steuerreform weiterzuführen, um einen neuen Weg zur Entlastung der Bauern zu suchen. Um die Steuerreform und die vom Staatsrat herausgegebenen Vorschriften unter einen Hut zu bringen, beschloss man in den Pilotgebieten von Anhui, die Besteuerung nach der Ackerfläche in eine Besteuerung pro Kopf umzufunktionieren.

Während im ganzen Land die Steuerreformen zum Stillstand kamen, wurden die Reformversuche in Anhui aufgrund der vernünftigen Argumente Hui Liangyus keinen Tag unterbrochen.

Diese aufregende Nachricht machte es He Kaiyin leicht ums Herz. Und was ihn noch mehr ermutigte: Als er die Altersgrenze von 60 Jahren erreicht hatte und eigentlich in den Ruhestand hätte gehen müssen, machte ihn Hui Liangyu zum Berater der Provinzregierung. Und das hieß, er konnte, solange er gesund blieb, bis 70 weiterarbeiten, er hatte weitere zehn Jahre, um seine Forschungen zur Steuerreform in den ländlichen Gebieten zu vertiefen. Aus seiner Freude heraus begann er sofort, ein neues Projekt vorzubereiten: eine systematische Erforschung der heutigen Getreideaufkaufpolitik!

Wenn auch ein solches Projekt damals ein sehr sensibles Unterfangen war und voller Risiken steckte, seine Entscheidung war gefallen, und da nahm er auf sich selbst keine Rücksicht!

Es war ihm nicht entgangen, dass Zhu Rongji, damals noch stellvertretender Ministerpräsident, im Sommer 1993 eine »Mitteilung zur weiteren Verbesserung des Getreideaufkaufs bei den Sommerernten« herausgegeben hatte, eine »Mitteilung«, die den Aufkauf von Getreide zu garantierten Festpreisen forderte. Aber diese wichtige Maßnahme, die auf einen Schutz der Interessen der Bauern und eine Garantie ihres Einkommenszuwachses zielte, konnte infolge des seit dem 1. Januar 1994 eingeführten Systems der Steuerverteilung von den einzelnen Gebieten nur noch schwer umgesetzt werden. Denn nach den Bestimmungen setzte das Zentralkomitee die Preise fest, und so kam es beim Getreideaufkauf zu Verlusten, die von den Haushalten der Regionen ausgeglichen werden mussten. Das Problem war, dass man in großen Getreidekreisen nicht einmal Geld für die Löhne hatte, wo sollte da das Geld herkommen, um Verluste auszugleichen? Wenn die Verluste aber nicht ausgeglichen wurden, dann war die Forderung Zhu Rongjis das Papier nicht wert. Die Politik hatte außerdem festgelegt, dass die staatseigenen Getreideunternehmen nur zum Gestehungspreis verkaufen durften, aber das chinesische Getreidesystem ernährte so viele Schmarotzer, wie sollte man da zu Gestehungspreisen verkaufen können? Das in der von der Politik bestimmten Preisgarantie »garantierte« Kapital ging nicht direkt an die Bauern, die das Getreide verkauften, sondern ein ziemlicher Teil davon ging an Spekulanten, Schieber oder wurde von den betreffenden Behörden abgefischt, wenn nicht gar durch einzelne Kader hinterzogen. Für die großen Bauernmassen war diese Politik eine Abspeisung mit gemalten Kuchen, verleitete sie zu einer Steigerung der Produktion, während die Getreidebehörden den Markt für Getreide monopolisierten, was ein noch bittererer Betrug an den Bauern war! Seit diesen Jahren stieg deren Nettojahreseinkommen immer langsamer und wurde vom Anstieg der durchschnittlichen Belastungen längst geschluckt.

Seit langer Zeit war die staatseigene Getreidebranche abhängig von unserem Verwaltungssystem, in dem Politik und Management, Verwaltung und Handel nicht getrennt waren. Man verschaffte sich die Vorteile beider Seiten, die unten wurden hinters Licht geführt, die oben betrogen: Beim Getreideaufkauf, einem Glied dieser Kette, gingen die Bauern durch ungute Preisdrückereien und Benachteiligungen in die Falle; beim Verkauf, einem weiteren Glied in dieser Kette, gingen die Bürger der Städte durch Preistreiberei und willkürliche Kostenweitergaben in die Falle; ein Großteil der Kredite wurde dafür eingesetzt, das Kapital zum Getreideaufkauf zu überrennen oder weniger Getreide zu Festpreisen und mehr zu verhandelten Preisen aufzukaufen. Es wurden falsche Berichte abgeliefert und politische Kredite fälschlich erschlichen; bei den Bilanzen der öffentlichen Hand wurden durch üble Tricks wie die »Umwandlung von Fest- in Verhandlungs- und Verhandlungs- in Festpreise« vom Staat finanzielle Beihilfen erschlichen und die Unterstützungen wurden auf allen Ebenen einbehalten.

Kurz, eine Steuerreform im Sinne He Kaiyins musste das gesamte Verwaltungssystem einschließlich der staatseigenen Getreidebranche tangieren. Wenn, wie er es wollte, »Getreideunternehmen sich selbst verwalten, Gewinn und Verlust selbst verantworten, sich selbst entwickeln, das Risiko selbst tragen, keine staatlichen Verwaltungsfunktionen mehr erfüllen und der Staat sich nicht in die Unternehmensführung einmischt«, dann hieße das nichts anderes, als dass diese Getreideunternehmen ihre Funktion ändern und auf den Markt gehen müssten.

He Kaiyin war der Auffassung, dass die Reform der ländlichen Gebiete Chinas ohne ausreichende theoretische wie politische Vorbereitung angelaufen war. Der erste Reformschritt hatte auf dem Lande im Grunde intern und in ziemlicher Unabhängigkeit stattgefunden; der wichtigste Inhalt der Reform war die Abschaffung des Systems der Volkskommunen und die Einführung der Haushaltsvertragswirtschaft gewesen. Wir haben eine Jahrtausende alte Geschichte der Haushaltswirtschaft, und die Bauern sind entsprechend traditionsbewusst, die Politik musste nur den Weg freigeben, die Bauernhaushalte waren alle dazu in der Lage.

Doch diesmal war die Reform anders gelagert. Einmal in Kraft gesetzt würde sie tief in viele Bereiche wie Währung, Finanzen, Preise, Planung, Güter, Binnen- und Außenhandel usf. eindringen sowie einen Großteil der Interessengegensätze zwischen Stadt und Land und zwischen den einzelnen Behörden tangieren. Es ging um nichts weniger als darum, ein Marktsystem aufzubauen. Und wie man so etwas macht, dafür gibt es in unserer Geschichte kein Beispiel, die Bauern wussten das so wenig wie unsere Regierung. Deshalb standen wir jetzt vor Problemen, die über unsere Erfahrungen hinausgingen und auf die unsere früheren Erfahrungen nicht anwendbar waren. Wenn wir in diesem Sinne frühere Reformen als eine Überwindung des Althergebrachten definiert hatten, dann musste an die neuen Reformen als schöpferische Innovationen geglaubt werden, und zwar sowohl im Bereich der Organisation als auch im Bereich des Systems, um für eine Einkommenserhöhung der Bauern zu sorgen und dem Markt den Boden zu bereiten.

Nach einigen Tagen schmerzhaften Grübelns setzte sich He Kaiyin hin und verfasste einen gewichtigen Artikel unter der Überschrift »Über die Notwendigkeit einer Gesamtreform des Agrar-, Finanz-, Getreide-, Preis- und Steuerwesens zur endgültigen Lösung des Problems des Getreideaufkaufsystems«. Er ließ diesen Artikel dem Zentralkomitee als weitere Mahnung zukommen.

Ein direktes Wort ist kein Tabu, das war die Haltung des großmütigen Edlen*!

Nachdem er all die Jahre mit seiner Steuerreform durch Wind und Wetter gegangen war, hatte He Kaiyin die berühmte Maxime Mao Zedongs verstanden: »Immer mit der Ruhe, in China darf man nichts überstürzen.«

Als wir später mit Du Runsheng über die gewundenen Wege und das viele Auf und Ab der Agrarreformen sprachen, sagte der: »In den Angelegenheiten Chinas kommt Rat nur mit der Zeit, mit einem Bissen fett werden und mit einem Schritt ankommen wollen, das geht nicht. Das ist China.«

Eine frohe Botschaft für die chinesischen Bauern

Am 25. September 1998 kam der Wendepunkt.

Da hielt, im 20. Jahr der Reform- und Öffnungspolitik, Jiang Zemin in Hefei, der Hauptstadt der Provinz Anhui, eine für die Probleme der chinesischen Landwirtschaft, der ländlichen Gebiete und der Bauernschaft wichtige Rede.

Darin hieß es, die Respektierung der Praxis, die Respektierung der Massen – das sei in den vergangenen 20 Jahren bei der Leitung der Reformen auf dem Land der gültige Standpunkt gewesen. Nach den grundsätzlichen Erfahrungen müssten die Reformen auch heute noch fortgeführt werden, auf dem Lande gute Arbeit zu leisten, sei dabei das maßgebliche Prinzip. Um mit den neuen Dingen auf dem Lande richtig umzugehen, müsse man die Kreativität und die Vorlieben der Bauern respektieren.

In Bezug auf die Reformen auf dem Land forderte er zweierlei: erstens keine weiteren Diskussionen, sondern den Mut zum Experiment; zweitens die »drei Vorteile«* als Richtschnur. In der Reformpraxis müsse man den Massen weiterhin helfen voranzukommen, müsse die Führung verstärken, müsse was richtig sei unterstützen und was falsch sei berichtigen. Das sei alles.

Jiang Zemin sprach darüber hinaus noch von sechs Aufgaben, die kurzfristig anzupacken seien. Darunter hob er besonders »die Reform und die Standardisierung des Steuersystems in den ländlichen Gebieten und die Suche nach grundlegenden Maßnahmen zu Entlastung der Bauern« hervor.

Das war das erste Mal, dass ein Generalsekretär entschieden und unmissverständlich eine Steuerreform auf dem Lande anregte und ermutigte.

Am Ende seiner Rede betonte er: »Die Vertiefung der Reformen auf dem Lande ist eine große Aufgabe. Es ist zu hoffen, dass die einzelnen Regionen nach der Gesamtplanung des Zentralkomitees und ausgehend von den jeweiligen Gegebenheiten weiter nach neuen Wegen suchen und sie in die Praxis umsetzen.«

Die Rede des Generalsekretärs zog wie ein kräftiger Frühlingswind von Anhui über das ganze Land und vertrieb Zweifel und Nebel aus den Köpfen und Herzen der Menschen. Die Steuerreform, die schon erstarrt zu sein schien, erhielt einen gewaltigen Impuls und kam plötzlich viel schneller voran.

Einen Monat später, am 27. Oktober, schickten Finanzminister Xiang Huaicheng, Landwirtschaftsminister Chen Yaobang und Duan Yingbi, der stellvertretende Leiter der Führungsgruppe Wirtschaft und Finanzen des Zentralkomitees, dem Ministerpräsidenten Zhu Rongji einen Brief zum Thema »Steuerreform auf dem Land«. Darin führten sie aus, dass diese Reform im Großen und Ganzen in drei Phasen unterteilt werden könne: »Entwurf und Planung«, »Debatte und Verbesserung« und »Umsetzung in Pilotgebieten«; sie berichteten in Umrissen über ihre Vorstellungen zu diesen drei Phasen und legten die dafür notwendigen Zeiträume fest.

Da der Generalsekretär Jiang Zemin bereits unmissverständlich bekundet hatte, die Steuerreform auf dem Lande »anpacken« zu wollen und es in zahlreichen Regionen längst Pilotgebiete dafür gab, in denen wertvolle Erfahrungen gesammelt worden waren, war Zhu Rongji mit diesem Brief der drei Genossen nicht zufrieden. Er versah ihn mit folgender Aktennotiz: »Diese drei Phasen können einander überschneiden, es ist nicht nötig, die Ausführung bis ins Jahr 2000 zu verschleppen. Zunächst geben wir ein Dokument heraus und lassen jede Provinz selbst nach den konkreten Gegebenheiten über den Zeitplan für die Reform entscheiden. Wir sollten uns darum bemühen, dass einige Provinzen im kommenden Jahr damit herauskommen.«

Im November schrieb Zhu Rongji ein erneutes Memo an die drei Ministerien: »Wie ich aus Gesprächen mit den Führungen vieler Provinzen weiß, ist diese Reform längst ausgereift, sie darf nicht weiter verschleppt werden. Natürlich muss man Sorgfalt walten lassen und darf nicht jedes Detail und die Zeitvorstellungen der ZK-Bestimmungen mechanisch umsetzen. In der Tat wird die Reform in einigen Distrikten einiger Provinzen bereits durchgeführt. Die Führung der Kleingruppen und die Sekretariate kommen immer weniger hinterher, der Staatsrat hat euch bereits autorisiert, die Abteilungen zusammenzurufen, die ihr für eine Bearbeitung und Beratung dieser Angelegenheit braucht.«

Am 4. Dezember berichtete die vom Nachrichtenzentrum des Neuen China herausgegebene Zeitschrift *Juece cankao (Entscheidungsreferenz)* in ihrer 47. Ausgabe unter der Überschrift »Forum der Macht«, Zhu Rongji habe sich auf einer Versammlung des Ständigen Ausschusses des Staatsrats erneut über die Steuerreform ausgelassen: »In einer Region von Hebei wird sie schon einige Jahre durchgeführt, man benutzt ein Naturalabgabensystem, es gilt durchgehend: Brücke ist Brücke, Weg ist Weg, von den Bauern werden keine zusätzlichen Dorf- und Gemeindesteuern erhoben, alles ist in der Agrarsteuer enthalten, womit man außerordentlich erfolgreich ist.«

Am Ende des Jahres kam Zhu Rongji auf einer nationalen Konferenz zur Wirtschaftsarbeit noch einmal auf das Thema zurück und machte eindeutig klar: »Die Steuerreform der Dörfer und Gemeinden muss 1999 angegangen werden, die entsprechende Reform in Anhui und Hebei läuft gut und sollte fortgeführt werden.«

Am 5. Februar 1999 wurde die 2. Sitzung des 9. Volkskongresses in Peking eröffnet. In seiner Regierungserklärung versprach Ministerpräsident Zhu Rongji feierlich: »Wir arbeiten mit Nachdruck an der Formulierung eines Steuerreformplans für die Gemeinden und Dörfer und werden ihn in die Tat umsetzen, um das Problem der Überbelastung der Bauern grundsätzlich zu lösen.«

Nach der Sitzung veröffentlichte das Sekretariat des Zentralkomitees im »Beratungsdokument Nr. 6« des laufenden Jahres einen von den oben genannten drei Ministerien verfassten »Untersuchungsbericht über die wichtigsten politischen Probleme einer Steuerreform auf dem Land«.

Zu dieser Zeit wurde wegen der »Vorschriften für den staatlichen Getreideaufkauf« die »Konferenz über den Reformplan in Richtung Naturalabgabe« in Shijiazhuang, der Hauptstadt der Provinz Hebei, feierlich eröffnet. Auf dieser Konferenz bestätigte und belobigte der stellvertretende Sekretär des Provinzkomitees uneingeschränkt die über viele Jahre beharrliche Forschungsarbeit Yang Wenliangs zu diesem Thema. Voller Dankbarkeit sagte er: »Man kann wirklich sagen, dass Genosse Wenliang in dieser Frage außerordentlich hartnäckig war. Gegen alle Schwierigkeiten und Probleme ging er voran und steckte eine Menge Herzblut hinein. Vor allem nach dem Erscheinen der ›Vorschriften für den staatlichen Getreideaufkauf‹ schrieb er eine Reihe von Aufsätzen, deren Standpunkte sehr ausgewogen und für mich von großer Überzeugungskraft waren.«

Auch He Kaiyin hatte, als Berater der Provinzregierung von Anhui, der Einladung nach Shijiazhuang Folge geleistet und hielt eine Rede mit dem Titel »Eine frohe Botschaft für die chinesischen Bauern: Die Steuerreform ist eine effektive Maßnahme zur Entlastung der Bauern, zur Erhöhung ihrer Einkommen, zur Ordnung der Interessensverhältnisse und der Entwicklung der Agrarproduktion«. Seine Rede fand ein überwältigendes Echo.

Am 29. Mai 1999 verschickten Landwirtschafts-, Kontroll- und Finanzministerium gemeinsam mit der staatlichen Planungskommission und dem Staatsrat den »Bericht zum Stand der Untersuchungen über die Gesetzeslage und über die Bauernlasten 1998«, in dem jede Provinz aufgefordert wurde, »mit Nachdruck an der Formulierung und Umsetzung eines ›Steuerreformplans für die Gemeinden und Dörfer‹ zu arbeiten und aktiv nach einem wirksamen Weg zur grundsätzlichen Lösung der Überbelastung der Bauern zu suchen«.

Damit stand die Steuerreform in den ländlichen Gebieten im Fokus des öffentlichen Interesses. In den Regionen wurde mit Nachdruck an Plänen für die Steuerreform gearbeitet, das neue Reformhoch in allen ländlichen Regionen war nicht zu übersehen!

Die von der Nachrichtenagentur Neues China herausgegebene Zeitschrift *Banyue tan (Vierzehntägiges Gespräch)* listete aus den verwirrenden Reformforschungen stellvertretend »drei große Modelle« auf und zwar: das Modell des Kreises Taihe in Anhui, »in dem die Steuerreform die Summe zog aus dem Umfassenden Verantwortungssystem«, das Modell »Naturalabgabensystem« des Kreises Zhengding in der Provinz Hebei und das Modell der Stadt Wugan in der Provinz Hunan, in dem die »Gemeindeplanungs- und Dorfsteuern« umgewandelt worden waren in eine »Aufbausteuer für das öffentliche Wohl in den ländlichen Gebieten«.

In seiner Rede vom 13. November auf der Konferenz zur Wirtschaftsarbeit des ZK bekannte Ministerpräsident Zhu Rongji entschlossen: »Die Reform des Steuersystems in den ländlichen Gebieten muss vorangetrieben werden!« Und er gab einen Zeitplan dafür bekannt: »Im kommenden Jahr werden zunächst staatliche Pilotprojekte in einigen Regionen durchgeführt, die auch von anderen Distrikten in verschiedenen Kreisen (und Städten) übernommen werden können, mit dem Ziel, im zweiten Jahr das ganze Land für sie zu öffnen.«

Damit beschleunigte Zhu Rongji die Reformschritte überraschenderweise. Es gab allerdings auch keinen Grund, die Reform nicht zu beschleunigen. Es war, als liege der Pfeil auf dem Bogen, er musste los, im Jahr 2000 musste die Reform anlaufen, an diesem Punkt durfte nicht mehr gerüttelt werden.

Und so gab das Zentralkomitee am 2. März 2000 seine offizielle »Mitteilung über die Arbeit in den Pilotgebieten für eine Steuerreform auf dem Lande« heraus.

Uns fiel auf, dass Li Changping, der Parteikomiteesekretär der Gemeinde Qipan, Kreis Jianli, Provinz Hubei, just an diesem 2. März 2000 an die Führung des Staatsrats jenen Brief geschrieben hatte, der dann im ganzen Land für Aufregung sorgte und in dem es hieß: »Das Leben der Bauern ist bitter, die Dörfer der Bauern sind arm, die Arbeit der Bauern ist gefährlich.«

Auch wenn das eine zufällige Koinzidenz war, so schien es doch wie eine Offenbarung zu sein, zumindest zeigte es, dass die »Mitteilung« des Zentralkomitees nicht nur der Meinung des Volkes entsprach, sondern auch gerade zur rechten Zeit kam!

In dieser »Mitteilung« hieß es:

> »Das Zentralkomitee errichtet in Anhui mit der Provinz als Einheit ein Pilotgebiet zur Durchführung einer Steuerreform. Weitere Provinzen, Selbstverwaltungsgebiete und regierungsunmittelbare Städte können nach ihren jeweiligen Gegebenheiten in einer kleineren Anzahl von Kreisen (Städten) Pilotgebiete auswählen. Die konkrete Pilotarbeit wird von den Parteikomitees und Verwaltungen der Provinzen, Selbstverwaltungsgebieten und regierungsunmittelbaren Städten beschlossen und verantwortet, die Pläne für die Pilotgebiete müssen dem Zentralkomitee zu Protokoll gegeben werden. Auf der Basis dieser Pilotgebiete wird die Lage für eine landesweite Steuerreform abgeklärt, werden Erfahrungen gesammelt und das Land schrittweise geöffnet …
> Alle Abteilungen der Organisationen von Zentralkomitee und Staatsrat haben bei der Umsetzung des Geistes des ZK für die Steuerreform auf dem Lande mit gutem Beispiel voranzugehen und durch aktive Unterstützung und Koordination zum Gelingen der Arbeit in den Pilotgebieten beizutragen. Den Anforderungen der Reform muss entsprochen werden, die Arbeitsvorstellungen, Arbeitsmethoden und die entsprechende Politik müssen rechtzeitig angepasst werden. Man muss entschlossen von den Gegebenheiten ausgehen – geleitet von den Prinzipien, sich an die eigenen Fähigkeiten zu halten, das Unmögliche nicht zu versuchen, das Nicht-Dringliche aufzuschieben und das Vorhaben auf keinen Fall auf Kosten der Bauern voranzutreiben.«

Allein in Anhui ein solches Pilotgebiet einzurichten, war für die Provinz ein großes Zeichen des Vertrauens und der Ermutigung durch das Zentralkomitee und den Staatsrat und mehr noch natürlich eine vollkommene Bestätigung für den mutigen ersten Anstoß in Richtung einer Steuerreform und die mutige Forschung in den folgenden sieben Jahren.

Zu diesem Zeitpunkt wurde in Peking die 3. Sitzung des 13. Volkskongresses eröffnet. Als die Delegation aus Anhui einen Arbeitsbericht ihrer Regierung ablieferte, mischte sich Zhu Rongji unter sie.

Er sagte rundheraus und ohne Umschweife: »Ich mache mir ständig Sorgen um Fragen der Landwirtschaft, überlege, wie man das Einkommen der Bauern erhöhen und ihre Lasten verringern kann. Das ist im Augenblick die wichtigste politische Aufgabe, aber man kann gar nicht so viel tun, außer einer Entlastung der Bauern. Dazu muss ein Entschluss gefasst werden. Die Steuerreform ist ein Gesamtkonzept, es gibt sehr viele unsinnige Abgaben, es werden an die 200 bis 300 sein. In meinen Augen aber gibt es nur eine, die Agrarsteuer, alle anderen sind gesetzeswidrig. Wer anbaut, darf keine Verluste mehr einfahren. Dieses Konzept wird bereits seit einem Jahr geprüft, es sind auch ein paar Pilotgebiete festgelegt worden, aber bis heute hat nur Anhui noch nicht zum Rückzug geblasen – aber jetzt ist Genosse Hui Liangyu nach Suzhou gegangen.«

Zhu Rongji wandte sich an Wang Taihua, den neuen Sekretär des Provinzkomitees von Anhui und fragte: »Führst du seine Arbeit fort?«

Wang Taihua wusste sehr genau, was diese Reform bedeutete. Man hatte keine Erfahrungen, nach denen man sich richten konnte, alles Mögliche konnte geschehen, alle möglichen Schwierigkeiten konnten auftauchen, aber um den Abermillionen Bauern ein paar bessere Tage zu ermöglichen, war er bereit, die Risiken auf sich nehmen. Vielleicht hätte er in diesem Augenblick viel mehr sagen wollen, aber er sah den Ministerpräsidenten nur ernst an und sagte schlicht: »Ja!«

Zhu Rongji nickte erfreut mit dem Kopf: »Diesen Mut lobe ich mir!«

Dann führte er aus: »Der Weg wird sehr schwierig sein, aber auch sehr ehrenvoll. Als der Genosse Wan Li damals in Anhui das Umfassende Verantwortungssystem einführte, hat er Geschichte gemacht; die Bedeutung der Steuerreform auf dem Land steht dem heute in nichts nach, wir müssen die große Bedeutung dieses Unterfangens erkennen.«

An diesem Punkt überwältigten ihn seine Gefühle. Er schaute in die Runde, sah einen nach dem anderen an und sagte bewegt: »Ich stamme aus Nanling, meine ganze Familie stammt aus dem Kreis Nanling, ich habe Blutsbande nach Anhui. Ich mache mir Sorgen, dass man sich mit dieser Steuerreform in den unteren Ebenen wichtig tun wird. Im Augenblick hat alles Angst vor mir, nur nicht in Anhui, vor allem nicht in Nanling. Ich war 1998 dort, um die Getreidestationen zu inspizieren, da haben sie mich an der Nase herumgeführt. Es gibt keine Alternative zur Steuerreform. Wir müssen solide Arbeit leisten und uns vor frisierten Berichten in Acht nehmen, die Steuern dürfen nicht noch einmal so hoch werden. Wenn wir das dieses Mal nicht hinbekommen, dann kann ich nur noch meinen Hut nehmen.«

Verlegen fuhr er fort: »So viele Jahre haben wir Kader herangezogen, die nichts können als Berichte schreiben. Diese Kader gehen nicht zu den Armen, sie stellen keine Nachforschungen an. Wenn wir heute eine Steuerreform angehen, dann müssen wir Tacheles reden, dann müssen wir von den Erfolgen ebenso sprechen wie von den Misserfolgen und den Problemen. Ich hoffe, dass ihr Genossen aus Anhui den Führungsstil voranbringt und euch unbequeme Wahrheiten anhören könnt, denn nur dann werden wir Erfolg haben.«

Zum Abschluss sagte er: »Genosse Taihua, du bist jünger als ich, ich bürde dir die Risiken auf, aber ich werde dich immer mit Spannung begleiten, denn die Arbeit an der Steuerreform wird außerordentlich mühsam werden. Ich werde bald zu euch kommen, aber auch wenn ich in meiner Amtszeit keine Ergebnisse mehr sehen sollte, so hoffe ich doch, dass ihr euch in Anhui auf allen Ebenen zusammentut, um diese Bürde mutig zu stemmen!«

Wieder einmal wehte durch Anhui der Atem der Geschichte. An der Schwelle eines neuen Jahrhunderts ging der Vorhang für den zweiten Schritt der großen Reformen in den ländlichen Gebieten Chinas, auf den so viele Millionen Bauern schon so lange warteten, schließlich genau an jenem Ort auf, von dem auch das Umfassende Verantwortungssystem ausgegangen war!

Und wieder ritten die Söhne und Töchter des Yangzi und des Huai auf dem Scheitelpunkt der Welle!

Auf den Punkt gebracht

破题

Eine zu späte »Nachricht«

In der Geschichte der Provinz Anhui war es noch nie vorgekommen, dass innerhalb kürzester Zeit auf Propaganda auch Taten folgten.

Provinzkomitee und -verwaltung druckten und versandten für 13 Millionen Bauernhaushalte einen »Brief an die gewaltigen Bauernmassen der gesamten Provinz«, in 350.000 Dörfern und Dorfgruppen wurde eine »Mitteilung über die Entfaltung der Steuerreform auf dem Lande« plakatiert, im Handumdrehen hatte die Politik der Partei Zugang in alle Haushalte gefunden.

Unmittelbar danach verlegte das Provinzkomitee 365 Kader aus den verschiedensten Behörden und Organisationen und organisierte 85 Untersuchungskommissionen, die sich in die Gebiete nördlich und südlich des Yangzi sowie am Ober- und Unterlauf des Huai begaben, um die Steuerreform zu propagieren, die Politik der Steuerreform zu erklären und die Umsetzung der Steuerreform zu beaufsichtigen.

Dieses Mal war der Plan für die Pilotgebiete der Steuerreform mit der Provinz Anhui als Einheit von der Arbeitsgruppe des Staatsrats »Steuerreform auf dem Lande« festgelegt worden. Er lief auf folgende Punkte hinaus: Abschaffung der gegenwärtigen Gemeindegesamtplanungsabgabe, die einen festen Prozentsatz des jeweiligen Nettojahreseinkommens der Bauern ausmachte; Abschaffung der Bildungsfonds und ähnlicher speziell von den Bauern erhobener Abgaben für Verwaltungsangelegenheiten und Regierungsfonds; Abschaffung der Schlachtsteuer; Anpassung von Agrarsteuer- und Sonderproduktsteuerpolitik; Reform der Einzugsmethoden für die Dorfabgaben.

Der Plan bedeutete, einfach gesagt, eine Umwandlung aller Abgaben in eine Steuer.

Die ursprüngliche Gemeindegesamtplanungsabgabe, das heißt die fünf von den Gemeinden verwalteten Fonds für die zusätzlich zu den Bildungsabgaben auf dem Lande anfallenden Schulbetriebsgebühren auf Gemeinde- und Kreisebene, für Geburtenplanung, Invaliden- und

Hinterbliebenenhilfe, die Ausbildung der Volksmiliz und den Straßenbau wurden nach der Reform unter die Agrarsteuer subsumiert. Die ursprünglichen Dorfabgaben, das heißt die drei von den Dörfern verwalteten Fonds – also Verwaltungsgebühren, öffentlicher Wohlfahrts- und Akkumulationsfonds –, wurden abgeschafft. Für die Mittel zur Akkumulation mussten von nun an die Dorfbewohner gezielt aufkommen, die Verwaltungsgebühren und der öffentliche Wohlfahrtsfonds wurden gleichermaßen der Agrarsteuer zugeschlagen.

Um das Ganze für die Bauernmassen gut verständlich und leicht memorierbar zu machen, konnte man es auch in acht Worten zusammenfassen: »ein Gesamt, ein Zusatz, eine Gemeinschaft, eine Meinung«. »Ein Gesamt« bezog sich auf reguläre Agrarsteuer, »ein Zusatz« auf den Agrarsteueraufschlag; dieser durfte nach den Bestimmungen 20 Prozent der regulären Agrarsteuer nicht überschreiten. Das Kapital, das in den Dörfern für die Inangriffnahme von sozialen Projekten benötigt wurde, wurde nach dem Motto »eine Gemeinschaft, eine Meinung« ausnahmslos nach demokratischer Diskussion in der Dorfvollversammlung beschlossen und durfte pro Person und Jahr 15 Yuan nicht übersteigen.

Man muss sagen, dass dieser Reformplan, an dessen Spitze die Verringerung der Bauernlasten stand, die früher zu den Gesamtplanungs- und Dorfabgaben gehörenden Verwaltungsabgaben und -gebühren zum überwiegenden Teil auf das rechte Gleis des Steuereinkommens gestellt hat. Dadurch gewannen die Steuererhebungen für eigentlich allgemeine Verwaltungsaktivitäten einen Rechtscharakter, während die nicht dazugehörigen, willkürlichen und keinem Gesetz folgenden Abgaben, Gebühren und Fonds samt und sonders ihre Legalität verloren. Wenn die Bauern diese nicht zahlten, so war das kein Gesetzesbruch mehr, deshalb konnten sie mit dem guten Gefühl, im Recht zu sein, die Zahlung verweigern. Bei einer solch beispiellosen Propaganda und bei der gemeinsamen Anstrengung auf allen Ebenen waren die Dorfkader außerdem gezwungen, sich an das Gesetz zu halten, was für die Entlastung der Bauern ein günstiges gesellschaftliches Umfeld schuf.

Um die reibungslose Arbeit in den Pilotgebieten zu garantieren, trat auch der Ständige Ausschuss des Volkskongresses der Provinz Anhui in Aktion. Mit größtem Enthusiasmus machte man sich an eine flächendeckende und vollständige Bereinigung der früheren regionalen Bestimmungen. Sämtliche Bestimmungen seit der Öffnungs- und Reformpolitik, die mit dem Geist der Steuerreform nicht konform gingen oder mit der Politik der Entlastung der Bauern nicht übereinstimmten, wurden ausnahmslos überarbeitet oder einfach für ungültig erklärt.

Auf Provinzebene gaben das Sekretariat der Führungsgruppe für die Steuerreform auf dem Land, das Sekretariat der Führungsgruppe für die Überwachung und Verwaltung der Bauernlasten und das Sekretariat für Rechtsfälle unter Bauern gemeinsam einen »Brief an die bäuerlichen Freunde in der ganzen Provinz« heraus, um die Reformpolitik zu propagieren. Die zehn verschiedenen Verwaltungsabgaben, die noch erlaubt waren – darunter die Schulgebühr, die Geburtenplanungs-, Agrarmaschinenkontroll-, Hochzeitsregistrierungs- und die Hausbauabgabe usf. –, wurden in ihrer Höhe konkret festgelegt. So wurden zum Beispiel beim Hausbau außer der Bearbeitungsgebühr für die Bodenregistrierung von jeweils fünf Yuan alle weiteren Verwaltungsgebühren abgeschafft; wenn sie heiraten wollten, mussten die Bauern nur noch eine allgemeine Bearbeitungsgebühr von zwei Yuan für die billige oder von neun Yuan für die aufwändigere Version des Hochzeitszertifikats bezahlen, wobei sich jeder die Form des Zertifikats selbst aussuchen konnte, ohne zu irgendetwas gedrängt zu werden; außerdem war die Erhebung von Bareinlagen, von Barpfand und entsprechenden Abgaben verboten. Ebenso wenig waren der Zwangskauf von Geschenken, Werbematerial und Hochzeitsfotos usf. erlaubt.

In ihrem »Brief an die bäuerlichen Freunde in der ganzen Provinz« gaben die drei Behörden jeweils auch ein Beschwerdetelefon bekannt. Unnötig zu sagen, dass diese bürgerorientierte Politik auf der Stelle von den Bauern begeistert begrüßt wurde. Sie verstanden, begriffen und kannten ihre Rechte und Interessen und auch den Weg, wie beides geschützt wurde, deshalb fand das Ganze unumschränkten Beifall, und man trug es einander zu.

Wir interviewten dazu in Kleingang im Kreis Fengyang einen der Pioniere des damaligen Umfassenden Verantwortungssystems, und als wir auf die Veränderungen zu sprechen kamen, die sich aus der Steuerreform für die Bauern ergeben hatten, erzählte er aufgeregt, mit welchen Schwierigkeiten sie damals in Kleingang zu kämpfen gehabt hätten: erst die Dürre zur Zeit der Aussaat, dann die Überschwemmungen bei der Herbsternte, in manchen Gebieten habe man nicht ein einziges Korn eingebracht – zum Glück sei genau dann die Steuerreform durchgeführt worden, die die Lasten für alle um nahezu ein

Drittel verringert habe, sonst hätte man nicht gewusst, wie man über diese Zeit hätte hinwegkommen sollen!

In der Vergangenheit war es in der überwältigenden Mehrheit der über 26 Gemeinden des Kreises Huaiyuan wegen der Überbelastung der Bauern wiederholt zu Beschwerden gekommen. Allein 1998 kam es zu 289 Beschwerden, weshalb der Kreis schon als der »Beschwerdekreis« von Anhui bezeichnet wurde. 1999, als im ganzen Kreis mit den Testläufen für die Reform begonnen wurde, gingen die Beschwerden auf fünf zurück. Die heutigen Testläufe konnten als zweite Reform im Kreis Huaiyuan gelten, weshalb die Erfolge in der Entlastung der Bauern besonders deutlich ausfielen.

Am Vormittag des 21. September 2000 betrat ein Reporter der *Nanfang zhoumo (Südwoche)* ein Dorf im Kreis Huaiyuan, wo der 37-jährige Bauer Song Jiaquan gerade in seinem Hof Sesam siebte. Obwohl das Örtchen Songzhuang genau wie Kleingang, Kreis Fengyang, im Frühjahr mit einer Dürre und im Herbst mit Hochwasser zu kämpfen gehabt hatte und die Ernte niedriger ausfiel als im vergangenen Jahr, war die Stimmung Song Jiaquans, wie man seinem stoppeligen Gesicht ablesen konnte, nicht schlecht. Sein Haushalt bestand aus vier Personen, die 4,5 Mu Land bewirtschafteten. Im vergangenen Halbjahr hatten sie nur Weizen gepflanzt, nach der Sommerernte dann zwei Mu mit Erdnüssen, zwei Mu mit Mais, der Rest wurde aufgefüllt mit Baumwolle und Sesam. An Weizen brachten sie es pro Mu auf etwa 650 Pfund, insgesamt ernteten sie 2600 Pfund; nach dem staatlich garantierten Festpreis von 53 Yuan für 100 Pfund wären das bloß 1378 Yuan gewesen; zwei Mu brachten 1000 Pfund Erdnüsse, das machte etwa 1000 Yuan; zwei Mu Mais 1100 Pfund, zusammen etwa 500 Yuan. Das Nettojahreseinkommen der ganzen Familie belief sich ungefähr auf 2320 Yuan. Auf der Steuermitteilung Song Jiaquans vom Juni stand unmissverständlich: Nach seiner Anbaufläche, nach der Steuerberechnung, dem Steuertarif und den diesjährigen Festpreisen für Getreide habe er an Getreidesteuer 178,87, an Agrarsteueraufschlag 35,77 Yuan, also insgesamt 214,64 Yuan zu entrichten; die Gebühren für die öffentliche Wohlfahrt im Dorf durften laut Bestimmung 15 Yuan nicht überschreiten. Das hieß: Alles zusammen, kam man nicht einmal auf 220 Yuan. Die Gemeindeplanungsabgabe war abgeschafft und auch die Agrarsonderproduktsteuer wurde nach dem Prinzip erhoben, »nicht wiederholt versteuern und nach dem Mindeststeuersatz berechnen«; darüber hinaus hatte Song Jiaquan nach der neuen Politik das Recht, jedwede weitere Abgabezahlung zu verweigern, weshalb er sich beeilte, rechtzeitig seine Gesamtsteuer zu zahlen. Er war sehr erleichtert.

Zu dem Reporter sagte er, noch vor einigen Jahren hätte er bei dem Steuer- und Abgabentohuwabohu mit seiner vierköpfigen Familie für Dorf und Gemeinde 600 Yuan zahlen müssen. Die meisten Abgaben habe er nicht einmal dem Namen nach gekannt, und wie hätte er als Bauer wissen können, welche echt und welche unecht sei? Das sei nicht hinzunehmen gewesen.

Auch der Vorsteher seiner Gemeinde sagte in einem Interview, die Belastung der Familie von Song Jiaquan sei von 600 Yuan auf jetzt 212 Yuan gefallen. Das sei nicht nur eine Verringerung der Summe, sondern auch eine Veränderung in der Art und Weise: »Früher hat man mit Verwaltungsmaßnahmen die Steuern eingezogen, das war ein einziges Durcheinander. Jetzt zieht man die Steuern nach dem Gesetz ein, die Bauern können das einfach überwachen, der Willkür ist die Basis und der Vorwand genommen, man muss sich nur sorgfältig an die Bestimmungen halten, dann kann man die Bauern von Grund auf entlasten.«

Ende 2001 kamen auch wir nach einem kalten Regen in diese Gemeinde und besuchten den Gemeindevorsteher Zhu Qingnian. Er stammte aus einem anderen Dorf des Kreises Huaiyuan, war sechs Jahre lang ein von der Regierung unbezahlter Lehrer gewesen und 1984, im Alter von 25 Jahren, stellvertretender Gemeindevorsteher geworden. Danach arbeitete er in der Führung von vier verschiedenen Gemeinden, alles zusammen also bereits 17 Jahre. Als wir ihn erblickten, saß er gerade gemütlich auf dem Sofa des Sekretariats, trank Tee und las dabei ein amtliches Dokument. Angesprochen auf die Entlastung der Bauern und gefragt nach der Steuerreform öffnete er erfreut die Plaudertasche. Er sagte, wer habe es schon, wie er jetzt, in der Vergangenheit gegen Jahresende gewagt, so müßig in seinem Sekretariat zu sitzen und Tee zu trinken! Je näher das Jahresende früher gerückt sei, um so mehr sei man damit beschäftigt gewesen, die Haustüren abzuklappern und Geld und Getreide aus den Leuten herauszupressen! Von den müden Beinen gar nicht zu sprechen, konnte es auch ganz leicht zu einem Zwischenfall mit den Bauern kommen. Manchmal konnte man nicht einmal auf die angeheuerten »Getreideeinzugstruppen« bauen, und man musste sich auf die düsteren Mienen der Polizei verlassen. Jetzt sei es besser, man habe die Gemeindekader dieser

Pflichten entbunden, und die Bauern brauchten sich keine Sorgen mehr zu machen, dass johlende »Getreideeinzugstruppen« ihnen das Getreide wegnehmen und das Vieh entführen. Die Felder der Bauern seien gut zu bestellen, und die Kader hätten die Hände frei, um den Bauern wirklich unter die Arme zu greifen.

Dann gesellte sich He Yun, der Sekretär des Parteikomitees der Gemeinde, hinzu. Er und der Gemeindevorsteher schilderten uns anschaulich einige Anekdoten von der Inspektionsreise des stellvertretenden Ministerpräsidenten Wen Jiabao in ihrem Kreis.

Am 12. April 2000, kaum mehr als einen Monat nachdem Anhui gemäß der Anordnung des Zentralkomitees die Steuerreform flächendeckend eingeführt hatte, war Wen Jiabao staubbedeckt angekommen, um in Anhuis »Beschwerdekreis« Huaiyuan nach dem Rechten zu sehen. Wenn er auch sehr überraschend auftauchte, hatten die Regionalkomitees und -verwaltungen doch umfassende Vorbereitungen getroffen. Am Nachmittag brach ein kleiner Konvoi mit mehreren Wagen von der wichtigen Station Bengpu an der Eisenbahnstrecke Peking–Pukou auf und bog an einer Kreuzung am Wohe-Fluss auf die Hauptstraße nach Baojizhen im Kreis Huaiyuan ab. Man sah, dass er in Kürze auf dem Gebiet von Baoji angekommen sein würde, der Wagen jedoch, in dem Wen Jiabao saß, fiel absichtlich zurück; dann plötzlich wurde der Wagen herumgerissen, verließ die Hauptstraße und fuhr in das Dorf Changhu der Gemeinde Feihe, in der keinerlei Vorbereitungen getroffen worden waren. Wen Jiabao wollte dort eine Überraschungsinspektion über den Stand der Steuerreform durchführen.

Erst nachdem er das Gefühl gewonnen hatte, das Ganze stehe wirklich nicht schlecht, kehrte er auf die Hauptstraße zurück. Unerwarteterweise fuhr sein Wagen aber nicht weit, Wen Jiabao entdeckte neben der Straße einen einfachen Feldweg, wieder ließ er den Fahrer auf diesen abbiegen und dann stur geradeaus fahren. So kam er schließlich nach Songzhuang, dem Ort, in dem der Reporter der *Südwoche* seine Interviews gemacht hatte.

Vielleicht deshalb, weil er 17 Jahre lang auf unterster Ebene in einem Geologischen Amt gearbeitet hatte und jahraus, jahrein über Stock und Stein unterwegs war, war er gut zu Fuß, und vielleicht deshalb, weil er nach seinem Aufstieg in hohe Ämter sich immer noch sehr oft an die vorderste Front begab, war er augenscheinlich voller Energie. Wenn er die Straße daherkam, dann staubte es. Als er am

Ortseingang aus dem Wagen gestiegen war, ging er mit raschen Schritten in das Dorf, als wäre er ein regelmäßiger Gast, grüßte die Dorfbewohner herzlich, blieb hier und da stehen und hielt mit den Alten ein Schwätzchen; oder er kam links aus einem Haus und ging rechts in ein anderes hinein, um alles in Augenschein zu nehmen.

Als He Yun auf diesen Tag, an dem er Wen Jiabao begleitet hatte, zu sprechen kam, war er voller Verehrung. Er sagte, am 13. April habe man es im Kreis eigentlich so eingerichtet, dass Wen Jiabao die Gemeinde Changfen besuchen sollte, wo er, He Yun, damals Sekretär gewesen sei. Als der Wagen am Dorf Wangzhuang vorbeigekommen sei, habe der stellvertretende Ministerpräsident plötzlich »anhalten!« gerufen, und der Wagen habe noch nicht richtig gestanden, da sei er schon hinausgesprungen. Um mit ihm Schritt zu halten, habe er den ganzen Weg im Laufschritt zurücklegen müssen, so dass er am Ende völlig erledigt und verschwitzt gewesen sei.

Man muss sagen, dass Changfen für den Kreis Huaiyuan eine recht wohlhabende Gemeinde ist. Als Wen Jiabao aber nach Wangzhuang kam, ging er in die Häuser, die schäbig aussahen, und suchte die Bewohner auf, die nicht gut gekleidet waren. Die vorher geplante Versammlung in Changfen fiel ins Wasser, doch in der Komiteeversammlung von Wangzhuang organisierte er eine vertrauliche Gesprächsrunde mit den Bauern, deren Vorsitz er selbst übernahm. Er ließ jeden frei zu Wort kommen.

Das Resultat seiner Untersuchung stellte ihn sehr zufrieden. Er sah sich bestätigt, dass die Steuerreform tatsächlich zu einer Entlastung der Bauern in diesem großen Getreide- und »Beschwerdekreis« führen würde.

Im ersten Jahr der flächendeckenden Einführung der Steuerreform nahm das Rechnungsbüro der Provinz Anhui in 85 Gemeinden von 17 regierungsunmittelbaren Städten und 62 Kreisen (Städten, Distrikten) eine sorgfältige Berechnung vor. Das Ergebnis zeigte, dass die durchschnittliche Pro-Kopf-Belastung in diesen Gemeinden von 123,98 Yuan auf 83,14 Yuan gesunken war, das ergab eine deutliche Entlastung der Bauern um 40,84 Yuan.

Bei einem Interview bestätigte der Provinzkomiteesekretär Wang Taihua: »Insgesamt betrachtet geht die Arbeit in den Testgebieten für die Steuerreform relativ reibungslos voran. Zunächst einmal hat die Reform den Bauern reale Vorteile gebracht. Berechnungen zufolge beläuft sich das Gesamtsteueraufkommen aus Agrarsteuer, Agrarsonderproduktsteuer und den Aufschlägen auf 3,661 Milliarden Yuan, das sind 1,64 Milliarden Yuan weniger als vor der Reform. Wenn man die abgeschafften Schlachtsteuern und Bildungsfonds hinzurechnet, dann hat sich die Belastung der Bauern um 1,69 Milliarden Yuan verringert, das ist ein Volumen von 31 Prozent.«

Am 5. August 2000, es war ein Samstagabend, brachte das Zentralfernsehen zur Hauptsendezeit in seiner Nachrichtensendung eine Meldung über die Steuerreform in Anhui. Das war alles andere als eine neue Meldung, und es war offensichtlich nicht das erste Mal, dass diese Nachricht gesendet wurde, denn zwischen ihr und dem Beschluss des Zentralkomitees, in Anhui, mit der Provinz als Einheit, Testgebiete für eine Steuerreform einzurichten, lagen bereits fünf Monate und drei Tage. Nur war das freilich kein Fehler des Senders, es zeigt vielmehr, welches Gewicht das Zentralkomitee der Kommunistischen Partei und der Staatsrat dieser Reform und ihren Resultaten beimaßen. Zu diesem Zeitpunkt war die Sommerernte bereits eingebracht, und die Arbeit an der Steuerreform in Anhui begann zur Freude der Menschen bereits Früchte zu tragen!

Zwei »interne Referenzen«

Die Entlastung der Bauern führte natürlich zu einer Vergrößerung der Haushaltslöcher bei Kreisen und Gemeinden. Wie man diese plötzlich größer gewordenen Einnahmeverluste ausgleichen konnte, das war eine Zeit lang ein Thema, das auf den Nägeln brannte.

Um den Kreis Taihe als Beispiel zu nehmen, in dem ja die ersten Testgebiete für die Steuerreform entstanden waren, so beliefen sich die Einnahmeverluste im Jahr 2000 auf 97.320.000 Yuan. Das war also ein Rückgang um fast 100 Millionen Yuan!

Wenn das Geld nicht reicht, muss man die Einnahmequellen erweitern oder die Ausgaben kürzen. Aber die Einnahmequellen waren verstopft. Wenn das Essen nicht reicht, so bringt es die schnellsten Erfolge, wenn man die Anzahl der Esser verringert. Als man vor fünf Jahren mit den Testläufen der Steuerreform begann, hatte man das Personal bereits zu verschlanken begonnen, doch das gegenwärtige Haushaltsloch war größer denn je, es blieb nichts anderes übrig, als alle überregulären Angestellten abzubauen. Und so wurden auch alle überregulär beschäftigten Angestellten in Kreis und Gemeinde verabschiedet. Was man an normalen Tagen weder hätte beschließen noch durchführen können, das war heute an der Tagesordnung, man hatte keine Wahl.

Doch als nicht einmal der Abbau von überregulären Angestellten half, musste man auch bei den regulären Angestellten schauen, wieviel noch im Topf war. Und so blieb manchem nichts anderes übrig, als aus Krankheitsgründen oder vorzeitig in den Ruhestand zu gehen, um so das Personal zu verschlanken. Natürlich gab es bei denen, die in den Ruhestand gingen, auch noch eine menschliche Seite, den familiären Hintergrund und dergleichen schwierige Faktoren mehr, die überlegt sein wollten. Doch der weitestmögliche Abbau an Personal, das des Kaisers Getreide aß, also beim Staat angestellt war, durfte nicht hintangestellt werden!

Nachdem die Anzahl der Esser reduziert war, standen noch weitere heikle Entscheidungen bevor. Die Kreisverwaltung von Taihe gab die Parole aus »Stäbchen hinlegen, Autos stehen lassen, Maschinen abstellen« und erließ mehrere Vorschriften wie »Regeln der Fahrzeugzuteilung« und »Bewirtungsregeln«. Bei den sechs Verwaltungsebenen im Kreis wurden die Kleinwagen der Gemeindekader wohl oder übel durch Fahrräder ersetzt, und Arbeitsessen um die Mittagszeit mussten ausnahmslos in der Kantine durchgeführt werden. Auf Dorfebene wurden darüber hinaus noch die Bewirtungskosten abgeschafft. In einer Situation, in der man nicht einmal die regelmäßige Zahlung der Gehälter garantieren konnte, waren alle anderen Ausgaben einzustellen!

Dass Dorfkader, die an ein Leben in Saus und Braus gewöhnt waren, jetzt, wo Schmalhans Küchenmeister war, heimlich fluchten, war völlig normal. Auch wenn die Entschlossenheit zu diesen Reformen bei Zentralkomitee und Provinz sehr groß war und die überwältigende Mehrheit der Regionen die Anordnungen auch wirklich umsetzte, gab es deshalb auch einige Gebiete, wo es zuging wie immer, wo man unten etwas anderes tat, als oben gefordert wurde.

Am übelsten und von der politischen Wirkung her am verheerendsten war der Zwischenfall von Chengzhuang, Kreis Dangshan.

Auch wenn *shan* Berg bedeutet, so gibt es doch in diesem Kreis keine Berge. In der Nähe des Nachbarkreises allerdings erhebt sich der Dangshan, der Berg Dan, wo sich gegen Ende der Qin-Dynastie, also um etwa 205 v. Chr., Liu Bang versteckt hielt, und von dem dieser Kreis womöglich seinen Namen hat. Der Kreis liegt an einem Altarm des Gelben Flusses im nördlichsten Teil von Anhui und ist seit alters her auf dem Erdkreis berühmt für seine überreiche Produktion von Birnen. Doch seit vielen Jahren hatten die Bauern von Chengzhuang aus ihrem Birnenanbau keine Reichtümer mehr erwirtschaftet, und das nur, weil ihre Belastungen zu hoch waren. Allein in den drei Jahren zwischen 1997 und 1999 hatte ihre durchschnittliche Steuerlast jeweils 11,99 Prozent, 11,41 Prozent und 13,24 Prozent des durchschnittlichen Nettojahreseinkommens ausgemacht. Das war bei weitem mehr als die vom Zentralkomitee festgelegte Obergrenze von fünf Prozent!

Da waren diese Bauern das ganze Jahr über damit beschäftigt, ihre süßen Birnen einzubringen, und dann hatten sie davon nichts als bittere Enttäuschung.

Im Jahr 2000 lag die durchschnittliche Belastung der Bauern von Chengzhuang nach den Steuerreformplänen des Kreises noch immer bei 161,7 Yuan. Bei der praktischen Umsetzung scherte sich niemand um das strenge Verbot des Zentralkomitees, was die zusätzlichen, nicht etatmäßigen Belastungen der Bauern anging. Man dachte gar nicht daran, sich den Kopf über Einsparungen oder andere Einkommensquellen zu zerbrechen und etwas zu tun, was mit der Reform im Einklang stand. Es blieb alles beim Alten, die Ausgaben bestimmten die Einnahmen, und so wurden die Belastungen eigenmächtig um 1,5506 Millionen Yuan angehoben, das bedeutete im Durchschnitt eine zusätzliche Pro-Kopf-Belastung von 36,12 Yuan. Beim Steuereinzug verstieß man nicht nur gegen die Vorschrift einer Abgabenberechnung nach Anbaufläche, man machte auch die Vorschriften nicht öffentlich, versandte keine Steuermitteilungen und stellte schon gar keine Steuerbescheinigungen aus – es war das alte Durcheinander.

Der hohen Transparenz in den Testgebieten, der direkten Einsichtnahme der Bauern in die Direktiven der Partei, ganz zu schweigen von dem »Brief an die gewaltigen Bauernmassen der gesamten Provinz«, den Provinzkomitee und -regierung an Millionen Haushalte verschickt hatten, und der flächendeckend plakatierten »Mitteilung über die Entfaltung der Steuerreform auf dem Lande« – allem, was gut war am Geist dieser Reform, lief das, was Parteikomitee und Verwaltung von Chengzhuang taten, offensichtlich entgegen. Und unter vielen Bauern regte sich Widerstand.

Pang Jialiang, der Parteikomiteesekretär des Ortes, war kein gewöhnlicher Mann. Als er sah, dass die Massen sich nicht an die Beschlüsse der Gemeinde hielten, war das für ihn Rebellion gegen die Obrigkeit. Sie sollten, so beschloss er, ihr blaues Wunder erleben. Daraufhin wurde auf seinen Vorschlag hin von Parteikomitee und Verwaltung formell die Einrichtung einer »Schule für Ideologie und Politik« genehmigt, in der die Bauern, die nicht rechtzeitig und auf Fen und Jiao ihre Steuern entrichtet hatten, einer rigorosen »Erziehung« unterzogen werden sollten. Pang Jialiang in eigener Person übernahm den Posten des Ehrenpräsidenten dieser Schule, der Gemeindevorsteher wurde zum Direktor ernannt, und weitere entsprechende Verantwortungsträger aus Partei und Verwaltung bekamen jeweils die Position eines stellvertretenden Direktors.

Als letzter Termin für die Entrichtung der Steuerschuld wurde Ende Juni festgelegt. Was die Bauern anging, so war das gerade die magere Zeit zwischen zwei Ernten. Mit den Birnen konnten sie erst in der zweiten Augusthälfte wieder auf den Markt. Und wenn es keine Birnen zu verkaufen gab, woher sollten die Birnenbauern dann Geld haben? So wurde es Juli, die Steuern konnten nicht in vollem Umfang eingezogen werden, von den Kadern wurden Namenslisten eingereicht, und die neue Ideologieschule schickte Wagen, um die Leute von ihrer Haustüre weg zwangsweise einzusammeln. In der Schule angekommen musste man erst einmal eine zwischen 50 und 100 Yuan schwankende »Fahrtgebühr« zahlen, und dann waren pro Tag und Kopf weitere 20 Yuan für Kost und Logis fällig.

Mit dem Eintritt in diese »Schule für Ideologie und Politik« hatten die Birnenbauern keine Hoffnung mehr auf persönliche Freiheit. Es war Hochsommer, selbst im Haus lief einem der Schweiß den Rücken herunter, auch wenn man sich nicht bewegte. Doch die Schule scheuchte sie wie die Enten in die pralle Sonne, wo sie auf dem Sportplatz im Kreis herumlaufen mussten. Wer zu langsam lief, wurde gescholten und sogar gezüchtigt. Am unerträglichsten war es, wenn alle zusammenkommen und Väter, Söhne und Brüder einander ohrfeigen mussten. Und die Ohrfeigen mussten schallen! Wenn man nichts hörte, dann zählte es nicht. Jedes Mal, so die Anweisung, musste man dreißigmal zuschlagen. Und so hörte man eine Zeit lang nichts als das Schallen von Ohrfeigen, die Verwandte einander gaben.

Eine derart menschenverachtende und barbarische Art der zwangsweisen Steuereintreibung, und das zu Beginn des 21. Jahrhunderts, erregte natürlich den heftigen Widerstand der Bauern. Einer rief und hundert kamen. Eine zu allem entschlossene Beschwerdetruppe, die unbedingt auf ihrem Recht beharrte, machte sich, verteilt auf ein paar Traktoren, auf den Weg in die 400 Kilometer entfernte Provinzhauptstadt.

Natürlich rief das sofort Provinzkomitee und Provinzregierung auf den Plan. Der stellvertretende Provinzgouverneur Zhang Ping schwang sich eiligst in ein Auto und begrüßte die Beschwerdetruppe im von Hefei nur noch 80, 90 Kilometer entfernten Cao'an, Kreis Changfeng. Er hörte sich alle Klagen geduldig an. Er stammte selbst aus dem an den Kreis Dangshan angrenzenden Kreis Xiao, er war mit den Verhältnissen dort mehr als vertraut, er kannte die schlichten, hart arbeitenden Söhne und Töchter vom Altarm des Gelben Flusses, die einen solchen Aufstand nicht machen würden, wenn man sie nicht in eine ausweglose Situation gebracht hätte.

Zhang Ping sagte ernst: »Ich bitte euch, fahrt wieder heim, fahrt nicht weiter nach Hefei, ich schicke euch morgen eine Untersuchungskommission.« Deutlich vernehmbar versprach er den Leuten: »Vertraut mir, wir werden uns um diese Angelegenheit kümmern.«

Am darauf folgenden Tag machte sich eine Gruppe von fünf Leuten um Xu Wei, den Assistenten der Leitung des Landwirtschaftskomitees der Provinz, in die einige 100 Kilometer entfernte Kreishauptstadt von Dangshan auf. Um sich einen Einblick von der Lage zu verschaffen, suchten sie zunächst den Kreiskomiteesekretär auf, der wider Erwarten leichthin verkündete: »Die Leute in dieser Gegend produzieren einfach nicht gut, und dann beschweren sie sich!«

Als Xu Wei das hörte, begriff er, dass der Sekretär einfach zu jung war, um den Ernst der Lage zu verstehen. Und so sagte er: »Wir sehen uns das selbst einmal an.«

Das versuchte der Sekretär unbedingt zu verhindern, indem er höflich auf die Gefahren hinwies: »Wenn ihr da jetzt hinfahrt, kann man für eure Sicherheit womöglich nicht garantieren.«

Xu Wei glaubte das natürlich nicht. Seinen Erfahrungen zufolge musste man die Massen nur reden lassen und ihre Vorbringungen ernst nehmen, dann war die überwiegende Mehrheit einsichtig; wenn man andererseits den Konflikten immer nur aus dem Weg ging und die Massen sogar als Gegner ansah, dann verpatzte man alles. Deshalb hielten sich er und seine Delegation nicht weiter in der Kreisstadt auf, sondern machten sich unverzüglich auf den Weg.

Als die Bauern von Chengzhuang den hohen Besuch vorfahren sahen, fassten sie Vertrauen, dass die bei der Provinz doch anders seien und ihr Wort hielten. Alles versammelte sich am Dorfeingang, um sie zu empfangen, danach fiel alles auf die Knie und brach reihum in Tränen aus, so aufgewühlt war man.

Xu Wei beeilte sich, die Menschen wieder zum Aufstehen zu bewegen, seine Stimme zitterte, als er sagte: »Ich bin hier im Auftrag von Provinzkomitee und -regierung, um eure Beschwerden anzuhören!«

Als Provinzkomiteesekretär Wang Taihua durch den Bericht des Landwirtschaftskomitees über die Lage in Dangshan in Kenntnis gesetzt worden war, rief er voller Zorn: »Wer die Bauernmassen so behandelt, gehört der noch zur Kommunistischen Partei? Was soll man mit solchen Parteimitgliedern anfangen?«

Sofort begab er sich nach Dangshan, um diesen »Zwischenfall von Chengzhuang« vor Ort zu regeln.

Es dauerte nicht lange, und die Versammlung des Disziplinarkomitees und das Kontrollbüro der Provinz gaben einen Bericht über die Untersuchung und die Verfolgung dieses Zwischenfalls heraus. Darin hieß es, in Chengzhuang habe es schwere Verstöße gegen die Steuerreformpolitik des Zentralkomitees und gegen die politische Disziplin gegeben, das Verhältnis von Partei, Kadern und Massen sei von Grund auf gestört worden. Angesichts dieser Missachtung der Parteiprinzipien und -richtlinien könne man unmöglich zur Tagesordnung übergehen, das müsse streng geahndet werden. Und so wurden nach weiterer Beratung der Kreiskomiteesekretär Pang Jialiang aus der Partei ausgeschlossen, der Gemeindevorsteher seines Amtes enthoben und ein Jahr unter Parteiaufsicht gestellt, der stellvertretende Kreiskomiteesekretär seiner parteiinternen Ämter enthoben. Andere Kader bekamen einen Vermerk in ihre Personalakten oder parteiintern strenge Verweise.

Der »Zwischenfall von Chengzhuang« erschütterte damals bis zu seiner ernsten Untersuchung und Verfolgung weite Kreise der ländlichen Gebiete Anhuis. Für die Gemeindekader, die wegen der Haushaltslöcher im Begriff waren, große Risiken auf sich zu nehmen, war das eine schrille Alarmsirene!

In der Tat war das im ersten Jahr der Steuerreform in den Testgebieten Anhuis nicht das einzige warnende Beispiel. Als wir den Provinzkomiteesekretär Wang Taihua interviewten, machte er gar keinen Bogen um die Probleme bei der Arbeit in den Testgebieten. Vor allem wies er darauf hin, dass es aufgrund eines noch unvollkommenen Kontrollsystems in den einzelnen Regionen als Reaktion auf Übergriffe durch die Kader durchaus hier und da zu unruheartigen Erscheinungen kam. Konkret meinte er damit die Gemeinde Guangda, Kreis Lai'an, Distrikt Wandong.

Auch im Kreis Lai'an waren die Testläufe für die Steuerreform relativ früh gestartet worden. Man kann zwar nicht sagen, dass die Propagierung der politischen und gesetzlichen Vorgaben gänzlich ihr Ziel verfehlt hätte, aber die in diesem Jahr für die Gemeinde verantwortlichen Leute gingen beim Einzug der Sommerabgabe nach dem alten Muster vor. Sie machten auf einer Versammlung beider Kaderebenen der Gemeinde öffentlich mobil: »In den wenigen Problem-, Sabotage- und Bedarfshaushalten, in denen man mit dem Geld und dem Getreide nicht herausrückt, muss, wenn notwendig, zur alten Politik des Wegnehmens gegriffen werden!«

Dass ein Gemeindekader so etwas öffentlich zu sagen wagte, machte auch die Dorfkader ausgesprochen mutig.

Bauer Liu Chunguo war eigentlich ein zurückhaltender Mann, der in der Vergangenheit Jahr für Jahr pünktlich seine Steuern gezahlt hatte; auch wenn die Lasten nicht zu tragen waren, machte er nicht viel Aufhebens darum. Ausgerechnet in einem Jahr, in dem in der gesamten Provinz die Arbeit an der Steuerreform anlief, war Liu Chunguo aufgrund der Dürre eine Zeit lang nicht flüssig. Die Dorfkader nahmen an, er wolle der Reform einen Strich durch die Rechnung machen und gehöre zu den »Problem-, Sabotage- und Bedarfshaushalten«, und so rückten sie mit einer wüsten Steuereintreiberbande an und nahmen ihm das Getreide unter lautem Geschrei einfach weg. Liu Chunguo war außer sich, schluckte noch an Ort und Stelle Schädlingsbekämpfungsmittel und brachte sich um.

In Anbetracht dieser Situation betonte der Provinzkomiteesekretär auf jeder größeren und kleineren Versammlung, es komme darauf an, überall in der Provinz die Kontrollmechanismen über die Belastung der Bauern weiter zu verstärken und die Kontrollfunktionen der Massen, des Rechtssystems, der öffentlichen Meinung voll zur Entfaltung zu bringen, Kanäle für die Problemberichte der Bauern auszuheben und möglichst schnell ein umfassendes Überwachungssystem für die Bauernlasten zu bilden, um deren strenge Kontrolle zu garantieren. Nur so könne es gelingen, langfristig die Stabilität zu erhalten.

Die Geschichte, die sich im Dorf Sanqing, Gemeinde Longtang, Kreis Feitong abgespielt hatte, war die beste Interpretation dieser Rede Wang Taihuas.

Eines Tages erhielt die Redaktion des größten Zeitung Anhuis, der *Xin'an wanbao (Abendzeitung Neues Anhui),* plötzlich einen im Namen »sämtlicher Dorfbewohner« von Sanqing geschickten Brief. Darin hieß es: »Das Zentralkomitee der Partei und der Staatsrat führen in unserer Provinz Tests für eine Steuerreform durch, mit dem Ziel, die Bauern zu entlasten, wofür wir von Herzen dankbar sind und was wir von Herzen unterstützen. Doch bei uns wird bei der konkreten Umsetzung der Steuerreformpolitik nicht von der Realität ausgegangen, als Steuerberechnungsgrundlage wird von 1043 Pfund pro Mu ausgegangen, und auf dem Steuerbescheid, den man uns gibt, sind die verschiedenen Punkte, die nach den Bestimmungen ausgewiesen sein müssen – wie ›Steuerberechnungsgrundlage‹, ›Steuerquote‹, ›Agrarsteueraufschlag‹ – gar nicht aufgeführt. Da steht nur, wieviel wir zahlen müssen. Wenn man bei der Steuerberechnung von 1043 Pfund pro Mu ausgeht, dann werden unsere Belastungen nicht nur nicht niedriger, sondern viel höher als im letzten Jahr, und das Leben wird noch schwerer ...«

Diesem Brief maß die Leitung der Zeitung besonderes Gewicht bei und schickte auf der Stelle Shi Shouqin dorthin, um vor Ort zu recherchieren. Shi Shouqin konnte nicht zu den älteren Reporterinnen gezählt werden, unter den jungen jedoch stach sie heraus. Und obwohl sie eine Frau war, hatte sie mehr Courage als ein Mann. Sie hatte einige althergebrachte Prinzipien, ein warmes Herz, den Mut, die Wahrheit zu sagen, und ging auch einer Konfrontation nicht aus dem Weg. Die Leute bezeichneten sie als »die Ritterliche«. Dass ausgerechnet sie von ihrer Zeitung nach Feidong entsandt wurde, hatte seinen guten Grund.

Vor einiger Zeit hatte ein anderes Dorf aus dem Kreis ebenfalls über Probleme mit den Bauernlasten berichtet, damals hatte man ebenfalls sie losgeschickt, woraus die beliebte Anekdote über »die halbe Schale trüben Wassers« entstand. Da das Ganze eilig war, hatte sie nicht daran gedacht, das Kleid mit den großen Blumen, das sie gerade aus Japan mitgebracht hatte, zu wechseln, und stürzte los. Als sie im Dorf ankam und den Bauern auf den Feldern den Grund ihres Kommens erklärte, stellte sie fest, dass diese sie mit großen Augen und offenem Mund neugierig anstarrten. Da erst wurde ihr bewusst, dass das Kleid, das sie trug, nicht gerade hilfreich sein würde. Plötzlich trat ein kaum 20-jähriger junger Mann vor, nahm eine Schale mit blauem Rand, die er an seiner Seite trug, her, ging zum Ackergraben, bückte sich, schöpfte eine halbe Schale trüben Wassers und hielt sie ihr unter die

Nase: »Wie sollen wir wissen, dass ihr nicht alle unter einer Decke steckt? Also, wenn du keine Angst hast vor unserem Dreckwasser, wenn du den Mut hast, zwei Schluck davon zu trinken, dann glauben wir, dass du in deinem Bericht vielleicht bei der Wahrheit bleibst.« Shi Shouqin wurde insgeheim ganz anders. Das sollte sie trinken? Schon beim Anblick dieses Wassers drehte sich ihr der Magen um! Nur, wenn sie es nicht trank, konnte sie gleich wieder gehen. Sie hörte gar nicht, was ihr Gegenüber sagte, griff wild entschlossen zur Schale, legte ohne mit der Wimper zu zucken den Kopf in den Nacken und trank. Kurz bevor sie ausgetrunken hatte, wurde ihr die Schale entrissen, und sie sah den beschämten Gesichtsausdruck des jungen Mannes, und auch die Mienen der anderen Bauern am Platz hatten sich verändert.

Nach Abschluss ihrer Recherchen geleitete sie das ganze Dorf, einige gingen immer weiter mit und konnten sich gar nicht trennen.

Später trug sie mit ihrem Bericht dazu bei, die Probleme der Bauern zu lösen. Aus Dankbarkeit brachte ein 70-jähriger Dorflehrer trotz des in jenem Jahr selten heftigen Schneefalls zwei lange Spruchrollen, auf denen stand: »Eiserne Schultern tragen Recht und Moral, geschickte Hände schreiben Artikel.«

Danach festigte sich bei ihr eine Überzeugung: Unter der Fahne der Partei wollte sie mit ganzem Herzen und ganzer Kraft für die einfachen Leute ihre Stimme erheben!

Als sie jetzt den Brief der Bauern aus Sanqing las, wurde ihr das Herz schwer, und sie machte sich sofort auf den Weg; das Ergebnis ihrer Recherchen war nicht dazu angetan, ihr das Herz wieder leichter zu machen. Nach Lage der Dinge hatten die Bauern dort nichts gegen die Steuerreformpolitik des Zentralkomitees, auch nichts gegen die von der Provinz festgelegten Agrarsteuerquoten und Agrarsteueraufschlagquoten, nur mit der »Steuerberechnungsgrundlage« von bis zu 1043 Pfund pro Mu waren sie extrem unzufrieden. Sie hielten das einfach für eine verkappte Erhöhung der Belastung. Je höher die Produktivität war, von der man pro Mu ausging, um so höher waren natürlich die Steuern, die die Bauern gemäß den Bestimmungen für die Steuerquoten zu entrichten hatten.

Der Bauer Ding Youfa zeigte ihr seine Steuerkarte und den diesjährigen Steuerbescheid. Er und seine Frau bearbeiteten nicht ganz zwei Mu Boden, früher hatte er 161,48 Yuan an Steuern gezahlt, in diesem Jahr der Steuerreform musste er 221,59 Yuan abführen. Eigentlich war doch die Steuerreform zur Entlastung der Bauern gedacht gewesen, aber jetzt wurde seine Belastung um so höher, je länger da reformiert wurde.

Der Bauer Yang Shanglu rechnete ihr ganz genau die Einnahmen und die Ausgaben eines Jahres vor. Er sagte, er habe eine vierköpfige Familie, bearbeite 3,3 Mu, für Reissetzlinge gebe er 67,5 Yuan aus, für Pestizide 20 Yuan, für Dünger 190 Yuan, für das Wasser aus der elektrischen Pumpstation 140 Yuan, für den Ochsen, den er zweimal für das Pflügen ausleihe, 500 Yuan, für das Dreschen des Rohreises 80 Yuan, damit summierten sich seine Investitionen auf 997,5, also beinahe 1000 Yuan. Außerdem bringe ein Mu hier im Durchschnitt nur 500 bis 600 Pfund Reis, in einer Saison ernte er also 1815 Pfund, nach dem diesjährigen Festpreis der Getreidestationen von 8,2 Jiao pro Pfund erwirtschafte er 1488,3 Yuan; Raps ernte er pro Saison 200 Pfund, das bringe ungefähr 400 Yuan. Alles in allem blieben ihm nach Abzug der Investitionen und nach Abzug der 356,25 Yuan aus Agrarsteuer, Wassergebühren und seinem Anteil zur Rückzahlung des ausländischen Kapitals für das große Drei-Flüsse-Bewässerungsprojekt* nur 535 Yuan übrig!

An dieser Stelle lachte Yang Shanglu bitter auf: »Und das ist noch nicht alles. Vor ein paar Tagen kam der Dorfbuchhalter und wollte wieder Geld. Er sagte, die Grabenreinigungsgebühr belaufe sich auf 122 Yuan; für die elektrische Pumpstation, von der sie noch nicht wissen, wo sie hinkommt, wollte er 68,85 Yuan; die Abgabe für die überfluteten Felder wiederum beläuft sich auf 36,98 Yuan; und dazu noch 22,95 Yuan für die Seeregulierung, 50,4 Yuan für die Gemeindestraßen – wenn man das alles zusammenzählt, dann sind das noch einmal 301,18 Yuan! Aber ich habe ihm nichts gegeben. Ich will von ihm eine gesonderte Abgabenquittung, ich habe vor, das zu melden!«

Und er zeigte Shi Shouqin diese Quittung. Sie hat für Yang Shanglu nachgerechnet: In diesem Jahr blieben ihm mit seiner vierköpfigen Familie nach Abzug aller Steuern und Abgaben nur 233,82 Yuan – die ganze rastlose Arbeit und der Einsatz seiner Arbeitskraft gar nicht gerechnet! Das hieß, die Familie musste am Tag mit weit weniger als einem Yuan auskommen; wenn man das auf vier Personen aufteilte, dann waren das pro Nase keine zwei Jiao am Tag! Und was kann man heute, wo der Preis für eine normale Schachtel Streichhölzer von zwei Fen auf einen Jiao gestiegen ist, noch mit zwei Jiao anfangen?

Mit Ratlosigkeit im Gesicht sagte Yang Shanglu zu ihr: »Wie sollen wir Bauern bei dieser hohen Belastung hinkommen? Wir haben das im

Dorf durchgesprochen. Wenn die Steuerberechnungsgrundlage nicht gesenkt wird, wenn die Gemeinde- und Dorfkader weiter willkürlich und gegen die Regelungen von oben Geld wollen, dann bleibt uns nichts, als die Felder zu verlassen und uns außerhalb den Lebensunterhalt zu verdienen.«

Als Shi Shouqin das hörte, war sie erschüttert.

Aber sie wunderte sich auch: Wie konnte die Besteuerungsgrundlage für ein Mu auf 1000 Pfund steigen? Sie suchte den Parteikomiteesekretär der Gemeinde Longtang auf, der frank und frei zugab, dass das nicht sein könne. »Und warum«, hakte sie nach, »geht ihr dann bei der Berechnung der Steuergrundlage davon aus?« Erstaunlicherweise antwortete der Sekretär voller Bitterkeit: »Das will doch keiner, aber wenn wir es nicht machen, dann geht in der Gemeinde- und Dorfverwaltung gar nichts mehr.«

Und jetzt war es an ihm, der Reporterin etwas vorzurechnen: Wenn man, ganz im Sinne der Steuerreform, bei der Berechnung der Steuergrundlage von der Wirklichkeit ausgehe, dann würden die Einnahmen der öffentlichen Hand auf Gemeindeebene im Vergleich zum Vorjahr um über 100.000 Yuan zurückgehen; in den zehn Dörfern der Gemeinde wäre das im Vergleich zu früher sogar eine Mindereinnahme der Dorfkomitees von über 470.000 Yuan. Damit käme man auf ganzer Linie in die Bredouille: bei den Kadergehältern, bei den Ausgaben für die Büros, für den Wasserbau, für den Straßenbau, für die Aufforstung, für die Zeitungs- und Zeitschriftenabonnements, für den Lebensunterhalt der Fünf-Garantien-Haushalte und so weiter und so fort.

Er sagte, Bauern hätten die Probleme von Bauern, Kader die Probleme von Kadern. Sie seien der Auffassung, die Steuerreformpläne müssten korrigiert und ergänzt werden, die Pläne seien zu starr formuliert, niemand habe auf eine Gegenfinanzierung der Steuererleichterungen geachtet, unten arbeite man damit und oben zeige man nicht die geringste Flexibilität.

Auch der Dorfvorsteher konnte der Logik der Reformen nicht folgen: »Meiner Meinung nach hätte man da oben bei der Formulierung dieser Politik eine Gesamtkontrolle der Lastenverringerung durchführen müssen. Theoretisch kann man die Entlastung jedes Bauernhaushaltes gut fordern, aber praktisch umzusetzen ist das nicht.«

Nach ihrer Rückkehr zögerte Shi Shouqin lange, was und wie sie jetzt schreiben sollte. Sie hatte schließlich das Gefühl, dass die Beschwerden aus dem Dorf Sanqing über die Bauernlasten kein Problem waren, das nur eines »Schlaglichtes« bedurfte, weshalb es vielleicht angemessener sei, einen internen Bericht zu verfassen.

Am 11. Dezember 2000 brachte sie unter der Überschrift »Warum geht die ›Steuerberechnungsgrundlage‹ von ›Rekorderträgen‹ aus?« den Brief der Bauern von Sanqing an die Leitung der Zeitung zusammen mit ihren eigenen Untersuchungen als Nummer der *Internen Referenzen des neuen Anhui* heraus und leitete sie an die entsprechenden Stellen in der Provinzführung weiter. Gleichzeitig schickte sie ein Duplikat an den Stadtkomiteesekretär, den Bürgermeister von Hefei und an das Steuerreformbüro der Provinzhauptstadt.

Dieser Umsicht der »Ritterlichen« verdankten es die Bauern von Sanqing, dass ihre Steuerberechnungsgrundlage von 1043 Pfund pro Mu den Tatsachen entsprechend auf 790 Pfund gesenkt wurde: Nachdem die *Interne Referenz* erschienen war, ging der stellvertretende Provinzgouverneur mit gutem Beispiel voran und rief eine spezielle Konferenz zusammen, auf der eine unumstößliche »Steuerobergrenze« für die ganze Provinz nach den wirklichen Gegebenheiten festgelegt wurde: die Steuerberechnungsgrundlage durfte 800 Pfund pro Mu nicht übersteigen. Durch diese »Hochspannungsleitung« wurden verkappte Höherbelastungen der Bauern wie in der Gemeinde Longtang von Grund auf ausgemerzt.

Die »Überwachung durch die öffentliche Meinung«, wie es die *Abendzeitung Neues Anhui* vorgemacht hatte, führte nicht nur zu einer besonderen Beachtung der neuen Situation und der neuen Probleme der Dorf- und Gemeindekader durch Provinzkomitee und -regierung, dadurch wurde auch die Komplettierung der Arbeit in den Pilotgebieten weiter beschleunigt. Und nur durch das Problem der Steuerberechnungsgrundlage wurde der persönliche Wohlstand von 40 Millionen Bauern grundsätzlich garantiert.

Als sich die Nachricht in Sanqing verbreitete, war alles erfreut und ermutigt. Später wurde Yang Shanglu von allen damit betraut, einige »Tausendkracher« und »Zehntausendböller« zu kaufen, sie vor dem Eingang der *Abendzeitung* loszulassen, um so ihrer Freude und ihrer Dankbarkeit Ausdruck zu verleihen. Aber zum einen wollte die »Ritterliche« das nicht erlauben – wenn sie schon dankbar seien, sagte sie, dann sollten sie auch der guten Politik der Partei danken. Zum anderen war zu hören, dass die Stadt Hefei das Abbrennen von Feuerwerk schon lange verboten hatte. Um sich keinen Ärger einzuhandeln, ließ man das Ganze schließlich auf sich beruhen.

Freudentränen in Nanji

Während die Arbeit an den Reformversuchen sich täglich tiefer in die Herzen der Menschen grub und unentwegt gegenteilige Geschichten auftauchten, kam aus Ningguo, der reichsten Stadt im Gebiet Jiangnan eine sensationelle Meldung: 38 Haushalte von Bergwalnussbauern der Gemeinde Nanji hatten ihre Gemeindeverwaltung verklagt.

Bald machten genauere Berichte die Runde, in denen es hieß, die Gemeindeverwaltung sei nicht nur von 38 Haushalten angezeigt worden, um genau zu sein, müsse man von 318 Haushalten sprechen; und diese hätten nicht allein die Gemeindeverwaltung angezeigt, sondern auch das Finanzamt der Stadt Ningguo und das Amt für Forstwirtschaft; weiter hieß es, die Bauern hätten aus Angst, das zuständige Gericht in Ningguo könne voreingenommen sein, den Fall direkt vor das Mittlere Volksgericht des Distrikts Xuancheng gebracht.

Was war geschehen? Die Verwaltung von Ningguo hatte, um die Testläufe für eine Agrarsonderproduktsteuer abzuschließen, bereits Mitte November 1998 eine Arbeitsgruppe in die Gemeinde Nanji geschickt und dort eine allgemeine Untersuchung der Steuerquelle »Bergwalnuss« vorgenommen. Aber eine allgemeine Untersuchung ist eine allgemeine Untersuchung, die Zahlen in den Plänen zur Erhebung der Agrarsonderproduktsteuer waren Verwaltungsebene um Verwaltungsebene nach unten weitergereicht worden; und auch der Stadt Ningguo blieb nichts anderes übrig, sie musste die Steuerpflicht wie in den vergangenen Jahren weitergeben. Dabei war die Diskrepanz zwischen der Steuerpflicht und dem Untersuchungsergebnis himmelschreiend. Das heißt, wenn man die Steuer nach den wirklichen Gegebenheiten, wie sie die Untersuchung ergeben hatte, erhoben hätte, hätte die Gemeinde Nanji ihrer Steuerpflicht nicht Genüge tun können. So blieb der Gemeindeverwaltung nichts anderes übrig, als nach der altbewährten Methode die Produktionsmengen festzulegen, die Anweisungen aufzuschlüsseln, sie als Steuerpflicht an die Dörfer weiterzugeben, sie ihnen wieder wie ein Gesetz zu verabreichen und schlussendlich die Abgaben auf die einzelnen Haushalte zu verteilen.

Das machte die Verwaltung der Gemeinde Nanji jedes Jahr so, und niemand hatte früher das Gefühl gehabt, dass damit irgendetwas nicht in Ordnung sei; die Bauern, die den Anbau von Walnüssen betrieben, hatten ihre Steuern schon immer so entrichtet, sie waren daran gewöhnt, wenn auch nicht zufrieden. Ein Arm kann einen Oberschenkel nun mal nicht niederdrücken, das mussten sie wohl oder übel anerkennen.

Aber jetzt, wo die Politik der Steuerreform den Bauern schon ganz nah war, war die Situation ein wenig anders. Bei den Bauern machte sich Wut breit, sie schimpften entrüstet: »Die gute Politik der Partei wird von diesen schiefmäuligen Mönchen falsch hergebetet!«

Auf dem von der Regierung erlassenen »Mitteilungsblatt über die Berechnung der Agrarsonderproduktsteuer nach Produktionsmengen« stand es doch schwarz auf weiß: Wenn die Bauern mit den festgesetzten Summen nicht einverstanden waren, konnten sie innerhalb von 30 Tagen bei den Steuerbehörden schriftlich eine Überprüfung beantragen, die dann von den Behörden gemäß den Bestimmungen vorzunehmen war; auf der Grundlage der Ergebnisse dieser Untersuchung musste dann die Steuer erhoben werden. Und jetzt wollten die Bauern der Gemeinde Nanji »gemäß den Bestimmungen« mit ihrer Gemeindeverwaltung rechten.

Als Erster schlug ein junger, 36 Jahre alter Bauer namens Wu Shentian aus dem Dorf Xiahong, Gemeinde Nanji, auf den Tisch. Er verfasste einen Überprüfungsantrag, den über 20 Bauern unterschrieben. Doch als sie den schriftlichen Bericht an ihre Dorfkader weitergeben wollten, verweigerten diese die Annahme. Das provozierte sämtliche Bauernhaushalte von Xiahong, und sie gaben das Mitteilungsblatt über die Steuerberechnung samt und sonders an ihre Gemeindeverwaltung zurück.

Die Sache weitete sich sehr schnell aus. Zunächst gaben sämtliche Bauernhaushalte der Großgemeinde dieses Mitteilungsblatt zurück. Dann überreichten 26 Bauern eines weiteren Dorfes der Gemeindeverwaltung einen »Antragsbericht nach einer realitätsbezogenen Erhebung der Agrarsonderproduktsteuer«; nicht viel später schrieben weitere 70 Bauern einen solchen Bericht.

Da war schon die Masse der Bauern aus Nanji außer sich, was weitere schriftliche Anträge nach sich zog, in denen vehement eine Überprüfung der Produktionsmengen an Bergwalnuss gefordert wurde. Bauern aus den Dörfern Nanji und Dayuan standen auf und verlangten eine neuerliche Festsetzung der Produktionsmengen, um die auf Anweisung von oben erfolgte Entlastung der Bauer durchzusetzen.

Drei weitere Bauerngruppen stellten einen Kollektivantrag; ein Dorf suchte, im Namen der Parteizelle und des Dorfkomitees, die Führung von Parteikomitee und Gemeindeverwaltung auf in der Hoffnung, diese würden ihre Anweisungen zurücknehmen und den Gegebenheiten anpassen.

Doch alle Anträge verloren sich wie ein Lehmochse im Meer, die Gemeindeverwaltung dachte nicht daran, die wirkliche Produktionsmenge an Bergwalnüssen feststellen zu lassen, noch viel weniger hatte man vor, irgendeine Erklärung abzugeben, was zu einer schnellen Verschlechterung des ohnehin schon angespannten Verhältnisses zwischen Kadern und Massen führte.

Nur hatte die Gemeindeverwaltung von Nanji vor einer solchen Verschlechterung keine Angst. Als viele Bauern gerade erst mit der Walnussernte begannen und noch nichts verkauft war, kam Bewegung in die Gemeinde. Auch wenn das Zentralkomitee immer wieder betonte, dass es verboten sei, mit irgendwelchen diktatorischen Mitteln und Maßnahmen den Bauern Geld oder Güter abzupressen, organisierte man doch wieder eine Arbeitsgruppe zur Steuererhebung, an der auch die Justizverwaltung teilnahm, um die Steuern mit Zwangsmitteln einzutreiben. Auch wurde eine Zahlungsfrist festgelegt. Wer diese Frist um einen Tag überschritt, dem wurde der der Steuerberechnung zugrunde gelegte Pfundpreis von acht Yuan auf 13 Yuan erhöht; wer sich an die Frist hielt, aber die volle Steuersumme nicht fristgerecht zahlen konnte oder sich mit den zugrunde gelegten Produktionsmengen und Preisen unzufrieden zeigte, bei dem zu Hause wurden Getreide-, Steuer- oder Sachpfändungen vorgenommen; wer nur einen schrägen Blick warf, wurde auf der Stelle verhaftet.

Einer ganzen Reihe von Bauern aus verschiedenen Dörfern wurde ausnahmslos die ausstehende Steuer mit Zwangsmitteln gepfändet. Einem Bauern pfändete man sogar den Reis, einem weiteren den Kühlschrank, einem dritten wurde ein Bußgeld in fünffacher Höhe aufgebrummt, drei weitere wurden wegen so genannter schlechter Gesinnung von der Eintreibertruppe aufgegriffen und der Gemeindeverwaltung übergeben. Hu Guangyao wurde auf der Gemeinde nicht nur geschlagen, sondern von der Öffentlichen Sicherheit auch noch wegen »Erregung öffentlichen Ärgernisses« sieben Tage festgehalten.

Viele Bauern waren entschlossen, diesen Machtmissbrauch und diese ungesetzlichen Disziplinarmaßnahmen durch die Gemeindeverwaltung in der Stadt oder im Distrikt zu melden, die übergeordneten Führungsorganisationen zum Einschreiten aufzufordern und sich an die Zeitungen des Distrikts oder der Provinz zu wenden. Andere wollten lieber gleich die Gerichte anrufen. Da es doch Gesetze gebe, nach denen das Volk die Beamten verklagen könne, könne man schwerlich behaupten, die Onkels in der Gemeinde Nanji könnten es nicht einmal mit einer »Qiu Ju«* aufnehmen. Hieß es nicht, dass »vor dem Gesetz alle gleich sind«? Probieren wir doch aus, ob das stimmt!

Der Erste, der öffentlich aufstand, war der 46 Jahre alte rotwangige Wu Yunling; ihm waren seine Walnüsse gepfändet worden und seine Frau hatte man in der Gemeindeverwaltung festgesetzt. Sein Beispiel brachte eine Lawine ins Rollen und klappernd erhoben sich 318 Bauernhaushalte, die sich mit der Gemeindeverwaltung vor Gericht messen wollten.

Wie man es auch dreht und wendet, es war doch ein außerordentlicher Fortschritt für die chinesischen Bauern, dass sie die Gesetze für die Verteidigung ihrer legitimen Rechte zu nutzen wussten. Natürlich ist es gleichfalls erwähnenswert, dass das Distriktgericht von Xuancheng den Fall so schnell annahm und der Gerichtspräsident der Sache genug Bedeutung beimaß, um sich nicht nur die Aussagen mehrfach anzuhören. Er schickte auch noch rechtzeitig seinen Stellvertreter und den stellvertretenden Leiter des Verwaltungshofs in die Gemeinde, um in dieser Angelegenheit zu schlichten und, als der Schlichtungsversuch keinen Erfolg hatte, nach den gesetzlichen Bestimmungen von den Anklägern eine Klagebegründung mit Beweisen und von der angeklagten Gemeindeverwaltung eine Stellungnahme einzufordern.

In ihrer Stellungnahme ging die Gemeindeverwaltung mit keinem Wort auf die Steuerreformpolitik des Zentralkomitees ein und stellte in Abrede, die eigenen Kompetenzen überschritten oder irgendeine »Preisspekulation« begangen zu haben. Man räumte lediglich ein, dass es beim Vorgang des Steuereinzugs »zu schwer vermeidbaren Unzulänglichkeiten und Fehlern« gekommen sei, die der »Überprüfung durch die Massen bedürfen und beizeiten verbessert werden müssen«. Doch man blieb dabei: »Gegenüber einer Minderheit von Steuerverweigerern zu Zwangsmaßnahmen zu greifen ist legal.«

In Xuancheng, berühmt für die Produktion des hochwertigen Xuan-Papiers* (daher der Name), interviewten wir später den mit diesem Fall betrauten vorsitzenden Richter Chen Weidong. Wir wollten wissen, ob das Distriktgericht bei seiner Entscheidungsfindung irgendeinem gesellschaftlichen Druck ausgesetzt gewesen sei. Chen Weidong verneinte. Er sei vom Distriktkomitee und vom Verwaltungsbüro der Provinz, Abteilung Politik und Gesetz, bei der Annahme dieses Falles hundertprozentig unterstützt worden; die Arbeit des Gerichts sei völlig störungsfrei verlaufen. Und er unterstrich seine Auffassung, dass es die historische Pflicht und Mission der Volksgerichte war, mit dem Gesetz die Steuerreform zu schützen!

Am Tag der öffentlichen Urteilsverkündung setzte ein heftiger Frühsommerregen ein. 500 bis 600 Bauern aus Nanji hatten neun große Busse gemietet und waren in Wind und Wetter nach Xuancheng geeilt. Als der vorsitzende Richter Chen Weidong die vielen Menschen sah, konnte er nicht allen den Zutritt zum Gerichtssaal erlauben, aus Angst, es könne etwas Unvorhergesehenes geschehen – also beeilte er sich, ihnen entgegenzugehen und sie mit den Worten zu begrüßen, sie verstünden es, ihre legitimen Rechte mit dem Gesetz zu schützen, das sei sehr gut. Und ebenso gut sei es, dass sie so ein starkes Rechtsbewusstsein hätten. Deshalb habe er die Hoffnung, dass alle, ob sie nun Einlass fänden oder nicht, in vorbildlicher Weise die Disziplin des Gerichtes achten würden. Von Chen Weidong so motiviert, begannen die Bauern sofort, sich ordentlich aufzureihen. Nur ein Bauer drängte jäh heraus und wollte irgendetwas vorbringen, aber sofort kam von allen Seiten Widerspruch. Diese Szene berührte Chen Weidong so sehr, dass er kein Wort mehr herausbrachte.

Als er die auf 24 Seiten angewachsene Urteilsbegründung zu verlesen begann, schaute Chen Weidong verstohlen auf die im Gerichtssaal versammelten Bauernvertreter und stellte fest, dass sie vollkommen reglos dastanden. Nirgends wurden die Köpfe zusammengesteckt, man hörte keine Bewegung, höchstens ein leises Husten.

In seiner Urteilsverkündung gab Chen Weidong bekannt, das Richterkollegium sei nach eingehender Prüfung der Beweise durch das Gericht zu der Auffassung gekommen, dass das von der angeklagten Volksregierung der Gemeinde Nanji eingereichte Beweismaterial mit den entsprechenden Statistiken über die Produktionsmengen von Bergwalnüssen in der Gemeinde nur Zahlen für normale Jahre enthalte oder Schätzungen, die man nicht zum Ausgangspunkt für die Festlegung von wirklich geernteten Produktionsmengen machen könne; die zur Debatte stehende Klage sei berechtigt und glaubwürdig; die Angeklagte habe die grundlegenden Anklagepunkte der Kläger nicht widerlegt, sondern nur die entsprechenden Grundsatzfragen disputiert.

Der sensationelle Prozess der Bauern von Nanji gegen die Behörden endete daher mit einem Sieg des Volkes und einer Niederlage der Beamten. Das Mittlere Volksgericht des Distriktes Xuancheng verurteilte die Verwaltung der Gemeinde Nanji zu einer Neufestsetzung der Steuern im Einklang mit dem Gesetz, erklärte den Zwangseinzug von Steuern ebenso für widerrechtlich wie den Einzug eines Aufforstungsfonds; die Gerichtskosten hatte die angeklagte Gemeindeverwaltung zu tragen.

Am Ende der Urteilsverkündung standen dem stellvertretenden Gemeindevorsteher von Nanji Tränen in den Augen, er fühlte sich offensichtlich ungerecht behandelt und verunsichert; denn von nun an hatte die Verwaltung der Gemeinde keine Möglichkeit mehr, die Agrarsonderproduktsteuer »nach den Gegebenheiten einzuziehen«. An der Gemeindeverwaltung blieben einige Aufgaben hängen, die einfach von oben nach unten verlagert worden waren.

Aber viele der Bauern waren noch viel mehr zu Tränen gerührt. Ihnen war Unrecht geschehen, sie waren aufgebracht gewesen. Und als sie jetzt aus dem Gericht herausströmten und in einer dichten, schwarzen Masse im Regen beisammenstanden, konnte man nicht mehr ausmachen, was ihnen da über das Gesicht lief, Regentropfen oder Tränen: Sie hatten mit den Waffen des Gesetzes der willkürlichen Steuererhebung ihrer Gemeindeverwaltung erfolgreich die Stirn geboten!

Das erste Problem auf Erden

Genau bedacht hatten die Reformen in den ländlichen Gebieten Chinas seit der Einführung des Umfassenden Verantwortungssystems nie aufgehört, aber weil die meisten ein wenig zögerlich und vereinzelt vorangetrieben wurden, wurden viele tiefer liegende Problemschichten nie berührt.

Dieses Mal war das ganz anders. Durch die Steuerreform kamen alle Probleme, die in den ländlichen Gebieten lange Zeit verborgen geblieben waren, früher oder später an die Oberfläche. Das brachte einen glücklichen Wendepunkt hin zu einer breiten und flächendeckenden Lösung der Probleme.

Zunächst wurden alle möglichen Mängel in den Organisationssystemen der Gemeinden in ungekannter Weise sichtbar.

Da waren die Gemeindeorganisationen selber, die vieles taten, was sie eigentlich gar nicht tun durften. Häufig bauten sie über ihre realen Möglichkeiten hinaus öffentliche Einrichtungen und nahmen außerdem zuviel an den Marktaktivitäten der Bauern teil. Es blieb keine

Wahl, eine Veränderung der Verwaltungsfunktionen musste auf den Tisch.

Des Weiteren ernährten sie viele, die sie nicht ernähren durften. Das war in den Gemeinden so, das war in den Dörfern so, deswegen kam man um einen Personalabbau nicht herum.

Schließlich wurde zu viel Geld ausgegeben. Auf Dorfebene zum Beispiel genügten allein die Ausgaben für die von oben verordneten Zeitungsabonnements, um sämtliche Finanzen eines Dorfkomitees aufzubrauchen. Wenn man den Bauern nicht in die Taschen griff, war man handlungsunfähig; dabei hatten diese Zeitungen meistens nichts mit den Angelegenheiten der Bauern zu tun, am Ende wanderten sie komplett in den Müll.

Kurz, wenn man nichts geändert hätte, hätte man es nicht einmal gewusst, jetzt, wo man es tat, war es ein Schock!

Besonders dringlich und besonders markant war dabei die Wucherung der Institutionen. Die Menschen waren deswegen voller Sorge. Sie irgendwie in den Griff zu bekommen war das erste Problem auf Erden.

Mit den Worten Zhang Pings, des stellvertretenden Provinzgouverneurs von Anhui, auf einer Versammlung über die Reform der Gemeindeorgane: »Die Anzahl derer, die des Kaisers Brot essen, also in Staatsdiensten sind, ist, horizontal gesehen, höher als in allen anderen Ländern; vertikal gesehen ist sie höher als zu irgendeiner anderen Epoche der Geschichte. Sagt selbst, können wir uns das leisten? Wenn wir es uns nicht leisten können, bleibt uns am Ende nichts, als den einfachen Leuten das Geld aus der Tasche zu ziehen, dem Volk das Mark auszusaugen und Steuern und Abgaben mit Gewalt zu erpressen. Ich will natürlich nicht sagen, dass es heute überall so ist, aber wenn wir das Ganze nicht entschlossen unter Kontrolle bringen und es sich so weiterentwickelt, dann werden wir das nur schwer vermeiden können!«

Wovon Zhang Ping da sprach, das war ein Resultat der Unsinnigkeit der jetzigen Politik und des jetzigen Wirtschaftssystems. Mit der heutigen Reform musste also ein Gesamtplan angestrebt, sie musste zur Gesamtreform erweitert werden, sonst warfen wir hinten um, was wir vorne gerade errichteten. Aber die kleine Führungsgruppe für die große Steuerreform auf dem Lande war nicht in den vereinten Verwaltungsbehörden des Staatsrats gebildet, sondern im Finanzministerium angesiedelt worden; auch der Reformplan wurde maßgeblich von den Sekretariaten des Finanz-, Wirtschafts- und des Landwirtschaftsministeriums formuliert, denen die Fähigkeit und die Möglichkeit fehlt, Dinge, die außerhalb ihres eigentlichen Arbeitsbereichs liegen, umfassend zu reflektieren.

Durch die Reform der Steuern und Abgaben die Bauern zu entlasten, das war ja gut und richtig, aber gleichzeitig bedeutete diese Reform für den Aufbau der Organisationen auf Dorfebene und die Routinearbeit in den Gemeinden einen ungeahnten Schock. Auf die ganze Provinz Anhui gesehen verringerten sich die Einnahmen der Gemeinden nach der Steuerreform um mehr als das Dreifache, die Einnahmen auf Dorfebene um das Sieben- bis Achtfache. Nicht nur die normale Arbeit konnte da nur noch mit Mühe entfaltet werden, auch alle möglichen Unternehmungen in den ländlichen Gebieten wurden schwer eingeschränkt. Wenn man diese Probleme nicht löste, wäre die Politik des Zentralkomitees ein Kuchenmalen für die Hungrigen, und die Ziele der Steuerreform würden nicht erreicht werden. Der realistischste und zugleich heikelste Weg, diese Probleme zu lösen, lag im Personalabbau in den Organisationen, in der Verteilung des Personals, in der Verringerung der Ausgaben und in der Verminderung der Lasten.

Im Kreis Wuhe, Provinz Anhui, erreichte man bei der Lösung dieses »ersten Problems auf Erden« einen mutigen Durchbruch und einen beeindruckenden Erfolg.

Als Erstes wagte es Zhu Yong, der damalige Komiteesekretär des Kreises Wuhe, aus dieser Zwickmühle auszubrechen. Er war ein Militär, der von den Startbasen der Lenkraketen im Westen unseres Landes in ein ziviles Amt versetzt worden war. Er war in den Wüsten der Inneren Mongolei und in der Wüste Taklamakan in Xinjiang herumgerobbt und wich vor keiner Schwierigkeit zurück.

Er glaubte, wenn er diese große Steuerreform zu einem für alle positiven Ende führen wolle, müsse zunächst einmal die Verwaltung Charakter beweisen. Er sagte: »Eine Reform fängt in den Köpfen an.«

Der Kreis Wuhe war eines der Testgebiete entlang des Huai, wo die Steuerreform relativ früh eingeführt und wo damals schon das nicht etatmäßige Personal und das Personal mit einer zeitlich befristeten Anstellung um 2354 Personen reduziert worden waren. Das war keine kleine Aktion, doch da man sehr gewissenhaft vorging, gab es weder Beschwerden noch sonst einen Ärger. Als im April 2000 die Testgebiete auf die gesamte Provinz ausgedehnt wurden, erkannte Zhu Yong ganz nüchtern: Wenn man die Steuerreform nur als eine Reform der Steuereinzugsmethoden verstand, dann würde – von den Schwierigkeiten, die normale Arbeit in den Dörfern und Gemeinden aufrechtzuerhalten, gar nicht zu reden – die Reform in den direkt dem Zentralkomitee unterstehenden Testgebieten verpuffen und alles wieder werden wie früher. Nein, ohne drastische Einschnitte beim Personal, den Investitionen, den Abgaben und den Organisationen würde es nicht gehen. Bei allen großen Schwierigkeiten musste man sich wirklich bewegen, musste zu wirklich gangbaren Maßnahmen greifen, musste entschlossen und kühn genug sein, die Brücken hinter sich abzubrechen, sonst löste man heute ein Problem und stand morgen vor dem nächsten. Dafür gab es genügend Beispiele. In der Geschichte des neuen China waren allein die Gemeindeorganisationen schon mehrere Male verschlankt worden, mit dem Resultat, dass es mit Blitz und Donner begann und nachher nicht mehr war als der dunkle Gallert, in den sich das Eiweiß in Kiefernblüten-Eiern verwandelt. Immer stellte sich der Jojo-Effekt von »Verschlankung – Zunahme – Wiederverschlankung – Wiederzunahme« ein, je mehr man verschlankte, um so mehr nahm man nachher wieder zu, ein Teufelskreis, aus dem man nicht mehr herauskam.

Auf einer Mobilisierungsversammlung der sechs Verwaltungsebenen im Kreis Wuhe sprach Zhu Yong mit seinem starken und fremd klingenden Akzent: »Diesmal können wir uns unsere Maßnahmen nicht im Sitzen ausbrüten. Der einzige Weg geht über die Wirklichkeit und die Massen. Mao Zedong hat es gesagt: Man muss den ›Geschmack der Birne‹ auf der Zunge haben.«

Für eine große Aktion braucht man eine große Vision, umsichtige Planung und gründliche Vorbereitung. Dafür wurde im Kreis eine gewaltige Aktivität entfaltet unter dem Motto »Hinein in 100 Dörfer, 100 Tage dort wohnen, 100 Haushalte befragen«. Über 1000 Kader wurden in die Dörfer verlegt, wo sie mit den Bauern aßen, bei ihnen wohnten, mit ihnen arbeiteten, ehrlich die Situation untersuchten und erforschten, ernsthaft die soziale Lage und die Meinung der Bauern ausmachten, die möglichen Konflikte und Probleme, die eine Vertiefung der Reformen mit sich bringen könnte, analysierten und sorgfältigst die konkreten Maßnahmen für die Gesamtreform vorbereiteten.

Am 1. September 2000 begann dann die Umsetzung in den Pilotregionen, am 30. September wurde das Ganze flächendeckend betrieben, am 20. Oktober war alles abgeschlossen. Innerhalb von 50 Tagen hatte man eine Arbeit vollendet, die die gesamte Provinz beeinflussen sollte: die »drei Zusammenlegungen und drei Reformen«. Die »drei Zusammenlegungen« betrafen drei Einheiten: Dörfer, Schulen und Unternehmungen; die »drei Reformen«, das waren die Reform der Gemeindenorgane, die Reform des Erziehungssystems und die Reform des Personalwesens.

Zunächst die Zusammenlegung der Schulen. Gemäß dem Prinzip des »Schulbesuchs nach den örtlichen Gegebenheiten, der relativen Konzentration und der Bemühung um wirkliche Erfolge« wurden die ursprünglich 435 Grund- und Mittelschulen des Kreises Wuhe zu 240 Standorten zusammengelegt, also 195 Schulen aufgelöst. Das war eine Verringerung um 45 Prozent. 175 Lehrer aus dem regulären Anstellungsverhältnis wurden umverteilt, wodurch die Ausstattung der Schulen, das Verhältnis von Lehrern und Schülern und die Qualität des Lehrpersonals, relativ gesehen, wissenschaftlicher und vernünftiger wurde.

Mit der Zusammenlegung der Schulen einher ging die Zusammenlegung der Dörfer. Unter der Voraussetzung, dass man die Meinung des Volkes unbedingt berücksichtigen sollte, wurden unter dem Blickwinkel eines angemessenen jeweiligen Umfangs und einer einfachen Verwaltung große und kleine, starke und schwache, stabile und instabile Dörfer zusammengelegt. Aus 438 Dörfern des Kreises wurden durch Zusammenlegung 225, das machte ein Minus von 213 etatmäßigen Dörfern und eine Verschlankung um 49 Prozent. Durch diesen drastischen Einschnitt wurden die ehemals 3192 Dorfkader auf 1125 reduziert, das war ein Minus von 2067 Personen und entsprach mit 65 Prozent einer Verschlankung um über die Hälfte. Auch die kleinen Bauerngruppen wurden angepasst, von 3122 auf 1756, ein Minus von 1376 und eine Verschlankung um 44 Prozent.

Das gemeinsame Vorantreiben einer Zusammenlegung von Schulen und Dörfern bildete die Voraussetzung und mehr noch die Garantie für eine Reform der Gemeindeorgane. Und so wurden die inneren Organisationen von Partei und Verwaltung in sämtlichen Gemeinden des Kreises von 220 auf 45 reduziert, ein Wegfall von 175, ein Minus von 70 Prozent. Auch die Unternehmenseinheiten wurden von 256 auf 124 reduziert, ein Wegfall von 132, ein Minus von 52 Prozent. Das Personal wurde damit von 1.293 auf 768 verschlankt, eine Verschlankung um 524, ein Minus von 41 Prozent; darunter wurde allein das

Personal des öffentlichen Finanzwesens von 982 auf 520 verschlankt, eine Verschlankung um 462 und ein Minus von 47 Prozent.

Noch wertvoller war, dass Kreisverwaltung und -komitee von Wuhe bei der Umsetzung der Reform den untergeordneten Parteikomitees und Verwaltungen vollständige Arbeitsgebiete ließen und den Gemeinden beim Verwaltungspersonal und bei dem gesamten Unternehmenspersonal angemessene Spielräume zubilligten, um eine spätere Auffüllung mit Personal, eine Verbesserung der Strukturen und eine Erhöhung der Gesamtqualität der Kadertruppe zu gewährleisten.

Erwähnenswert war bei dieser Reform der Gemeindeinstitutionen die besondere Wachheit des Kreiskomitees für die Gründe, aus denen heraus verschiedene institutionelle Reformen nicht von Erfolg gekrönt gewesen waren. Das lag besonders daran, dass die Verschlankungen lediglich durch einfache Zusammenlegung oder Abschaffung von Institutionen erreicht worden waren und man nur wenig über eine Veränderung der Funktionen nachgedacht hatte, vor allem nicht über deren Distribution. Frank und frei: Man hatte allzu oft nur auf die Form geachtet und die inneren Interessenebenen nicht berührt.

Gemäß den »drei Zusammenlegungen und drei Reformen« wurden jetzt einige Einheiten wie die Stationen für die Verbreitung der Agrartechnik, für Viehzucht und Wasserprodukte, für Wasserbauverwaltung, für Forstwirtschaft, für die Verwaltung von landwirtschaftlichen Maschinen, deren Funktion einander überschnitten, zu einer Station des agrartechnischen Dienstes zusammengelegt. Abgeschafft wurden die Stationen für wirtschaftliche Zusammenarbeit in den ländlichen Gebieten, sie gingen in den Finanzämtern auf. Abgeschafft wurden die Büros für Bildung, ihre verwaltungstechnischen Funktionen wurden in die Dorfverwaltungen eingegliedert. Zusammengelegt wurden das Amt für Bodenverwaltung und die Station für Aufbaupläne in den Dörfern zu einer Station für Dorf- und Bodenaufbau. Umgewandelt wurden das Amt des juristischen Dienstes und die Station für Arbeit in Organe der sozialen Vermittlung. So gut wie alle Organisationen wurden abgeschafft, zusammengelegt und eingegliedert, die ursprünglich 13 oder 14 Stationen und Ämter in den Gemeinden konnten auf fünf reduziert werden. Parallel zu dieser Verschlankung und Reduzierung der Institutionen richteten die Gemeinden allerdings vermehrt Zentren für wirtschaftliche Entwicklung ein, um den Bedürfnissen der Marktwirtschaft zu begegnen und eine weitere Wandlung der Verwaltungsfunktionen zu fördern.

Was die Einrichtungen der Partei- und Regierungsorganisationen anbelangt, so nahmen die Gemeinden relativ große Reduzierungen vor bei über zehn inneren Organisationen in Bezug auf die Gesamtheit der früheren Abteilungen und auf die Überdifferenzierung der Arbeit. Abgesehen von vier Zentralgemeinden, in denen Partei- und Verwaltungsbüros, Büros für wirtschaftliche Entwicklung und Büros für soziale Aufgaben (an denen auch gleichzeitig das Schild »Geburtenplanung« hing) eingerichtet wurden, behielten die restlichen 16 Gemeinden lediglich Partei- und Verwaltungsbüros (an denen ebenfalls das Schild »Geburtenplanung« hing) und Büros für wirtschaftliche Entwicklung; doch Leitung und stellvertretende Leitung dieser Büros rekrutierten sich größtenteils aus Mitgliedern von Partei und Verwaltung, wodurch eine größtmögliche Verringerung der Kaderzahlen erreicht wurde.

Die größte Besonderheit der »drei Zusammenlegungen und drei Reformen« lag darin, dass die Institutionen der Gemeinden des Kreises Wuhe kein organisches Ganzes mehr bildeten.

Aufgrund der reibungslosen Umsetzung der Gemeindereform wurde die Systematisierung und Standardisierung der Gemeindeverwaltungen im Kreis mit Macht vorangetrieben, was das Krisen- und Dringlichkeitsempfinden der Basiskader in den Dörfern und Gemeinden ungemein erhöhte.

Mit einem Satz: Die Reform brachte Druck, die Reform brachte Energie, die Reform brachte Produktivkraft!

Manchmal hieß es, dieses »Bewegen der Knochen bei verletzten Muskeln« schwäche die Führung der Partei und schade ihrem Ansehen an der Basis. Doch Zhu Yong hielt dem entgegen: »Nur wenn man der Wut des Volkes entgegenkommt, stärkt man die Führung der Partei wirklich!«

Außerdem rechnete Zhu Yong uns vor: Die Organisationen von Partei und Verwaltung und die Unternehmenseinheiten im Kreis hätten durch diese Auflösungs- und Zusammenlegungsaktion und durch den Wettbewerb unter dem Personal insgesamt 542 Stellen gestrichen, damit könne die öffentliche Hand jährlich vier Millionen Yuan an Ausgaben sparen; durch die »drei Zusammenlegungen und drei Reformen« spare jede Gemeinde durchschnittlich 200.000 Yuan; die Zusammenlegung der Dörfer bringe ein weniger an Zuschüssen für die Dorfgruppenkader und Bürokosten von 4,37 Millionen Yuan. Wenn man das zusammenzähle, dann könne der Kreis Wuhe im Jahr seine

Ausgaben um über 12 Millionen Yuan verringern. »Das verringert den Druck, den die Steuerreform für die Gemeindefinanzen mit sich bringen musste, enorm«, sagte er, und seinen Worten haftete immer etwas von der Erfahrung und den Fähigkeiten eines Militärs an: »Und außerdem ist damit erfolgreich das Wiederansteigen der Bauernlasten verhindert!«

Der große Rotstift, mit dem der Kreis Wuhe sich im Rahmen der Steuerreform an die drei Zusammenlegungen und Reformen gemacht hatte, fand in ganz Anhui große Resonanz. Schon im ersten Jahr der flächendeckenden Pilotversuche konnte in der Provinz das überflüssige und nicht-etatmäßige Personal um über 120.000 Personen bereinigt und verschlankt werden. Auch wenn das nur ein Teilerfolg war, so verringerten sich die Ausgaben der öffentlichen Hand dadurch doch um 600 Millionen Yuan.

Gegen Ende des Jahres, am 9. Dezember, kam auch Wang Taihua, der Provinzkomiteesekretär, nach Wuhe. Er hielt mit den wichtigen und verantwortlichen Genossen des Kreises ein vertrauensvolles Symposium ab, in dem man über die weitere, vertiefte Entfaltung der Arbeit an der Steuerreform in den ländlichen Gebieten sprach. In dem, was er sagte, war er um nachdrückliche Formulierungen bemüht. Zum Schluss führte er aus:

> »Bei den veränderten Funktionen der Gemeindeinstitutionen nach der Reform muss man vor allem die ›drei Vereinheitlichungen‹ und die ›drei Vorrangigkeiten‹ beachten. Früher ist man den Vorgesetzten verantwortlich gewesen, jetzt ist man einheitlich den Vorgesetzten und den Untergebenen verantwortlich, wobei die Verantwortung gegenüber den Untergebenen Vorrang hat; früher hat man sich lediglich an Anweisungen gehalten, jetzt muss man sich sowohl an Anweisungen als auch an das Gesetz, die Demokratie und die Bildung halten, wobei Gesetz, Demokratie und Bildung Vorrang haben; früher hat man nur seine Pflicht tun müssen, wozu auch Geburtenplanung, Finanzen und Steuern gehörten, jetzt muss man die Erfüllung der Pflicht und die Erfüllung der Aufgabe vereinen, wobei die Aufgabe Vorrang haben muss.«

Und er sagte ganz zuletzt, der wichtigste Punkt bei den »drei Vorrangigkeiten« sei es, die grundlegenden Interessen der Mehrheit der Volksmassen zu vertreten!

Nicht lange nach Wang Taihuas Rückkehr in die Provinzhauptstadt wählte das Provinzkomitee aus allen Städten und Kreisen der Provinz

3000 herausragende junge Kader aus, um sie in arme Dörfer zu schicken. Dort sollten sie die Aufgabe von Parteizellensekretären wahrnehmen und den Aufbau der Basisorganisationen der Partei verstärken; nicht viel später versetzte das Provinzkomitee weitere 10.000 Elitekader aus Provinz, Städten und Kreisen und schickte sie mit dem Koffer in der Hand in 10.000 wirtschaftlich relativ zurückgebliebene und in den Basisorganisationen relativ schwache Verwaltungsdörfer, um bei dem Aufbau und bei der Stärkung sämtlicher Regeln zu helfen, die die demokratische und öffentliche Verwaltung der Dorfdienste zum Inhalt haben, und die Selbstverwaltungsmechanismen der Dorfbevölkerung unter Leitung der Parteizellen zu vervollkommnen. Natürlich war es noch wichtiger, unter Berücksichtigung der Marktgesetze und des Willens der Massen den dortigen Bauern beim schnellen Vorantreiben der strategischen Anpassung der landwirtschaftlichen Strukturen zu helfen.

Die in allen Regionen der Provinz entfaltete Arbeit zur Anpassung der landwirtschaftlichen Strukturen, zur Entwicklung der Wirtschaft in den ländlichen Gebieten und zur Einkommenserhöhung der Bauern verlief mehr oder weniger parallel zur Steuerreform.

Der Antrag Nr. 1

Auch wenn man im ersten Jahr der flächendeckenden Pilotversuche in Anhui mancherorts noch nach dem alten »Oben ist die Politik, unten die Gegenpolitik« und »Ich tue, was ich gewohnt bin« verfuhr, so war die Situation auf die gesamte Provinz gesehen doch inspirierend. Die Steuerreform hatte nicht nur die Bauern entlastet, ihnen greifbare Vorteile gebracht, eine Reform des Steuereinzugssystems in den Gemeinden vorangebracht und die Beziehung zwischen Kadern und Massen verbessert, sondern auch den Aufbau einer demokratischen Politik in der Basis vorangetrieben und die soziale Stabilität in den ländlichen Gebieten bewahrt. Mit einem Wort: Es fing gut an.

Vielleicht gerade weil der Anfang sich für die Menschen so erfreulich gestaltete, versprach Finanzminister Xiang Huaicheng am 13. Dezember 2000 in Peking öffentlich, im kommenden Jahr die Schritte zu einer landesweiten Steuerreform zu beschleunigen und von nun an jedes Jahr 20 Milliarden Yuan für die Unterstützung der Reform in den Regionen zur Verfügung zu stellen.

Am 15. März 2001 brachte daraufhin die amtliche *Xinhua-Website* eine entsprechende Nachricht mit der Überschrift: »Die Steuerreform in den ländlichen Gebieten Chinas wird flächendeckend ausgedehnt«. In der Nachricht hieß es: »Im März 2000 hatte die chinesische Regierung beschlossen, zunächst in einigen Pilotregionen Anhuis eine Steuerreform einzuführen, in diesem Jahr wird sie auf das ganze Land ausgeweitet und 2002 grundsätzlich abgeschlossen.«

Das war das erste Mal, dass ein Nachrichtenmedium öffentlich einen Zeitrahmen für die Steuerreform in den ländlichen Gebieten Chinas preisgab. Das heißt, nach der so genannten Fortsetzung der Bodenreform und dem Umfassenden Verantwortungssystem würde die dritte der großen Reformen Chinas, die Steuerreform, noch innerhalb der Amtszeit der gegenwärtigen Regierung zu einem großen Erfolg geführt werden.

An solchen Nachrichten hatten einige Gelehrte, die von der Sache etwas verstanden, tiefgehende Zweifel. Sie hielten das weder für realistisch noch für möglich. Denn die Reform tangierte einige grundlegende Probleme des Systems und deutete bereits in Richtung einiger gewaltiger Folgereformen. Viele Probleme würden erst allmählich sichtbar werden, und vieles, womit wir in der Vergangenheit nicht vertraut waren, würden wir erst noch lernen müssen. Man kann sagen, das Ausmaß der Reform kam gerade erst auf den Punkt. Jetzt zu verkünden, die Arbeit daran werde im Jahre 2002 »grundlegend abgeschlossen« sein – man konnte es drehen und wenden wie man wollte, es war unüberlegt, und niemand konnte es sich vorstellen.

Die Nachricht auf der *Xinhua-Website* war jedoch offensichtlich nicht aus der Luft gegriffen, denn nicht viel später wurde in Hefei, der Hauptstadt der Provinz Anhui, feierlich eine Konferenz zur Arbeit an der Steuerreform in den landesweiten Pilotregionen eröffnet, um die Arbeit an der Steuerreform weiterzutreiben und voranzubringen. An dieser Konferenz nahmen fast alle Provinzgouverneure und Provinzkomiteesekretäre der 20 Provinzen, auf die die Pilotgebiete ausgeweitet worden waren, samt den relevanten Ministern des Staatsrats teil, ferner 48 führende Provinzvertreter auf Ministerebene. Deshalb war diese Konferenz nicht nur vom Niveau her die höchstbesetzte in der Geschichte Anhuis, sondern auch die höchstbesetzte nationale Konferenz über die Reform der ländlichen Gebiete der letzten Jahre.

Wenn es nicht unabhängig voneinander zu zwei unerwarteten Zwischenfällen gekommen wäre, hätte der Geist der Konferenz von Hefei sicher sehr schnell auf das ganze Land ausgestrahlt und die vom Zentralkomitee zunächst nach Anhui vergebenen Pilotregionen für die Steuerreform, wie auf der *Xinhua-Website* gemeldet, wären in kürzester Zeit keine Pilotregionen mehr geblieben.

Aber danach fanden Plenarsitzungen des Volkskongresses und der Politischen Konsultativkonferenz des chinesischen Volkes statt, auf denen ein Antrag gestellt beziehungsweise ein Vorschlag gemacht wurde, der den weiteren Verlauf der Steuerreform verändern sollte.

Hier war die Konferenz von Hefei gerade zu Ende gegangen, als dort die 4. Plenarsitzung des 9. Volkskongresses und die 4. Plenarsitzung der 10. Konsultativkonferenz ihre Pforten öffneten. Auf diesen Sitzungen gab Ministerpräsident Zhu Rongji als Vertreter des Staatsrats seinen »Bericht über die Grundrisse des 10. Fünfjahresplanes zur Entwicklung von Volkswirtschaft und Gesellschaft« ab. Darin betonte er, dass im Verlauf des 10. Fünfjahresplans die grundsätzliche Politik der Partei für die ländlichen Gebiete vollständig durchgesetzt, der fundamentale Stellenwert der Landwirtschaft verstärkt und das Einkommen der Bauern erhöht werden müsse. Das sei die wichtigste wirtschaftliche Aufgabe.

Viele Delegierte hörten den Arbeitsbericht Zhu Rongjis mit mehr Schmerzen als Freude. Denn solche Allerweltsfloskeln wie »Stärkung des fundamentalen Stellenwertes der Landwirtschaft« mussten auf fast jeder Konferenz formuliert werden, kein Mensch wusste, wie viele Jahre davon schon die Rede war, aber bis heute waren die ländlichen Gebiete das größte Problem Chinas geblieben. Man konnte doch, was die Bauernlasten anging, noch immer nicht aufatmen!

Als der Volkskongressdelegierte der Provinz Fujian das Wort ergriff, legte er offen dar, dass die Bauern zur Zeit am meisten die Sorge vor der Instabilität der Politik und die Angst vor einer Überbelastung umtreibe; der Delegierte aus Sichuan wies ohne Umschweife darauf hin, dass Zhu Rongjis Bericht zwar so oder so eine Erhöhung der bäuerlichen Einkommen angesprochen habe, aber keine überzeugende Maßnahme enthalte, die einen Durchbruch in Aussicht stelle.

Auf der in etwa zur gleichen Zeit eröffneten 4. Plenarsitzung der 10. Konsultativkonferenz hielten insgesamt zehn Komiteemitglieder eine Rede, die Hälfte davon bezog sich auf Probleme der Landwirtschaft, der ländlichen Gebiete und der Bauern.

Vor den Konferenztüren stellte ein dänischer Reporter dem anwesenden Minister für Arbeit und Soziales sogar die Frage, ob sein

Ministerium, wenn es sich nicht um die Bauern kümmere, ausschließlich ein Ministerium für die Arbeit und das Soziale von Städtern sei.

Auf dem Presseempfang machte Zhu Rongji in Bezug auf die Steuerreform in den ländlichen Gebieten, an der in- wie ausländische Reporter Anteil nahmen, folgende Rechnung auf:

> »Im Augenblick nehmen wir von den Bauern 30 Milliarden Yuan an Agrarsteuern ein, 60 Milliarden Gemeindegesamtplanungs- und Dorfabgaben, dazu muss man noch die willkürlichen Steuererhebungen rechnen, so dass die Bauern im Jahr eine Belastung von 120 Milliarden Yuan oder mehr zu tragen haben. Die Steuerreform wird die Agrarsteuer von jetzt 30 Milliarden auf 50 Milliarden, somit von fünf auf 8,4 Prozent erhöhen, dafür werden die 60 Milliarden aus den Gemeindegesamtplanungs- und Dorfabgaben und die willkürlichen Steuern einheitlich abgeschafft. Natürlich wird die Verringerung der Bauernlasten in die Finanzen der Regionen ein Loch reißen, ein tiefes Loch. Die Zentralfinanzen werden die ländlichen Gebiete in Problemregionen mit 20 bis 30 Milliarden Yuan unterstützen. Aber das Loch wird immer noch sehr groß sein.«

Wenn man 900 Millionen Bauern entlasten wollte, wie tief war dann das Loch in den Finanzen der Regionen? Belief sich die Belastung der Bauern im Jahr wirklich nur auf 120 Milliarden Yuan? Oder doch auf mehr? Und wieviel war dieses »mehr«?

Das hatte Zhu Rongji nicht konkret benannt.

Über Erfolg oder Misserfolg der Steuerreform entschied, ob man wirklich in der Lage sein würde, die Lasten der Bauern herunterzufahren. Der Dreh- und Angelpunkt dabei war zweifellos eine exakte Berechnung. In dieser wichtigsten Frage blieb der Ministerpräsident vage. Nur wenn man genaue Kenntnis von den jeweiligen Verteilungsreformen hatte, konnte man sich ein Bild davon machen.

Li Changping, der Parteikomiteesekretär aus Hubei, der im Frühjahr zuvor mit seinem Brief an den Staatsrat für Aufsehen gesorgt hatte, war dieser Frage in seinem Buch *Wie ich dem Ministerpräsidenten die Wahrheit sagte* konkret nachgegangen. Er erklärte frank und frei: »Die Belastung der chinesischen Bauern macht nicht bei etwas mehr als 100 Milliarden Yuan halt, sie liegt mindestens bei 400 Milliarden Yuan und mehr!«

Er machte nach verschiedenen Kategorien die Rechnungen auf: Die Verbindlichkeiten der Kreise, Gemeinden und Dörfer belaufen sich auf über 600 Milliarden Yuan, allein für die Zinsen sind hierfür mindestens 80 Milliarden jährlich aufzuwenden; für das Jahresgehalt von sieben Millionen Lehrern im Pflichtschulsystem der ländlichen Gebiete braucht man 80 Milliarden; 50 Milliarden gibt man aus für die Erhaltung der Schulgebäude, für den zusätzlichen Kauf von Ausrüstung und Instrumenten, die Bildungsschulden usf.; in den Parteikomitees, Verwaltungen und den entsprechenden Behörden in den Gemeinden und Kreisen gibt es 19 Millionen Kader, auf Dorf- und Gruppenebene sind es über 23 Millionen, für deren Besoldung jährlich 250 Milliarden Yuan aufzubringen sind.

Allein dafür braucht man im Jahr also mindestens 460 Milliarden Yuan.

Außerdem gibt es in den fast 3000 Kreisen unseres Landes an die 30.000 wissenschaftliche Büros; in den fast 50.000 Gemeinden gibt es 700.000 den Gemeinden unterstellte Behörden, die arbeiten müssen; dann gibt es noch vier Millionen natürliche Dörfer mit ihren 800 Millionen Bauern und ihrem Bedarf an kommunalen Geräten. Dafür braucht man jedes Jahr mindestens weitere 300 Milliarden Yuan.

Kurz, von sämtlichen Ausgaben von Kreisebene an abwärts tragen die Bauern 70 bis 80 Prozent. Die öffentliche Hand in Kreis und Gemeinde speist sich aus den Taschen der Bauern. Wenn die jetzige Politik fortgeführt wird, erreicht die wirkliche Belastung der Bauern pro Jahr einen Stand von 450 Milliarden Yuan!

In den wirklichen Ausmaßen der Belastung lag offensichtlich der Grund dafür, dass es bei allen Maßnahmen des Zentralkomitees zur Entlastung der Bauern nicht gelingen konnte, der Überbelastung Herr zu werden. Das bewies erneut die Richtigkeit der Anmerkung, die Zhu Rongji zu Li Changpings berühmtem Brief gemacht hatte: »Auch wenn das nicht überall so schlimm ist, ist es doch unser Problem, die Lage nach und nach überall zu verbessern. Die ›Erfolgsmeldungen‹ hingegen, die auf falschen Tatsachen basieren, übersehen den Ernst des Problems.«

Natürlich hatten in dieser Frage am ehesten noch die Delegierten aus Anhui das Recht, etwas zu sagen.

Denn die Steuerreform lief in den Pilotregionen Anhuis schon ein Jahr lang, und in diesem Jahr hatten Provinzkomitee und -verwaltung in aller Stille große Schwierigkeiten überwunden. Man kann sagen, sie taten ihr Möglichstes, aber oft hatten sie das Gefühl, dass ihre Kräfte nicht genügten. Nach den Testläufen hatte es bei den Fonds der Organisationen auf Dorf- und Gemeindeebene hinten und vorne nicht mehr gereicht. Die Verschlankung des Apparates, der Abbau von Personal und der verstärkte Kostenabbau allein boten keine Lösung, denn auch die ursprünglichen Bildungsaufschläge und Bildungsfonds wurden abgeschafft, und das riss ein gewaltiges Loch in die Kassen. Recht viele Grund- und Mittelschulen in den ländlichen Gebieten konnten nicht mehr weiterbetrieben und die Lehrer nicht bezahlt werden. Wenn die Genossen aus Anhui diese aus der Arbeit in den Pilotregionen resultierenden Probleme bezüglich der Schulsituation nicht rechtzeitig nach oben berichten und wirksame Hilfe erhalten würden, liefe das auf einen Angriff auf die allgemeine Schulpflicht hinaus. Der Schaden, den die Ausdehnung der Steuerreform auf das ganze Land mit sich bringen würde, wäre nicht abzusehen.

Deshalb hielten es die Volkskongressdelegierten aus Anhui für ihre Pflicht, diese Angelegenheit bei der Vollversammlung vorzubringen. Sie brachten daher unter der Überschrift »Gesetz über die Investitionen für die allgemeine Schulpflicht« einen Antrag mit der Forderung zur Erhöhung der Investitionen in die fundamentale Bildung ein. Dieser Antrag fand auf der Stelle bei den Delegierten der anderen Provinzen ein heftiges Echo und stand eine Zeit lang im Mittelpunkt des Interesses; man gliederte ihn dann ein als »Antrag Nr. 1«.

Die Initiative für diesen Antrag der Delegation aus Anhui hatte Hu Pingping ergriffen, die stellvertretende Leiterin des Bildungsministeriums der Provinz. Fast über Nacht war sie in den Schlagzeilen und zog auf beiden Plenarsitzungen die meiste Aufmerksamkeit auf sich.

Hu Pingping war bereits zweimal Volkskongressdelegierte gewesen und eine Delegierte des Volkes muss für das Volk sprechen – diese selbstbewusste Überzeugung bestimmte schon lange ihre Handlungen. Dass sie auf den Gedanken kommen konnte, einen solchen Antrag einzureichen, lag nicht allein an ihrer Stellung als stellvertretender Leiterin des Bildungsministeriums ihrer Provinz, sondern auch daran, dass sie selbst aus einem Lehrerhaushalt stammte. Außerdem war Anhui eine große Agrarprovinz, und die Entwicklung der Bildung in den ländlichen Gebieten – vor allem die Lebens- und Arbeitsumstände der Lehrer – war ein Thema, an dem sie nie die Freude verlor und an dem sie gegen alle Widerstände festhielt.

Durch sorgfältige Untersuchungen war sie zu dem Schluss gekommen, dass sich die Fonds für die Schulpflicht auf dem Lande in Anhui vor der Steuerreform aus hauptsächlich drei Quellen speisten: einmal aus Bereitstellungsfonds der Gemeindefinanzen; zum Zweiten aus einem Teil der von den Bauern erhobenen Steuern, dem so genannten »Bildungsaufschlag«; und schließlich aus den mit Geldern der Bauern eingerichteten »Bildungsfonds«. Vor 1994 war keine Region den Lehrern das Gehalt schuldig geblieben, aber durch die Einführung einer Trennung des Steuersystems in staatliche und regionale Steuern wurde die Finanzkraft der Regionen geschwächt. In den Fonds für die Schulpflicht auf dem Lande, die hauptsächlich von dem Bildungsaufschlag und den Bildungsfonds abhingen, entstand bei der Besoldung der Lehrer auf dem Lande provinzweit ein Loch von 300 Millionen Yuan, das über Bankkredite gedeckt wurde. Ende 2000 waren allein die daraus resultierenden Verbindlichkeiten auf 1,7 Milliarden Yuan angestiegen. Mit der Einführung der Steuerreform wurden Bildungsaufschlag und Bildungsfonds abgeschafft, die Fonds für die Schulpflicht mussten in den Budgets der Gemeindefinanzen untergebracht werden.

Aber die Gemeindefinanzen lebten schon längst auf Kosten der Zukunft, damit war den Bildungsfonds nicht geholfen. Deswegen setzte das Bildungsministerium der Provinz eine Obergrenze fest, der zufolge sämtlichen Gemeinden für das Jahr 2000 nicht mehr als 4,6 Milliarden Yuan zur Verfügung standen. Doch die Gesamtsumme an Gehältern, die die Gemeinden an 6,6 Millionen Menschen zu zahlen hatten, belief sich bereits auf über 4,95 Milliarden Yuan, es war einfach kein Geld mehr da für weitere Investitionen in die Bildung – umso weniger, als die beiden durch die Steuerreform weggefallenen Bildungsabgaben jährlich ein Loch von 1,1 Milliarden Yuan rissen. Nach den Bestimmungen brauchte man allein für die Instandsetzung von baufälligen Grundschulen 300 Millionen Yuan. Früher hatte man für dieses Geld die Hand in Richtung Bauern ausgestreckt, was jetzt nicht mehr erlaubt war. Wenn man auf diese Weise alles zusammenrechnete, kam man in Anhui auf eine gigantische Finanzierungslücke bei den Fonds für die Schulpflicht auf dem Lande.

Auf einen Schlag wurde die Situation sehr ernst. Allein in Fuyang, dem Distrikt, in dem die Steuerreform am frühesten eingeführt worden war, waren bis zum Frühjahr 2001 die ausstehenden Lehrergehälter auf 617,27 Millionen Yuan aufgelaufen. Im Durchschnitt schuldete man den Lehrern den Lohn für sechs Monate; es gab sogar Orte, an denen den Lehrern seit der Steuerreform kein Gehalt mehr ausgezahlt worden war! Und in der gesamten Provinz waren die Schulden aus den Lehrergehältern im Rahmen der Schulpflicht, aus Bankdarlehen, aus den Ausgaben für den Investaufbau für die Anpassung der Bildungsplanung bis hin zu den Fonds für Schulbau und -renovierung auf über sechs Milliarden Yuan angewachsen!

Wenn Hu Pingping nur daran dachte, brannte ihr das Herz.

Was konnte man bei einem derart riesigen Finanzloch nur tun? Anscheinend gab es lediglich zwei Wege, der eine so wenig gangbar wie der andere: entweder 40 Prozent der Grund- und Mittelschulen auf dem Lande schließen oder weiter Schulden machen.

Die Bauern sahen es mit eigenen Augen, es bedrängte sie und sie sagten besorgt: »Jetzt hat man uns entlastet, aber die Lehrer haben Hunger und verderben uns die Kinder!«

Viele Lehrer in den ländlichen Gebieten waren ratlos: Da die Regierung die willkürliche Steuererhebung in den Gemeinden verboten hatte, hätte sie zunächst nach einer neuen Quelle für die großen Ausgaben Ausschau halten müssen. Das ging in den Städten doch auch! Wieso sah man keine Stadt von ihren Bewohnern entsprechende Gebühren einziehen? Die Bauern hatten ihre Agrarsteuer und Agrarsonderproduktsteuer entrichtet, im Grunde hätten sie Steuerzahler sein müssen wie die Menschen in der Stadt. Und nach dem »Prinzip der öffentlichen Finanzen« hätten die Ausgaben der zentralen öffentlichen Hand auf die Interessen des gesamten Volkes abgestellt sein müssen, hätte es weder eine »Trennung von Stadt und Land« noch »einen Staat und zwei politische Systeme« geben dürfen. Außerdem war es, grundsätzlich gesagt, Aufgabe der Regierung, für die allgemeine Schulpflicht Gelder bereitzustellen, sonst konnte man von einer allgemeinen Schulpflicht nicht sprechen.

Die Crux war natürlich nicht die Steuerreform selber – die hatte lediglich das zugrunde liegende systemische Problem sichtbar werden lassen, das so lange Zeit durch die Belastung der Bauern verdeckt worden war. Und dieses tiefer liegende Problem war: das gravierende Ungleichgewicht in den Rechten, Pflichten und finanziellen Mitteln zwischen Zentralkomitee und den Regionen, wobei die Regionen zu vielen Verpflichtungen bei zu geringen Einnahmen nachzukommen hatten.

Eine Untersuchung des Forschungszentrums des Staatsrats für die wirtschaftliche Entwicklung in den ländlichen Gebieten hatte unlängst ebenfalls den Ernst des Problems deutlich angesprochen: Augenblicklich wurden 78 Prozent der Investitionen in die allgemeine Schulpflicht von den Gemeinden getragen – eine »Zeche«, für die überwiegend die Bauern aufkommen mussten; acht Prozent von den Kreisen; elf Prozent von den Provinzen und Städten (Distrikten). Die Zentralregierung trug nur ungefähr zwei Prozent der Last!

Wie man es auch drehte, diese Art der politischen Planung war ausgesprochen unsinnig und irrational. In fast allen Industrienationen der Welt wird Bildung als der wichtigste Faktor für die Entwicklung der Produktion angesehen, als gewaltige Kraft für die Inspiration eines Volkes. Die Ausgaben für Bildung liegen weltweit im Großen und Ganzen nach den Ausgaben für Rüstung auf Platz 2. Die Bevölkerung der industrialisierten Länder macht nur ein Drittel der Weltbevölkerung aus, doch ihre Ausgaben für Bildung liegen über zehnmal höher als in den Entwicklungsländern; und während die Bevölkerung Chinas bereits mehr als ein Fünftel der Weltbevölkerung ausmacht, gibt man hier nur ein Dreißigstel für Bildung aus.

Das ist schwer zu verstehen. Ausgerechnet in der Bildung, vor allem bei der allgemeinen Schulpflicht, die nun wirklich mit der Zukunft und dem Schicksal unseres Landes aufs Engste verknüpft ist, hat man unverständlicherweise lange Zeit über die Probleme hinweggesehen.

50 Jahre nach Gründung der Volksrepublik, wo doch jeder, der in den ersten Jahrzehnten nach der Befreiung geboren wurde, längst kein Kind mehr ist, haben die chinesischen Bauern nicht einmal die rudimentärste Bildung erfahren – und das geht in die Millionen! Und dabei gibt es noch soviel Analphabetentum. Bo Yang* sagt: »Ein Land der Dritten Welt kann keine Regierung der Ersten Welt hervorbringen.« Auch wenn das überspitzt ist: Die ländlichen Gebiete sind in Wirtschaft und Bildung noch immer derart rückständig, dass man die Augen vor der Realität schon fest verschließen muss, um nicht anzuerkennen, dass wir die Schlacht um die Bildung verloren haben.

Die ursprüngliche Absicht des Zentralkomitees bei der Zentralisierung von Wirtschaft und Finanzen war eine Bündelung der Kräfte für große Aufgaben – aber gehörte die allgemeine Schulpflicht von 900 Millionen Bauern nicht zu diesen großen Aufgaben?

Dass für die Steigerung der Investitionen auf diesem Gebiet das »Gesetz für Investitionen in die allgemeine Schulpflicht« so rasch formuliert wurde, lag nicht nur an der wirklichen Notwendigkeit einer Steuerreform auf dem Lande, sondern vielmehr an der dringenden Notwendigkeit einer Umsetzung dessen, was »Abriss für die Entwicklung und Reform der Bildung in China« hieß. In diesem hatten Zentralkomitee und Staatsrat schon 1993 unmissverständlich festgelegt: Die Ausgaben für Bildung müssen bis zum Ende des Jahrhunderts auf vier Prozent des Gesamtwerts der Produktion ansteigen. Aber 1999 waren nur 2,79 Prozent Wirklichkeit geworden, das waren 1,21 Prozent zu wenig. Im Jahr 2000 lag der Gesamtwert der Produktion bei 8,97404 Billionen Yuan, die Einnahmen der öffentlichen Hand bei 1,228 Billionen – wenn das im »Abriss« festgelegte Ziel von Bildungsinvestitionen in Höhe von vier Prozent des Gesamtwertes der Produktion erreicht worden wäre, dann hätten die Ausgaben für Bildung um über 110 Milliarden höher liegen müssen.

Wenn die zentrale öffentliche Hand diese Summe bereitgestellt hätte, wären viele Probleme der allgemeinen Schulpflicht und auch der Steuerreform mit einem Schlag erledigt gewesen!

Wir müssen uns mit dem Gedanken anfreunden, dass die Forderung nach einer Erhöhung der Investitionen in die allgemeine Schulpflicht keine »Gnade« und kein »Almosen« für die Bauern darstellt. Zwischen 1965 und 1980 hat der Staat alleine aus der Preisschere zwischen Industrie- und Agrarprodukten ohne weitere Kosten aus den ländlichen Gebieten eine Billion Yuan abgezogen; seit der Reform- und Öffnungspolitik, also seit Ende der 70er Jahre, war es eine noch größere Summe, die durch die Preisdiskrepanz zwischen staatlichen Festpreisen und den höheren Marktpreisen aus den Händen der Bauern abfloss. Wir schulden den Bauern viel zu viel und das schon viel zu lange, um so weitermachen zu können oder zu dürfen!

Als Hu Pingping feststellte, dass auch He Kaiyin auf die Probleme, die sich nach einer Steuerreform für die Bildung in den ländlichen Gebieten ergeben würden, aufmerksam geworden war, suchte sie ihn eigens auf. Sie sprach mit ihm über die Situation, die er im Kreis Wuhe angetroffen hatte, und He Pingping wurde der Ernst des Problems immer deutlicher.

Die Arbeit an der Steuerreform war im Kreis Wuhe relativ erfolgreich gewesen, doch bei dem Schock, den sie für die allgemeine Schulpflicht auf dem Lande bedeutete, war man mit seinem klassischen Chinesisch am Ende. Der Leiter des Kreisbildungskomitees hatte He Kaiyin gesagt, dass der Kreis alleine für die Lehrergehälter jährlich 55,28 Millionen Yuan benötigt und für allgemeine Aufgaben, um das wenigste zu sagen, noch einmal vier Millionen. Mit allen weiteren Ausgaben zusammen müssten jährlich 70 Millionen Yuan zur Verfügung stehen, um den Betrieb geradeso am Laufen zu halten. Außerdem warteten noch 123.000 Quadratmeter in Grund- und Mittelschulen der Kreise auf Renovierung, dazu brauchte man ein Kapital von

36,9 Millionen Yuan, ein Problem, das bis heute nicht gelöst war; und dann das noch größere Loch von 84 Millionen für den Bau oder den Ausbau von 188 Grund- und Mittelschulstandorten. Dass sich durch die Zusammenlegung von zwei oder drei Klassen zu einer einzigen die Schüler jetzt in unerträglicher Weise in den Unterrichtsräumen drängten, war nicht ungewöhnlich. In der Grundschule eines Dorfes hatten die Schüler in der Pause derart auf die Toilette gedrängt, dass eine Wand eingestürzt war und einen Schüler erschlagen hatte. Das alarmierte das Kreisbildungskomitee, und man führte eine Sicherheitsüberprüfung sämtlicher Schulen im Kreis durch: Bei der Masse der verborgenen Gefahren, die die Untersuchung zum Vorschein brachte, war ihnen der Schreck in die Glieder gefahren, aber sie waren machtlos und wussten nicht, was tun. Viele Grundschulen waren so baufällig, dass man wohl oder übel im Freien unterrichtete, in der Februarkälte froren Schüler und Lehrer erbärmlich – ob das Zentralkomitee davon Kenntnis hatte?

Als Hu Pingping ihren Antrag formuliert hatte, wurde dem sofort von der Führung von Provinzkomitee, -regierung, -volkskongress und -konsultativkonferenz größte Beachtung geschenkt. Später beschloss die Provinz Anhui, ihn zu einem Antrag ihrer Delegation zu machen und ihn bei der nächsten Plenartagung einzureichen.

Als wir Hu Pingping interviewten, sagte sie: »Im Gefolge der vertieften Einführung der Steuerreform mussten viele Inhalte aus dem Bildungsgesetz und dem Gesetz zur allgemeinen Schulpflicht revidiert und bereichert werden, vor allem das ausgesprochen schnell verabschiedete Gesetz zur Investition in die allgemeine Schulpflicht musste mit der Steuerreform abgestimmt werden.«

Ihr Antrag Nr. 1 stieß nicht nur bei zwei Delegationen auf lebhaftestes Echo, sondern zog auch die besondere Aufmerksamkeit von Führungskräften aus den 20 Provinzdistrikten auf sich, die die nationale Konferenz zur Arbeit in den Pilotgebieten für die Steuerreform durchgeführt hatten. Sie alle stellten sorgfältige Berechnungen an und schrieben dann Berichte, in denen sie von der zentralen öffentlichen Hand finanzielle Unterstützung bei der Kostenumstellung in den Pilotgebieten einforderten. Eine Provinz verlangte eine Subvention von 10,5 Milliarden Yuan nur für die Beseitigung der realen Schwierigkeiten bei der Durchführung der allgemeinen Schulpflicht und bei der Reform der Organisationsstrukturen. Für alle Provinzen zusammen ergab sich, um das wenigste zu sagen, eine Summe von mehr als einer Billion Yuan!

Es stimmt schon, viele Federn bringen ein Boot zum Sinken, und auch unter einer Masse leichter Fracht bricht die Achse. Dass aber die Reform derartige Finanzierungslücken reißen würde, damit hatte Zhu Rongji nicht gerechnet.

Im April 2001, kurz nach den beiden Plenartagungen, schlugen ausländische Medien plötzlich Alarm, und es gab eine ganze Reihe von Berichten über das Fehlschlagen der Steuerreform in den ländlichen Gebieten Chinas.

Natürlich entbehrte das jeglicher Grundlage. »Die Sicherung eines Erfolgs der Steuerreform auf dem Lande« – dazu war die chinesische Führung nach wir vor fest entschlossen. Die Steuerreform in den ländlichen Gebieten war nicht fehlgeschlagen, sie konnte auch nicht fehlschlagen, man hörte nur nichts mehr von dem Zeitplan auf der *Xinhua-Website*. Das Zentralkomitee fasste einen neuen Beschluss: Fortsetzung der Auswertung der in Anhui durchgeführten Steuerreform, zeitweilig keine weitere Ausweitung der Pilotgebiete auf andere Provinzen.

Auch wenn diese Anpassung mit den Ergebnissen der Konferenz von Hefei nicht mehr viel zu tun hatte und für diese Veränderung nur zwei Monate zur Verfügung standen, so war das doch eine ausgesprochen verantwortungsbewusste Haltung und ein sehr nüchterner und bewusster Entschluss!

Als das amerikanische *Wall Street Journal* über die Vereitelung und das Fehlschlagen der Steuerreform in den ländlichen Gebieten berichtete, zeigten die Bildschirme des chinesischen Zentralfernsehens Ministerpräsident Zhu Rongji, wie er auf einer Inspektionsreise durch Anhui die Kader und Massen der Provinz zu weiteren Anstrengungen ermutigte, die neuen Widersprüche und Probleme zu lösen, auf die die Steuerreform gestoßen sei, und auf ganzer Breite an der Vertiefung der Reform festzuhalten.

Die Hoffnungen ruhen auf Anhui

Durch Interviews erfuhren wir, dass 2001, ein Jahr nach der provinzweiten Einführung der Steuerreform, Ministerpräsident Zhu Rongji insgesamt dreimal in Anhui gewesen war. Mitte Februar, zur Zeit der nationalen Konferenz zur Arbeit in den Pilotgebieten für die Steuerreform, führte ihn eine Inspektionsreise in die Umgebung von Hefei;

auch den 1. Mai, den internationalen Tag der Arbeit, den viele wohlhabend gewordene Chinesen für einen längeren Urlaub mit der Familie nutzen, verbrachte er in den ländlichen Gebieten Anhuis. Bei seinen beiden Besuchen löste Zhu Rongji sein Versprechen ein: keine Fotos, keine Souffleure, keine Empfänge, keine Begleitung, alles mit leichtem Gepäck und ohne Berichterstattung.

Die beiden Besuche des Ministerpräsidenten hatten Provinzkomitee und -regierung nicht mit der gleichen Akribie vorbereitet wie früher, noch weniger wurden dem Ministerpräsidenten »Glanzlichter« oder Lügen vorgesetzt. Die für die Inspektion vorgesehenen Gebiete gehörten nicht zu den besten und nicht zu den schlechtesten, sie gaben ein repräsentatives Bild.

Am 18. Juli des gleichen Jahres betrat Zhu Rongji zum dritten Mal das Gebiet zwischen Huai und Yangzi, in seinem Gefolge über zehn verantwortliche Führungspersönlichkeiten aus dem Bildungs-, Finanz-, Landwirtschafts- und anderen Ministerien sowie auch Provinzkomiteesekretär Wang Taihua und Provinzgouverneur Xu Zhonglin. Sie alle fuhren in den Distrikt Fuyang, von dem die Steuerreform ihren Ausgang genommen hatte. Zu diesem Zeitpunkt war der Distrikt Fuyang bereits in die Stadt Fuyang umgewandelt worden. Sie kamen zur Songyang-Grundschule im Kreis Yingshang, die bereits über dreißig Jahre bestand, um sich dort über die Situation der allgemeinen Schulpflicht nach der Steuerreform zu informieren.

Als er die verlassenen und mehr als alten Schulbänke sah, war Zhu Rongji offensichtlich überrascht und fragte den Leiter der Schule: »Wieso gibt es keine Stühle?«

Der Schulleiter erklärte: »Um Kosten zu sparen, bringen die Schüler ihre Stühle und Hocker selbst mit. Jetzt sind Ferien, da haben die Schüler sie wieder mit nach Hause genommen.«

An den abgenutzten Schulbänken war der Lack ab, Schubladen gab es überhaupt keine, als Buchablage dienten häufig einfach mit Seilen zusammengebundene Dämpfkörbe aus Bambus.

»Wie alt sind denn diese Schulbänke?«, fragte Zhu Rongji nachdenklich.

»Zwanzig Jahre.«

»Sie sind zwanzig Jahre nicht ausgetauscht worden?«

»Ja.«

Zhu Rongji streckte die Hand aus und strich über eine der Schulbänke, just in dem Augenblick drückte ein Reporter den Auslöser.

Wie auf dem späteren Foto in der *Anhui Ribao (Anhuier Zeitung)* zu sehen, stand der Schulleiter hinter einer einfachen und abgenutzten Schulbank, wo er die Fragen des Ministerpräsidenten beantwortete; der Sekretär Wang Taishou, dessen Hände leicht auf der Schreibfläche einer anderen Schulbank lagen, war offensichtlich düsterer Gemütsverfassung; der Bildungsminister, der aus dem reichen Shanghai stammte, starrte mit unruhigem Blick vor sich hin; und der Finanzminister, der mit seinen Mitteln die Ausgaben der Regionen unterstützen musste, hatte eine gequälte Miene aufgesetzt.

»Welches Niveau hat diese Schule im Kreis?« fragte Zhu Rongji.

»Mittleres Niveau«, antwortete der Schulleiter.

Zhu Rongji schwieg lange, fuhr über die buntscheckige Schreibfläche und seufzte: »Sehr schlimm!«

Am Nachmittag berief Zhu Rongji in dieser Grundschule eine Beratung über die Grundbildung in den ländlichen Gebieten ein und hörte sich die Meinungen und Vorschläge der Kader und Grund- und Mittelschullehrer der benachbarten Gemeinden zur allgemeinen Schulpflicht an.

Wang Taihua, der als Provinzkomiteevorsitzender den Vorsitz dieses Treffens führte, brachte es direkt auf den Punkt: »Der Ministerpräsident macht sich große Sorgen über den Einfluss, den die Steuerreform möglicherweise auf die allgemeine Schulpflicht ausübt. Heute bitten wir alle, frei ihre Meinung zu äußern und die Wahrheit zu sagen! Auch wenn ihr einmal einen Fehler macht, die Hauptsache ist, ihr bleibt bei der Wahrheit!«

Über die einleitenden Bemerkungen Wang Taihuas waren die Kader und die Lehrer doch einigermaßen überrascht. Denn wenn bei früheren Gelegenheiten die Führung aus der Stadt zur Inspektion anreiste, dann wurde man von Kreis und Gemeinde gewarnt, nur ja von nichts als von Erfolgen zu sprechen, auf keinen Fall von Problemen und noch weniger einfach zu sagen, was man sagen wollte. Und heute, wo der Vorsitzende des Staatsrats zugegen war, forderte der Provinzkomiteesekretär alle auf, frei ihre Meinung zu äußern und dabei ungeachtet irgendwelcher Fehler unbedingt bei der Wahrheit zu bleiben. Von diesen Sätzen wurde es nicht wenigen ganz warm ums Herz – es fehlte nicht viel, und sie wären in Tränen ausgebrochen.

Der Parteisekretär der Gemeinde Jiangkou, Kreis Yingshang, gab den Startschuss. Er sagte, er unterstütze die Steuerreform, hoffe auf eine Entlastung der Bauern, eine Verbesserung des Verhältnisses von

Kadern und Massen und eine weitere Entwicklung aller Projekte in den ländlichen Gebieten. Aber nach der Reform hätten die Dörfer und Gemeinden größte Schwierigkeiten bei der Abwicklung ihrer normalen Aufgaben. Er habe schon nach einer Möglichkeit gesucht, seine Ansicht nach oben weiterzugeben, habe sich natürlich nicht vorstellen können, dass der Ministerpräsident persönlich zu ihnen kommen würde, aber nach den ernsten Worten von Sekretär Wang Taihua werde er nun alle Bedenken fahren lassen und rundweg die Wahrheit sagen.

»Wir leben hier in einer sehr abgelegenen Gegend«, fuhr er fort, »und sind in der wirtschaftlichen Entwicklung ziemlich zurück. In der Vergangenheit konnten wir die Lehrergehälter und die staatlichen Unterstützungen nicht jeden Monat zahlen – nach der Steuerreform sind die Schwierigkeiten noch größer geworden, vom Juli des vergangenen Jahres bis zum Juni diesen Jahres sind wir den Lehrern Zuschüsse in Höhe von 720.000 Yuan schuldig geblieben.«

Zhu Rongji hörte aufmerksam zu und fragte den neben ihm sitzenden Leiter der Grundschule, in der sie sich befanden: »Seid ihr euren Lehrern auch das Gehalt schuldig geblieben?«

Der Schulleiter antwortete: »1998 und 99 waren es je zwei Monatsgehälter, 2000 waren es vier, im ersten Halbjahr dieses Jahres konnten wir alle Gehälter zahlen.«

»Und die ausstehenden acht Monate wurden nachgezahlt?«

»Nein, die entfielen.«

Zhu Rongji sah ihn an und fragte weiter: »Wieviel bekommt ein Lehrer im Monat?«

»Maximal 600 Yuan, mindestens 300.«

»Gibt es noch sonstige Unterstützungen?«

Wahrheitsgemäß erhielt er die Antwort: »Nein.«

Als ein Gemeindekader diese Worte vernahm, beeilte er sich, Zhu Rongji zu erklären: »Manche Lehrer haben zu Hause Vertragsfelder, damit können sie ihr Gehalt ein wenig aufbessern.«

Zhu Rongji gab in ernstem Ton zurück: »Man kann einem Lehrer nicht sein Gehalt schuldig bleiben, nur weil er ein Vertragsfeld hat!«

Der Gemeindekader, der sich eingemischt hatte, fühlte sich getadelt und streute erkennbar Asche auf sein Haupt.

Daraufhin ergriff der Parteikomiteesekretär der Gemeinde Shibalipu das Wort. Er sprach von vier vorrangigen Problemen der Grund- und Mittelschulen in den ländlichen Gebieten: 1. Den Schwierigkeiten bei der Renovierung baufälliger Gebäude, 2. der großen Finanzierungslücke bei der Readjustierung der Schulplanung, 3. den Problemen bei der pünktlichen und vollständigen Auszahlung der Lehrergehälter, 4. den relativ hohen Schulden bei den »zwei Säulen« der Bildungspolitik: der Ausmerzung des Analphabetismus und der Verbreitung der neunjährigen Grundschule.

Zhu Rongji hörte zu und machte sich seine Gedanken – plötzlich fragte er den Schulleiter der Gemeinde Xiaqiao, der an der Seite saß: »Wieviel Schulgebühr zahlen die Schüler?«

»Im 1. und 2. Schuljahr je 140 Yuan; im 3., 4. und 5. je 160 Yuan«, bekam er zur Antwort.

»Und wofür ist das Geld?«, fragte Zhu Rongji nach.

»Im 5. Grundschuljahr zum Beispiel zahlt jeder Schüler 50 Yuan für verschiedene Aufwendungen, 49 Yuan für Hefte und Bücher und für Übungshefte zehn Yuan.«

»Und sonst?«

»Und dann gehen noch 40 Yuan an die Gemeinde.«

»Warum an die Gemeinde?« Zhu Rongji wandte sich um: »Ist der Dorfvorsteher da?«

Als er hörte, dass der Dorfvorsteher von Xiaqiao nicht gekommen war, wandte er sich an den Parteikomiteesekretär von Jiangkou: »Zahlt die Schule euch auch etwas?«

»Ja, 35 Yuan«, war die Antwort.

»Und wofür?«

»Vor allem für das Gehalt der Lehrer.«

Zhu Rongji wandte sich wieder an den Schulleiter der Grundschule, in der die Versammlung stattfand: »Führt eure Schule auch Geld an die Gemeinde ab?«

»Nein«, gab der zurück, »aber ein Teil der Schulgebühr muss für die Lehrergehälter eingesetzt werden.«

»Und wie ist das in den anderen Schulen?« Zhu Rongji war entschlossen, dem Problem an die Wurzel zu gehen.

Ein weiterer Schulleiter meldete sich zu Wort: »Einen Teil entrichten wir, einen Teil behalten wir ein.«

Durch dieses direkte Gespräch mit Gemeindekadern und Schulleitern fand Zhu Rongji heraus, dass die Schulgebühren in vielen Schulen bei weitem höher lagen als vom Staatsrat festgelegt. Nach einem kurzen Schweigen sagte er: »Ich danke euch, dass ihr mich die wirkliche Lage der Dinge habt verstehen lassen.«

Der Schulleiter der Mittelschule von Shibalipu sagte daraufhin: »Ich habe 1992 meinen Schulabschluss gemacht, im Augenblick verdiene ich monatlich nur 465 Yuan, das ist die Hälfte des Gehalts von Mittelschullehrern im Kreis und viel weniger als die Gehälter der Lehrer in der Stadt.«

Das nahm der Vorsitzende des Bildungskomitees des Kreises Yingshang auf: »Die Qualität des Lehrkörpers in den Grund- und Mittelschulen auf dem Land ist nicht hoch und in der Regel ist er überaltert. Es fehlt dringend an Fachlehrern, in den letzten 20 Jahren ist uns nicht ein einziger Lehrer für Fremdsprachen zugeteilt worden, der das auch studiert gehabt hätte.«

Zhu Rongji hörte sich alle Beiträge sorgfältig an und sagte zum Abschluss des Symposiums nicht ohne Bewegung: »Wie es aussieht, gibt es bei der Grundschulerziehung, vor allem bei der allgemeinen Schulpflicht in den ländlichen Gebieten noch eine Menge Probleme. An der Entlastung der Bauern und der Gewährleistung der notwendigen Investitionen für die allgemeine Schulpflicht wird sich der Erfolg oder Misserfolg der Steuerreform messen lassen müssen. Diesen Problemen müssen wir weiter nachgehen, und wir müssen einen anderen Weg finden, auf keinen Fall darf es wieder über den Rücken der Bauern gehen! Wir haben die Hoffnung, dass die Genossen aus Anhui in dieser Hinsicht neue Erfahrungen gemacht haben.«

Zhu Rongji war schon in den Wagen gestiegen, als er unversehens beim Abschied den Kopf aus dem Fenster streckte und leise, aber bestimmt sagte: »Ich danke allen für ihre Offenheit, wir haben viel erfahren, was wir vorher nicht wussten. Ich bitte die Umstände, die wir euch gemacht haben, zu entschuldigen. Wir werden einen Weg finden!«

Auf dem Platz gab es niemanden, den diese Worte unberührt gelassen hätten, es gab kräftigen Applaus, und mit Tränen in den Augen sahen sie ihrem Ministerpräsidenten nach.

Zurück in Hefei sagte Zhu Rongji vor dem Provinzkomitee: »Das Zentralkomitee setzt seine Hoffnung auf Anhui. Das Zentralkomitee hat beschlossen, dass diese Reform zunächst in Anhui zu einem deutlichen Erfolg geführt werden muss und erst auf der Basis der in Anhui gereiften Erfahrungen auf das ganze Land ausgeweitet werden kann; sonst könnten bei einer überstürzten Ausweitung damit relativ große Risiken verbunden sein. Also: Gut Ding will Weile haben!«

Im Oktober 2001 wurde in Hefei eine Konferenz über die Arbeit an der Grundschulbildung abgehalten. Der Geist dieser Konferenz, der sich auf das ganze Land ausbreitete, war folgender: Von jetzt an galt für die allgemeine Schulpflicht auf dem Lande die Richtlinie »Verantwortlichkeit aller Ebenen, Betreuung auf allen Ebenen, Leitung durch die Kreise«. Unmissverständlich wurde bestimmt: Die Lehrergehälter für die Grund- und Mittelschulen waren nicht mehr Sache der Gemeinde-, sondern der Kreisfinanzen.

Um die Pilotgebiete bei der weiteren Durchführung der Steuerreform zu unterstützen, kamen aus dem Staatshaushalt 1,1 Milliarden Yuan an sachgebundenen Übergangszahlungen nach Anhui; 2002 stieg die Summe auf 17,7 Milliarden Yuan.

Auch wenn diese Zahlungen für das gewaltige Haushaltsloch, das sich durch die flächendeckende Steuerreform in Anhui aufgetan hatte, nur ein Tropfen auf den heißen Stein waren, so war es doch nicht die ursprüngliche Absicht des Zentralkomitees gewesen, diese Reform durch »Bluttransfusionen« am Leben zu erhalten. Ursprünglich hatte das Zentralkomitee geplant, die Ausgaben in den Regionen insgesamt durch die Zusammenlegung der Agrarsteuer und die Umwandlung von heimlichen in offizielle Abgaben in den Griff zu bekommen – in der Hoffnung, die Bauern zu entlasten und die Kreise und Gemeinden, vor allem die Gemeindeverwaltungen zu zwingen, ihren Apparat und ihr Personal zu verschlanken. Doch wurden die Schwächen dieser bürokratischen Zwangsverwaltung schlagartig in dem Augenblick offenbar, in dem die Steuerreform flächendeckend vertieft wurde und die Reformierten die Rolle der Reformer übernahmen: Das Zentralkomitee, die Regionen und das Volk waren nicht in der Lage, Hand in Hand nach einer Maximierung der gemeinsamen Vorteile zu suchen, sie konnten nur alleine und einzeln nach der Maximierung ihres jeweiligen Vorteils streben, und dabei hatten natürlich die Bauern die schwächste Position!

Konnte bei dem ernsten und ungehinderten Auseinanderdriften der Finanzhoheiten und der Aufgaben von Zentralkomitee und Regionen eine Verlagerung der gewaltigen Ausgaben für die allgemeine Schulpflicht in den ländlichen Gebieten von der Gemeinde- auf die Kreisebene das Problem lösen? Und das heute, wo die Finanzen der Gemeinden und Kreise immer noch in arger Bedrängnis waren?

Tatsache war, wie ein paar Regionalbeamte aus Anhui privatim enthüllten, dass man in einigen Regionen den Gemeinde- und Dorfverwaltungen sogar stillschweigend erlaubt hatte, das Kommunaleigentum zu versteigern, um so die Haushaltslöcher zu stopfen. Doch bei der Festlegung dessen, was Kommunaleigentum sei, hatten die Bauern noch nie ein Mitspracherecht gehabt – und so kam es unter anderem dazu, dass sie, wenn sie am Rand ihrer eigenen Felder Bäume pflanzten, diesen Rand noch einmal vom Dorf »zurückkaufen« mussten.

Die ursprünglichen Widersprüche hatten sich nicht aufgelöst und neue Probleme kamen an die Oberfläche.

Wenn man das alles mit der Frage der Qualität und dem Arbeitsstil der Kader erklären wollte, dann war das gegenüber ihrer überwältigenden Mehrheit eine offensichtliche Ungerechtigkeit.

Die Frage muss erlaubt sein: Wohin geht der Weg?

敢问路在何方

Der Markt gibt nichts auf Tränen

Bei der Einrichtung der Pilotgebiete hatte man in Anhui offensichtlich den Satz des Genossen Deng Xiaoping nicht vergessen: »Entwicklung ist der harte Grundsatz. Aber natürlich muss diese Entwicklung nachhaltig sein.« Man wollte die Industrialisierung und die Wirtschaftsstrukturen in den ländlichen Gebieten aktiv vorantreiben, die wissenschaftlichen und technischen Fortschritte in der Landwirtschaft beschleunigen und die Konkurrenzfähigkeit der Landwirtschaft auf dem Markt stärken. Kurz, man suchte nach Wegen zu einer Erhöhung der bäuerlichen Einkommen und zu einem beschleunigten Wohlstand.

Die Vorteile, welche die Readjustierung der Agrarstrukturen für die Bauern brachte, sah man sofort. Wir kamen zum ersten Mal mit diesem Thema in Berührung, als die Melonenpflanzer in drei der Provinzhauptstadt Hefei unterstellten Kreisen »bei dem Thema Melone die Farbe wechselten«.

Vor einem Jahr hatte man mit Wassermelonen auf den Märkten von Hefei einen guten Preis erzielt, woraufhin die Melonenbauern, die keine Ahnung von den Marktgesetzen und sich noch nicht aus den Bindungen der traditionellen Landwirtschaft gelöst hatten, blindlings ausschwärmten. Jetzt, ein Jahr später, wurde im Distrikt Hefei der Anbau von Melonen mit einem Schlag auf 180.000 Mu ausgedehnt, die Gesamtproduktion stieg auf 270 Millionen Pfund. Der Verbrauch der Bevölkerung von Hefei belief sich am Tag aber nur auf 1,5 Millionen Pfund. Da es sich hierbei darüber hinaus ausschließlich um normale mittelreife Wassermelonen von ein und derselben Sorte handelte, war das Angebot viel zu groß, so dass man die über Monate so mühsam gezogenen Früchte nicht einmal für einen Jiao pro Pfund an den Mann bekam und bizarrerweise eine große Wassermelone weniger wert war als eine halbe Flasche Mineralwasser. Die Melonenbauern vergossen manche Träne, es war wirklich zum Herzerweichen.

Um die Verluste der Melonenbauern auf ein Minimum zu reduzieren, riefen die Nachrichtenmedien der Provinzhauptstadt ihre Bürger dazu auf, mehr Wassermelonen zu essen, und die Verwaltung von Hefei kam zu dem ungewöhnlichen Beschluss, während der Dauer der Wassermelonenschwemme für den Transport dieser Früchte kleinen Handkarren, Traktoren und allen anderen landwirtschaftlichen Transportmitteln den ungehinderten Zugang zur Stadt zu erlauben, und die Verkehrspolizei ließ den Melonenbauern eine Sonderbehandlung angedeihen: »keine Kontrollen, keine Strafzettel, immer grünes Licht«.

Eine Zeit lang geriet in Hefei, der Stadt, die landesweit als beispielhaft für den Aufbau unserer modernen Städte gilt und die auch Zhu Rongji überschwänglich für »ihre besonders gute und saubere Umwelt und ihre saubere Luft« gelobt hatte, alles durcheinander. In allen Straßen und Gassen, kreuz und quer, fuhren und standen staubbedeckte Fahrzeuge aller Art, vollbeladen mit Wassermelonen.

Die Gesellschaft rief die Bürger auf, mehr Wassermelonen zu essen, sich ohne Feilscherei der Melonenbauern zu erbarmen und nicht zu zögern, die normale Ordnung zu opfern, um den Brüdern in der Landwirtschaft zu helfen. Diese Großzügigkeit und auch die spontanen Gesten der Menschlichkeit von Seiten der Städter waren sehr bewegend. Das Problem war nur, dass zwar die Städter den Tränen glaubten, aber der Markt tat das nicht. Mit Gutherzigkeit kann man keine Ware stützen und noch weniger mit Moral einen Handel zum Blühen bringen. Die Probleme des Marktes müssen letzten Endes immer mit Mitteln des Marktes gelöst werden.

Und während die Bauern wegen der Unverkäuflichkeit ihrer normalen, mittelreifen Wassermelonen noch an ihrem Kummer nagten, pflanzte man vor der Stadt, in der Gemeinde Sanshigang, wo man sich dem wissenschaftlichen Anbau verschrieben hatte, hochwertige Wassermelonen an, die, kaum dass sie auf dem Markt waren, zu einem Renner wurden: Die Preise stiegen, und am Ende verkaufte man ein Pfund für einen Yuan, außerdem eroberte man professionell jeden größeren Supermarkt der Stadt.

Die einen Wassermelonen waren ein mühseliges Geschäft, die anderen ein Renner, um den man sich riss. Im Juli 2000 bildete das in Hefei einen scharfen Gegensatz.

Mao Zedong hatte gesagt: »Wenn man arm ist, muss man sein Denken ändern.« Wirklich ihr Denken geändert hatten aber nur ein paar »Visionäre«.

Die Gemeinde Sanshigang liegt auf der Wasserscheide zwischen Yangzi und Huai, zwischen Hügeln und Bächen, eigentlich eine abgelegene und ärmliche Bauerngemeinde im Vorstadtgebiet von Hefei. Die Gemeindeführung hatte nüchtern erkannt, dass das vorrangige Ziel der Steuerreform zwar die Entlastung der Bauern war, doch wenn man den Wohlstand zu den Bauern bringen wollte, musste die Landwirtschaft sich mit dem Markt auseinander setzen, mussten die Bauern ihre Begriffe erneuern. Nur wenn es gelänge, das wissenschaftliche und technische Niveau der landwirtschaftlichen Produktion zu erhöhen, würden die landwirtschaftlichen Produkte wirklich zu auf dem Markt konkurrenzfähigen Waren werden. Deshalb führten Parteikomitee und Verwaltung die Gemeinde parallel zur Umsetzung der Steuerreform auf einen Weg der landwirtschaftlichen Synergien. Sie nannten das: »Besonderheit plus Größenordnung plus Güteklasse«. Mit der Hilfe ihrer wissenschaftlichen Institutionen zogen sie nicht nur hochwertige Wassermelonen, sondern ließen sie auch als Marke registrieren. Aufgrund der fortgesetzten Erweiterung der Produktionspalette bekamen die von ihnen angebauten Erdbeeren, Früchte und Gemüse samt der besonderen Kürbisse und des besonderen Maises der Reihe nach alle ein Gütesiegel der staatlichen Industrie- und Handelskammer.

Dass ein Agrarprodukt zu einer gesetzlich geschützten Marke wurde, das war für Anhui, ja für ganz China noch etwas Neues.

Nongxing am Fuße des Zipeng im Kreis Feixi war unter den Pilotgebieten für die Steuerreform in Anhui eine Gemeinde, die im Verlauf der Readjustierung der Agrarstrukturen relativ stark ihr Gesicht veränderte. Dort trafen wir den Gemeindevorsteher Cai Jiade und Liu Dashan, den Vorsitzenden des Kreislandwirtschaftsbüros, der die Arbeiten vor Ort leitete.

Gemeindevorsteher Cai erklärte uns, der Name »Nongxing« – was soviel heißt wie »Florierendes Land« – sei seit jeher nichts als ein Traum der Bauern gewesen. Zwei Fünftel der Gemeindefläche seien Bergland, es gebe 94 größere und kleinere Gipfel, die Produktionsbedingungen für die Landwirtschaft seien sehr rückständig, im Grunde lebe man noch immer von dem, was Gott einem schenke. In 24 Verwaltungsdörfern fehle es der Hälfte der Menschen, der Äcker und des Viehs an Wasser, ohne Readjustierung der landwirtschaftlichen Strukturen, so könne man sagen, hätte man nie Boden unter die Füße bekommen. Die Leitungsorgane der Gemeinde hätten wiederholt Untersuchungen angestellt, und schließlich habe ein großes Vorhaben Gestalt angenommen: weniger Bewässerung – mehr Brache, weniger Getreide – mehr Wirtschaft, weniger Durchschnitt – mehr Qualität, weniger Mono- und mehr Multikulturen, Steigerung der Qualität der Pflanzenproduktindustrie, Stärkung der Wasserkulturen, Vergrößerung der Waldwirtschaft und des Obstanbaus, Aufbau weiterverarbeitender Industrien.

Liu Dashan erzählte uns voller Eifer über die Leute in Nongxing heute. Mit ihrer Hilfe habe man »eine Palette von Ideen durchgespielt«, die man früher nicht zu denken gewagt hätte, und sich schließlich auf alle Arten von »Wildprodukten« spezialisiert: wilden Reis, wilden Farn, wilden Portulak, wilden Dreifarben-Fuchsschwanz, wilde Endivie. Außerdem habe man angefangen, Wildgänse, Wildhasen und wilde Berghühner zu züchten.

In Shangtang, einem Dorf, das zur Gemeinde Nongxing gehört, besuchten wir Yu Chengyan, einen Spezialisten für Setzlinge. Er war 1945 im Jahr des Hahns geboren, jetzt also 57 Jahre alt. Die seiner Familie vertraglich überantworteten Felder lagen an einem Berghang. Da sich mehr als die Hälfte von ihnen nicht bewässern ließ, hatte er in der Vergangenheit nur mit dem Anbau von Baumwolle, Erdnüssen und Süßkartoffeln seinen Lebensunterhalt verdient, die Feldeinheit hatte nicht mehr als fünf- oder sechshundert Pfund gebracht, es war alles sehr eng. Vor einigen Jahren nun und unter Anleitung der Gemeinde hatte er ganz vorsichtig begonnen, mit Blumensetzlingen herumzuexperimentieren. Anfangs war es nichts anderes als ein »Mäusezoo – alles im kleinsten Rahmen«. Nach der Steuerreform wählte die Kreisverwaltung einige Dörfer aus, die zur Gemeinde Nongxing gehörten, um dort systematisch Setzlingskulturen zu entwickeln, wofür eigens aus der Stadt ein Spezialist auf diesem Gebiet, ein Professor von der Agrarhochschule, hergebeten wurde, der kostenlos alle Bauern einwies. Yu Chengyans Interesse war geweckt, und er nahm kurzerhand seine ganzen Felder her und stellte sich auf Setzlinge für Gartenkulturen um. Und so wurde ein typischer Bauer, der über die Hälfte seines Lebens Baumwolle, Erdnüsse und Süßkartoffeln angebaut hatte, nach den üblichen Anfangsschwierigkeiten zu einem weit und breit bekannten »Spezialisten für Setzlinge«. Er zeigte auf die Baumschonungen, deren ölig schimmerndes Türkisgrün die Berge bedeckte, und sagte nicht ohne Stolz: »Das sind 15.000 Kampferbäume, die sind ein Renner auf den Märkten in der Stadt. Wenn man einen davon pflanzt, hat man keine Mücken und Moskitos mehr; ein Setzling bringt über 20 Yuan, 15.000 kann man problemlos für 300.000 bis 400.000 Yuan losbekommen. Neben den Kampferbäumen dort, das sind Stechpalmen, auch nicht weniger als 2000 Stück.« Er drehte sich um und zeigte auf einen in der Sonne leuchtenden Fleck: »Schaut dort, das sind alles rote Rosen, 5000 Stück; daneben Talgbäume, auch 3000. Ich bewirtschafte jetzt über 3000 Mu. Andere setzen ihren Boden und ihre Arbeitskraft ein, ich mein Kapital und Know-how. Ich spreche mit den Menschen in der Stadt, mein Stück vom Kuchen wird immer größer, aber der Größte im Kreis bin ich noch nicht.«

Während er uns alles zeigte, klingelte ständig das Handy an seinem Gürtel. Wer nicht komme, um von ihm zu lernen, wolle Geschäftsbeziehungen knüpfen, sagte er und platzte fast vor Selbstzufriedenheit.

Heute, beim täglich fortschreitenden Verfall der Getreidepreise, ist der Anbau von Getreide für die Bauern kein Weg mehr zu Wohlstand und Reichtum. Das Verlangen der Bauern nach einer Readjustierung der Anbaustrukturen war drängend, doch sie wurden von zu vielen Faktoren behindert: Sie kannten die Welt draußen nicht, noch weniger verstanden sie die Anforderungen des Marktes, sie waren in ihrer Mehrzahl ohne Leithammel, der sie rechtzeitig an die industriellen Strukturen heranführte, noch immer aufgeschmissen. Und nur deshalb, weil es einige »Spezialisten« gab, die einen Kopf einerseits für die Marktwirtschaft und andererseits für die Wissenschaft hatten, kam es in vielen Gebieten zu Entwicklungen, die staunen machten.

Wenn wir es nicht mit eigenen Augen gesehen hätten, hätten wir das kaum glauben können: Wu Zhengcang, der aus einer großen Pflanzerfamilie stammte, machte in seinem Dorf Shenling, Gemeinde Qingping, Kreis Feixi, mit der vom Pflanzeninstitut der chinesischen Akademie für Agrarwissenschaften empfohlenen Pfirsichmelone oder Pepino pro Mu 160.000 Yuan! Das brach alle Rekorde!

Wu Zhengcang hatte eine andere Jugend gehabt als normale Bauern, er fand Spaß daran, seinen Kopf anzustrengen. Nach Abschluss der höheren Schule kehrte er in sein Dorf zurück und probierte es zunächst mit dem Anbau von Trauben. Später ging er in den Süden und arbeitete in der Sonderwirtschaftszone von Shenzhen. In seiner Freizeit suchte er überall nach einem Weg, wie man mit der Landwirtschaft zu Geld kommen könnte. Um die Bedingungen des Marktes zu verstehen, besuchte er mit seinem schwer verdienten Geld einmal auch Hongkong. Nach der Rückkehr in sein Heimatdorf stellte er mit seinem vergleichsweise unternehmerischen Kopf fest, dass man heute die Äcker nicht mehr bestellen konnte, wie man das seit Generationen getan hatte. Die meisten Bauern bebauten ihre Felder aber nicht nach wissenschaftlichen Methoden und kannten sich mit den Fragen der Marktwirtschaft nicht aus. Das ging nicht mehr. Deshalb verlegte er sich auf Ginsengfrucht.

Die Früchte der Pfirsichmelone sind birnengroß, milchig weiß mit roten Stellen und ähneln in ihrer äußeren Form dem Herzen eines Menschen. Sie kam ursprünglich aus Südamerika. Als man ihm diese Frucht empfohlen hatte, bepflanzte er damit gleich über zwei Mu. Nach der Ernte hatte er es gar nicht eilig, die Früchte loszuwerden, sondern hob sie in einem kühlen Keller auf und schickte einige davon zur Untersuchung zur Akademie für Biowissenschaften der Universität Anhui. Das Ergebnis der Untersuchung war über die Maßen erfreulich, denn diese Dinger sehen nicht nur verführerisch aus, sondern sind überraschenderweise voller Vitamine, die die Widerstandskraft des Menschen stärken und sogar krebsvorbeugende Wirkung haben. Daraufhin suchte er einen passenden Namen und nannte sie »Heiligenfrucht«, bat jemanden, eine Verpackung für ihn zu entwerfen, auf der Sun Wukong* die Frucht anbietet. Die Verpackung kleidete er mit einem eleganten Taschentuch oder mit Seide aus und konnte so mit seiner Pfirsichmelone auf Kapitel 24 der *Reise nach dem Westen**, in dem der Affenkönig Sun Wukong heimlich eine solche Frucht gegessen hat, anspielen und diese seltene Ware gleich anbieten. Danach schickte er auch noch eine Probelieferung zur Messe nach Shenzhen, wo sie ein großer Boss aus Hongkong für 200 Yuan das Kilo kaufte, was der Frucht zu noch schnellerem Ruhm verhalf. Als das alles gemacht war, lief Wu Zhengcan, der nun genau wusste, was er wollte, zum Talentmarkt, um einige Studenten anzuwerben, die etwas vom Verkauf verstanden, und suchte einen Geschenkemarkt für PR-Verkäufe aus. Die schön verpackten Pfirsichmelonen hatten bei ihrem ersten Auftritt auf dem Markt von Hefei sofort einen sensationellen Erfolg. Mit den mehr als 5000 Kilo, die er auf seinen beiden Mu geerntet hatte, verdiente er über 400.000 Yuan. In den Medien hieß es: »Auf den Feldern ging eine Rakete hoch.«

Trotz des plötzlichen Reichtums behielt Wu Zhengcan einen klaren Kopf. Er sagte: »Solche Preise sind ausgesprochen ungewöhnlich. Wenn andere Bauern das jetzt auch überall großflächig anbauen, dann werden, so schätze ich, die Preise schnell wieder abrutschen. Aber auch wenn der Preis auf vier bis fünf Yuan pro Kilo fällt, kann man pro Mu allemal über 10.000 Yuan machen, im Vergleich zu früher rechnet sich das.«

Wie Wu Zhengcang erwartet hatte, begannen die Bauern aus anderen Dörfern, als sie erfahren hatten, welchen Schatz die Pepino darstellte, mit dem großflächigen Anbau. Die Pfirsichmelone hatte auf den Märkten von Hefei auf Dauer kein Glück, das Angebot wurde zu groß, außerdem handelte es sich um verderbliche Ware, die man nicht lange lagern konnte, der Preis fiel mit dem Markt, wer Glück hatte, bekam noch einen guten Preis von 50 Yuan pro Kilo, später war sie nichts mehr wert, und es war schon nicht schlecht, wenn man ein Kilo für zwei Yuan losbekam. Danach wetteiferten schnell 13 Provinzstädte im ganzen Land mit dem Anbau von Pepinos, die Preise auf dem Markt spielten verrückt, an einigen Orten fand ein regelrechter Verdrängungswettbewerb mit Dumpingpreisen statt.

Der Verfall des Preises für dieses Erzeugnis ging bei weitem über das hinaus, was Wu Zhengcang erwartet hatte. Die Hoffnung, »pro Mu allemal über 10.000 Yuan zu machen«, bewahrheitete sich nicht. Zwar waren er und einige andere Bauern wohlhabend geworden, weil sie die Frucht relativ früh angebaut hatten, aber durch die rasche Vergrößerung der Anbauflächen wurde die »Heiligenfrucht« für viele zur »Sorgenfrucht«.

Der Prozess der Verbreitung der Agrartechnik und des Anbaus nach wissenschaftlichen Methoden allein war noch kein Garant für die Steigerung der Bauerneinkommen. Für die Bauern war das nicht leicht zu verstehen, aber die Gesetze der Marktwirtschaft sind nun einmal abstrus und voller Dialektik.

Daraufhin erkannten die Menschen allmählich, dass eine Readjustierung der Strukturen und eine vernünftige Verkleinerung der Getreideanbauflächen nicht unbedingt bedeuteten, dass der frühere Getreideanbau insgesamt ein Fehler gewesen war. Die Readjustierung der Strukturen bedeutete ebenso wenig nur eine Readjustierung des Getreideanteils an den Gesamterträgen. Es ging nicht nur um eine Readjustierung der Produktpalette und der Qualität der Agrarprodukte, sondern vor allem um die Aufgabe der früheren Neigung zur Uniformität zugunsten einer relativen Überlegenheit verschiedener Regionen.

Im zweiten Jahr der Steuerreform wies die Hauptstadt der Provinz Anhui in ihrem Haushalt 50 Millionen Yuan für »Agrarhilfe-Sonderfonds« aus, mit denen die Bauern in den Vororten planmäßig zur Readjustierung der Agrarstrukturen hingeführt wurden. Die Führung Hefeis hatte klar erkannt, dass die Stadt im Warenaustausch der Provinz eine zentrale Stellung einnahm; sie stand in einem ausgedehnten, engen und umfassenden Waren-, Material- und Informationsaustausch mit anderen Regionen der Provinz, mit Städten in anderen Provinzen und mit Märkten für Agrarneben- und -sonderprodukte im In- und Ausland. Auf der Grundlage dieser regionalen Überlegenheit zog Hefei in ihren Vororten fünf große Stützpunkte für Agrarprodukte und weitere Stützpunkte für Sonderprodukte hoch. So etwa einen Stützpunkt mit 30.000 Mu für Erdbeeren, 20.000 Mu für Speisepilze, 50.000 Mu für antisaisonale Süßmelonen und 10.000 Mu für Kirschtomaten, verschiedenfarbigen Paprika, Kopfsalat, Hybridsojabohnen. Einen anderen für Wasserprodukte mit 10.000 Mu für rote Wasserkastanien, 20.000 Mu für Schwertliliengras, 20.000 Mu für weiße Wasserkastanien. Einen dritten für schwarze Produkte mit 50.000 Mu für schwarze Erdnüsse, 50.000 Mu für schwarze Süßkartoffeln, 50.000 Mu für schwarze Sojabohnen. Zusätzliche Stützpunkte für Nutzholz und Früchte: 50.000 Mu für die Schneedattel, die große Purpurdattel, für Honigpfirsiche und Gütetrauben und 40.000 Mu für Gartensetzlinge.

Man kann wirklich sagen, dass diese Readjustierung der Agrarstrukturen in Hefei mit großen Federstrichen durchgeführt wurde!

Wushan-Gänse aus dem Kreis Changfeng waren bereits zur Zeit der Qing-Dynastie etwas Edles gewesen, die Zusammensetzung des geheimen Rezeptes wurde von Generation zu Generation weitergegeben. Die Führung von Wushan wusste sehr genau, dass sich ihre Gemeinde nur entwickeln konnte, wenn man aus der Überlegenheit der Ressourcen einen Vorteil für den Wohlstand der Bevölkerung machte. Sie hielt an ihren »Edelgänsen« fest und ging das Ganze im großen Stil an: Zunächst wurde gemeinsam mit der Agrarhochschule von Anhui und einer Lebensmittelfirma eine Gänsefarm aufgebaut, darauf folgten ein weiterverarbeitender Betrieb gemeinsam mit einer Firma aus der Stadt und eine Kette der Gänseproduktion, die 24 Verwaltungsdörfer der Gemeinde miteinander verband: »Markt – Führung – Stützpunkt – Bauernhaushalte«. In kaum mehr als einem Jahr stieg die Zahl der im Dorf gezogenen Gänse auf 220.000 Stück, 1.400 Tonnen Gänse wurden zu »Wushan-Gänsen« weiterverarbeitet, die in über 30 Städten im ganzen Lande reißenden Absatz fanden und auch erfolgreich auf den Markt der Hauptstadt vordrangen. Gestern noch eine Delikatesse auf den Tischen des Adels, heute schon ein Leckerbissen für Jedermann.

Das war ein großer Erfolg, doch damit gab man sich nicht zufrieden. 2002 brachte man nach alten Rezepten auch noch »Edeltauben«, »Drei-Gelb-Hühner*« und »Wushan-Klebreis« heraus. Kaum kamen die hochwertigen »Fleischtauben« auf den Markt, da waren schon 220.000 verkauft; die Absatzzahlen der Hühner waren noch erfreulicher, schnell war man bei einer Million; auch vom Klebreis verkauften sich über 7.000 Tonnen. Die Einnahmen aus diesen drei Produkten, die mit den »Edelgänsen« gar nichts zu tun hatten, beliefen sich auf über 100 Millionen Yuan!

So kam es, dass es dem ganzen Kreis Changfeng – was so viel heißt wie »Langer Reichtum« – durch das »Gänseprojekt« der Gemeinde Wushan allmählich gelang, seinem Namen Ehre zu machen.

Im Kreis Yingshang liegt die Gemeinde Balihe. Das bedeutet »Acht-Meilen-Fluss«, obwohl es dort gar keinen Fluss gibt. Was es gab, war stattdessen ein wüster Niederungssumpf rings um einen See. In diesem unfruchtbaren Landstrich konnte man sein Hirn im Schlamm vergraben, ein Geldbäumchen würde nicht wachsen. Und etwas anderes hatte Balihe nicht zu bieten. Bis der Gemeindekomiteesekretär Zhang Jiawang, der mit »Schlamm an den Beinen« auf die Welt gekommen war, darauf aufmerksam wurde, dass in den letzten Jahren in China das Reisefieber ausgebrochen war. Das brachte ihn auf den seltsamen Gedanken, in dieser trostlosen Gegend den größten Bauernpark des Landes zu errichten, um den Tourismus zu entwickeln und so mit den Städtern Geld zu machen. Er hatte nicht nur die Idee, er setzte sie auch um. Er bemühte sich persönlich bei Kreis und Stadt um Kredite, organisierte eine hellwache und tüchtige Arbeitstruppe, zog zunächst einen Damm um den See, pflanzte Trauerweiden darauf, errichtete ein schmuckes Feriendorf, um dann nach Fotos, die er gesammelt hatte, am Ufer das Weiße Haus, holländische Windmühlen, den Pariser Triumphbogen, eine deutsche Dorfkirche und einen griechischen Tempel nachzubauen. Und hinzu kamen schließlich auch die Große Mauer, die Weiße Pagode aus dem Beihai-Park* in Peking und der Wandelgang aus dem Pekinger Sommerpalast. Den rustikalen Charme des Feriendorfes schmückte er originellerweise noch mit Landschaften aus aller Welt.

Und schon kamen die Städter vor Festtagen oder vor den Ferien vorbei, um sich das Ganze anzuschauen.

Mit seinen täglich steigenden Einnahmen aus dem Tourismus wurde Zhang Jiawang noch entschlossener. Er baute nacheinander einen Zoo und ein Freibad am Seeufer mit einer Fläche von 30.000 Quadratmetern. Und sukzessive fügte er Dinge hinzu, die seine Städter ebenfalls selten zu Gesicht bekamen: ein Riesenrad, ein Piratenschiff, eine

Riesenachterbahn usf. – die ganze Ausrüstung eines besseren Amüsierbetriebes. So entstand, man traute seinen Augen kaum, im ehemaligen Sumpf mit der Zeit der schwer zu glaubende »Luxusdistrikt Balihe«, der die Ehre hatte, von den Vereinten Nationen unter die »500 umweltbesten der Welt« gezählt zu werden.

Aus einem öden Gewässer war eines der reichsten »Landschaftskleinodien« geworden! Die Bauern von Balihe, die seit Generationen ihrem Getreideanbau nachgegangen waren, waren zu Wohlstand gekommen, weil sie sich darauf verlegt hatten, »moderne Landschaftsszenen anzubauen«.

Im Distrikt Bieshan gab es einen für seine Armut berüchtigten Kreis, wo man in diesen zwei Jahren mit großer Energie Maulbeerbäume und chinesische Kastanien entwickelte. Die Bauern des Kreises Dangtu züchteten in ihren Reisfeldern und Teichen Wollhandkrabben, das Geschäft vergrößerte sich in den Folgejahren und wurde nach und nach zu einem Erfolg. Drei weitere Kreise, in denen in großem Stil eine Rinderzucht aufgezogen wurde, entwickelten sich zum »goldenen Dreieck der Viehzucht«. In der Heimat des im dritten vorchristlichen Jahrhundert so berühmten Arztes Hua Tuo gab man sich größte Mühe, ein Unternehmen für chinesische Medizin aufzubauen, das mittlerweile im In- und Ausland bekannt geworden ist…

Es gab aber auch Bauern, die durch den Anbau von Getreide Millionäre geworden sind. In einem Dorf im Kreis Fengyang trafen wir einen Mann, der von seinem alten Provinzkomiteesekretär mit »Millionär Chen« angesprochen wurde. Dieser Millionär Chen war der Auffassung, als Bauer müsse man Getreide anbauen. Wer nicht in der Landwirtschaft arbeite, könne sich auch nicht Bauer nennen. Jetzt hatte er sich von den Bauern aus der Nähe seines Dorfes am Ufer des Huai 1.200 Mu Ackerboden vertraglich überantworten lassen. Um die Mechanisierung der Landwirtschaft voranzutreiben, hatte er sich zunächst eine Drehegge, eine Saatmaschine, eine kombinierte Erntemaschine, einen PS-starken Traktor, einen Kleintraktor und ein Bauernauto zugelegt. Dann baute er Dämme, eine Bewässerungsstation zum Schutz der Ernte vor den Überschwemmungen beziehungsweise den Dürren im Frühling und Herbst. In seinem besten Jahr fuhr er 1,2 Millionen Pfund Rohreis ein und 680.000 Pfund Weizen; in seiner Kreisstadt wurde er als »Nr. 1 im Getreideanbau« gerühmt.

»Wer hat gesagt, mit Getreideanbau könne man nicht reich werden?«, sagte er und zeigte stolz auf sein zweistöckiges Haus. »Und er hat nicht mich allein reich gemacht, sondern auch die anderen alteingesessenen Dorfbewohner. In meinem Haus hier habe ich schon Gäste aus über 28 Ländern empfangen; auch Ministerpräsident Zhu Rongji war schon einmal mein Gast!«

Er war in der Tat ein ebenso typischer wie außergewöhnlicher Fall. In die Armut hineingeboren begann er mit sechs Jahren um Essen zu betteln, wovor ihn erst 1949 die Befreiung bewahrte. Aber seit er Leiter einer Kooperative für fortschrittliche Agrarproduzenten gewesen war, hatte man ihm im Verlauf von 20 Jahren viermal das Parteibuch abgenommen. 1957 machte er Land urbar, baute Rettich an und wurde geradewegs zum »Rechtsabweichler«; auch wenn er den von ihm angebauten Rettich restlos unter allen anderen verteilte, so hieß es oben doch, er »treibe Kapitalismus« – er wurde aus der Partei ausgeschlossen. 1960 machte er sich allen voran ans Körbeflechten und die Herstellung von Strohmatten, um allen über die Zeit der Hungersnot hinwegzuhelfen, doch in der Gemeinde wurde er als »Spekulant und Profiteur« verleumdet und verlor das gerade wiedergewonnene Parteibuch erneut. 1973 wurde ihm wegen einiger »negativer Äußerungen« über die Volkskommunen nicht nur das Parteibuch weggenommen, er wurde auch noch ins Gefängnis gesteckt, wo er ein Jahr und drei Monate absaß. 1980 war alles mit dem Umfassenden Verantwortungssystem beschäftigt, und er glaubte, nun ungehindert loslegen zu können, organisierte Landarbeiter in den umliegenden Kreisen und zog eine große Weberei auf. Dass er damit erneut die damalige Politik verletzte, soweit hatte er nicht gedacht. Marx hatte gesagt*, wer mehr als acht Arbeiter anstellt, ist ein Kapitalist – und bei ihm arbeiteten über 200! Die Gemeinde hielt das für ein ernsthaftes Vergehen und warf ihn noch einmal aus der Partei.

In seinem Dorf machte man sich einen Spaß daraus, ihn auf den Arm zu nehmen: »Deng Xiaoping ist dreimal gefallen und dreimal wiedergekommen*, aber du bringst es auf viermal!«

Der spätere Millionär hatte Humor und lachte nur. Auch wenn man viele Fehler macht im Leben, das törichte Herz ändert sich nicht. Als er vollständig rehabilitiert war und seine Parteimitgliedschaft zurückhatte, kehrte er wieder auf den Posten des Parteizellensekretärs seines Dorfes zurück und führte schließlich unter hohem Einsatz alle auf den Weg zu Wohlstand und Reichtum.

Wir kamen am Vormittag des 11. März 2001, die Sonne stach in die Augen, in seinem Dorf an. Damals hatte er sich nicht nur Acker um

Acker vertraglich überantworten lassen, sondern auch noch eine weiterverarbeitende Fabrik mit einer Tagesleistung von 50 Tonnen Getreide aufgebaut und eine Brennerei, die im Jahr 1,5 Millionen rote Ziegel produzierte. Darüber hinaus plante er eine Rinder- und Schafzucht mit je 1000 Stück Vieh und eine Geflügelzucht mit 100.000 Stück.

Mit dieser Menge an Rindern, Schafen und Federvieh brauchte er sich um Dünger für seine Felder keine Sorgen zu machen. Das Getreide kam aus der Erde, er selbst konnte es verarbeiten, damit kam die Agrarproduktion in einen guten Kreislauf, und die Getreidebauern hatten schöne Tage.

Wenn man den »Millionär Chen«, der viermal sein Parteibuch verloren hatte, seine eigene Geschichte erzählen hörte, dann hörte man die Geschichte des historischen, über 50 Jahre währenden Kampfes der chinesischen Bauernschaft, die einen mit sehr gemischten Gefühlen zurückließ. Wir erkannten am Beispiel von »Millionär Chen«, der einmal nationaler Modellarbeiter gewesen war, wie tief die heutige Politik der Partei, die den Wohlstand des Volkes zum Ziel hat, in die Menschen gedrungen war und wie sehr sie ihre Herzen gewonnen hatte.

Auch wenn in den riesigen ländlichen Gebieten Anhuis bereits Pilotgebiete für die Steuerreform eingerichtet worden waren, gibt es natürlich, wir müssen hier ja kein Blatt vor den Mund nehmen, dort wie im ganzen Land immer noch zu viele Faktoren, die zu einer Verringerung der bäuerlichen Einkommen führen, und immer noch zu wenige Maßnahmen zur Erhöhung der Einnahmen, die sofort greifen. Die Marktwirtschaft ist für viele Bauern einfach noch ein Fremdwort, und überall tun sich »Fallen« auf. Vorbilder wie die gerade angeführten sind noch weit in der Minderheit.

Ein paar nüchterne Regionalverwaltungen haben immerhin erkannt, dass die Readjustierung der Strukturen von Landwirtschaft und Industrie ein langfristiger, dynamischer Prozess ist, der im nationalen Maßstab gesehen werden muss. Ein einzelner Kreis, eine einzelne Gemeinde, vielleicht auch eine einzelne Provinz mag kurzfristig für eine Erhöhung der bäuerlichen Einkommen sorgen können, aber damit ist man noch nicht an der Wurzel des Problems. Womit wir es dabei zu tun haben, das heißt in der Wirtschaftswissenschaft »Trugschluss der Verallgemeinerung« und meint: Individuelle Rationalität führt zu kollektiver Irrationalität. Mit einfachen Worten wird es vielleicht klarer: Ich passe an, du passt an, er passt an, keiner bringt die Waren an den

Mann. Überall herrschten das gleiche System, die gleichen Lebensbedingungen, wie konnte da die Wirtschaft in den ländlichen Gebieten trotz ihrer regionalen Unterschiede und Stärken dem »Trend zur Uniformität« begegnen? Im Grunde genommen verfolgt die Readjustierung noch den alten Weg zum Wohlstand, der auf der Landwirtschaft beruhen sollte. Dabei kann man doch feststellen, dass bei der unentwegten Steigerung der Arbeitsproduktivität in den Städten die Kluft zwischen Stadt und Land immer größer wird. Der Output der landwirtschaftlichen Einheiten bleibt weiterhin ausgesprochen begrenzt, und die grundlegende Tatsache, dass die ländliche Bevölkerung die überwiegende Mehrheit der Gesamtbevölkerung ausmacht, steht jeder Änderung entgegen. Ihr Gesamtproduktionswert wird relativ zur gesamten Volkswirtschaft weiterhin fallen – in dieser Situation zu hoffen, die Bauern würden über eine Readjustierung der Agrarstrukturen zu Wohlstand kommen, ist ein Unding.

Wenn also von Readjustierung der Strukturen die Rede ist, so haben die inneren Strukturen der Landwirtschaft eine solche am wenigsten nötig. Diese Readjustierung müsste vielmehr den Aufbau der Städte und Gemeinden, die allgemeine Schulpflicht, die Gemeindeunternehmen, die nicht-agrarische Industrie, die Beschäftigungsverhältnisse, das Kapital, die Finanzen und die Methoden des Wirtschaftens umfassen. Vor allem ist es notwendig, die ungleiche Situation der Abschottung, Entgegensetzung und Trennung von Stadt und Land grundsätzlich zu bereinigen.

China braucht eine Revolution seines Systems, braucht insgesamt weniger Bauern, braucht deren Transformierung und Befreiung. China muss mehr Bauern dazu ermutigen, in die Städte zu gehen, damit sie sich von ihrer seit Generationen gewachsenen Abschottung auf dem Lande verabschieden und in der mächtigen Strömung zur Verstädterung aufgehen. Der Weg, der vor uns liegt, ist noch weit, sehr weit.

Die andere Seite von Glanz und Überfluss

Anhui ist eine große Agrarprovinz mit einem gleichermaßen großen Arbeitskräftereservoir. Im Jahr 2000, als hier unter der direkten Leitung des Zentralkomitees mit den Pilotgebieten für die Steuerreform begonnen wurde, betrug der Arbeitskräfteüberschuss auf Provinzebene über zehn Millionen Menschen – das entsprach 40 Prozent der Gesamtarbeitskräfte in den ländlichen Gebieten. Und es war absehbar, dass infolge der verstärkten Dynamik für eine Readjustierung der industriellen Strukturen in den ländlichen Gebieten diese Zahl noch weiter ansteigen würde.

Die Frage der Entfaltung der Arbeitskraftressourcen in den ländlichen Gebieten und der Überführung der überschüssigen Arbeitskräfte ist längst nicht mehr nur eine Frage der Entlastung der Bauern, vielmehr ist das ein großes strategisches Problem der Modernisierung der chinesischen Landwirtschaft und der Modernisierung Chinas überhaupt. Denn die Bauern dürfen vom Voranschreiten der Modernisierung Chinas nicht abgekoppelt werden; ohne eine Modernisierung der Bauernschaft gibt es keine Modernisierung Chinas.

Wenn Ackerbau und Viehzucht wirtschaftliche Defizite bringen, wenn die Bauernlasten den Nutzeffekt eines Engagements in der Landwirtschaft weiter verringern, wenn die Haushalte vor allem Kleinanbau betreiben, dann verliert sich die Anziehungskraft dieses Berufes. Das gigantische Gefälle von Stadt und Land tut das seinige dazu, dass viele Bauern das Land, das seit Generationen ihr Leben gewesen war, als eine Last betrachten, dass ein erschreckendes Kontingent von ihnen jetzt schon und unvorbereitet der Scholle den Rücken kehrt und gegen alle Widerstände in die Städte drängt.

Dort angekommen bleibt der überwiegenden Mehrheit unter ihnen nichts als ein parasitäres Dasein unter den Vordächern der Städte. Von »Grundsicherung«, »Krankenversicherung«, Wohnungszuschüssen und allen weiteren sozialen Fürsorgemaßnahmen sind sie weiterhin ausgeschlossen. Und das System der Melderegister bildet für sie ein unüberwindliches Hindernis. Für die Städte können sie dadurch nicht mehr sein als Zugvögel.

Berechnungen des Statistischen Amtes zufolge hat die provinzübergreifende Bevölkerungswanderung bereits über 120 Millionen Menschen ergriffen. 59,3 Prozent, also mehr als die Hälfte von ihnen, kommen aus nur sechs Provinzen: aus Sichuan, Anhui, Hunan, Jiangxi, Henan, Guizhou. Anhui liegt landesweit auf Platz 2.

Von den über 27 Millionen Arbeitskräften in den ländlichen Gebieten, die Anhui zur Zeit hat, gehen über sieben Millionen außerhalb einer Arbeit nach. Von diesen sieben Millionen entfallen alleine auf Shanghai über 1,25 Millionen, das ist ein Drittel aller von außerhalb kommenden Arbeiter. Und das sind nur die offiziellen Zahlen! In Wirklichkeit hat bereits ein großer Teil der bäuerlichen Arbeitskräfte in Shanghai fest Fuß gefasst und ihre Frauen und Kinder nachgeholt, so dass ihre wirkliche Zahl bei weit über zwei Millionen liegen dürfte. Wo in dieser großen Metropole im Osten nur irgendein Platz ist, der bäuerliche Arbeiter aufnehmen kann, lässt sich sicher auch ein Schatten dieses »Anhui-Kontingents« finden.

Man kann es auch so formulieren: Das tägliche Leben in Shanghai, Ernährung, Kleidung, Wohnung und Handel – all das ist untrennbar mit den Arbeitern aus Anhui verknüpft. In allen Industriezweigen, sei es in der Bauindustrie, der Textilindustrie, der Autoindustrie oder der Gartenbauindustrie, finden sich Arbeiter aus dieser Provinz, und viele von ihnen bewähren sich dabei in besonderer Weise, einige haben sich sogar als hervorstechende Talente in ihren Tätigkeitsfeldern gezeigt oder sind zu Modellarbeitern geworden.

So ist Gao Yumei aus dem Kreis Congyang in der Shanghaier Textilfabrik Donghai zum technischen Spezialisten in der Textilmühle und als herausragende Kraft auf dem neuen langen Marsch der Stadt Shanghai bezeichnet worden. Wu Lunzhong aus der Stadt Liuan, Provinz Anhui, hat in Shanghai ein Geschäft für Kunst, Kunsthandwerk und Dekoration aufgebaut, die Aktiva belaufen sich auf einige Dutzend Millionen, und sein Geschäft gehört zu den zehn größten Shanghais. Niu Zhuanyun hat sich mit Verve auf Softwarefragen konzentriert und steht allen großen Firmen mit Beratung und Wartung ihrer Personalcomputer zur Seite; in Shanghai ist er längst bekannt als der »Computerdoktor« ...

Man muss das bewundern. Was in den Augen der Shanghaier einfach nur Müll ist, wird in den Händen von Arbeitern aus Anhui zu einem »Schatz«; aus Tätigkeiten, die die Bürger der Stadt keines Blickes würdigen, machen Arbeiter aus Anhui im Handumdrehen einen schönen Erfolg. Jiang Guangneng etwa setzt die von den Fabriken weggeworfene Schlacke im Straßenbau ein und hat es mit dieser Idee zu vier Firmen mit Aktiva von zehn Millionen Yuan gebracht. Die über 500 Angestellten und Arbeiter, die in der Kriegsschiffproduktion der Schiffsbaugruppe von Jiangnan eine Schlüsselstellung einnehmen, stammen alle aus dem Kreis Wuwei in Anhui; sie haben sich durchgebissen, sind stets bereit dazuzulernen, und der Vorstandsvorsitzende dieser Gruppe lobt sie in den höchsten Tönen.

Ein paar wenige Arbeiter aus Anhui, die sich in Shanghai durchgekämpft hatten, sind sogar auf die Ebene des Unternehmensmanagements aufgestiegen, was zu der Situation geführt hat, dass nun reguläre Arbeitskräfte von Wanderarbeitern gemanagt werden. Ein Arbeiter aus dem Kreis Lujiang wurde in einer Bekleidungsfirma in Shanghai, einem chinesisch-amerikanischen Joint Venture, »entdeckt«; er ist schnell aufgestiegen, hat nun über 1000 Mitarbeiter unter sich und für seine Firma in kürzester Zeit mehr als fünf Millionen amerikanische Dollar an Devisen erwirtschaftet. Er ist so etwas wie der Held unter den Zeitarbeitern.

Als Unternehmer und Wagemutige aus der Hafenstadt Wenzhou in der Provinz Zhejiang mit großem Kapitaleinsatz nach Shanghai drängten, zeigten die Leute aus Anhui keinerlei Schwäche. Sie waren mit ihrer Bereitschaft zu harter Arbeit, ihrem Wissen und so gut wie ohne Geld hier angekommen und konnten sich in dieser Stadt des heftigen Wettbewerbs gut behaupten. Sie akkumulierten, nur auf ihre Körperkraft gestützt, mit kleinen Restaurants, kleinen Frisör- und Reparaturläden, mit Transport- und Bauarbeiten oder als Schrottsammler, die alle Straßen und Gassen abklapperten, nach und nach ein Grundkapital, mit dem sie an immer größeres, schließlich auch an das »große Geld« gekommen sind. Einer unvollständigen Statistik zufolge werden im heutigen Shanghai 40 bis 50 von den Unternehmen, die über ein Kapital von über zehn Millionen Yuan verfügen, von ehemaligen Wanderarbeitern aus Anhui betrieben.

Schon in der Anfangszeit der Öffnungs- und Reformpolitik hatten junge Frauen aus dem Kreis Wuwei mutig das Schicksal herausgefordert, sich vom traditionellen »Kleben an der Scholle« freigemacht und sich ohne Angst vor der langen Reise in Peking als Kindermädchen verdingt. Sie bildeten die Vorhut der in die Städte drängenden Bauern. In wenigen Jahren haben über 1100 »Lehmfüßler« aus einem berühmt-berüchtigten »Katastrophennest« im Überschwemmungsgebiet am Huai den Pekinger Stadtteil Zhongguancun einfach gestürmt, dabei über 60 Prozent der Chip-Marktanteile des »chinesischen Silicon Valley« okkupiert und somit zu Beginn des neuen Jahrtausends den Frühlingstraum aller Wanderarbeiter wahr werden lassen. 180.000 Wanderarbeiter aus drei der Provinzhauptstadt Hefei unterstellten Kreisen haben in Peking als Bautrupps Fuß gefasst und sich überdies auf den Weg in 22 verschiedene Provinzen und Selbstverwaltungsgebiete sowie in 14 andere Länder gemacht – ein beeindruckender Erfolg.

So webt jeder Arbeiter aus Anhui, fern der Heimat und in allen Weltgegenden zu Hause, an seinem Traum: mit harter Arbeit und vielfältigen Fähigkeiten, mit Gewitztheit und Intelligenz.

Das Bruttoinlandsprodukt, das von den mehr als sieben Millionen außerhalb von Anhui arbeitenden Bauern erwirtschaftet wird, beläuft sich, wenn man pro Kopf und Jahr von 50.000 Yuan ausgeht, auf 350 Milliarden Yuan. Das entspricht fast dem gesamten Bruttoinlandsprodukt von Anhui. Das heißt: Jedes Jahr erwirtschaften die Arbeiter außerhalb der Grenzen ihrer Provinz ein »wanderndes Anhui«; und weil sie ihr Einkommen zum größten Teil in ihre Heimatgemeinden zurückbringen, schaffen diese außerhalb arbeitenden Bauern gleichzeitig zu dem »Wander-Anhui« auch ein »Rückkehrer-Anhui«!

Es steht längst außer Frage, dass die Abwanderung von Teilen der Bevölkerung aus der Landwirtschaft die gesellschaftliche und wirtschaftliche Entwicklung nicht nur in den Zuwanderungs-, sondern auch in den Abwanderungsgebieten vorantreibt. Und da das kulturelle Niveau der Abwanderer in der Regel relativ hoch ist und die jahrelangen Erfahrungen in der Fremde ihren Horizont erweitern und ihre Fähigkeiten weiter vermehren, werden nicht nur sie durch die Großstadt, sondern die Großstädte und ihre Heimatgemeinden auch durch sie verändert. Zum Beispiel gibt es im Kreis Fuyang, in dem die Steuerreform relativ gut lief und aus dem relativ viele Wanderarbeiter kommen, augenblicklich über 700 Unternehmen, die von Rückkehrern aufgebaut worden sind und von ihnen geleitet werden. 69 dieser Unternehmen, so die letzten Untersuchungen, nehmen 17.500 Arbeitskräfte auf, ihre Aktiva belaufen sich insgesamt auf 137 Millionen Yuan, ihr Gewinn samt dem Steueraufkommen liegt bei 58.390.000 Yuan.

In den abgelegenen Ortschaften, in die wir gefahren waren, konnten wir zwischen alten und abgewrackten Bauernhäusern oft mehrstöckige Häuser entdecken – ein Bild, als wenn Kraniche unter Hühnern herumstolzieren. Wir brauchten gar nicht erst zu fragen. Wenn es sich bei den Besitzern dieser Häuser nicht um privilegierte Dorfkader handelte, dann waren es Familien, von denen jemand außerhalb arbeitete.

Wenn Anhui den Sprung von einer großen zu einer starken Agrarprovinz schaffen will, dann muss es dieser Masse von Arbeitern, die in die Städte gezogen ist, entsprechende Bedeutung beimessen und einen sinnvollen Gebrauch von ihnen machen. In der Tat ist die Provinz Anhui eine der Ersten gewesen, die ihr überschüssiges Arbeitskräftepotential anderen Arbeiten zugeführt hat. Infolge der fortlaufenden Vertiefung der Steuerreform haben Provinzkomitee und -verwaltung viele Dokumente herausgebracht, in denen der »nach allen Seiten ausstrahlende Stern der bäuerlichen Betriebsgründungen« nachdrücklich gelobt worden ist. Das Provinzkomitee samt den Provinzämtern für Arbeit, Zivilverwaltung, Öffentliche Sicherheit, Verkehr und Bauwesen haben in dieser Hinsicht eine enorme Arbeit geleistet. Nicht nur einmal hat Provinzkomiteesekretär Wang Taihua betont: »In fünf oder zehn Jahren wird für Partei und Verwaltung auf allen Ebenen der Export von Arbeitskräften eine wichtige Aufgabe sein. Man muss die Ausbildung von Führungskräften, von Service und Verwaltung vernünftig anpacken, um für eine geordnete Wanderung der Arbeitskräfte zu sorgen und die Kanäle für ein vermehrtes bäuerliches Einkommen zu verbreitern.« Gleichzeitig mit dem Zustrom von arbeitswilligen Bauern in die Städte innerhalb Anhuis ist nach und nach eine Reihe von neuen politischen Richtlinien formuliert worden, mit denen unsinnige Beschränkungen abgeschafft und die Wanderarbeiter sogar in den Genuss von sämtlichen Vergünstigungen, einschließlich der drei Versicherungen (Leben, Rente, Gesundheit), gekommen sind.

Aber bei unseren Untersuchungen wurde ebenso klar, dass die Wirkung der neuen Dienstleistungswirtschaft auch nicht überschätzt werden darf und dass der Export von Arbeitskräften aus den ländlichen Gebieten erhebliche Nebenwirkungen mit sich bringt, die in einigen großen Provinzen, Anhui eingeschlossen, längst sichtbar geworden sind. Aufgrund des Exports der Ressource Arbeitskraft in wirtschaftlich entwickelte Teile der Provinz vergrößert sich die Kluft zwischen diesen und den restlichen Gebieten, und diese Kluft schwächt die Neigung auswärtiger Unternehmen, in den strukturschwachen Gebieten zu investieren, was die Zwickmühle, in der sie stecken, weiter verschärft, weil sie aus eigener Kraft mit diesen Problemen nicht fertig werden können.

Eine weitere, ernste Tatsache, vor der man nicht die Augen verschließen darf, ist: Der überwiegenden Mehrheit dieser Bauern, die außerhalb arbeiten und die man als »bäuerliche Arbeiter« bezeichnet, kann von den Städten bis heute weder eine wirklich gleiche Vergütung noch ein menschenwürdiger Status geboten werden.

Der Schwerpunkt beim Umgang mit diesen bäuerlichen Arbeitern liegt fast überall nur auf der Überlegung, wie sie sich am besten »verwalten« und wie sie sich unter Kontrolle halten lassen. Anfangs- und Endpunkt aller Überlegungen ist stets, wie man die Wanderarbeiter vor dem Abrutschen in die Kriminalität bewahren und wie man die Sicherheit und die Stabilität der Städte gewährleisten kann. Vielerorts werden die Bauernarbeiter als Gegenstand der Vorsorge angesehen, die vor allem der Verantwortung der Sicherheitsorgane obliegt. Und auch unsere Regierung ist gerade dabei, bewusst oder nicht, diesem falschen Konzept einer »Verachtung der bäuerlichen Arbeiter« zu folgen, obwohl doch diese Tendenz bereits ernsthaft den Fortgang der Modernisierung Chinas behindert.

Anfang der 60er Jahre steckte China in einer natur- und menschengemachten Hungerkatastrophe, und danach brachen die langen und desaströsen Jahre der Großen Kulturrevolution über China herein. Deshalb war uns, als wir mit der Modernisierung und den Reformen begannen, nicht klar: In China an Modernisierung zu denken, vor allem an die Modernisierung der Landwirtschaft – das erfordert vor allem, den Bevölkerungsüberschuss in den ländlichen Gebieten abzubauen und die Abwanderung der überschüssigen Arbeitskräfte in die Städte zu einem historisch unumkehrbaren Faktum zu machen.

In Amerika, dem wirtschaftlich am höchsten entwickelten Land der Erde, macht die bäuerliche Bevölkerung nur sieben Prozent der Gesamtbevölkerung aus. Japans Wirtschaft hat sich seit den Meiji-Reformen* im 19. Jahrhundert historisch gesehen am schnellsten entwickelt – im selben Zeitraum verringerte sich der in der Landwirtschaft tätige Bevölkerungsanteil von 85 auf 15 Prozent. Auch unsere Provinz Taiwan* ist da keine Ausnahme: Während ihrer raschen Entwicklung hat sich der in der Landwirtschaft tätige Bevölkerungsanteil von 80 auf 15 Prozent verringert.

China hat augenblicklich 1,3 Milliarden Einwohner, davon leben 900 Millionen in Bauernfamilien, im arbeitsfähigen Alter sind davon über 500 Millionen. Dabei benötigt die landwirtschaftliche Produktion nur etwas mehr als 100 Millionen, und die Gemeindeunternehmen fangen nur einige Dutzend Millionen auf. Da bleiben also 300 bis 400 Millionen überschüssiger Arbeitskräfte für die Wanderschaft.

Deshalb kann man sagen, erst wenn ein Großteil dieser Bauern das Land verlässt und zu Städtern wird, hat die Modernisierung Chinas eine Chance. Und doch können die chinesischen Städte heute für Hunderte von Millionen Bauern keine Anlaufstellen sein. Die überwiegende Mehrheit von ihnen hat mit nicht mehr zu rechnen als mit einem unsteten Leben und enttäuschten Hoffnungen. Sie können sich mit den Städtern nicht auf eine Stufe stellen. Vor und hinter ihnen ist alles voller Fallen: Die von ihnen (in der Regel ohne die geringsten Schutzvorkehrungen) verrichteten Arbeiten sind oft genug gesundheitsgefährdend oder gar lebensgefährlich, sie leisten endlose unbezahlte Überstunden oder bekommen überhaupt keinen Lohn, sie werden betrogen und bedroht; wenn sie sich verletzen, erkranken oder nicht mehr arbeiten können, werden sie mit einem Fußtritt vor die Tür befördert; um überhaupt überleben zu können, werden einige zu Bettlern, zu Prostituierten, zu Junkies, zu Drogenhändlern und zu Kriminellen ...

Der Soziologe Li Qiangdeng fand bei seinen Untersuchungen heraus, dass allein im Jahr 2002 etwa einer von vier bäuerlichen Arbeitern in Peking keinen Lohn bekam oder Lohnrückstände hatte; 36,3 Prozent der bäuerlichen Arbeiter hatten schon einmal völlig mittellos dagestanden; 60 Prozent arbeiteten täglich mehr als zehn Stunden, ein Drittel davon über zwölf Stunden, 16 Prozent sogar über 14 Stunden; 46 Prozent waren einmal krank geworden und 93 Prozent erhielten von ihrer Einheit keinen Fen für Arzt und Medikamente.

Und all das in Peking, in der Hauptstadt Chinas!

Zahllose bäuerliche Arbeiter von außerhalb schaffen mit ihrem Schweiß, ihren Tränen und ihrer körperlichen und seelischen Kraft den Glanz und den Überfluss der Städte, aber wir Städter, die wir in der Minderheit sind, geben diesen Bauern, die aus dem ganzen Land kommen, zu verstehen, was es heißt, wenn man »für Geld die Menschlichkeit« vergisst. Wir leben alle unter dem gleichen Himmel, doch die Gleichheit, der Altruismus, die Freundlichkeit und die Achtung zwischen Mensch und Mensch werden von Grund auf zerstört. Für die Wanderarbeiter bleibt kein Mitleid und keine menschliche Wärme.

Im Grunde produziert schon das System der Melderegister eine Zweiklassengesellschaft, eine künstliche Ungleichheit in Status und Entwicklungsmöglichkeit zwischen den Menschen aus der Stadt und den Menschen vom Land. Das Einkommensgefälle wird immer größer, der Fluss zwischen Stadt und Land wird unterbunden, der Zentralismus der Städte ist in das Unterbewusstsein der Menschen eingedrungen, und das unangemessene Verhalten vieler Stadtverwaltungen hat die tiefverwurzelten traditionellen Vorstellungen der Städter verstärkt, wonach Bauern, die in die Städte kommen, systematisch zu »Parias« degradiert werden.

Wir sind im 21. Jahrhundert angekommen, baden im frischen Sonnenschein eines neuen Jahrhunderts, werden aber immer noch von Meldungen wie der folgenden verstört und entsetzt: Das durchschnittliche Nettojahreseinkommen der Bauern fällt weiter, die Ungleichheit im Einkommen wird immer größer. Lu Zhiqiang, der stellvertretende Leiter des Forschungs- und Entwicklungszentrums des Staatsrats, hat voller Bedauern ausgeführt, dass China längst zu einem Land mit sehr ungleichen Löhnen geworden ist; die Massen haben ihre Unzufriedenheit darüber bereits kundgetan, über 70 Prozent unserer Bürger sind der Auffassung, dass das »Gefälle zwischen Arm und Reich« bereits die Stabilität der Gesellschaft beeinträchtigt.

Im heutigen China ist kaum noch jemand, der etwas kann, willens, auf dem Land zu bleiben. Wer fix im Kopf ist, kommt über Aufnahmeprüfungen von Schulen in die Stadt, wer Beziehungen hat, drängt über Arbeiterrekrutierungen, über Verwandte oder über einen Job in die Stadt. Warum aber blühten die Gemeindeunternehmen in den 80er Jahren? Vor allem deshalb, weil die ländlichen Gebiete damals Talente horteten. Aber danach flossen diese Talente ständig vom Land ab, den Gemeindeunternehmen ging die Ressource Mensch aus, der Mangel an und die Austrocknung von Pioniergeist und Ressourcen waren in den letzten Jahren zweifellos ein wichtiger Grund dafür, dass es den Gemeindeunternehmen an Nachhaltigkeit fehlte. Und mit den Talenten floss in noch viel größerem Ausmaß das Kapital aus den ländlichen Gebieten ab. Nach dem Zahlenmaterial, das wir in die Hand bekamen, belief sich das in den zehn Jahren zwischen 1985 bis 1995 allein vom Land abgezogene Kapital auf 305,7 Milliarden Yuan, das sind im Jahresdurchschnitt über drei Milliarden!

Anhui hat bereits im Jahr 1985 begonnen, ein »Wohnsitzregistrierungsgesetz« zu formulieren, in der Hoffnung, damit die Kluft zwischen Städtern und Landbewohnern zu schließen. Man muss sich das einmal klar machen: Der an Härte nicht zu überbietende Krieg gegen Japan hat nur acht Jahre gedauert; der Befreiungskrieg gegen die Dynastie der Familie Jiang Jieshis brauchte nur drei Jahre – und jetzt waren schon 18 Jahre ins Land gegangen, mehr als doppelt so viel wie im antijapanischen Krieg, sechsmal so viel wie im Befreiungskampf, und das von den chinesischen Bauern so sehnsüchtig erwartete »Wohnsitzregistrierungsgesetz« ist bis heute nicht verabschiedet worden. Die Abschaffung des Zweiklassensystems von bäuerlichen und nichtbäuerlichen Haushalten trifft immer noch auf die einhellige Ablehnung nahezu sämtlicher Regierungsbehörden.

Irgendwie ist das unvorstellbar, aber im Grunde genommen klammern sich nicht wenige Behörden einfach an die vielen Vorrechte aus der Zeit der Planwirtschaft und an ihre traditionellen Sonderrechte und sind nicht zu Veränderungen bereit.

Beunruhigend ist zudem, dass die Städte auf den steigenden Wiedereinstellungsdruck des in ihren Bereichen freigesetzten Personals im Allgemeinen so reagieren, dass sie »neue Vögel in den leeren Käfig« setzen und die bäuerlichen Arbeiter entweder entlassen oder nur auf Zeit einstellen und den Kreis der Berufe und der Firmen, in denen die Zugewanderten tätig sein dürfen, weiter einschränken – mit dem Erfolg, dass diese Auswärtigen keine Arbeit mehr finden und die Zahl der Rückkehrer in die ländlichen Gebiete von Jahr zu Jahr zunimmt. Diese Masse von Arbeitslosen in der Landwirtschaft wird von unseren Statistiken gar nicht erfasst, doch ihre Zahl übersteigt die Zahl der städtischen Arbeitslosen und der freigesetzten Arbeitskräfte bei weitem!

Wenn nicht eines nahen Tages das Problem der sozialen Sicherung gelöst wird, wenn es weiterhin kein System gibt, das sich im Krankheits- und Todesfall der auf dem Lande verbliebenen Bauern annimmt, dann bleiben diese Bauern vollständig an den Boden gebunden, wie begrenzt er auch ist. Wenn heute noch immer die Landwirtschaft die wichtigste Einkommensquelle für die Mehrheit der bäuerlichen Bevölkerung darstellt, dann muss die Kluft zwischen Arm und Reich, Stadt und Land und Region und Region sich weiter vertiefen. Wenn die Waren aus den Städten auf den ländlichen Märkten keine Chance haben, dann werden Warenüberschuss und Deflation ungebetene Gäste sein. Wenn die ländlichen Gebiete längerfristig von den Modernisierungen ausgeschlossen werden, dann ist es mehr als wahrscheinlich, dass die junge Bauerngeneration zu einem lebendigen Stabilitätsrisiko wird, was die Gefahr eines Bruches zwischen Stadt und Land noch vergrößert.

Und der von einem solchen Bruch ausgelöste Schock wäre katastrophal!

Die Sorgen von Kleingang

Im goldenen Herbst von 2002 ging die Steuerreform in den ländlichen Gebieten Anhuis in ihr drittes Jahr. Man muss sagen, dass die Entschlossenheit der Provinz, die »Lasten zu senken«, durchaus groß gewesen ist, und man muss auch sagen, dass es bei den unternommenen Anstrengungen nicht am guten Willen gefehlt hat. Aber plötzlich stellten sich in den ländlichen Gebieten die altbekannten Willkürlichkeiten wieder ein. »Das Feuer, das nicht ausgetreten wird, facht der Frühlingswind wieder an« – es war sprichwörtlich so.

Die Wucht, mit der die Bauernlasten zurückkehrten, konnten viele Menschen zuerst gar nicht fassen.

Der *Xin'an wanbao (Abendzeitung Neues Anhui)* enthüllte: In den kaum 14 Tagen zwischen dem 20. August und dem 1. September 2002 erreichten das Blatt 369 Beschwerdebriefe aus ganz Anhui, in denen die Massen sich allein über willkürliche Schulgebühren beklagten.

Doch dieses Problem war bei weitem nicht so schwerwiegend wie die Beschwerden, die von den Massen beim Büro für Warenpreise der Provinz eingingen. Und bei diesen Beschwerden ging es nicht nur um Bildung und sie bezogen sich auch nicht nur auf den August und den September eines Jahres. Seit der Einrichtung der Pilotgebiete für die Steuerreform stand die Arbeit an der Entlastung der Bauern unter Hochdruck, aber die Abgaben blieben ein herausragendes Problem, das noch immer die wirtschaftliche Entwicklung in den ländlichen Gebieten und die gesellschaftliche Stabilität störte.

Die Provinzstelle für Preiskontrolle hat in jener Zeit eigens eine Untersuchung angestellt, aus der hervorgeht, dass zwar in einigen Gebieten die Anzahl der Gebühren um bis zu mehreren Dutzend abgenommen hatte, gleichzeitig aber über 100 neue hinzugekommen waren! Diese Gebühren wurden von allen möglichen Behörden erhoben, und Anlass konnte auch alles Mögliche sein: Einschulung, Baumaßnahmen, Heirat, Alter, Krankheit und Tod, das Anbieten von Agrarnebenprodukten usf.

Man kann das als eine regelrechte »Wiederauferstehung der Bauernlasten« bezeichnen.

Zu Beginn der Pilotversuche hatte die Provinzregierung in einem »Brief an die bäuerlichen Freunde in der Provinz« bestimmt, dass beim Bau eines Hauses außer den fünf Yuan für das Grundbuchzertifikat keine weitere Gebühr von den Bauern erhoben werden dürfe. Aber in einigen Regionen fielen für die Prüfung und Genehmigung eines Hausbaus nun wieder die unterschiedlichsten Gebühren an. Da gab es nicht nur die Gebühr für das Bodenzertifikat, sondern auch noch die Bodenverwaltungsgebühr, die Benutzungsgebühr für mit Rückzahlungen belastete Böden usw. Und die Höhe dieser Gebühren war wieder einmal von den Bauern nicht mehr zu tragen. Für die Genehmigung eines Hausbaus auf ihrem eigenen vertraglich überantworteten Boden brauchten sie 1000 bis 3000 Yuan, in manchen Gebieten ging das sogar hoch bis auf über 5000 Yuan!

Außerdem benötigten sie, wenn sie auswärts arbeiten wollten, eine

Art Personalausweis, der sie entweder eine Gebühr für die Bestätigung des Einwohnermeldeamtes oder eine Ausstellungsgebühr kostete; wenn sie heirateten, waren sie gezwungen, die verschiedensten Dienstleistungsgebühren zu entrichten wie zum Beispiel eine Beratungsgebühr; es war ganz klar, dass sie für die Erneuerung des Straßennetzes in den ländlichen Gebieten freiwillige Arbeitsdienste zu leisten und für den Lohn und die Verpflegungskosten der zusätzlichen Arbeitskräfte aufzukommen hatten.

Wang Taihua, der Provinzkomiteesekretär, sah sich gezwungen, noch einmal auf den Tisch zu schlagen.

Um die Resultate der Steuerreform zu festigen und die Belastung der Bauern wirklich herunterzufahren, wiesen Provinzkomitee und -verwaltung alle zuständigen Stellen an, die schlimmsten Fälle von willkürlichen Schul- und Baugebühren, von denen die Massen berichteten, streng zu verfolgen und in Ordnung zu bringen, also dieser Rückkehr der Bauernlasten entschlossen Einhalt zu gebieten und sie wirksam abzuwehren.

So kam etwa ans Licht, dass das Büro für Warenpreise des Kreises Qianshan Hand in Hand mit dem Kreisbildungskomitee seine Kompetenzen überschritten, die Bestimmungen verletzt und mit einem Erlass über Verwaltungsgebühren eigenmächtig Standard und Umfang der Schulgebühren verändert hatte. Der Leiter des Büros wurde mit einer Versetzung auf einen niedrigen Verwaltungsposten, der stellvertretende Leiter des Büros und der Leiter des Bildungskomitees mit einem Eintrag in die Personalakte bestraft. Und auch weitere leitende Kader aus anderen Kreisen und Gemeinden wurden zur Rechenschaft gezogen und verloren wegen willkürlicher Steuererhebungen ihre Posten, bekamen einen Eintrag in die Personalakte oder erhielten parteiintern einen strengen Verweis.

Provinzkomitee und -verwaltung verlangten, es müsse öffentliche Beschwerdetelefone geben, um mit ihnen für die gesamte Provinz ein Netz zur Überwachung und Verfolgung von Problemen im Zusammenhang mit den Bauern aufzubauen. Sie beriefen außerdem eine Konferenz ein, die sich mit der Kommunikation über die willkürliche Besteuerung der Bauern per Fernsehen und Telefon beschäftigte. Yang Duoliang, der stellvertretende Provinz- und Disziplinarkomiteesekretär, führte den Vorsitz und hielt eine wichtige Rede; Zhang Ping, der stellvertretende Provinzgouverneur im Ständigen Ausschuss, traf abschließend Anordnungen zur weiteren Mobilisierung.

In diesem Zeitraum bekamen auch wir unentwegt Briefe und Anrufe von Freunden auf dem Land, die wir in den vergangenen beiden Jahren interviewt hatten. Sie berichteten, wie sie kaum ein paar Tage Ruhe gehabt hätten und jetzt die Kreis-, Gemeinde- und Dorfkader von neuem die Hände ausstreckten – die ganze Willkür sei wieder da.

Bei den vielen Vorwänden für die Erhebung willkürlicher Steuern wusste man nicht, ob man weinen oder lachen sollte, aber es war auch schockierend.

Die Bauern der Gemeinde Fengmiao, wo es zu dem »Zwischenfall von Großgao« gekommen war, der zwei Provinzen und eine ganze Reihe von Kreisen erschüttert hatte, machten noch heute keinen Muckser, dabei war es mit den willkürlichen Steuern das alte Lied. Und die Kader tönten, wenn jemand von oben zur Inspektion der Arbeit an der Steuerreform käme, dann dürfe nicht über irgendwelche Probleme gesprochen werden, denn das sei einem Gast gegenüber »ausgesprochen unhöflich«.

Ganz unvorstellbar war, was danach im Dorf Wangying geschah. Die Einwohner von Wangying schrieben als Einleitung für ihren um die 8000 Zeichen langen Beschwerdebrief:

> »Heute, wo die Geschichte in das 21. Jahrhundert eingetreten und China zu einem Rechtsstaat geworden ist, werden die demokratischen Rechte der Einwohner des Verwaltungsdorfes Wangying, ihre finanziellen Rechte und ihre Persönlichkeitsrechte auf nicht hinzunehmende Weise mit Füßen getreten … Sehen Sie selbst, was der stellvertretende Parteikomiteesekretär der Gemeinde Baimiao, der Leiter des Gemeindebüros für Zivilverwaltung und der Parteizellensekretär in Wangying angerichtet haben!«

Und dann fiel der Name des Parteizellensekretärs: Wang Junbin. Als wir das lasen, bekamen wir einen Schreck.

War das nicht der Mann, der damals als Erster die Courage gehabt hatte, sich zu beschweren, der eine Zeit lang steckbrieflich gesucht und aus der Partei ausgeschlossen worden war? War das nicht derjenige, dessen sich das Zentralkomitee angenommen hatte, der sein Parteibuch zurückerhalten und schließlich eben zum Parteizellensekretär seines Dorfes gewählt worden war?

Wie konnte jemand, der damals den Protest angeführt hatte, heute, wo sich Wangying »zu einer erneuten Kollektivbeschwerde genötigt« sah, zum Gegenstand dieser Beschwerde werden?

Der Beschwerdeschrift zufolge war es in Wangying wieder zu Übergriffen durch die Kader gekommen, die den Menschen die vom Staat angewiesenen »Gelder zur Steuerreduzierung bei Naturkatastrophen und Missernten« vorenthielten. Als die Bauern sich beschwerten, brachte die Blamage die Gemeindekader in Wut, sie bedienten sich des altbekannten Drehs und ließen sie von den Exekutivorganen festnehmen.

In dem Beschwerdebrief hieß es weiter:

> »Die Gelder zur Reduzierung der Agrarsteuer bei Naturkatastrophen werden von der Zentrale und der Provinz in Katastrophenjahren speziell bereitgestellt, um den Bauern in den betroffenen Gebieten eine Atempause zu gönnen. Natürlich aber auch, um die Bauernschaft in Katastrophenjahren die Fürsorge der Partei und der Regierung spüren und sie wissen zu lassen, dass Partei und Regierung ständig um Leben und Produktion der Bauern besorgt sind und ständig die Entwicklung der Wirtschaft in den ländlichen Gebieten verfolgen. Beamte aber, die um dieses Geld einen Aufstand zu machen wagen, reißen nicht nur irgendwelches Geld an sich, sondern ein Stück Mitgefühl von Partei und Regierung mit den Bauern in den Katastrophengebieten!«

Als wir das gelesen hatten, waren wir sehr aufgewühlt. Wang Junbins Rollenwechsel stürzte uns in ein schmerzliches und langwieriges Nachdenken. Ob das althergebrachte System in den ländlichen Gebieten Chinas wirklich ein »magisches Wasser« war, das jeden, der hineinfiel, von Grund auf veränderte?

Wir fühlten uns erinnert an unsere Reise nach Kleingang im Frühjahr 2001. Das war in der Zeit, als in Hefei die nationale Konferenz über die Pilotgebiete für die Steuerreform kurz vor ihrer Eröffnung stand.

Jetzt wollten wir unbedingt wissen, wie es in diesem »ersten Reformdorf Chinas«, in dem die große, weltbewegende Reform vor 20 Jahren ihren Anfang genommen hatte, heute aussah.

In Kleingang trafen wir Yan Hongchang, den Leiter der Dorfkomiteeversammlung. Er war so alt wie unsere Volksrepublik und wurde von den Dorfbewohnern »Vorsteher« genannt.

Als wir auf die Bauernlasten zu sprechen kamen, schüttelte er wie alle anderen Dorfvorsteher, die wir getroffen hatten, den Kopf. Er sagte: »Natürlich gab es diese wilden Steuern und Gebühren nach der Steuerreform nicht mehr, aber die Einnahmen der Dörfer gingen überall zurück, und das brachte neue Probleme. Heute haben die Dörfer kein Geld mehr für die Verwaltung. Auch die Gemeindeverwaltungen machen schwere Zeiten durch, von dort kommen für Kleingang im Jahr nur noch 3080 Yuan.«

Er streckte seine rechte Hand aus und rechnete es uns an fünf Fingern vor: »Sieben Dorfkader: Parteizellensekretär, Vorsitzender, Sekretär, jeder mit einem Jahresgehalt von 1800 Yuan; die anderen vier mit nur je 1000. Man kann nicht sagen, dass das viel ist, doch wenn man allein das zusammenzählt, braucht man 9400 Yuan. Im Dorf gibt es keine Unternehmen, die Geld bringen, das Gehalt der Dorfkader ist das erste Problem, das nicht zu lösen ist; die Unterstützung von Hinterbliebenen und Veteranen und die Entlastung von armen Familien, all das ist natürlich auch ein Problem; außerdem gibt es im Dorf drei ›Haushalte der fünf Garantien‹, jeder von ihnen braucht im Jahr 1800 Yuan, das macht 5400 im Jahr. Und das ist kaum zu leisten.«

Resigniert zitierte er einen kleinen, ironischen Schüttelvers: »Der Staat kriegt immer mehr, die Kreise tun sich schwer, Gemeinden quälen sich schon sehr, im Dorf sind alle Kassen leer.« Dann lachte er bitter und fuhr fort:

> »Um in den Pilotgebieten gute Arbeit zu machen, haben Zentralkomitee und Provinz spezielle Gelder bereitgestellt: Für den Aufbau auf Dorfebene kamen vom Kreis zwei Millionen, das waren für jedes kleinere und größere Dorf einheitlich 5000 Yuan. Das war die größte Unterstützung, die wir erhielten. Aber die Haushaltslöcher waren zu groß, das alles hatte keinen Effekt. Natürlich durften wir Kader von Kleingang uns bei erneuten Schwierigkeiten nicht wieder an die Bauern halten, die Abgaben im Dorf durften die festgelegten 15 Yuan nicht überschreiten. Im ersten Jahr der Steuerreform konnte so mancher Dorfkader dem Ganzen nicht mehr folgen, einer nach dem anderen warf hin und suchte sich eine Arbeit in der Stadt. In den ersten beiden Jahren habe ich der Gemeinde 16 Yuan in Rechnung gestellt, das war noch für die Feier zur Gründung unseres kleinen Nachbarschaftskomitees. Aber mehr war nicht drin, die Versammlung im Kreis musste aus der eigenen Tasche bezahlt werden. Alleine um unser Sekretariat laufend mit dem entsprechenden Bürobedarf zu versorgen, haben wir schon über 200 Yuan ausgelegt.«

Das überraschte uns sehr, also fragten wir: »Selbst wenn man dir pünktlich und in voller Höhe das Jahresgehalt zahlt, stehen dir im Monat nur 150 Yuan zur Verfügung. Mit diesem bisschen Geld ist es schon problematisch, eine Familie durchzubringen, aber wenn du selbst für den Bürobedarf und für eine Versammlung noch eigenes Geld aufwenden musst, wie kommst du damit hin? Wie kann denn ein Dorfvorsteher das tragen?«

Yan Hongchang erwiderte, wobei in seinen Worten ein wenig Stolz mitschwang: »Mit Hilfe der Kinder, mit Hilfe der Frau. Meine Zweit- und Drittältesten, Bruder und Schwester, haben sich längst nach Shenzhen aufgemacht, sie kommen ganz gut zurecht, der Zweitälteste arbeitet in der Verwaltung eines Unternehmens; mein Fünftältester ist Wirtschaftsjournalist beim Provinzfernsehen. Meine Frau zieht zu Hause Wasserpflanzen, Schweine und Hühner und nimmt damit ganz schön etwas ein. Als Dorfvorsteher bin ich ganz von ihrer Unterstützung abhängig.«

Auf dem Rückweg nach Hefei überlegten wir ständig: Das also war Kleingang! Für den Ruhm und das Ansehen des »ersten Reformdorfes Chinas« waren die Yan Hongchangs so selbstlos und bewiesen einen derart noblen Charakter und eine solche Einsicht, dass sie, wie bitter, wie schwierig das auch immer war, auf keinen Fall den einfachen Leuten wieder an den Beutel gehen wollten.

Aber das konnte offensichtlich nicht heißen und noch weniger garantieren, dass Dorf-, Gemeinde- und Kreiskader anderer Regionen sich ebenfalls für ihre Pflicht hintanstellten und Kompromisse eingingen, um ein Debakel zu vermeiden. Die vielen Mängel und Schwächen unseres Agrarsystems und unserer Agrarpolitik mussten von Grund auf reformiert und die unsinnige Überbelastung der Bauern grundlegend gestoppt und wirksam bekämpft werden. Die Rückkehr der Bauernlasten war ansonsten nur noch eine Frage der Zeit!

Wenn es schon so schwierig war, die unsinnige Überbelastung der Bauern in den Griff zu bekommen, wie sollte man dann erst die schnell wachsenden Probleme des bäuerlichen Wohlstands, der Modernisierung der Landwirtschaft und der Kluft zwischen Stadt und Land lösen?

So gesehen erwiesen sich die Steuerreform, die Entlastung der Bauern, die wissenschaftliche Bearbeitung der Felder, die Readjustierung der Industriestrukturen in der Landwirtschaft, so notwendig und dringend das alles offensichtlich auch war, doch nicht als grundlegende Politik zur Lösung der Probleme auf dem Land und nicht als grundsätzlicher Ausweg.

Eine kritische Phase in der Reform Chinas

Wo also liegt der Ausweg für die chinesische Landwirtschaft? Wie kann der Knoten gelöst werden, der die rasche Entwicklung in den ländlichen Gebieten verhindert? Wie lässt sich die riesige Begeisterung und der Elan, den die chinesischen Bauern zu Beginn der 80er Jahre an den Tag gelegt haben, wieder wachrufen? Wie kann man das gewaltige, über Generationen angehäufte verborgene Potential der chinesischen Bauern wachrufen, um im neuen Jahrhundert ein neues Kapitel in der Geschichte der chinesischen Zivilisation aufzuschlagen?

Darüber haben wir viele Spezialisten befragt und eine ganze Reihe relevanter Forschungsberichte gelesen. Vielleicht haben sie alle Recht, und es gibt wirklich eine Menge von Dingen, die wir gleichermaßen dringend in Angriff nehmen müssen!

Der hochqualifizierte Wirtschaftswissenschaftler Du Runsheng, der früher in Partei und staatlichen Organisationen wichtige Aufgaben wahrgenommen hatte, hat einmal gesagt:

> »Wenn man, ausgehend von der Großwetterlage unserer Politik und unserer Wirtschaft, die Arbeitsaktivität und Produktivität von Hunderten von Millionen Bauern mobilisieren will, dann muss man unbedingt vom System her ein entsprechendes Klima schaffen. Dabei hat das Bodensystem absoluten Vorrang. Das Zentralkomitee hat beschlossen, die Pachtzeit auf 30 Jahre zu verlängern und den Bauern ein langfristiges Bodennutzungsrecht zu gewähren. Aber jetzt muss man einen Schritt weitergehen und ihnen gesetzliche Garantien geben, um das aus dem Volkseigentum ausgegliederte Bodennutzungsrecht per Gesetz als ökonomisches Subjekt, als Besitzrecht zu bestätigen und das persönliche Eigentum entsprechend zu schützen. Früher hieß es, im Sozialismus sei Gemeineigentum ein sakrosanktes Gut, jetzt müssen wir einräumen, dass das Bodennutzungsrecht als Recht am Privateigentum ein ebenso unveräußerliches Gut ist. Das Bodennutzungsrecht umfasst viele Rechte wie das Pachtrecht, das Bewirtschaftungsrecht, das Verpfändungsrecht, das Recht, an die Börse zu gehen, und das Recht auf Besitzübertragung usf. Diese Rechte müssen bei der Erstellung des Gesetzes genau abgegrenzt werden und seine Grundlage bilden.«

Wen Tiejun, der aus dem Landwirtschaftsministerium auf den Posten eines stellvertretenden Sekretärs des Forschungsinstituts zur Reform des chinesischen Wirtschaftssystems versetzt worden war, ist der Meinung, wir müssten aufhören, für die Politik »die Löcher stopfen« zu wollen. Er und seine Mitstreiter hätten schon früh, und zwar 1993, Vorschläge für eine Lösung der Frage der Bauernlasten vorgelegt:

»Dort haben wir die Auffassung vertreten, dass in den 2000 Jahren Feudalgesellschaft seit der Einrichtung des Distrikt- und Kreissystems die ›kaiserliche Macht niemals bis in die Kreise reichte‹. Die unterste Verwaltungsebene der kleinbäuerlichen Wirtschaft war eine Selbstverwaltung von Dörfern und Gemeinden. Der Staat verwaltete nicht die Steuer jeder einzelnen Bauernfamilie, denn die Kosten für den Verkehr zwischen den vielen Millionen Bauern und der Regierung waren einfach zu hoch. Doch heute ist unsere Situation genau umgekehrt: Bei der übermäßigen Aufsplitterung von Verkehr, Produktion und Mehrfachbeschäftigung in der Vielfalt der kleinbäuerlichen Wirtschaft muss die Regierung, wenn sie unbedingt von 240 Millionen Bauernhaushalten die Steuern eintreiben will, die Verwaltung noch verstärken. Da genügen die ›sieben Büros, acht Ämter und sechs Verwaltungsebenen‹ in den Gemeinden nicht mehr, da muss das alles auf Dorfebene noch einmal als ›dritte Kolonne‹ redupliziert werden. Eine solche Politik kostet Geld und wird natürlich zu einer Aufblähung des Apparates führen.«

Wen Tiejun bezweifelt überdies Sinn und Zweck der Agrarsteuer. Die Menschen in den ländlichen Gebieten hätten im Durchschnitt gerade mal etwas mehr als ein Mu Land, in über 66 Kreisen entfielen auf jeden Einzelnen im Durchschnitt weniger als das von den Vereinten Nationen festgelegte Existenzminimum von 0,8 Mu. In diesen Kreisen sei der Boden längst zu einem Mittel der Existenzsicherung geworden und im Grunde kein Mittel der Produktion mehr, weshalb diese Bauern kein Gegenstand der Steuer mehr sein sollten. Wenn man aus dem Blickwinkel der Produktion die Agrarinvestitionen der Kleinbauern in den letzten drei Jahren mit ihren Erträgen vergleiche, dann hätten wir im Grunde nur Defizite, keinen Gewinn. Wie könne man da noch von Versteuerung reden? Da nach staatlichen Statistiken die Bauern nicht mehr als 300 Yuan pro Monat hätten und bei den Städtern die Besteuerung erst ab 800 Yuan einsetze, so sei eine weitere Erhebung einer Agrarsteuer nicht mehr zu vermitteln. Außerdem sei das gegenwärtige Agrarsteuersystem einige Jahrzehnte alt, weswegen die gegenwärtige Erhebung der Agrarsteuer in vielen Punkten mit der wirklichen Situation nicht mehr übereinstimme.

Auch wenn er für die Probleme der Landwirtschaft keinen Königsweg angeben kann, plädiert Wen Tiejun dennoch für eine umfassende

Reform, die weiter vorangetrieben werden müsse, um das Umfeld für eine Entwicklung der Wirtschaft in den ländlichen Gebieten zu optimieren. Die Politik der Partei müsse von einem Schutz der Interessen der Bauern ausgehen – gemäß der Parole: »Im Vertrauen auf die Bauern den Weg der Massen gehen!« Wir dürften die 900 Millionen Bauern nicht nur nicht aus den Augen, sondern auch nicht aus dem Herzen verlieren. Ihre Situation sei nüchtern einzuschätzen, und ihrer Überbelastung habe man sich als einer Realität zu stellen. Sonst würden der wirtschaftliche und der seelische Druck das erträgliche Maß übersteigen und die Bauern in eine Sackgasse getrieben.

Lu Xueyi, der Leiter der chinesischen Akademie für Sozialwissenschaften, erklärte uns klipp und klar: Die Lösung der Probleme im Verlauf der gesellschaftlichen Entwicklung auf dem Lande müsse man im Verhältnis von Stadt und Land suchen. Die Doppelstruktur in den Städten und auf dem Land ist in seinen Augen der erste Faktor, der die Entwicklung der chinesischen Wirtschaft beeinträchtigt, und sie sei nun an einem Punkt angelangt, wo es ohne Reform nicht mehr gehe. Wenn man das Verhältnis von Stadt und Land in Ordnung bringen wolle, dann sei das ohne eine Änderung des Wohnsitzregistrierungssystems nicht zu machen, denn dieses System zementiere die Verteilungsstrukturen zwischen Stadt und Land. Eine Reform dieses Systems bedeute eine grundlegende Readjustierung der Interessenbeziehungen von Stadt und Land.

Das hatte bereits Li Changping, der Herausgeber der Zeitschrift *Zhongguo gaige (China Reform)*, dem Ministerpräsidenten Zhu Rongji in aller Zurückhaltung, aber doch deutlich vorgehalten. Er ist der Auffassung, viel wichtiger als die Industrialisierung der Landwirtschaft und eine Steuerreform sei eine revolutionsartige Reform der Organisationsstrukturen von Kreisen und Gemeinden. Der Schlüssel dazu sei, dass unter Führung der Partei das Volk bei der Neustrukturierung des Verwaltungssystems die Leitung haben müsse. Ziel sei die Loyalität der Regierung zum Volk; die Regierung müsse also nach dem Willen des Volkes handeln. Das Personal, das zur Zeit die Steuern auffresse, müsse um mehr als die Hälfte verringert, jede Organisation um mehr als die Hälfte gekappt werden, und die Kader dürften nur im Amt Beamte sein und sollten nach ihrem Ausscheiden wieder normale Bürger werden. Wenn eine Neustrukturierung der Verwaltungssysteme von Kreisen und Gemeinden nicht vollständig gelinge, könnten auch alle anderen Reformen nicht erfolgreich durchgeführt werden.

Für ihn kommt die Verschlankung der Organisationen und des Personals einer Revolution gleich, einer Revolution, die weit schwieriger sei als die Reform des Wirtschaftssystems. Diese Revolution sei unumgänglich, auf gewisse Weise sei sie ein Kampf, in dem die Volksmassen die ihnen vom Staat verliehenen Rechte und Befugnisse verteidigten, und ein verbissener Kampf gegen diejenigen, die das Volk dieser Rechte und Befugnisse beraubten. Ohne diesen Kampf ließen sich die Anweisungen von Zentralkomitee und Staatsrat nur sehr schwer getreu umsetzen. Wenn wir die demokratischen Kräfte zur Lösung der langfristig hemmenden »Aufblähung der Verwaltung« nicht heranziehen würden, werde sich die Geschichte wiederholen und die Staatsmacht durch eine gewaltsame Revolution ersetzt werden.

Li Changping ist nicht der Erste, der auf die Probleme in den ländlichen Gebieten hingewiesen hat, doch als Parteikomiteesekretär einer Gemeinde systematisch vorgebracht, mit Zahlenmaterial belegt und mit eigener Erfahrung untermauert hat das vor ihm noch keiner. Sein berühmtestes Motto lautet: Die Bauern als Staatsbürger behandeln und ihnen die grundlegenden Rechte nicht vorenthalten!

Yu Jianrong, Jurist im Forschungszentrum der Pädagogischen Hochschule Zentralchina für Fragen der ländlichen Gebiete, äußert Ansichten, die mit denen Li Changpings nicht vollkommen konform gehen. Er geht davon aus, dass nur eine geringe Anzahl von Privilegierten in größerem Umfang in den Genuss des von den Werktätigen geschaffenen gesellschaftlichen Reichtums gekommen sei. In diesem Sinn könne man sagen, China habe überhaupt kein festes staatsbürgerliches Kollektiv, das die gleichen Interessen und Ziele vertrete. Es gebe nur die mittellosen Werktätigen sowie die Privilegierten, die über Kapital und Macht verfügten. Es gebe auch keine Stellung als Staatsbürger, nur die der Privilegierten. Das heiße auch, dass es die politische Krise auf dem Land nicht löse, wenn man »die Bauern als Staatsbürger behandle«.

Deshalb, so Yu Jianrong, müsse man die Bauern zunächst mobilisieren und organisieren, um wirksame Bauernvereinigungen aufzubauen und die gegenwärtige Verwaltung der Gemeinden und Dörfer in eine Selbstverwaltung umzuwandeln; gleichzeitig bräuchten wir ein neues Versprechen der Politik, in Zukunft überhaupt gesellschaftliche Organisationen, vor allem Nichtregierungsorganisationen, als Träger für die Strukturierung von gesellschaftlichen Bewegungen einzusetzen. Die Bauernorganisationen könnten die Interessen ihrer Mitglieder über geordnete Kanäle wirkungsvoll vertreten, also umgekehrt viele jähe Ausbrüche abpuffern und abmildern.

Der namhafte Wirtschaftswissenschaftler Wu Jinglian, ein großer Gelehrter, nimmt in seinen Ausführungen gern Bezug auf die Geschichte und lässt die Tatsachen sprechen: »Keine Reform segelt vor einem einzigen Wind. ... Früher hofften wir alle auf weltbewegende Ereignisse, heute bin ich der Auffassung, dass es schon nicht schlecht ist, wenn man Schritt für Schritt vorankommt. Dabei dürfen wir nicht blind auf die Zukunft vertrauen. In den vergangenen Jahren haben uns die Erfahrungen mit den unausgesetzten Havarien einiger Großreformen gezeigt, dass die Reformierung Chinas gerade in einer kritischen Phase ist.«

Dieser Wirtschaftswissenschaftler mit seinen kühnen Forschungen über die gesellschaftlichen und politischen Veränderungen in China, der sich den Ehrennamen »Markt-Wu« redlich verdient hat, zitierte in den vergangenen Jahren besonders gerne aus den einleitenden Worten des Romans *Eine Geschichte aus zwei Städten* von Charles Dickens: »Es war die beste Zeit und auch die schlechteste Zeit; es war die Epoche des Wissens, aber auch die Epoche der Dummheit; es waren die Jahre des Vertrauens, aber auch die Jahre des Zweifels; es war die Saison des Lichts, aber auch die Saison der Finsternis; es war der Frühling der Hoffnung, aber auch der Winter der Verzweiflung; unsere Zukunft war unbegrenzt, gleichzeitig spürte man die Unbestimmtheit der Hoffnung; wir flohen gemeinsam gen Himmel und gingen alle in verschiedene Richtungen ...«

Diese Sätze spielen auf sein Verständnis der chinesischen Reformen an. Wu Jinglian setzt in eigenen Worten hinzu: »In einer Zeit komplexer Veränderungen müssen wir erkennen, dass gute und schlechte Faktoren existieren. Deshalb sind zwei Wege in die Zukunft möglich. Natürlich erhoffen wir für die Zukunft das Beste. Aber die Zukunft Chinas kann nur von unseren gegenwärtigen Erkenntnissen abhängen und von unseren gegenwärtigen Anstrengungen.«

Nicht das letzte Wort: Der Vorhang öffnet sich

并非尾声 大幕正在拉开

Bald nach der Vollendung der zweiten Fassung dieses Buches wurde – von Hunderten von Millionen Bürgern lange erwartet – am 8. November 2002 die 16. Nationale Vollversammlung der Delegierten der Kommunistischen Partei Chinas eröffnet. Das war der erste große Parteitag im neuen Jahrhundert – und ein besonders wichtiger dazu, da er unter neuen Bedingungen stattfand: Die Umsetzung des dritten strategischen Plans zum Aufbau eines modernisierten Sozialismus wurde in Angriff genommen.

Das heiß diskutierte Thema unter den Delegierten der Konferenz war der umfassende Aufbau einer Wohlstandsgesellschaft. Sie richteten ihre Blicke auf die ländlichen Gebiete Chinas, denn die ländlichen Gebiete waren der Dreh- und Angelpunkt beim Aufbau der Wohlstandsgesellschaft und deren Probleme waren längst »der Flaschenhals«, durch den ein solches Vorhaben hindurch musste!

Jiang Zemin, der Staatspräsident und scheidende Generalsekretär, gab in seinem Bericht den Tonfall vor: »Die Praxis kennt so wenig Grenzen wie die Erneuerung. Wir müssen unsere Vorfahren übertreffen, und unsere Nachfahren müssen uns übertreffen, das ist das unabdingbare Gesetz gesellschaftlichen Fortschritts. Wir müssen uns der praktischen Entwicklung anpassen, alles muss sich an der Praxis messen lassen, und wir müssen unsere Gedanken und Vorstellungen selbstbewusst von den Bindungen an unpassende Begriffe, Methoden und Systeme, von einem falschen dogmatischen Verständnis des Marxismus und von den Fesseln der Metaphysik und des Subjektivismus befreien.«

Als er auf die Landwirtschaft zu sprechen kam, wies er besonders auf die »einheitliche und geplante Entwicklung von Wirtschaft und Gesellschaft in Stadt und Land« hin. Das war das erste Mal seit Beginn der Öffnungspolitik vor 24 Jahren, dass zwar weiter an der zentralen Stellung des wirtschaftlichen Aufbaus festgehalten, aber die gesellschaftliche und wirtschaftliche Entwicklung von Stadt und Land auf die Ebene einer »einheitlichen Planung« gehoben wurde!

Ein wichtiger historischer Beitrag dieser Konferenz war die »reibungslose Umsetzung« des Generationswechsels im zentralen Führungskollektiv und die Bildung eines neuen Zentralkomitees mit Hu Jintao als Generalsekretär – reibungslos deshalb, weil der Generationswechsel in einer friedlichen Atmosphäre stattfand. Das war ein Anzeichen für einen weiteren Reifungsprozess unserer Partei.

Der neue Generalsekretär Hu Jintao hielt anlässlich eines Treffens mit acht neuen ständigen Mitgliedern des Politbüros und Journalisten aus dem In- und Ausland eine knappe, aber nichtsdestotrotz inspirierende Rede. Er sagte: »Wir werden die großen Erwartungen der Genossen in der Partei und die Hoffnungen des chinesischen Volkes nicht enttäuschen. Wir werden uns ganz auf den Aufbau konzentrieren und uns mit voller Hingabe um die weitere Entwicklung bemühen.« Und stellvertretend für die neue Generation des Führungskollektivs versprach er ernst: »Das Morgen Chinas wird besser sein, die Entwicklung und der Fortschritt Chinas werden einen noch größeren Beitrag für Entwicklung und Frieden in der Welt leisten!«

Ein paar Wochen nach dem Abschluss dieses Parteitags begab sich Hu Jintao in das Dorf Xibopo, Kreis Pingshan in der Provinz Hubei, wo eine Erinnerungskonferenz an die 2. Vollversammlung des 7. Zentralkomitees im März 1949* stattfand. Dort hob er besonders »zwei Notwendigkeiten« hervor und schärfte der Partei wie auch dem ganzen Volk ein, zum einen weiter unbedingt bescheiden und umsichtig einen kühlen Kopf zu bewahren, zum anderen weiter hart zu kämpfen und »durch den Schnee zu gehen, um die Bauern zu besuchen«. Wen Jiabao, damals noch Vizeministerpräsident, machte sich seinerseits auf in die Provinz Liaoning zu den Kohlegruben von Fuxin, wo er in 720 Metern Tiefe gemeinsam mit den Kumpels die Silvesternacht verbrachte. Und Li Changchun, ein neues Mitglied des Ständigen Ausschusses des Politbüros, enttäuschte die Hoffnungen der Massen ebenso wenig und schlug einen völlig neuen Ton an. Er betonte mehrfach, die Propagandaarbeit der Partei müsse »der Realität, den Massen und dem Leben nahe sein« und »sich bei der Abwägung der Produkte der geistigen Zivilisation am Ende danach richten, was das Volk zufrieden stellt und was das Volk will«.

Das alles zeigte deutlich die frische politische Orientierung dieses neuen Führungskollektivs und seine Entschlossenheit zu einer Neuformung der Beziehungen von Partei und Massen, von Kadern und Volk.

Am 6. Januar 2003 wurde in der Hauptstadt turnusgemäß eine Konferenz zur Arbeit des Zentralkomitees in den ländlichen Gebieten eröffnet. Eine solche Konferenz fand jedes Jahr statt, doch dieses Mal war alles anders. Jetzt wurde in einem weiteren Schritt – und gegen dieses »Ein-Schritt-vor-und-zwei-zurück« in der Vergangenheit – die Bildung eines besseren Systems zur gemeinsamen Planung der gesellschaftlichen und wirtschaftlichen Entwicklung von Stadt und Land angemahnt. Die Konferenz formulierte neue Forderungen, denen zufolge die »drei Probleme auf dem Land« das »Zentrum des Zentrums« der Parteiarbeit bilden sollten. Was die zukünftige Entwicklung unseres Landes angehe, so liege bei dem Aufbau einer Wohlstandsgesellschaft die schwerste und gewaltigste Aufgabe in den ländlichen Gebieten. Ohne Wohlstand auf dem Land gebe es keinen Wohlstand für China, und ohne Modernisierung der ländlichen Gebiete gebe es keine Modernisierung Chinas.

Auf der Konferenz, an der mehrere neu gewählte Mitglieder des Politbüros teilnahmen, hielt Hu Jintao eine wichtige Rede zur Lösung der Probleme der Landwirtschaft, der ländlichen Gebiete und der Bauern und zur Verwirklichung des gewaltigen Ziels einer Wohlstandsgesellschaft. Wen Jiabao wurde dazu bestimmt, jetzt und auf weiteres die Planung für die Arbeit in Bezug auf die Landwirtschaft und die ländlichen Gebiete zu leiten.

Das hieß doch nichts anderes als: Rationale Reflexion und realitätsbezogene Überlegung sollten die Zukunft der chinesischen Reformen leiten! Das war die beste Nachricht für Chinas 900 Millionen Bauern!

Anschließend gab das Sekretariat des Staatsrats in Form des Dokumentes Nr. 1 von 2003 die »Mitteilung über die Verbesserung der Dienstarbeit und Verwaltung der Arbeitsvermittlung für in die Städte drängende Bauern« heraus. Das war, passend zum Frühlingsanfang, ein weiteres großes Geschenk des Zentralkomitees an die 900 Millionen chinesischen Bauern. Schließlich wurde ihnen nun in einem Dokument des Zentralkomitees zugesichert, worauf sie schon so viele Jahre gehofft hatten: gleiche Behandlung. Die vielen Bestimmungen des Dokuments besagten im Kern, dass die Bauern ihren Status als Bürger zurückerhalten sollten.

Wer mit der Reformgeschichte Chinas vertraut ist, wird sich erinnern, dass das Zentralkomitee der Partei von 1982 bis 1986 bereits fünf solcher Dokumente Nr. 1 zur Politik in den ländlichen Gebieten herausgegeben hatte. Diese Bestimmungen hatten damals vor allem die Bauern mobilisiert und für einen gewaltigen Durchbruch in den ländlichen Gebieten gesorgt. Mit diesem erneuten Dokument Nr. 1 lag nun für jedermann die Sorge des neuen Zentralkomitees für die ländlichen Gebiete klar auf der Hand.

Am 3. April 2003, Wen Jiabao war offiziell erst ganze 16 Tage als Ministerpräsident im Amt, eröffneten das neue Zentralkomitee und die neue Regierung eine nationale Fernseh- und Telefonkonferenz zur Arbeit in den Pilotgebieten der Steuerreform. Diese Geschwindigkeit des Vorgehens, diese Höhe der Schlagzahl war noch nie da gewesen. Was er ankündigte, wurde getan. Gleichzeitig musste man an eine Erklärung denken, die er am Tag seiner Amtsübernahme auf Fragen von Journalisten abgegeben hatte: »Ich bin ein freundlicher Mensch, aber gleichzeitig habe ich meine Überzeugungen und den Mut, Verantwortung zu übernehmen.« Auf der Fernseh- und Telefonkonferenz verkündete er mit tiefem Ernst: »Das Zentralkomitee hat beschlossen, die Pilotgebiete für eine Steuerreform auf dem Lande auf das ganze Land auszudehnen. Das ist ein wichtiger Schritt zu einer Vertiefung der Reformen und dazu, die Entwicklung auf dem Land voranzutreiben.«

Das war ein politischer Schritt von wahrhaft symbolischer Bedeutung. Nun sorgten schon zwei aufeinander folgende Regierungen für eine Vertiefung und Verbreiterung der Reformen.

Natürlich war aus der Rede des Ministerpräsidenten Wen Jiabao unschwer zu erkennen, dass die Vertiefung der Reformen sich nicht nur in einer landesweiten Einrichtung von Pilotgebieten zeigen würde, vielmehr schien in ihr noch eine weitere Information durch. Die direkteste politische Veränderung bestand in der landesweiten Abschaffung der Agrarsonderproduktsteuer!

Der neue Finanzminister Jin Renqing führte in einem Interview aus:

> »Die Städte müssen etwas an die ländlichen Gebiete zurückgeben und die Industrie an die Landwirtschaft. Die Lösung der Probleme auf dem Land ist ein wichtiges Ziel der gegenwärtigen Regierung. Auch wenn unser Land noch nicht sehr reich ist und es eine Zeit lang noch nicht möglich sein wird, die ländlichen Gebiete in den vollen Genuss der staatlichen Zuwendungen kommen zu lassen, so werden wir doch unbeirrt auf diesem Weg voranschreiten und von jetzt an schrittweise die Investitionen in dieser Hinsicht erhöhen. Damit die Einkommensverteilung zunehmend auch zugunsten der Landwirtschaft, der ländlichen Gebiete und der Bauern readjustiert wird, hat das Zentralkomitee bereits beschlossen, den Schwerpunkt der Ausgaben in Kultur, Gesundheit und Bildung im Bereich der ländlichen Gebiete zu tätigen!«

Kaum mehr als sechs weitere Wochen vergingen, als uns am 1. Juni eine erfreuliche Nachricht erreichte: Nachdem die Steuerreform auf Landesebene weitergeführt wurde, hatte Anhui als erste Provinz Pilotgebiete für eine Reform des Getreidesystems ausgewiesen und auf ganzer Breite die Preise und die Märkte für Getreide freigegeben. Gleichzeitig wurden die Subventionen für Getreide readjustiert: Die bisher indirekten Subventionen durch die staatlichen Getreidesysteme wurden international üblichen Standards angepasst, also in direkte Subventionen umgewandelt, die direkt in die Hände der Bauern gelangten.

Das konnte man mit Recht als einen gewaltigen Durchbruch unserer Agrarpolitik bezeichnen!

Einen weiteren Monat später, genau am 1. Juli, vertrat Generalsekretär Hu Jintao in einer Rede den wichtigen Gedanken, dass »die Partei für die Allgemeinheit da ist und die Politik für das Volk«. Er verlangte von den Führungskadern auf allen Ebenen, »ihre Macht für das Volk einzusetzen, ihre Herzen für das Volk schlagen zu lassen und für den Wohlstand des Volkes zu sorgen«. Man müsse sich immer und überall vergegenwärtigen, dass das Wohl des Volkes über allem stehe und nicht vernachlässigt werden dürfe.

Am 30. August schließlich passierte das »Verwaltungserlaubnisgesetz« den neuen Ständigen Ausschuss des Nationalen Volkskongresses. Dieses Gesetz war wie ein Startschuss. In der Vergangenheit hatte es vom Zentralkomitee angefangen bis hinab in die Regionen wer weiß wie viele Überprüfungs- und Genehmigungsinstanzen und wer weiß wie viele Gebühren gegeben – und diese Gebühren wurden nicht offen gelegt, sie waren nicht transparent, und die Menschen wussten nicht, woran sie waren. Mit diesem wichtigen neuen Gesetz konnte man nun nicht nur Erscheinungen wie den Zerfall der Moral, die im Prozess der Machtausübung provoziert wurden, an der Quelle verhindern, sondern sicherte darüber hinaus die ländlichen Gebiete über das Rechtssystem vor willkürlichen Übergriffen durch die Vertreter der Institutionen.

Diese Reihe von Maßnahmen war zweifelsohne eine »Wiederbelebung« der »schwer angeschlagenen« Reformen. Vielleicht stach diese Wiederbelebung nicht so sehr ins Auge, war nicht so aufregend, ging nicht mit der Sense voran und fegte auch nicht wie ein Sturm über uns hinweg, aber sie suchte nach den Gefühlen des Volkes, sie verstand das Volk, sammelte das Wissen des Volkes, achtete die Kraft des Volkes – und das nicht nur in Parolen, nein, die Menschen konnten wirklich sehen, wie sich mit der neuen Regierung allmählich eine der Realität verpflichtete Politik vor ihren Augen entfaltete.

Natürlich fiel uns auch auf, dass man bei der Ausweitung der Steuerreform auf das ganze Land das Wort »Pilotgebiete« beibehielt. Es war also abzusehen, dass die gewaltige Reform der ländlichen Gebiete, die man entschlossen war, »ganzheitlich und in allen Facetten voranzutreiben«, noch immer einen schwierigen und harten Weg vor sich haben würde.

Heute ist die Reform der ländlichen Gebiete Chinas ohne Zweifel an ihrem neuralgischsten und schwierigsten Punkt angelangt. Es gibt kein Zurück mehr, aber wohin man den Fuß auch setzt, sind Minenfelder. Die Reform tangiert in der Tiefe die Frage des Privateigentums sowie die miteinander verbundenen Fragen des Wirtschafts- und des politischen Systems – eine Aufgabe von ungeahnter Schwierigkeit. Aber die Pluralisierung gesellschaftlicher Interessensubjekte hat bereits dazu geführt, dass unsere heutige Reform- und Öffnungspolitik auf einer so nie gekannten gesellschaftlichen Basis eine in die Tiefe wirkende Dynamik entwickelt. Und mit Hu Jintao an der Spitze eines neuen Zentralkomitees, auf das man gespannt sein darf, haben wir keinen Grund, nicht voller Vertrauen zu sein, sondern können gemeinsam mit unseren 900 Millionen bäuerlichen Freunden einen weiteren großartigen Sonnenaufgang in der Geschichte Chinas begrüßen!

Oktober 2003

Ein Land – zwei Welten

Nachwort von Ylva Monschein

Im Rahmen einer sozialen Mobilisierungskampagne zum Welt-Aids-Tag lief 2004 im staatlichen chinesischen Fernsehsender CCTV 4 eine Unterhaltungssendung, untermalt von einem Videoclip. Darin tanzt eine junge Bäuerin in rotgeblümter traditioneller Bluse aus einem verschneiten Bergdorf hinaus in die frühlingshafte Großstadt, gesellt sich zu einem schwarz befrackten Standardtänzer auf dem Tiananmen, setzt mit ihm und anderen Paaren zum Formationstanz über Hochhausschluchten an und endet im Reigen über einer Schwindel erregenden Wolkenkratzerszenerie. In dieser symbolischen Stadt-Land-Symbiose verkörpert die Bäuerin sowohl 80 Prozent ländliche Bevölkerung, die den Anschluss an die Moderne zu verlieren droht, als auch die Armut auf dem Lande, die zum Großteil – ein weltweites Phänomen – weiblich ist. Es sind hauptsächlich verheiratete Frauen, Alte und Kinder, die in den Dörfern bleiben und von den in die Städte migrierten Männern höchstens in der landwirtschaftlichen Hochsaison unterstützt werden. Und so steht die aus der Einöde tanzende Bäuerin für ein weiteres Phänomen: für die wohl weltgrößte Binnenvölkerwanderung von schätzungsweise 120 Millionen Gelegenheitsarbeitern, die sich alljährlich nach dem Frühlingsfest in Stadtrichtung bewegt.

Ausgeblendet bleibt in dieser optimistischen Zukunftsvision die Welt, welche das Millionenheer hinter sich lässt: das Land, die Landwirtschaft und das Landvolk, im Chinesischen subsumiert unter dem Terminus *Sannong* (übertragen etwa: »die drei ländlich«). Der Gegenstand dieses Begriffes steht seit rund einem Jahrzehnt im Zentrum eines emotionalisierten Diskurses um die als systemimmanente Fehlentwicklung identifizierte Stadt-Land-Segregation der Volksrepublik, die Achillesverse ihrer heutigen Stabilität.

Die administrativ verankerte Demarkationslinie zwischen Stadt und Land ist einerseits lange Garant gewesen für eine geordnete Entwicklung in Großstädten, Ostregionen und ausgewählten Sonderzonen des Landes, sie verhinderte andererseits den sozialverträglichen Anschluss der Mehrheit der Bevölkerung an die Moderne. Sie brachte eine neue Randgruppe hervor, der Chancengleichheit verwehrt blieb. Eine Zusammenführung beider Welten fällt auch deshalb so schwer, weil die Grenzziehung in den Köpfen beginnt, wie die erwähnte Filmszene verdeutlicht. Die Bäuerin tanzt in eine frühlingsfarbene urbane Moderne, während ihr Heimatdorf unter einer Schneedecke liegt. Damit verstädtert sogar die seit Urzeiten im kollektiven Gedächtnis verankerte Utopie vom Paradies auf dem Lande.

Sannong – die neue Lehre von Land, Landvolk und Landwirtschaft

Wer China verstehen will, muss sich aufs Land begeben. Und wer sich mit der Bedeutung der Landwirtschaft für China auseinander setzt, der kommt in der Regel zu einem ähnlichen Schluss wie der Wirtschaftshistoriker Gang Deng: »Die in China in der Landwirtschaft herrschenden Zustände waren eine Angelegenheit von Leben und Tod für jede Dynastie. Wann immer und durch wen auch immer die Landwirtschaft gestört oder geschwächt wurde, war soziales Ungleichgewicht die Folge, und das Land wurde entweder von Fremdvölkern besiegt oder implodierte aufgrund von Bauernaufständen.«

Im vormodernen China hatten die Bauern zumindest theoretisch eine konfuzianisch legitimierte Schlüsselstellung und gehörten zu den vier großen Gesellschaftsklassen: nach dem Beamtenstand, aber noch vor den Handwerkern und Kaufleuten. Doch erfuhr nur die Landwirtschaft, nicht unbedingt die Bauern, eine besondere Wertschätzung. Die Abhängigkeit der Gesellschaft von Nahrung und Steuern aus ländlicher Produktion wurde kompensiert durch die Landbindung der Bauern und ihre daraus resultierende leichtere Kontrollierbarkeit durch den Staat. Die Bedeutung des Feldbaus dokumentierte die kaiserliche Frühjahrszeremonie, wenn der Herrscher symbolisch drei Furchen pflügte. Bis in die Republikzeit wurde dieser Brauch mancherorts durch Regierungsvertreter gepflegt.

Die systematische Beschäftigung mit der Lage der Bauern hatte erstmals in den 20er und 30er Jahren Hochkonjunktur. Eine Vielzahl von Schriftstellern bildete vorwiegend das Elend dieser Bevölkerungsgruppe ab. Ihre Erzählungen lassen auf eine rasche Verschlechterung ihrer Lage seit Ende des 19. Jahrhunderts schließen. Erst ab etwa 1980 knüpfte hieran eine Debatte vor dem Hintergrund der Modernisierung und der neuen staatlichen Armutspolitik an. Mitte der 90er Jahre wurde die Bauernfrage bzw. *nongminxue,* die »Lehre von der bäuerlichen Gesellschaft«, als Thema entdeckt. Fachleute, Publizisten, aber auch Verwaltungsbeamte begleiteten den Entwicklungsprozess, darunter Li Changping, der 17 Jahre Gemeindeleiter in Hubei war. Nicht nur sein offener Brief an Ministerpräsident Zhu Rongji im Jahre 2000, aus dem die Autoren mehrfach zitieren, hat den Fachdiskurs in die Öffentlichkeit getragen.

Die Regale füllende neuere Literatur zum ländlichen China kreist in der Regel um die variationsreich durchdeklinierte *Sannong*-Problematik. Das klassische Langzeichen *nong* hat unter anderem drei Bedeutungen: Bauern als Berufszweig, Bauern als Gesellschaftsschicht und Bauern als Einwohnermeldestatus. *Sannong* umreißt entsprechend die menschliche, räumliche und ökonomische Dimension einer Schicksalsfrage der chinesischen Gesellschaft, die sich nicht einfach auf die Landwirtschaft als Ernährerin der Nation reduzieren lässt. Der Terminus beschreibt eine Parallelwelt, polemisch ausgedrückt, die vielleicht größte Parallelgesellschaft der Welt. Dieses so genannte »duale Gesellschaftssystem« wird inzwischen – eine Persiflage auf den Lockruf zur Einigung mit Taiwan und Hongkong – als »ein Land – zwei Systeme« kritisiert.

Eine tiefe Kluft besteht zwischen den boomenden Städten in Chinas reicherem Osten und dem armen Hinterland mit seinen 900 Millionen Einwohnern. 2002 konstatierte der 16.Volkskongress: »Nach wie vor gibt es zwei unterschiedliche Wirtschaftssysteme für Stadt und Land, der Trend zunehmender regionaler Disparitäten ist ungebrochen, die Armutsbevölkerung nimmt nicht weiter ab.« Obwohl die Wirtschaft seit Jahren Wachstumsraten von über neun Prozent vorweisen kann, besitzen laut amtlicher Statistik zehn Prozent der ärmsten Familien des Landes weniger als zwei Prozent des gesellschaftlichen Vermögens, während die reichsten zehn Prozent über 40 Prozent besitzen. Laut dem *China Human Development Report 2005* des United Nations Development Programme (UNDP) handelt es sich um die höchsten Einkommensdisparitäten der Welt. In den Jahren 1997 bis 2003 stieg das ländliche Pro-Kopf-Einkommen um nur vier Prozent jährlich, in den Städten dagegen um das Doppelte. Während sich also innerhalb von sechs Jahren das Nettoeinkommen der Bauern um durchschnittlich 532 Yuan erhöhte, legte es im gleichen Zeitraum in den Städten um 3312 Yuan zu. Die aus der Landwirtschaft stammenden Einnahmen gingen dagegen innerhalb von acht Jahren von 63 Prozent auf 45 Prozent des bäuerlichen Einkommens zurück.

China, das nach Indien die weltweit höchste Zahl an absolut Armen beherbergt, bildet einen globalen Trend ab: Von weltweit 1,2 Milliarden extrem armer Menschen mit weniger als einem Dollar Kaufkraftparität pro Kopf und Tag leben 75 Prozent auf dem Lande. Ausmaß und Tiefe der Armut sind auf dem Lande meist größer als in der Stadt. Durch Erfolge in den Armutsregionen verwöhnt, begann die chinesische Regierung bereits Ende der 80er Jahre den ländlichen Raum in seiner Gesamtheit nicht nur zu vernachlässigen, sondern auch steuerlich immer stärker zu belasten. Das Land nimmt inzwischen auf der Skala sozialer Unausgewogenheit einen Spitzenplatz ein. Der jährliche Durchschnittslohn beträgt umgerechnet 800 Euro, auf dem Lande jedoch nur 280 Euro. Der Gini-Index, ein zwischen 0 (absolute Gleichheit) und 1 (absolute Ungleichheit) rangierender Standardkoeffizient, der das Einkommens- und Wohlfahrtsgefälle eines Landes misst, liegt mit dem Wert 0,45 längst über der sozialen Alarmstufe von 0,4 (in Deutschland steht er bei 0,27).

Lu Xueyi, der frühere Direktor am Institut für Sozialwissenschaften, definiert über die *Sannong*-Problematik ein chinesisches Spezifikum: In anderen Ländern sei die Landbevölkerung im Gefolge von Industrialisierung und Urbanisierung zur Minderheit geschrumpft und in städtische Lebenswelten integriert worden, während allenfalls die Ernährungsfrage weiter bestehe. China hingegen vollbringe das Kunststück, 21 Prozent der Weltbevölkerung auf sieben Prozent (bzw. zehn Prozent nach neueren Angaben) des globalen Ackerlands zu ernähren, ohne das Problem des ländlichen Raums und seiner Bevölkerung gelöst zu haben.

Zwar wurde der Wirbel um Lester Browns provokanten »Weckruf« *Who will feed China?* (1994) schnell in gegenseitigem Einvernehmen beigelegt, doch ist selbst hier Zweifel angebracht: Obwohl die Landwirtschaft bis Ende der 90er Jahre auf stetiges Wachstum verweisen konnte und die Getreidelieferungen des World Food Programme bis 2005 ausliefen, meldet sich das Ernährungsproblem über die Alarmzeichen einer Abnahme des Ackerlands, der Getreideanbaufläche und des Flächenertrags zurück. Ein Indikator ist die Getreideproduktionsmenge, welche in den letzten Jahren unter dem Bedarf lag und durch Lagerbestände oder Importe ergänzt werden musste, um den Markt zu stabilisieren. Auch weiterhin droht eine negative Bilanz. Die Ernte liegt noch immer unter dem Rekordertrag von 1998 (rund 500 Millionen Tonnen). Mit Anreizen zur Produktionserhöhung ist dem Problem einer prognostizierten Zunahme der Bedarfslücke um jährlich fünf Millionen Tonnen nicht beizukommen, wenn Produktionskapazitäten wegfallen, wie es den Anschein hat.

»Ein großes Land regier', als wenn du brietest kleines Seegetier!«

In den 20er und 30er Jahren brach mit dem Entstehen der Megastädte der Stadt-Land-Gegensatz in aller Deutlichkeit auf, teils unter fremder Kulturhoheit. Die Stadt als alles verschlingender Moloch wurde in der zeitgenössischen Literatur wiederholt thematisiert, am eindrücklichsten wohl in Mao Duns Roman *Shanghai im Zwielicht* (1933). Es gab Tausende von Zwischenfällen, in denen sich Bauern gegen lokale Autoritäten, Zivil- oder Militärbeamte, Grundbesitzer oder ihre Stellvertreter erhoben. Gründe waren überhöhte Steuern und Abgaben, selbst in Katastrophenzeiten, Fronarbeiten, Landbeschlagnahmung sowie die Regelungen zum Opiumanbau. Das klassenkämpferische Potential wurde von der jungen KPCh schnell erkannt. Mao Zedong zweifelte bereits in den 20er Jahren am sowjetischen Weg einer von den Städten ausgehenden Revolution. In seinem *Untersuchungsbericht über die Bauernbewegung in Hunan* (1927) trat er als Befürworter einer ländlicher Erhebungen auf, wobei die zum Selbstschutz gegen Banditen gegründeten dörflichen Organisationen als potentielle Bündnispartner betrachtet wurden.

Erst mit dem Revolutionssieg änderte sich diese Strategie. Auf seinem letzten ländlichen Stützpunkt vor der Einnahme Pekings setzte Mao Zedong im März 1949 den neuen Kurs fest: »Von 1927 bis jetzt lag der Schwerpunkt unserer Arbeit auf dem Lande; auf dem Lande sammelten wir Kraft, wir umzingelten die Städte vom Lande aus und nahmen sie dann ein. ... Jetzt beginnt die Periode ›von der Stadt aufs Land, von der Stadt aus das Land anleiten‹.« Er forderte jedoch – und bereits hier ist der *Sannong*-Ansatz erkennbar – eine enge Verbindung zwischen der Arbeit in Stadt und Land, zwischen Arbeitern und Bauern sowie zwischen Industrie und Landwirtschaft. Durch den Sieg der KPCh, der auf dem Lande errungen wurde, gehörten die Bauern – zusammen mit Arbeitern und Soldaten – zu den Herren der Volksrepublik. Dennoch stand für den ersten Fünfjahresplan (1953–1957) das Sowjetmodell Pate, und die Bauernorganisationen verloren jegliche Bedeutung. Von den drei möglichen Entwicklungsstrategien wurde der Schwerindustrie die Priorität eingeräumt, die über die Landwirtschaft finanziert wurde. Ab 1953 begann in China die planwirtschaftliche Versorgung der Städte mit Getreide und Öl, während die ländliche Bevölkerung auf sich selbst gestellt war. Ausgenommen wurde sie ab dem Jahr 1953 auch von allen anderen, den Städtern zugebilligten Privilegien.

In die Gründerjahre der Volksrepublik fiel die mit der Einführung der städtischen Meldepflicht 1951 einsetzende Migrationskontrolle. In den 50er Jahren war Migration noch großenteils Sache der tolerierten Privatinitiative. Als Konsequenz nahm von 1949 bis 1960 die städtische Bevölkerung von 10,6 Prozent der Gesamtbevölkerung auf 19,8 Prozent zu. Mit Beginn der Nahrungsmittelrationierung wurde 1955 eine allgemeine Zuzugsbeschränkung, die bis dato nur für entlassene Kriminelle und Grundbesitzer galt, in den Städten eingeführt. Seither war ein städtischer Pass die Voraussetzung, um an rationierte Lebensmittel zu gelangen, womit die Stadt-Land-Trennung eingeleitet war. Doch als 1957 die ländliche Kollektivierung beschleunigt wurde, nahm die Landflucht zu. In die Städte strömten von 1957 bis 1959 rund zehn Millionen Bauern pro Jahr.

Die Ferne der ländlichen Produktionsstätten, blinde Fortschrittsgläubigkeit sowie der Zwang zu technischen Höchstleistungen begünstigten in der Zeit des Großen Sprungs nach vorn (1958–1961) die bis in die Gegenwart typischen Tendenzen statistischer Großmannssucht. Im August 1958 inspizierte Mao Reishochertragsfelder und Lotosteiche der Provinz Shandong und gab die Losung aus: »Besser Volkskommunen einrichten!« Die Volkskommunen hatten lange als »Chinas dritter Weg« Vorbildcharakter für die Dritte Welt. Mit ihrer Einführung wurde die Selbstversorgung der Bauern festgeschrieben, die für Schulen und Krankenhäuser aufkommen mussten, während diese Dienste in der Stadt kostenlos waren. Das hieß auch, dass nicht nur das Leben von 80 Prozent der Bevölkerung – bis auf die festgesetzte Getreideproduktion – vom Staat nicht geregelt war, sondern auch ihre Überforderung als Produzenten durch unrealistische Planvorgaben, unter den Bedingungen extremer Kollektivierung und fehlender materieller Anreize. Maos Losung verdankte sich unter anderem einem Reisertragsschwindel. Damals führte man ihm »Hochertragsreis« vor – ein Mu, so wurde ihm versichert, habe den doppelten Ernteertrag. Heute rätselt man, wie Mao als »Bauernsohn« darauf hereinfallen konnte. Ein Kommentator zu dieser »Epoche des Realitätsverlusts« bemüht eine Äußerung des Philosophen Laozi zu guter Regierungsführung: »Ein großes Land regier', als wenn du brietest kleines Seegetier!«

Die Folgen solcher potemkinscher Spiegelfechterei waren verheerend. Vor allem während der großen Hungersnot im Gefolge des Großen Sprungs trat die Kluft zwischen Stadt und Land zutage: Die Hungersnot, die 1961/62 schätzungsweise 30 Millionen Todesopfer kostete, und der noch bis in die 80er Jahre manifeste Nahrungsmangel waren fast ausschließlich ländliche Phänomene. Parallelen zur Gegenwart ergeben sich implizit. Li Changping klagt: »Es ist inzwischen nicht mehr möglich, die Wahrheit zu sagen. Wenn die obere Führung hört, dass das Einkommen der Bauern gestiegen ist, reagiert sie erfreut, wenn man angibt, es sei gesunken, wird man kritisiert. Gibt es erst einmal ein Modell, dann ist es egal, ob es echt ist oder falsch, es wird darüber berichtet und propagiert.«

Der Dazhai-Komplex

In einer Erholungsphase (1962–1966) erreichte die Landwirtschaft immerhin das Niveau von 1957. In großem Maßstab wurde der landwirtschaftliche Investbau vorangetrieben und wurden die Anreize für Bauern durch landwirtschaftliche Kredite und erhöhte Ankaufpreise für Getreide, Baumwolle und andere landwirtschaftliche Nebenprodukte verbessert. Zwar wurde am kollektiven Eigentum festgehalten, aber mit der Einführung von Produktionsbrigaden als unabhängige kleinste Verwaltungseinheiten unterhalb der Volkskommunen und eines neuen Entlohnungssystems nach Arbeitsleistung kam es zu einer Renaissance der Familienwirtschaft, des häuslichen Nebengewerbes und des Handels. Die Kulturrevolution machte kurz darauf alle Privatisierungstendenzen zunichte und leitete eine zehnjährige Stagnationsphase (1967–1977) in der Landwirtschaft ein.

Die bis heute anhaltende Suche nach dem ultimativen Modell für China könnte mit dem Ausdruck »Dazhai-Komplex« umschrieben werden. Denn die Brigade Dazhai in Shanxi steht für die Idee, einen lokal erfolgreich erscheinenden Lösungsansatz landesweit, ohne Rücksicht auf regionale Besonderheiten, zu multiplizieren. Solche Modellprojekte hatten bereits zur Republikzeit die Funktion, den skeptischen Bauern Innovationen nahe zu bringen.

Dazhai war 1963 nach einem Dauerregen durch einen Bergrutsch verheert worden. Es war ein charismatischer Dorfleiter, der einfache Bauer Chen Yonggui (1914–1986), der die Dorfgemeinschaft selbstständig aus der Krise führte. Unter Verzicht auf Leistungsanreize und durch immensen Einsatz von Arbeitskräften wurde die landwirtschaftlich genutzte Terrassenlandschaft wiederhergestellt. Chen, der erst mit 43 lesen und schreiben gelernt hatte und meist mit weißem Bauernkopftuch auftrat, brachte es bis zum Politbüromitglied und Vizepremier für Landwirtschaft. Maos Vision revolutionärer Landschaftsumgestaltung sollte 1964 mit der Direktive »Lernen von Dazhai«, dem Prototyp ländlicher Autarkie, verwirklicht werden. Millionen folgten dem Ruf. Unter Deng Xiaoping verlor das kollektive Vorzeigeprojekt seine Attraktivität, zumal 1981 bekannt wurde, dass seine angebliche Eigenständigkeit durch staatliche Subventionen unterstützt worden war. Dennoch haben zeitgenössische, maschinell hochgerüstete Gegenmodelle eine vergleichbare Berühmtheit nie erreicht. So wurde Xiashidang, ein Dorf im Kreis Yibin, Sichuan, als »falsches Dazhai« verunglimpft, wurde für seine »kapitalistischen Tendenzen« wie Nahrungsmittelproduktion oder Schweinehandel abgestraft und kam erst zu Beginn der Reformphase zu Ehren. Bis heute versuchen sich zahlreiche Lokalitäten in einer Art unausgeschriebenem Wettbewerb unter der Ägide ehrgeiziger Karrierebeamter mit neuen Referenzmodellen zu profilieren. Jedoch noch bei zahlreichen Einzugsgebietsregulierungen der Reformära, die ökologische mit ökonomischen Erfordernissen in Einklang zu bringen versuchten, stand Dazhai unsichtbar Pate. Das Modell wurde dort erfolgreich umgesetzt, wo lokal angepasste, innovative Modifizierungen erfolgten. Dazhai selbst erlebte vor kurzem eine Renaissance, jedoch nun als ein Modell ländlicher Industrie. Durch konsequente Entwicklung der Dorfunternehmen unter Chen Yongguis ehemaliger Assistentin, dem »eisernen Mädchen« Guo Fengliang, erreichte die Ortschaft ein Durchschnittseinkommen von 2700 Yuan im Jahr 1997. Wieder sind Besucher angesagt …

Die Reformära begann nach einer erneuten verdeckten Hungersnot 1975 bis 1977 mit dem 3. Plenum des 11. Zentralkomitees im Jahre

1978 wieder auf dem Lande. Privat standen bis dato pro Jahr umgerechnet kaum fünf Euro zur Verfügung. Die Geldwirtschaft war fast zum Erliegen gekommen. Zum Jahreswechsel 1978/79 leiteten zwei Grundsatzdekrete die landwirtschaftliche Wende ein mit Neuerungen wie der Erhöhung der Aufkaufspreise, der Genehmigung von Diversifizierung und nebengewerblicher Tätigkeiten sowie ersten Versuchen mit Familienbewirtschaftung in Armutsregionen. Diese waren prädestiniert, als Pilotgebiete für die neuen Produktionsformen zu fungieren. Mit der Einführung des Verantwortungs- und Vertragssystems (1979–1984) ging eine rasche Ertragssteigerung einher, die parallel zur Privatisierungsspirale verlief. Den Anfang machten 1979 Produktionsverträge mit Gruppen von fünf bis sechs Familien, die den ihnen zugeteilten Boden selbständig bewirtschafteten und Überschüsse nach Ablieferung vertraglich festgesetzter Quoten behalten durften. 1980 wurden die ersten Produktionsverträge mit Bauernhaushalten abgeschlossen. Bald darauf signalisierten die ersten pauschalen Nutzungsverträge mit Einzelhaushalten das Ende der Kollektivierung.

Die Volkskommunen wurden bis 1983 aufgelöst, ihr Landnutzungsrecht auf die Haushalte übertragen. Zusätzlich wurden Gemüseanbau und -verkauf für den Eigenbedarf neben dem Getreide erlaubt. In dieser »goldenen Zeit der ländlichen Entwicklung« (1978–1984) hatte die Landwirtschaft eine Pionier- und Innovationsrolle inne, deren Rechtsgrundlage die 75 Artikel des Dokumentenentwurfs »Einige Beschlüsse zur Beschleunigung der landwirtschaftlichen Entwicklung« bildeten. 1979 und 1980 wurden die staatlichen Ankaufspreise für Getreide und Nebenprodukte angehoben – der entscheidende Anreiz für die Produzenten. Mit der Möglichkeit neuer Bareinkommen etablierten sich schnell neureiche »Zehntausend-Yuan-Haushalte«. Alle Formen des Verantwortungssystems wurden legalisiert im Dokument Nr. 1 von 1982, dem ersten der fünf historischen »Dokumente Nr. 1«, von denen bis 1986 jährlich eines erschien, um den ländlichen Reformen zum Durchbruch zu verhelfen.

Nicht überall war man der Reformpolitik gegenüber so offen eingestellt wie das Dorf Kleingang in der geographisch und klimatisch als landwirtschaftliches Testgelände beliebten Provinz Anhui, welches das Verantwortungssystem begründet haben soll. Andere Orte wurden bekannt für ihr Beharren auf dem Kollektivssystem, so in den 90er Jahren das »Mao-Dorf« Nanjie. Der Ort unter Leitung von Wang Hongbin und seinem Clan mutet an wie ein Relikt aus der Zeit der

Volkskommunen. Es hatte sich früher als die Pekinger Regierung zum Ziel gesetzt, Wohlstand für alle und nicht nur für »einige zuerst« zu erreichen. Für den Soziologen Cao Jinqing bildet dieses »Rote Hundert-Millionen-Dorf« innerhalb einer chronisch armen Region ein »ethisches Kollektiv«, im Gegensatz zum überkommenen »Vertragskollektiv«. Tägliche Lautsprecherberieselung mit Revolutionsmelodien, Mao Zedong- und Deng Xiaoping-Lektüre, gleiche Löhne und Bezugsscheine auf rationierte Waren bestimmen den Alltag. Über ein Punktesystem wird der Lebenswandel der 3000 Einwohner regelmäßig bewertet und ihr Aufenthaltsrecht überprüft. Die wohlhabende Kommune, die offenbar hohe Pekinger Gönner hat und sich modernster Selbstvermarktungsstrategien bedient, kann sich ein Heer an Fremdarbeitern leisten und stellt inzwischen eine Touristenattraktion dar.

Migranten – eine stigmatisierte Bevölkerungsschicht

Noch ist die ältere chinesische Gesellschaft, Familien wie Einzelpersonen, gesättigt von Erfahrungen auf und mit dem Lande, die völlig konträr sein können. Die Generation der Großväter erkämpfte von dort aus den Revolutionssieg, viele Intellektuelle und Kader wurden als »Rechtsabweichler« im Großen Sprung nach vorn und während der Kulturrevolution aufs Land verbannt, die Generation der »landverschickten Jugendlichen mit Schulbildung« verbrachte dort ihre Lehrjahre. Bereits 1955–1968 waren etwa 1,2 Millionen Jugendliche aufs Land geschickt worden. Die größte und längste Welle dieser Art, zu einer Zeit, da die meisten Bildungseinrichtungen geschlossen blieben, setzte aber Maos Weisung 1968 in Gang. Bis 1973 gelangten acht Millionen Jugendliche aufs Land, deren Zahl sich bis 1978 mehr als verdoppelte. Ihre Wiedereingliederung war Mitte der 70er Jahre eines der dringendsten Sozialprobleme. Die Erlebnisse während der gewaltsamen Durchmischung von Stadt und Land waren traumatisch – für die jugendlichen Städter, die zum Teil mit großem Enthusiasmus ihr Wissen »auf die Berge und in die Dörfer« (so der Terminus für diese Bewegung) tragen und von den Bauern lernen sollten. Am Ende wollte man nur noch weg. »Wir wollen in die Städte zurück!« und nicht: »Wir wollen nach Hause!« lautet das blutgetränkte Protesttransparent einer verzweifelten Gruppe in einer Fernsehserie über die »hinunter geschickte« Generation.

Dem erzwungenen Leben der Städter auf dem Lande (manchen gelang die Rückkehr nicht mehr) folgte in den 80er Jahren der Drang der Bauern in die Städte. Trotz massiver Abwanderung herrscht auf dem Lande Arbeitskräfteüberschuss, bei abnehmenden Durchschnittsflächen pro Kopf – sie liegen mit 1,5 Mu weit unter dem weltweiten Durchschnitt von ca. 4,8 Mu. Das »administrativ vorgeschriebene duale System«, das erst in jüngster Zeit gelockert wird, verurteilte die überschüssigen Arbeitskräfte vom Lande – nach der Volkszählung von 2000 rund 100 Millionen, inoffiziellen Schätzungen zufolge 150 bis 200 Millionen – zur Wanderarbeit, da ihnen die ständige Niederlassung im urbanen Raum verwehrt blieb. So konnte bisher zwar die Entstehung riesiger Großstadtslums vermieden werden, aber nur um den Preis einer Beibehaltung des unsicheren Migrantenstatus. Nicht einmal für den Begriff *nongmingong* (»Bauernarbeiter«), mit dem die Arbeiter vom Lande gewöhnlich belegt werden, gibt es eine allgemein gültige Definition. Häufig wird er mit *nongcun liudong renkou* (»migrierende Landbevölkerung«) gleichgesetzt, obwohl viele Bauern nur »den Acker, aber nicht das Land verlassen«, um einer nicht landwirtschaftlichen Tätigkeit nachzugehen.

In einigen Industriebranchen wie Bau und Textilien stellen Wanderarbeiter 70 bis 80 Prozent der Belegschaft. »Einmal Bauer, immer Bauer«, heißt es, egal ob man einer ethnischen Minderheit angehört und in der Großstadt mit lokalen Spezialitäten handelt oder ob man aus den ländlichen Randzonen in eine Firma im Ballungsraum wechselt. Selbst Fabrikunternehmer mit mehreren Angestellten bleiben auf dem Papier »Bauern«.

An ihrem Arbeitsplatz erhalten die Wanderarbeiter oft weder eine soziale Absicherung, noch sind ihre Menschenrechte garantiert. Sie verrichten Arbeiten, welche die Städter in der Regel scheuen, unter unzumutbaren Bedingungen und für Hungerlöhne. Arbeitsunfälle sind an der Tagesordnung. Die alljährlich in baufälligen oder ungesicherten Gruben umkommenden 6000 Bergleute entstammen natürlich auch dem unerschöpflichen Reservoir billiger ländlicher Arbeitskräfte, die »nicht den Tod fürchten, sondern das Leben«. Die immer häufiger publik werdenden Grubenunglücke sind weniger ein Zeichen wachsender Ausbeutung – die gab es in der Branche bereits zu Maos Zeiten in unvorstellbarem Ausmaße – als vielmehr Ausdruck zunehmender Transparenz und Medieninteresses. Die 26-teilige Fernsehserie *Bedrohung* (2002), die den investigativen Journalismus als Systemkorrektiv heroisiert, bereitete womöglich den Boden für einen Erlass, Untertagebau nur noch unter Sicherheitsauflagen zuzulassen. Die Helden der Serie, ein Journalistenpaar, recherchieren die »Erfolgsstory« eines Bergwerks, dessen Betreiber ein Lokaldespot ist. Die Wirklichkeit steht dem in nichts nach.

Die Formalitäten, die einen Neuankömmling in der Stadt erwarten, sind teuer und kompliziert. Will er in Peking eine legale Arbeit aufnehmen, gilt es, etwa sechs bis sieben Bescheinigungen zu besorgen. Er muss zunächst eine »Bescheinigung für Wanderarbeiter« seiner Heimatprovinz vorlegen und dort 50 bis 80 Yuan an jährlichen Verwaltungs- und Servicegebühren entrichten. In Peking selbst ist, unabhängig von der Verweildauer, eine »vorläufige Aufenthaltsberechtigung« für jährlich 180 Yuan Bearbeitungs- und acht Yuan Ausstellungsgebühr, eine »Arbeitszulassung« für eine jährliche Bearbeitungsgebühr von 180 Yuan und fünf Yuan Ausstellungskosten pro Zulassung über den Pekinger Arbeitgeber sowie eine »Gesundheitsbescheinigung« in Höhe von jährlich 40 bis 50 Yuan zu erwerben. Frauen im gebärfähigen Alter wird außerdem eine »Ehe- und Geburtenbescheinigung« für fünf Yuan abverlangt. Falls für den Arbeitsantritt eine bestimmte Professionalität vorausgesetzt wird, ist für weitere vier Yuan ein »Zeugnis über die berufliche Qualifikation« erforderlich. Alles in allem kostet ein Arbeitsantritt in Peking somit mindestens 450 Yuan. Der durchschnittliche Monatslohn eines Migranten beläuft sich demgegenüber auf etwa 590 Yuan.

Die Segregation von Stadt und Land sei Grund für eine tief sitzende Identitätskrise der Migranten, die durch die abwertende Haltung der Städter verschärft werde, meint der Soziologe Sun Liping: »In unseren Städten ist eine Stigmatisierung der Wanderarbeiter an der Tagesordnung. Man wirft ihnen vor, schmutzig zu sein, überall hin zu spucken, zu stehlen, unhöflich und unkultiviert zu sein.« Selbst die Erfolgreichen unter den Migranten fühlten sich nicht selten »entwurzelt«. Sun Liping berichtet vom Kommentar eines Wanderarbeiters: »Als Kind habe ich ganz naiv gesungen: ›Ich liebe Peking und den Tiananmen‹, aber als ich erwachsen war und in Peking arbeiten wollte, bekam ich gerade mal eine begrenzte Aufenthaltsgenehmigung.« Dabei wurde lange übersehen, welche Wirkungen die Geldsendungen und Investitionen der Migranten auf die Entwicklung und den wirtschaftlichen Aufschwung ihrer Heimatgemeinden haben.

Mittlerweile untersuchen Sozialwissenschaftler die sich herausbildenden Klassen der Bauernarbeiter in den Metropolen, die sich meist landsmannschaftlich formieren, einander über Freunde, Bekannte und Verwandte in bestimmte Stadtbezirke bis hin zu ausländischen Standorten nachziehen und sich auf unterschiedliche Gewerbe spezialisiert haben. Französische und chinesische Soziologen zeigten am Beispiel des »Henan-Dorfes« in Peking die neue soziale Ausdifferenzierung unter Zuwanderern aus verschiedenen ländlichen Regionen. Die Migranten aus Henan haben sich beispielsweise auf diverse Formen der Abfallbeseitigung spezialisiert.

In Fachpublikationen nehmen die Bauernmigranten einen exponierten Raum ein, stellen sie im Städtebild doch allein durch ihre physische Anwesenheit einen »Störfaktor« dar. In der chinesischen Presse und Leitartikeln waren lange Tendenzen zu beobachten, das »Fremd«- und »Anderssein« von Migranten zu betonen und sie als Gefahr für die öffentliche Ordnung und den Arbeitsmarkt zu betrachten. Noch bis Anfang der 90er Jahre galten die Landbindung von Bauern und das Vertrauen auf Entwicklung fördernde Maßnahmen vor Ort gemeinhin als alternativlos. Doch mehren sich Stimmen, die Möglichkeiten ihrer Integration erwägen und es als »unvermeidliche Folge von Chinas Modernisierung« betrachten, dass »Bauern zu Nichtbauern« werden.

Vorerst jedoch reflektieren selbst Unterhaltungsmedien eine gespaltene Wahrnehmung des ländlichen Raums und seiner Bewohner. Das Dorf als Schutzraum gefährdeter Werte ist nur ein beliebter Topos. In der Filmkomödie *Das Mobiltelefon* stellt das Land, personifiziert in der Bauerngroßmutter des Hauptdarstellers, das Korrektiv zum dekadenten Stadtleben dar. Der technische Fortschritt, symbolisiert im titelgebenden Requisit, transportiert Unaufrichtigkeiten, zerstört zwischenmenschliche Beziehungen und mündet in Erfolglosigkeit. Andererseits bieten sich abgelegene Landstriche als Projektionsfläche für Ängste vor Rechtlosigkeit und Chaos an. In solchen Darstellungen bilden Dörfer gegenüber Außenstehenden eine verschworene Gemeinschaft. So fahndet ein Polizist in der Kriminalserie *Das schwarze Loch* in einem Dorf nach einem entführten Kind. Drohend rotten sich die mit Feldgerät bewaffneten Einwohner um ihn zusammen, unbeeindruckt von seinem Revolver: »Auch wenn ein paar von uns draufgehen – lebend kommst du hier nicht wieder raus.« Zwischen diesen beiden Polen, der idealisierten Rückkehr zur Ursprünglichkeit und einem Grauen vor unkalkulierbarer Wildnis, bewegen sich die Perzeptionslinien.

»Schlimmer als die Japaner…«

Cao Jinqing, Professor am Shanghaier Forschungsinstitut für Soziale Entwicklung, hat in der voluminösen Dokumentation *China am Gelben Fluss* seine Recherchen 1996 in einem Armutsgebiet des ländlichen Henan vorgelegt. Der Band stand bald darauf auf dem Index. Es war Cao mittels seines persönlichen Netzwerks gelungen, in Dörfer zu gelangen, die sonst für Fremde fast unzugänglich sind. Seine Schilderung verdeutlicht, dass nicht nur der Zutritt für Bauern in die Städte reglementiert ist, sondern umgekehrt auch der Besuch Außenstehender in Dörfern. Von besonderer Herausforderung seien die unmerklichen Verwaltungsgrenzen und -ebenen, die »überall aufgestellten unsichtbaren Warnschilder mit der Aufschrift ›Zutritt für Unbefugte verboten‹«. Reglementierung durch die Verwaltung verbindet sich mit dem natürlichen Misstrauen der Bauern gegenüber Fremden zu einer Allianz, die Feldforschung erschwert. Cao beobachtete, dass das ländliche China der Wirtschaftsreformen in traditionelle Muster zurückfiel.

Das Wiederaufleben mächtiger Sippen sei unübersehbar, ebenso ein verstärktes Auftreten so genannter Dorftyrannen, in der Regel dort, wo nur ein Familienname vorherrscht. Der in einem Ort dominante Name gibt in der Politik den Ton an, stellt den Parteisekretär, die Führungselite und andere Schlüsselposten. Obwohl der Große Sprung zehn Prozent der Bevölkerung im südlichen Henan das Leben gekostet hatte, habe das Volk noch immer einen »Heidenrespekt« vor Autoritäten. Die Zahl männlicher Fäuste in einer solchen Sippe trägt entscheidend zur Durchsetzung eigener Interessen bei. Schon deshalb kann man aus diesen Kreisen kaum Verständnis für die derzeitige Familienplanung erwarten.

Der überall in China in allen möglichen Alltagssituationen zu hörende Seufzer »Es gibt zu viele Chinesen« könnte auch lauten: »Es gibt zu viele Bauern.« Die Ein-Kind-Familie ist zwar bereits Teil der urbanen Sozialisation, doch auf dem Lande, wo Mädchen immer noch eine traditionell geringe Stellung haben und männliche Arbeitskräfte vonnöten sind, wird die Geburtenplanung von jedem unterlaufen, der dafür eine Chance sieht. Am erfolgreichsten sind die neuen Reichen, die sich ihr Recht auf zusätzlichen Nachwuchs über dunkle Kanäle erkaufen. Alle anderen werden mit drakonischen Strafen belegt. Im alten China, so heißt es ironisch, seien Familien bis ins neunte Glied verfolgt worden, im neuen China hingegen reiche die Kriminalisierung bei Verstößen gegen die Familienplanung sogar bis ins zehnte Glied.

Ein vor kurzem durch die Medien gegangener Familienplanungsskandal wuchs sich in mehreren Landgemeinden Shandongs zu regelrechtem Terror durch örtliche Behörden aus. Der Bezirk war bei der Provinzführung in Ungnade gefallen, weil er das Schlusslicht bei der Geburtenplanung bildete. Die Bezirksleitung versuchte in einem Gewaltakt, das Steuer herumzureißen. Neben Zwangsabtreibung und Sterilisation gehörten Verschleppung, ruinöse Strafgebühren, Sippenhaft und Misshandlungen bis hin zu Totschlag zu den Sanktionsmethoden. Wer für die Behörden unerreichbar war, dessen Familie und Nachbarn wurden unter Druck gesetzt. Da auch die Dorfgemeinschaft, wie schon zur Kaiserzeit, für das Fehlverhalten Einzelner zu haften hatte, kam es vor, dass sich ganze Dörfer tage- und nächtelang vor den Vollzugsbeamten in freier Landschaft versteckten.

Folglich wurden Vergleiche mit dem Widerstandskrieg laut: Geburtenplaner seien »schlimmer als die Japaner«. Zynisch kommentiert der Volksmund die Politik zur Bevölkerungsreduktion: »Nimmt einer Pestizid, nicht die Flasche ihm entreißen, will sich einer erhängen, ihm die Schnur dazu reichen.« Oder: »Lieber zehn Gräber ausheben, als ein Mensch mehr am Leben.« Als einzige Lösung für den Kreislauf aus Unterdrückung, Vermeidungsstrategien der Betroffenen und Gewalt empfehlen Fachleute eine liberalisierte Abwanderung in die Industriemetropolen, durch welche sich die Lebensgewohnheiten tiefgehend verändern. Doch auch wenn seit einigen Jahren Ausnahmeregelungen zugelassen sind, soll die Ein-Kind-Politik festgeschrieben bleiben, um die Bevölkerung bis 2010 bei einem Wachstum von 5,87 Promille unter der 1,37-Milliarden-Grenze zu halten.

Unorganisiert wie »zerfließender Sand«

In Expertenkreisen wird zunehmend die Frage diskutiert, warum ausgerechnet den Bauern eine handlungsfähige Dachorganisation bis heute verwehrt geblieben ist, wo doch fast jede Gesellschaftsgruppe, von Arbeiter- und Lehrergewerkschaften über Frauenvereinigungen bis hin zu Kleintier- und Pflanzenzüchtervereinigungen vertreten ist. Offen ist, ob und wann der Staat auf dieses Manko reagiert.

Hinter der Gründung der ersten Bauernorganisation, der Genossenschaft von Xiaoshan Yaqian 1921 durch Shen Dingyi, einen Kommunisten der ersten Stunde, stand das Prinzip »Einigkeit macht stark«. Im März 1927 wurde faktisch die erste landesweite Bauernorganisation – ein Exekutivkomitee des Allchinesischen Bauernverbands – gegründet. Bis zum Juni 1927 gab es landesweit 21.458 große und mittlere Bauernorganisationen mit 9.153.093 Mitgliedern. Unter der Schirmherrschaft der Guomindang-Regierung entwickelte sich im gleichen Zeitraum eine ländliche Genossenschaftsbewegung nach Raiffeisenvorbild. Bei Kriegsausbruch 1937 waren 47.000 Genossenschaften registriert.

Der Grund für das Verschwinden von unabhängigen Bauernorganisationen nach 1949 liegt in der administrativen Umgestaltung von Gemeinde- und Dorfebene durch die KPCh, wodurch die Macht des Staates in direkter Linienfunktion bis in die Dörfer reichen sollte. Staatlich gefördert wurde lediglich eine dörfliche Verwaltungsorganisation, die befasst war mit der Durchsetzung kommunistischer Programme wie der Mobilisierung der Bauern, zwangsweisen »Getreideanleihen« bei reichen Haushalten zur Unterstützung Notleidender, Senkung der Pachtzinsen, Vertreibung von Banditen, Abwehr von Lokaltyrannen und konterrevolutionären Kräften.

Die Bauern heute seien so bedauernswert aufgrund ihrer Schwäche, erläutert der Soziologe Li Meng. Ihnen fehle »wie zerfließendem Sand« der organisatorische Zusammenhalt: »Das führt so weit, dass selbst völlig unbedeutende Dorfkader beliebig allen Unrat über ihnen abladen, ja es steht zu befürchten, dass da eine Staatsmacht durch ihr System die Bauern vorsätzlich zu Bürgern zweiter Klasse degradiert.« Eine der größten Bevölkerungsgruppen der Welt sei gleichzeitig eine der schwächsten Sozialgruppen. Seit Einführung des Verantwortungssystems seien die Bauernhaushalte »isoliert und auf sich allein« gestellt, stünden mit »nackten Fäusten« einer wachsenden Menge an Staatsbeamten und Polizisten gegenüber.

Die Dringlichkeit einer eigenen Bauernvertretung wird vor allem angesichts zweier neuer Herausforderungen empfunden: 1. Chinas WTO-Beitritt (2001), der den Abbau von Subventionen auf landwirtschaftliche Produkte und die Erhöhung von Importen vorsieht, und 2. die Bereitschaft der Kommunistischen Partei – ebenfalls seit 2001 –, sich gegenüber traditionell suspekten Gruppen wie Privatunternehmern zu öffnen, worin mancher die endgültige Preisgabe bäuerlicher Interessen sieht.

Die Mitbestimmung auf Graswurzelebene, die von vielen als Lösungsansatz betrachtet wird, kommt seit der probeweisen Einführung von direkten Dorfwahlen ab 1987 nur langsam voran. Bis 1998 hatten zwar laut der Nachrichtenagentur Xinhua mehr als 60 Prozent von Chinas Dörfern Dorfwahlen abgehalten, aber mit zweifelhaftem Erfolg. Nach einer Umfrage von 1999 konnten nur 57 Prozent der Befragten von Wahlen in ihren Dörfern berichten; 18 Prozent bestätigten die Wahlen als »sehr oder relativ demokratisch«.

Die wachsende Ungleichheit schafft ein unkontrollierbares Konfliktpotential – 58.000 Auseinandersetzungen wurden 2003 registriert, im Jahr darauf bereits 74.000, unter Beteiligung von 3,7 Millionen Menschen. Nur wenige erfolgreiche bäuerliche Protestaktionen wurden aber publik. Ein frühes Beispiel ist die von Mo Yan in seinem Roman *Die Knoblauchrevolte* beschriebene spontane Rebellion gegen die Lokalregierung von Cangshan. Hunderte von Knoblauchbauern, die aufgrund behördlichen Versagens auf ihrer Ware sitzen geblieben waren, demolierten 1987 den Sitz der Kreisregierung. Der Vorgang vom Symbolgehalt eines hochnotpeinlichen Weckrufs für den Machtapparat wurde zum Gegenstand parteiinterner Selbstkritiksitzungen. Der peripher gelegene Kreis wurde von da an zum Augapfel der regelmäßig vorsprechenden Parteiprominenz, einschließlich Wen Jiabaos.

Am anfälligsten für Unruhen waren seit den 90er Jahren Getreidehauptanbauregionen wie die Provinzen Jiangxi, Hubei, Hunan, Anhui, Henan und Shanxi, in denen die *Sannong*-Problematik am augenfälligsten ist. In Yangzhao, Shanxi, leisteten die Bauern Widerstand gegen eine eigenmächtige Änderung des Gemeindenamens durch die Lokalregierung. Der Streit zog sich sieben Jahre lang hin. Die Kommune wurde zum »unabhängigen Fürstentum«, das Parteikadern und Beamten den Zutritt verwehrte. Im Juni 1993 erhoben sich an mehreren Orten im Kreis Renshou, Sichuan, die Bauern gegen unerträgliche Belastungen. Es erforderte einen neuen Parteisekretär, bis die Steuerlast ein Jahr später von 50 Yuan pro Kopf auf 4,86 Yuan gesenkt wurde. Dieses »Erdbeben« soll sogar zu einer Staatsratsdirektive geführt haben. Ein prominenter Fall ereignete sich in Anhui. In der Gemeinde Xipanliu, Kreis Lixin, belief sich durch unrechtmäßige Abgaben die Belastung der Bauern 1995 auf 18 Prozent. Die Bauern verweigerten die Zahlung, und Abgeordnete aus vier Dörfern protestierten bei Gemeinde und Kreis. Im folgenden Jahr wurde der Bauernvertreter Cui Jingchang nach einer bei der Bezirksregierung Fuyang vorgebrachten

Beschwerde am Gemeindesitz misshandelt. Die zweimalige Petition einer Dorfabordnung in Peking hatte am Ende Erfolg. Eine Untersuchungskommission aller Regierungsebenen sorgte für die Amtsenthebung der zuständigen Beamten.

Zum Hauptauslöser von Bauernprotesten gehören Umsiedlungen, Vertreibungen und Enteignungen. Die Massenumsiedlungen beim Bau des Yangzi-Staudamms haben die Skandalträchtigkeit solcher Vorhaben en gros vorgeführt. Dorfbewohner werden aus ihren geräumigen Wohnhöfen verdrängt und zum Umzug in Hochhaussilos gezwungen. Über die Höhe der Kompensation herrscht meist Intransparenz – ein Einfallstor für Korruption und Missbrauch. Oft ist die zugesagte Behausung nicht einmal rechtzeitig bezugsfertig. So formiert sich passiver Widerstand, um die angedrohte Umsiedelung zu verzögern – etwa in den Außenbezirken von Suzhou. Dort kam es außerdem zu grotesken »Blitzrenovierungen«: Um höhere staatliche Kompensationen zu erlangen, wird der Wert von Wohnhäusern oberflächlich gesteigert. Baumaterialien und Einrichtungsgegenstände stammen aus anderen Abrissgebieten und sind den Vorbesitzern schon einmal vom Staat ersetzt worden.

Rund 40 Millionen Bauern verloren bis dato durch fortschreitende Urbanisierung ihre einstige Existenzgrundlage. Viele sind in dreifacher Hinsicht benachteiligt: »landlos, arbeitslos, schutzlos«. Gerade von diesen Bauern waren viele ursprünglich die erfolgreichsten und am besten ausgebildeten, da sie stadtnah siedelten. Sie stellen ein Unruhepotential dar, da ihre Lage sich, im Gegensatz zu der in den meisten Armutsgebieten, nicht graduell verbessert hat. Sie kennen außerdem ihre Rechte besser und scheuen nicht davor zurück, sich dafür einzusetzen. Die meisten Bauernführer sollen aus der gebildeten Dorfelite stammen. Viele sind unzufriedene demobilisierte Soldaten.

Ebenso ist die Gefahr, in Kriminalität abzugleiten, groß. Die erste Begegnung zwischen Stadt und Land findet in der Regel nicht auf dem Tanzparkett statt wie im romantisch überhöhten Videoclip, sondern an Überlandstraßen, vor deren Rasthäusern blutjunge Landmädchen Limousinen und Lastwagen heranwinken. Sex und Drogen haben ganze Landstriche im Griff. Eine berüchtigte Dealergegend in Sichuan konnte nachts nicht ohne Gefahr für Leib und Leben durchquert werden. Als Gasthöfe getarnte Heroinküchen, Mohnfelder im Gebirge und immer besser vernetzte Schmuggelbanden, die über Provinz- und Landesgrenzen operieren, gehören zu den tabuierten Schattenseiten.

Obwohl die offizielle Statistik in der Regel nicht zwischen Stadt und Land unterscheidet, gelten ein geringer Bildungsstand, ein hoher Anteil an Analphabeten und Jugendlichen bzw. Junggesellen, denen »die gesellschaftliche Anerkennung fehlt«, als typisch für die Kriminalität des ländlichen China. Zuwächse bei Eigentumsdelikten indizieren das steigende Wohlstandsgefälle. Die auf dem Lande häufigsten Straftaten sind Raub, Vergewaltigung und Mord. Hinzu kommen Landstreicherei, Glücksspiel, Menschenhandel, Korruption und Polygamie. Von Januar bis September 2004 wurden landesweit 3,272 Millionen Strafsachen behördlich registriert, ein Zuwachs um 5,9 Prozent im Vergleich zum Vorjahr; 86 Prozent aller Straftaten waren Eigentumsdelikte, ein Anstieg um 6,4 Prozent. Über 75 Prozent aller Straftaten in Großstädten wie Peking oder Kanton werden angeblich von Wanderarbeitern verübt.

Der aufgeblähte Verwaltungsapparat auf den unteren Ebenen geht einher mit einer zunehmenden Schwächung staatlicher Kontrolle. Die Ökonomin He Qinglian, der vorgeworfen wurde, den Antagonismus zwischen den chinesischen Gesellschaftsschichten zu schüren, beschreibt in *Fallgruben der Modernisierung* (1998) die mancherorts neben der offiziellen Führung herrschenden Mafiacliquen. Beispielsweise »regierte« in Linfen, Shanxi, neben dem regulären Bürgermeister ein zweiter »schwarzer«, der das gesamte Gebiet terrorisierte. Das Grundstück eines Dorfes, auf das er es abgesehen hatte, ließ er einfach planieren – ohne Rücksicht darauf, dass die Bauern gerade 3000 Setzlinge für ein städtisches Begrünungsprojekt gepflanzt hatten.

Chinas »chronische Kranke«

Seit Jahren werden soziale Sicherungssysteme auf dem Lande angemahnt, ohne dass praktikable Lösungen greifbar wären. Nach Sun Liping gab der Staat 1999 insgesamt 110,3 Milliarden Yuan für diesen Sektor aus, wovon 88,6 Prozent an die städtische Bevölkerung gingen und lediglich 11,46 Prozent an die ländliche. Die Städter erhielten durchschnittlich 413 Yuan, das 29,5-Fache der Bauern.

Nach einer Statistik des Erziehungsministeriums werden nur 23,1 Prozent der Bildungsetats für den ländlichen Raum aufgewendet, 76,9 Prozent fließen in die Städte. Dabei leben von 160 Millionen schulpflichtigen Kindern die meisten auf dem Lande. In vielen Städten ist die Gymnasialstufe allgemein verbreitet, während in den Gemeinden von Mittel- und Westchina häufig nicht einmal die neunjährige Schulpflicht gewährleistet ist. Früher wurden die Dorfschullehrer von den Bauern mit Getreide und Arbeitskraft versorgt, heute gibt es nur noch monatlich bezahlte staatliche Lehrer. Aber Bargeld ist Mangelware. Die Reformen, heißt es, haben alles umgekehrt, »man will nun von den Bauern nicht mehr, was sie hergeben könnten, sondern, was ihnen gerade fehlt«.

Die meisten der über 200 Millionen Analphabeten leben auf dem Lande, ein Drittel der ländlichen Bevölkerung. In Mittel- und Westchina liegt der Anteil in manchen Gebieten bei 50 Prozent. Die schwierigen Unterrichtsbedingungen hat Zhang Yimou in dem Spielfilm *Keiner weniger* am Einzelschicksal eines die Lehrerin vertretenden Mädchens in Szene gesetzt. Gerade Mädchen scheiden vorzeitig aus dem Unterricht aus oder haben gar nicht erst die Möglichkeit eines Schulbesuches. Es mangelt an Fachleuten, modernen Lehrmitteln und Lernmethoden, aber auch an sicheren Schulgebäuden.

Besorgniserregend ist die Verschlechterung der Gesundheitsversorgung. 60 Prozent von Chinas Bevölkerung hatte Ende 2005 nur zu 20 Prozent der Gesundheitsversorgung Zugang. In punkto Chancengleichheit rangiert die Volksrepublik, der WHO zufolge, an viertletzter Stelle unter 190 Ländern. Viele Gemeindegesundheitsstationen stehen leer oder werden anderweitig genutzt, das Personal ist verschwunden. Wer in einem Bauernhaushalt erkrankt, muss sich zu ruinösen Gebühren in der Stadt behandeln lassen und kann die ganze Familie in Armut stürzen. Früher versorgten Barfußärzte die Bauern gegen Naturalien, Getreide oder Arbeitskraft, heute wird Bargeld verlangt. Daher, so Lu Xueyi, »können viele Bauern nur die kleinen Leiden kurieren und bei den großen nur noch beten«. So gesehen sind die Bauern Chinas chronische Kranke. Chen Xiwen, ein agrarpolitischer Regierungsberater, schätzt, dass kaum je ein Bauer im Krankenhaus stirbt. Nicht einmal ein Drittel der Landfrauen entbindet stationär. Die Mortalitätsrate von Schwangeren in Mittel- und Westchina liegt um das 3,6-Fache höher als in der Ostregion, die Kinder- und Säuglingssterblichkeit um das Vierfache. 40 Prozent der Todesfälle sind auf unterbliebene ärztliche Hilfe wegen Zahlungsschwierigkeiten zurückzuführen.

Die Krankheitsbilder spiegeln das Wohlstandsgefälle. Die Stadtbevölkerung leidet an typischen Zivilisationskrankheiten wie Bluthochdruck, Übergewicht und Zucker. Unter den Bauern grassieren armutsinduzierte Leiden: Unterernährung, Hepatitis, Tuberkulose, Ruhr, lokal endemische Krankheiten wie Bilharziose oder Keshan (eine Herzmuskelerkrankung). Während 30 Prozent der Stadtbevölkerung an Übergewicht leiden, ist fast ein Drittel der Kinder in Armutsgebieten unterernährt. Am deutlichsten werden die Unterschiede am Wachstum von Kindern und Jugendlichen. Nach der dritten landesweiten Ernährungserhebung sind sechsjährige Kinder auf dem Lande mit durchschnittlich 110 cm um drei Zentimeter kleiner als ihre städtischen Altersgenossen, bei 16-jährigen Dorfjugendlichen mit durchschnittlich 158 cm liegt der Größenunterschied noch deutlicher unter der Städternorm von 164 cm. Ein Experte warnt: »Der Stadt-Land-Unterschied wirkt sich bereits physisch auf die nachwachsende Generation aus. Kinder und Jugendliche aber machen auf dem Lande 70 Prozent der Bevölkerung aus. Das hat direkten Einfluss auf die Zukunft des Landes. Wir dürfen da nicht weiter tatenlos zusehen!«

Bei chronischen Epidemien können die betroffenen Landbewohner, so Li Changping, nur »tatenlos den Tod abwarten«. Diese Krankheiten gelten als »Privatsache« und geraten allmählich außer Kontrolle. Die Anzahl derer, die jährlich daran sterben, ist um ein Vielfaches höher als die der Opfer von plötzlichen Seuchenausbrüchen wie SARS. Als in den 80er Jahren jährliche kostenlose staatliche Gesundheitschecks auf dem Lande noch die Regel waren, kamen die Betroffenen sofort in Quarantäne, wurden auf Staatskosten behandelt, und das Kollektiv half bei Erbringen ihrer Arbeitsleistung. In der Reformära zerstörte die Monetarisierung der öffentlichen Dienstleistungen das Solidarsystem. Früher wurde Bilharziose durch gemeinsame Arbeitseinsätze (Bekämpfung der Pärchenegel in Teichen und Tümpeln) zurückgedrängt und Erkrankte wurden kostenlos versorgt. In den 90er Jahren kostete ein Behandlungstag im Krankenhaus einen an Bilharziose erkrankten Bauern rund 90 Yuan. Heute ist die Krankheit zurückgekehrt, da Arbeitseinsätze und Behandlung unbezahlbar sind.

Ein lange verdrängtes Problem stellen ökologisch induzierte Krankheiten dar. Giftige Gewässer und Böden sind verantwortlich für die hohe Sterberate einzelner Dörfer, die erst seit kurzem durch gewachsenes Umweltbewusstsein (Greenpeace ist mit einem Büro in China vertreten) und eine wache Presse publik werden. Erst privates Engagement, Umweltaktivisten und eine couragierte Berichterstattung, darunter diejenige Chen Guidis, Autor des vorliegenden Bandes, machten aufmerksam auf die Verseuchung der »Krebsdörfer« am Fluss Huai in Henan oder entlang des Qiantang in Zhejiang durch Chemie- und Papierfabriken, die ihre Abwässer ungeklärt ableiteten. Der Nitrateintrag aus Düngemitteln ins Grundwasser ist daneben ein Langzeitproblem, das wohl noch nirgendwo auf der Welt zufrieden stellend gelöst ist.

Der mühsame Weg vom Bauern zum Bürger

Im Mittelpunkt der meisten Gesetzesinitiativen der letzten anderthalb Jahrzehnte steht gebetsmühlenhaft die Entlastung der Bauern. So sollte schon 1991 der »Schutzbrief«, genauer: die »Verwaltungsrichtlinien zur Finanz- und Arbeitslast der Bauern«, das in astronomische Höhen steigende Wirrwarr der »drei Kollektivgebühren des Dorfes (für Verwaltung, Wohlfahrt, Gemeinschaftsinvestitionen) und der fünf Gemeinschaftsabgaben der Gemeinde (für Schulen, Geburtenplanung, Unterstützung für Veteranen und andere Berechtigte, Miliz, Straßenbau)« eindämmen. Letztere sollten fünf Prozent des durchschnittlichen Vorjahreseinkommens nicht überschreiten, was für weitere Verwirrung sorgte, denn selbst in der Fachliteratur wird dieses Limit zuweilen fälschlich auf die Gesamtabgaben, inklusive der staatlichen Abgaben, bezogen. So blieben dieser und spätere Erlasse weithin folgenlos.

Zusätzliche Kosten für alle erdenklichen, von »oben« bestimmten Vorhaben stellen den eigentlichen Stein des Anstoßes dar und werden im Volksmund mit der berüchtigten »Drei-bisschen-Mode«, welche die Bauern »am meisten fürchten«, umschrieben: »Die Gemeinde zahlt ein bisschen, das Dorf zahlt ein bisschen, und die Bauern zahlen ein bisschen.« Es handelt sich um ein intransparentes Umlagesystem, womit im Grunde gleich dreimal zur Kasse gebeten wird. In der Regel werden die oberen Behörden erst aufmerksam, wenn die Bauern die Abgabe verweigern und Medien wie die Fernsehsendung *Brennpunkt* berichten.

Unter diese Missbräuche fällt auch die Finanzierung so genannter »Standardkampagnen«, die ein bestimmtes Niveau im äußeren Erscheinungsbild von Ortschaften vorschreiben. Beispielsweise müsste ein Verwaltungsdorf ab 1000 Einwohnern mindestens 50 Toiletten mit Wasserspülung und gekachelten Wänden aufweisen. Das Vorbild hierfür liegt in den leistungsfähigen Großstadtzentren. Eine Zeit lang hatten größere Städte im Rahmen solcher Projekte Grünanlagen gestaltet, wobei ausgewachsene Bäume aus Dörfern einfach umgepflanzt wurden. »Die Städte prangen in frischem Grün, während die Dörfer veröden«, klagte ein Beobachter.

Das Zweiklassensystem wird durch eine fehlende Rechtsgrundlage für die bäuerliche Gesellschaft festgezurrt. So geht Fang Wen in seinem Aufklärungsbändchen *Chinesischer Bürger, welche legalen Rechte hast du?* (2000) offensichtlich nur von Städtern als »chinesischen Bürgern« aus. Bauern sind von den jüngsten, an eine entstehende Mittelschicht gerichteten Rechtsstaatlichkeitsübungen noch weitgehend ausgeschlossen. Die meisten Bauern kennen ihre Rechte nicht, und dieses Unwissen wird von der Bürokratie eher noch kultiviert. Der Weg vom Bauern zum Bürger scheint nur über die Städte zu führen.

Hinzu kommt, dass die Zentralregierung immer wieder neue Gesetzesinitiativen und Reformen anschiebt, über die selbst Fachleute kaum den Überblick behalten. Allein 2001 wurden 24 verschiedene Bekanntmachungen und Dokumente durch verschiedene Gremien des Staatsrats erlassen, in einem Monat gleich fünf auf einmal. Das Manko war bereits Jahre zuvor von lokalen Einzelaktivisten erkannt worden. So hatte Mitte der 90er Jahre ein Bauer in Qidong, Hunan, mit dem Verkauf von Kopien eines siebenseitigen »Dokuments Nr. 9« der Provinzregierung, das die Reduzierung bäuerlicher Belastungen forderte, Demonstrationen provoziert. In Jiangxi kam es im August 2000 zu Unruhen, nachdem ein anderer alle relevanten nationalen Erlasse zur Entlastung der Bauern seit 1982 kompiliert und ein Beratungsbüro eröffnet hatte. Wenig später schloss die Ortspolizei das Unternehmen wegen »Gefährdung der öffentlichen Ordnung«.

Wettlauf auf die Wohlstandsinseln

Die Priorisierung der Landwirtschaft war vor allem bis Anfang der 90er Jahre von durchschlagender Wirkung. Zwischen 1978 und 1990 ging die Zahl der absolut Armen in den ländlichen Gebieten von 250 Millionen (30,7 Prozent der ländlichen Bevölkerung) auf 125 Millionen zurück, bis 1993 auf 80 Millionen und bis 2000 auf 30 Millionen (drei Prozent). Die Fortschritte bei der Armutsminderung verlangsamten sich jedoch, als die Regierung den ländlichen Sektor zu vernachlässigen begann und ihr Hauptaugenmerk dem marktwirtschaftlichen Aufschwung Ostchinas schenkte. Im Juli 2005 lebten, staatlichen

Angaben zufolge, 26,1 Millionen Menschen auf dem Lande unter der offiziellen Armutsgrenze. Doch die Weltbank mit ihrem höheren Standard kam auf 150 Millionen: immer noch die weltweit zweitgrößte Armutsbevölkerung.

Bis 2003, dem Jahr des Amtsantritts von Hu Jintao als Staats- und von Wen Jiabao als Ministerpräsident – letzterer zuvor als Staatsratsmitglied lange Jahre für die Armutsgebiete verantwortlich –, änderte sich an dem alten Kurs wenig. Doch verfolgt man die verschiedenen Gesetzesinitiativen, so zeigt sich die Regierung insofern als lernfähig – dies verraten selbst kritische Publikationen –, als sie auf *trial-and-error*-Basis gezielt mit Neuerungen in begrenztem lokalem Rahmen experimentiert, bevor diese breitenwirksam umgesetzt werden. Die jüngsten ländlichen Reformen scheinen also nicht nur auf das persönliche Engagement der neuen Spitzenfunktionäre zurückzugehen, wenngleich sie eine deutliche Zäsur setzen. Selbst der »Großstädter« Zhu Rongji, dessen mangelnde Landverbundenheit wiederholt Zielscheibe unterschwelliger Kritik geworden war, warnte im November 2001: »Beim Eintritt in die WTO macht mir die Landwirtschaft am meisten Sorgen.« Im Jahr darauf vollzog Jiang Zemin mit einer *Sannong*-Sentenz den historischen Brückenschlag zu den gescheiterten nichtkommunistischen Vorgängerregierungen: »Blüht die Landwirtschaft, blüht das Volk, sind die Bauern reich, ist das Land reich, bleibt die Lage auf dem Lande stabil, bleibt China stabil.«

Auch wenn der Stadt-Land-Gegensatz nach wie vor die Schlagzeilen und Köpfe beherrscht: Die Zeichen deuten auf ein neues Zeitalter. Provinzweite Experimente zur Abschaffung der Agrarsteuer begannen 2004 in sieben Provinzen und wurden 2005 auf 27 Provinzen und provinzähnliche Stadtgebiete ausgedehnt. Anfang 2004 wurde erstmals nach 18 Jahren wieder ein Dokument Nr. 1, das sechste, »Zur Beschleunigung des Einkommenszuwachses der Bauern« mit Regelungen verabschiedet, die OECD-Empfehlungen entsprechen, darunter die Senkung der Landwirtschaftssteuer, die Freigabe des Getreidemarktes und der Aufbau eines direkten Subventionssystems für Bauern. Die Landreformen wurden im siebten »Dokument Nr. 1«, das die Finanzierung von ländlicher Bildung, Gesundheitsversorgung, Bewässerung und sonstiger Infrastruktur ankündigte, 2005 fortgesetzt.

Früher als geplant, ab 2006, wurden auf Staatsratsbeschluss die Agrarsteuern abgeschafft, landwirtschaftliche Subventionen aufgelegt und die staatlichen Infrastrukturinvestitionen vom städtischen auf den ländlichen Raum verlagert. Dies verbessert nebenbei die internationale Wettbewerbsfähigkeit. Außerdem soll die neunjährige Schulbildung innerhalb von zwei Jahren gebührenfrei sein. Die epochale Bedeutung dieser Steuerreform, auf die das Regierungsorgan *Volkszeitung* zum Jahresende 2005 verwiesen hatte, betonte auch Wen Jiabao in seinem Regierungsbericht 2006: Eine 2600 Jahre alte Tradition, die 594 v. Chr. im Fürstentum Lu, Shandong, begann, sei damit beendet. Die Staatseinnahmen beruhten nicht länger auf Landwirtschaftssteuern als Haupteinnahmequelle. Eine umfassende Landreform, der Aufbau eines »neuen sozialistischen ländlichen Raums«, den Industrie und Städte zu unterstützen haben, die Entwicklung einer modernen Landwirtschaft, die Verbesserung der Getreideproduktion sowie die nachhaltige Erhöhung der bäuerlichen Einkommen wurden in der Regierungserklärung als prioritär eingestuft. Im Szenario einer Verschränkung von Stadt und Land lebt die Utopie vom glücklichen Landleben wieder auf: Das Land soll durch dörfliche Infrastruktur, Verkehrsanbindung, Ausbau von Dienstleistungs- und Bildungsinstitutionen sowie Beschäftigungsmöglichkeiten zur Arbeits- und Lebensalternative umgestaltet werden. Damit fänden die für die Armutsminderung maßgeblichen Strategien auf den gesamten ländlichen Raum Anwendung, ohne diesen weiterhin abzuschotten.

In einigen Regionen wird mit der Lockerung der Zuzugsvorschriften für – natürlich gut situierte und integrierte – Migranten experimentiert. Denn in dieser ambivalenten Problemgruppe, der jungen Landelite, die das Scharnier zwischen beiden Welten bildet, scheint ein Schlüssel zur Problemlösung zu liegen. Sie repräsentiert das ländliche Aufsteigertum und stellt so auch keine unmittelbare systemimmanente Gefahr dar. Diese Migranten sind als Ernährer, Investoren und Wissensbroker nicht nur die Hoffnungsträger des ländlichen Raums und ihrer Familien, denen ihr Einkommen ein Leben über der Armutsschwelle ermöglicht, sondern auch der urbanen Zentren, die durch den wohlfeilen Arbeitskräftezustrom international attraktiv bleiben. Experten empfehlen das »demographische Opportunitätsfenster« zu nutzen, da die Mehrzahl der Bevölkerung noch im mittleren Alter sei. Die Migranten liegen mit 38,38 Jahren unter dem Altersdurchschnitt der Landbevölkerung (41,86 Jahre) und der landesweiten Bevölkerung (43,35 Jahre). Mit dem Sprichwort »Fließendes Wasser fault nicht« plädiert Li Peilin für soziale Mobilität.

Nicht ohne die dafür notwendige Übertreibung ließe sich Chinas

Stadt-Land-Dichotomie auf das globale Nord-Süd-Gefälle, die sich öffnende Schere zwischen Arm und Reich und die ökonomische Ausdifferenzierung übertragen. Der nur mühsam aufgehaltene Ansturm chinesischer Bauern auf die Glitzermetropolen ihres Landes ist eine Variante des weltweiten Wettlaufs auf die Wohlstandsinseln. Was sich in China abspielt, wie die Regierung mit der Bauernfrage umgeht, das wird auch in unseren Breiten Auswirkungen haben, so wie bereits die Finanzmärkte zittern, wenn sich in Peking eine Währungsaufwertung andeutet. Möglicherweise entspricht der mit den Kollektividealen der Gesellschaft korrespondierende ganzheitliche Ansatz von *Sannong* – das heißt die wahrgenommene Verantwortung nicht nur für einen Erwerbszweig, sondern auch für die Bevölkerung und ihren Lebensraum – eher der seit 2005 verfolgten Vision von Fortschritt als »nachhaltiger Entwicklung«. Es liegt in dem neu aufgelegten Regierungsprogramm einer »harmonischen Gesellschaft« die Chance, den aktiven Umbau der Globalisierungswalze hin zu einer humaneren, ökologisch tragfähigen »Glokalisierung«, die umwelt- und sozialverträgliche Fusion von Globalisierung und Lokalisierung, mitzugestalten. Die Lage der chinesischen Bauern könnte dann als Gradmesser und Leitmotiv solcher Veränderungen dienen.

Hierin liegt vielleicht auch eine Antwort auf die Frage, wohin China wohl steuern mag. Wer das Land im 21. Jahrhundert als kooperativen Mitspieler im Konzert internationaler Akteure sehen möchte, wird ein Interesse daran haben, dass die drängenden Probleme der Ausgrenzung seiner Bevölkerungsmehrheit sozial verträglich gelöst werden. Sofern das strategische Ziel einer »harmonischen Gesellschaft« der Regierung tatsächlich ein Anliegen ist, das sich nicht in kurzsichtigen Reförmchen erschöpft, dürfte Hoffnung bestehen auf eine – einigermaßen – stabile Zukunft des Landes, mit allen damit verbundenen globalen Synergieeffekten.

Glossar

Vorwort

Seite 15 – **qingzeitlich**: Qing-Dynastie, 1644–1911.

15 – **Zhang Xuecheng**: bedeutender und ungewöhnlicher Historiker (1736–1796). Während sich die Hauptlinie der historischen Reflexion in China auf Gelehrsamkeit, Textkritik und Exegese der Klassiker beschränkt, wandte er sich den methodischen Problemen der Geschichtsschreibung und der Geschichtsphilosophie zu, was ihn zu einem in seiner Zeit wenig anerkannten Außenseiter machte. Seine Leistung fand erst im 20. Jahrhundert wirkliche Anerkennung.

16 – **tangzeitlich**: Tang-Dynastie, 618–906.

16 – **Liu Zhiji**: bedeutender Historiker (gest. 721). Als erster chinesischer Vertreter seiner Zunft beschäftigte er sich in seinem Werk *Shitong* (*Über Geschichtsschreibung*) mit den Problemen der Historiographie. Er beschrieb kritisch die seit der Han-Dynastie (206 v. bis 220 n. Chr.) gängige Geschichtsschreibung und setzte eigene Vorstellungen dagegen.

16 – ***Shiji: Die Aufzeichnungen des Historikers*** – ein von Sima Tan (gest. ca. 110 v. Chr.) begonnenes und von seinem Sohn Sima Qian (ca. 145 – ca. 90 v. Chr.) vollendetes großes Geschichtswerk, das die Geschichte Chinas von den mythischen Anfängen bis zur Han-Dynastie, also bis zur damaligen Gegenwart, beschreibt und das in seinem Aufbau für sämtliche folgenden 23 Dynastiegeschichten Vorbild gewesen ist.

16 – **Han Wudi**: Kaiser (157–86 v. Chr.) der Westlichen Han-Dynastie (206 v. bis 9 n. Chr.), der in seiner 54-jährigen Amtszeit (140–86 v. Chr.) Maßstäbe für alle seine Nachfolger setzte. Vor allem durch seine militärischen Erfolge (daher auch der Kaisername, der wörtlich bedeutet: der kriegerische [*wu*] Kaiser [*di*] der Han [*han*]) expandierte China und wurde zu einem der größten und mächtigsten Reiche seiner Zeit. Zugleich ist seine Regierungszeit gekennzeichnet durch umfangreiche kulturelle Entwicklungen, von denen eine das Werk Sima Qians und seines Vaters Sima Tan ist.

17 – **Untersuchungen von Xunwu**: *Xunwu diaocha*, eine 1937 abgeschlossene, 1982 erstmals publizierte Schrift Mao Zedongs, die 1990 unter dem Titel *Report from Xunwu* auch in englischer Sprache bei der Stanford University Press in Kalifornien erschienen ist.

17 – **diese große revolutionäre Phase**: Mao meint hier den von den Kommunisten anfänglich unterstützten Nordfeldzug (1926–1928) Tschiang Kai-sheks zur Wiedervereinigung des Landes. Viele der regionalen Warlords wurden überwältigt oder schlossen sich den Guomindang-Truppen an, so dass sich Tschiang in den folgenden zehn Jahren als mächtigster Kriegsherr in Nanking etablieren konnte.

17 – **Jinggang-Phase**: Die Jinggang-Berge in der südöstlichen Provinz Jiangxi sind der Geburtsort der Volksbefreiungsarmee der chinesischen Kommunisten. Nach den im April 1927 von den Nationalisten angerichteten Massakern in Shanghai und anderen Städten gingen die Kommunisten in den Untergrund oder flohen in die ländlichen Gebiete. In den Bergen von Jinggang gründete Mao mit den ihm verbliebenen 1000 Mann im Herbst 1927 den ersten Bauernsowjet.

17 – **Yang Kaihui:** (1901–1930), von 1920 bis 1927 Maos erste Ehefrau. Sie wurde von der Guomindang gefangen genommen und exekutiert.

17 – **Jiang Jieshi:** im Westen besser bekannt als Tschiang Kai-shek (1887–1975), der kantonesischen Aussprache seines Namens. Tschiang war seit 1925 Führer der chinesischen Nationalisten (Guomindang) und, nach deren Niederlage im Bürgerkrieg gegen die Kommunisten 1949, bis zu seinem Tod Präsident der Republik China auf Taiwan.

Einleitung

25 – **Umfassendes Verantwortungssystem:** Die erste Agrarverfassung aus den Gründerjahren der VR China (sozialistische Wirtschaft, Kommunenproduktion) wurde Ende der 70er Jahre ersetzt durch das »System der Familienproduktion und -verantwortung bei Landverpachtung« *(jiating lianchan chengbao zerenzhi)*. Im Dezember 1978 verabschiedete das 3. Plenum des XI. Zentralkomitees der KPCh, in Reaktion auf die rückläufige Agrarproduktion, den »Beschluss über einige Fragen hinsichtlich der Beschleunigung der Agrarentwicklung«, in dem die Produktionsverantwortung an kleine Erzeugergemeinschaften und Einzelhaushalte delegiert, die Wiederzulassung von Privatparzellen und ländlichen Märkten sowie eine Erhöhung der Agrarpreise verfügt wurden. Dieses Dokument gilt allgemein als der Beginn der von Deng Xiaoping betriebenen Wirtschaftsreformen.

26 – **Frühlingsfest:** der Neujahrstag nach dem chinesischen Bauernkalender, eines der wichtigsten Feste im Jahreszyklus, das jeweils zwischen dem 20. Januar und dem 21. Februar gefeiert wird.

26 – **Yuan:** Der Renminbi (Volksgeld) Yuan, die chinesische Währung, ist unterteilt in 10 Jiao und 100 Fen. Der Yuan wird außerhalb der VR China nicht gehandelt und gilt international als unterbewertet. Im Juli 2005 gab die Führung in Peking unter dem Druck der G7-Staaten die feste Dollarbindung des Yuan auf und wertete ihn leicht auf, sperrt sich aber weiterhin gegen freie Wechselkurse. Zur Zeit (April 2006) wird 1 Yuan mit 0,103 Euro gehandelt (entsprechend 1 Euro = 9,694 Yuan).

26 – **Mu:** chinesische Flächeneinheit. 1 Mu entspricht 0,066 Hektar bzw. 660 qm.

27 – **Hangzhou:** *Shang you tiantang, xia you Su-Hang: Oben gibt es das Paradies, unten Suzhou und Hangzhou* – zwei alte chinesische Städte, die eine bekannt durch die schöne Landschaft um den künstlich angelegten Westsee, die andere, als Venedig Chinas, durch ihre Grachten und Gärten.

27 – **Zhu Rongji:** chinesischer Politiker (geb. 1928), 1992–1998 Vize-, 1998–2003 Ministerpräsident.

29 – **Wen Jiabao:** chinesischer Politiker (geb. 1942), 1998–2003 Vize-, seit März 2003 Ministerpräsident.

Kapitel 1: Die Märtyrer

35 – **Berg Tai:** Der Taishan oder Berg Tai ist einer der fünf heiligen Berge des Daoismus. Gelegen in der Küstenprovinz Shandong, repräsentierte der Taishan im alten chinesischen Weltbild den östlichen Eckberg des »Reiches der Mitte«. *Tai* heißt soviel wie Prosperität, Frieden, Ruhe; der Taishan ist demzufolge der Berg des Friedens, den das Volk sich wünscht. Immer noch gilt der Berg Tai als Symbol für großes Gewicht oder große Bedeutsamkeit.

36 – **Bauernkalender:** Der traditionelle Bauernkalender *(nóngli)* ist ein astronomischer Lunisolarkalender – was heißt, dass er sowohl mit dem Sonnenzyklus (Jahr) als auch mit dem Mondzyklus (Monat) korrespondiert und nicht durch arithmetische Regeln, sondern durch astronomische Ereignisse definiert wird. Obwohl die Volksrepublik China und auch Taiwan offiziell den gregorianischen oder »westlichen« *(xīli)* bzw. » allgemeinen« *(gōngli)* Kalender verwenden, dient der Bauernkalender immer noch zur Berechnung von Festen.

Ein Jahr im chinesischen Kalender besteht in der Regel aus zwölf Monaten, die von eins bis zwölf durchgehend nummeriert werden, wobei jeder Monat mit dem Neumond beginnt und 29 oder 30 Tage zählt. Um die Differenz zum tropischen Jahr auszugleichen, wird nach einem relativ komplizierten Verfahren etwa alle drei Jahre ein Schaltmonat eingefügt, der dieselbe Nummer wie der Vormonat trägt. Somit dauert ein gewöhnliches Jahr 353 bis 355 Tage, ein Schaltjahr 383 bis 385 Tage. Der Jahresbeginn liegt zwischen Wintersonnenwende und Frühjahrstagundnachtgleiche im Zeitraum vom 21. Januar bis zum 21. Februar (gilt für 1645–2644). Außerdem gibt es für die Landwirtschaft die rein solaren 24 Stationen des Jahres und zur Zeiteinteilung den 60er Zyklus der Jahre, Monate und Tage.

37 – **große Flut von 1991:** Aufgrund heftigen Monsunregens kam es 1991 im Einzugsgebiet des zentralchinesischen Huai-Flusses zu einer Hochwasserkatastrophe, von der 220 Millionen Menschen betroffen waren. Rund zehn Millionen Menschen mussten evakuiert werden, über 2000 kamen ums Leben.

43 – **Ding Zuomings Frau Zhu Duofang:** Frauen behalten nach der Heirat in China ihren »Mädchennamen«. Nur in Gegenwart ihres Mannes werden sie mit dem Nachnamen ihres Mannes vorgestellt oder angesprochen.

44 – **dieses große Chaos:** der traditionelle Ausdruck für die größte Angst der Chinesen – etwa gleichzusetzen mit dem Gefühl, das im Westen mit dem Ausdruck »hier herrscht Anarchie« verbunden ist.

46 – **Zhao Gao:** einflussreicher Eunuch (gestorben 210 v. Chr.) in der Zeit der Qin-Dynastie (221–206 v. Chr.). Nach dem Tod von Kaiser Qin Shihuang machte er Hu Hai, den zweitgeborenen Sohn des Kaisers, zu dessen Nachfolger, indem er den Kronprinzen in den Selbstmord trieb. Später, als Konflikte zwischen Zhao Gao und Hu Hai aufkamen, führte Zhao am Hofe einen Hirschen vor, den er als Pferd ausgab. Der junge Kaiser und die meisten seiner Beamten wagten nicht zu widersprechen. Die Wenigen, für die der Hirsch ein Hirsch blieb, ließ Zhao Gao hinrichten.

47 – **Truppe zur gemeinsamen Verteidigung der Öffentlichen Sicherheit:** Diese zu Beginn der 60er Jahre gebildeten milizartigen Verbände verbreiteten sich Ende der 70er und Anfang der 80er Jahre über das ganze Land und leisten seitdem mit ihrem polizeiähnlichen Auftrag einen Beitrag zur inneren Sicherheit – vor allem seit Beginn der Öffnungspolitik, in deren Gefolge immer mehr Wanderarbeiter die innere Stabilität des Landes gefährden.
China hat im Verhältnis zu seiner Einwohnerzahl eine im internationalen Vergleich relativ geringe Zahl an Amtspolizisten und ist bisher nicht in der Lage gewesen, die immensen Kosten für eine Erweiterung des regulären Polizeiapparats aufzubringen. Um diesem Mangel abzuhelfen, ist es der Polizei, den Nachbarschaftskomitees und Unternehmenseinheiten bisher erlaubt, zum Selbstschutz und auf eigene Kosten solche Verbände zu organisieren. Wie stark die Kontrolle der Amtspolizei über sie zu sein hat, ist gesetzlich nicht eindeutig geregelt. Diese Polizeihilfstruppe soll bis zum 1. 1. 2008 vollständig abgeschafft werden.

Kapitel 2: Kriminelle Machenschaften in der Dorfverwaltung

67 – **Tag des Regens:** einer der 24 Jahreseinteilungstage des chinesischen Mondkalenders, entspricht dem 18., 19. oder 20. Februar.

71 – **aus dem großen Lautsprecher:** ein Relikt aus der Kulturrevolution. Zu Beginn der 70er Jahre wurden chinaweit 70 Millionen Lautsprecher auf öffentlichen Plätzen in Dörfern und Städten, in Schulen, Fabriken, Reisfeldern usf. installiert. Diese Lautsprecher, die an Telefonmasten, auf Gebäuden und in Bäumen angebracht waren, sollten es der Partei erlauben, immer und jederzeit auf die Bevölkerung einwirken zu können.

77 – **Vier Elemente:** während der Kulturrevolution (1966–1976) eine Sammelbezeichnung für die als »besonders üble« Feinde des Volkes gebrandmarkten Bevölkerungsgruppen: Großgrundbesitzer, reiche Bauern, Konterrevolutionäre und reaktionäre Elemente. Anzahl und Zusammensetzung der »bürgerlichen und entarteten Elemente« änderten sich allerdings je nach Bedarf und aktueller Kampagnenlage.

87 – ***Streitgespräch über Salz und Eisen:*** Huan Kuan (ca. 90 bis ca. 40 v. Chr.), über dessen Leben nur wenig bekannt ist, gilt als Autor dieser Schrift *(Yantie lun),* einem Klassiker der Wirtschaftsliteratur, die in fiktiv-protokollartiger Weise eine Konferenz am Kaiserhof der Han im Jahre 81 v. Chr. wiedergibt. In der Version Huan Kuans streiten kaiserliche Ratgeber (konservative Legisten) und konfuzianische Gelehrte vordergründig über das staatliche Salz- und Eisenmonopol, in Wirklichkeit jedoch über allgemeine wirtschaftspolitische Fragen wie Profit und Moral, die Aufgaben der Regierung und die Bedeutung von Handel und Handwerk.

88 – **Geschichte von Pao Ding:** Die in China schulbuchverbreitete Geschichte vom Schlachter (oder Koch) Pao Ding findet sich im dritten Buch (»Das Leben nähren«) des *Zhuangzi,* des *Wahren Buches vom Südlichen Blütenland,* das als das zweite Hauptwerk des Daoismus gilt und dem gleichnamigen Philosophen (365–290 v. Chr.) sowie seiner Schule zugeschrieben wird. Pao Ding geht beim Zerlegen von Rindern so geschickt mit seinem Messer um, dass er es ein Leben lang nicht schärfen muss – ein Gleichnis dafür, wie der daoistische Heilige sich passiv-folgend im Leben bewegt, ohne seine Lebenskraft durch unnötige Schnitte und gewaltsame Brüche und Brechungen zu verringern.

94 – **Drachenbootfest:** Dieses Fest, das hauptsächlich in Südchina mit vielerorts ausgetragenen Drachenbootrennen begangen wird, fällt auf den 5. Tag des 5. Mondmonats nach dem traditionellen chinesischen Kalender. Es geht zurück auf eine Legende um Qu Yuan (ca. 340 bis 278 v. Chr.), den ersten großen Dichter der chinesischen Literaturgeschichte. Ihr zufolge soll sich Qu Yuan, seines Hofamtes enthoben, nach jahrelangem Exil im Fluss Miluo ertränkt haben. Die Zeugen dieses Geschehens seien in ihre Drachenboote gestiegen, um ihn zu retten, allerdings vergeblich.

Kapitel 3:
Der Steuerboykott

99 – **Entscheidungsschlacht:** Nachdem der Eunuch Zhao Gao (s.o., S. 46) 207 v. Chr. den zweiten Qin-Kaiser Hu Hai hatte umbringen lassen, zerfiel das Reich in Bauernaufständen und Feldzügen konkurrierender Heerführer. Die beiden bedeutendsten Kriegsherren waren Xiang Yu (232 bis 202 v. Chr.), ein Adliger aus dem Staat Chu, und Liu Bang (256 oder 247 bis 195 v. Chr.), vordem ein kleiner Beamter bäuerlicher Herkunft. Liu Bang konnte 202 v. Chr. die Schlacht bei Gaixia für sich entscheiden, ließ sich zum neuen Kaiser ausrufen und begründete die Han-Dynastie.

99 – **Lieder von Chu:** Liu Bang zermürbte die Moral der bei Gaixia eingekesselten Truppen Xiang Yus, indem er seine Belagerer eines Nachts Chu-Lieder singen ließ. Xiang Yus Soldaten, von Heimweh übermannt und im Glauben, Liu Bang habe Verstärkung aus ihrem eigenen Staat bekommen, begannen zu fliehen – erst einzeln, dann in Massen. Die *Lieder von Chu (Chuci),* die Qu Yuan (s. o., S. 94) zugeschrieben werden, sind zugleich eine der frühesten Gedicht- und Liedersammlungen der chinesischen Literaturgeschichte.

99 – **Der Despot sagt seiner Konkubine Lebewohl:** Der Legende nach fiel es dem »Despoten« Xiang Yu überaus schwer, von seiner Konkubine Yu Ji Abschied zu nehmen und in die Schlacht zu ziehen. Angesichts der Niederlage von Gaixia stürzten sich schließlich beide ins Schwert. *Lebewohl, meine Konkubine* ist zudem der Titel einer klassischen Oper, auf der auch ein Film beruht, der 1993 in die chinesischen Kinos kam.

101 – **Jiang Zemin:** chinesischer Politiker (geb. 1926), 1989–2002 Generalsekretär der KPCh, 1993–2003 Staatspräsident.

103 – **Li Peng:** chinesischer Politiker (geb. 1928), 1983–1987 Vize-, 1987–1998 Ministerpräsident.

108 – **von den Tatsachen ausgehen:** eine Anspielung auf Deng Xiaoping, der mit der pragmatischen Losung »die Wahrheit in den Tatsachen suchen« auf dem 11. Parteitag 1978 gegen den dogmatischen Umgang mit den »Weisungen« Mao Zedongs antrat und damit seine Politik der Öffnung und der »Vier Modernisierungen« begründete.

122 – **9. Parteitag:** Auf diesem Parteitag wurde 1969 offiziell das Ende der Kulturrevolution verkündet. Mao blieb an der Spitze der Partei, Lin Biao wurde zu seinem Nachfolger bestimmt. Der Parteiapparat war geschwächt, die Reformer um Liu Shaoqi und Deng Xiaoping waren weitgehend entmachtet, die politische Rolle der Armee aufgewertet. Der Sekretär des Parteikomitees droht dem Bauern an dieser Stelle also mit Mao und seiner ultralinken Politik.

Kapitel 4: Langsam auf dem Weg

129 – **Wu Zixu:** eine teils historisch verbürgte, teils legendenhafte Figur im 6. Jahrhundert v. Chr., also am Vorabend der Periode der Streitenden Reiche. Nachdem der Fürst von Chu seinen Vater, einen hohen Beamten, und seinen Bruder hatte umbringen lassen, floh Wu Zixu, selbst von Häschern bedroht, in den Staat Wu, wo er es zum obersten Feldherrn brachte und maßgeblich zur Eroberung seines Herkunftsstaates beitrug. In rasender Rache soll er sich an der Leiche des Fürsten von Chu mit 300 Peitschenhieben vergangen haben. Wu Zixu wurde später aufgrund einer Hofintrige von seinem eigenen Potentaten in den Selbstmord getrieben. Angeblich bestimmte er, dass seiner Leiche die Augen ausgestochen werden sollten, damit sie nicht mit ansehen müsste, wie fremde Armeen in die Wu-Hauptstadt einfielen.

129 – **Pass von Zhao:** ein Gebirgspass im Südwesten der Küstenprovinz Jiangsu. Pässe waren im alten China in der Regel hochbefestigte Grenzanlagen. Auf seiner Flucht von Chu nach Wu musste Wu Zixu auch den streng bewachten Pass von Zhao überwinden. Weil er aus Gram über den Mord an Vater und Bruder weiße Haare bekommen hatte, blieb er unerkannt und konnte die Grenzkontrollen passieren.

131 – **Li:** chinesisches Längenmaß. 1 Li entspricht etwa 575 Metern.

131 – **Dabie-Gebirge:** Gebirgszug in der zentralchinesischen Provinz Hubei.

131 – **sechs Fen:** entsprechen etwa 0,6 Cent (Wechselkurs April 2006).

131 – **zwei, drei Yuan:** entsprechen etwa 20–30 Cent.

131 – **ein Jiao:** entspricht knapp einem Cent.

132 – **ein Mao:** Die offiziellen Bezeichnungen für die größeren chinesischen Geldeinheiten – also Yuan und Jiao – werden im Alltag kaum verwendet. Umgangssprachlich ist stattdessen eher von Kuai und Mao die Rede. Ein Mao entspricht etwa einem Cent.

132 – **274 Yuan:** entsprechen etwa 28 Euro.

141 – **natürliches Dorf:** eine Verwaltungsbezeichnung für gewachsene Dörfer im Gegensatz zu Verwaltungsdörfern *(xingzhencun)*, zu denen verschiedene natürliche Dörfer *(zirancun)*, Weiler, Gehöfte etc. administrativ zusammengefasst werden. Eine Gemeinde (*xiang*) wiederum besteht aus einer wechselnden Anzahl von natürlichen und Verwaltungsdörfern, ist aber immer für deutsche Verhältnisse recht groß. Ab einer bestimmten Bevölkerungszahl und Urbanisierung im Zentrum werden Gemeinden zu Großgemeinden *(zhen)* umgewandelt. Zur Zeit gibt es in China 19.892 Großgemeinden und 16.130 Gemeinden.

146 – **Unterteufel:** So wurden während des Antijapanischen Krieges Chinesen bezeichnet, die mit den Japanern kollaborierten.

151 – **Fünf-Garantien-Haushalt:** Mit dem Fünf-Garantien-System *(wubao)* wird auf

dem Land so genannten Fünf-Garantien-Haushalten *(wubaohu)* mit Alten, Behinderten und Minderjährigen, die weder unterhaltspflichtige Angehörige noch eigene Einkünfte haben oder nicht mehr arbeitsfähig sind, Essen, Kleidung, Wohnraum, medizinische Versorgung und Bestattung garantiert. Diese Fürsorge umfasst also lediglich Sachleistungen; es gibt keine staatlich festgelegten Hilfesätze, auch keine einklagbaren Ansprüche. Die Leistungen müssen vornehmlich von den dörflichen Gemeinschaften aufgebracht werden. Ohne umfassende soziale Sicherungssysteme ist das Fünf-Garantien-System für die Armen in den ländlichen Gebieten gleichwohl von elementarer Bedeutung.

154 – **Vierter Mai**: Der 4. Mai 1919 gehört zu den Gründungsmythen der Volksrepublik. Damals brachen Studentenproteste aus, weil auf der Friedenskonferenz von Versailles beschlossen worden war, die deutschen Kolonien in der Provinz Shandong an Japan zu übertragen. Aus dieser antiimperialistischen »Bewegung des Vierten Mai« ging nicht zuletzt die Kommunistische Partei hervor. Der 4. Mai ist in der Volksrepublik ein Feiertag.
Dass sich eine Waffe, die diesen Namen trägt, gegen das Volk richtet, hat daher große symbolische Bedeutung und ist von bitterer Ironie.

158 – **bis ins neunte Glied**: Der Ausdruck *zú*, der hier, dem Kontext entsprechend, mit »Glied/Familienglied« übersetzt wurde, spielt auf die Sippenhaft im alten China an und rückt damit das Verhalten der Offiziellen in den Kontext des Feudalismus – eine in der Selbstdarstellung der Volksrepublik verpönte Epoche. *Zú* war die Bezeichnung für eine Todesstrafe, die nicht nur gegen einen Verurteilten und seine Familie, sondern auch noch gegen die Angehörigen seiner Mutter und seiner Frau verhängt wurde.

160 – **Liangshan**: ein Gebirge im Südwesten der zentralchinesischen Provinz Sichuan. Diese Überschrift spielt auf den klassischen, Shi Nai'an (ca. 1296–1370) und Luo Guanzhong (ca. 1330–1400) zugeschriebenen Roman *Die Räuber vom Liangshan-Moor* an, der von den Taten des historisch verbürgten Banditen oder Sozialrebellen Song Jiang und seiner Gefährten zu Anfang des 12. Jahrhunderts erzählt. Sie waren Bauern, die sich gegen die Unterdrückung auflehnten und dadurch in die Illegalität getrieben wurden.

165 – **des Geistes Tod**: Zitat aus dem 21. Kapitel »Tian Zifang« des daoistischen Klassikers *Zhuangzi – Das Wahre Buch vom Südlichen Blütenland* (s. o., S. 88).

165 – **die zwei Säulen der Bildungspolitik**: Die mit dem Schlagwort »zwei Säulen« bezeichneten Zielvorgaben in der Bildungspolitik sind die Durchsetzung der neunjährigen Pflichtschule und die Bekämpfung des Analphabetentums.

166 – **Geburtenplanung**: Nach drei bevölkerungspolitischen Kampagnen in früheren Jahrzehnten gilt seit 1979 eine drakonische Ein-Kind-Politik, der sogar Verfassungsrang zukommt. Zur Durchsetzung dieser Politik gegen alle Widerstände (vor allem in ländlichen Gebieten) dienen ein engmaschiger Kontrollapparat sowie ein umfangreicher Katalog von Anreizen und Strafen, wobei die Sanktionen überwiegen. Alle Verwaltungsebenen stellen Bevölkerungspläne auf und teilen die Quoten auf die nächst untere Ebene auf. So wird auf Gemeindeebene am rigorosesten geplant und kontrolliert. Nicht nur die betroffenen Eltern, auch die jeweils zuständigen Funktionäre müssen etwa mit empfindlichen Lohnabzügen rechnen, wenn die Zielvorgaben nicht eingehalten werden. Wiederholt wurde von Übergriffen lokaler Kader berichtet.

166 – **niemals kehrt er wieder**: ein Zitat, das Jing Ke, einem Schwertkämpfer aus dem Staate Wei, zugeschrieben wird. Jing Ke wurde während der Zeit der Streitenden Reiche (475–221 v. Chr.) vom Prinzen von Yan mit einem Attentat auf den König von Qin (der als erster Kaiser von China und einer der großen Tyrannen in die Geschichte einging) beauftragt, um Yan vor der Annexion durch Qin zu schützen. Das Attentat misslang. Der zitierte Vers ist Teil

des Zweizeilers *Lied vom Fluss Yi:* »Der Wind pfeift, ach, und kalt ist das Wasser des Yi, ein Held, der geht, ach, niemals kehrt er wieder«. Der in der konfuzianischen (und kommunistischen) Tradition als Held gefeierte Attentäter ist Thema eines neueren Films: *Der Kaiser und sein Attentäter* von Chen Kaige, VR China 1999.

172 – **Jiao Yulu:** (1922–1964), Vorzeigekader der KPCh, eine Art chinesischer Stachanow oder Hennecke. Als Parteisekretär in der Provinz Henan kämpfte er rastlos gegen die »drei Übel« Überschwemmung, Sandsturm und Bodenversalzung. 1966, zu Beginn der Kulturrevolution, gab es eine Kampagne unter dem Slogan »Lernen vom Genossen Jiao Yulu«, 1992 wurde er mit einer Briefmarke geehrt, kurz darauf kam ein Film über ihn in die Kinos.

Kapitel 5: Ein altes und schwieriges Thema

179 – **Dokumente mit dem roten Briefkopf:** Diese »rotköpfigen« Dokumente sind offizielle administrative Anweisungen innerhalb des chinesischen Verwaltungssystems – vom Zentralkomitee angefangen bis hinunter auf Kreisebene.

180 – **Zwangsinvestitionen zur Akkumulation von Arbeit:** Hinter diesem Begriff (in Kurzform: *yizi dailao,* was soviel bedeutet wie »mit Kapital für Arbeit«) verbirgt sich die weitverbreitete Praxis, dass die Anstellung in gemeindeeigenen Unternehmen von einer vorherigen Investition abhängig gemacht wird.

181 – **dreifache Willkür:** Hierunter versteht man willkürliche Steuern, willkürliche Geldstrafen und willkürliche Enteignungen.

182 – **Agrarsonderproduktsteuer:** Das war eine Sondersteuer auf spezielle Produkte, die nicht auf Äckern, sondern sowohl auf Plantagen angebaut als auch in den Bergen, Wäldern und Gewässern gewonnen werden wie etwa Tee, Obst, Holz und exotische Delikatessen. Die Agrarsonderproduktsteuer ist mittlerweile abgeschafft worden.

182 – **lokale Zusatzsteuern:** Diese so genannten *santi wutong* dienen der Alimentierung der kommunalen Verwaltungen sowie der örtlichen Bildungs- und Gesundheitseinrichtungen. Die Abgabenhöhe bemisst sich nicht grundsätzlich, aber doch in der Regel am Grund- und Bodeneigentum.

185 – **Drei-Land-Probleme:** Der chinesische, kaum übersetzbare Begriff *sannong* (übertragen etwa: »die drei ländlich«) steht für die drei Probleme Landwirtschaft, Landgebiete, Landwirte (s. dazu auch das Nachwort von Ylva Monschein).

188 – **Südgespräche:** Angesprochen ist hier die berühmte Inspektionsreise, die Deng Xiaoping im Januar 1992 in den prosperierenden Südprovinzen wie Shenzhen (der ersten Wirtschaftssonderzone) und Guangdong unternahm, um nach der Niederschlagung der Protestbewegung von 1989 seine Politik der Öffnung wieder voranzutreiben. In vielen propagandistischen Reden initiierte er dabei die »Zweite Bewegung zur Befreiung des Denkens« und forderte zum »Lernen von den kapitalistischen Staaten« auf.

188 – **Wan Li:** chinesischer Politiker (geb. 1916), 1979–1984 Gouverneur der Provinz Anhui (und als solcher verantwortlich für die Einführung des Umfassenden Verantwortungssystems), 1984–1988 Vizeministerpräsident, 1988–1993 Vorsitzender des Volkskongresses.

192 – **Tang Taizong:** zweiter Kaiser der Tang-Dynastie (618–907), aufgrund seiner Siege über die Turk-Invasoren und der Kodifizierung politischer Institutionen einer der bedeutendsten Herrscher Chinas (599–649).

193 – **Chen Sheng/Wu Guang-Revolte:** Die kurzen 15 Jahre der Qin-Dynastie (221–206 v. Chr.) waren geprägt von hohen Steuerlasten, von Heeres- und Frondiensten. Im Jahre 206 v. Chr. erhoben sich 900 zwangsrekrutierte Bauern, wegen eines Disziplinarvergehens den sicheren Tod vor Augen, unter der Führung von Chen Sheng und Wu Guang. Beide fielen während des Aufstandes, aber die Reste

ihrer Rebellenarmee gingen in den Truppen von Xiang Yu und des in Gaixia siegreichen Liu Bang auf (s.o., S. 46 und 99).

193 – **Shang Yang**: Staatsmann, Reformer und Philosoph (390–338 v. Chr.) im Staate Qin. Er schaffte weitgehend die Privilegien ererbter Standesvorrechte ab, wollte die Armen durch Belohnungen zur Arbeit bewegen, die parasitären Reichen abstrafen und den Staat durch die Förderung von Landwirtschaft und Heereswesen stärken. Tatsächlich wurde unter seiner Ägide Ödland in großem Stil kultiviert. Shang Yang war einer der frühen Vertreter des Legismus, einer staatsphilosophischen Tradition, der zufolge Belohnung und Bestrafung die Schlüssel zur Wahrung der Macht sind.

193 – **Xunzi**: großer Philosoph (ca. 298 bis 238 oder ca. 220 v. Chr.), der konfuzianistische Vorstellungen mit legistischen verband. Für ihn war die Natur moralisch indifferent und der Mensch von Geburt an schlecht, was jedoch durch Erziehung überwunden werden könne. Das *Xunzi* ist zugleich der Titel des ihm zugeschriebenen Werkes.

193 – ***Guanzi:*** Diese umfangreiche Textsammlung, die vermutlich auf Guan Zhong (gest. ca. 645 v. Chr.) zurückgeht, einen Staatsmann im Dienst des Fürstentums Qi, behandelt in 76 Kapiteln ganz unterschiedliche Themenkomplexe wie etwa Fragen des Blutkreislaufs, der Bildung, des Verhältnisses von Körper und Geist sowie von Staatskunst und Landwirtschaft.

193 – **Dorfgentry**: die Honoratiorenklasse der ländlichen Grundbesitzer. Sie besaß das Ämter-, Pfründen- und Bildungsmonopol. Ihre wirtschaftliche Macht beruhte auf den Grundrenten, auf dem Getreidehandel und dem Geldverleih sowie auf den diversen Geldquellen, die ihr durch ihre Verwaltungs- und Richterbefugnisse zuflossen. Von Steuern und öffentlichen Dienstleistungen war die Dorfgentry befreit, diese Lasten wurden vom nichtprivilegierten Teil des Volkes – also vor allem von den Bauern – allein getragen. Ihre männlichen Mitglieder führten einen qua Staatsprüfung erworbenen literarischen Grad, der bei der Schwierigkeit der Erlernung chinesischer Schriftzeichen ein langes Studium erforderte, so dass die Exklusivität ihres gesellschaftlichen Status gesichert blieb. Erblich war die Zugehörigkeit zur Gentry nicht, daher auch nicht mit dem abendländischen Feudalismus vergleichbar.

194 – **die drei großen Berge**: Imperialismus, Feudalismus und bürokratischer Kapitalismus – das waren bis 1949 »die drei großen Berge auf dem Rücken des Volkes«.

195 – **Koreahilfe**: Im Koreakrieg (1950–1953) leistete die VR China ihrem Nachbarn Nordkorea Beistand durch »Freiwilligenverbände« – nicht zuletzt auch deshalb, weil der US-Oberbefehlshaber Douglas MacArthur mit dem Einsatz von Atombomben gedroht hatte, um die grenznahen chinesischen Städte zu »pulverisieren«. Diese Kriegsbeteiligung trug China ein internationales Handelsembargo ein. Die Verluste der chinesischen Truppen werden auf ca. 900.000 Soldaten geschätzt. Noch Jahre nach dem Krieg hatte die Volksrepublik an den Krediten zu tragen, die ihr von der UdSSR für ihre militärische Intervention in Korea gewährt worden waren. Und bis heute alimentiert sie das nordkoreanische Regime mit Öl- und Nahrungsmittellieferungen.

195 – **Staatsverwaltungsrat**: 1949–1954 höchstes Exekutivorgan der Regierung der VR China, später durch den Staatsrat ersetzt.

197 – **Großer Sprung nach vorn**: Unter dieser Losung wollten Mao Zedong und die KPCh von 1958 bis 1960 durch eine bis dahin beispiellose Massenmobilisierung die Volksrepublik zu einer forcierten Industrialisierung veranlassen. Das gesellschaftliche Leben auf dem Lande wurde kollektiviert, die Gemeinden und Produktionsgenossenschaften wurden zu Volkskommunen zusammengeschlossen, die sich allerdings (an untauglichen Hochöfen) eher der Eisen- als der Agrarproduktion

widmen sollten. Dieses hypertrophe soziale Experiment endete als vollkommener Fehlschlag und, mehr noch, als Katastrophe: Weil anfangs auch das Saatgut zum Verbrauch freigegeben worden war, brachen die Getreideernten ein. Es kam zur größten je von einer Staatsmacht verschuldeten Hungersnot, der etwa 30 bis 40 Millionen Menschen zum Opfer fielen.

198 – **Kampagne gegen die Rechtsabweichler:** Im Frühjahr 1957 ermunterte Mao Zedong eine öffentliche Debatte über die Herrschaft der KPCh – eine kurze Phase der Liberalisierung, die als »Hundert-Blumen-Bewegung« bekannt ist. Ihr folgte im August die »Kampagne gegen die Rechtsabweichler«, in der die Kritiker, die sich soeben noch hatten äußern dürfen, verfolgt wurden. Die meisten dieser Rechtsabweichler waren Intellektuelle und Kader der Partei. Etwa 300.000 Dissidenten wurden inhaftiert und in Lager zur »Umerziehung durch Arbeit« gesteckt. Diese Kampagne war zugleich der vorbereitende Auftakt des »Großen Sprungs nach vorn« (s. o. S. 197), in dem 1958/59 die Kollektivierungs- und Industrialisierungspolitik auf dem Land ihren Höhepunkt fand.

199 – **Huai-Hai-Operation:** eine der drei militärischen Operationen, die für den schließlichen Sieg der Volksbefreiungsarmee im Bürgerkrieg von entscheidender Bedeutung waren. Durch die Huai-Hai-Operation (6.11.1948 bis 10.1.1949) eroberten die kommunistischen Truppen weite Teile Ost- und Zentralchinas. Die Verluste auf Seiten der Guomindang beliefen sich auf mehr als 500.000 Tote, die der Volksbefreiungsarmee wurden nicht bekannt gegeben.

200 – **Liang:** Der Liang oder das Tael ist eine alte chinesische Währungs- und Gewichtseinheit. Ursprünglich wurden Silberbarren in Liang bemessen, später auch profane Güter danach abgewogen. Das Gewicht eines Liang war nicht eindeutig festgelegt, sondern fiel je nach Ort und Zeit unterschiedlich aus; als Mittelwert können 35 Gramm gelten. Vier Liang Speiseöl sind demzufolge noch nicht einmal 1,5 Deziliter.

201 – **Dazhai:** Das Dorf Dazhai in der Bergregion der nordchinesischen Provinz Shanxi war landesweit das berühmteste Modell für die sozialistische Umgestaltung auf dem Land. Mao Zedong gab 1964 die Parole »Lernen von Dazhai« aus, was soviel bedeutete wie »sich auf die eigene Kraft stützen«. Unter Deng Xiaoping geriet die Mustervolkskommune wegen angeblich gefälschter Erfolgsangaben in Misskredit.

203 – **Hu Yaobang:** chinesischer Politiker (1915–1989), 1980–1987 Generalsekretär und 1981/82 Vorsitzender der KPCh. Sein Tod löste die Studentenunruhen aus, die im Juni 1989 auf dem Platz des Himmlischen Friedens niedergeschlagen wurden.

221 – **120 chinesische Meilen:** 1 chinesische Meile oder 1 Li (s. o., S. 131) entspricht etwa 0,5 km.

Kapitel 6:
Wie schief ist die Waage?

235 – **Überquerung des Yangzi:** eines der zentralen strategischen Manöver während des »Langen Marsches« (1934/35), der die KPCh und ihre Rote Armee von Jiangxi im Südosten über 12.000 Kilometer hinweg und durch elf Provinzen nach Shaanxi in den Nordwesten führte. In dauernden Auseinandersetzungen mit den Truppen der Guomindang flüchteten die Kommunisten zunächst westwärts nach Yuannan und mussten dort, um sich weiter nach Norden durchzuschlagen, im Mai 1935 den in tiefen Schluchten reißenden Yangzi überqueren. Angeblich dauerte es neun Tage, bis die 80.000 Mann der Roten Armee auf sechs großen Booten übergesetzt hatten.

247 – **Einheiten:** Die Einheit *(danwei)* ist seit den 50er Jahren nach der Familie die kleinste strukturierende Zelle der chinesischen Gesellschaft. Ihre wichtigsten Funktionen sind die Verwirklichung der Einheit von Arbeit und Wohnen (etwa in firmen-, universitätseigenen oder sonstigen Wohnheimen für Bedienstete), Krankenversiche-

rung, Eheberatung, Familienplanung etc. Gleichzeitig bilden sie den Grundstein sozialer Kontrolle. Einer *danwei* gehört man sein Leben lang an und es kann für den Einzelnen sehr schwierig (und kostspielig) werden, diese (z. B. aus beruflichen Gründen) zu wechseln, da dies nur mit der Genehmigung der *danwei* geschehen kann.

250 – **Matthäus-Effekt**: Dieser Begriff spielt an auf einen Satz aus dem Matthäus-Evangelium: »Denn wer da hat, dem wird gegeben werden, und er wird die Fülle haben; wer aber nicht hat, dem wird auch, was er hat, genommen werden.« (Matth. 25,29) Eingeführt wurde er von dem amerikanischen Soziologen Robert K. Merton (»Der Matthäus-Effekt in der Wissenschaft«, 1973) in Bezug auf das Zitierverhalten (wissenschaftlicher) Autoren: Bekannte Autoren werden häufiger zitiert und dadurch noch bekannter *(success breeds success)*. Neuerdings dient er in der arbeitspsychologischen Diskussion zur Kritik am Mythos der Teamarbeit: Diejenigen, die mehr wissen und können, übernehmen die meiste Arbeit, weil ihnen sonst die ganze Sache zu lange dauert.

257 – **Liu Shaoqi**: chinesischer Politiker (1898–1969), seit Jugendtagen ein Vertrauter von Mao Zedong, 1934 Teilnehmer am Langen Marsch, nach vielen herausgehobenen Positionen 1959 Staatspräsident, 1967 während der Kulturrevolution als »Revisionist« in Ungnade gefallen und inhaftiert, 1980 postum rehabilitiert.

263 – **vom normalen zum Vereinbarungspreis**: Gemeint sind damit die »Trittbrett-Abgaben«, von denen im Text schon auf S. 210 die Rede war.

Kapitel 7:
Von Standards, Vorzeigeprojekten und anderem

269 – **Zeit der Frühlings- und Herbstannalen**: Bezeichnung für eine Übergangsperiode (ca. 770–476 v. Chr.) zwischen dem Ende der Westlichen Zhou-Dynastie (ca. 1100–770 v. Chr.) und der Zeit der Streitenden Reiche (476–221 v. Chr.). Sie bezieht sich auf die Existenz von Reichsannalen im Herzogtum Lu (in der heutigen Ostküstenprovinz Shandong) für die Jahre 722–481 v. Chr. und ist nach dem Titel dieser Annalen (*Chunqiu,* d. h. Frühling und Herbst) benannt. Shouxian war ab 493 v. Chr. die Hauptstadt des Königreichs Cai und ab 241 v. Chr. die Hauptstadt der Chu, die um 450 v. Chr. den Staat Cai erobert hatten.

269 – **Stadtmauer aus der Song-Dynastie**: Spätere (oder Nördliche) Song-Dynastie, 960–1279. Die Stadtmauer von Shouxian ist sieben Kilometer lang, zehn Meter hoch und hat vier Tore. Sie war nicht nur von militärstrategischer Bedeutung, sondern diente auch als Schutz vor den Hochwassern des Yangzi, des Huai und des Fei. Noch bei der Überschwemmung von 1991 bot sie mehr als 100.000 Menschen Schutz.

269 – **Liu An**: König oder Prinz von Huainan (180–122 v. Chr.) unter dessen Leitung das hauptsächlich daoistische *Huainanzi* (Meister von Huainan) geschrieben worden sein soll.

269 – **Zhao Yun**: berühmter General (168–229) in der Armee des Shu-Han-Reiches während der Periode der Drei Reiche (Wei, Wu und Shu Han, ca. 190/220–280). Sehr populär geworden durch die Erzählung *Die Geschichte der Drei Reiche* von Luo Guanzhong (ca. 1330–1400) als Inbegriff des loyalen und intelligenten Kämpfers.

269 – **Anfeng-Teich**: Dieser antike Wasserspeicher, angelegt von 589–581 v. Chr., ist einer der größten seiner Zeit. Gespeist von Hunderten von Quellen am Fuße der Longxue-Berge diente er als Reservoir für die Bewässerung von 70.000 Hektar Ackerland. Die dadurch ermöglichten Agrarerträge waren eine der Voraussetzungen für den Aufstieg des Reiches Chu.

269 – **Schlacht am Fei-Fluss**: Eine der wichtigsten Schlachten in der chinesischen Geschichte, die im Jahr 383 n. Chr. in dem beschriebenen Gebiet stattfand (der Fei-Fluss existiert heute nicht mehr). In dieser Schlacht besiegte die Östliche Jin (265–420) die Frühere Qin (351–394), eine von »Bar-

baren« des Di-Volkes gebildete Dynastie, und gewährleistete so, dass die chinesische Kultur sich ohne den Einfluss von »Barbaren« weiterentwickeln konnte.

280 – **Laozi:** (»alter Meister«), ein nur legendenhaft fassbarer chinesischer Philosoph aus dem 4. oder 3. Jahrhundert v. Chr., Begründer des philosophischen Daoismus. Zugeschrieben wird ihm das *Daodejing,* das *Buch von Dao und De,* das aus 81 kurzen, zum Teil gereimten Aphorismen besteht.

285 – **eine Kleinigkeit:** aus dem Gedicht *Der lange Marsch* von Mao Zedong vom Oktober 1935. Es ist das 17. der berühmten 37 Gedichte von Mao, in dem der legendäre Lange Marsch der Volksbefreiungsarmee beschrieben wird.

285 – **Jiafan-Schnaps:** die beste Marke des Shaoxing-Schnapses. Wörtlich übersetzt heißt die Sorte »Reis-Zusetzen-Schnaps« (*jia-fan-jiu*), weil bei seiner Herstellung besonders viel Reis und besonders wenig Wasser verwendet wird.

286 – **Sanxia-Staudamm:** Der Drei-Schluchten-Staudamm des Yangzi in der Provinz Hubei – erstmals 1919 geplant von Sun Yatsen, beschlossen 1992, mittlerweile (2006), ein Jahr früher als geplant, fertiggestellt – ist das größte Flussregulierungsvorhaben weltweit und politisch höchst umstritten. Der Damm soll den Yangzi durchweg schiffbar machen, den katastrophalen Hochwassern vorbeugen und mit seinen Generatoren über 18.000 Megawatt zur Energiegewinnung beitragen. Etwa eine Million Menschen wurden zugunsten des Stausees zwangsevakuiert, die Folgen des Natureingriffs sind unabsehbar.

Kapitel 8:
Nichts als Tricks

293 – **Vater und Mutter:** ein auf dem Land sehr üblicher Ausdruck für Beamte.

294 – **der Große Yu:** legendärer Kaiser um etwa 2200 v. Chr., der 45 Jahre lang regiert, die erste Dynastie Chinas, die Xia-Dynastie, gegründet haben soll und dem die ersten Flussregulierungen und Maßnahmen zur Bewässerung von Agrarland zugesprochen werden. Mao Zedong hat einmal gesagt, die Veröffentlichung von Edgar Snows Buch *Roter Stern über China* (1937/38), das der KPCh im Westen einige Sympathien einbrachte, habe »ebenso stark gewirkt wie der Große Yu, der die Fluten eindämmte«.

304 – **die Finger der rechten Hand:** In China wird, anders als bei uns, nicht durch Aufklappen der Finger abgezählt. Man streckt also nicht für jede Zähleinheit einen Finger aus, sondern umgekehrt: Man klappt, beginnend mit dem kleinen Finger, von den ausgestreckten Fingern jeweils einen wieder ein.

313 – **Zhu Yuanzhang:** (1328–1398), entstammte einfachsten bäuerlichen Verhältnissen, beendete 1365 als Führer der sozialreligiösen Rebellenbewegung der Roten Turbane die Mongolenherrschaft und begründete unter der Regierungsdevise *Hongwu* (»umfassende Waffen«) die Ming-Dynastie (1368–1644).

320 – **Überschwemmungen von 1954:** Starker Monsunregen ließ den Yangzi und andere Flüsse über die Ufer treten. Trotz der neu errichteten Deiche kamen schätzungsweise 40.000 Menschen ums Leben und wurden über drei Millionen Hektar Ackerland zerstört. In der Folge dieses Hochwassers wurden die Planungen zum Drei-Schluchten-Staudamm vorangetrieben (s. o., S. 286).

Kapitel 9:
Auf der Suche nach einem Ausweg

333 – ***Über den Widerspruch:*** Nach dem Langen Marsch nutzte Mao Zedong die relative Waffenruhe in Shaanxi, um 1937 mit seinen beiden Schriften *Über die Praxis* und *Über den Widerspruch* das theoretische Fundament dessen zu legen, was später als »Mao-Zedong-Ideen« bekannt wurde. Vor allem seine Widerspruchstheorie – 1957 noch einmal zur Geltung gebracht mit *Die richtige Lösung von Widersprüchen im Volk* – ist Ausdruck der Sinisierung des historischen und dialektischen

Materialismus. Mao nahm damit sein Handeln von 1966 (die Initiierung der Kulturrevolution) und die Parole »Rebellion machen ist gerechtfertigt« vorweg.

341 – **Vorfälle auf dem Platz des Himmlischen Friedens:** Gemeint ist das Massaker auf dem Tiananmen am 4. Juni 1989. Nach wochenlangen Massendemonstrationen in der Folge des Todes von Hu Yaobang und der Verhängung des Kriegsrechts über Peking rückte die Volksbefreiungsarmee mit Panzern vor und richtete ein Blutbad auf dem Platz an. Die genaue Anzahl der Opfer jener Nacht ist unbekannt; westliche Schätzungen gehen von etwa 3000 Toten und zwischen 7000 und 10.000 Verletzten aus.

342 – **die Mütze eines »Konterrevolutionärs«:** Während der Kulturrevolution wurde unliebsamen Mitbürgern, vermeintlichen oder tatsächlichen Dissidenten eine aus Papier angefertigte hohe Büßermütze (*gāo màozi*) aufgesetzt, um sie öffentlich an den Pranger zu stellen.

342 – **Zwischenfall von der Juweleninsel:** Die ursprünglich ideologischen Auseinandersetzungen, die zwischen Peking und Moskau nach dem Tod Stalins ausgebrochen waren (Revisionismusstreit, Kritik an der Theorie der »friedlichen Koexistenz«), eskalierten in den 60er Jahren zu militärischen Grenzkonflikten. Selbst ein Atomkrieg schien nicht mehr ausgeschlossen zu sein. Die UdSSR hatte Ende 1968 (nachdem u. a. ihre Pekinger Botschaft im Januar 1967 von den Roten Garden belagert worden war) 25 Divisionen, 1200 Flugzeuge und 21 Mittelstreckenraketen an der Grenze stationiert. Dessen ungeachtet überfielen am 2. März 1969 chinesische Truppen die Ussuri-Insel Damanski (»Juweleninsel«), deren Zugehörigkeit umstritten war.

343 – **meine Seele gerettet:** in lateinischer Version (»dixi et salvavi animam meam«) der Schlusssatz von Karl Marx in seiner *Kritik des Gothaer Programms* (postum veröffentlicht 1891; MEW 19, S. 32).

344 – **Anti-Lin-Biao- und Anti-Konfuzius-Kampagnen:** zwei Bewegungen in der Endphase der Kulturrevolution, die gegen »feudale und reaktionäre Tendenzen« zu Felde zogen. Lin Biao (1907–1971) wurde 1946 Oberkommandierender der Roten Armee, 1959 Verteidigungsminister, 1969 stellvertretender Parteivorsitzender und designierter Nachfolger Mao Zedongs. Er kam 1971 unter ungeklärten Umständen bei einem Flugzeugabsturz ums Leben. Zu Anfang der Kulturrevolution hatte sich Lin Biao demonstrativ auf die Seite der Roten Garden gestellt und den »Krieg gegen die alte Welt« proklamiert, setzte sich als Repräsentant der Armee aber ab 1969 für eine Rückkehr zur Normalität ein. Damit geriet er in Konflikt mit seiner ehemaligen Mitstreiterin und Maos letzter Ehefrau Jiang Qing und wurde bis zu seinem Tod Gegenstand einer einschlägigen, von der Viererbande angezettelten Kampagne. Die ebenfalls in der Endphase der Kulturrevolution stattfindende Anti-Konfuzius-Kampagne zielte auf Intellektuelle, die beschuldigt wurden, mit konfuzianischen Ideen China dem Revisionismus gefügig machen zu wollen.

344 – **Viererbande:** Die so genannte Viererbande – eine Gruppe linksradikaler Führungskader der KPCh, zu der auch Jiang Qing gehörte – war eine der treibenden Kräfte der Kulturrevolution (auch über deren formelle Beendigung 1969 hinaus). Ihr informelles Regime wurde 1976 gebrochen, als (im Januar) Ministerpräsident Zhou Enlai starb und der bis dahin relativ unbekannte Hua Guofeng sein Amt übernahm, dem es gelang, die Armee auf seine Seite zu ziehen. Am 6. Oktober 1976 – also etwa einen Monat nach Maos Tod – wurden Jiang Qing und ihre Mitstreiter verhaftet, in der folgenden Medienkampagne für die »Übertreibungen« der Kulturrevolution verantwortlich gemacht und erstmals als »Viererbande« bezeichnet. 1981 wurden sie wegen »parteifeindlicher Agitation« zu langjährigen Haftstrafen verurteilt.

347 – **Gongzi-Gebäude:** Gebäudekomplex im Pekinger Regierungsbezirk Zhongnanhai in Form des Schriftzeichens *I (gong)*

für *Arbeit*. Während der Kulturrevolution war das Gongzi-Gebäude eine Zufluchtsstätte für führende Kader.

347 – **Ziguang-Pavillon**: Amts- und Wohnsitz des jeweiligen Ministerpräsidenten im Regierungsbezirk Zhongnanhai.

348 – **Satz von Konfuzius**: Dieses Zitat ist aus Abschnitt 3, Kapitel 13 des *Lunyü* (*Gespräche des Konfuzius;* s. auch S. 433). Der komplette Abschnitt, in dem mit der Richtigstellung der Namen/Begriffe eine zentrale Idee des Konfuzianismus formuliert wird, lautet in der Übersetzung von Richard Wilhelm: »Dsi Lu sprach: ›Der Fürst von Wei wartet auf den Meister, um die Regierung auszuüben. Was würde der Meister zuerst in Angriff nehmen?‹ Der Meister sprach: ›Sicherlich die Richtigstellung der Begriffe.‹ Dsi Lu sprach: ›*Darum* sollte es sich handeln? Da hat der Meister weit gefehlt! Warum denn deren Richtigstellung?‹ Der Meister sprach: ›Wie roh du bist, Yu! Der Edle lässt das, was er nicht versteht, so sozusagen beiseite. Wenn die Begriffe nicht richtig sind, so stimmen die Worte nicht; stimmen die Worte nicht, so kommen die Werke nicht zustande; kommen die Werke nicht zustande, so gedeihen Moral und Kunst nicht; gedeihen Moral und Kunst nicht, so treffen die Strafen nicht; treffen die Strafen nicht, so weiß das Volk nicht, wohin Hand und Fuß setzen. Darum sorge der Edle, dass er seine Begriffe unter allen Umständen zu Worte bringen kann und seine Worte unter allen Umständen zu Taten machen kann. Der Edel duldet nicht, dass in seinen Worten irgendetwas in Unordnung ist. Das ist es, worauf alles ankommt.‹«

356 – **Cao Cao**: eine der zentralen Figuren (155–220) aus der Periode der Drei Reiche (Wei, Wu und Shu Han, ca. 190/220–280). Gegen Ende der Östlichen Han-Dynastie stieg er aus einfachen Verhältnissen zum General, Kanzler und Machthaber Nordchinas auf. Sein Sohn Cao Pi ließ sich zum Kaiser von Wei proklamieren. Cao Cao ist bis heute populär als einer der Helden in der Erzählung *Geschichte der Drei Reiche* von Luo Guanzhong (ca. 1330 bis 1400), die von jedem chinesischen Schüler gelesen wird.

356 – **Hua Tuo**: berühmter Arzt im Übergang von der Östlichen Han-Dynastie zur Periode der Drei Reiche (die Geburtsdaten schwanken zwischen 145 und 190, die Todesdaten zwischen 208 und 265). Angeblich entwickelte er eine therapeutische Gymnastik, die in das klassische Qigong eingegangen ist, und ein Anästhetikum aus der Wurzel des Dotterklees. Einer Legende zufolge soll er auch den an furchtbaren Kopfschmerzen leidenden Cao Cao behandelt und bei ihm einen Hirntumor entdeckt haben. Als Hua Tuo auf eine Operation drängte, habe Cao Cao ein Mordkomplott gewittert, den Arzt einsperren und zum Tode verurteilen lassen.

361 – **Fünf Garantien und vier Unterstützungen**: Die Parteiparole zu den vier Unterstützungen lautet: »Um den Armen zu helfen, zuerst den Willen (zum Wachstum) stärken, das Wissen stärken, die Grundlagen stärken, die Familien stärken.« (Zu den fünf Garantien s. o., S. 151)

362 – **auf den Tisch geworfen**: Diese in unserem Kulturkreis eher triviale Geste kommt in China einem brüskierenden Ausbruch gleich. Wenn sich also hier der Kreissekretär zu einer derartigen Handlung hinreißen lässt, verletzt er alle Konventionen und riskiert zugleich Kopf und Kragen.

369 – **das schwarze Beamtenkäppi**: Diese Kopfbedeckung ist Teil der traditionellen Amtsrobe chinesischer Beamter.

Kapitel 10:
Der Himmel hält eine große Aufgabe bereit

385 – **Zhang Liao**: Feldherr (169–222) in der Periode der Drei Reiche, der mal gegen, mal mit Cao Cao (s. o., S. 356) kämpfte und von diesem schließlich mit dem Ehrentitel »Der den Osten eroberte« ausgezeichnet wurde. In der hier angesprochenen Schlacht von Hefei (um 215) kämpfte Zhang Liao als General von Wei siegreich gegen die Truppen des Königreiches Wu.

385 – **Bao Zheng:** (gest. 1062), Staatsmann und hoher Beamter zu Zeiten der Nördlichen Song-Dynastie (960–1127). In China gilt er bis heute als Inbegriff von Gerechtigkeit und Unbestechlichkeit. Der ihn ehrende Tempel in seiner Heimatstadt Hefei wurde in der Ming-Dynastie (1368 bis 1644) errichtet.

385 – **Li Hongzhang:** (1823–1901), General und Politiker, der im ausgehenden 19. Jh. zum mächtigsten Mann Chinas aufstieg und im Westen fälschlich als »Vizekönig« apostrophiert wurde. Ihm gelang 1864 die Niederschlagung des Taiping-Aufstandes (der über anderthalb Jahrzehnte hinweg vermutlich 20 Millionen Menschen das Leben gekostet hat). Später forcierte er die industrielle und militärische Modernisierung und versuchte mit einer reaktiven Diplomatie gegenüber den Westmächten, Russland und Japan, die durch bewaffnete Interventionen und »ungleiche Verträge« China zwangsweise ihren Handelsinteressen unterwarfen, dem Reich ein Minimum an Souveränität zu sichern. Dabei brachte er es – nicht zuletzt durch Bestechungsgelder – zu einem sagenhaften Reichtum. Als erster chinesischer Staatsmann bereiste er Europa und wurde 1896 auch am Berliner Hof von Wilhelm II. mit allen Ehren empfangen – vier Jahre vor dem so genannten Boxeraufstand und Wilhelms berühmter »Hunnenrede« bei der Einschiffung der deutschen Interventionstruppen: »Pardon wird nicht gegeben. Gefangene werden nicht gemacht. Führt eure Waffen so, dass auf tausend Jahre hinaus kein Chinese es mehr wagt, einen Deutschen scheel anzusehen.«

399 – ***Guangming Ribao:*** Diese Tageszeitung ist neben der *Renmin Ribao* die verbreitetste überregionale Zeitung Chinas und damit zugleich eines der Sprachrohre der Regierung, auch wenn sie seit 1998 privatverlaglich betrieben wird.

419 – **Ouyang Xiu:** (1007–1072), Gelehrter und Dichter, der auch hohe Ämter bekleidete und zeitweilig in der Verbannung leben musste. In dem berühmten Gedicht beschrieb er sein ihm auferlegtes, ländlich zurückgezogenes Leben inmitten der Berge von Chuzhou. Trunkenheit war zu jenen Zeiten für Dichter und Denker frei von negativer Bedeutung, sie wurde vielmehr als inspirierend angesehen.

419 – **Fan Zhongyan:** (989–1052), Pädagoge, Schriftsteller und hoher Beamter in der Nördlichen Song-Dynastie, dessen bescheidene Lebensführung sprichwörtlich ist. Von ihm stammt der Leitspruch: »Ein *shi* (Meister, Lehrer) sollte sich als Erster über das Leid in der Welt sorgen und als Letzter ihre Freuden genießen.«

433 – **Haltung des großmütigen Edlen:** In der Ethik des Konfuzius (551–479 v. Chr.) spielt der »Edle«, der ideale Mensch, eine zentrale Rolle. Der Edle lenkt die Massen nicht durch Gesetze, sondern durch sein eigenes vorbildliches Beispiel. Er ist dabei kein Heiliger, kein weltabgewandter Asket, sondern ein politisch engagierter Weiser, der in allem das rechte Maß hält.

434 – **die drei Vorteile:** In einer seiner Reden während der bereits mehrfach erwähnten, berühmt gewordenen Südreise sagte Deng Xiaoping, dass es hauptsächlich an einer Angst vor dem Überhandnehmen des Kapitalismus liege, wenn die Öffnungs- und Reformpolitik nicht vorankomme. Man wisse nicht mehr, ob man es nun mit dem Kapitalismus oder dem Sozialismus zu tun habe. Um diese Frage entscheiden zu können, machte er folgende Maxime geltend: »Als Richtschnur muss wichtig bleiben, ob es für die Entwicklung der Produktionskraft der sozialistischen Gesellschaft von Vorteil ist, ob es für die Stärkung des sozialistischen Staates von Vorteil ist und ob es für die Erhöhung des Lebensstandards des Volkes von Nutzen ist.«

Kapitel 11:
Auf den Punkt gebracht

459 – **Drei-Flüsse-Bewässerungsprojekt:** Das so genannte Bi-Shi-Hang-Projekt, eines der größten Bewässerungsprojekte seit Bestehen der Volksrepublik, schließt in der Provinz Anhui im Gebiet zwischen Huai und Yangzi die drei Flüsse Bi, Shi und

Hang zu einem Bewässerungsnetz zusammen. Das Projekt wurde 1958 ins Leben gerufen, umfasst 730.000 Hektar und ist eines der größten seiner Art in China.

465 – **Qiu Ju:** Eine Anspielung auf den Film *Die Geschichte der Qiu Ju* von Zhang Yimou (China/Hongkong 1992, im selben Jahr in Venedig ausgezeichnet mit dem Goldenen Löwen). Erzählt wird die Geschichte der hochschwangeren Bäuerin Qiu Ju, deren Mann mit dem Dorfvorsteher in Streit geraten und von ihm in den Unterleib getreten worden ist. Damit sieht Qiu Ju die Ehre ihrer Familie verletzt. Da der Dorfvorsteher eine Entschuldigung verweigert, zieht sie von Instanz zu Instanz, vom Dorf über die nächste Kreisstadt bis nach Peking, um Gerechtigkeit einzuklagen. Ausgerechnet der Dorfvorsteher ist es jedoch, der ihr bei der schwierigen Geburt beisteht und ihr Leben rettet. Qiu Ju will sich jetzt mit ihm wieder versöhnen, aber die Rechtsmaschinerie ist in Gang gesetzt und nicht mehr aufzuhalten.

465 – **Xuan-Papier:** Das bereits seit dem 3. Jahrhundert bekannte *Xuanzhi* (Xuan-Papier) wird aus der Baumrinde des Sandelbaums hergestellt und zeichnet sich durch starke Saugfähigkeit und Haltbarkeit aus. Deswegen ist es seit alters her das ideale Material für Kalligraphen und Landschaftsmaler.

483 – **Bo Yang:** Essayist und Historiker (geb. 1920), der 1949 nach Taiwan floh, dort wegen seiner Kritik an dem Regime Tschiang Kai-sheks 1968 für neun Jahre inhaftiert wurde und Ende der 80er Jahre durch sein Buch *Der hässliche Chinese und die Krise der chinesischen Kultur* auch international für Furore sorgte. In diesem Werk verglich Bo Yang die Kultur der eigenen Vorväter mit der dickflüssigen, zähen, aber auch süßlichen Sojapaste.

Kapitel 12: Die Frage muss erlaubt sein: Wohin geht der Weg?

502 – **Sun Wukong:** als König der Affen eine der bekanntesten mythischen Kreaturen sowohl in China als auch in Japan (wo er Son Goku heißt).

502 – ***Die Reise nach dem Westen*:** neben *Die Räuber vom Liangshan-Moor* (s.o., S. 160) einer der bekanntesten klassischen Romane Chinas. Der Roman, verfasst von Wu Cheng'en (ca. 1500–1582), hat seinen historischen Hintergrund in der Pilgerreise des buddhistischen Meisters Xuanzang, der sich im 7. Jahrhundert nach Indien aufmachte, um von dort gelehrte Schriften nach China mitzubringen. Wu Cheng'en lässt seinen Helden zum »westlichen Himmel« reisen, durch eine gefährliche und groteske Welt voller Teufel (Despoten) und Dämonen (Bürokraten). Die Reisebegleitung dieses Mönchs besteht aus drei Schülern, darunter auch der Affenkönig Sun Wunkong, der sich im Kampf gegen die Teufel und Dämonen besonders hervortut, weshalb er als literarische Verkörperung des Freiheitsstrebens gilt.

504 – **Drei-Gelb-Hühner:** eine Hühnerrasse mit gelben Federn, gelbem Schnabel und gelben Füßen, die seit mehr als 150 Jahren vor allem in Yulin, einem Bezirk im Südosten des Autonomen Gebietes Guangxi (an der Grenze zu Vietnam), gezüchtet wird.

505 – **Beihai-Park:** der ehemalige Lustgarten des Kaiserhofes, heute einer der beliebtesten Parks in der Pekinger Innenstadt. Die Weiße Pagode, errichtet 1651, erhebt sich auf einem Hügel und wurde früher ihrer exponierten Lage wegen auch als Signalturm genutzt.

507 – **Marx hatte gesagt:** In seinen mehrwerttheoretischen Überlegungen im 1. Band des *Kapital* (MEW 23, S. 326) führt Marx beispielhaft aus, dass ein »Kapitalist«, um nur doppelt so gut wie ein Arbeiter leben und zugleich »die Hälfte des produzierten Mehrwerts in Kapital« zurückverwandeln zu können, acht Arbeiter »anwenden« muss.

507 – **dreimal gefallen und dreimal wiedergekommen:** Erstmals handelte sich Deng Xiaoping Anfang der 30er Jahre einen Parteiverweis ein, als er sich bei dem Richtungsstreit, ob die Revolution (wie

von den sowjetischen Beratern dekretiert) in den Städten vorangetrieben werden sollte oder auf dem Land (der Standpunkt Mao Zedongs), auf die Seite Maos schlug, der sich damals noch nicht durchsetzen konnte. Zum zweiten Mal fiel er während der Kulturrevolution in Ungnade, als er 1968 auf dem 8. Parteitag aller Ämter enthoben und ein Jahr später verbannt wurde; 1972 bat er Mao in einem persönlichen Brief um Verzeihung für seine Fehler und wurde daraufhin im Februar 1973 nach Peking zurückbeordert. Im April 1976 – während jener Übergangsphase zwischen dem Tod Zhou Enlais und Maos, in der die Viererbande (s.o., S. 344) ihr Regime ausübte – kam Deng in Hausarrest; seine Rehabilitation erfolgte dann im Juli 1977 unter der neuen Führung um Hua Guofeng. Die Formulierung »dreimal gefallen und dreimal wiedergekommen« hat Deng selber benutzt.

515 – **Meiji-Reformen:** 1868 kam es in Japan zu einem gewaltsamen Umsturz, durch den der so genannte Kriegeradel zugunsten des neuen Kaisers Meiji entmachtet wurde. Unter dem ideologischen Deckmantel der Rückkehr zu einer idealisierten kaiserlichen Vergangenheit (daher auch Meiji-Restauration) wurden jetzt Wirtschaft, Technologie und Verwaltungsapparat entschieden modernisiert, um der Bedrohung durch die europäischen Mächte und die USA begegnen zu können.

515 – **unsere Provinz Taiwan:** Diese Wortwahl liegt eindeutig auf der Linie der kommunistischen Propaganda. Die Staats- und Parteiführung in Peking erkennt bis heute Taiwan nicht als eigenständigen Staat an. Allerdings erhebt auch die Republik China auf Taiwan formell Anspruch auf ganz China sowie das Gebiet der Mongolei und alle Inseln im Südchinesischen Meer.

Ein Land – zwei Welten. Nachwort

534 – **die 2. Vollversammlung des 7. Zentralkomitees im März 1949:** Diese von Mao Zedong ein gutes halbes Jahr vor Gründung der Volksrepublik geleitete Sitzung ist deshalb von Belang, weil hier beschlossen wurde, die Arbeit der Partei vom Land weg wieder auf die Städte zu konzentrieren. Außerdem verkündete Mao in Xibopo die »Politik der zwei Garantien«: sowohl eine harte und kämpferische als auch eine demütige und umsichtige Parteiarbeit.

Volksrepublik China
Provinzen, Autonome Gebiete, Sonderverwaltungszonen

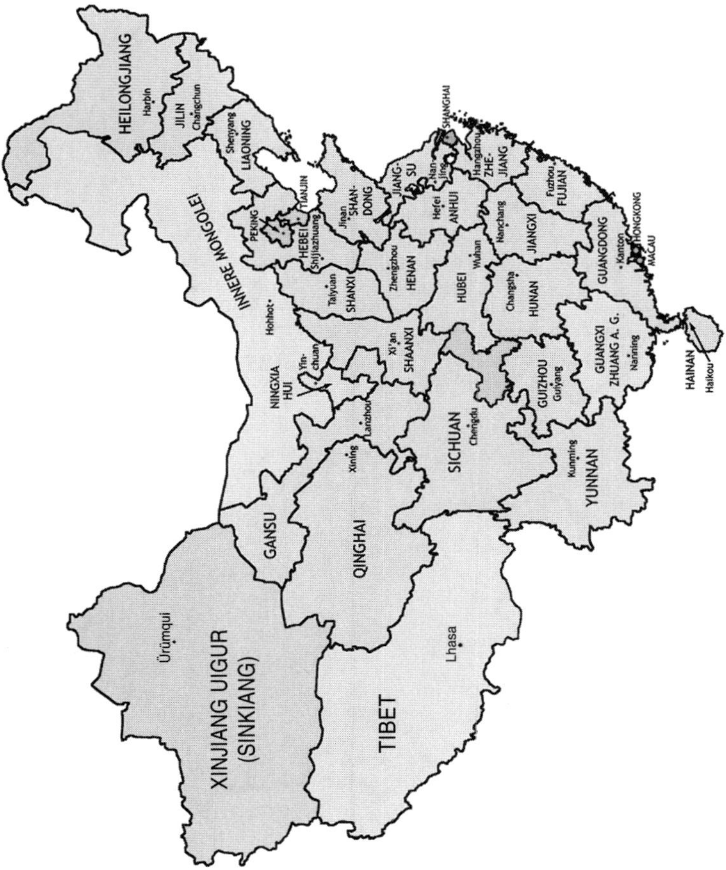

Die Provinz Anhui

Partei- und Verwaltungsstrukturen

Der Partei- und der Verwaltungsapparat in der Volksrepublik China sind eng miteinander verzahnt und bilden eine aufwändige Doppelstruktur – ein Erbe des gewonnenen Bürgerkriegs, nach dem die Staatsorgane bloß als Vollzugsinstrumente der Kommunistischen Partei begriffen wurden. Diese Doppelstruktur gilt für alle sechs administrativen Ebenen:

- Zentralebene: nationale Führungsorgane von Partei und Staat.
- Provinzebene: 33 Verwaltungseinheiten, darunter 22 Provinzen, vier Regierungsunmittelbare Städte (u. a. Peking und Shanghai), fünf Autonome Gebiete (u. a. Tibet und die Innere Mongolei) und zwei Sonderverwaltungszonen (Hongkong und Macau).
- Bezirksebene: 333 Verwaltungseinheiten, darunter 283 Bezirksfreie Städte, 30 Autonome Bezirke und 17 Regierungsbezirke.
- Kreisebene: mehr als 2800 Verwaltungseinheiten, darunter über 1500 Kreise, 374 Kreisfreie Städte und mehr als 850 Stadtbezirke.
- Gemeindeebene: mehr als 43.000 Verwaltungseinheiten, darunter etwa knapp 20.000 Großgemeinden und knapp 6000 städtische Wohnviertel.
- Dorfebene: In den mehr als eine Million Dörfern sowie in städtischen Straßenzügen gibt es ein System der begrenzten Selbstverwaltung durch zum Teil gewählte, zum Teil von der Partei bestimmte Komitees.

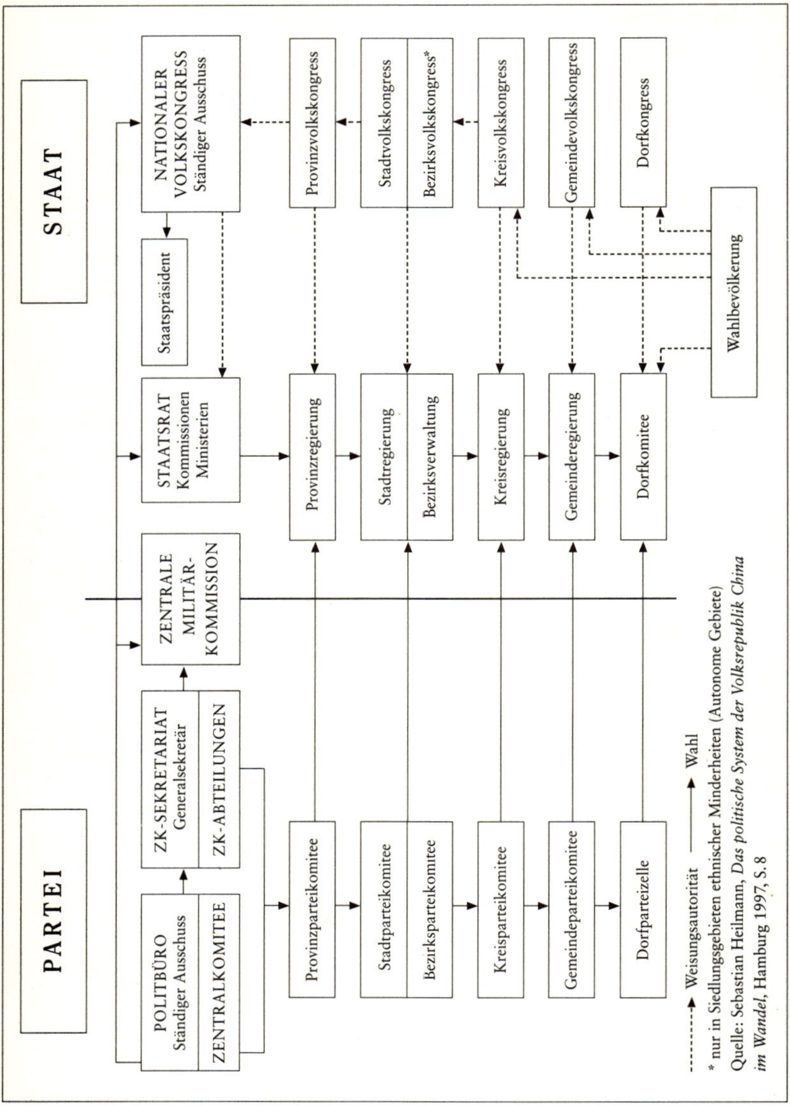

* nur in Siedlungsgebieten ethnischer Minderheiten (Autonome Gebiete)

Quelle: Sebastian Heilmann, *Das politische System der Volksrepublik China im Wandel*, Hamburg 1997, S. 8

Diese komplexe Gliederung beider Apparate darf allerdings nicht über den geringen Institutionalisierungsgrad der politischen und administrativen Praxis hinwegtäuschen. Die offiziellen Parteistatuten, Regeln, Gesetze und Verordnungen werden von verdeckten Einflusshierarchien, informellen Verfahren der Machtausübung, subtilen Loyalitätsbeziehungen, von lokalen Sonderinteressen und auch der verbreiteten Korruption überlagert. Wirkungsvolle Kontrollinstanzen sind kaum etabliert. Deshalb – und entgegen der landläufigen Überzeugung von der Exekutivgewalt der chinesischen Staats- und Parteiführung – sind alle Reformprozesse Gegenstand eines mehr oder minder ergebnisoffenes »Aushandelns« unter der Beteiligung einer Vielzahl von Akteuren.

Register

Abkürzungen: Bez. = Bezirk, Dis. = Distrikt, Geb. = Gebiet, Gem. = Gemeinde, Pr. = Provinz, St. = Stadt

Über die Autoren

Chen Guidi (*1943) stammt aus Bengbu in der Provinz Anhui. Er gehört zur ersten Riege der chinesischen Autoren und ist Mitglied des chinesischen Schriftstellerverbandes. 1986 begann seine Karriere als Schriftsteller, bis heute veröffentlichte er vor allem Romane, Reportageliteratur, Prosa und Filmdrehbücher. Sein Werk wurde unter anderem mit dem renommierten Lu Xun-Literaturpreis, dem Preis der Zeitschriften *Volksliteratur (Renmin wenxue)* und *Gegenwart (Dangdai)* ausgezeichnet und in verschiedene Sprache übersetzt. Zur Zeit arbeitet Chen Guidi für den Kulturverein von Hefei, der Hauptstadt der Provinz Anhui.

Wu Chuntao (*1963), die mit Chen Guidi verheiratet ist, stammt aus Liling in der Provinz Hunan und ist ebenfalls vor allem literarische Autorin. Sie absolvierte ein Chinesisch-Studium an der Universität Nanking. Ihr Werk erstreckt sich auf Romane, kleinere Prosa, Reportageliteratur, Fernsehspiele und wurde mit dem Literaturpreis der Zeitschrift *Gegenwart (Dangdai)* ausgezeichnet. Gemeinsam mit ihrem Mann arbeitet Wu Chuntao zur Zeit für den Kulturverein der Stadt Hefei.

He Xilai, der das Vorwort zur Originalausgabe geschrieben hat, ist Gastprofessor für Literatur an der Universität Haiyang, Provinz Shandong, Mitglied der Abteilung Literatur der Akademie für Sozialwissenschaften und einer der bedeutendsten Literaturtheoretiker und -kritiker Chinas. Er hat sich vor allem als Spezialist für den Tang-Lyriker Du Fu und seit den 80er Jahren durch seine Forschungen zur nachkulturrevolutionären so genannten »Narbenliteratur« einen Namen gemacht.

Hans Peter Hoffmann (*1957), der Übersetzer unserer Ausgabe, studierte Sinologie und Germanistik in Tübingen. Er habilitierte sich 1999 und publizierte zahlreiche Studien zur modernen chinesischen Literatur sowie zur klassischen daoistischen Philosophie. Seit 2002 ist er freier Autor und Übersetzer. Er schreibt u. a. für die *FAZ*, die *taz*, die *Horen* und *Lettre International* und übersetzt vor allem zeitgenössische chinesische Prosa und Lyrik (so auch aus dem Werk des Nobelpreisträgers Gao Xingjian). 2004 erschien seine Erzählung *Langsame Zeit. Eine Reise im Elsass* (Klöpfer & Meyer, Tübingen), 2005 wurde ihm der Hans-Bernhard-Schiff-Preis zugesprochen.

Ylva Monschein, die Autorin des Nachwortes, erwarb 1980 ein Übersetzerdiplom für Russisch und Französisch und promovierte 1987 in klassischer und moderner Sinologie und Slawistik. Von 1988–2006 war sie Mitarbeiterin der Deutschen Gesellschaft für Technische Zusammenarbeit (GTZ), davon vier Jahre lang in China als Expertin für Ernährungssicherung und Armutsminderung. 2006 habilitierte sie sich im Fach Sinologie an der Universität München mit dem kulturwissenschaftlichen Thema *Mythos Yimeng. Eine chinesische Bergregion und ihre Entwicklung zum Erinnerungsraum*. Seit 2006 ist sie als Privatdozentin und freie Gutachterin tätig. Mehrere Publikationen zur Gesellschaft und Literatur des modernen China.

Zur Geschichte dieses Buches

Die Originalausgabe dieses Buches hat eine bewegte Geschichte. Sie reicht zurück ins Jahr 2001, als Chen Guidi und Wu Chuntao die Arbeit an ihrer literarischen Reportage in Angriff nahmen. Sie fuhren kreuz und quer durch die gesamte Provinz Anhui, recherchierten an mehr als 50 Orten, interviewten Tausende von Bauern und reisten auch mehrfach nach Peking, um dort mit hohen Vertretern des Staats- und Parteiapparates zu sprechen. Für diesen Rechercheaufwand brauchte das Autorenpaar alle seine Ersparnisse auf.

Ende 2003 konnte schließlich ein Vorabdruck des weitgehend fertig gestellten Textes im Literaturmagazin *Gegenwart (Dangdai)* erscheinen. Das Echo war enorm: Binnen kurzem wurden von dieser Ausgabe in zehn Auflagen mehr als 100.000 Exemplare verkauft. Dieser Erfolg veranlasste den Volksverlag in Peking – eines der größten Verlagshäuser der Volksrepublik –, die gesamte Reportage als eigenständige Publikation zu veröffentlichen. Unter dem Titel *Zhongguo nongmin diaocha* (wörtlich: *Untersuchung der chinesischen Bauern*) erschien das Buch im Januar 2004. In zwei Monaten fanden weitere 300.000 Exemplare ihre Käufer – bis im März das Buch überraschend verboten und die gesamte Berichterstattung darüber unterbunden wurde. Chen Guidi hat später zu Protokoll gegeben: »Fünfzig Tage lang waren wir von mehr als hundert Journalisten aus ganz China interviewt worden. Aber dann, von einem Tag auf den anderen, fielen wir in ein tiefes Loch. Unsere Namen verschwanden plötzlich aus der Presse und den anderen Medien.«

Aber mit diesem Bann ließ sich das Buch nicht mehr aus dem Verkehr ziehen. Schätzungen zufolge sind seit dem Verbot sieben bis acht Millionen Raubkopien in Umlauf gelangt. Damit dürfte unstrittig sein, dass seit Mao Zedongs Schriften über die Bauern kein zweites Buch einen derartigen Einfluss auf die Bauernfrage in China ausgeübt hat wie diese Studie von Chen Guidi und Wu Chuntao.

Für die Autoren hatte das alles sehr zwiespältige Konsequenzen. Zhang Xide, der ehemalige Sekretär des Kreiskomitees von Linquan,

Provinz Anhui, der in diesem Buch eine überaus unrühmliche Rolle spielt, strengte – gewiss mit offizieller Unterstützung – eine Verleumdungsklage gegen beide an. Im März 2005 wurden sie schuldig gesprochen und zu hohen Geldstrafen verurteilt.

Zugleich stellte sich die Staats- und Parteiführung der internationalen Anerkennung, die dieses Werk erfuhr, nicht in den Weg. Im Oktober 2004 wurde Chen Guidi und Wu Chuntao in Berlin der mit 50.000 Euro dotierte erste Preis des Lettre Ulysses Weltpreises für literarische Reportage verliehen. Und als Angela Merkel im Mai 2006 ihren ersten offiziellen Chinabesuch absolvierte, gab sie den beiden Autoren in der Deutschen Botschaft einen Empfang, was von chinesischen Menschenrechtlern sehr begrüßt wurde.

Den Fotografen Jonathan Torgovnik beschäftigten die Schicksale so sehr, dass er diese Mütter und ihre Kinder in eindrucksvollen Porträts festhielt. Auf der beiliegenden DVD sprechen die Frauen darüber, was sie erlitten haben, was sie für ihre Kinder empfinden und wie sie mit ihren Traumata überleben. Jonathan Torgovnik »Kinder des Krieges«. Deutsche Erstausgabe. Aus dem Englischen von Ulrike Bischoff. 60 Farbfotos. 144 Seiten. Großformat 22 x 25 cm. Fadenheftung. Fester Einband. Text deutsch, DVD auf Englisch. 22 €. Nummer 200367.

Martin Buber: Politische Schriften

Martin Buber war mit seinem philosophischen, theologischen und literarischen Werken eine der zentralen Figuren des europäischen Geisteslebens. Schon zu Beginn der zionistischen Bewegung und der jüdischen Einwanderung nach Palästina sah er künftige Konflikte voraus und warb dafür, gute Beziehungen zu den Arabern aufzubauen. Er ahnte, dass sonst die jüdischen Einwanderer nur als Vorposten des Westens (speziell der Briten) angesehen und auf den Widerstand der arabischen Bevölkerung stoßen würden. Der nicht genau geklärte Grenzverlauf wurde eine stete Quelle für Konflikte in den kommenden Jahren. Jüdischer Terrorismus wetteiferte mit arabischem.

Martin Buber beobachtete die politische Entwicklung in Palästina genau. Auf dem zionistischen Weltkongress 1929 in Zürich sagte er, es sei für ihn bei seinem Besuch dort zwei Jahre zuvor »erschreckend« gewesen, »wie wenig wir den arabischen Menschen kennen« und schloss mit den prophetischen Worten: »Wir haben in Palästina nicht mit den Arabern, sondern neben ihnen gelebt. Das Nebeneinander zweier Völker auf dem gleichen Territorium muss aber, wenn es sich nicht zum Miteinander entfaltet, zum Gegeneinander ausarten.« Dieser Band versammelt die zentralen politischen Schriften Bubers: Reden, Aufsätze, Briefe, Rezensionen, Polemiken und Interviews. So entsteht zum ersten Mal ein umfassendes Bild des politischen Buber, sowohl in seiner inner-jüdischen Politik wie auch in seinen hellsichtigen Stellungnahmen zu jüdisch-arabischen Problematik, die bis heute aktuell geblieben sind und mit denen er zum Vater der israelischen Friedensbewegung geworden ist.

Martin Buber »Politische Schriften«. Mit einer Einleitung von Robert Weltsch und einem Nachwort von Rupert Neudeck. 778 Seiten. Broschur. Rundumfarbschnitt. 9,99 €. Nummer 108301.

Ilan Pappe: Die ethnische Säuberung Palästinas

Zwei Monate vor dem Ende der britischen Verwaltung Palästinas im Auftrag der UN, am 10. März 1948, trifft sich im Roten Haus in Tel

Aviv, dem Hauptquartier der Untergrundmiliz Hagana, eine Runde hochrangiger zionistischer Politiker. Eingeladen hat David Ben Gurion, später Ministerpräsident Israels. Sie verabreden die Endfassung eines Masterplans zur Vertreibung der arabischen Bevölkerung: »Plan Dalet« (Plan D). Das Land – nur zu elf Prozent im Besitz der jüdischen Einwanderer, die nicht einmal ein Drittel der Einwohner stellen – soll systematisch freigemacht werden für eine endgültige jüdische Besiedelung, und hierzu ist jedes Mittel recht. Noch unter britischem Mandat beginnt eine Serie von zionistischen Angriffen auf palästinensische Dörfer und Stadtviertel, werden eine Viertelmillion Menschen im eigenen Land entwurzelt. Es kommt zu Massakern, bei denen gemordet, vergewaltigt und geplündert wird. Nach der Unabhängigkeit Israels werden 531 Dörfer und elf städtische Siedlungen mit Waffengewalt geräumt, 800 000 Palästinenser zur Flucht gezwungen, ihre Häuser samt Mobiliar dem Erdboden gleichgemacht und die Ruinen vermint, damit die Vertriebenen nicht zurückkehren können.

Anhand von Augenzeugenberichten, Tagebuchauszügen und Dokumenten aus Militärarchiven, die lange unter Verschluss gehalten wurden, zeichnet Ilan Pappe ein Bild der Ereignisse zwischen 1947 und 1948, das der offiziellen Geschichtsdarstellung und dem Gründungsmythos Israels in entscheidenden Punkten widerspricht. Pappe tritt den Beweis an, dass der Gründung seines Heimatlandes Israel eine planvolle ethnische Säuberung vorangegangen ist. Die offizielle israelische Geschichtsschreibung stellt die Vertreibung der arabischen Bevölkerung als freiwilligen Auszug hin, aber sich der historischen Wahrheit zu stellen, ist für Pappe ein erster Schritt, der getan werden muss, wenn die Spirale der Gewalt aufhören und Versöhnung zwischen Palästina und Israel eine Chance haben soll. Ilan Pappe »Die ethnische Säuberung Palästinas« war als Hardcovertitel ein Bestseller und stand auf Platz 2 der Sachbuchbestenliste im März 2008. »Wer den Kernkonflikt im Nahen Osten besser verstehen will, sollte das mit viel Herzblut geschriebene Buch von Ilan Pappe lesen« (Deutschlandfunk). 19 Fotos. 416 Seiten. Broschur. 2001-Taschenbuch 20. 9,90 €. Nummer 200520.

Bettina Marx: Gaza

Gaza ist ungefähr so groß wie Bremen, doch leben dort dreimal so viele Menschen – 1,5 Millionen – und die Grenzen werden so streng bewacht, dass Gaza auch das größte Freiluftgefängnis der Welt genannt wird. Über den Zugang nach Gaza wacht Israel rigoros. Während früher tausende Arbeiter in Israel den Lebensunterhalt für ihre Familien verdienten, dürfen heute nur noch wenige Palästinenser ihr Land verlassen. Eine Generation nach der anderen wird um ihre Kindheit und Jugend betrogen, um ihre Chancen im Leben. Bettina Marx, ARD-

Hörfunk-Korrespondentin für Israel und die palästinensischen Gebiete, schildert das Leben in Gaza. Sie besucht den Taxifahrer Raed, Ernährer einer vielköpfigen Großfamilie, der bei einem israelischen Granatenangriff 19 Familienmitglieder verlor, erlebt die entwürdigenden Grenzkontrollen mit, spricht mit Ärzten und Wissenschaftlern, von denen viele im Ausland studiert haben und die nach Gaza zurückgekehrt sind, um ihr Volk zu unterstützen. Sie spricht aber auch mit jüdischen Siedlern, die auf ihr uraltes »gottgegebenes« Recht an diesem Land pochen. Nach Ende der israelischen Angriffe ist Bettina Marx im März 2009 noch einmal nach Gaza zurückgekehrt und berichtet in einem Kapitel über die aktuelle Situation dort. »Mit ihrem einfühlsamen und gleichzeitig schonungslosen Berichten gibt die studierte Judaistin dem Gazastreifen ein Gesicht« (Profil). »Wer nicht versteht, warum sich die islamische Welt über das Schicksal der Palästinenser empört, sollte das Buch von Bettina Marx lesen« (Chrismon). Originalausgabe. 11 Fotos. 3 Karten. 348 Seiten. Fester Einband. 19,90 €. Nummer 200366.

Jack Holland: Misogynie

Ursprünge und Folgen der ältesten Diskriminierung der Welt. Im antiken Griechenland und Rom gehörten Frauen zum vererbbaren Besitz erst ihres Vaters, dann ihres Ehemannes, die alle rechtliche Gewalt bis hin zur Verhängung der Todesstrafe über sie ausübten. Noch in der Neuzeit werden Frauen als Hexen verbrannt, verlieren in England und Frankreich noch im 19. Jahrhundert eigenen Besitz bei der Eheschließung an den Gatten und sein Züchtigungsrecht gegenüber seiner Frau ist gesetzlich verankert. Bis heute kämpfen Frauen in hochentwickelten Industrieländern um gleiche Bezahlung für gleiche Arbeit. Witwenverbrennung und Klitorisamputationen in Nordafrika, Massenvergewaltigung von Frauen in Kriegsgebieten sind traurige Realität.

Jack Holland verfolgt die misogyne Grundhaltung, die sich durch die Geschichte nicht nur des Westens zieht, zurück bis zu ihren Wurzeln in der griechischen Philosophie und in der christlichen Lehre, den beiden Eckpfeilern der gesamten abendländischen Kultur. Er zeigt, wie männliche Denker und Schriftsteller von Platon und Aristoteles über Juvenal und Rousseau bis Weininger die aberwitzigsten, mal wissenschaftlich, mal philosophisch untermauerten Begründungen für ihre Theorie der naturgegebenen Minderwertigkeit der Frau geliefert haben. Und er zeigt, dass sich hinter diesen Theorien auch tief sitzende Ängste des Mannes vor der weiblichen Sexualität verbergen. Jack Holland »Misogynie. Die Geschichte des Frauenhasses«. Aus dem Englischen von Waltraud Götting. Mit einem Nachwort von Marlene Streeruwitz. 405 Seiten. Broschur. 2001-Taschenbuch 21. 9,90 €. Nummer 200521.

Dokument F 321

Eines der frühesten Zeugnisse der Nazi-Verbrechen: »Kein Buch über die Konzentrationslager der Nazi-Zeit hat mich so nachhaltig beeindruckt wie diese Dokumentation« (Zweitausendeins-Gründer Lutz Kroth). Sie erschien zuerst 1945 in Frankreich und diente dann als Beweismittel für die Nürnberger Prozesse ab 1947. Das Original liegt bei den Nürnberger Akten.

»Auf 344 Seiten klagen Zeugenaussagen an, die in den Detailschilderungen der KZ-Torturen so unvorstellbar sind, dass man noch 1947 – in der ersten deutschen Buchfassung – Streichungen vornahm ... Jetzt liegt das Dokument erstmals in einer ungekürzten deutschen Fassung vor« (Die Zeit).

Unter Überschriften wie Abreise, Ankunft, Ernährung, Hygiene, Disziplin, Alltägliche Szenen, Strafen und Foltern, Männerarbeit, Frauenarbeit, Krankenpflege, Abtreibungen, Sterilisation und Kastration, Vivisektion, Hinrichtungen, Revolte, Flucht, Vergasung, Verbrennung, Befreiung u. a. reiht sich Aussage an Aussage von Überlebenden. Die Herausgeber haben nichts hinzugefügt, die Berichte und 96 Fotos sprechen für sich.

Die komplette Dokumentation gibt es nur bei uns als Taschenbuch. Ungekürzt, neu durchgesehen und um ein Nachwort erweitert. »Konzentrationslager. Dokument F 321«. Überarbeitete Übersetzung von Peter Neitzke und Martin Weinmann. 96 Fotos. 344 Seiten. Broschur. 2001-Taschenbuch 14. 7,90 €. Nummer 200514.

Jules Michelet:
Geschichte der Französischen Revolution
2 Bände

Wir verdanken ihr die parlamentarische Demokratie, die Trennung von Kirche und Staat und die Proklamation der Menschenrechte. Die Französische Revolution ist der Beginn einer neuen Zeitrechnung in der Weltgeschichte.

Es war eine Wirtschaftskrise, die die revolutionären Ereignisse ins Rollen brachte. Der Haushalt des regierenden Königs Ludwig XVI. war rettungslos überschuldet, ans Sparen wurde aber nicht gedacht. Statt dessen lässt der König seine Kriege und seine ausschweifende Hofhaltung von Banken finanzieren und deckt deren Luftgeschäfte an der Börse. Echtes Geld kommt nur aus den Steuern des Dritten Standes, von jenen 95% der Franzosen, die weder adlig noch Geistliche sind und keinerlei Mitsprache bei der Verteilung des Vermögens haben. Im Juni 1789 lebt die Landbevölkerung in tiefster Armut, in den Städten beginnen die Einwohner zu hungern. Es muss etwas geschehen ...

Der König delegiert die selbst gemachten Probleme nach unten und lässt zum ersten Mal seit 175 Jahren die Generalstände einberufen, um einen Ausweg zu suchen. Doch auch hier ist das Volk nicht wirklich vertreten. Über diese Ungerechtigkeit kommt es zum Eklat, Teile des niederen Klerus schlagen sich auf die Seite der Bürger und gründen mit ihnen die Nationalversammlung, eine Verfassung wird formuliert, die die Monarchie reformieren soll. Aber das verzweifelte Volk will nicht mehr warten … Die Französische Revolution ist der Auftakt zur radikalen und umfassenden Veränderung Europas, die bis heute, 220 Jahre später, noch nicht vollendet ist.

Das revolutionäre Geschehen ist oft erzählt und gedeutet worden, bildet den Hintergrund zahlreicher Biografien, Romane und Spielfilme. Sie alle werden überragt von dem Werk des französischen Historikers. Michelet hatte die revolutionären Ereignisse von 1789 zwar nicht selbst erlebt, kannte sie jedoch seit Kindertagen aus den Erzählungen seines Vaters. Und Michelet wird der erste Geschichtsforscher, der gleichberechtigt die Aussagen von Zeitzeugen heranzieht. Seine Geschichte der Französischen Revolution beschäftigt sich nicht nur mit den Helden, sondern gibt auch der Bevölkerung eine Stimme und einen vollwertigen Platz im Geschichtsbuch. Es ist genau diese Mischung aus detaillierten Quellenstudien (Michelet war Chef der historischen Sektion des französischen Nationalarchivs) der Authentizität in der Darstellung unmittelbar am Geschehen Beteiligter und der inneren Anteilnahme des Verfassers, die Michelets Erzählung so lebendig macht. Sie »zählt wegen ihrer Einfühlungskraft, Dramatik und Erzählkunst unbestritten zu den klassischen Werken der europäischen Geschichtsschreibung« (Die Zeit).

Jules Michelet »Geschichte der Französischen Revolution«. Aus dem Französischen von Richard Kühn und F. M. Kircheisen. 2 Bände. 2120 Seiten. Broschuren. 15,99 €. Nummer 107533.

Preise können sich ändern und einzelne Titel auch ausverkauft sein

Stand: 3/2011

www.Zweitausendeins.de